广东省优秀社会科学家文库（系列四）

# 胡钦太自选集

胡钦太◎著

中山大学出版社

·广州·

**图书在版编目（CIP）数据**

胡钦太自选集/胡钦太著. －－广州：中山大学出版社，2024.11.
（广东省优秀社会科学家文库）. －－ISBN 978 - 7 - 306 - 08117 - 9

Ⅰ. G4 - 53

中国国家版本馆 CIP 数据核字第 20243HU534 号

**HU QINTAI ZIXUANJI**

出 版 人：王天琪
策划编辑：嵇春霞　廖丽玲　王　璞
责任编辑：王　璞
封面设计：曾　斌
责任校对：杨曼琪
责任技编：靳晓虹
出版发行：中山大学出版社
电　　话：编辑部 020 - 84110283，84113349，84111997，84110779，84110776
　　　　　发行部 020 - 84111998，84111981，84111160
地　　址：广州市新港西路 135 号
邮　　编：510275　　　　　传　真：020 - 84036565
网　　址：http://www.zsup.com.cn　　　E-mail：zdcbs@mail.sysu.edu.cn
印 刷 者：佛山市浩文彩色印刷有限公司
规　　格：787mm×1092mm　1/16　40.75 印张　693 千字
版次印次：2024 年 11 月第 1 版　　2024 年 11 月第 1 次印刷
定　　价：138.00 元

如发现本书因印装质量影响阅读，请与出版社发行部联系调换

**胡钦太**

　　1964年生，广东省惠来县人，1987年毕业于华南师范大学电化教育系。教育学博士、二级教授、博士研究生导师，广东工业大学党委书记。至目前，主持国家社会科学基金重大项目、国家自然科学基金重点项目、联合国教科文组织基金项目等各级科研项目40多项，主持（或参编）出版专著和教材20多部，发表有一定影响的学术论文100多篇。曾获广东省优秀党务工作者，第七、第八届高等学校科学研究优秀成果二等奖，第九届高等学校科学研究优秀成果一等奖，广东省教学成果特等奖（基础教育），广东省教学成果一等奖（高等教育），广东省哲学社会科学优秀成果特等奖、一等奖、二等奖、三等奖，广州市哲学社会科学优秀成果二等奖，广东省科技进步奖二等奖，广州市科技进步奖二等奖等荣誉。

# "广东省优秀社会科学家文库"（系列四）

## 出 版 说 明

　　哲学社会科学是人们认识世界、改造世界的重要工具，是推动历史发展和社会进步的重要力量。党的十八大以来，以习近平同志为核心的党中央高度重视发展哲学社会科学，习近平总书记亲自主持召开哲学社会科学工作座谈会，就哲学社会科学工作发表一系列重要讲话，作出一系列重要论述和指示批示，对构建中国特色哲学社会科学作出总体部署，有力推动哲学社会科学事业繁荣发展。党的二十届三中全会进一步明确提出"构建中国哲学社会科学自主知识体系"，这是党中央立足完成新的文化使命和哲学社会科学发展规律作出的重大部署，也是新时代我国哲学社会科学发展的战略目标。

　　广东省委省政府深入学习贯彻习近平文化思想，认真落实习近平总书记关于哲学社会科学的重要论述，着力加强组织领导、政策保障、人才培育，扎实推动全省哲学社会科学事业高质量发展。全省广大哲学社会科学工作者自觉立时代之潮头、通古今之变化、发思想之先声，积极为党和人民述学立论、建言献策，涌现出了　大批方向明、主义真、学问高、德行正的优秀社科名家，在推进构建中国哲学社会科学自主知识体系进程中充分展现了岭南学人担当、演绎了广东学界精彩。广东省委宣传部、省社科联组织评出的"广东省优秀社会科学家"就是其中的杰出代表，他们以深厚的学识修养、高尚的人格魅力、先进的学术思想、优秀的学术品格和严谨的治学方法，生动展现了岭南学人的使命担当和时代风采。

遵循自愿出版原则，"广东省优秀社会科学家文库"（系列四）收录了第四届广东省优秀社会科学家中9位学者的自选集，包括（以姓氏笔画为序）石佑启（广东外语外贸大学）、李凭（华南师范大学）、李萍（中山大学）、李新春（中山大学）、张卫国（华南理工大学）、张国雄（五邑大学）、胡钦太（广东工业大学）、黄国文（华南农业大学）、黄建华（广东外语外贸大学）。自选集编选的原则是：（1）尽量收集作者最具代表性的学术论文和调研报告，专著中的章节尽量少收。（2）书前有作者的"学术自传"，叙述学术经历，分享治学经验；书末附"作者主要著述目录"。（3）为尊重历史，所收文章原则上不做修改，尽量保持原貌。

这些优秀社会科学家有的年事已高，有的工作繁忙，但对编选工作都高度重视。他们亲自编选，亲自校对，并对全书做最后的审订。他们认真严谨、精益求精的精神和学风，令人肃然起敬，我们在此表示衷心的感谢和崇高的敬意！

我们由衷地希望，本文库能够让读者比较方便地进入这些当代岭南学术名家的思想世界，领略其学术精华，了解其治学方法，感受其思想魅力。希望全省广大哲学社会科学工作者自觉以优秀社会科学家为榜样，始终胸怀"国之大者"，肩负时代使命，勇于担当作为，不断为构建中国哲学社会科学自主知识体系，为广东在推进中国式现代化建设中走在前列作出新的更大贡献！

丛书编委会
2024年11月

# 目录

学术自传 / 1

**第一部分　　教育信息化研究选辑**

关于虚拟学习社区的几个问题探讨 / 3

高等教育信息化深度发展框架与趋势分析 / 13

信息化视野中的教育均衡发展：关系、命题与对策 / 21

教育信息化的发展转型：从"数字校园"到"智慧校园" / 32

面向移动学习的学习资源组织关键技术研究 / 42

智慧教育的体系技术解构与融合路径研究 / 52

教育信息化 2.0 的内涵解读、思维模式和系统性变革 / 67

工业革命 4.0 背景下的智慧教育新格局 / 83

高校信息化人才队伍建设的机制创新与实现路径研究 / 100

回顾与展望：中国教育信息化发展的历程与未来 / 110

教育信息化 2.0 时代教师信息素养提升路径 / 128

教育公平视域中在线教育的困境与出路 / 136

促进在线教育健康良性发展的多维审视 / 154

"十四五"高校信息化思维创新与路径选择 / 160

人工智能赋能基础教育课程改革研究：内涵、机制与实践 / 168

人工智能时代高等教育教学评价的关键技术与实践 / 181

信息化何以促进基础教育的结果公平
　　　　——基于中国教育追踪调查数据的分析 / 199

深度学习支持下多模态学习行为可解释性分析研究 / 218

信息化促进教育公平研究检视：问题域框架与问题优化 / 231

构建"互联网＋"教育新生态，推动乡村基础教育高质量发展
　　　　——广东"爱种子"项目的探索与实践 / 248

1

智慧教育驱动的教育系统革新 / 262

新时代我国教育技术学科高质量发展的机遇与路径 / 277

高等教育数字化：演进、挑战与转型 / 291

面向服务的 MOOCs 分析与教学设计研究 / 302

面向高等教育创新人才核心素养培养的慕课应用模式研究

    ——基于中国 24 个地区 1449 份样本的调查分析 / 314

我国教育技术学人才培养现状与未来趋势

    ——面向"十四五"的调研分析及建议 / 326

## 第二部分　　教育传播研究选辑

网络教育传播的主客体关系及其模式 / 345

电视访谈的教育传播功能及其在远程教育中的应用 / 353

教育传播学研究 30 年：现状、瓶颈与对策 / 360

高校精品课程网站建设研究：以教育传播学为例 / 368

传播学专业实践创新人才培养模式探析 / 378

论信息时代的教育传播研究范式 / 386

论信息时代教育传播研究的新内涵 / 393

信息时代语境下教育传播过程的重构 / 402

Web 2.0 环境下微博的教育传播效果研究 / 413

基于新媒体的社会教育传播模式构建研究 / 423

## 第三部分　　综合研究选辑

新形势下大学生价值观教育的思考 / 439

试论高校党建工作的改革与创新 / 445

重构大学生诚信教育机制 / 450

关于网络道德的几点思考 / 456

论大学人文精神的培育 / 460

全面提高"两课"教学效果的方法论思考

    ——在"两课"教学中如何贯彻理论联系实际的原则 / 468

高校校园文化建设的时代思考 / 473

高校思想政治工作"四新"探析 / 480

论网络时代高校德育环境的优化与构建 / 486

论人的全面发展与学习型社会的创建 / 493

加强新时期大学生信仰坚定性的对策思考 / 501

媒介时代的异化现象及其调适 / 506

转型期的中国

　　——中国哲学社会科学体系创新的实践起点 / 514

中国学术国际话语权的立体化建构 / 518

"新师范"建设的时代定位与路径选择 / 535

高校心理健康教育协同机制探索 / 547

## 第四部分　采访录选辑

取众家技术之所长为"我"所用 / 557

培养"互联网+"时代的创新型教师 / 563

高校信息化需解决队伍建设的痛点 / 569

搭平台 冲一流 攻克核心技术 / 575

以高质量党建引领广工高质量发展 / 585

激发党建新活力 服务高质量发展 / 594

打造粤东人才新高地，激活沿海产业强市"密码" / 604

建设高水平创新型大学，为国家所需广东所急提供人才保障 / 613

以高质量党建引领学校高质量发展 / 618

践行教育强国的"广工担当" / 623

附录　胡钦太主要著述目录 / 628

后　记 / 635

# 学术自传

◎ 胡钦太

　　我于1964年出生在广东省惠来县一个农村家庭，1983年进入华南师范大学就读新中国第一个电化教育本科专业（现改为"教育技术学"专业），毕业后留校任教，曾任学院（系）助教、讲师、副教授、教授，担任过学院（系）辅导员、团委书记、党总支副书记，也担任过学校常委、组织部部长、副校长等职务，现任广东工业大学党委书记、二级教授、教育学博士、博士研究生导师。

　　1983年，广东省人民政府（高等教育局）向国家教育委员会成功申请在华南师范大学设立新中国第一个电化教育专业，我成了该专业的第一届学生。大学期间，我曾担任李运林、徐福荫等我国教育技术学"创业"奠基者的助教，不仅参加过早期教研室摄像、录像与电视节目制作等工作，还受学院（系）委派，走出校门推动"产学研"三者结合与早期教育信息化事业发展。自那时起，我就同教育技术学科与教育信息化事业发展紧紧联系在一起。

　　作为教育技术学者、研究者，我先后深入研究教育传播学、教育信息化和智慧教育，在理论和实践上取得了较为丰硕的成果。同时，由于工作的关系，我在党建与思想政治教育及高等教育管理方面也取得了较好的成绩。

　　1982年，传播学在我国正式开始发展，教育界开始出现教育传播的概念，电化教育界的学者开始开展这方面的研究，并为建立我国的教育传播学而努力。其中，南国农和李运林老师的《教育传播学》成为早期的标志性教材。自1983年大学入学起，我便接过了学习和发展教育传播学的接力棒，并在新的发展环境下，不断推进新时代教育传播学的教学和研究。作为国内较早系统开展信息时代教育传播理论与实践研究的学者，我曾先后发表《信息时代语境下教育传播过程的重构》《论信息时代的教育传播研究范式》等系列文章，提出了新时代教育传播学的内涵与范式，分析了网络时代教育传播的主客体关系，提出了新媒体时代教育传播学的范式，提出创新教育传播学的人才培养模式，等等，为探索信息时代的教学传播理论与实践做出了一定贡献。我在融会南国农和李运林老师的教育传播理论的基础上，建立了信息时代的教育传播模式，出版了《信息时代教育传播研究：理论与实践》一书，由新中国电化教育（教育技术学）创始人南国农先生亲自作序。他认为该书"从理论到实践，探讨了信息时代教育传播的新现象、新特征、新实践、新发展等，充分强调了新媒体技术的传播效能，丰富并创新了教育传播学的理论内涵，推动了信息时代教育传播研究与实践的创新发展"。

随着信息技术和互联网快速发展，我认为，教育传播学的发展同样需要与高质量教育发展的需求接轨，于是我在2022年主编了新一版的《教育传播学》教材。新的《教育传播学》理论联系实际，在立足中国国情的基础上，力求与国际先进的教育传播理论和实践接轨，并充分融入教学法与教学设计的相关理论和方法，对教育传播的基本概念，基本理论、技术和方法，做了全新的、系统的阐释。

深耕于我国教育信息化领域，我积极探索教育科学规律与信息传播科技融合，坚持理论创新与实践落地协同、学术研究与社会服务同行。在信息化理论构建方面，我先后主持国家社会科学基金重大项目"信息化促进新时代基础教育公平的研究"、教育部—中国移动基金项目"教育信息化理论研究"等重大课题项目，主编了"互联网＋时代的教育信息化理论发展丛书"（9本）。针对"如何构建与应用教育信息化理论，指导和促进中国教育信息化良性发展"这一重大问题，围绕新时代信息化赋能教育高质量发展的价值定位、发展战略、理论基础、教育环境、教学模式、绩效评估、师生发展、未来形态等重点领域开展研究。在信息化实践应用方面，我牵头广东省"爱种子"项目，关注教育公平，基于教育信息化背景和教育现代化的要求，通过打造组织新生态、课堂新生态和质量持续改进新生态，以"爱种子"教学模式为驱动力，围绕基础教育在教育资源、教学模式和教学系统等方面的需求，提出了一系列解决方案，实现六个"不一样"，推动广东乡村教育实现"公平而有质量"发展，找出制约欠发达地区基础教育公平的关键问题并予以解决。在信息化产业发展方面，服务于教育信息化建设需要，引领全国教育技术学科内涵发展与人才培养，推动教育信息化"研政产学用"深度融合。我筹划成立了中国教育信息化产业技术创新战略联盟并担任首届理事长至今，积极推动教育信息化区域发展和标准体系建设，有效推动教育信息化产学研转化和产业生态形成，出版了《广东省基础教育信息化发展研究报告（系列)》等。

至此，我在教育技术学领域乃至教育学领域都奠定了较好的研究基础，对教育技术学发展有了更加深刻和敏锐的认知。从2014年开始，我更是积极顺应技术发展趋势和教育转型需求，对教育信息化的全新愿景——智慧教育开展相关研究，助力我国教育信息化理论与实践的综合实力不断走向国际领先水平。在智慧教育理论构建方面，我创新性地构建了新的智慧教育格局，并对智慧教育进行了体系解构与技术解构，详细描绘了智能技术驱动的智慧教育新格局；在智慧教育技术应用方面，我致力于讨论与分析将国内外智能技术应用于教育领域的现存问题与优化策略，不断探索利用新兴智能技术赋能教育教学的路径与策略，尤其是建构了智慧校园的内涵与关键技术、愿景与发展策略。这一系列研究不仅系统阐明了智慧教育发展的方向，还对推进智慧教育发展进程有着很强的实践指导意义。

作为教育技术学者、研究者，作为学科带头人、高校领导，我积极指导教育技术学科建设和高校管理，为学科发展与高等教育发展做出了贡献。

无论是在大学期间的"兼辅"工作，还是毕业后的留校生涯，我在工作过程中一直保持着系统思维和"两条腿走路"的理念。我的研究还涉及高等教育管理、高校党建与思想政治教育，相关学术论文《高校要在改革中加强科学管理》发表于《中国高等教育》2000年第10期。此后，还接连发表了《试论高校党建工作的改革与创新》《新形势下大学生价值观教育的思考》等论文。我认为，好的领导要有敏锐的嗅觉或触觉，一方面是对党和国家方针政策的领悟，另一方面是自身长期在一线积累的对教育规律的认知。大局的发展需要"对标"，需要积极学习新事物、加强交流与合作，思考大学的建设与发展。扎根中国大地办教育，首先，要坚持社会主义办学方向，坚持党的全面领导；其次，要认识大学的首要功能是人才培养；最后，对科学研究、社会服务、文化传承与创新等功能要统筹兼顾，多管齐下进行系统治理，这才符合党和国家对大学的党委书记（校长）提出的"两家"（社会主义政治家与教育家）要求，才能更好地治理学校。

通过总结教育信息化研究成果和应用实践，我在分管华南师范大学网络信息与智慧校园建设期间，担任了教育部首批教育信息化试点——华南师范大学"智慧校园与优质教育资源共建共享机制探索"的项目负责人；带领团队自主研发了华南师范大学"砺儒云课堂"在线教学平台，大力发展混合式学习、泛在学习、智慧学习等创新性教学模式，服务个性化教学；建立了广东省多地教育信息化示范应用基地。这些实践项目有助于促进信息技术与教育深度融合，实现学习资源的精准推送，其示范引领与辐射带动作用明显，有力促进了优质教育服务的均衡发展，提升了人才培养质量。

自2018年到广东工业大学工作以来，我致力于弘扬广工"与广东崛起共成长，为广东发展做贡献"的办学理念，在回答"建设什么样的广工，为广东提供什么样的支撑"等重大命题时，我带领广工师生和员工瞄准国家重大战略需求和关键领域核心技术问题，加强了对集成电路、人工智能、生物医药和生态环境等领域的基础研究和应用研究，通过搭建政校企"三位一体"的大平台，形成了共建共享联合体，力图为广东高质量发展提供科技支撑与人才保障。学校党委提出了"三步走"战略、"六全两化"部署，并实施了"1+2+3"攀撑计划学科提升工程，打造高层次人才高地、科技创新策源地、科技成果转移转化基地，使创新链、人才链与产业链无缝对接，为广东创新驱动发展提供重要支撑。广东省委、省政府对此充分肯定。

我在40年的学术与管理生涯中取得了许多成绩，多次受邀在各类国内/际会议进行交流，学术成果先后多次获得国家和省部级奖项，曾获广东省优秀党务工作者，第七、第八届高等学校科学研究优秀成果二等奖，第九届高等学校科学研究优秀成果一等奖，广东省教学成果特等奖（基础教育），广东省教学成果一等奖（高等教育），广东省哲学社会科学优秀成果特等奖、一等奖、二等奖、三等奖，广州市哲学社会科学优秀成果二等奖，广东省科技进步奖二等奖，广州市科技进步奖二等奖等。

我曾经担任国家社会科学基金重大课题首席专家，现任广东省委委员、广东省政协科教卫体委员会副主任，兼任第十届国家督学、第七届国务院学位委员会（教育学）学科评议组成员、教育部教育信息化专家组成员、教育部高等学校教育技术专业教学指导分委员会主任委员、教育部高等学校教学信息化与教学方法创新指导委员会副主任委员、教育部基础教育教学指导委员会委员、教育部基础教育教学信息化专委会主任委员、中国教育信息化产业创新平台理事长、广东省基础教育与信息化研究院院长、广东省智慧学习工程技术研究中心主任等。2021 年获评第四届"广东省优秀社会科学家"，2023 年获评国家"特支计划"领军人才、享受国务院政府特殊津贴专家。

胡钦太自选集

第一部分

教育信息化研究选辑

# 关于虚拟学习社区的几个问题探讨

随着信息时代的到来，网络越来越深入人们生活的各个领域，其最大的特点在于超越了时间和空间的限制，使得人们在网络中享有自由、平等和共享的权利，现实生活中不同领域的人通过网络的联结形成了另一种形态的学习结构——虚拟学习社区。它为社区成员创造了广阔的学习空间，冲击着传统的教学方式，改变着教育的模式。

## 一、虚拟学习社区

所谓虚拟学习社区，是指建立在网络和通信技术之上，借助网络和通信工具，由各种不同类型和个体组成，通过教学、研究等活动建立的一个虚拟的社会形态，以交互学习、协作学习和自主学习方式为主，使学习者获取知识、增强理解和提高技能，形成以此为目的的一个交互的自治区域。[①] 最初，虚拟学习社区的形成与网络上的电子公告栏（RBS）、新闻讨论组和聊天室等密切相关，在网络上的电子公告栏、新闻讨论组和聊天室中进行学习和讨论的学习者群体，是最初的虚拟学习社区中的成员，其组织形式是一种自发的松散组织。然而，这种自发式的虚拟学习社区由于成员间知识水平的差异、学习兴趣的差异，以及学习者年龄、个性等因素差异较大，使学习者对话题的参与缺少持久性，也很难进行深入的学习讨论，而且对于某个只关心某一学科知识的学习者来说，有效的信息量太少。因此，一个相对完整的虚拟学习社区应具有以下的功能：一是提供一个方便的、有明确学习目标的多用户学习环境；二是通过虚拟空间，克服时间上和地域上的界限；三是便于学习者、教师和其他人进行交流和合作；四是允许教师和外部专家随时对学生的学习进行评价。[②] 如我国台湾

---

① 祝智庭、钟志贤：《现代教育技术——促进多元智能发展》，华东师范大学出版社 2003年版。

② 马晓兰、李文莉、王其云：《构建基于校园网的虚拟学习社区》，载《中国远程教育》2003 年第 3 期，第 35 - 37 页。

海洋大学建立的虚拟英语学习社区（http：//english. ntou. edu. tw/），是一个比较典型的虚拟学习社区。这个社区设立了上课区，开设了虚拟课堂，学生需要注册才能进入虚拟教室进行学习；资源区提供了大量与学习相关的资源供学生查找；评鉴区主要是对国内外的光盘、资源进行评价，为学生提供参考建议；工具区内有英汉、汉英字典，方便学生查询；练习区配备了大量与学习课程相关的练习，以巩固学生的学习效果；测验区开设了电子考场，学生考完后可以当场提交试卷并得到分数与正确答案以及具体的参考说明。为了配合教学活动，该社区还开设了聊天区、讨论区、娱乐区、国外交流区、线上新闻区、咨询区与意见调查区、留学资讯区和研究开发区等，不仅为学生提供了进行讨论与交流的虚拟场所，还让学生感受到虚拟学习社区的活跃气氛和优质服务。这是一种典型的虚拟学习社区。

## 二、虚拟学习社区的结构体系、组织方式及角色活动

### （一）虚拟学习社区的结构体系及其特点

虚拟学习社区的结构体系可以根据不同的课程要求进行设置，但一般来说可以分为三层，即应用层、系统处理层和数据层（见图1）。虚拟学习社区的应用层可以由学习课堂、教师园地、学科论坛、资料中心、聊天室和工具箱组成，这部分可以称为虚拟学习社区的前台服务。而作为后台服务的应用包括：权限管理、用户管理、论坛管理、资料管理、学习进度监测程序、学习成绩管理等。

从虚拟学习社区的结构和功能可以看出，虚拟学习社区具有自身的特点：①时空的开放性，社区成员参与虚拟学习社区的学习不会受到时间与地点的限制；②社区的自治性，虚拟学习社区实行学习者自治制度，以促进发展并完善学习者自主学习方式；③学习者的多样性，社区成员可能有不同的学历、知识水平，他们参与社区学习的目的与动机不尽相同；④学习的灵活性，虚拟学习社区的学习和活动的形式丰富多彩，交互的水平较高；⑤学习资源的丰富性，优秀的虚拟学习社区具有学习资料中心、虚拟图书馆以及信息检索工具等，以方便学习者搜寻有关学习资料。[1]

---

[1]　祝智庭、钟志贤：《现代教育技术——促进多元智能发展》，华东师范大学出版社2003年版。

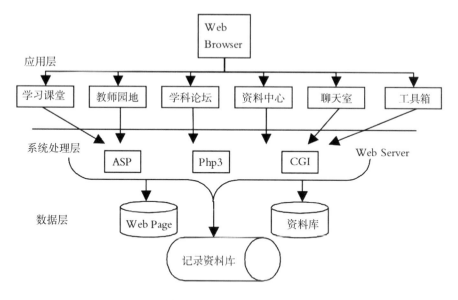

**图1 虚拟学习社区的三层结构体系**

此外，虚拟学习社区必须实现以下功能：①以学科为中心，并为实际教学提供方便；②不仅为学生提供各种学习服务，同时也为任课教师提供各种教学服务，支持教学研究；③运用智能技术，实现教学过程的自动化和智能化控制；④充分考虑学习者的心理因素，增强学习者对新环境的适应能力。①

## （二）虚拟学习社区的组织方式

目前，虚拟学习社区主要是以协作学习方式形成的群体网上学习环境。通过分析多个虚拟学习社区，其组织方式有以下四种。

### 1. 以学校或班级为中心的组织方式

参加的成员主要是同一所学校的校友或同班的同学、学校的教师等。这种组织方式容易使社区成员产生高度认同感，增强虚拟真实性，提高交互程度。

---

① 王陆、李亚文、陈小宁：《考虑学习者个性因素的网上虚拟学习社区设计方案》，见教育技术通讯网（http：//www.etc.edu.cn/ioi/artidle/virtual.htm）。

### 2. 以研究课题即学科为中心的组织方式

在这个社区中的成员具有共同的学习研究方向和目标，有共同的讨论与交流的主题，便于开展深层次的研究。这种组织可以保持长久的交流，但是这种组织方式需要较多的技术支持，如学习资料库、快速查询检索工具，以及个性化的信息服务等。

### 3. 以活动为中心的组织方式

在社区中有各种学习活动，这些活动有着明确的目标和一定的竞争性，社区中的成员为了达到活动目标而努力并促进了社区中其他成员的参与。

### 4. 以兴趣为中心的组织方式

其特色是社区中的成员有极高的参与兴趣，乐于表达自己的意见，提供自己的经验与他人分享。但由于人的兴趣会转移，因此这类社区具有可变的因素，不太稳定，这就要求社区必须提供方便成员在转移兴趣后重组新社区的有关服务。同时这里的兴趣没有限定的范畴。对于任何的知识或领域，都可以聚集成员讨论。

## （三）虚拟学习社区中角色的活动

虚拟学习社区是由网络教育平台、教师和学习者组成的人机系统。其中的角色可以分为教师、学生和系统管理员。关于虚拟学习社区中的角色活动以图1所示的虚拟学习社区结构体系为例进行说明。

在虚拟学习社区中，教师的角色是学习活动的组织者和辅导者，需要完成三个方面的活动：教学组织、教学管理和教学辅导。在虚拟学习社区中，教师由教学的主导者，转变为教学的组织者和辅导者。教师的概念从特指从事教书职业的人群，发展到包括电子教师在内的智能系统。教师的活动如表1所示。

表1　教师在虚拟学习社区中的活动

| 教师活动 | 具体内容 | 提供服务的社区软件系统 |
|---|---|---|
| 教学组织 | 发布公告，组织各种教学活动 | 教师园地中的公告编辑系统 |
| | 组织学习讨论 | 虚拟社区中的学科论坛及后台的论坛管理系统 |
| | 组织社区建设 | 资料中心中的学生资料系统 |

| 教师活动 | 具体内容 | 提供服务的社区软件系统 |
|---|---|---|
| 教学管理 | 监测教、学全过程 | 后台的评论与监测代理程序 |
| | 学习奖惩管理 | 后台的学习奖惩管理系统 |
| | 教学资料管理 | 后台的教学资料管理系统 |
| | 学习成绩管理 | 后台的学习成绩管理系统 |
| 教学辅导 | 网上个别答疑 | 教师园地中的教师答疑室 |
| | 集体在线讨论 | 虚拟学习社区中的学科论坛 |
| | 作业讲评 | 学习课堂中的作业展示台 |
| | 网上收、判作业 | 后台的作业收、判系统 |

在虚拟学习社区中，学生由学习的被动接受角色转变为主动建构知识的角色。在适应了虚拟学习社区环境后，主动、积极地接受、参与学习，并与其他同学共享自己的学习心得，协作与互助完成学习任务。除了学习知识，学生还掌握了基于网络学习的方法、途径、技术和技巧，为终身学习奠定了基础。学生在虚拟学习社区中的活动分别有个别化学习、协作学习和社区活动三类，如表 2 所示。

**表 2　学生在虚拟学习社区中的活动**

| 学生活动 | 具体内容 | | 提供服务的社区软件系统 |
|---|---|---|---|
| 个别化学习 | 学习各种资料 | | 资料中心的教师资料和学生资料 |
| | 向教师提问 | | 学习课堂的解答疑问系统 |
| | 网上搜索学习资料 | | 社区中相关站点链接与搜索引擎 |
| | 完成作业 | | 资料中心的资料管理软件 |
| 协作学习 | 参加学习讨论 | 与教师讨论 | 虚拟学习社区的学科论坛模块 |
| | | 与同学讨论 | |
| | | 求助 | |
| | 作业讲评 | | 学习课堂中的实践擂台程序 |
| | 参加协作小组的实践擂台 | | 虚拟学习社区中的投票区程序 |

| 学生活动 | 具体内容 | 提供服务的社区软件系统 |
|---|---|---|
| 社区活动 | 评选论坛及中心的管理员 | 虚拟学习社区中的投票区程序 |
| | 社区自治管理 | 论坛管理员系统和资料管理员系统 |
| | 社区建设活动 | 资料管理和资料上传系统 |

虚拟学习社区与传统课堂教学方式不同的是需要系统管理员的角色，由他们负责各种系统的维护工作。系统管理员在虚拟学习社区中的活动如图2所示。

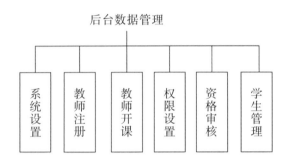

**图2 系统管理员在虚拟学习社区中的活动**

## 三、关于虚拟学习社区的建立和发展的思考

随着网络的发达及学习者学习需求的增大，设计并建立大批虚拟学习社区是时代的要求，它对于我们这个拥有14亿人口的大国是一件既能节省人力、物力又能实现教育目标的国家大事，而且是一件实现资料共享、提高效率、实现国民终身教育的大事。然而，在设计和建立虚拟学习社区的过程中，有三个问题必须引起注意。

### （一）虚拟学习社区的设计原则

根据对学习者个性和心理因素与网络远程教育方式的学习方式、学习态度、学习评价和上网时间的相关性的研究①，设计和建立一个虚拟学习社区应考虑以下四个原则。

（1）管理原则。考虑学习者个性因素，社区应具备完善的管理制度，并应以多种学习活动加强社区的管理和促进成员的交流。

（2）自治原则。考虑学习者的创造性和在新环境中的成长能力，社区应实行学习者的自治制度，以促进发展并完善学习者自主学习方式；社区应具有学习资料中心、虚拟图书馆，以及信息检索工具等，以方便学习者搜寻有关学习资料。

（3）评估原则。考虑学习者的有恒性因素，社区应提供完善的学习评价及学习监测系统，以保证学习者的学习进度与质量。

（4）多样性原则。考虑个别因素和实验性因素，社区应提供多种学习方式，如个别化学习方式和协作化学习方式等，提高学习者的学习质量。

## （二）虚拟学习社区中对教与学的角色要求

虚拟学习社区作为信息时代下一种新型的教与学的模式，与传统的教学存在着极大的差异，教师和学生（终身学习的学习者）是虚拟学习社区中的主要角色，在这种虚拟的环境中，仍然存在着对教师素质和学生素质要求的问题。尽管虚拟学习方式的特点是鼓励学生主动学习、自主学习，但是教师在这一过程中的引导作用还是非常重要的。由于学生对知识有着不同的需求，对虚拟学习社区的教师要求会更高，这就要求虚拟学习社区的教师必须具备全能的教师素质，以提高教学效率和效果。从这一角度讲，虚拟学习社区的教师应达到以下要求。

（1）转变教育观念和更新知识结构。在虚拟学习社区中的教师应以学生为中心，掌握学科扎实可靠的基本知识，理解和掌握教材内容，为学生提供精确的虚拟信息，还要具有丰富的网络虚拟教育学和心理学知识，运用现代教育技术开发网络虚拟课件和学习内容。

（2）准确设计教学情境和交互方式。虚拟学习社区的教师应对虚拟教学情境进行准确的分析，经常利用学习者积极的反馈来调整自己的

---

① 王陆、李亚文、陈小宁：《考虑学习者个性因素的网上虚拟学习社区设计方案》，见教育技术通讯网（http://www.etc.edu.cn/ioi/artidle/virtual.htm）。

教学设计、教学过程和问题设置，使之更能吸引和激发学生的学习主动性。

（3）独特的问题解决风格。虚拟学习社区中的教师应根据对问题的深入理解提出几种不同的解决方法以供学习者探讨，让学生在探究、解决问题的过程中培养发现问题、分析问题、独立解决问题的能力。

（4）良好的教师协作。在虚拟学习社区中，由于信息的共享性，不同教学模式之间、不同学科的教师之间，包括学科教师、计算机教师、多媒体教师、课程研究专家、心理学家应该进行协作，才能设计出更高水平的虚拟教学环境。

由于虚拟学习社区中的学习行为是学习者自主、自治地学习，对学习者的基本素质要求与现实学习环境中的要求也不一样，要求学习者要具备在虚拟学习社区中的学习策略和方法。[①]

首先，学习者应适应虚拟学习社区的学习行为和模式，运用多种虚拟学习类型获得知识。其次，学习者应具备学与教行为的参与能力和愿望。这是强调学生的主动性，面对学习环境的改变，学习者应适应自己的角色，积极主动地与网络教师和其他学习者进行交流，发现并解决问题，构建知识体系，主动提供信息和反馈，成为学习的主人。再次，学习者应具有良好的虚拟学习心理。学习者在虚拟学习社区中应根据自己的兴趣爱好，选择知识并具有良好的学习动机和学习风格，排除其他信息干扰，排除过分焦虑，虚心接受虚拟环境下的学习方式。最后，学习者应掌握元认知及其策略，也就是对认知的认知及策略的掌握。学习者在认知过程中和知识的调节过程中应具备一定的认知策略，如计划策略、监控策略和调节策略，从而更好地参与学习，处理和优化信息，促进新信息的精细加工和整合。

## （三）虚拟学习社区的发展趋势及建议

虚拟学习社区中的教与学最重要的特点是体现了教学资源的最优化，在满足不同学习者对信息的需求面前人人平等。但是，由于传统教育与现实社会脱钩程度较深，加上我国经济水平发展的限制，这种虚拟学习模式

---

① 汪小刚：《基于网络虚拟空间的学与教》，载《远程教育杂志》2003年第3期，第28—32页。

与技术还只局限在一定的空间里，虚拟学习社区目前还只是在尝试阶段。当务之急是发现、培养和提供这种环境所需要的新型教师。历史证明，教育源于社会性生产劳动，劳动方式和性质的变化必然引起教育形式和内容的改变。因此，随着人们接受教育意识的提高和终身教育体系的实施和完善，Internet、光纤通信、仿真技术等先进科学技术在教育中的逐步应用，以及通过借鉴国外虚拟学习社区的理论和技术，逐渐克服教育模式的依附状态，我们相信，形式更多样、内容更完美的虚拟学习社区会以社会力量和虚拟教育公司规模型的办学模式出现，从而形成"中国特色的虚拟学习社区"，真正实现全息的教学过程。

当前，虚拟学习社区想要发展和繁荣，社区中的成员必须有极大的热情和奉献精神；学习社区中的成员可以匿名，但一定要有一个固定的身份；最好能够定期举行线下的聚会，作为虚拟社区面对面交流的延伸；在虚拟学习社区中要形成一种亲密的共存互助气氛，欢迎不同的言论和见解，但不能进行人身攻击；不断进行社区内容的更新和提供技术支持。在构建虚拟学习社区时，还应该注意下面几个"要"：①要把网站的纯粹浏览者变为网站的互动参与者；②要使所有加入虚拟学习社区的成员产生社区意识；③要物色好虚拟学习社区的优秀版主，这是社区经营者最为宝贵的财富；④要提供相关的详尽、系统、全面的信息，并能持续、及时地更新信息；⑤要尊重注册成员及其个人隐私，保护其注册资料和个人信息，建立社区的良好声誉；⑥要遵守虚拟学习社区的有关法规，在虚拟学习社区中，不能随便向社区成员的电子邮箱发送宣传促销甚至是反动内容的邮件；⑦要时刻注意社区中成员对新信息、新媒体、新产品的讨论，并迅速、及时地做出反馈。

由于虚拟学习社区可以改变传统的教学模式所提供的学习方式，使学习方式从传统的"独学"变为"群学"，使学习结构从"封闭"变为"开放"，最终使教学从"知识传授"转变为"知识建构"①，因而近年来在国内外的远程教育中得到了越来越多的推广和应用。

作为可以应用在教育领域中的虚拟学习社区，其真正的价值在于学习社区内人际间的互动与关系、信息的汇聚与经验的积累。虚拟学习社区为

---

① 吴东东、黄卓龄：《论构建虚拟社区的必要性及其应该注意的关键性问题》，载《江苏商论》2002年第10期，第89－91页。

人类提供了另一种生存学习空间，由于它的出现，"人的本性及多样性得以张扬"（埃瑟·戴森）。但是虚拟学习社区毕竟只是人们学习生活的另一侧面，不是人类学习生活的全部，它与现实教学有着根本的差异，如果人们能在虚拟学习社区以外加深实践，能更好地走进现实教育，这才是研究虚拟学习社区的意义所在。

（原载《中国电化教育》2005 年第 6 期）

# 高等教育信息化深度发展框架与趋势分析

随着数字校园建设的不断推进，我国高等教育信息化建设已具备了较好的基础，特别是拥有了较好的信息化基础设施。在高等学校信息化快速发展的过程中，也集中出现了一些需要重视的瓶颈性问题。例如，高校信息化整体应用水平落后于实际需求，信息化潜能未得到充分挖掘，一些系统的应用效果不够明显；各类信息系统之间互操作与跨平台资源共享缺乏统一规划，部门之间的协调有待加强，应用系统开发存在低水平重复的现象；信息安全和统一身份管理问题仍比较突出；对高校用户的个性化需求关注不够，为不同用户提供同一资源的情况普遍存在；等等。对这些难点问题的关注，推动了对高等教育信息化深入发展的相关课题研究。本文主要以华南师范大学的教育信息化建设为例，提出高等教育信息化深度发展框架，并从面向服务、面向用户、面向知识、体现教育公平与构建泛在环境等方面来分析高等教育信息化的深度发展趋势。

## 一、高等教育信息化深度发展框架

2006 年，国务院信息化工作办公室发布了《中国信息化发展报告2006》，指出信息化进入多层次推进阶段，并将教育信息化列为 2006 年中国信息化建设的一项重要内容，主要包括以下几个方面的工作重点：构建网络教育公共服务平台，建立优质教育信息资源的开发、遴选、集成、整合与共享保障机制，提高资源开发质量与共享服务水平，继续普及和完善信息化基础设施，探索教育信息化集成服务模式等。这些工作重点在高等教育信息化发展中都有体现或交集。实际上，高等教育信息化建设需要一个过程，它本身就是一项庞大的系统工程。

### （一）从系统工程角度建构高等教育信息化的发展框架

高等教育信息化建设的系统规划强调立足于应用需求，确定教育信息化总体发展目标，着重从建设、管理、应用等各个层面考虑信息化建设的整体效能，并提出保障效能实现的可行性措施，以求得教育信息化的可持续发展。[1] 从宏观角度看，高等教育信息化建设涉及高等教育系统的教学、科研、管理以及社会服务等领域；从微观角度来说，它包括高等院校的信息化基础设施建设、教学资源建设、人才队伍建设、管理制度建设等方面。这些方面相互影响、相互联系，相互促进、相互制约，共同构成了一个多维度、多层次的高等教育信息化建设蓝图。[2]

从高校的职能和使命来看，人才培养、科学研究与社会服务是其肩负的三大任务，高校的信息化建设必然要保障上述任务的顺利实施与高质量完成。以往的校园信息化建设经常人为分割上述三大职能，导致其建设缺乏系统全局观，只见树木不见森林。我们综合分析高等教育信息化发展中面临的挑战，以应用为牵引，以先进技术为推动，全面整合人才培养、科学研究、社会服务、行政管理等任务需求，提出了高等教育信息化建设深度发展的框架（见图1）。

在此发展框架中，主要涉及管理人员、教师、研究者、学生、校友以及外部人员等，重点提供教学（构建支持个性化与智能化的 E-Learning 环境）、科研（数字图书馆和信息共享空间建设）、社会服务（继续教育、培训以及科研咨询等）以及行政管理（办公自动化、决策支持系统等）四个方面的服务，体现了现代大学培养人才、科学研究和社会服务的基本职能。各类人员在信息化环境中能够根据工作性质指向和管理权限的不同，安全可靠地访问和应用各类资源与服务。

## （二）华南师范大学的信息化建设现状与发展方向

经过"九五"和"十五"两期"211 工程"的建设，华南师范大学校园计算机网络已经步入第三代校园网，即基于安全策略的万兆校园网。在此基础上，学校搭建了优良的网络基础平台和服务基础平台，建立了具有一定规模的校园数据中心。学校网络用户规模不断扩大，各类网上应用系统逐渐丰富，学校各项工作对信息化的依赖程度也越来越高。

---

[1] 谢同祥：《教育信息化系统规划及其知识咨询系统研究》（学位论文），南京师范大学 2008 年。

[2] 郭文革、希建华：《本土化：国际高教信息化现状与发展趋势》，载《开放教育研究》2003 年第 3 期。

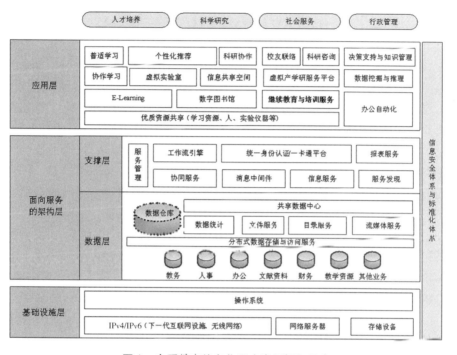

**图 1　高等教育信息化深度发展框架示意**

在完成"十五"期间"211工程"建设后，学校网络与信息化基础设施建设基本成熟，但学校的各类信息资源和数据资源还相对分散，缺乏共享和联系。为进一步提高工作效率，学校各项工作对公共信息平台建设和各应用系统之间的数据共享及应用整合的要求日益迫切。在"211工程"建设后期，随着广州大学城建设的完成，学校增加了大学城校区、南海校区。面对建设新形势，学校提出了"一校三区"统一规划、统一建设的总体建设思路。根据这个建设思路，在公共信息平台建设时充分考虑各校区信息服务的应用延伸和统一，结合各校区的特点和优势，合理规划和分布信息资源，并通过各系统的无缝整合向多校区透明地提供统一的信息平台和信息服务，为学校的多校区管理提供强大和便捷的信息流通渠道。

在此背景下，学校于2007年9月启动了以数字校园建设为主要内容的"十一五""211工程"建设。数字校园建设的主要任务是突出面向服务和服务整合，在统一信息标准和编码规范下对各类信息资源进行有效的集成、整合和优化，建设基于用户角色的数字校园信息门户，统一身份验证和单点登录机制，实现全校信息化应用的统一入口和个性化服务，最终形成具有华南师范大学特色的共享数据中心。在数字校园公共平台建设的基础上，重点完成"一校三区"一卡通系统建设、协同办公系统建设、数字图书馆建设及人事管理系统、资产管理系统、后勤管理系统、财务管理系统等应用信息系统的新建、改造和集成工作。

与此同时，学校增建了校园网300M＋100M电信出口，打通了各校区的网络互联链路，实现了教科网、电信网双出口，有力保障了教学、科研及管理对互联网带宽的要求，为数字校园的应用拓展奠定了坚实的基础。

到目前为止，学校数字校园各项建设目标已基本实现。华南师范大学在"十一五"期间的"211工程"信息化建设继续跟踪、试验与应用新的网络信息化技术。通过将高水平建设与深度研究相结合，学校开展了由国家发改委、教育部科技司发起的中国下一代互联网示范工程（CNGI）、高校校园网IPv6升级项目等多个国家重点项目，为学校在信息网络技术"更新换代"的潮流中把握了新的发展机遇。另外，学校网络中心的高性能计算系统（HPC）建设、数字校园异地容灾备份系统建设等一系列建设项目也将进一步提升学校网络信息化研究水平和应用能力。

在今后的信息化建设中，华南师范大学将继续巩固"十一五"期间数字校园建设的成果，同时不断进行数字校园系统功能的延伸和扩展。在数字校园下一阶段建设中，将逐步实施图1所示的发展框架，对校内信息系统进行流程整合和流程再造，建立以共享数据中心为核心平台的数据统计分析与决策支持系统，从不同层面对学校教学、科研及管理过程中的信息资源进行数据挖掘，辅助和支持学校和部门（院系）各级领导的决策活动，扩展延伸已有数字校园应用系统的功能。在外部网络环境建设方面，学校将对校园移动学习、互动学习和移动办公等技术展开研究和实践，逐步建设一个多功能、立体化的校园网络信息化环境。

## 二、高等教育信息化发展趋势分析

下面结合华南师范大学信息化建设和研究的经验，从"三个面向，两个体现"共五个方面分析高等教育信息化的发展趋势。

（一）面向服务：教学、科研与管理三大系统整合与流程重组

教育信息化的根本目的是为教育服务，为教育信息化服务的需求主体（以教师和学生为主）及其实践活动提供集成化的信息、知识和人力资源服务。教学、科研与管理通常是信息化建设的三大主要系统，这突出了高校的职能与部门特点，但忽视了底层数据的整体性与共用性，应加强此方面的建设。例如，新生在完成入学注册后，个人信息应能自动分配到与之相关的教学系统和宿舍管理系统，使学生在选课与进行住宿登记时无须再次提供个人信息。这实际上正体现了在信息时代高校各部门应提供更优质服务的观念。

随着信息化的发展以及高等教育管理水平的提高，高等教育的教学、科研与管理三大信息系统整合的需求越来越强烈。从服务的角度出发，需要将按职能分类的系统进行面向角色需求的整合，将分散的工作进行集中的管理，将分散的数据进行集中的整合等。高等教育信息系统流程整合与流程重组的核心是面向学生满意度的教学和工作流程优化，其本质思想是要打破高校按职能设置部门的管理方式，代之以教学和工作流程为中心，重新设计高校管理过程，从整体上确认高校的运作流程，满足高校教学、科研和服务社会的职能需求。[①] 其所追求的是全局最优，而不是个别最优。

当前，面向服务的教学、科研、管理的信息系统流程整合与重组的发展趋势主要表现在以下三个方面：一是要构建信息共享空间，即采用面向服务的架构，研发中间件屏蔽底层数据库的异构、数据的差异，向外部提供统一的数据访问接口，自动进行数据格式的转换，从而在底层打通三大信息系统，实现数据交换和信息共享，做到真正的互联互通。二是要强化数字图书馆建设，图书馆是高校进行高质量教学与科研的基础，数字图书馆不仅具有传统图书馆的功能，还可以通过电子化信息的存储、处理和传输，为高校的师生和员工提供及时有效的信息获取服务，保证教学与科研的高效率与高质量开展。三是要实现基于"一卡通"的单点登录和综合

---

① 刘小佳：《应用 BPR 方法整合企业信息资源》，载《湖南经济管理干部学院学报》2005年第6期。

信息服务。

## （二）面向用户：提供个性化支持与协同协作

随着时代的进步，技术和教育逐渐向人之本性回归，社会已经进入按需教育时代，高等教育信息化发展的必然趋势是为各级各类用户服务。"面向用户，以人为本"就是要把各类用户的需求放在首位，以透明的方式提供满足用户需求的各种资源和服务。无论是教学、科研还是管理都要充分考虑用户个性化的需求，这意味着教育信息化建设的意义不仅是要达到设备的先进性与教育资源的丰富性，还要能够根据用户的需求提供个性化支持，因为再优质的教育资源如果不适合师生的需求，也不能体现其价值。

信息技术的飞速发展使用户能快速、便捷地获取信息，同时也造成了信息的急速膨胀，庞大的信息量带来了信息过载与资源迷航等问题。传统的信息系统服务方式已经不能提供较好的用户体验，提供个性化的知识服务成为目前信息系统研究关注的热点。个性化支持是建立在对用户的理解和准确描述的基础上的，良好的用户模型是提供个性化支持的核心与关键，决定了个性化服务的效率和质量。采用本体构建用户模型是当前研究的一种趋势。

学习是一种社会性知识建构的过程，个体的发展离不开环境的支持，个体与个体之间存在既竞争又合作的关系，这就要求信息化建设要关注对群体协作的支持，能协调和利用各种信息资源，促进用户的协同发展。对支持协同协作的研究，是高等教育信息化发展中的新课题。

## （三）面向知识：评价的合理性与决策的科学性

大学是一个传授知识、创新知识、用知识服务于社会的场所。知识是存在于高等教育系统各项活动之中的共同要素：科研创造它，学术工作保存、提炼和完善它，教学和服务传播它。自高等教育产生以来，处理各门高深知识就成为其主要任务，并一直是各国高等教育的共同领域。[①] 高等教育中对知识的评价主要体现在教学质量评价上。

教学质量评价是一个与学校所有成员有关的活动。它的评价主体是多

---

① 季诚钧：《大学属性与结构的组织学分析》，人民教育出版社 2006 年版。

元化、社会性的。因此，合理评价需要依托各部门以及各用户，形成系统、科学的评价意见。在高校信息化建设中，应充分发挥网络的特点与作用，保证公开、公正、公平的评价顺利实施。例如，让包括职能部门、专家、师生甚至社会力量在内的各评价主体都能通过网络了解和利用信息，从各自的角度、层次出发对教学质量进行评价，使有关部门能多方面、快速地获得稳定的信息资源，也使师生及管理部门通过网络有一个畅通的信息交流渠道，实现评价系统的实时动态管理，提高教学质量评价的时效性、准确性及参与的广泛性。

面向知识的高等教育决策支持系统从不同层面对学校教学、科研及管理过程中的信息资源进行挖掘，包括信息的整理、统计、分析、归类等，辅助和支持学校和部门（院系）各级领导的决策活动，并向教师和学生提供分类的、个性化的数据服务。高校信息化建设的一项重要内容是在底层数据互联互通的基础上，保证管理决策者获取信息的合理性与科学性。目前高校中常见的辅助决策系统有高校办公室辅助决策系统、课程建设目标规划辅助决策系统、图书采访辅助决策系统、学生成绩分析辅助决策系统等。[①] 数据仓库技术和联机分析处理技术的出现，为更好地实现上述要求提供了可靠的技术保证。

（四）体现教育公平：优质教育资源共建共享

信息技术与教育的整合促进了教学观念的改进与教学模式的创新。教育公平的核心是机会均等，高等教育信息化将很大程度上促进教育公平。随着现代经济社会的发展，机会均等问题日益成为现代高等教育发展的一个重要命题。实现高等教育机会均等的一个重点，也是难点，就是如何为处于不利情况下的人群提供机会均等的高等教育，而其本质就是如何保证优质教育资源的共建共享。

《2003—2007年教育振兴行动计划》和《广东省教育现代化建设纲要（2004—2020年）》提出构建教育信息化公共服务体系，建设硬件、软件共享的网络教育公共服务平台，明确要求加快推进教育信息化，大力开发教育信息资源，实现教育资源共建共享。

为了实现优质资源共享与教育公平的目标，一些新的计算技术日益受到

---

① 刘起军、罗常军：《高校办公室的辅助决策职能》，载《教育》2007年第1期。

重视，并应用于信息社会的基础设施建设，例如网格计算（gridcomputing）、云计算（cloud computing）等，正是技术的飞速发展，为优质教育资源的共享提供了可能。中国教育科研网（CERNET）经过不断的发展，已建成了可以聚合与共享资源的公共服务平台，这对于实现计算资源、存储资源、数据资源、信息资源、专家资源的全面共享，提高我国高等教育信息化基础设施服务水平和高等学校教学科研水平，具有极其重要的意义。

### （五）体现泛在性：构建普适学习环境

随着信息与通信技术的发展，高等教育的学习环境正在逐渐走向个性化和开放化，开始具有普适性、移动性和嵌入性的特征。国外已经有学者提出普适学习（ubiquitous learning）的观点。[①] 普适学习环境不仅允许人们在任何时间、任何地点开展学习，更重要的是可以在恰当的时间以恰当的方式为学生提供恰当的信息（right time and right place learning）。高等教育的理想目标是达到"4A"（Anyone，Anytime，Anywhere，Anyway），即任何人在任何时间和任何地点能以任何方式访问高等教育的资源。这体现了终身学习的理念，是构建学习型社会的基础与保障。信息技术的迅猛发展将导致具有"无所不在性""透明性"和"智能性"等特征的泛在（ubiquitous）智能的产生与发展，从而为教育信息化的发展带来新的机遇和挑战，并推动其朝着建立理想的普适学习环境的目标迈进。

（原载《教育研究》2009 年第 10 期）

---

① Ogata H. Y. Yano, "Context-aware Support for Computer-supported Ubiquitous learning", In: IEEE Computer Society Press. *Proceedings of the 2nd IEEE International Workshop on Wireless and Mobile Technologies in Education*, 2004, pp. 27 – 34.

# 信息化视野中的教育均衡发展：
# 关系、命题与对策

　　无论是在过去、现在还是将来，教育均衡发展都是教育界乃至全社会共同关注的话题。《国家中长期教育改革和发展规划纲要（2010—2020年）》再次将义务教育均衡发展提到国家战略层面上加以重视，并将此作为我国促进教育公平的一项重点工作。随着信息时代的到来，我国义务教育均衡发展正同时面临着机遇与挑战。一方面，信息技术的应用，有助于突破传统学校教育的局限，使新的教学方法和教学手段得以实现，优秀的教学资源可以无障碍地共享，师生、学生之间可以进行跨越时空的交流与合作；① 另一方面，综观我国义务教育阶段的信息化建设现状，先前存在的发展失衡问题依然存在，且在短时间内仍无法得以有效解决，而由经济、文化、政策等多种因素所造成的"数字鸿沟""城乡错层"等问题，反而在一定程度上又加剧了教育的不均衡现象。②③ 在此背景下，如何利用好信息技术这把"双刃剑"，更好更快地为推进我国义务教育均衡发展服务，无疑是一个需要深入研究的问题。

## 一、义务教育均衡发展与信息技术变革

### （一）教育均衡发展是实现教育公平，全面提升教育质量的重要范畴

　　教育公平是社会公平的基本体现，也是现代文明中人们对自身自由、

---

　　① Sancho J M, "Digital Technologies and Educational Change", *Springer International Handbooks of Education*, 2009, 23, pp. 433–444.

　　② 薛伟贤、王涛峰：《"数字鸿沟"研究述评》，载《科技进步与对策》2007年第1期，第190–193页。

　　③ ［英］布琳达·葛利、陈丽：《信息技术应用与数字鸿沟》，载《中国远程教育》2004年第21期，第49–54页、第74页。

平等权利追求的价值体现。教育公平主要体现为教育权利的公平和教育机会的公平。《中华人民共和国宪法》和《中华人民共和国教育法》明确规定，每个公民都享有同等的受教育权利，具体包括教育机会均等、教育过程均等、教育结果均等。教育公平意味着必须保障人人享有平等的受教育权利，平等地享用教育资源的权利。无论性别、年龄、种族、地域、经济条件有多大的差异，都应在教育机会、教育过程和结果等方面，尽最大努力实现均等。当教育与人的价值取向的联系越密切时，人们对教育的认识也就越深刻，对教育公平的期盼也就越强烈。而教育的均衡发展体现了公平与公正的理念，成为现代化教育的重要范畴。

所谓教育均衡发展，是指在教育公平的原则下，通过对教育资源的合理配置，为广大受教育者提供相对均等的教育资源条件，以实现教育可持续发展的过程。然而，由于经济、社会、历史等多个方面的主客观原因，目前我国区域之间、群体之间的教育水平仍然存在着巨大的差异，具体包括教育条件、师资水平、教育质量、教学手段等多个方面。特别是伴随着城乡二元教育政策而来的教育投入与优质教育资源在区域间的配置失衡问题，尤为显著。以一项社会的教育投资调查为例，占总人口不到40%的城市拥有77%的教育投资，而占总人口60%多的农村却只有23%的教育投资。① 这不仅造成了城市与农村教育质量的差距，还直接导致了一种新的恶性循环现象：欠发达地区散尽投入建设优质资源培养学生，但所培养出来的人才却投身于发达地区的建设，城乡之间的"教育鸿沟"日益扩大，进一步加重了不均衡现象。因此，教育均衡发展已经并不仅仅只是优质教育资源的合理配置问题，还涉及教育的持续长远发展问题。在此背景下，走教育均衡发展之路，就是要逐步缩小乃至消除区域之间、人与人之间的教育差异，使人人都能享受到同等的教育，实现教育公平，实现教育质量的全面提升，从而提高全体国民的素质。

（二）技术变革下的教育发展失衡现象，在较长时间内仍将继续存在

教育发展失衡的现象在世界各国普遍存在，如何实现教育均衡发展，

---

① 国家统计局：《2003年中国统计年鉴》，中国统计出版社2003年版。

是世界性的教育难题。①②③④ 调查显示，有 69.75% 的被调查者认为我国基础教育发展失衡，有 48.72% 的被调查者认为我国基础教育发展失衡现象十分严重。⑤ 导致教育发展失衡的原因，除了有差别的城乡二元教育政策，还有教育资源配置地区倾斜、教育经费投入差异等。早在 2005 年，无锡、郑州、银川、甘肃庄浪四个地区的小学人均教育成本分别是 3721元、1272.2 元、1503.1 元和 656.8 元，初中人均教育成本分别是 4555元、1559 元、2060 元和 858.8 元。⑥ 由此可见，东部地区的人均教育成本要明显高于中西部地区。教育经费投入不足，必然会阻碍教育条件的改善和软硬件设施的及时升级，还会导致优质师资外流，影响整个地区的教育事业发展。此外，片面的学校重点、示范机制，也使得部分学校享有更为特殊的优惠政策，占有相对优质的教育资源⑦，导致了同一区域内学校之间的差异。

信息技术的快速发展，正在教育领域中发挥着越来越重要的作用。特别是网络技术的成熟和普及，突破了时空限制，使得优质教育资源在很大程度上实现了共享。但是，由于我国教育发展的"先天"失衡，新技术还一时无法解决所有的教育发展难题。况且，将信息技术有效融入教育之中，本身就存在各种影响因素，这也会制约教育均衡发展的效果。

首先，以最为重要的经济因素为例。在某种程度上，教育发展失衡，也是经济发展不平衡在教育领域中的体现。将信息技术引入教育领域，资

① Zhou Y, Singh N, Kaushik P D, "The Digital Divide in Rural South Asia：Survey Evidence from Bangladesh, Nepal and Sri Lanka", *IIMB Management Review*, 2011 (23), pp. 15 – 29.

② McAndrew P, "Learning to Bridge the Digital Divide：Centre for Educational Research and Innovation and National Center on Adult Literacy (NCAL)", *Computers & Education*, 2002 (39), pp. 201 – 205.

③ Tinker R, Vahey P, "CILT2000：Ubiquitous Computing – Spanning the Digital Divide", *Journal of Science Educationand Technology*, 2002, 3 (11), pp. 301 – 304.

④ 林君芬、张静然：《以信息化推进义务教育均衡发展——访广东省教育厅罗伟其厅长》，载《中国电化教育》2010 年第 10 期，第 28 – 32 页。

⑤ 郝双才：《关于我国基础教育发展失衡问题的思考》，载《齐鲁学刊》2005 年第 6 期，第 158 – 160 页。

⑥ 李德、李丰春：《反思、借鉴与探索——国外促进教育公平的实践对我国的启示》，载《湖北社会科学》2009 年第 6 期，第 172 – 176 页。

⑦ 秦洁：《教育公平视阈下的教育均衡发》，载《华北水利水电学院学报（社会科学版）》2011 年第 4 期，第 156 – 158 页。

金投入往往非常关键。信息化涉及的投入包括软硬件设备、信息化环境、信息化资源、高素质师资队伍培养等，这些投入与一般的教育投入相比，要花费更多的资金。在发达地区，教育机构投入的建设资金多，信息化程度较高，教育改革进度快。相比之下，在欠发达地区，教育资金不足、信息化进程缓慢，使得区域间教育的信息化水平差异逐渐拉大，造成了区域之间教育的"数字鸿沟"。

其次，理念因素也会产生重要影响。信息技术变革下的教育理念，与传统的教育理念相比，有着本质的区别。在较为发达地区，如"以学生为主体，教师为主导"的自主学习理念、"以解决实际问题为目的"的探究式学习理念等，已经被广泛认可和接受，并与信息化技术融合在一起，效果逐渐凸显。但是，在许多较为封闭的内陆城乡或山区，受制于落后的传统教育理念，纵然有了新的技术设备，在日常教学中也往往无人问津，不能发挥其应有的效用。

由此可见，信息技术在一定程度上能为解决区域间、学校间的失衡问题提供支持。但是，教育发展失衡由来已久，一则不可能在短时间内完全解决；二则技术在教育中的应用效果既依赖于经费的持续支持，又需要有效的应用机制来作为保障，这往往使得技术应用在还没能促进教育发展平衡的同时，反而又造成了新的差距。在教育发展"先天"失衡及技术变革背景下教育发展"后天"失衡的综合影响下，我国现阶段义务教育发展的失衡现象在短时间内仍然无法消除，它将伴随着经济、观念、理念等多种主客观原因较长时间存在。

（三）信息化视野中的教育均衡发展，迎来了新的历史机遇

教育均衡发展的关键，是优质教育资源的科学合理配置和教育机会的均等。而信息化背景下的教育信息化的不均衡，不仅表现在地域间教育发展的不均衡，更为严重的是将导致公民个体信息素养的差距，继而演变成地域之间、公民之间的"数字鸿沟"。以信息化来带动教育的均衡发展，以信息技术支持资源的有效集成性、充分共享性、传递及时性、非时空限制性等特点，来解决教育均衡发展过程中的关键问题，实现先进教育设施、优质教育资源、优质师资力量培养、学生能力发展的均衡，实现教育的可持续发展，是信息技术促进教育均衡发展的最终目的。

信息化的发展，特别是远程教育技术和网络技术的逐渐成熟，为实现

教育的公平化和大众化提供了强有力的技术支持。信息化在实现教育均衡发展、全面提升教育质量方面发挥了不可替代的作用，"以信息化促进教育均衡发展"的观点也成为教育改革发展的重要途径。《教育部关于贯彻落实科学发展观进一步推进义务教育均衡发展的意见》明确提出，"把全面推进中小学教育信息化作为促进义务教育均衡发展的重要战略举措，以教育信息化带动教育现代化"。《国家中长期教育改革和发展规划纲要（2010—2020 年）》也明确指出，"信息技术对教育发展具有革命性影响，必须予以高度重视"，以及"加快教育信息基础设施建设""加强优质教育资源开发与应用""强化信息技术应用"等战略性政策，为利用信息化推动教育、促进教育均衡发展、实现教育公平提供了必要的政策支持和良好的发展机遇，同时也对教育信息化的建设和发展提出了更高的要求。

## 二、信息技术促进教育均衡发展的命题

### （一）信息技术最终能够促进义务教育的均衡发展与优质发展

信息技术能够突破时空限制和实现信息的高速传递，这在很大程度上有助于解决传统教育中资源难以共享、机会条件不均的问题。充分发挥信息技术在教学过程和教学资源设计、开发、应用、管理和评价上的优势，有助于实现优质教育资源的有效集成和充分共享。以远程教育为例，它可以解决偏远地区学校优质资源严重不足的问题，使得偏远地区的学生也可借助网络接受教育。这些措施有利于偏远地区教育教学的有效开展，有利于落后学校的快速发展，实现"在教育起点不公平条件下，有可能达到教育结果的相对公平"[1]，从而逐步缩小地域间的教育发展鸿沟。

从教育的目标上看，以信息化促进教育均衡发展，最终就是要为广大的学习者提供符合信息时代要求的优质教育，培养信息时代个性丰富而有

---

① 赵兴龙、何克抗：《e-Learning 时代教育公平观的新发展》，载《电化教育研究》2010 年第 1 期，第 18 - 24 页。

创见的"人"。① 信息化的优质教育资源和环境，能够从实质上提高人的信息素养，使人人都具备一定的信息能力，缩小人与人之间的"数字鸿沟"。在竞争日益激烈的信息社会中，让人人都能平等地享用信息资源，人人都能接受良好的教育，进而在本质上实现教育的均衡优质发展。

（二）信息技术在促进教育均衡发展过程中，具有周期错位和滞后性

信息技术对教育领域的促进作用，相比对其他领域的促进作用，存在着差异。信息技术对市场领域的促进作用具有响应迅速、周期短、见效相对快的特点，而在促进教育均衡发展方面，其效果不是立竿见影的；其作用周期往往错位，在时间上具有滞后性。

导致这种现象的原因是复杂多样的，其中包括了技术的"教育适应性"问题。众所周知，技术在市场领域中的应用追求的是经济效益，而在教育领域中的应用所追求的是教育效果和质量。然而，教育效果和教育质量的体现和检测，需要较长周期的实践考察，才能得出相对客观的结论。以博客的教育应用为例，作为一种新的网络技术，它所具有的资源共享、观点分享、跨时空讨论等功能已经得到了广泛认可。但是，博客能否作为一种有效的新型学习工具，广泛引入和应用于教育领域，则需要经过严密的实验论证，并且还需要对其学习效果和质量进行后续的考察和分析。况且，当研究者对博客的教育应用研究有了一定的结论后，博客在社会上很可能已经不再是受人们青睐的最新技术，而被一些更为新颖的技术所超越和取代。正是由于新技术在教育领域中的适应性、周期错位和滞后性，使得教育领域所采用的信息技术往往已不再是社会上最新的技术，这种周期滞后的错位现象难以避免，而且也将普遍存在。

（三）信息化视野中的教育均衡发展，存在着路径依赖和多样化的特征

所谓路径依赖，是指一旦人们做出了某种选择，惯性的力量会使这一

① 彭红光、林君芬：《以信息化促进义务教育均衡发展的机制和策略》，载《中国电化教育》2010 年第 10 期，第 33－39 页。

选择不断地自我强化，让人不会轻易改变轨道。[①] 信息技术支持的教育发展，明显体现出了这种路径依赖的特性。由于教育系统所具有的复杂性，它的发展途径也会受到各种因素的综合影响，从而形成自己的历史发展脉络，但是，任何发展都不可能完全超越时间和空间的顺序、超越资源的限制。先前的信息技术手段和制度选择会使技术演变和制度变迁进入某一特定的轨道，不管该路径的绩效如何，都会对路径形成某种程度的依赖性。一旦路径选择错误，沿着错误的路径走得越远，回到更加合理路径的难度就越大。[②] 在现阶段的教育均衡发展过程中，同样不容忽视原有路径惯性的影响。

已有研究指出，造成信息化背景下区域教育发展进程中路径依赖的因素主要包括：①利益相关者的认知能力；②外部政策与环境压力；③经济水平与初始投入；④行政体制的制度惯性；⑤专业人才的素质结构；⑥现存技术的应用绩效；⑦路径变革的转轨成本。[③] 当这些因素均衡互补时，区域性的教育发展路径就处于理想状态。但是，由于种种制约所致，在现实世界中这些因素都很难达到最为理想的"合力"状态，会影响后继的发展路径。

实际上，不仅是区域层面上的教育发展存在这种特性，学校层面的发展也遵循这样的特性。此外，由于历史造成的路径依赖和教育环境的复杂性，信息化在发展过程中受到有形或无形的影响，会导致教育发展出现多种方法和途径，进而导致在信息技术支持下的教育均衡发展模式呈现出复杂多样的特点。同时，影响信息化发展路径的每一种因素的变化，或者其间相互作用的结果，也都在一定程度上会导致教育均衡发展的多样化。

---

① 胡小勇：《路径依赖视角下的区域教育信息化可持续发展策略研究》，载《中国电化教育》2008 年第 11 期，第 1 - 5 页。

② 段云华：《义务教育均衡发展研究述评》，载《湖北大学成人教育学院学报》2010 年第 6 期，第 59 - 61 页。

③ 马小强：《以〈规划纲要〉为契机　推进教育信息化进程——2010 年全国电化教育馆馆长会综述》，载《中国电化教育》2010 年第 4 期，第 1 - 4 页。

# 三、信息技术促进教育均衡发展的对策

## （一）推进媒介素养教育，整体提升师生的媒介素养水平

英国学者 F. R. Leaves 和 D. Thompson 认为，媒介素养教育是人们采用适当的策略对各种媒介信息的批判性选择、理解、质疑、评价的能力，以及合理有效地使用媒介信息为个人生活、社会发展所用的能力。在信息技术高速发展的今天，随着信息资源的广泛获取，学生对学习资源做出正确的选择、解读、使用和评价的能力，就显得尤为重要。可以说，学生的媒介素养，直接决定了其在信息时代的学习质量，从这个角度讲，强化媒介素养教育十分重要。

目前，西方发达国家对学生的媒介素养教育已经具备了详细的规划和要求，并逐渐成熟。早在 20 世纪末，英国大部分地区就已开设了媒介素养教育课程。美国媒介素养教育的课程内容包括了区别事实与虚构、了解并辨识媒体的心理影响、评估自身的媒体浏览观看行为等。加拿大的媒介素养教育还融合到科学、艺术、语言等学科，涉及广泛的知识面，让学生无论在学习何种知识时，都接收到媒介素养的教育。

我国的媒介素养教育，还是一个新兴的研究领域，实践方面相对比较空缺。为确保学生能在信息资源丰富多彩、日新月异的信息化社会中养成新的学习方式和态度，掌握新的学习技能，开展媒介素养教育势在必行。特别是在我国中西部和乡村等信息化水平较低的地区，更必须加强媒介素养教育，赶上信息化时代的教育步伐。除了开设媒介素养课程，还应该加大对教师媒介素养的培训力度，重视师资队伍的培养。此外，还需引进或开发丰富的媒介素养教育资源，开发符合地区特色的媒介素养教育校本课程。

## （二）建设与共享优质的数字化教育资源，促进教育均衡发展

教育发展之所以存在失衡现象，很大程度上是由于优质教育资源的配置分布不均衡造成的。在发达地区，由于信息化水平较高、具备较多的优秀人才，优质的数字化教育资源在建设和共享方面能够得到很好的实施。

但在经济欠发达地区，优质的数字化教育资源的建设和共享，要远远滞后于经济发达地区。因此，建设数字化的优质教育资源，并实现最大范围的共享，成为促进教育均衡发展的关键。

在信息技术支持下，可以通过互联网搭建起优质教育资源的共享平台，让更多的地区和学校广泛参与交流学习，互补优质资源，创造一个相对公平的教育环境。在信息化水平高的地区，可以大力共建优质教育资源，并与其他地区实现资源共享，也帮助信息化水平较低的地区开展资源建设，实行提供优质数字化教育资源的帮扶。

（三）依据区域、城乡差距特征，开展分类分层分步的均衡发展策略

由于当前我国经济社会发展不平衡，区域间的教育环境和条件存在着显著差异，区域发展失衡现象严重。而发展环境的差异，又导致了不同地域学生的综合素质、学习能力也存在差异，进而影响了教育的均衡发展和教育质量的提高。在这种背景下，为保证在信息技术支持下的义务教育更加均衡和全面发展，就应该立足区域初始条件，针对各区域的发展特征，有区别地探索适应不同区域的教育发展与应用路径。也就是说，在引进信息技术手段、建设数字化教学资源时，应该注重与各区域学校的发展保持同步性，采取分类分层分步的多样化建设，实现区域教育多层次、多样化、可持续的均衡发展。

由于各区域的经济基础不同，其信息化的软件及硬件基础设施也不同步。要做到分层、分类、分步发展，就是要根据区域教育的信息化基础设施建设进度，将软硬件进行分类建设，逐步克服路径依赖所带来的制约和影响。例如，采取各区域依据各自实际情况逐层进行信息化建设等手段，使率先完成硬件建设的区域和学校，先进行优质数字化教育资源的开发以及搭建共享平台，而硬件等基础建设较为缓慢的区域和学校，可待硬件建设完成后，借鉴先发展的区域和学校的经验，分享优质教育资源，共享学习平台，最终实现教育均衡发展，消除区域之间的"数字鸿沟"。

（四）深化信息技术的教育创新应用，探索符合各自实际的应用模式与途径

鉴于现实政策的惯性与体制的路径依赖特性，现阶段很难从限制经济

发达地区、重点学校政策出发实现教育的均衡发展，现实中可采用的措施除了由政府改变在过去对人、财、物等资源的配置向发达地区和重点学校倾斜的政策，使贫困地区、薄弱学校能够从政府获得比重点学校更多的资源外，最为实际但又经常被忽视的做法是，在信息化视野下，立足当地、本校的实际条件和发展可能，挖掘信息技术的优势和应用潜力，探索出符合区域、学校具体情况的应用途径和策略，形成具有自身特色的教育均衡发展模式。众所周知，信息技术变革教育的最终落脚点在于信息技术在教育教学中的有效应用。在信息化环境下，传统的教育教学模式难以真正发挥信息技术的潜在优势，加之我国当前各地域教育发展情况较为复杂，即使是同一地区，不同学校之间的发展也呈现出多样化的特点，如果以统一的信息化应用模式去落实和推动教育均衡发展，显然不符合我国的国情。因此，应量体裁衣，具体问题具体分析。以信息化推进教育均衡发展还需加强深化与创新信息技术在教育上的应用，探索符合自身实际的应用模式与途径。

首先，从区域整体发展的宏观层面上讲，深化信息技术的教育创新应用，就是要立足当地经济水平、基础条件、城乡差异、学校差距等整体情况，结合国家政策，实事求是地寻找符合地域特色的、信息技术支持的教育均衡发展模式和途径，切忌盲目行动和生搬硬套"优秀经验"。

其次，从学校发展的中观层面上讲，深化信息技术的教育创新应用，就是要更新教育观念，改变重建设轻应用、重考试训练轻能力培养的理念，加强信息技术与课程整合的实践探索，探究多样化的信息化教学应用模式，促进不同学生的均衡发展。

最后，从课堂教学的微观层面上讲，深化信息技术的教育创新应用，就是要转变师生角色，改变以教师作为唯一知识源、"教师讲—学生听"的传统教学模式，尝试技术支持的新型教学方法，创设有利的学习情境，引导学生利用信息技术去获取自己所需要的信息和构建自身的知识，从而促进不同学生群体，以及学生个体能力结构的均衡发展。

### （五）构建科学的信息化建设评价指标体系，开展绩效评估

科学合理的评价措施，在信息技术促进义务教育均衡发展过程中具有重要的作用。它既是政府部门的决策依据，也是信息化建设战略调整的重要参考，更是区域整体、学校个体开展行动的观测指标。建立科学、系统

的信息化建设评价指标体系，有助于发挥评价的导向和激励作用，引导各区域、各学校更积极、更有针对性地进行信息化建设与应用。

在评价过程中，要注意改变以往传统的"重硬件轻软件，重建设轻应用"的单一评价指标导向，构建面向区域教育整体、区域内学校个体的多维度、多角度的评价指标体系。

首先，在区域层面上，教育信息化工程项目的确立和实施、技术的选择与应用、优质教育资源的建设和共享等是否有利于推进义务教育均衡发展，能否有效为教育均衡发展服务，应该成为衡量信息化工作成败的重要评价指标。在学校层面，除了对信息技术教育的硬件装备数量、质量、使用，以及信息技术课程的开设情况进行评价外，还需要将教学资源数量、资源的共享使用情况、信息技术与课程整合的情况、教师的信息化教学能力、学生的媒介素养等纳入评价体系中，以尽可能地覆盖学校信息化建设与开展信息化教学的内容。

其次，建立完善的评价机制，有助于为评价工作的有效落实和执行提供必要保障。建立健全的评估操作和激励机制，可以对区域层面的信息化建设对于促进教育均衡发展、学校的信息化建设的情况进行分阶段、分步骤的评估，对部分建设思路清晰、落实到位、效果良好、方法创新的区域和学校给予奖励，并基于评估结果在教育资源的配置、师资队伍的培育等方面做出有针对性的调整等。

此外，还可以将区域和学校的信息化建设绩效纳入校长、教育主管部门等相关人员的"政绩"考核范畴，以评促建，将其直接与"政绩"挂钩，以推动各级部门着力推进信息化建设，切实缩小校际差距。

总之，实现教育均衡发展，是当前乃至未来实现教育公平和构建社会和谐的重要途径。尽管由于诸多主客观原因，我国义务教育的教育失衡现象在短时间内仍然无法消除，但是信息技术的快速发展与广泛应用，已经成为推动教育均衡发展的强大动力。虽然在这个过程中，信息技术的教育应用价值存在着一定的周期滞后性和路径依赖的特性，但通过有效实施媒介素养教育、优质资源共建共享、分类分层分步发展、深化创新应用模式、开展科学的评价激励等对策，信息技术必将能够促进义务教育的均衡发展和优质发展，最终实现教育质量和水平的全面提升。

[原载《华南师范大学学报（社会科学版）》2012 年第 6 期]

# 教育信息化的发展转型：
## 从"数字校园"到"智慧校园"

教育信息化是一个长期的发展过程，有其客观路径及规律，具有阶段性的特征。诺兰模型认为，信息化发展必须经过初始、推广、控制、集成、数据管理和成熟六个阶段。[①] 联合国教科文组织把信息技术应用于教育的过程分为起步、应用、融合、创新四个阶段。[②] 上述理论揭示了教育信息化发展的客观规律，表明发展阶段间存在相互联系、依次递进的关系，由于实际应用需求和外部环境变化使信息化不断向更高阶段推进，阶段之间是不能隔断或超越的。

经过一个周期的教育信息化建设，当前教育信息化又衍生和积累了一些新现象和新问题，信息化外部环境发展演进活跃，新理念与新技术不断涌现。在此背景下，教育信息化发展已清晰地呈现出智能化、开放化、个性化与社交化等特征。"智慧校园"逐渐取代"数字校园"，成为当前信息化发展的主题与潮流。

## 一、从"数字校园"到"智慧校园"

21 世纪的第一个十年，国内学校围绕着数字校园的酝酿、规划、建设和应用展开教育信息化工作。数字校园建设的内涵主要体现在数据整合与应用集成两个方面，其目标是实现学校信息资源整合、信息应用集成，构建基于统一标准、各类信息充分共享和流通的学校统一数字平台。

回顾、总结、重新审视数字校园的建设过程与应用效果，我们发现，数字校园还远非学校信息化发展的终极目标，甚至还没有达到信息化发展

---

① 郑凯、聂瑞华：《基于诺兰模型的高校信息化发展现状及趋势分析》，载《中国教育信息化》2009 年第 11 期，第 13 - 15 页。

② 汪基德：《从教育信息化到信息化教育——学习〈国家中长期教育改革和发展规划纲要（2010—2020 年）〉之体会》，载《电化教育研究》2011 年第 9 期，第 5 - 10 页。

的高级阶段。数字校园在一段时期确实为学校的传统业务流程及教与学模式带来了一些变革，但这种变革仍然是被动、缓慢的，没有产生显著、可持续的影响。究其原因，江苏师范大学的王运武以系统思维的视角论述了数字校园建设过程中的系统思维缺失现象①，北京师范大学黄荣怀等从学习环境的变革趋势视角分析了由数字校园向智慧校园演进的必然性。② 当前数字校园的建设与应用主要存在以下问题。

（1）数字校园建设主要聚焦信息门户平台与部门管理系统的业务整合和数据集成，在最根本的教与学方面融合度不够，难以推动教学模式的变革。

（2）大集中式、并发式的建设牺牲了业务部门管理信息系统的专业性、复杂性和可扩展性，导致许多管理系统的应用效果不如预期。

（3）数字校园整体上体现的仍是管理思维，服务模式单一，主要依赖被动处理，对最终用户的服务支撑能力依然偏弱。

（4）访问方式在时空特性上存在局限，校园内外信息化环境相互"割裂"，交互性不强，难以形成覆盖学校内外各项活动的整体联动的信息化应用环境。

技术并非产生上述问题的主要原因，其原因可以归为两个层面。第一个层面出现在数字校园建设理念与整体规划上。数字校园建设初期，大部分学校都建成并应用了基本覆盖学校工作的办公自动化系统与业务管理系统。学校的数字校园规划基本上都围绕着实现系统间的数据整合、交换以及业务流程贯通展开，但这些系统是为了方便业务部门的日常管理而建设的，并没有很好地体现面向最终用户的服务理念，在使用上往往以用户的不便来换取管理的便利。在这种建设理念下，即便是数字校园建设与应用效果较好的学校，信息化应用与最终用户的紧密度和亲和度仍存在很大距离。第二个层面出现在数字校园建设的实践过程中。数字校园建设是一个庞大的系统工程，涉及学校工作的方方面面，因此，协调与合作成为数字校园建设实践中遇到的一个最大的难题。多数情况下，参与数字校园建设

---

① 王运武：《"数字校园"向"智慧校园"的转型发展研究——基于系统思维的分析思辨视角》，载《远程教育杂志》2013 年第 2 期，第 21 – 28 页。

② 黄荣怀：《从数字学习环境到智慧学习环境——学习环境的变革与趋势》，载《开放教育研究》2012 年第 1 期，第 75 – 84 页。

的学校各部门，由于角色、视角、能力的不同，容易产生校内群体的利益博弈。在平衡与协调校内利益过程中，学校很难形成一股保证数字校园正向进化与协同发展的合力。

因此，学校信息化迫切需要从数字校园向智慧校园转型。而云计算、物联网、移动技术和社交网络等新技术的迅速发展与广泛应用，也为这种转型创造了良好的外部环境与实现手段。

## 二、智慧校园的内涵与特征

2010 年，浙江大学在信息化"十二五"规划中，提出建设一个令人激动的"智慧型校园"。① 这幅蓝图描绘的是无处不在的网络学习、融合创新的网络科研、透明高效的校务治理、丰富多彩的校园文化、方便周到的校园生活。简而言之，智慧型校园建设的目标是建设"绿色节能型、平安和谐型、科学决策型、服务便捷型"的大学校园。② 南京邮电大学、西南大学、同济大学等高校也开始筹划和实施智慧校园建设。

就智慧校园的内涵与特征，不同研究领域的专家学者给出了各有侧重的定义。物联网技术专家突出智慧校园的智能感知功能，认为智慧校园是以物联网为基础的、以感知或挖掘的信息相关性为核心的信息化应用模式。③④ 教育技术学专家侧重智慧学习环境与智慧课堂等教学方式改革的角度，认为智慧校园是基于新型通信网络技术构建业务流程、资源共享、智能灵活的教育教学环境。学校信息化建设专家则侧重智慧校园的应用和服务，认为智慧校园的建设不仅是物联网技术的应用，那只是感知部分，应更多考虑技术的特点，突出应用和服务。⑤

综合上述观点，我们认为，智慧校园首先是学校信息化回归"以人

① 程艳旗：《浙江大学智慧型校园建设探索》，见百度文库（http：//wenku. baidu. com/view/dfe4352c2af90242a895e5e9. html?from = rec&pos = 1&weight = 18&lastweight = 5&count = 5）。

② 鲁东明：《"智慧校园"已经不只是理念》，载《中国教育网络》2011 年第 11 期，第 29 页。

③ 沈洁、黄宇星：《智慧校园及其构建初探》，载《福建教育学院学报》2011 年第 6 期，第 122 – 125 页。

④ 严大虎、陈明选：《物联网在智慧校园中的应用》，载《现代教育技术》2011 年第 21 卷第 6 期，第 123 – 125 页。

⑤ 宓詠：《智慧校园离不开资源与应用》，载《中国教育网络》2011 年第 11 期，第 31 页。

为本"的一个新的发展阶段。首先，智慧校园强调"以服务为核心，以管理为支撑"的理念，包括智能感知、资源组织、信息交换、管理逻辑与科学决策等。智慧校园环节最终目的都是向用户提供更好的服务。其次，智慧校园需要体现校园活动的"深度融合"。"深度融合"包括学校信息化工作与学校各项常规工作在机制与机构等层面的融合、信息化平台资源的融合与集约化利用、信息化业务流程与消息数据的融合、信息化基于所有校园活动以及与外部环境（如智慧城市）的融合等四个层面。简言之，智慧校园的内涵可以用"以人为本、深度融合"进行表述。

智慧校园的特征是其内涵的具体化与形象化，其基本特征包括以下六点。

（1）具备对现实中人、物、环境等因素特征、习惯的感知能力，并能依据建立的模型智能地预测一般规律与发展趋势。

（2）以高速多业务网络体系支持各类消息、数据、信息的实时传递，最大限度消除时空限制。

（3）实现信息化平台的整合与集约化利用，体现资源的良好组织与优化存储。

（4）基于"大数据"理念的资源挖掘与资源推荐，实现智能化的决策、管理与控制。

（5）构建开放的、多维度的学习与科研空间，具备支持多模式、跨时空、跨情境的学习和科研环境。

（6）信息化应用体现面向最终用户的个性化、综合化与社会化服务，信息化应用与社会整体信息化应用环境实现真正融合。

## 三、智慧校园的主要技术载体

技术是教育信息化发展的支撑与载体。近年来，信息化新技术呈现出井喷的态势。云计算、大数据、移动技术、物联网及社交网络等技术被深入研究与推广应用，为智慧校园的实施打下了坚实的基础。

### （一）物联网与环境感知

从网络角度看物联网是一个泛在网络，如何高效、可靠、完全、智能地在泛在网络中进行信息传感、感知与处理是物联网的核心问题。[①] 从本质上看，物联网的信息传递平台仍然是网络（包括有线和无线），但物联网在网络终端增加了信息感知与处理功能，主要的感知技术包括射频识别（radio frequency identification，RFID）、红外感应、视频监控、全球定位、激光扫描等。与传统终端到人的网络不同，物联网实现了人与物、物与物之间的智能识别、定位、跟踪、监控和管理，能够体现智慧校园的"智能化"特征。

物联网已经在智慧校园的教学科研、校园生活、节能安保等方面逐步投入应用，如教学科研的实验室管理、图书识别与借还等，校园生活的一卡通、考勤管理、水电自动计费等，节能安保的智能照明、智能插座等。但目前物联网在高校仍未得到体系化的部署与应用。

环境感知技术是与物联网类似的感知技术，主要应用在教学与科研场景。环境感知技术通过主动感知学习者、科研人员所处的学习和科研环境的特征，建立和识别其所处的学习科研的模式和类型，智能地适配并提供各类教学科研资源。环境感知技术是一项复杂的跨学科技术，目前仍处于研究阶段，缺少典型的应用案例。

（二）移动互联与移动应用

移动互联技术包括3G、4G、Wi-fi、自组织网等移动接入技术。移动互联突破了校园有线网络对网络接入的空间限制，体现了智慧校园的"开放化"特征。

无线网络支撑智慧校园的校园移动互联环境必须兼具"规模、高速、融合、扩展"四个特点。[②] "规模"指移动信号的覆盖范围和接入数量，"高速"指移动互联的传输容量与质量，"融合"指移动网络与校内有线网络的相互贯通与认证一体化，"扩展"指移动网络承载新业务的扩展能力以及与校外网络环境的适应性。

与传统网络相比，移动网络还有接入终端多样化的特点。智慧校园必

① 朱洪波、张登银、杨龙祥等：《基于物联技术的"智慧校园"建设与规划》，载《中国教育网络》2011年第11期，第18－19页。
② 郑凯、许骏：《高校移动学习体系的构建与发展研究》，载《中国电化教育》2011年第9期，第20－23页。

须建设适应智能手机、掌上电脑（PDA）、平板电脑等多类型终端接入的移动应用平台。智慧校园应从提高信息服务的便捷性、简易性和集成性着手，开发轻量级的移动应用，并引入社交化、可运营、自我发展等新的特点。最近，国内高校纷纷建立起校园移动应用体系，但目前应用热点仍集中在消息获取、生活服务和应用查询等方面，缺少社交化、可运营方面的考虑。

### （三）基于云平台的教育资源整合与组织

为在信息化新的发展时期实现信息资源共享、信息应用互通的目标，满足教育信息化的多样化、个性化、可持续发展的需求，《教育信息化十年发展规划（2011—2020 年）》提出了"搭建国家教育云服务平台。包括云基础平台、云资源平台和云管理服务平台"的建设目标。教育资源与云平台的融合，有利于资源的聚类、共享、升级、推送，解决教育资源分布不均、更新速度慢、共享程度低等问题，从而促进教育资源的均衡发展。

数字校园主要完成了教育资源的初步整合和静态组织。受平台限制，这种资源整合主要体现在物理存储方面，资源本身在逻辑上很难体现良好的关联性。云平台"虚拟化、按需分配和易扩展"的特点为挖掘与关联教育信息化资源之间的隐含关系创造了条件，从而能够形成教育资源云中信息化资源的全局拓扑关系，更大限度发挥教育信息化资源的效益，避免重复建设。数字校园的资源组织多采用人工构造的静态的元数据技术，组织形式缺乏主动性与动态变化能力。基于云平台的资源组织将利用教育资源云在资源广度和深度方面的优势，感知并建模学习者在学习过程中的行为与兴趣，借助语义 Web 与本体技术根据学习者需求从多个维度形成教育资源的组织形态，充分体现教育与学习过程的个性化。

### （四）社交网络与学习协作

社交网络（social network service）可理解为社会性或社会化的网络服务，是为方便人际交往而形成的虚拟化的网络服务平台。社交网络已经成为当前信息技术发展的潮流，成为互联网向现实世界推进的关键力量。"社交网络以它开放式的联络方式、低成本的交际费用、迅速的信息更新等优势成为大学生们维系社会实体关系、展现自我个性、表达利益诉求的首选方式。"①

从早期的电子邮件、BBS 到近年来应用广泛的微博、微信，随着移动互联网技术的兴起，社交网络的信息传播方式已经完成由"一对多"到多元化传播模式的转变②，成为最有效的学习协作和工作协作工具。如何在智慧校园建设中充分利用社交网络在协作方面的优势，是体现智慧校园"社交化"、拉近智慧校园与用户黏合度的重要课题。

### （五）大数据与数据挖掘

用智慧的计算构建智慧的校园，是智慧校园的重要特征。智慧的计算，就是在大数据环境下利用数据库、智能计算与数据挖掘技术，实现信息化体系对用户的理解、对趋势的把握。

大数据是数据分析的前沿技术，它具有从多样的数据库和海量数据中快速获取有价值信息的能力。大数据的特点体现在 4 个"V"，即大量化（volume）、多样化（variety）、快速化（velocity）和高价值（value）。

随着云教育平台的建设，学校的数据尤其是非结构化数据增长很快，校园数据资源逐渐成为高校的宝贵财富。对学校的数据资源进行深入挖掘与分析，将为学校的政策制定提供更有说服力的数据支持，同时可以在因材施教、生活服务、舆情监控等方面发挥巨大作用。

虽然大数据在智慧校园中有光明的应用前景，但目前仍有个人隐私保护、数据的可信度等问题，还需进一步的研究与探索。

### （六）智慧课堂与未来教室

智慧课堂是指以"共享、融合、交互"为特征的教学信息化环境。智慧课堂鼓励教师、学生在课堂内使用移动设备和 Wi-fi 接入校园网和互联网，方便地获取学习资源。教师利用多媒体教学设备，如电子讲台、电子白板和短焦投影仪等可以随时查看学生的学习情况，实现师生、学生间的实时讨论与协作。

---

① 彭良姝、方章东：《社交网络对大学生人格和价值观的影响》，载《西昌学院学报》2012 年第 1 期，第 111－117 页。

② 郭海霞：《新型社交网络信息传播特点和模型分析》，载《现代情报》2012 年第 1 期，第 56－59 页。

未来教室在智慧课堂的基础上，增加了更多的虚拟情境、人工智能等技术因素，突出教室模拟现实世界的能力。

智慧课堂与未来教室的目的是把信息化运用于课堂教学，从而创新教育模式和学习方式，提高教学效果和质量。近年来，在课堂教学方面涌现了许多技术与产品，虽然技术基础已逐步趋于一致，但接口标准、开发理念和实现能力方面各产品还是参差不齐。实现智慧课堂技术与产品的融合与一体化应用，仍有很长的路要走。（见图1）

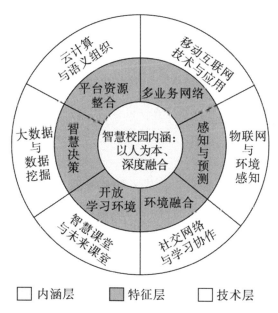

图1　智慧校园内涵、特征与主要技术载体之间的联系

## 四、智慧校园的发展策略

发展智慧校园，必然要有一个全面、正确的策略，在数字校园建设的基础上引领教育信息化继续向前发展。当前，发展智慧校园要重点考虑五个要素。

（一）把智慧校园纳入学校发展战略中，加强信息化的凝聚力与协同力

目前，部分学校对信息化工作的认识和定位仍不够到位，信息化部门仍处于辅助甚至边缘的角色。发展智慧校园，必须进一步提高信息化部门的管理、监督与统筹能力，加强顶层设计，把智慧校园纳入学校发展战略中。同时，学校要充分整合信息化发展资源，加强凝聚力与协同力，彻底改变多头建设、各自为战的工作局面。

（二）智慧校园建设要与学科、科研发展相结合

智慧校园中应用的云计算、移动计算、大数据和智慧课堂等主要技术载体是当前信息技术的研究热点，许多学校在学科建设和科研项目中均积累了不同程度的研究成果。学校要注重学科、科研发展与智慧校园建设的相互促进、相互转化，这对形成学校自身的智慧校园发展优势与特色是大有裨益的。

（三）把提高教育教学质量作为智慧校园应用的中心和基本点

对比高校的智慧校园与智慧城市、智慧社区等概念，最根本的区别就是智慧校园的教育特色，因此，教育教学模式的创新与变革是智慧校园应用的基本点。数字校园注重对校务系统应用的整合，对教育教学模式发展的推动是有限的。智慧校园要形成其持久的生命力和影响力，必须牢牢抓住教育应用这个中心。

（四）提高师生在智慧校园中的参与能力、反馈能力与创新能力

智慧校园的内涵与特征要求师生转变传统的信息化思维与应用模式。从智慧校园服务的角度看，用户要从被管理向主动参与、主动应用、主动反馈转变，从而保持信息化服务的生命力和可持续发展能力。从智慧校园教学模式的角度看，教师要进一步提升自身信息素养，掌握新的教学模式和方式方法、组织能力和创新能力；同时也要激发学生兴趣，帮助学生掌握参与式、互动式的学习方法。

（五）坚持用户驱动、应用驱动发展智慧校园，注重应用与技术的相互融合

学校应以解决用户的实际应用需求为出发点，以信息化技术为工具和手段，坚持"以人为本"的智慧校园发展理念，建立规范、准确的用户模型和反馈机制。智慧校园对用户的个性化支持是建立在对用户的理解和准确描述的基础上的，良好的用户模型是提供个性化支持的核心与关键，决定了个性化服务的效率和质量。[①] 此外，智慧校园建设还要注重应用之间、技术之间、应用与技术之间的融会贯通，避免形成新的应用和技术孤岛。

## 五、结束语

教育信息化的发展和应用水平正日益成为学校的核心竞争力之一。学校信息化由数字校园向智慧校园的演进是教育信息化发展客观规律的必然体现，也是当前教育信息化发展的趋势与潮流。如何准确理解智慧校园的内涵与特征，融合利用信息化热点技术，科学制定智慧校园的发展策略成为学校在大信息时代的重要课题。

（原载《中国电化教育》2014 年第 1 期）

---

① 胡钦太：《高等教育信息化深度发展框架与趋势分析》，载《教育研究》2009 年第 10 期，第 97 – 101 页。

# 面向移动学习的学习资源组织关键技术研究

近年来，随着无线网络技术的不断发展，移动技术逐渐成为人们获取信息的主要方式，对现代人的生活方式产生了很大的影响。与此同时，以移动计算技术为载体的移动学习也为教育教学理论与模式的变革开拓了新的发展方向和发展维度。区别于以往的技术形态，移动学习不仅丰富了人们获取知识、建构知识、应用知识的方式与途径，而且转变了传统的学习理念，为终身学习、普适学习与个性化学习提供了强大的支撑。因此，移动学习已经成为继远程学习和数字化学习之后信息化教育理论、模式发展的新阶段。本文从移动学习的定义出发，探讨了移动学习的相关特点，并对移动学习在具体实施过程中的学习资源组织进行了研究和探讨。

移动学习，又称为 M-learning，是一种全新的教育学习方式。它与远程教育（distance education）、数字化学习（E-learning）等密切相关，又有所区别。Keegan 提出，远程教育、数字化学习、移动学习是一个学习过程的不同发展阶段。[1] Crompton 给出了一个较有代表性的移动学习的定义："多环境下的、与社会及内容相交互的、利用个人电子设备进行的学习活动。"[2] 由此看出，移动学习具有以下有别于其他学习方式的特点。

（1）随时随地：移动学习不受时间和地点的限制，可以随时随地学习。

（2）社交性：移动学习具有天然的社交特性，强调学习者之间及学习者与教育者之间的互动交流。

（3）学习内容的交互性与片段性：由于手持设备及所在环境的限制，学习者的精力难以长久保持，因此，移动学习在内容设计上应尽可能简

---

[1] Keegan D, "The future of learning: From E-Learning to M-Learning"（http://www.fernuni-hagen.d/ZIFF/mlearn.htm）.

[2] Crompton H, "A Historical Overview of Mobile Learning: Toward Learner-centered Education", In: Berge Z L, Muilenburg L. *Handbook of mobile learning*. London: Routledge, 2013, pp.3–14.

短，并与学习者形成良好的互动。

（4）自主性：借助手持设备，学习者对学习过程的自主性非常强。

在移动学习的具体实施方面，郑凯和许骏提出了移动学习系统的分层结构模型。[①] 该模型把移动学习系统分为四个逻辑层次，自下而上依次为支撑体系层、资源组织与标准化层、学习服务层和移动接入层。其中，支撑体系层和移动接入层主要体现移动学习的外延与手段，资源组织与标准化层、学习服务层则体现了移动学习的内涵与内容。该模型的提出，对于移动学习具体应用的实现提供了良好的参考价值。

# 一、移动学习与移动学习资源

移动学习系统中的学习资源的质量与体系化是决定移动学习能否广泛深入应用的关键点，移动学习资源的形态、组织与服务体系成为移动学习研究的主要突破方向。

围绕着移动学习的内在特征，移动学习资源从创建到服务共经历四个阶段：构建期、选择期、组织期和服务期。（见图1）构建期实现移动学习资源的新建以及对现有数字化学习资源的改造与重构；选择期对已构建的学习资源进行评价、筛选和排序，保证学习资源的质量；组织期基于用户行为特征感知，实现学习资源的语义组织与存储优化；服务期结合移动学习服务平台实现学习资源的被动获取和主动推荐等服务功能。

针对移动学习资源的构建与服务，Bouzeghoub 等对普适学习环境中资源送递进行考查研究，指出移动特性环境中的资源必须与情境感知紧密联系，且资源行为需要适应性变化。[②] Chen 和 Huang 使用情景感知技术侦测和研究学生在现实世界的学习行为，为不同终端的学习者提供了统一的学习服务。[③] 黄龙翔以智能手机为终端，让学生在生活情境中进行成语学习

---

① 郑凯、许骏：《高校移动学习体系的构建与发展研究》，载《中国电化教育》2011 年第 9 期，第 20 – 24 页。

② Bouzeghoub A，Do K N，Lecocq C，"A Situation-based Delivery of Learning Resources in Pervasive Learning"，In：Duval E，Klamma R，Wolpers M. *Creating new learning experiences on a Global scale. Berlin*，Heidelberg：Springer – Verlag，2007，pp. 450 –456.

③ Chen C C，Huang T C，"Learning in a U-Museum：Developing a Context-Aware Ubiquitous Learning Environment"，*Computers & Education*，2012，59，pp. 873 –883.

与相关创作，将学习资源及其作品进行上传展示与评价，研究展示具有提高学生学习兴趣的良好效果。①

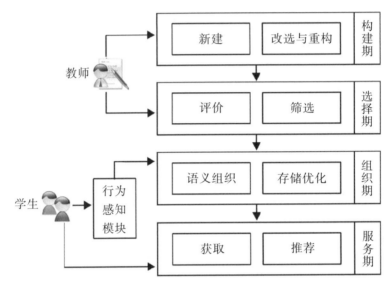

**图1　移动学习资源生命周期模型**

李青和张辽东利用增强现实技术与移动学习结合，构造高度真实的学习情境，达到将虚拟信息与真实场景联系起来的目标。② 郑军等选用智能手机为硬件平台，通过视频资源改造与视频内容等方面的分析，为提高微型学习视频资源的有效性提出了操作方法。③ 郑洁琼等以上海交通大学数字化学习实验室研发的移动学习网站为研究平台，研究使得学习者能够使用短信的方式提出问题并获取帮助的实践方法，在资源的移动送递方面提供了有益的启示。④

①　黄龙翔：《非正式学习环境下移动语言学习研究：新加坡学生校外成语学习及创作活动历程探析》，载《现代远程教育研究》2012年第2期，第67－73页。
②　李青、张辽东：《基于增强现实的移动学习实证研究》，载《中国电化教育》2013年第1期，第16－120页。
③　郑军、王以宁、王凯玲等：《微型学习视频的设计研究》，载《中国电化教育》2012年第4期，第21－24页。
④　郑洁琼、陈泽宇、王敏娟等：《3G网络下移动学习的探索与实践》，载《开放教育研究》2012年第1期，第159－162页。

国内外研究者对移动学习资源及资源平台建设做了一些有益的实践探索，研究重点在移动学习资源建设的多样性与适应性，但是在针对学习者的移动学习行为特征对学习资源进行组织优化方面有待进一步深入研究。

## 二、面向移动学习的学习资源组织关键技术

学习资源的组织技术是构建面向移动学习的学习资源体系的重点和难点，也是提高学习体验、实现个性化移动学习的核心问题。现有的关于移动学习资源组织技术的研究主要集中在移动学习用户行为的感知、移动学习资源的动态语义组织和移动学习资源的存储优化等三个领域。

### （一）移动学习用户行为的感知研究

为学习者提供个性化的学习服务，是提高移动学习系统可用性和易用性的关键。体现学习用户的个性化，必须采用技术手段感知学习用户的行为和兴趣。目前关于移动学习用户行为感知的研究主要基于两种技术：用户行为/兴趣建模与基于行为的移动协同感知。

目前的用户行为感知研究大多针对传统的网页内容。研究表明，用户行为与用户对内容的感兴趣程度之间存在着紧密联系。[1] 曾春等从用户的查询、存书签、拖动滚动条等方面来定性分析用户对网页内容的感兴趣程度。[2] Carolis 等利用回归分析模型的方法来描述用户浏览行为与感兴趣程度之间的关系。[3] 该模型考查了两种行为特征：浏览时间与翻页、拉动滚动条的次数，可以较准确地揭示用户对内容感兴趣的程度，但是没有对用户行为模式进行全面的考查。为解决用户行为具有随意性、不精确性对于建模带来的困难。高原提出利用模糊聚类的方法，对用户的浏览行为进行

---

① Vico D G, Woerndl W, Bader R, "A Study on Proactive Delivery of Restaurant Recommendations for Android Smart-phones", In: *Proceeding of the RecSys* 2011 *Workshop on PeMA* 2011. Chicago: USA, 2011.

② 曾春、邢春晓、周立柱:《个性化服务技术综述》，载《软件学报》2002 年第 13 卷第 10 期，第 192 – 195 页。

③ Carolis B D, Novielli N, Plantamura V L, et al. "Generating Comparative Descriptions of Places of Interest in the Tourism Domain", In: *Proceeding of the RecSys* 2009. New York: USA, 2009.

聚类，形成用户行为特征类，以此作为对用户兴趣度分析的依据。[①] 该算法具有较高的准确性，但是复杂度较高。

在移动学习行为特征感知研究方面，Woerndl 等引入了移动协同系统中的两类感知：位置感知及存在感知。[②] 位置感知提供用户真实的位置信息，而存在感知可以使人们知道是否有其他用户存在。IETF 给出了包含以上两类感知信息的登场模型，并实现了其中的实体套件和服务协议。[③] 胡益锋等提出一个基于行为的移动协同感知模型，通过定义行动者实体、目标实体和行为阶段实体等一组感知实体对象及感知行为服务，来提供基于行为的感知信息，并在原型系统中进行了实现，该原型系统提供了移动用户在协同工作行为中群组工作（team work）的所有感知要素，从而支持用户有效地完成协同工作。[④] 孟祥武等[⑤]利用移动文本感知、移动社会化网络等技术，从用户满意度的角度开发了内容移动推荐系统。

目前对基于普通的移动网络的用户行为感知的研究取得了一定进展，但由于移动学习的学习环境和学习方式的特殊性，移动特征对于移动学习个体带来的感知限制仍没有取得关键性突破。

## （二）移动学习资源的语义组织研究

研究移动学习资源的语义组织的目的是：在基于语义信息处理技术为学习资源构建语义信息模型的基础上，实现移动学习资源的语义检索功能。语义检索是通过对检索条件、信息组织以及检索结果赋予语义，来弥补原有信息检索缺陷的一项技术。[⑥] 学习资源的语义检索关注学习资源的意义，而不是停留在其表层文本上，能克服基于文本匹配检索的不足。因此，实现语义检索是当前学习资源语义组织领域中的一个研究热点。

①　高原：《基于浏览行为的用户兴趣量度》（学位论文），重庆大学 2006 年。

②　Woerndl W，Brocco M，Eigner R，"Context-aware Recommender Systems in Mobile Scenarios"，In：*Journal of Information Technology and Web Engineering*，2009，4（1），pp. 67 – 85.

③　RFC 2778，A model for presence and instant messaging.

④　胡益锋、鲁东明、盛宇等：《基于行为的移动协同感知型研究》，载《计算机科学》2005 年第 11 期，第 1 – 5 页。

⑤　孟祥武、胡勋、王立才等：《移动推荐系统及其应用》，载《软件学报》2013 年第 1 期，第 91 – 108 页。

⑥　余传明：《基于本体的语义信息系统研究：理论分析与系统实现》（学位论文），武汉大学 2005 年。

加州大学伯克利分校 Mobile Education 项目、欧洲几个国家联合实施的从数字化学习到移动学习（from E-learning to M-learning）项目、德国的 Campus-Mobile 大学移动学习项目等，在移动学习资源组织方面取得了研究进展。Laxman 提出了基于问题的移动学习课程资源设计方法，以问题为基本单元呈现移动学习资源，通过问题间的联系实现资源链接。[①] Ahmed 和 Sadeq 利用代理技术，对分布式学习资源基于移动学习目标的组织技术进行了探讨。[②] Muyinda 等开发了一个移动学习对象的部署和应用框架（MoLODUF），该框架从 12 个维度来指导移动学习对象的构建过程。[③] Fetaji 等认为基于任务（task）的学习资源与系统设计是移动学习系统的最佳建模方法，建议把学习资源按实例（case）进行表示与组织。[④] Filstad 和 Gottschalk 研究跨区域的虚拟机构与团队在移动学习环境下的信任与资源共享机制，实现跨学科、跨区域、跨团体的学习资源的共建共享。[⑤]

目前对移动学习资源的语义组织方法研究集中于延续早期数字化学习教学课件设计的标准与思路，主要有 SCORM 标准[⑥]和 EML 标准[⑦]。SCORM （sharable content object reference model）可共享的内容对象参考模型标准，由美国国防部 ADL （advanced distributed learning）组织制定，它给出了数字化学习软件的技术标准，主要包括学习资源的排序和导航规范

---

① Laxman K, "Facilitating Adult Mobile Technology-based Learning Through Problem Solving", *International Journal of Mobile Learning and Organization*, 2009, 3（1）, pp. 15 – 24.

② Ahmed I, Sadeq J M, "An Autonomous Mobile Agent-based Distributed Learning Architecture: A Proposal and Analytical Analysis", *British Journal of Educational Technology*, 2006, 37（4）, pp. 605 – 616.

③ Muyinda B P, Lubega T J, Lynch T, et al., "A Framework for Instantiating Pedagogic M-Learing Objects Applications", In: *Proceeding of the 8th international conference on theoretical aspects of computing*. Johannesburg, South Africa, 2011.

④ Fetaji M, Fetaji B, "Analyses of Task Based Learning in Developing 'M-Learn' Mobile Learning Software Solution: Case Study", In: *Proceeding of the 8th WSEAS international conference on software engineering, parallel and distributed systems*. Cambridge, UK, 2009.

⑤ Filstad C, Gottschalk P, "Knowing in Mobile Organizations-trust and Knowledge Sharing in Virtual teams", *International Journal of Mobile Learning and Organization*, 2010, 4（3）, pp. 269 – 280.

⑥ Rustici Software, "Scorm Explained", http://scorm.com/scorm-explained/.

⑦ Rawlings R, Rosmalen V, Koper R, et al., "Survey of Educational Modeling Languages", http://www.eifel.org/publications/standards/elearning-standard/cenissslt/emlsurvey.

以及教育教学软件产品的制作、使用、交互、通信等技术框架。戴敏对基于 SCORM 标准的移动学习资源构建方法进行研究，并基于单门课程进行了案例分析。[①] EML（educational modeling language）是 20 世纪 90 年代末提出的用于构建数字化学习软件的语义信息模型，采用 UML 建模语言描述。方海光等对移动学习资源进行了分析，将 EML 应用在移动学习资源的建设中，提出了移动学习资源对象单元构建方法，建立了基于学习资源自适应引擎的移动学习系统过程模型。[②]

从技术标准制定的出发点看，SCORM 标准和 EML 标准主要针对传统的数字化学习的资源整合，虽然其设计理念、方法和工具在移动学习的资源构建中也有用武之地，但不能根本性地解决移动学习资源的语义组织问题。为此，研究者们试图从更底层技术来寻求解决之道：提出片段式移动资源协作构建、基于本体的异构移动学习资源整合、个性化移动学习资源整合以及基于概念地图的移动学习资源整合等方式；[③] 提出基于主题图的移动学习资源共享模型，利用受控自然语言编辑方式让学习者能够灵活地对模块化内容进行编辑，同时为学习者提供基于语义的知识检索；[④] 运用质量功能配置理论的思想和核心技术，揭示移动学习中的技术、资源、服务与学习者需求之间的关系，建立以学习者需求为导向的移动学习资源建设质量屋模型。[⑤]

然而，关于移动学习资源语义查询优化、查询目标分析、复杂约束查询、语义查询个性化和语义关联分析等技术细节的研究仍比较少见，也缺少移动学习资源从内容生成、结构关联到推荐呈现的整体解决方案。

①　戴敏：《基于 SCORM 标准的移动学习平台的设计与实现》（学位论文），华中师范大学 2009 年。

②　方海光、吴淑苹、李玉顺：《基于 EML 构建移动学习资源对象单元的研究》，载《现代教育技术》2009 年第 12 期，第 75－79 页。

③　夏春红：《移动学习的资源整合在终身教育中的应用研究》，载《宁波大学学报（理工版）》2012 年第 3 期，第 122－126 页。

④　刘俊、赵呈领：《基于主题图的移动学习资源共建模式研究》，载《中国电化教育》2012 年第 2 期，第 87－91 页。

⑤　詹青龙、元梅竹：《移动学习资源建设的质量屋模型构建》，载《中国电化教育》2009 年第 10 期，第 51－56 页。

### （三）移动学习资源的存储优化研究

移动学习资源的存储优化研究充分考虑移动终端的异构性和分布性，方便用户更快捷、更迅速地获取学习资源，在此基础上，实现学习资源的存储调度与存储增效。

当前国内外对于教育资源存储的研究主要解决跨情境、跨平台的资源获取支持，在学习资源存储的分布网络模型与结构方面取得较大进展。Conesa 等针对教育资源存储问题研究了用户、资源和功能服务三个方面的关系，认为资源推荐和信誉需同时考虑，也强调了资源情境必须与资源的其他因素共同加以存储利用，以支持资源的适应性变化。① Jones 等开展了 PI 计划，开发了 nQuire 软件工具包，该软件包能够跨平台使用，并且在不同平台上保持了统一的交互方式，但资源存储沿用 web 既有存储方式，没有针对资源特性进行优化。② Barbosa 等认为，移动学习必须和用户特性和情境相适应，因此内容管理应该具备移动性和环境情境感知功能，同时研究了资源管理平台 GlobalEdu，它使得学习资源贯穿教育过程且在存储系统中具有互操作特性。③

郑晓燕提出了一套数字化教育资源服务系统的设计方案，研究生成和解析 XML 文档的接口方式对资源进行交换和共享，采用 FTP 技术实现对资源的透明存储。④ 高晓红和杨烨设计了基于 3G 网络的大并发实时直播教学系统和大并发课件点播教学系统，针对移动学习的地域聚集性，利用 CDN 缓存技术对资源配置进行了优化，根据用户需求智能存储资源。⑤ 张彦军针对学习资源的存储和管理比较松散的问题，基于云计算的相关原

①　Conesa J，Minguillón J，Rodríguez M E，"Relationships Between Users，Resources and Services in Learning Object Repositories"，*Communications in Computer and Information Science*，2012，343，pp. 127 – 132.

②　Jones A C，Scanlon E，Clough G，"Mobile Learning：Two Case Studies of Supporting Inquiry Learning in Informal and Semiformal Settings"，*Computers & Education*，2013，61，pp. 21 – 32.

③　Barbosa D N F，Barbosa J L V，Bassani P B S，et al.，"Content Management in a Ubiquitous Learning Environment"，*International Journal of Computer Applications in Technology*，2013，46（1），pp. 24 – 35.

④　郑晓燕：《数字化教育资源服务系统的设计与实现》（学位论文），华中师范大学 2012 年。

⑤　高晓红、杨烨：《一种新型的面向 3G 网络的移动流媒体教学平台设计》，载《中国电化教育》2010 年第 4 期，第 112 – 116 页。

理，提出了一套资源存储优化的方案。① 肖辉和龚薇针对学习资源的分布式特点，提出一种基于分层的 P2P 网络的社区型资源共享模型，资源节点层负责学习资源的发布和存储，代理节点层负责学习资源的远程检索，但尚未考虑终端的不同与学习者的行为特点。②

现有研究对移动学习特征的针对性、在兼顾学习者行为特征和学习资源属性的匹配上仍然缺乏关注。在用户学习行为预测和对学习资源进行语义分析的基础上，分析用户的行为模式以及学习兴趣，提前进行相关资源储存调度，是提升移动学习用户体验的有效手段。

## 三、展望

国外关于移动学习资源的构建、组织、服务的现有研究中，理论、模式分析总体多于关键技术攻关。国内学者对移动学习资源的研究远远滞后于网络支撑和终端软件研发研究。③ 程罡等指出学习资源有六个方面的发展趋势：可进化性、分布式、社会性、情境性、开放性和复合性。④ 就移动学习资源而言，其主要特征表现在片段性、分布性、异构性与个性化等方面。随着移动学习、云存储应用的广泛展开，移动学习环境中教育资源的语义组织与存储管理日显重要，研究如何满足学习者的个性化学习体验、如何突破基于数字化学习的通用性语义组织与资源存储机制，体现未来教育资源的发展趋势，实现移动学习环境下教育资源的全面优化与增效支持，是未来移动学习体系可持续发展的重要研究课题。

笔者认为，面向移动学习的学习资源组织关键技术在下一阶段需要重点解决以下内容。

（1）时空关联下的移动学习行为感知与特性建模。从用户个体、用

① 张彦军：《基于云计算的华文教育资源平台设计》，载《现代教育技术》2010 年第 10 期，第 110 – 113 页。

② 肖辉、龚薇：《基于 P2P 的社区型资源共享模型》，Proceeding of the 2nd international conference on E-Learning, E-Business, enterprise information systems and E-Government，洛阳，2010 年，第 106 – 109 页。

③ 刘建设、李青、刘金梅：《移动学习研究现状综述》，载《电化教育研究》2007 年第 7 期，第 21 – 25 页。

④ 程罡、徐瑾、余胜泉：《学习资源标准的新发展与学习资源的发展趋势》，载《远程教育杂志》2009 年第 4 期，第 6 – 12 页。

户群体这两个维度，探索用户静态特性与用户的资源访问行为特性的捕获方法，捕获信息包括用户的个人基本信息、移动学习行为时空信息、对移动学习资源的访问请求信息等。借助统计、聚类分析和语义匹配，发现与精化移动学习用户的相关静态关联特性，选择与发现个体移动学习行为特性（移动轨迹与时间数据、访问资源主题数据）。建立面向移动学习的完整时空聚集性模型，以满足移动学习资源组织与存储优化支持的需要。

（2）移动学习资源组织模型与主题特征建模。面向移动学习教育资源的片段性和分布性，融合本体技术与主题图技术，建立兼具知识结构信息与移动学习行为导航功能的教育资源语义组织模型。设计面向用户学习行为的资源主题性的表征指标体系、计算方法，完成主题强度、基于历史的主题演化信息蕴含表达。结合用户学习行为的时空聚集性模型，实现时空关联下移动学习行为主题特性建模，为下一步的资源访问预测提供依据。

（3）支持移动学习行为的资源主题性及时空特性预测。利用聚集性模型提供的输出数据，分析用户访问的周期波动规律、空间位置集中特性的波动规律，预测用户群体时空聚集性的演化趋势。基于用户学习行为的资源主题模型，解决基于语义关联性的资源被访问的主题预测。

（4）适应移动学习环境的学习资源存储优化。实现基于用户学习行为时空聚集性的资源调度和基于主题性的学习资源语义预取。分析用户的移动模式和接入系统模式，制定提前进行相关资源存储调度的方法，提高移动用户的资源应用体验和效果。此外，消除学习资源关联的普遍性而造成的关联"噪声"，解决学习资源与移动终端关联性的压缩存储。

总之，基于移动学习环境，深入分析移动学习过程中学习者因素、学习环境因素、教育资源内部逻辑和物理寄宿的关系，尤其是关注学习者行为与资源语义、资源存储两个层面组织的动态关联，建立学习资源语义组织和存储组织的有效模型，有利于认识和体现移动学习的内在特征，有利于形成紧密契合学习全过程的学习资源智能呈现体系，将为完善移动学习体系、推动移动学习的深入应用奠定良好的理论基础与技术储备。

［原载《华南师范大学学报（自然科学版）》2014 年第 5 期］

# 智慧教育的体系技术解构与融合路径研究

智慧教育是科技领域的"智慧地球"概念①在教育领域的延伸和体现，在老一辈科学家钱学森所描绘的"大成智慧学"②的教育发展蓝图早有体现。受技术发展水平限制，钱老的智慧教育理念只能依靠学习者本人博采众家之所长，耗费学习者大量的心力，并不能推广到大众的学习者。当前，云计算、大数据、物联网、普适计算、社交网络等信息化技术的不断涌现，为智慧教育体系的构建提供了现实基础和强大支撑。现有智慧教育的研究文献更多关注溯源概念、挖掘内容、提取特征和创建模型方面，对于信息化新技术在智慧教育体系和技术融合、智慧特征的技术驱动等方面的研究较为少见。对智慧教育进行体系解构与技术解构，理清体系与技术的内在脉络，系统梳理智慧教育中智慧特征与信息技术的对应关系和发展图谱，成为本文研究的主要动因。

## 一、智慧教育的概念与特征

学者们对智慧教育概念、内涵与特征的阐述本质上趋同，但在观察角度上各有侧重。从教育理论的角度，华东师范大学祝智庭认为："智慧教育的真谛就是通过利用智能化技术（灵巧技术）构建智能化环境。"③湖北大学靖国平提出："广义智慧教育是一种更为全面、丰富、多元、综合的智慧教育。"④从系统理论的角度，北京师范大学黄荣怀认为："智慧教

① Palmisano S, "A Smarter Planet: the Next Leadership Agenda", http://www.ibm.com/ibm/ideasfromibm/us/smartplanet/20081106/sjp_speech.shtml.

② 钱学敏:《钱学森大成智慧教育的设想》，见光明网（http://www.gmw.cn/01gmrb/2008-10/16/content_848934.htm）。

③ 祝智庭、贺斌:《智慧教育：教育信息化的新境界》，载《电化教育研究》2012年第12期，第5-13页。

④ 靖国平:《从狭义智慧教育到广义智慧教育》，载《河北师范大学学报（教育科学版）》2003年第5卷第3期，第48-53页。

育（系统）是一种由学校、区域或国家提供的高学习体验、高内容适配性和高教学效率的教育行为（系统）。"① 江苏师范大学杨现民提出了更详细的系统性解释："智慧教育是依托物联网、云计算、大数据、无线通信等新一代信息技术所打造的智能化教育信息生态系统，是数字教育的高级发展阶段。"② 综合各家观点，智慧教育以培养智慧型人才为最终目标，以新一代信息技术为驱动和支撑，以融合渗透当前最先进的教育理论、系统理论和高新技术为路径，是教育信息化发展的高级阶段和未来方向。

学者们对智慧教育的特征也进行了提取与分析。黄荣怀认为："智慧教育具有感知、适配、关爱、公平、和谐五大本质特征。"杨现民认为："智慧教育整体呈现智能化、融合化、泛在化、个性化与开放协同的特征与发展趋势。"从智慧教育特征的本质看，这些特征都是其内在技术载体特点的释放，正是信息技术的巨大进步，使得智慧教育的特征能够淋漓尽致地体现。我们认为，智慧教育是先进的教育理念和信息化技术的综合体，其特征包括智能感知、自动建模、资源的组织与适配、服务主动推送、适应学习的差异化、协作性和社群化等。深入分析解构智慧教育体系和技术细节，有助于我们领会智慧教育体系运转和发展的内在驱动力。

## 二、智慧教育的体系解构

深入理解智慧教育以及智慧教育所依托的信息技术，必须对智慧教育的体系架构加以解构。杨现民结合智慧城市体系，把智慧教育体系概括为"一个中心、两类环境、三个内容库、四种技术、五类用户、六种业务"③。赵秋锦进一步提出了智慧教育环境的系统模式，并描述了体系模块相互连接的部分技术。④ 从智慧教育功能与技术的融合出发，智慧教育

① 黄荣怀：《智慧教育的三重境界：从环境、模式到体制》，载《现代远程教育研究》2014 年第 6 期，第 3 - 11 页。

② 杨现民：《信息时代智慧教育的内涵与特征》，载《中国电化教育》2014 年第 1 期，第 29 - 34 页。

③ 杨现民、余胜泉：《智慧教育体系架构与关键支撑技术》，载《中国电化教育》2015 年第 1 期，第 77 - 84 页。

④ 赵秋锦、杨现民、王帆：《智慧教育环境的系统模型设计》，载《现代教育技术》2014 年第 10 期，第 12 - 18 页。

是一个由多个教育活动、过程以及功能技术模块共同构成且相互反馈的复杂生态体系。该生态体系由以学习者为主体的智慧学习、以教学者为主体的智慧教学、开发者视角的智慧教育资源与技术环境（智慧教育云）、管理者视角的智慧教育制度等四个主要部分构成，如图1所示。

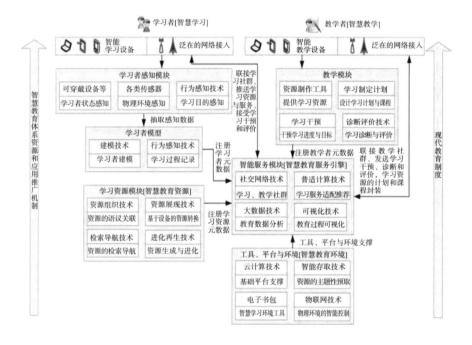

**图1　智慧教育体系与功能模型**

（1）以学习者为主体的智慧学习。可以解构为四个功能技术模块：学习者（包括智能学习设备和泛在的网络接入）、学习者感知模块、学习者模型和学习资源模块。

（2）以教学者为主体的智慧教学。可以解构为三个模块：教学者（包括智能教学设备和泛在的网络接入）、教学模块和智能服务模块提供的教学服务。

（3）开发者视角的智慧教育资源与技术环境（智慧教育云）。可以解构为三个模块：学习资源模块、工具平台与环境模块以及智能服务模块。

（4）管理者视角的智慧教育制度可以解构为两个模块：现代教育制度、智慧教育体系的资源和应用推广机制。各个模块中的黄色（深色）

方框表示智慧教育功能，蓝色（浅色）方框表示功能所依托的信息技术。

在各模块中，智能服务模块居于中心地位，是整个智慧教育体系中的核心模块和运转引擎。它从其他系统模块中获取各类信息，并通过内在嵌入的智能技术提供智慧教育的各类服务。

基于上述体系，典型的智慧学习过程可以描述为：学习者借助智能学习终端和智慧学习物理环境，通过泛在网络环境无缝接入智慧教育云。智慧教育云通过感知学习者学习目标、状态变化、物理环境和学习历史，主动向学习者推送相对应的教学服务、学习资源和学习工具，帮助学习者适配和连接学习社区，智能调控学习者的物理学习环境。简而言之，智慧学习能够更加贴近学习者的学习需求，满足学习行为的多样化，赋予学习者学习的主导权，从而培养更有智慧的学习者。

典型的智慧教学过程可以描述为：教学者借助智能教学工具，通过泛在网络环境无缝接入智慧教育云。智慧教育云分析学习者的统计数据和学习资源统计数据，为教学者的教学设计和资源构建提供智能建议和教学工具，帮助教学者适配和连接教学社区。在具体的教学过程中，智慧教育云向教学者及时反馈学习者的学习情况，教学者按需动态地提供学习干预，准确地进行学习诊断和评价。

## 三、智慧教育的技术解构

对智慧教育进行体系解构后可以发现，智慧教育与以往其他教育方式相比，所呈现的特征和功能均能找到相应的信息技术作为依托。由于智慧教育制度并不是本文关注的技术内容，下文就智慧教育体系的其他三个主要组成部分作进一步的技术解构和细节剖析。

### （一）学习者视角下的智慧教育——智慧学习

韩国教育科学技术部（The Korean Ministry of Education，Science and Technology，MEST）认为，智慧学习的特点是以自我为导向的、主动的、适配的、资源丰富的和技术融合的。[①] Lee 和 Son 认为其特点包括：以学

---

① MEST，"Education to the Information Age"，http：//www. keris. or. kr/english/whitepaper/White Paper_eng_2011_wpap. pdf.

生为中心、自我指导、交互、智能、非正规学习、现实感等。① 贺斌提出智慧学习的 SMART-STAIR（智慧阶梯）概念框架，他认为智慧学习模型由内外两层组成：里层的学习者和外层的技术环境（学习空间）。②

笔者认为，智慧学习以学习者为中心，以自我为导向，其关键特征是能够适应学习者学习的差异化，包括学习者个体差异、学习情境差异和学习目标差异。学习差异化的消除，通过学习者与技术环境的智能交互实现。智能交互的因素包括学习设备和物理环境、学习者和学习情境感知、学习者建模以及智慧教育服务引擎向学习者推送的智能服务。

### 1. 学习设备和物理环境

智慧学习设备是集成智慧学习客户端和学习工具的综合学习设备，具备网络的泛在接入能力和与智慧教育云的全方位交互能力。针对不同的学习目标和学习情境，智慧学习设备可以是轻便、移动的，也可以固定、支持完整的学习体验。它是学习者与智慧教育云的接入层。

### 2. 学习者感知

学习者感知是感知学习过程中学习者的学习目标、学习状态和所处的物理环境等信息。张永和对学习情境识别作了形式化的表述，并分析了学习情境识别的六个要素及其相互关系③，如图 2 所示。学习目标感知主要是判断学习类型，如正规学习与非正规学习、有意愿的学习与随意性学习等。学习目标可以通过学习时间持续性、学习资源选取系统性等因素进行判断或者由学习者自己选择。学习状态感知通过获取学习者个体的生物特征信息来感知学习者的情感状态变化，获取的技术途径目前主要有面部表情④、眼动⑤、可穿戴设备⑥等。物理环境感知通过传感器、GPS、RFID、

① Lee M，Son Y，"A Study on the Adoption of SNS for Smart Learning in the 'Creative Activity'"，*International Journalof Education and Learning*，2012，（3），pp. 1 – 18.

② 贺斌：《智慧学习：内涵、演进与趋向——学习者的视角》，载《电化教育研究》2013年第 11 期，第 24 – 33 页。

③ 张永和、肖广德、胡永斌等：《智慧学习环境中的学习情景识别——让学习环境有效服务学习者》，载《开放教育研究》2012 年第 1 期，第 85 – 89 页。

④ 孙波、刘永娜、陈玖冰等：《智慧学习环境中基于面部表情的情感分析》，载《现代远程教育研究》2015 年第 2 期，第 96 – 103 页。

⑤ 詹泽慧：《基于智能 Agent 的远程学习者情感与认知识别模型——眼动追踪与表情识别技术支持下的耦合》，载《现代远程教育研究》2013 年第 5 期，第 100 – 105 页。

⑥ 聂聘：《基于脑电的情感识别》（学位论文），上海交通大学 2012 年。

智能水电控制等技术来获取温度、湿度、嘈杂度、光亮度等学习的物理环境信息。

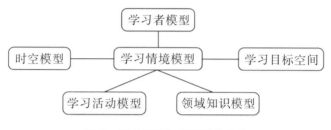

**图2　学习情景识别的要素关系**

### 3. 学习者建模

学习者和学习情境感知获取的信息存在统计意义上的分布差异和表面特征的无关联性。为了使智慧教育云的服务引擎能够准确识别学习者感知信息并提供恰当的服务反馈，必须抽取学习者和学习情境感知信息特征，建立适合计算机系统处理的抽象、准确的表征方式，这个过程被称为学习者建模。黄焕提出了一个融合情感特征的学习者模型，并给出了一个基于微博分析的学习者情感建模框架。[1] Bull 和 Kay 提出了开放性学习者模型（Open Learner Model，OLM），该模型允许学习者访问系统对自己的评价信息，可以维护自己和学习同伴的信息，是一个自适应、个性化驱动的教育系统。[2] 李青等探讨了利用角色模型对学习者进行建模的具体实现方法。[3] 现有的学习者建模研究局限于固定的感知场景，考虑到智慧学习的学习情境和学习方式的特殊性，时空和个体关联的限制仍未取得关键性突破。

### 4. 智能学习服务

为学习者提供智能、个性化的学习服务，通过智慧教育体系中各部

---

[1]　黄焕：《面向 e-Learning 的学习者情感建模及应用研究》（学位论文），华中师范大学2014年。

[2]　Bull S，Kay J，"Student Models that Invite the Learner in：the SMILI Open Learner Modelling Framework"，*International Journal of Artificial Intelligence*，2007，17（2），pp. 89 – 120.

[3]　Li Q，Zhao C，Hu Y，"Research on Learner Modeling Based on Personal Metho"，In：*Proceedings of 2010 Third International Conference on Education Technology and Training*，Wuhan：ICETT，2010.

分、功能、模块的协同工作满足需求，是智慧教育的出发点和归宿。智能学习服务包括学习资源模块提供的基于主题和语义关联的资源推荐服务、资源检索导航服务、资源自适应展现服务，智慧教学模块提供的学习计划和课程安排服务、学习干预服务、学习诊断与评价服务，智能服务模块提供的联接学习社群服务、学习过程可视化服务，工具、平台与环境模块提供的支持学习的软硬件服务、物理环境控制服务，等等。智能学习服务由智慧教育服务引擎直接与学习者进行交互。学习者能够获得的智能学习服务功能及来源功能模块，如表1所示。

表1 智慧教育云的智能学习服务

| 学习者 | 智慧教育服务引擎 | 基于主题和语义关联的资源推荐服务 | 学习资源模块 |
| --- | --- | --- | --- |
| | | 资源检索导航服务 | |
| | | 资源自适应展现服务 | |
| | | 学习计划和课程安排服务 | 智慧教学模块 |
| | | 学习干预服务 | |
| | | 学习诊断与评价服务 | |
| | | 联接学习社群服务 | 智能服务模块 |
| | | 学习过程可视化服务 | |
| | | 支持学习的软硬件服务 | 工具、平台与环境模块 |
| | | 物理环境控制服务 | |

## （二）教学者视角下的智慧教育——智慧教学

培养智慧型的人才是智慧教育的最终目标。首先，智慧教学应能够依托智慧教育云，为学习者提供符合智慧教育特征的教学服务；其次，智慧教学还能够通过连接教学社群、接受学习者对教学的反馈等方式促进教学方法和教学内容的演进。现阶段智慧教学相关的体系化研究非常鲜见，基于本文提出的智慧教育体系与功能模型，我们认为智慧教学必须能够及时、准确地把握学习者的差异化并做出相应的教学引导，教学过程中能够确切地发现教学过程中的问题并进行相应的教学调整，教学者能够利用教学社群和知识库进入智慧学习过程并提高教学者的教学水平。智慧教学是通过智能教学设备和网络环境、智慧教学模块与智慧教育云的智能交互实现的。

### 1. 教学设备和物理环境

智慧教学设备是集成智慧教学客户端和教学工具的综合教学设备，具备网络的泛在接入能力和与智慧教育云的全方位交互能力。它是教学者与智慧教育云之间的接入层。

### 2. 智慧教学模块

智慧教学模块为教学者提供综合性的智慧教学功能，主要包括资源制作和上传、学习计划和课程安排设定、学习干预、学习的诊断与评价等。需要指出的是，智慧教学模块的功能并不是孤立的，而是与智慧教育云形成有机的整体，并进行频繁的信息交互，从而确保智慧教学服务的针对性和准确性。

### 3. 智能教学服务

为教学者提供智能的、综合性的教学服务，通过智慧教育体系中各部分、功能、模块的协同工作实现需求，是智慧教育的催化剂。智能教学服务包括学习资源模块提供的基于主题和语义关联的资源推荐服务、资源检索导航服务、资源自适应展现服务，学习者模型提供的学习者建模服务、学习情境建模服务和学习过程/历史服务，智能服务模块提供的联接教学社群服务、教学过程可视化服务，工具、平台与环境模块提供的支持教学的软硬件服务，等等。智能教学服务由智慧教育服务引擎直接与教学者进行交互。教学者能够获得的智能教学服务功能及来源功能模块，如表2所示。

表2　智慧教育云的智能教学服务

| 教学者 | 智慧教育服务引擎 | 基于主题和语义关联的资源推荐服务 | 学习资源模块 |
|---|---|---|---|
| | | 资源检索导航服务 | |
| | | 资源自适应展现服务 | |
| | | 学习者建模服务 | 学习者模型 |
| | | 学习情境建模服务 | |
| | | 学习过程/历史服务 | |
| | | 联接教学社群服务 | 智能服务模块 |
| | | 教学过程可视化服务 | |
| | | 支持教学的软硬件服务 | 工具、平台与环境模块 |

## （三）设计者视角下的智慧教育——智慧教育云

智慧教育资源与技术环境是整个智慧教育体系的核心和枢纽，是教育智慧的源泉。黄荣怀指出，"学习环境的构建是实现学与教方式变革的基础，智慧学习环境是数字学习环境的高端形态"[①]。钟国祥提出："智能学习环境是从建构主义学习理论、混合学习理论、现代教学理论出发，以学习者学习为中心，由相匹配的设备、工具、技术、媒体、教材、教师、同学等构成的一个智能性、开放式、集成化的数字虚拟现实学习空间。"[②]

表3是黄荣怀提出的智慧学习环境与普通数字学习环境在六大要素上的比较。

表3　普通数字学习环境与智慧学习环境的比较

|  | 普通数字学习环境 | 智慧学习环境 |
|---|---|---|
| 学习资源 | （1）倡导资源富媒体化；（2）在线访问成为主流；（3）由用户选择资源 | （1）鼓励资源独立于设备；（2）无缝链接或自动同步成为时尚；（3）按需推送资源 |
| 学习工具 | （1）通用型工具，工具系统化；（2）学习者判断技术环境；（3）学习者判断学习情景 | （1）专门化工具，工具微型化；（2）自动感知技术环境；（3）学习情景被自动识别 |
| 学习社群 | （1）虚拟社区，侧重在线交流；（2）自我选取圈子；（3）受制于信息技能 | （1）结合移动互联的现实社区，可随时随地交流；（2）自动匹配圈子；（3）依赖于媒介素养 |
| 教学社群 | （1）难以形成社群，高度依赖经验；（2）地域性社群成为可能 | （1）自动形成社群，高度关注用户体验；（2）跨域性社群成为时尚 |

① 黄荣怀、杨俊锋、胡永斌：《从数字学习环境到智慧学习环境——学习环境的变革与趋势》，载《开放教育研究》2012年第1期，第75－84页。

② 钟国祥、张小真：《一种通用智能学习环境模型的构建》，载《计算机科学》2006年第1期，第170－171页。

续表

|  | 普通数字学习环境 | 智慧学习环境 |
|---|---|---|
| 学习方式 | （1）侧重个体知识建构；（2）侧重低阶认知目标；（3）统一评价要求；（4）兴趣成为学习方式差异的关键 | （1）突出群体协同知识建构；（2）关注高阶认知目标；（3）多样化的评价要求；（4）思维成为学习方式差异的关键 |
| 教学方式 | （1）重视资源设计，重视讲解；（2）基于学习者行为的终结性评价学习结果；（3）学习行为观察 | （1）重视活动设计，重视引导；（2）基于学习者认知特点的适应性评价学习结果；（3）学习活动干预 |

本文认为，智慧教育的资源与技术环境（智慧教育云）由三个核心模块和两个接入模块构成，如图3所示。核心模块包括学习资源模块，智能服务模块以及工具、平台与环境模块，接入模块包括智慧学习模块和智慧教学模块。从系统分割的视角来看，核心模块的功能是由教育资源云提供的，下文主要解构核心模块的功能与技术。接入模块的功能是由学习者和智能学习设备的客户端软硬件提供的。

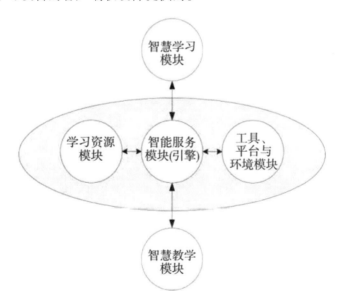

图3　智慧教育的资源与技术环境系统模型

在这个系统模型中，智能服务模块是智慧教育云的服务引擎，其他模块都向智能服务模块注册元数据信息，推送本模块提供的服务。各模块实现的功能相对固定并可以自我进化；同时，模块间的相互作用也加速了各模块的发展进程。

### 1. 学习资源模块

郑旭东认为，"智慧资源应为智慧化的教学和学习提供必需的支撑，弥合正式学习和非正式学习，满足学习者智慧化的发展需求"[①]。他指出，智慧教育资源应具备七大特征，分别为语义聚合与联通性、深层开放与共享性、进化与再生性、多终端自适应性、海量与泛在性、个性化智能推送和多维交互与人机合一性，并给出了由"三库＋六系统"构成的智慧教育资源建设体系框架，如图4所示。

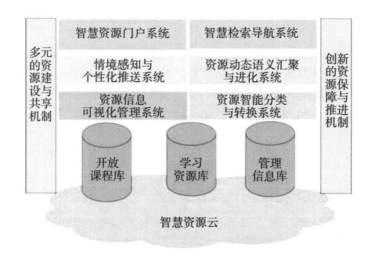

**图4　智慧教育资源建设体系框架**

本文认为，从学习资源自我发展、自我进化的角度看，智慧学习资源至少需要具备四个特征与功能。一是基于语义关联和主题汇聚的资源自组织能力。目前表达学习资源间逻辑关系的组织模式主要有基于元数据

---

① 郑旭东、杨现民、岳婷燕：《智慧环境下的学习资源建设研究》，载《现代教育技术》2015年第4期，第27－32页。

（meta data）①、基于本体（ontology）② 和基于主题图（topic map）③ 三种方法。一是基于元数据和基于本体的方法主要依靠专家知识库和建构工具实现，研究者也试图通过木休学习技术④⑤来实现，本体学习技术的目标是利用机器学习和统计等技术，自动从已有的学习资源中获取期望的本体。由于完全自动的知识获取技术尚未实现，因此目前的本体构建技术还是一个"半手动半自动"的过程。二是智能的资源检索与导航能力。资源检索与导航能力是在资源的有序组织的前提下实现的，目的是向学习者提供个性化的、精确的资源检索服务，向学习者提供多样化的检索导航模式、个性化的设计和高精度的检索。三是资源的自我分类与转换能力。由于智慧学习资源必须适应不同学习目标和学习情境的需要，因此资源建设必须支持多元化和资源形式的智能转换。智能学习资源能够根据学习者、智能学习设备和学习情境信息，对资源格式、分段、大小进行智能转换，实现基于多终端、多网络环境的资源自适应和完整展现。四是资源的再生与进化能力。教育资源再生与进化是以形成生成性资源为目的的资源更新与扩展，指教育资源的开发者、使用者、管理者在浏览、应用教育资源的过程中与资源发生交互，并依托自身的知识与经验衍生出新资源的过程。⑥

### 2. 工具、平台与环境模块

该模块在智慧教育体系中起到基础性支撑作用，主要包括智慧教育云上的软硬件基础平台、云端向智慧学习、教学活动提供的工具与环境、基于学习行为的资源调度和存储优化、物理环境的智能控制等功能。承载智

---

① Duval E, Hodgins W, Sutton S, "Metadata Principles and Practicalities", *D-Lib Magazine*, 2002，（8），pp. 241 – 249.

② Beneventano D, Orsini M, Po L , et al. , "An Ontology-Based Data Integration System for Data and Multimedia Sources", http：//www. dbgroup. unimo. it/～ po/pubs/SCMS2009. pdf.

③ Benedicte L G, Michel S, "XML Topic Maps and Semantic Web Mining", http：//semwebmine 2001. aifb. uni-karlsruhe. de/online/semwebmine08. pdf.

④ Stojanovic L, Stojanovic N, Volz R, "Migrating Data-intensive Websites into the Semantic Web", In：*Proc. of The 17th ACM Symp. on Applied Computing. New York*：*ACMPress*，2002，pp. 1100 – 1107.

⑤ Du B, Tian H F, Wang L, "Design of Domain-specific Term Extractor Based on Multi-strategy", In：*Computer Engineering*，2005，31（14），pp. 159 – 160.

⑥ 李远航：《利用 Web 2.0 技术实现网络课程资源再生研究》，载《中国电化教育》2011年第 4 期，第 82 – 85 页。

慧教育的云平台实现平台即服务（platform as a service）功能，要求平台具有高度的分布性、可扩展性和良好的访问性能。智慧教育云为学习者和教学者提供区别于客户端的云端工具与环境，不会因为用户切换设备而导致服务中断或者数据丢失。该模块还应能够按需动态调整资源的物理分布、实现基于主题的资源调度与预取。

### 3. 智能服务模块

即智慧教育的服务引擎，承担元数据管理、消息路由、大数据分析、智能推送服务等智慧教育的核心功能。智能服务模块包括的关键功能包括学习行为的大数据分析、教育服务的适配性推荐、教育过程的可视化和社群连接功能。大数据分析是智慧教育服务的前提，通过对学习行为、教学行为、资源访问行为、学习效果、学习教学评价等多个方面数据的关联分析和挖掘，构建各类服务的智能决策模型，通过教育服务的适配性推荐功能向智慧教育体系的其他模块发送智慧服务或控制指令。教育过程的可视化实现对学习者学习、教学者教学的过程与历史的可视化，为学习者和教学者进行自我调整、人工干预提供参考和依据，为管理者提供宏观督导。教学社群和学习社群可以在智慧教育云中进行集成式的构建，也可以调用和连接公共社交平台。社群连接主要依赖主题进行智能匹配。

## 四、智慧教育的技术融合路径

智慧教育的发展依赖于现代教育制度的保障，依赖于智慧教育应用推广机制，也依赖于人的信息化素养和 ICT 应用能力的提升，同时更离不开与信息技术的相互融合和协同发展。结合现阶段技术水平及其应用能力，本文提出以下六条智慧教育的技术融合路径。

### （一）建设智慧教育云平台，实现教育资源与教育服务的整合

智慧教育云平台需基于多级架构、公有云和私有云相结合的方式建设，自上而下对教育类型、模式、主题和特色进行有区别的分布，使智慧教育云更贴近学习者的实际学习需求。从技术架构层面来看，智慧教育云要能够实现对现有教育平台、教育系统、教育资源和教育服务的包含和整合，构建统一的身份认证、数据共享、接口规范和访问门户。云平台硬件

资源要具备弹性扩展能力和分布式存储能力，平台与大带宽高速网络连接，提供高可用的各类教育服务。

（二）构建泛在的感知体系，扩展物联网在校园的应用范围

在校园各公共区域构建视频监控、门禁、一卡通及各类传感器设备，在教学区域构建教学环境智能控制系统，完善教室的教学信息化设备，大力扩展物联网在校园内的应用范围，形成校园泛在的感知体系，让设备产生智能，为智慧教育收集大数据。

（三）强化大数据利用能力，推进大数据教育应用服务示范

智慧教育大数据的应用建议从选取示范性应用服务入手，采取"以点带面、逐步拓展"的技术推广路径。选择教育过程中不易获取的规律但又具有实际意义的大数据分析，如就学习者就餐习惯与学习成绩的关系、学习者生活习惯与学习态度的关系、学习者上网习惯与网络学习能力之间的关系等进行大数据挖掘，得到其内含的发展规律，并进行个性化教育应用示范。鼓励广大教育工作者和信息化工作者拓展教育大数据应用思维，不断创新大数据教育服务。

（四）加大研究支持力度，破解智慧教育关键技术难题

各级教育机构和科研机构要不断加大对智慧教育体系和技术研究的支持力度，逐步破解制约智慧教育发展的关键技术难题。深入研究智慧教育服务的发现、组合和推送问题，智慧教育体系中各个实体的建模技术、教育大数据关联分析挖掘技术、教育资源的多态组织与存取优化技术等，并尽快形成可实际应用的技术方案，在实际应用中加以验证与改善。

（五）组建校企合作联盟，打造智慧教育发展产业链

企业的积极参与是保证智慧教育活力和可持续发展的必要条件。教育信息化催生了一大批技术先进、产品丰富、服务到位的企业。组建校企合作联盟，可以充分发挥高校的智力资源优势和企业的产业化优势，面向国家智慧教育的前瞻性需求，协同创新、集中开发高技术含量、高服务质量的教育平台和工具，打造智慧教育发展的产业链条。

## （六）融入智慧城市发展，创设智慧教育外部发展环境

智慧教育是智慧城市在教育领域的体现，智慧城市可以为智慧教育发展提供良好的技术与应用土壤。智慧教育发展要时刻关注智慧城市建设中出现的新技术、新应用和新服务，确保智慧教育体系的开放性和互通能力，一方面做好智慧城市服务的延伸，另一方面也要积极地融入智慧城市的整体发展框架，为智慧教育创设良好的外部发展环境。

## 五、结语

智慧教育是一个长期且复杂的系统性工程，是教育信息化发展的高端形态。在智慧教育的研究和应用推进过程中，从体系和技术的角度去审视技术给教育带来的智慧特征，有助于我们深入了解智慧教育的智慧来源和本质，并厘清智慧教育的技术融合路径，对更加有的放矢地推进智慧教育发展进程有着很强的实践指导意义。

（原载《中国电化教育》2016 年第 1 期）

# 教育信息化 2.0 的内涵解读、思维模式和系统性变革

从党的十九大开始，中国特色社会主义进入了新时代，中国教育总体水平进入世界中上行列，教育质量明显提高，教育保障条件显著增强，教育的国际影响力日益增大。① 新时代下，经济社会对教育提出了最全面、最深刻的需求，教育发展需要解决的问题也最集中、最复杂的，同时信息技术为教育的发展提供了前所未有的巨大可能性②，我国教育信息化正式迈入 2.0 阶段，开启了智能时代的教育新征程。在新的发展阶段，教育信息化必将带来教育理念创新和教学模式的深刻变革，成为促进教育公平和提高教育质量的有效手段，推动教育科学决策和综合治理能力的大幅提高③，实现以教育信息化推动教育现代化的宏伟目标。

## 一、多维视角：审视教育信息化 2.0

教育部于 2018 年 4 月 13 日印发了《教育信息化 2.0 行动计划》，这是教育信息化 2.0 的"先导性工程"，也是首个关于教育信息化 2.0 的政策性文件。但是，"教育信息化 2.0"这一概念还处于动态发展的过程中，远未"成型"④，其内涵与外延、行动与方向等都亟须深入探讨。笔者拟从教育变革、教育生态系统和技术革新等多维视角切入，审视宏大视野下教育信息化 2.0 的本质特征。

---

① 陈子季、马陆亭：《着力解决好教育发展不平衡不充分问题》，载《人民教育》2017 年第 21 期，第 18 - 21 页。

② 王珠珠：《教育信息化 2.0：核心要义与实施建议》，载《中国远程教育》2018 年第 7 期，第 5 - 8 页。

③ 蔡继乐：《以教育信息化全面推动教育现代化——访十九大代表、教育部副部长杜占元》，载《中国教育报》2017 年 10 月 23 日第 1 版。

④ 任友群：《我们该怎样研讨"教育信息化 2.0"？》，载《远程教育杂志》2018 年第 4 期，第 3 页。

## （一）教育改革视角下教育信息化2.0的本质属性

信息化是当今社会发展的重要推动力量，也是教育变革的重要动因。[1] 教育信息化最初以"电化教育"的形式参与教育改革，在党的十一届三中全会以后获得空前重视并得以发展，党的十九大之前称为教育信息化发展的1.0阶段（即教育信息化1.0），之后一段时期则是"教育信息化2.0"。时间维度上的明确划分是对之前教育信息化建设与发展作出的阶段性总结和反思，更是对今后教育信息化"转段升级"的要求和期待。

经过长期建设和稳步发展，我国教育信息化工作成效显著，极大地推动了教育事业的改革发展[2]，形成了成体系的教育信息化政策制度和战略部署，建设了发挥我国制度优势的教育信息化组织保障体系，形成了以"三通两平台"为核心全面突破的工作态势，探索出了一条具有中国特色的教育信息化发展路径。[3] 2.0时期的教育信息化将继承1.0时期形成的优良成果，坚持"信息技术与教育教学实践深度融合的核心理念不变，应用驱动、机制创新的基本方针不变，历史成就不变"[4] 的原则，实现在信息技术与教育教学融合基础上的创新发展。可以说，教育信息化2.0是我国教育信息化纵深发展的第二个阶段，是在1.0时期取得的坚实成果基础上的继承和发展，是以信息化推动教育现代化的又一个持续性、阶段性目标。

然而，教育信息化2.0的提出更多是强调内涵扩展与发展升级。从不同维度对教育信息化1.0和教育信息化2.0进行对比分析可以看出，两者在技术触点、核心理念、建设重心、目标任务、发展动力、发展愿景和教育改革等方面均有着明显的区别（见表1），这也正好体现了提出教育信息化2.0的现实必要性。具体来说，1.0阶段的教育信息化发展以计算机和半导体技术在教育教学中的应用和整合为切入点，而信息化2.0阶段的

---

① 宋凌云、王嘉毅：《教育改革发展的新理念新思想新要求——学习习近平总书记关于教育工作的重要论述》，载《教育研究》2017年第2期，第4—11页。

② 刘延东：《巩固成果开拓创新以教育信息化全面推动教育现代化——刘延东副总理在第二次全国教育信息化工作电视电话会议上的讲话》，载《中国教育信息化》2016年第3期，第1—4页。

③ 雷朝滋：《教育信息化：从1.0走向2.0——新时代我国教育信息化发展的走向与思路》，载《华东师范大学学报（教育科学版）》2018年第1期，第98—103页。

④ 舒华：《教育信息化要与时代同频共振——解读〈教育信息化2.0行动计划〉》，载《中国教育网络》2018年第5期，第21—22页。

技术触点则是大数据和智能信息技术，这为实现信息技术与教育融合基础上的创新发展提供了技术可能。不同于1.0阶段借助大量资金投入和倡导技术应用来驱动"物的建设"，以实现教育教学的数字化和网络化，2.0阶段的教育信息化的发展动力源自技术的原始创新和集成创新以及教育理念和教育机制的创新，其目标是要重构以人的发展为核心的全新教育生态。教育信息化1.0按照预期走出了一条具有中国特色的教育信息化发展路径；而教育信息化2.0则拥有更宏大的发展愿景，致力于形成具有国际先进水平的教育信息化中国智慧和中国方案，发挥全球引领作用。另外，1.0时期的教育信息化是作为一种外生变量推动我国教育改革；而在2.0阶段，教育信息化将作为推进教育现代化的强大动力和教育变革的内生要素，通过在融合基础上的创新发展来实现对教育的革命性影响。

表1　教育信息化1.0和教育信息化2.0的各维度特征比较

| 维度 | 教育信息化1.0 | 教育信息化2.0 |
|------|------|------|
| 时间跨度 | 党的十九大以前 | 党的十九大以后一段时期 |
| 技术触点 | 计算机和半导体技术 | 大数据和智能信息技术 |
| 核心理念 | 应用基础上的融合发展 | 融合基础上的创新发展 |
| 建设重心 | 关注物的建设 | 关注人的发展 |
| 目标任务 | 教育教学的数字化和网络化 | 教育教学的智能化，重构教育生态 |
| 发展动力 | 资金投入与技术应用 | 技术创新与机制创新 |
| 发展愿景 | 走出具有中国特色的教育信息化发展路径 | 形成具有国际先进水平的教育信息化中国智慧和中国方案 |
| 教育改革 | 全面推动，外生变量 | 支撑促进，内生变量 |

## （二）生态系统视角下教育信息化2.0的外在表征

教育信息生态系统是指在一定的信息空间中由教育信息、人和教育信息环境组成的相互作用的、自我调节的自组织、自适应系统。[1] 2.0阶段

---

① 朱永海、张新明：《论"教育信息生态学"学科构建》，载《电化教育研究》2008年第7期，第84–89页。

的教育信息生态系统可以用植物的生长作为一种隐喻（见图1）：教育活动本身可看作是生长中的大树，智能环境则为教育活动的开展提供了生存环境（如空气、阳光等），信息化促成的主体开放、平台开放、理念开放等大环境又为教育的生长提供了源源不断的养分，由学生、教师、教育管理者、科研机构、信息化企业等构成的群落不断定义生态系统的需求链条并形成闭合，教育大数据和小数据代表的营养输送系统最终驱动该生态系统的动态循环和不断优化。由此可以看出，教育信息化2.0指向的教育信息生态系统以融合创新为核心理念，重视人、教育信息与信息化环境之间的互动共生，表现为在技术与教育的双向融合基础上形成系统的整体关联、在生态种群的互利共生关系中促进系统的协同演化、在多元开放的发展性格局中实现系统的动态平衡等特征，是对建立在新一代信息技术和互联网基础上的"互联网＋"教育生态的一次系统重构。该信息生态系统

图1　指向教育信息化2.0的教育信息生态系统隐喻

最终将打破教育在传统生态中的"基因决定定律"①，促使教育迎着新一代技术浪潮实现"转基因"。

第一，技术与教育的双向融合形成系统的整体关联。从技术与人的共生关系来看，教育信息化2.0将从教育问题本身入手，对信息技术在教育领域的可能性进行充分挖掘，转而以"技术逻辑"对原有运行模式进行优化和改造，最终形成新的秩序、范式、理念和文化。其中，技术与教育的双向融合包含实体空间和虚拟空间的融合，从而形成一个"技术无处不在而又难以察觉"的技术协同、技术沉浸、信息无缝流转的教育信息生态。

第二，种群之间的互利共生促进系统的协同演化。从生态系统中"种群"的角度来看，教育信息生态系统的参与者都将成为创新者和受益者，兼具"生产者"和"消费者"的角色。在"需求"和"利益"的共同驱动下，教育管理部门、科研机构、学校、企业、教师及学生等参与主体在行业细分和业务垂直划分的教育市场环境中产生"化学反应"。细分的供应商为不同师生提供个性化的教学服务将成为常态。师生在传统教育传播结构中单向的"传者"与"受者"的角色已然发生改变，教师和学生都可以是教育资源的生产者和消费者，在教育传播结构中同时承担"传者"和"受者"双重角色。

第三，多元开放的发展格局促进系统的动态平衡。一方面，参与教育信息化建设的主体开放，不仅体现为由政府统筹各级教育部门、学校、研究机构和事业单位来推进教育信息化的建设，而且企业等社会资本和力量也被吸纳进来，教育信息化的市场活力被充分激活。另一方面，各系统平台的标准、架构和接口统一开放，教育信息流的各个环节被打通，教育资源和服务可以实现自由接入和流出。此外，教育信息化的发展促使泛在学习、开放共享、数字公民等教育理念越来越普及和深化，为教育发展提供了潜在动力，从而形成了教育信息系统动态循环的"营养供给"。

（三）技术革新视角下发展智慧教育的技术准备

纵观人类文明的发展进程，历史上每一次技术革命都会围绕一个核心技术而展开，第一次工业革命是蒸汽机，第二次工业革命是电，第三次工

---

① 吴军：《浪潮之巅（下册）》，人民邮电出版社2016年版，第391页。

业革命是信息技术（以计算机和半导体芯片为主）。当下正在发生的第四次工业革命即智能革命的核心技术则是围绕大数据和智能信息技术而展开的。教育信息化 2.0 旨在利用大数据及智能信息技术破解教育改革与发展难题。智能是这一时期发展教育信息化的核心关键词。智能教育旨在利用智能技术加快推动人才培养模式和教学方法改革，构建包括智能学习和交互式学习的新型教育体系。① 而智慧教育的产生不仅是因为智能信息技术在教育领域有应用的可能性，更是由于很多相关技术在这个时间拐点上开始成熟。在 2.0 时期，发展智慧教育的条件已基本成熟，具体表现如下。

第一，教育大数据已逐渐形成。教育大数据的产生得益于多媒体计算机、移动终端、可穿戴设备等媒体设备在教育教学中的逐渐流行和使用，诸如射频识别（RFID）、红外感应、视频监控等传感器技术在教育领域的运用为数据采集提供了便捷接口。另外，教育信息化 1.0 阶段建设中积累的数字教育资源为教育大数据提供了大量现成数据，学习者在数字化学习过程中还产生了海量的用户生成数据等。

第二，信息存储技术已变得高效且价格低廉。摩尔定律的发生使得各种存储器的容量成倍增加，存储性能提升的同时价格却在迅速下降，原本无法存储的教育数据现在不再需要花费太大成本就能得以保存。尤其是近年来半导体固态存储器（SSD）技术的进步及普及，海量的教育数据可以便捷且低成本地存储。

第三，数据的传输技术取得历史性突破。目前我国乃至世界都在重点部署的第五代移动通信技术的理论下行速度为 10 GB/s（相当于下载速度为 1.25 GB/s），数据传输技术获得历史性突破。数据传输技术的飞速提升使得校园物联网中人与物、物与物之间的智能识别、定位、跟踪、监控和管理过程产生的数据都能被顺利传输，万物互联的智慧校园的"智能化"特性②得以真正实现。

第四，大规模并行计算极大提升了对数据的处理速度。云计算兴起后，互联网、廉价服务器以及比较成熟的并行计算工具（如 Google 的

---

① 国务院：《国务院关于印发新一代人工智能发展规划的通知》，见中国政府网（http://www.gov.cn/zhengce/content/2017-07/20/content_5211996.htm）。

② 胡钦太、郑凯、林南晖：《教育信息化的发展转型：从"数字校园"到"智慧校园"》，载《中国电化教育》2014 年第 1 期，第 35 – 39 页。

MapReduce、雅虎的 Hadoop 等）为大规模并行计算提供了支撑，海量教育数据得以实现高速处理，也为教育信息的及时反馈提供了可能，有利于真正实现智慧教育的"及时性"。

综上所述，教育信息化2.0的启动有着深刻的历史与技术变革因素，其中"变革教育"始终是教育信息化的本色，"数据"成为撬动教育行为和教育要素优化和重构的关键，教育因为技术的"加持"和数据的积淀而变得越来越智能化，并朝着智慧教育不断靠近。

## 二、思维模式：从融合到创新的行动逻辑

教育信息化2.0面临建设重心的转移和目标任务的升级，背负着变革教育的时代期望。要真正实现创新与突破，在发展初期首先需要从思考方式和行动逻辑上找准方向。对要亲历教育信息化发展的参与者而言，只有建立正确的思维模式，系统性思考教育信息化2.0的发展动向，用不确定性的动态思维对待新出现或可能出现的教育问题，并尝试用数据驱动的思路解决这些问题，才能让集体智慧在正确的道路上发生改革共振。

### （一）系统性思维

克兰德和贝塔朗菲认为，系统思维就是运用系统概念来认识对象、整理思想的思维方式[①]，即要求我们以"系统"作为思考单元，从系统内部与外部诸要素之间、整体与部分之间、系统与环境之间进行辩证考察，从事物的普遍联系来获得对事物的整体把握。教育信息化2.0指向未来教育，而未来教育必将是建构在互联网基础上的新教育，信息技术支持的教育将发生结构性变革，而不是渐进式地修修补补。教育信息化作为教育系统的子系统，其本身就是一个复杂系统，因此首先要用系统思维看待教育信息化2.0，而这里的"系统思维"实际上包含三层含义。

第一，大尺度地看待教育信息化2.0。时间尺度上，教育信息化2.0以党的十九大为起始点，是一个阶段性但又具有持续性的发展过程。空间维度上，教育信息化发展至今对我国教育改革而言具有战略性和全局性的

---

① 苗东升：《系统思维与复杂性研究》，载《系统辩证学学报》2004 年第 1 期，第 1–5 页、第 29 页。

意义，将与教育所包含的一切空间进行深度融合①，甚至将在国家战略和社会经济发展中释放出更大潜能。

第二，大跨度地看待教育信息化2.0。教育信息化不只隶属于某个特定领域或学科范畴，它向所有领域或学科开放，积极寻求教育学、计算机科学、心理学、脑科学、认知科学、社会学和管理学等领域的专业知识，以协同破解教育难题，形成跨行业的整体设计与行动方案。

第三，全维度地看待教育信息化2.0。即要全方位或全视角地看待教育信息化，"不仅看这一面，还要看到另一面"，"既要看正面，也要看反面"。如在看到教育信息化1.0阶段取得的建设成绩时，也应看到"非显著性差异"和"乔布斯之问"等现象在2.0阶段依然存在。在看到信息技术给教育教学带来巨大改变的同时，也要看到技术介入教育带来的冲突和不适。

## （二）不确定性思维

世界的不确定性来自两个方面，一是影响世界的变量太多以至于无法用数学模型来描述；二是不确定性是我们所处宇宙的特性，不确定性来自客观世界本身。② 教育系统本身就是复杂的混沌系统，不确定性也是教育的基本规律之一。一方面，教育本质或规律的"低垂果实"早已被发现，但是简单的教育因果关系规律在面对复杂的教育问题时显得束手无策；另一方面，通过观察简化的或限定条件下的教育现象并进行精准预测是令人怀疑的③，事实上教育研究发现的很多规律都具有明显的不确定性。在不限定、不约束任何条件的前提下，强调变量相关性而非因果性的教育大数据在解决处于混沌状态的教育问题时显示出强大优势。因此，带着不确定性思维对待新出现或可能出现的教育问题成为2.0阶段发展教育信息化的另一种思维模式。

具体来说，基于不确定性思维的假设，借助大数据技术解决教育问题需要注意三点。首先，教育大数据强调在真实、自然的情况下收集全集数

---

① 任友群、冯仰存、郑旭东：《融合创新、智能引领、迎接教育信息化新时代》，载《中国电化教育》2018年第1期，第7-14页、第34页。

② 吴军：《智能时代：大数据与智能革命重新定义未来》，中信出版社2016年版，第112页。

③ 邓国民：《大数据和教育研究：认识论和方法论的思考》，载《电化教育研究》2018年第6期，第48-53页。

据，数据的收集过程非常忌讳"大胆假设、小心求证"的思维方式，因为借助数据来证实事先的定论，很容易陷入"先入为主"的主观臆测。其次，在教育大数据研究环境下，不同变量之间的因果关系并不明确，教育行业的利益相关者都能从过程数据集中发现隐含的相关关系并"为我所用"，相关关系的挖掘远胜于因果关系的论证。最后，在面对相关性的分析结果时，数据之间的相关性在揭示规律的同时无可避免地会带来大量伪相关，因此更要以"不确定性"的思维辩证看待相关性的分析结果，利用理论模型和实验做进一步的分析和验证，以揭示这些相关性的意义，并区分有意义和无意义的相关性。[①]

## （三）数据驱动思维

"智能"不是解决具体问题的能力，而是习得这些能力的元能力，即是否智能不在于能做什么，而取决于在什么条件下能够做到。[②] "智能"本质上是一个系统在知识和资源相对不足情况下的适应能力，而数据驱动的方法消减了非中立理论预设带来的偏见和限制，可以不需要从事实中寻求原因，而是直接使用先进的数据挖掘与分析方法去归纳数据中的关系模式[③]，从看似无关的数据中发现有意义的关联，在没有先验理论假设的基础上进行推论和预测。2.0 阶段所要实现的智能教育实质上就是借助数据驱动的方法实现教育管理科学化、教学精准化、学习个性化、教育评价科学化、教育服务更具人性化[④]等。因此，发展智慧教育要求相关从业者具备一定的数据素养和对数据价值的基本认同。

数据驱动的教育决策将不再过度依靠经验、拍脑袋和简单的统计结果，而转向基于数据的科学决策。通过数据挖掘、机器学习、统计分析和预测算法来预测未来可能发生的教育事件、过程及结果，为提高教育效果

① Ness, R O, Sachs, K, Vitek O, "From Correlation to Causality: Statistical Approaches to Learning Regulatory Relationships in Large-Scale Biomolecular Investigations", *Journal of Proteome Research*, 2016, 15 (3), pp. 683 – 690.

② Hammer, P, Lofthouse, T, Wang, P, "The Open NARS Implementation of the Non-Axiomatic Reasoning System", In: *Proceedings of AGI 2016 Conference*, 2016, pp. 160 – 170.

③ Anderson, C, "The End of Theory: The Data Deluge Makes the Scientific Method Obsolete", *Wired Magazine*, 2008, 16 (7).

④ 杨现民、唐斯斯、李冀红：《发展教育大数据：内涵、价值和挑战》，载《现代远程教育研究》2016 年第 1 期，第 50 – 61 页。

提供策略建议，甚至还可以利用认知计算实现对知觉、记忆、判断、学习和推理等心理过程的计算，进而实现自适应的学习。由此，无论是宏观的教育顶层设计和教育制度改革，还是中观的资源优化调配、教学质量监控和政策实施改进等，或者是微观的课堂教学精准诊断和个性化课程教学服务，都可以通过大数据为决策者提供广阔的全局视野，将影响决策的相关因素量化、可视化、立体化，进而提供各层面的"基于证据的决策"建议。

## 三、系统性变革：教育信息化发展新格局

教育是探究性的社会活动，哈耶克的"必然无知"理论在教育领域的表征驱动着教育的行动，使其有了多种发展可能。[①] 2.0 阶段的教育信息化将继续为"教育改革发展的三大核心任务（实现教育公平、提高教育质量、推进教育创新）做出贡献"[②]，在教育的各个领域、各个层次上发挥支撑和促进作用，甚至跨越传统教育模式中制度、形式、机构和时空的边界，实现技术使能的教育结构性变革，形成面向未来的教育新形态。

### （一）充分展现战略性和全局性的价值

从整个社会系统来看，教育是社会生态系统中的一个子系统。以智能时代为背景的教育信息化2.0，已经不再局限于为教育系统本身提供基础性和支撑性的作用，其战略性和全局性的价值将在国家经济社会发展中得到体现，也将在实施国家战略、构建学习型社会和培养创新型人才等方面释放出更大潜能。

第一，配合实施国家发展战略。2.0时期的教育信息化行动方向将与国家整体战略部署和我国经济社会发展顶层设计保持高度一致。教育信息化2.0服务国家发展战略的潜能主要体现在三个方面：其一，成为教育强国战略的基础性和先导性工作。党的十九大报告明确指出，"必须把教育

① 刘旭东：《教育行动的逻辑与教育理论创新——兼论哈耶克的"必然无知"理论》，载《教育研究》2016 年第 10 期，第 11 - 18 页。
② 南国农：《我国教育信息化发展的新阶段、新使命》，载《电化教育研究》2011 年第 12 期，第 10 - 12 页。

事业放在优先位置，加快教育现代化，办好人民满意的教育"。而教育信息化工作是教育现代化的基本内涵和显著特征，是"教育现代化2035"的重点内容和重要标志①，是信息时代教育发展的必由之路，是推动教育改革的有力抓手和有效手段，将发挥不可替代的关键作用。其二，成为科教兴国战略的人才培养基地和文化孕育土壤。教育信息化致力于全面提升师生的信息化应用水平和信息素养，为培养和提高年轻一代的科技素养打下基础。同时，教育信息化还将为科技创新课程的实施提供信息化条件，为培养、造就一大批青年科技人才提供信息化服务。其三，成为乡村振兴战略促进教育公平的现实选择。随着信息技术的进一步发展，教育信息化因其打破时空、地域和主体限制的优势，能够有效扩大优质教育资源的覆盖面，实现教师智力资源的优化均衡配置，支撑教育精准扶贫战略的实施，快速推进教育脱贫和阻断贫困代际传递②，促进城乡、区域和校际教育的均衡发展。

第二，支撑学习型社会的构建。教育信息化努力为全体社会成员提供突破时空的高质量教育和学习支持服务，是建设学习型社区、学习型组织和学习型城市的支撑和保障。如果说教育信息化1.0为教育打下了数字化、网络化的基础，那么，面对未来教育现代化发展和教育支持创新的要求，更加需要信息化为构建个性化、终身化的教育体系和"人人皆学、处处能学、时时可学"的学习型社会提供硬件基础和技术支撑。2.0阶段，教育信息化支撑下的教育体系将从服务学校教育扩展至服务终身教育，从服务课堂学习拓展为支撑网络化、泛在化的无缝学习，最终形成面向全员、覆盖全程、全方位、泛在、开放的终身教育体系。

第三，服务创新型人才的培养。在"新能源、新材料、新技术与互联网高度交互融合与创新"的时代，信息化是助力教育搭建人才培养体系的基础和关键③，成为创新驱动发展的新引擎。智慧学习环境、开放社区、3D打印技术、开源硬件平台、开源软件等为人、新技术、实践场域

---

① 教育部：《教育信息化2.0行动计划》，见中华人民共和国教育部网（http://www.moe.gov.cn/srcsite/A16/s3342/201804/t20180425_334188.html）。

② 任友群、冯仰存、徐峰：《我国教育信息化推进精准扶贫的行动方向与逻辑》，载《现代远程教育研究》2017年第4期，第11－19页。

③ 周洪宇、鲍成中：《第三次工业革命与人才培养模式变革》，载《教育研究》2013年第10期，第4－9页、第43页。

等创设了相互关联的教学情境，为开展培养高素质的劳动者和创新型人才的创新教育奠定了基础。2.0 阶段，教育信息化将借助新兴技术和互联网社区为创新教育提供软硬件工具、跨界师资、开放资源和开放评估体系，使得信息技术使能的创新实践"由不能变为可能，由小能变为大能"[①]。同时，新一代信息技术因其在知识表征和知识联结上的优势，将优化学习者的知识结构，训练学习者的发散、聚合、逆向、批判等思维，培养学习者在互联网文化背景下的自由、独立、开放、批判等思维品质。

### （二）主动促进教育系统内部的体系重构

从教育系统来看，2.0 时代的教育信息化将促进教育系统内部更好地建立起协同进化和良性循环的内部生态平衡系统，形成以教育数据流为主导的有序循环和自我进化。泛在、智能的学习环境将学习、信息、技术、设备、人力等相关因素纳入一个整体进行组织，对所有学习者的学习提供全过程、全方位的支持。在物联网技术和各类感知技术的支持下，学习者在学校接受正规教育时产生的全阶段成长数据，发生在家/博物馆/科技馆/生活社区里甚至交通工具上产生的非正规、非正式学习数据，都将统一汇入云端教育数据流，形成流通、共享、开放的教育大数据。开放、统一的数据接口和标准为教育数据的汇聚、流通奠定基础，大数据、区块链等新技术在教育领域的创新应用使得学分银行体系渐趋完善，学历教育之间、学历教育与非学历教育之间将实现学习成果积累和学分转化。教育的对象不再是有限人群，每一位公民从出生到死亡的全过程都能方便地接受学历教育、非学历教育甚至特殊教育。在教育信息化的支持下，我国教育体系将形成面向所有群体、面向各级各类教育实现互通有无的"立体交互"，真正迈向全纳、公平、有质量的教育。这一时期，教育信息化突破传统教育受师资、场地、技术设备、时空等因素制约的优势作用将日益凸显，将对所有对象，以及发生在不同阶段、不同场景和不同类型之间的全部教育活动提供信息化支撑，最终将促进实现真正的"大教育"。[②]（见图 2）

---

① 祝智庭、孙妍妍：《创客教育：信息技术使能的创新教育实践场》，载《中国电化教育》2015 年第 1 期，第 14 – 21 页。

② 蒋同甫：《二十一世纪大教育观——对终身教育思想诠释之一》，载《北京广播电视大学学报》2006 年第 2 期，第 43 – 45 页。

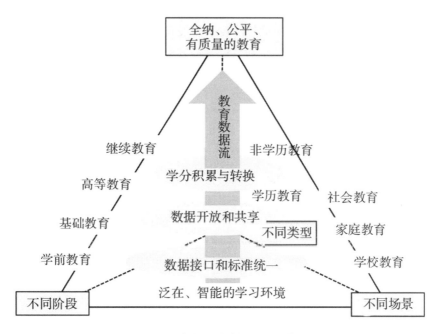

**图2　教育信息化支持的教育"立体交互"**

## （三）推动技术支持的学校教育模式变革

学校教育是整个教育系统的主体与核心，信息化推动的教育系统性变革的重心将落在"学校教育"上，具体表现为人工智能、大数据、物联网等新兴技术以及各类智能设备和互联网支持下的教育模式变革，包括办学模式、教与学模式、课程组织模式和教育决策模式等方面。

学校教育的模式变革首先离不开以学习者为中心的智能化教学支持环境。该环境一方面借助信息技术优势实现学习内容的富媒体呈现、学习者特征的自动识别、学习情境的智能感知、学习交互的虚实结合、资源的快捷获取与个性化推送、物理环境的智能管控等外在表现形式；另一方面，以云端学习环境为依托，家庭、户外、学校、社区等各个物理空间的学习行为数据都将汇入统一的网络学习空间，实现家校互联、资源互通、师生互动和生生互助，此时的学习环境不仅能够诱发各种学习形式，而且还将成为不易觉察的价值检验系统。

办学模式的变革表现为对传统办学模式的持续改进和优化，一方面借助信息技术和互联网的技术优势延伸和拓展学校边界，实现教育供给侧的结构性改革和供给端的适应性调整；另一方面，直接推动新型办学模式的产生，依托开放在线课程资源（如MOOC、SPOC等）组建新型的互联网学校，实现跨组织边界的知识传递、共享和协作。对教师而言，教与学模式的变革体现在技术使能的信息化教学创新，信息技术与教学的深度融合将进一步激发教学活力、开放教学边界、重构教育流程，基于大数据的学习分析技术将帮助教师实现以"学"定"教"、因材施教的个性化教学。对学生而言，信息技术和互联网将突破个体认知的局限，通过运用分布式认知和联通主义的知识协商和社会建构来学习，进而实现联结学习、移动学习、泛在学习等主动建构的学习活动。课程组织模式的变革体现在两个方面：一方面，由于虚拟/增强现实设备、自带设备（BYOD）、可穿戴设备、智能机器人等新兴教学媒体在教学中的适度引入和创新应用，使得不同空间的信息层可以无缝连接在一起，构成全新的课程表现形态；另一方面，由于数字教材的富媒体特性和智能交互特性使得单科分立和高度抽象的教学内容变为多科整合和情境相关，跨学科、自组织、生成性的数字教育资源将成为学校教学内容的重要载体和课堂教学活动的主要依托。在教育决策模式方面，基于大数据的决策可以为决策者提供广阔的全局视野，能够将影响决策的相关因素量化、可视化、立体化，为决策者提供"基于证据的决策"建议，表现在宏观层面协助地区甚至国家进行教育制度的顶层设计和科学判断，中观层面协助学校和教育管理部门合理调配资源及调整规划、实施监控和改进政策，微观层面为学生成长提供精准诊断和个性化课程服务，以及为教师的专业发展提供精准诊断和个性化培训服务。

## （四）重塑智能时代的教育理念与文化

教育信息化最初是以"技术逻辑"对传统教育的运行模式进行优化和改造，从而带来学习环境、课程载体、教学媒介等实体层面的变化，在推进过程中形成新的秩序、范式、理念和文化，最终将引发知识观、课程观、教学观和学习观的内涵更新。反过来，教育信息化构造的新教育理念和文化又将成为新一轮教育改革的基点，形成新的文化渗透。

在知识观方面，教育信息化2.0时代的知识观将深深根植于信息社会，知识以动态性、开放性、共享性和关联性为主要特征，知识的创新和发展变得尤为重要。从知识的属性来看，知识的边界变得模糊且动态，知识的客观性和唯一性常常被打破。从知识的来源看，知识不再是精英的专利，每个人都有生产知识的权利，学习的过程也是知识建构的过程。从知识的获取来看，技术让知识变得随处可见、唾手可得，与存储知识的多少相比，知道知识存储在哪里并能快速准确找到更为重要，即"关联"知识比记忆知识更重要。

在课程观方面，随着数字文化、互动文化和共享文化等互联网文化的渗透，课程也将具备自由、开放、共享、交互等核心特征，课程不再是一种知识承载形态或教学系统要素，课程文化将在时空上逐渐从区域转向全球，在状态上从分散转向同步，在权力上从垄断走向平等，课程价值取向由服务课堂教学转变为给每一个数字公民提供终身学习服务。[①] 通过信息接入、泛在资源创设和智能交互应用，新时代的课程将成为全球资源无缝接入的环境，促进虚拟与现实连接的情景体验，为学习者提供立体化、交互式的个性化学习空间。

在教学观方面，"互联网＋"条件下的教学具有无中心、无边缘、超时空、去个性化和虚拟化等特征。比如教与学的交往互动、相互开放与沟通，教学主体间的平等尊重与主动自觉，教学关系中的相互助长，同学间的平等交流、共享共进，教学诸要素的相谐共生，教学资源的开发利用，教学环境的生态友好，等等。正是由于众多的异质同构和模态相拟，教学可以实现多点联通、跨界链接、平等参与、一体共享、协作多赢的整体效果。

在学习观方面，技术支持的主动学习和建构学习将成为每个学习者的必然选择。新的社交媒体和社交网络将创造大规模的基于同伴的社会化学习。教育的重心正在"从教学转移到学习，从说教转向创造性探究"。诸如混合学习之类的正式和非正式学习将出现在学校教育的周围[②]，它也许不能完全替代学校教育，却将成为学校教育的重要形态。

---

① 邱相彬、李艺、沈书生：《信息技术作用下的课程文化变革思维》，载《教育研究》2017 年第 9 期，第 92－98 页。

② ［美］阿兰·柯林斯、［美］理查德·哈尔弗森：《技术时代重新思考教育——数字革命与美国的学校教育》，陈家刚、程佳铭译，华东师范大学出版社 2013 年版，第 9 页。

我国教育信息化的长足发展得益于中国政府的前瞻部署和积极行动，教育信息化2.0的历史判断将激励并加快新一轮的教育信息化带动教育现代的改革步伐。在憧憬教育信息化2.0的智慧教育图景时，我们也要看到教育信息化面临的困境和难题，如技术思维的无形僭越、情感沟通的缺位、信息技术的异化等。新一轮教育改革的参与者需要在技术裹挟的文化变革中从思维到行动认清本质、转变观念，实现自觉、能动的超越①，实现工具理性和价值理性在教育变革中的和谐共生。

（原载《现代远程教育研究》2018年第6期）

---

① 冯永华：《教育信息化促进教学方式变革》，载《教育研究》2017年第3期，第115 - 117页。

# 工业革命 4.0 背景下的智慧教育新格局

## 一、工业革命 4.0：新一轮教育变革的推动力

人类教育伴随着人类的出现而产生，随人类社会的发展而进化。社会形态的变迁和媒介技术的发展，一直是推动教育变革的根本性力量。回溯教育发展历程，无论是口语、文字，还是电子模拟技术、多媒体网络交互技术，每一种技术形态的出现都引发了人类教育的革命性变革。当下，人类正站在第四次工业革命的风口浪尖，以人工智能、大数据、区块链等为代表的智能信息技术正引发新一轮教育变革，牵引着人类教育向智慧教育阶段转型和演进。

### （一）第四次工业革命悄然而至

迄今为止，人类社会已经历了三次工业革命，现正处于第四次工业革命时代。"工业 4.0"一词起源于德国政府推动制造业计算机化的高科技战略项目，被认为是制造业数字化的下一个阶段[①]，具备深度网络化、绿色化、智能化和生产组织方式分散化这四大特征。[②] 2016 年 1 月，第 46 届世界经济论坛在瑞士达沃斯举行，主题是"掌控第四次工业革命"，创始人兼执行主席施瓦布表示："在全球诸多挑战中，如何塑造第四次工业革命是世界正面临的最强有力的挑战。随着移动网络、传感技术以及人工智能和机器学习的出现，第四次工业革命无论在发生速度、涉及规模还是冲击力度上，都将远超前三次技术革命。"[③] 在工业 4.0 时代，集成、智能、创新、融合等成为社会发展的关键词，人工智能、虚拟现实、大数

---

[①] Sung T K, "Industry 4.0: A Korea perspective", *Technological Forecasting and Social Change*, 2018（132），pp.40 - 45.

[②] 邓泳红、张其仔：《中国应对第四次工业革命的战略选择》，载《中州学刊》2015 年第 6 期，第 23 - 28 页。

[③] 竺暨元：《2016 达沃斯：直面第四次工业革命》，载《解放日报》2016 年 1 月 20 日第 4 版。

据、区块链、3D 打印等信息技术成为推动社会前进的关键力量。

## （二）工业4.0 时代教育变革的趋势和走向

在讨论第四次工业革命背景下教育变革的趋势和走向之前，有必要重新回顾教育的发展历程。学界对教育的发展学说存在两种较为典型的阐述或认识：一种是基于社会形态变迁的"四次教育革命说"，一种是基于技术革新的"六次教育革命说"。

从社会形态变迁的角度观察，许多学者以生产力和技术发展水平以及与之相适应的产业结构为标准，把人类社会划分为"原始社会—农业社会—工业社会—信息社会"四种形态。按照这种观点，人类社会已经历了三次教育革命，现正处于第四次教育革命。第一次教育革命以文字和学校的出现为主要标志，第二次教育革命以造纸术和印刷术的发明为主要标志，第三次教育革命以班级授课制的出现为主要标志，第四次教育革命由以计算机和互联网为代表的信息技术引发教育系统的全面变革为标志。

从技术革新的角度观察，教育变革与信息传播技术革命直接关联。人类信息传播技术的革命历程如下：口语（约 350 万年前产生）→文字（约公元前 3500—前 3000 年产生）→印刷术（约公元 7 世纪产生）→电子模拟信息技术（约 19 世纪末 20 世纪初产生）→多媒体网络交互技术（20 世纪 90 年代产生），目前正处于以云计算、大数据、物联网和虚拟现实等智能信息技术为标志的革命当中。因此，根据上述革命历程，部分专家学者将人类教育相应地划分为六次教育革命。

事实上，教育的发展和变革与社会形态的变迁和媒介技术的发展均息息相关，正如图 1 所示，两者相互促进，推动教育不断向前发展。1769年，英国人詹姆斯·瓦特改良了蒸汽机，推动了机械化生产时代的到来，社会形态由农业社会进入工业社会。1870 年，电能的突破和应用、内燃机的出现、劳动分工及批量生产的实现等拉开了第二次工业革命的序幕。在工业 1.0 和 2.0 时代，为适应机器大生产的需求，以班级授课为主要形式的标准化教育成为主流，并为工业生产流水线输送了大量符合标准的产业人才。进入信息时代，计算机、电子信息技术的发明、普及和应用掀起了第三次工业革命，信息技术开始进入教育领域，多媒体教学、计算机辅助教学、数字化资源等开始出现。如今，以大数据、人工智能、区块链等为代表的智能信息技术正引领我们进入工业 4.0 时代，技术在教育领域的应用日渐成为常态，教育变革被打下了深刻的时代烙印。在此背景下，具备多元化、个性化、智能化等特征的智慧教育已成为未来教育的主要形态。

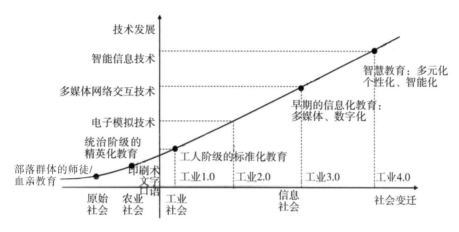

图 1　教育变革的趋势和走向

## （三）以教育信息化引领教育现代化的国家战略

在工业 4.0 时代，我们必须深刻意识到，教育事业发展正处于机遇与挑战并存的时代。党的十九大提出，要在教育大国的基础上建设教育强国，把教育事业放在优先发展的位置，加速实现教育现代化。习近平总书记在中央网络安全和信息化领导小组第一次会议上强调"没有信息化就没有现代化"，将信息化的战略地位提到了新的高度。[①] 中国外文出版发行事业局局长、教育部原副部长杜占元认为，加快教育信息化发展，是对全面推动教育现代化的有力支撑。对新时代教育信息化的重要性，他用"四个必将"加以阐明，即教育信息化必将带来教育理念的创新和教学模式的深刻革命，必将成为促进教育公平和提高教育质量的有效手段，必将成为泛在学习环境和全民终身学习的有力支撑，必将带来教育科学决策和

①　习近平：《把我国从网络大国建设成为网络强国》，见新华网（http：//www.xinhuanet.com/politics/2014-02/27/c_119538788.htm）。

综合治理能力的大幅提高。① 2018 年 4 月印发的《教育信息化 2.0 行动计划》也明确提出：以教育信息化支撑引领教育现代化，是新时代我国教育改革发展的战略选择，对于构建教育强国和人力资源强国具有重要意义。②

## 二、智能信息技术推动智慧教育发展

智能信息技术包括以人工智能、虚拟现实等为代表的智能技术和以大数据、区块链等为代表的信息技术，是工业 4.0 时代推动智慧教育发展的关键力量。目前，我国智慧教育虽在基础设施与平台建设等方面取得了一定成绩，但与真正实现智慧教育目标仍有相当距离。智能信息技术的快速发展有望破解当前智慧教育发展所面临的主要问题，如图 2 所示，将智能信息技术深度融入教育教学全过程，推动教育创新发展，是真正实现智慧教育的必由之路。

### （一）智慧教育发展面临的主要问题

智慧教育的出现源自 2008 年 IBM 总裁兼首席执行官彭明盛在纽约市外交关系委员会发表的演讲《智慧地球：下一代的领导议程》③，不久之后，在"智慧地球"理念的引导下，智慧教育破茧而出，成为信息时代教育发展的高级阶段和未来方向。自诞生之日起，智慧教育的研究热度一直都居高不下。受限于前期基础和智能信息技术在应用领域的成熟度，现阶段的智慧教育仍停留在理论研究、小范围试点的量变积累阶段，只有用智能信息技术解决我国当前教育发展面临多年的主要问题与普遍性问题，智慧教育才能"破茧成蝶"，迎来质变。

---

① 蔡继乐：《以教育信息化全面推动教育现代化——访十九大代表、教育部副部长杜占元》，见中华人民共和国教育部网（http：//www. moe. gov. cn/jyb_xwfb/gzdt_gzdt/moe_1485/201710/t20171023_317111. html）。

② 教育部：《教育信息化 2.0 行动计划》，见中华人民共和国教育部网（http：//www. moe. gov. cn/srcsite/A 16/s3342/201804/t20180425_3341 88. html）。

③ 张永民：《解读智慧地球与智慧城市》，载《中国信息界》2010 年第 10 期，第 23 – 29 页。

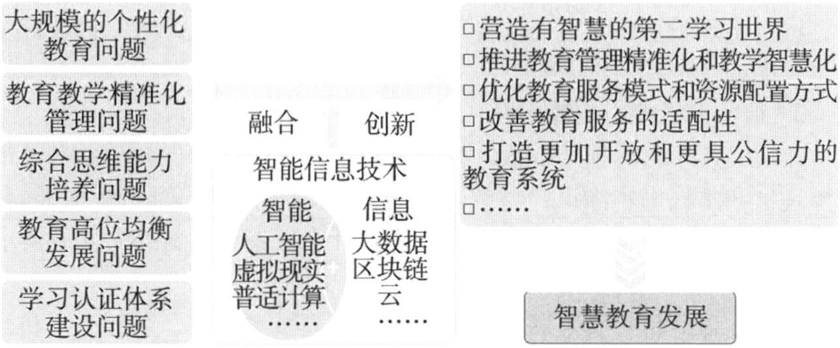

**图 2　智能信息技术推动智慧教育发展**

　　笔者认为，我国发展智慧教育的核心价值在于将智能信息技术与教育教学全过程进行深度融合，破解目前教育发展面临的瓶颈问题，打通"任督二脉"，促进全面革新，迎来我国教育新的黄金发展期。经过多年的探索与积累，我国教育信息化事业厚积薄发，已进入关键的破壳期。《教育信息化2.0行动计划》的发布，不仅标志着教育信息化进入一个新的发展时代，也标志着智慧教育从1.0迈向2.0时代，智慧教育将不再是仅限于少数发达省市层面的初步探索，而将在全国范围进行推广实施。[①]智慧教育2.0时代，以智能信息技术推动教育创新发展成为当前的首要目标，为实现这一目标，我们需要解决当前智慧教育发展面临的诸多问题。[②]

### 1. 大规模的个性化教育问题

　　实现个性化教育是教育普及化以后对未来教育的美好理想和普遍追求，受限于我国庞大的学生规模，加之技术的教育应用价值也未能得到有效发挥，难以实现每个学生按照自己的需求和喜好进行个性化学习。

### 2. 教育教学精准化管理问题

　　在教学过程中，教师对教学过程及学生学习效果的判断依然在很大程

---

　　① 郑旭东：《智慧教育2.0：教育信息化2.0视域下的教育新生态——〈教育信息化2.0行动计划〉解读之二》，载《远程教育杂志》2018年第4期，第11–19页。

　　② 钟绍春、唐烨伟等：《智慧教育的关键问题思考及建议》，载《中国电化教育》2018年第1期，第106–111页。

度上依赖于以往的经验，教学的改进缺乏科学的依据；在教育管理过程中，经常出现管理人员凭经验办理、拍脑袋决策的情况，难以对教育过程做出精准的调控和管理。

### 3. 综合思维能力培养问题

传统的人才培养模式和人才评价机制重知识轻能力，教学更多是帮助学生理解和掌握书本知识，导致学生普遍应试能力强，而创新思维能力、系统思维能力则非常欠缺，无法满足当前社会发展对创新型人才的需求。

### 4. 教育高位均衡发展问题

由于各地经济社会发展不平衡，导致我国城乡之间、东部沿海和西部地区之间的教育发展水平存在巨大差异。近年来，虽通过信息技术努力缩小差距，但仍未从根本性破解这个难题，未能实现教育高位均衡的目标。

### 5. 学习认证体系建设问题

MOOC、SPOC 等在线教育模式的出现及推广虽极大丰富了教育的形式，但也暴露了目前教育缺乏有效的学习认证体系的问题，学校面授以外的其他学习过程和学习成果难以获得公众认可，在线教育仍缺乏应有的公信力。

## （二）智能信息技术破解智慧教育发展难题

客观地说，上述问题是教育发展所积累的、在上一次工业革命发展形态下难以得到有效解决的教育问题，也是在工业革命 4.0 背景下必须解决的教育问题。当前，以人工智能、大数据、区块链等为主要标志的智能信息技术的快速发展为破解上述教育难题、推动智慧教育发展提供了极具说服力的解决方案。

### 1. AI + VR：营造有智慧的第二学习世界

AI（artificial intelligence）于 1956 年在美国达特茅斯学院举办的夏季学术研讨会上已被提出[1]，但直至 21 世纪，在云计算和大数据的推动下，AI 才逐渐受到人们的重视，并开始在农业、医疗、教育等领域发挥越来越重要的作用。VR（virtual reality）是一种综合了计算机图形学、人机接

---

[1] Crevier D，*AI：the tumultuous history of the search for artificialintelligence*，New York：Basic Books，1993.

口技术、传感器技术以及人工智能技术等多领域成果的新技术①，早在20世纪90年代就被引入教育②，是目前最具交互性的技术，能创造沉浸式环境，帮助学生获得真实的互动视角，通过虚拟物理环境中的仿真场景，解决地理、医学、物理等学科由于高危险、高成本等原因，无法进行实际操作、训练的教育难题。③

AI主要探索的是人类智慧的本质，而VR主要研究外部环境，两者的研究方向虽不同，但随着技术的融合，AI和VR在未来必将趋于融合，两者将发挥各自的优势，并在一定程度上弥补对方的缺陷。在教育领域，AI和VR的结合将为学习者营造有智慧的第二学习世界，这个世界由VR模拟的物理环境中的真实场景所组成，AI技术的引入为这个世界增加了智慧特征，能计算各种信息，模拟各种学习场景，根据学习者特征智能地设定学习路径、推送学习资源，从根本上解决学习交互的问题，实现个性化教育。另外，这种学习环境最大限度地培养了学生的创新能力，通过开放式学习情境，发散思维，激发学生潜能，引导学生主动构建知识。业界常说，VR将带你进入"第二个世界"，但正如Facebook的CEO马克·扎克伯格所言，有智慧的世界才是真正的第二世界，只有将AI与VR结合起米，才能最大限度发挥其教育应用价值。

### 2. 大数据＋物联网：推进教育管理精准化和教学智慧化

人类正在从IT（information technology）时代走向DT（data technology）时代，运用大数据技术推动教育管理精准化和教学智慧化已成为重要趋势。大数据的教育应用过程包括数据采集、存储、分析及呈现等一系列步骤，其中数据采集是关键。正所谓"巧妇难为无米之炊"，只有具备一定数量的教育数据，才能进行分析并挖掘出隐含的教育信息。物联网是大数据分析数据的主要来源，通过传感器、电子标签（RFID）等教育环境或设备的感知技术，可穿戴设备、虚拟现实设备、眼动仪、脑电仪等学习者状态的感知技术，以及感知数据的传输网络技术等，实现人、物体和环境

① 刘德建、刘晓琳等：《虚拟现实技术教育应用的潜力、进展与挑战》，载《开放教育研究》2016年第4期，第25－31页。

② Rau P L P, Zheng J, et al. , "Speed Reading on Virtual Reality and Augmented Reality", *Computers& Education*, 2018（125），pp. 240－245.

③ Davidekova M, Mjartan M, et al. , "Utilization of Virtual Reality in Education of Employees in Slovakia," *Procedia Computer Science*, 2017（113），pp. 253－260.

的数据感知与收集功能。正因为有了物联网技术，智慧教育体系不但连接了作为智慧体的人，也连接了更多智能教育设备和教育环境。

物联网采集的教育数据大体上可以分为两类：管理数据和教学数据。对于管理类教育数据，主要通过教育治理决策支持系统对科研动态、人员资金、资源设备、校园安全、网络舆情等进行准确分析和研判，精准把握学校发展动态，并对关乎学校未来发展及日常运作的事件做出科学的决策。对于教学类教育数据，通过开发师生成长和发展的大数据模型，掌握学生的学习兴趣、学习风格，挖掘学生潜能，支持对学生个体、群体的学业水平评估与动态监测，支持学生个性化课程和学习资源的推送，优化学生成长路径，实现学生的智慧学习；分析评价教师教学表现，支持教师对自己的教育教学活动进行调节、校正和监控，优化教师专业成长路径与教学方式，实现教师的智慧教学。通过教育大数据，能一改往日凭经验管理和教学的现象，有效推进教育管理的精准化和教与学的个性化。

### 3. "互联网＋教育"：优化教育服务模式和资源配置方式

"互联网＋"思维的核心是基于互联网的行业形态创新。在教育领域，互联网的应用优化和创新了教育服务模式，原来由供给方驱动的教育服务逐步转变为由学习者驱动的教育服务，教育更加关注学习者的需求，并不断根据学习者对教育服务的反馈来调整、提高服务质量。更重要的是，通过互联网技术的应用，教育资源的配置方式也在发生变化，教师资源及其他数字化资源等不再以学校为单位进行配置，而是通过互联网进行流动，实现更大范围内的共享。[①] 在流动过程中，网络中的每个节点既是资源的消费者，也都有可能成为资源的生产者，教育资源在不断流动的同时也在不断更新，有效保证了教育资源的质量。另外，这种资源配置方式能解决偏远农村地区师资落后、教育资源匮乏等问题，提高教育教学质量，推动教育均衡发展。

### 4. 普适计算：改善教育服务的适配性

普适计算最早于1988年由施乐公司的 Mark Weiser 提出，他强调把计算机嵌入环境或日常工具中，让计算机本身从人们的视线中消失，让人们

---

① 陈丽、王志军等：《"互联网＋时代"教育技术学的学科定位与人才培养方向反思》，载《电化教育研究》2017年第10期，第5－11页。

关注的中心回归到要完成的任务本身。[①] 普适计算的关键技术包括上下文感知、自然交互技术以及自适应技术。上下文感知能通过上下文的变化情况做出响应，自然交互技术能帮助计算机完成与物理空间环境的对话，自适应技术能根据请求即时为用户匹配最佳资源。在教育领域，普适计算为改善教育服务的适配性提供了有效解决方案，通过感知、交互和自适应等一系列操作，为学习者动态匹配所需的设备、资源和服务，有效支持个性化教育发展。

### 5. 区块链：打造更加开放和更具公信力的教育系统

区块链是近年来十分火热的比特币等数字货币的底层技术，其最大特征是去中心化、开放性和透明性。区块链技术或许代表着下一代互联网，尽管目前该技术主要用于金融领域，但其应用领域在不断拓展。《教育信息化2.0行动计划》已提及区块链技术一词，我们也许可以从中一窥端倪。另外，随着"新高考"制度改革的逐步推进以及"互联网＋教育"的不断发展，区块链技术的教育应用将迎来较大的发展契机，它在构建在线教育、社区教育等非正规学习成果认证体系[②]、打造更加开放和更具公信力的教育系统方面将发挥重要作用。未来几年内，区块链技术或将成为教育领域的热点话题。

## 三、工业4.0时代的智慧教育新格局

工业4.0时代，在智能信息技术的推动下，各种教育难题有望得到解决，智慧教育进入快速发展阶段，新的智慧教育格局正逐渐形成。所谓格局是指对事物的认知程度和认知范围，其中"格"是指对事物的认知程度，格要精、细；"局"是指对事物的认知范围，局要大。笔者认为，智慧教育的"局"体现在通过智能信息技术明确教育系统整体进化革新的方向和范围，"格"体现在教育系统内部各组成要素的优化和升级，如图3所示，技术驱动教育发展，由内而外，最终形成智慧教育新格局。

---

① 张小艳、徐真：《普适计算技术支持下的泛在学习研究》，载《软件导刊》2015年第1期，第166－168页。

② 李青、张鑫：《区块链：以技术推动教育的开放和公信》，载《远程教育杂志》2017年第1期，第36－44页。

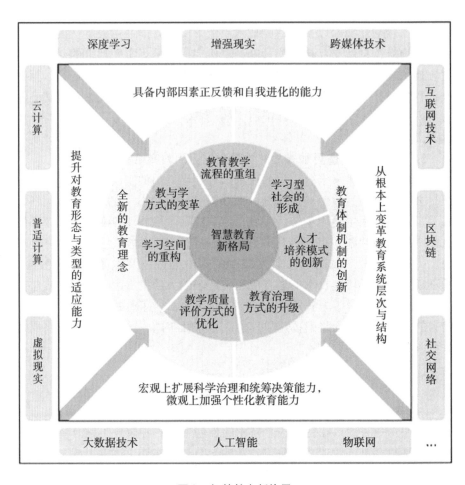

图3 智慧教育新格局

（一）智慧教育的"局"：教育系统整体进化革新的方向和范围

**1. 教育系统宏观上扩展了科学治理和统筹决策能力，微观上具有了个性化能力**

以数据驱动为核心动力，以人工智能为关键技术，教育系统在宏观上扩展了科学治理和统筹决策能力，形成对教育管理及决策过程的科学指导、对教育设备与环境的智能管控、对教育危机的有效预防与安全管理等；在微观上具有了个性化能力，聚焦精准教学，向学生推荐个性化学习路径和学习资源，客观评价教学质量，辅助教师更好地调整和改进教学策略，重构教学流程，完善课程的设计与开发等。

### 2. 教育系统提升了对教育形态与类型的适应能力

在物联网、云计算、普适计算、虚拟现实等技术的推动下，物理空间和网络空间趋于融合，云端一体化教育环境建设步伐加快，教育变得更加开放、智慧、多元，线上线下相结合的教学方式逐渐成为主流，教育服务具有更强的适应性，能够以不同的方式、不同的形态展现给不同的学习者，以适应不同类型的学习需求，正规的学校教育和非正规的社区教育、自主学习等的界限逐渐被打破，终身学习具备了良好的教育环境和教育条件。

### 3. 教育系统具有了内部因素正反馈和自我进化的能力

通过对教育数据的关联性分析与深度挖掘，教育系统内部因素的自我进化具有了前瞻性引导，使得教育教学流程、教与学方式、教育资源服务、教学质量评价等内部各要素形成正反馈和内部进化的能力，促进教育系统整体的自我演化和动态平衡。另外，互联网的应用把教师、学生、家长、教育管理者和社会公众等联系在一起，每个人都是教育网络中的一员，根据知识结构的发展、学习者与教学者的评价和信息反馈等，进行智能分析和判断，并由教学者和学习者协同在现有教育系统基础上完成进化或生成新的信息、资源等，确保其具备可持续发展的生命力。

### 4. 教育系统层次与结构发生根本性变革

智慧教育的发展促进了知识体系的交流融合，学科专业、教育类型、教育阶段的界限将慢慢变得模糊，加之学生"数字原住民"的特征加剧了学生的差异，推动人才培养模式的不断创新，教育系统传统泾渭分明的层次结构将逐渐被打破。另外，区块链的出现有望加快学习成果认证体系的完善，互联网的应用加快教育供给侧改革步伐，教师、学生、企业等共同参与的教育新生态和教育产业链条正逐渐形成，教育机制体制结构将发生根本性变化。

（二）智慧教育的"格"：教育系统内部各要素的优化和升级

教育是一个复杂而又完整的系统，根据不同的划分标准，其基本构成要素各不相同。笔者根据教育系统内部各要素的优化和升级，将智慧教育的"格"分为全新的教育理念、教育教学流程的重组、人才培养模式的创新等九大要素。

### 1. 全新的教育理念

教育理念是人们对教育的理性认识成果，是指导教育实践活动的主要依据。正确、先进的教育理念能有效促进学生全面发展；反之，错误、落后的教育理念则有可能为学生成长带来不可预估的恶劣影响。因此，先进的教育理念是智慧教育必不可少的重要成分。[①] 值得关注的是，智能信息技术在教育教学中的不断深入应用正倒逼着传统教育理念的不断更新，具体表现在这三个方面：第一，教育理念从封闭走向开放。互联网技术的飞速发展缩短了人们的时空距离，大家获取信息的方式变得更加快速、便捷，传统的封闭式教育格局正在被一种全方位的开放式教育模式所取代。第二，教育理念从单一走向多元。技术的应用扩大了学生的差异，多元化教育理念不断深入人心，教育变得越来越具柔性，教学过程及管理过程也变得更加弹性和有活力。第三，教育理念从一刀切走向个性化。信息社会鼓励学生张扬个性，勇于质疑，创造更多条件激发学生的创造性思维，为个性化教育提供资源和环境。

### 2. 教育教学流程的重组

教育教学流程的重组及再造是促进信息技术与教育教学深度融合的关键所在。西安电子科技大学校长杨宗凯曾多次强调："信息化的关键在于'化'，'化'就是教育流程的重组与再造。"重组教育教学流程是一个十分庞大的命题，涉及教育的方方面面，这里主要强调四个方面的重组：第一，角色重组。老师由知识传授者变为教学活动组织者，学生从教学资源和知识的消费者变为消费者及创造者双重身份，企业从工具提供者变为资源提供者和学习活动参与者。第二，教学结构重组。"互联网＋教育"的发展推动在线教学与课堂教学的有机融合，最大限度满足不同学生的学习需求，减轻教师教学压力。第三，课程模式重组。翻转课堂的出现打破了固定化、流程化的课程学习模式，学习由"先教后学"转变为"先学后教"，学生的自主学习和协作学习能力得到极大锻炼。第四，教育资源重

---

① 胡钦太、郑凯等：《智慧教育的体系技术解构与融合路径研究》，载《中国电化教育》2016年第1期，第49－55页。

组。学生可通过"一张网，一个移动终端"网罗最优质的资源，足不出户就能听到名师讲课。另外，这种教育资源重组还有利于缓解教育发展不均衡的问题，利用互联网为偏远山区的学生输送更多优质学习资源，缩小城乡间教育发展的差距。

### 3. 教与学方式的变革

随着新一轮基础教育课程改革的提出，变革教与学方式的呼声一直十分高涨，并且出现了像昌乐二中、凤城六中这样的典型案例。技术的飞速发展也进一步为教与学方式的变革提供更多支撑环境，成为构建智慧教育新格局的一个重要组成部分。在教学方式方面，从"重传授"转变为"重发展"。教师不再居高临下地向学生灌输知识，传统的讲授式教学逐渐向更有利于促进学生全面发展的自主学习、合作学习、探究性学习等形式转变；在教学元素方面，知识、资源、信息、数据等成为重要组成部分；在教学特征方面，学习变得随时随地、动态适需，通过云端一体化学习环境，学习可随时发生在除学校以外的其他任何地方。另外，随着人工智能、大数据、普适计算等技术在教育中应用的不断深入，许多网络学习空间、在线教学平台等都可以根据学生的个性化特征及学习需求等动态调整教学内容及方式，为学生的个性化学习提供服务。

### 4. 学习空间的重构

学习空间环境既包括由物理空间及其内部设备所构成的空间环境（即"教室"），也包括基于网络的线上学习空间环境。正所谓"工欲善其事，必先利其器"，越来越多教育工作者意识到学习空间的重要性，提出要重构学习空间，优化学习环境。自 2015 年起，《地平线报告》连续三年把"学习空间重构"作为未来影响教育的发展趋势。当前，一场学习空间环境改造运动正在兴起。

学校教室的传统布局采用最古老的"三中心"（教师、书本、知识）模式进行授课。这种教室环境限制了新型教学模式的开展和学生的个性发展，不利于创新人才培养。因此，迫切需要将传统、呆板的教室改造为具有创新性、灵活性、开放性等特征的新型现代教室。具体来说，教室改造需要遵循四个原理：第一，建筑学原理，包括了解学生就座、起立时桌椅的必要活动面积，确定教室的平面形状和尺寸等；第二，心理学原理，包括考虑教学空间尺度和环境色彩对人的行为和情绪的影响，不同学科对环境特有的审美要求等；第三，人体工学原理，包括选择适合大多数人的尺度要素，运用人体工学理论选择课桌、椅子、讲台等物品；第四，教育学原理，包括采用灵活多样的布局方式，合理引入和使用教学IT设备，允许信息和资源的交流和共享等。

除教室空间外，网络学习空间也亟待优化。事实上，线上学习空间是对线下教室空间的重要补充，将两者结合起来能最大限度发挥空间环境对学习效果的促进作用。目前，网络学习空间正朝着"四化"方向发展：第一，一体化。利用线上平台便捷、泛在、实时等优势，着力解决线下空间无法满足的教学需求，并为更多非正式学习提供支撑环境，实现线上与线下、正式与非正式学习的一体化。第二，个性化。根据学生的个性特征和兴趣爱好等，提供相应的资源和环境，为学生打造专属的个人学习空间。第三，数据化。利用大数据，对学生的行为数据进行全面采集和分析，深入挖掘隐藏的教育信息。第四，智能化。利用人工智能精准把握学生的学习需求，智能诊断学生的问题，提出有针对性的学习建议。

### 5. 教学质量评价方式的优化

评价是衡量教学质量的一把标尺，对教学质量进行科学评价既能真实体现学校办学水平、课程发展水平和教师教学水平，又能深入观察和剖析教学过程，帮助教师深刻分析和反思教学行为，有效提升教师的教学艺术与个人发展。近几年来，各地智慧教育快速发展，许多学校积累了一定数量的教学数据，在数据挖掘和分析方面也具备了一定的经验，因此在大数据和人工智能的驱动下，开始尝试对教学质量评价方式进行优化，主要包括三个方面：第一，课堂教学的全录播数据采集与课堂教学质量分析与评价。通过录播的视频、音频，从知识与技能、过程与方法、情感态度与价值观这三个维度的课程目标角度分析课堂教学质量。第二，在线教学平台的教学过程分析与评价。通过在线教学平台的行为日志数据，对师生在线教学情况进行分析和评价，包括内容浏览情况分析、学生活跃情况分析、测验成绩分析、投入的时间等。第三，教学管理系统结构化数据的分析与评价。通过教学管理系统的课表、学生选课记录、学生课程成绩等数据，评估课程对学生的吸引力、学生成绩的影响因素、课程安排合理度等指标。

### 6. 教育治理方式的升级

在各级教育治理过程中利用大数据技术，全面升级教育治理方式，构建教育治理的大数据模型，建立教育治理决策支持系统，以支持教育政策的科学制定与调整。大数据在教育管理中的应用价值主要体现在三个方面[1]：一是教育的科学决策。包括教育质量数据指标的关联性和影响性分析、教育发展的横向与纵向对比、地区的教育不平衡分析与教育精准扶贫、校园的资源配置、交通人流等现代化治理。二是教育设备与环境的智能管控。包括基础设施的智能运维管控、通过物联感知获取和分析设备的分布情况和运行情况、通过物联感知分析和管控消防、节能等情况等。三是教育危机预防与安全管理。包括网络舆情分析和趋势预判、师生的身体健康/心理健康异常预判与危机干预、网络安全态势感知与主动介入等应用方向。

### 7. 人才培养模式的创新

当前，我国社会发展亟须创新型人才。国务院印发的《统筹推进世界一流大学和一流学科建设总体方案》明确指出，培养拔尖创新人才是"双一流"建设的主要任务之一。[2] 传统的僵化、标准化的人才培养模式在一定程度上限制了创新人才的培养，因此，需要在适应社会发展需求和遵循学生成长规律的前提下，对人才培养模式进行相应的改革与创新。首先，创新学科体系。以互联网为代表的信息技术正不断冲击着传统的由人为方式建立起来的学科体系，不同学科间、同一学科不同层次知识间不断渗透、融会贯通，多学科交叉融合的知识体系正逐渐形成。其次，创新学校组织形态。进入工业 4.0 时代，学生接收知识的途径更加多样、便捷，学生个体间的知识结构、能力水平的差距不断拉大，根据兴趣爱好及能力水平选择不同层次班级的走班制学习更能适应时代发展需求。最后，创新人才评价机制。制定多元化评价标准，从注重对知识的考核转变为注重对能力的考核，尤其需要考核学生的批判性思维、创新创造能力，以及信息时代下的技术应用能力。

### 8. 学习型社会的形成

工业 4.0 的到来标志着人类迈入了终身学习的时代，技术日新月异成为新常态，知识总量空前膨胀，不掉队的唯一路径是终身学习。我们需要

---

[1] 杨现民、唐斯斯等：《发展教育大数据：内涵、价值和挑战》，载《现代远程教育研究》2016 年第 1 期，第 50－61 页。

[2] 国务院：《统筹推进世界一流大学和一流学科建设总体方案》，见中国政府网（http://www.gov.cn/zhengce/content/2015-11/05/content_10269.htm）。

突破传统思维，将学习常态化和动态化，树立终身教育的理念与体系，驱动学习型社会的建立与发展。第一，推动"互联网＋终身教育"新模式的构建。充分挖掘互联网技术的独特优势，将学习整合、嵌入到学习者的日常生活，而不是将学习简单、机械地分隔为一个个独立的时间单元。第二，以学分银行为核心打造职后教育，建立职前和职后一体化发展道路。在校学习、继续教育、社区教育、企业培训等教育活动都可以利用学分银行完成学分认证、学时计算、学业考核，区块链技术确保了整个过程的安全、可靠，从而真正构建起一种支持终身学习的新型教育评估管理机制，提高个体职后继续学习的积极性，有效促进"人人皆学、处处能学、时时可学"的学习型社会的构建。

### 9. 教育体制机制的创新

教育体制是教育机构和教育规范这两个要素的结合体，教育机制是教育现象各部分之间的相互关系及运行方式，两者的内涵虽不同，但在结构上是相融的，在性质与功能上是互补的。[1] 智慧教育的体制机制创新主要解决的是怎么做的问题，是指如何利用智能信息技术，推动智慧教育发展。笔者认为，可以通过"五大突破口、三大任务"，创新教育体制机制。"五大突破口"是指：一是加强顶层设计，建立协同推进机制；二是加大投入力度，完善基础设施建设；三是重塑教育供给模式，扩大优质教育资源的覆盖面；四是利用技术支持教学模式的改革和创新；五是利用大数据优化教育治理和决策。"三大任务"包括：第一，创新教育服务模式，包括服务形式、服务业态和服务内容；第二，优化教育政策环境，包括准入制度、采购机制和体系规范；第三，构建教育资源共建共享机制，包括保护教育资源知识产权、搭建教育资源共享平台、鼓励全员参与教育资源建设。

## 四、结语

工业 4.0 时代已经到来，在大数据、人工智能、虚拟现实、区块链等智能信息技术的推动下，教育正发生深刻变革，最终指向智慧教育及其新

---

[1] 孙绵涛、康翠萍：《教育体制改革与教育机制创新关系探析》，载《教育研究》2010 年第 7 期，第 69－72 页。

格局的构建。本文从工业4.0背景下教育变革的趋势和走向的角度出发，阐述了在智能信息技术推动下，教育系统的整体革新和内部优化，阐明了智慧教育发展的方向。我们期待通过智慧教育新格局的构建，真正在教育领域产生技术红利，在工业4.0浪潮中乘风破浪，以教育信息化全面推动教育现代化，实现建设教育强国的伟大目标。

（原载《中国电化教育》2019年第3期）

# 高校信息化人才队伍建设的机制创新与实现路径研究

胡钦太自选集

HU QINTAI ZIXUANJI

## 一、前言

教育信息化是促进高校教育教学模式改革、创新人才培养和校园治理现代化的必由之路。当前，国家领导人和教育管理部门高度重视教育信息化工作，高校作为信息化新理念、新技术的先行者和排头兵，教育信息化应围绕智慧校园的体制机制创新、教学应用融合和校园生态构建等方向纵深发展。

习近平总书记在 2016 年 4 月 19 日的网络安全和信息化工作座谈会上明确指出，"网络空间的竞争，归根结底是人才竞争。引进人才力度要进一步加大，人才体制机制改革步子要进一步迈开"。调查表明，在这股发展热潮中，高校现有的信息化人才队伍已逐渐不能适应教育信息化的高速发展需求。目前，高校信息化人才队伍建设机制陈旧，专业人才引进困难，边缘化情况严重，制约了教育信息化的活力释放和良性发展，这是我们亟待改革创新和突破解决的课题。

## 二、高校信息化人才队伍现状

当前，高校信息化工作可以依托的人才队伍主要分为三类：第一类是在学校信息化部门的专业全职人员，第二类是分散在党政管理部门和教学科研单位的兼职信息员，第三类是企业合作或外包服务的驻校开发维护人员。

从整体上看，高校的信息化人才队伍目前存在以下问题。

### （一）规模相对较小，难以满足各校信息化发展需求

国外高校的 IT 部门普遍配备了较为充足的技术人员与服务人员，一般能达到 200～500 人的规模，人均服务师生数为 100 人左右。目前，国内高校信息化部门整合程度较高、人员规模较大的也仅仅突破 100 人，一

般高校的信息化人员规模普遍在 30～50 人甚至更少，人均服务师生数更是远远落后于国外一流高校，如图 1、图 2 所示。受人员规模限制，信息化部门只能把主要力量放在信息化项目的建设维护上，忽略了策划推广和后续服务团队建设，严重影响师生的信息化服务体验，制约了信息化应用效果。

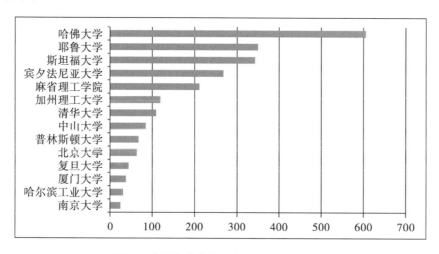

图 1 中美部分高校信息化部门人员数量

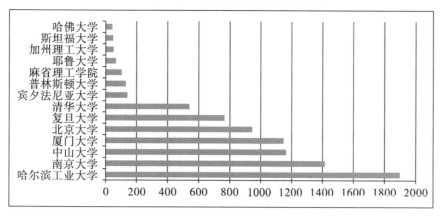

图 2 中美部分高校信息化部门人均服务师生数量

（二）结构存在缺陷，普遍缺少领军人物和开发人才

从历史发展看，高校信息化工作的专业化全职人员中很大一部分早年

从事硬件（校园网、数据中心）维护工作，由于环境和个人因素，许多人员在跟踪学习新理念、新技术方面已经远远落后于当前的教育信息化发展。目前，国内很多高校的信息化部门存在高职称人员数量不多和比例不高的问题，如图3、图4所示，以及年龄和专业结构不合理的现象。在一些攻坚克难的项目建设中，学校常常面临无人可用的局面。此外，"智慧校园"阶段的信息化建设，高校普遍缺少高水平的复合型领军人物和软件开发类人才。

胡钦太自选集

HU QINTAI ZIXUANJI

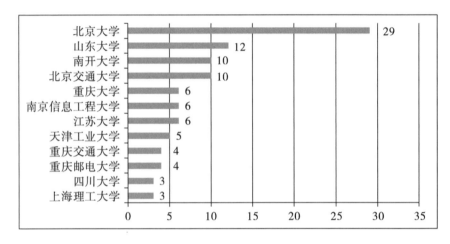

图3　国内部分高校信息化部门副高级职称以上人员数量

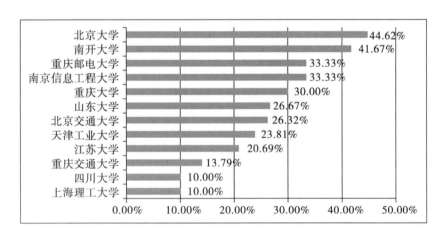

图4　国内部分高校信息化部门副高级职称以上人员占比率

（三）工作定位不高，职称晋升和薪酬激励制度受限

按现在的高校人事管理体系，国内高校的信息化部门大多数仍属于教辅系列，缺乏规划、管理和统筹能力，主要从事技术工作，存在不同程度的边缘化现象，难以主导全局信息化工作推进。专业人员职称晋升和薪酬制度一般参照实验序列，即使与校内同序列人员竞争也不占优势；兼职人员从事信息化工作缺少评价和奖励机制，难以激发各类人员的工作热情，在一定程度上影响了高校信息化工作的开展。

（四）人才流动不畅，人事制度和市场期望存在鸿沟

通常情况下，高校教学科研高水平人才的竞争主要是高校间的竞争，但信息化专业人才的竞争除了校际竞争，还有学校与市场、企业之间的竞争。高水平的 IT 人员在人才市场中属于高薪群体，市场竞争非常激烈。目前虽然有些高校出台了一些针对性政策，但整体而言，受人事制度、薪酬体系和发展平台等因素制约，高校在高水平 IT 人才的引进方面仍处于弱势地位。

（五）创新能力不强，鼓励创新和成果转化渠道不顺

高校信息化建设是很好的创新创业项目孵化基地，在发展理念和师生需求方面具有企业不可比拟的优势。由于高校普遍未建立良好的鼓励创新和成果转化机制和渠道，导致许多创新成果没有发挥应有的价值，给创新人才带来巨大心理落差，直接导致大量创新性人才的流失。

（六）工作缺乏协同，统一认识和全局推进还有困难

目前，高校信息化建设普遍存在校内外各类信息化人才的汇聚和整合力度不足、办法不多、工作协同能力有待加强的问题。不同类别、性质和层次的人员在认识、理解和把握上存在较大差异，全局工作推进困难，亟待建立人员的全局协调和培训机制，整合全校信息化人员力量，促进信息化工作的有效推进。

## 三、当前加强高校信息化人才队伍建设的紧迫性

创新高校信息化人才队伍建设机制，是高校响应国家"互联网＋"

发展战略，实现教育信息化从"数字校园"向"智慧校园"升级转型和内涵式发展的必然要求。高校信息化人才建设的紧迫性主要体现在以下四个方面。

### （一）顶层设计与全局协调的需要

当前高校的事业发展战略跟信息化战略定位、学校全局信息化与局部信息化、学校内部信息化与外部信息化环境仍存在步调不一致甚至发展脱节的现象，需要兼具管理规划、统筹协调和较高信息化素养的复合型领军人才。

### （二）可持续发展的需要

高校信息化的可持续发展是建立在一个较为科学、完整的技术框架上的，底层技术和安全框架的设计扩展能力直接决定了上层应用和信息化服务的实际效果。良好的技术框架需要具有信息系统底层分析和设计能力的拔尖型人才。

### （三）应用深度融合的需要

校园信息化应用和服务在流程、数据、认证和消息等方面要高度地联动贯通，以信息化的深度融合促进校园的现代化治理服务水平。这项工作需要在用户需求调研、前端程序开发等方面具有较强业务能力的专业型人才。

### （四）推动创新创业的需要

当前，信息化是推动在校学生创新创业的主阵地，基于"互联网＋"和大数据的思维已经成为大学生创新创业的主旋律。为了在高校教育信息化发展进程中催生出更多更好的创新创业项目和具有推广价值的校园信息化产品，需要兼具创新精神、策划推广和技术指导能力的创新型人才。

## 四、创新"互联网＋"时代高校信息化人才队伍建设的机制

"互联网＋"时代已经到来，互联网的创新成果将深度融合于经济、

社会各领域之中，提升全社会的创新力和生产力，形成更广泛的以互联网为基础设施和实现工具的经济发展新形态。中国高等教育学会教育信息化分会理事长蒋东兴指出："十三五"期间高校的信息化发展重在融合创新，面临的主要挑战在于提升。围绕"十三五"期间全社会与高校的信息化发展主题，高校应在信息化发展规划中以真正体现人的主体价值为目标，创新高校信息化人才队伍建设机制。

## （一）"互联网+"时代高校信息化人才队伍建设原则

"互联网+"时代下的智慧校园建设阶段，高校信息化人才队伍的建设应遵循以下六个原则。

### 1. 适应性原则

即紧密结合本校教育信息化的战略发展和主要任务，根据人员特点划分现有人员的职责岗位，引进迫切需要的各类人才。

### 2. 发展性原则

即高校信息化人才队伍必须建设成一个具有发展潜能的弹性系统，提供良好的个人发展空间。

### 3. 激励性原则

即建立一套适用于信息化从业人员的科学评价、职称申报、工作考核、岗位薪酬等配套机制，激发现有信息化人员的工作热情，提高对高水平人才的吸引力。

### 4. 多样性原则

即结合工作任务，保持人才队伍来源和人员特点的多样性，避免对某类人员的过度依赖。

### 5. 灵活性原则

即建立灵活的人员流入流出机制，解决由于编制制度形成的人才队伍僵化问题，在人员的引进方面与市场机制接轨。

### 6 创新性原则

即鼓励信息化人员的创新创业活动，并建立起较为完善的成果转化机制。

## （二）"互联网+"时代高校信息化人才队伍建设方案

根据上述原则，结合高校信息化的融合创新需求，本文提出构建高校教育信息化融合创新型人才队伍的建设方案，如图5所示。

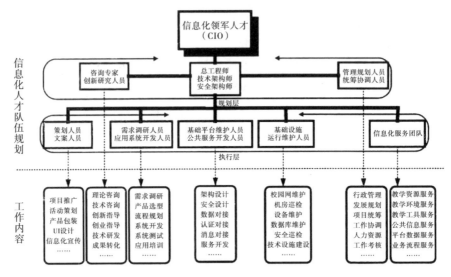

图5　高校教育信息化融合创新型人才队伍建设方案

　　信息化人才队伍主要由信息化领军人物、规划层和执行层三个人员层次构成。

　　位于信息化人才队伍最顶层的是主持学校全局信息化工作的专职领军人物。信息化领军人才要被赋予一定行政级别，能够参与全校的战略规划制定和重大事项决策，并有足够的权限要求学校各单位通过信息化手段优化学校治理，推进学校的各项改革工作，实现信息化与学校工作的全面融合。这个岗位需要兼具管理规划、统筹协调能力和深刻理解信息化本质的复合型领导人才。

　　总工程师/技术（安全）架构师、咨询专家/创新研究人员、管理规划人员/统筹协调人员共同组成人才队伍的规划层。其中，总工程师是信息化队伍的核心技术人员，主要从技术角度设计学校的信息化整体技术框架、发展路线和安全体系，确保技术层面的可持续、可扩展、开放式和安全发展。咨询专家和创新研究人员主要从提供专家建议、指导新技术研发、促进技术转化的角度使信息化队伍始终站在信息化理论技术的前沿。管理规划人员主要从信息化工作的协调推进、队伍的管理保障角度维护整个队伍的正常运转。

执行层主要包括基础平台与公共服务平台开发维护、应用系统开发维护、基础设施运行维护、信息化服务团队和项目策划等五类人员，分别负责各自范畴的业务实施层面的工作。

信息化队伍的人员来源构成有信息化技术部门、职能部处、院系、学生（实习生）和校外企业等人员。根据工作推进的需要和不同人员特点，要调动一切积极因素用好用活。例如，发挥学科与科研优势充分吸纳相关学院专家指导和参与技术研发和转化工作；发挥职能部处信息员的业务优势参与应用系统开发、流程规划；发挥学生的热情朝气参与信息化服务；引入企业在不同领域的技术优势，完成由高校自主研发难度较大的项目建设等。

## 五、"互联网＋"时代高校信息化人才队伍建设的实现路径

要真正实现"互联网＋"时代高校信息化人才队伍建设方案，需要高校在信息化工作机制与人才引进、培养和激励机制等方面取得创新与突破。我们在局部的机制创新中容易遇到与大环境不适应，甚至冲突的情况，需要高校同仁集思广益、凝智聚力，既要在思想上深入理解习近平总书记关于信息化人才"对于特殊人才要有特殊政策"的讲话精神，又要在做法上灵活有效，调动一切有利因素壮大信息化人才队伍。近些年，华南师范大学在信息化人才队伍的创新机制与建设路径上做了一些探索，学校在教育信息化内涵发展、自主开发、技术创新和成果转化等方面取得了一些成绩。新时期，要打造好信息化人才队伍，主要有以下路径。

### （一）学习国外高校先进经验，设立 CIO 机制

借鉴国外高校的 CIO（首席信息官）体系，围绕信息化领军人才为核心构建信息化人才队伍。CIO 应该能够深度参与学校的各项重大事项的讨论与决策，从信息化的角度提供政策参考，进而实现全校战略发展与信息化发展的全面融合，加强全局的规划与协调力度，提高学校信息化发展的整体效益。

（二）建立导向正确的评价和激励机制

信息化人员在高校主要从事服务支撑性工作，应建立较为特殊的工作评价和激励机制。在人事岗位与薪酬改革中，对于信息化队伍中的各类在编人员来说，要以个体工作在提升人才培养质量、校园服务质量和现代化治理水平等领域发挥的作用为导向，探索适合信息化人才发展的评价和激励机制，配套相应的职称评审、岗位聘任制度，政策上要向关键岗位、核心人才作适当倾斜。

（三）完善信息化队伍的人员结构

信息化技术的更新换代非常快，为保持队伍的活力，应在确保核心人员稳定的前提下，控制编制人员规模，按照"在编—预聘制—非编制—流动岗"的模式壮大人员队伍，持续完善队伍的年龄结构、功能结构与技术结构。近年来，华南师范大学对现有编制人员做了岗位调整优化，一般性人才主要调整到基础设施运行维护和应用系统建设。学校成立软件开发运营中心，由编制内优秀人才负责技术的整体设计和把关，而大量的服务性、策划性和开发性工作主要由非事业编制人员完成，非编制人员已经成为学校信息化队伍的重要力量。

（四）推动人员薪酬与市场接轨

信息化专业人才是目前市场上竞争非常激烈的群体，高校目前的薪酬体系在该类人才的引进上根本没有竞争力。高校需要探索年薪加绩效的薪酬制度，把信息化高端人才纳入学校高水平人才引进计划，允许开发人员承接本校软件开发任务获得报酬，逐步拉近校园与企业对信息化人才待遇间的差距，消除信息化人才由企业向校园的流动障碍。

（五）挖掘高校学生资源，构建强有力的策划与服务团队

丰富的学生资源是高校信息化人员队伍建设的一大优势，高校许多学生都有参与学校信息化建设服务、参与信息化创新创业的能力和意愿。华南师范大学在信息化工作实践中，积极调动学生资源，取得良好效果。不少学生在毕业后加入学校信息化队伍，也为学校提前培养了可造之材。

（1）华南师范大学在校园综合维修服务中创新建立了O2O模式，采

用线上保修和服务抢单模式。目前，校园网的用户服务主要由学生网络助理抢单完成，有效地提高了网络服务效率。

（2）软件开发实习生参与了多项信息化创新创业项目的研发，在粤港澳和广东省移动互联网和计算机程序设计竞赛等活动中屡屡获奖，取得多项软件著作权。

（3）建立学校网络安全学生团队，协助校园网络安全防护，参与网络空间攻防实践，多次在各级网络安全大赛中获奖。

## （六）推进校企人员合作，发挥企业的人力优势

企业在信息化项目实施和软件开发有丰富的人力、技术和经验积累。学校以项目委托开发或合作研发的方式，吸引企业派遣人员长期驻校进行软件开发和技术服务，既加快了学校的信息化项目实施进度，也为企业提供了产品孵化和应用试验基地，促进了校企共赢。

## （七）鼓励技术创新、成果转化和人员创业

许多高校在信息化建设中开发了具有创新性、可复制推广的信息化应用，但由于技术创新和成果转化机制的限制，这些应用很难在其他高校进行产品化推广。近期，国家出台了鼓励高校科技创新和成果转化的利好政策，高校应把握时机，结合学校实际情况尽快制定相关管理办法，鼓励信息化新技术、新产品的成果转化，允许创新人员获得产品利润，一方面吸引更多人才加入高校信息化队伍，另一方面也减轻学校的人员薪酬压力。高校应探索信息化应用开发类项目的校内立项机制，挖掘学校内在潜力。

## 六、结束语

信息化人才队伍是高校在现代化和信息化发展进程中的重要力量，是高水平大学建设的软实力之一。目前，高校信息化人才队伍建设机制已经落后于教育信息化的整体发展态势，改革创新迫在眉睫。在"十三五"即将启动之际，高校应立足长远，做好信息化人才队伍可持续发展规划，勇于破解难题，构建起强有力的人才队伍，更好地支撑和服务于学校的未来发展。

（原载《中国教育信息化》2016 年第 13 期）

# 回顾与展望：中国教育信息化发展的历程与未来

## 一、引言

改革开放40年来，中国的教育信息化建设经历了从传统的"电化教育"向现代信息技术融合的变革与发展，探索出一条具有中国特色的教育信息化发展路径①，并逐步形成了较为系统与科学的教育信息化组织保障体系。回顾40年来教育信息化的风雨历程，审视取得的经验成就，直面难题与挑战，立足当下，并展望我国教育信息化的未来发展，有助于理性预期并积极做好教育信息化2.0阶段的工作。

## 二、中国教育信息化发展的**40**年回顾

我国教育信息化最初以"电化教育"的形式参与教育教学改革，在党的十一届三中全会以后获得国家空前重视并得以发展，以党的十九大作为教育信息化1.0和2.0阶段的阶段标志。② 在40年的演进发展中，教育信息化与国家发展和技术进步呈现整体上的拟合共振，国家政策为发展教育信息化制定宏观规划与政策导向，而智能信息技术的发展则不断催化教育信息化的迭代与创新。

### （一）国家教育信息化政策：面向未来

我国教育信息化的长足发展得益于国家体系中教育信息化政策制度和战略部署，得益于长期建立起来的教育信息化组织保障体系，体现我国社

① 刘延东：《巩固成果开拓创新以教育信息化全面推动教育现代化——刘延东副总理在第二次全国教育信息化工作电视电话会议上的讲话》，载《中国教育信息化》2016年第3期，第1-4页。

② 雷朝滋：《教育信息化：从1.0走向2.0——新时代我国教育信息化发展的走向与思路》，载《华东师范大学学报（教育科学版）》2018年第1期，第98-103页、第164页。

会主义制度的优越性。从教育信息化政策的角度分析，可以看出我国教育信息化"自上而下"地经历了早期部署、项目突破、坚定推动和谋划未来四个典型的历史发展阶段。

（1）早期部署（1978—1999 年）。1978 年，党的十一届三中全会做出"把工作重点转移到社会主义现代化建设上来"的战略决策，教育部印发《关于电化教育工作的初步规划（讨论稿）》，首次从国家层面对教育信息化作出部署。同年和翌年，国务院分别批准并成立中央电化教育馆和中央广播电视大学，正式启动"加速发展电视、广播等现代化教育手段，多快好省发展教育事业"的国家战略。1998 年，教育部制定《面向21 世纪教育振兴行动计划》，并开始实施"现代远程教育工程"①。1999 年，中共中央、国务院发布《关于深化教育改革，全面推进素质教育的决定》，明确提出"要大力提高教育技术手段的现代化水平和教育信息化程度"②。教育信息化被视为推动教育现代化建设的重要力量，并从机构设置和系统运行方面进行了早期探索与设计部署。

（2）项目突破（2000—2009 年）。2000 年，教育部下发《关于在中小学实施"校校通"工程的通知》，成为我国教育信息化领域第一份国家层面的发展规划。③ 2001 年，国务院发布《关于基础教育改革与发展的决定》（国发〔2001〕21 号）④，开始关注农村等教育薄弱地区的信息化建设，并于 2003 年开始实施"农村中小学现代远程教育工程"。这一阶段，我国开始依托项目或工程推进的方式整体部署教育信息化，教育信息化建设呈现出规模性和层次性的特点。

（3）坚定推动（2010—2016 年）。2010 年，国务院颁布《国家中长期教育改革和发展规划纲要（2010—2020 年)》，指出"教育信息化是推

---

① 教育部：《面向 21 世纪教育振兴行动计划》，见中华人民共和国教育部网（http://old. moe. gov. cn/publicfiles/business/htmlfiles/moe/s6986/200407/2478. html)。

② 中共中央、国务院：《关于深化教育改革，全面推进素质教育的决定》，见中华人民共和国教育部网（http://old. moe. gov. cn/publicfiles/business/htmlfiles/moe/s6986/200407/2478. html)。

③ 教育部：《关于在中小学实施"校校通"工程的通知》，见中华人民共和国教育部网（http://old. moe. gov. cn/publicfiles/business/htmlfiles/moe/moe_327/200409/2965. html)。

④ 国务院：《关于基础教育改革与发展的决定》，见中国政府网（http://www. gov. cn/ztzl/nmg/content_412402. htm)。

进教育改革与发展的战略制高点，信息技术对教育发展具有革命性影响"①。2012 年，教育部印发《教育信息化十年发展规划（2011—2020年)》，明确坚持"应用驱动"的工作方针，"以教育信息化带动教育现代化"②。2013 年，党的十八届三中全会首次把教育信息化写入中央全会决议③。2015 年，首届国际教育信息化大会在山东青岛召开，国家主席习近平致贺信并作出指示。④ 同年，《中华人民共和国教育法》（2015 年修正）正式发布，明确规定："国家推进教育信息化，加快教育信息基础设施建设，利用信息技术促进优质教育资源普及共享，提高教育教学水平和教育管理水平。"⑤ 2016 年，教育部印发《教育信息化"十三五"规划》。⑥这一阶段密集发布国家层面的教育信息化顶层设计与规划，反映了国家坚定推行"以教育信息化推动教育现代化"的国家战略的决心，更为全面开展教育信息化工作指明方向。

（4）谋划未来（2017 年至今）。2017 年 10 月，"办好网络教育"被写入党的十九大报告。⑦ 2018 年 4 月，教育部印发《教育信息化 2.0 行动计划》，标志着我国教育信息化正式迈入智能时代的教育新征程。⑧ 2019年 2 月，国务院同时印发《中国教育现代化 2035》⑨ 和《加快推进教育

① 教育部：《国家中长期教育改革和发展规划纲要（2010—2020 年)》，见中华人民共和国教育部网（http://old. moe. gov. cn/publicfiles/business/htmlfiles/moe/info_list/201407/xxgk_171904. html）。

② 教育部：《教育信息化十年发展规划（2011—2020 年)》，见中华人民共和国教育部网（http：//old. moe. gov. cn/publicfiles/business/htmlfiles/moe/s5889/201204/134096. html）。

③ 任友群：《40 年教育信息化发展"变与势"》，载《中国教师报》2018 年 12 月 26 日第 4 版。

④ 《习近平致信祝贺国际教育信息化大会开幕》，见中国政府网（http：//www. gov. cn/xin-wen/2015-05/23/content_2867643. htm）。

⑤ 全国人民代表大会：《中华人民共和国教育法》，见中国人大网（http：//www. npc. gov. cn/wxzl/gongbao/2016-02/26/content_1986962. htm）。

⑥ 教育部：《教育信息化"十三五"规划》，见中华人民共和国教育部网（http：//www. moe. gov. cn/srcsite/A16/s3342/201606/t20160622_269367）。

⑦ 《习近平作十九大报告，八次提到互联网》，见人民网（http：//media. people. com. cn/n1/2017/1018/c120837-29594814. html）。

⑧ 教育部：《教育信息化 2.0 行动计划》，见中华人民共和国教育部网（http：//www. moe. gov. cn/srcsite/A16/s3342/201804/t20180425_334188. html）。

⑨ 中共中央、国务院：《中国教育现代化》，见中华人民共和国教育部（https：//baijia-hao. baidu. com/s?id = 1626351473041230577&wfr = spider&for = pc）。

现代化实施方案（2018—2022 年）》①，突出强调了教育信息化在教育现代化的顶层设计和行动方案中所担任的角色。教育信息化的国家政策导向更体现"面向未来"的特点，教育信息化建设形成了稳定的发展模式，并开始进入超前部署阶段。从整个历程看，中国的教育信息化已由原来的"追跑"到"并跑"，再到一定程度的"领跑"，中国教育信息化事业实现了"弯道超车"。

（二）技术与教育的作用关系：走向融合

教育信息化的发展就是技术与教育相互融合的动态过程。② 从技术与教育的作用关系来看，我国教育信息化遵循"自下而上"式的底层发展逻辑，经历了工具辅助、整合应用和融合创新三个发展阶段。

（1）工具辅助阶段。这一阶段，信息技术只是作为辅助工具参与课堂教学，是教育活动的"边缘参与者"，主要体现为计算机辅助教学这一发展形式。这一阶段的技术形式主要有幻灯片、投影、电视、广播、计算机等。

（2）整合应用阶段。教育中的信息技术种类在这一阶段得到极大丰富，应用范围也得到本质扩展，开始推动教学改革与教育管理模式创新。信息技术与教育的整合以"应用驱动"为特征，信息技术与课程的整合成为这一阶段的发展目标，师生角色在技术的支持下发生转变，技术开始全方位地融入教育教学。

（3）融合创新阶段。以大数据、云计算、深度学习等新一代智能信息技术在教育中的融合应用为标志，在这一阶段，技术与教育形成"双向融合"的关系，包含实体空间和虚拟空间的融合，形成"技术无处不在而又难以察觉"的技术协同、技术沉浸、信息无缝流转的教育信息生态③，从而更加有效地支持教育教学模式变革和学校治理体系重构，破解教育发展不平衡与新时代对人才的需求之间的矛盾等。

①　中共中央、国务院：《加快推进教育现代化实施方案（2018—2022 年）》，见中国政府网（http：//www. gov. cn/xinwen/2019-02/23/content_5367988. htm）。

②　王竹立：《技术与教育关系新论》，载《现代远程教育研究》2012 年第 2 期，第 26 – 32 页。

③　胡钦太、张晓梅：《教育信息化 2.0 的内涵解读、思维模式和系统性变革》，载《现代远程教育研究》2018 年第 6 期，第 12 – 20 页。

## 三、中国教育信息化 40 年的成就

随着网络信息技术的快速发展，在国家政策的引领与驱动下，我国教育信息化在理论探索、实践应用和社会影响等方面取得了显著成就。

### （一）理论探索：推陈出新

扎根中国特色社会主义教育土壤发展起来的教育信息化，在不断摸索、沉淀和完善中，逐步产生具有本土特色的教育信息化理论成果。包括以信息技术与课程深层次整合理论和"主导—主体相结合"的教学结构理论为代表的信息化教学理论[1]，强调通过将信息技术有效融合于各学科教学来营造新型教学环境，以支持教师主导作用的发挥和学生主体地位的实现；以信息化作为促进教育公平的手段的教育均衡理论，强调教育信息化打破时空、地域和主体限制的优势，能够有效扩大优质教育资源覆盖面，实现教师智力资源的优化均衡配置，支撑教育精准扶贫战略的实施，快速推进教育脱贫和阻断贫困代际传递[2]，促进城乡、区域和校际教育的均衡发展；正在形成中的智慧教育理论，其中对智慧教育的概念[3]、智慧教育的内涵与特征[4]、智慧教育的体系技术解构与融合路径[5]、智慧教育的模型构建[6]、智慧教育的实践路径[7]等进行了较为充分的论证。

---

[1]　何克抗：《论教育信息化发展新阶段》，北京师范大学出版社 2016 年版。

[2]　任友群、冯仰存、徐峰：《我国教育信息化推进精准扶贫的行动方向与逻辑》，载《现代远程教育研究》2017 年第 4 期，第 11 – 19 页、第 49 页。

[3]　祝智庭、贺斌：《智慧教育：教育信息化的新境界》，载《电化教育研究》2012 年第 12 期，第 5 – 13 页。

[4]　杨现民：《信息时代智慧教育的内涵与特征》，载《中国电化教育》2014 年第 1 期，第 29 – 34 页。

[5]　胡钦太、郑凯、胡小勇等：《智慧教育的体系技术解构与融合路径研究》，载《中国电化教育》2016 年第 1 期，第 49 – 55 页。

[6]　钟绍春、唐烨伟、王春晖：《智慧教育的关键问题思考及建议》，载《中国电化教育》2018 年第 1 期，第 106 – 111 页、第 117 页。

[7]　祝智庭、彭红超、雷云鹤：《智能教育：智慧教育的实践路径》，载《开放教育研究》2018 年第 4 期，第 13 – 24 页、第 42 页。

## （二）实践应用：长足发展

在国家顶层设计的规划与引导下，全国范围内开展了许多以教育信息化为手段和目标的世纪工程，这些重大举措包括：组织搭建以广播电视大学系统为代表的现代远程教育系统，为搭建终身教育体系、建设学习型社会铺设基础性的系统网络；以农村中小学现代远程教育工程为抓手，是促进优质教育资源的城乡均衡共享，形成开放式教育网络，是促进教育均衡发展的一次规模化尝试；有序实施"三通两平台"工程，试图在信息化基础设施建设、优质数字教育资源共建共享、信息技术与教育教学深度融合、教育信息化科学发展机制等方面取得突破；持续开展全国范围内的教师信息技术应用能力提升工程，始终把教师队伍建设作为教育信息化可持续发展的基本保障；等等。伴随着系列国家工程的有效落实，全国中小学的信息化基础设施水平得到大幅提升，优质教育资源覆盖面不断扩展，终身教育体系逐渐形成并完善，广大教师信息技术应用能力得到全面提升，这些成功的实践探索为我国教育信息化的长效发展奠定了坚实的基础。

## （三）社会影响：走向中心

教育信息化作为教育生态系统的组成部分，经历 40 年的发展与积淀已经让它从教育系统的基础性和结构性要素，发展为在教育现代化进程中能够发挥战略性和全局性作用的关键因素，正产生越来越大的社会影响。首先，体现在教育信息化从最初辅助教学的工具手段发展为重塑教育生态的关键驱动力，成为教育创新的重要杠杆，是教育现代化的基本内涵和显著特征，是"教育现代化 2035"的重点内容和重要标志[1]；其次，教育信息化成为学习型社会的重要支柱，为全体社会成员提供突破时空的高质量教育和学习支持服务，是建设学习型社区、学习型组织和学习型城市的支撑和保障；最后，教育信息化已成为中国教育智慧和中国教育方案的一张名片，开展"一带一路"教育信息化国际合作成为我国参与教育国际治理、提升中国教育影响力、助推中国教育走向世界中心、促进教育对外

---

[1]　教育部：《教育信息化 2.0 行动计划》，见中华人民共和国教育部网（http：//www.moe. gov. cn/srcsite/A16/s3342/201804/t20180425_334188. html）。

开放的重要途径。①

## 四、中国教育信息化发展的问题与挑战

回顾过去，虽然国家大力发展教育信息化，实施了一系列重大工程和政策措施，并取得举世瞩目的成绩，但在看到建设成就的同时，也必须客观正视目前我国教育信息化发展所面临的难题与挑战。主要表现在以下四个方面。

### （一）教育信息化在促进教育公平的同时可能带来新的不公平

虽然教育信息化的初衷是促进区域教育均衡发展，但现实是受到市场经济对教育产业布局和资源配置的调节作用的影响，优质师资和教学资源无可避免地向经济发达地区聚集，造成地区、城乡、学校之间公共资源的供给与配置失衡。我国长期存在的城乡二元经济结构导致教育资源配备不均，教育信息化"在促进教育公平的过程中可能带来新的不公平问题"②。例如，国家想尽办法在中西部开展信息化教育精准帮扶的同时，东部地区的教育因其得天独厚的地缘和经济优势，在教育信息化的助力下获得突破性的教育创新，城乡教育实际差距变得越来越大。另外，随着教育信息化基础设施的推广和普及，虽然信息鸿沟逐渐弥合，但是素养鸿沟却日益凸显。③

### （二）教育信息化投资周期长，非显著性差异现象明显

教育信息化的本质是运用以多媒体计算机和网络通信为核心的信息技

---

① 李金林：《"一带一路"教育信息化国际合作发展研究》，载《中国电化教育》2018 年第 2 期，第 8 - 11 页、第 20 页。

② 宋岭：《试析教育信息化发展中面临的危机》，载《教育探索》2018 年第 4 期，第 5 - 7 页。

③ 石映辉、韦怡彤、杨浩：《教师数字鸿沟的发展与弥合——基于从信息鸿沟到素养鸿沟的视角》，载《现代教育技术》2018 年第 3 期，第 59 - 65 页。

术来优化教育教学过程①，从而达到提高教育教学的效果、效率与效益的目标。② 但是，教育信息化经过 40 年的实践也反映出一个不争的事实：教育信息化的投入与产出存在反差，信息技术应用于教育的效率与效益不明显。和世界其他国家一样，虽然我国中小学长期投入使用教育技术，但是对教育与学习结果却没有带来显著性差异。③ 虽然国家在教育信息化领域投资超千亿元，但是在社会层面上却看不到与投资金额相匹配的应用效益。④ 教育技术和新媒体的应用成本很高，但是应用效果却不理想，有时不仅没有起到精讲多练的效果，反而出现了"电灌"的现象，产生了新的教学垃圾。⑤ 此外，教育信息化在建设过程中也存在投资主体单一（以政府为主），"项目式""脉冲式"投资容易出现项目中断或项目建设结束后缺乏运营维护或培训经费等问题。⑥

### （三）中国特色教育信息化学术话语体系尚未建立健全

我国在教育信息化建设过程中逐渐形成了一些具有中国特色和学科特色的话语和概念，如"电化教育""三通两平台""农远工程""互联网＋教育""教育信息化2.0"等，体现了教育信息化的本土理论发展和实践创新。但同时，南国农先生于 2012 年提出的"南国农之问"⑦ 仍然没有得到很好解决，教育信息化本土理论匮乏的现象依然严峻。有学者质疑学人热衷追踪国外（尤其是美国）的教育信息化概念、理论和做法，未经证明就上手大干，缺乏对其社会历史、教育体制和教学文化特性的深入考究，热衷于对西方国家的慕课、微课、翻转课堂、创客、TPACK、

---

① 何克抗：《教育信息化是实现义务教育优质、均衡发展的必由之路》，载《现代远程教育研究》2011 年第 4 期，第 16－21 页。

② 方明建：《教育信息化视野中的高校教师信息素养及其培养探究》，载《人力资源管理》2014 年第 3 期，第 125－128 页。

③ 杨浩、郑旭东、朱莎：《技术扩散视角下信息技术与学校教育融合的若干思考》，载《中国电化教育》2015 年第 4 期，第 1－6 页。

④ 卢春、李枞枞、周文婷等：《面向区县层面的教育信息化绩效评估及其影响因素实证研究——以东部 S 市为例》，载《中国电化教育》2015 年第 3 期，第 67－73 页。

⑤ ［德］休奥·西堡：《信息化教育神话是否存在》，载《全球教育展望》2016 年第 11 期，第 22－31 页。

⑥ 胡钦太：《融合与创新：教育信息化理论发展》，高等教育出版社 2017 年版。

⑦ 南国农：《"中国电化教育（教育技术）发展史研究"课题研究情况汇报》，载《电化教育研究》2012 年第 10 期，第 14－16 页。

STEAM 等概念和应用模式的移植，却未能充分考虑中国的本土教育现实和展现自身的愿望。[1] 学术研究在一定程度上受制于外国的学术话语和逻辑，存在"西方文化倾向"以及"教条主义、形式化倾向"。[2]

### （四）智能时代的教育信息化面临新的挑战

站在教育信息化2.0的历史关口，教育信息化建设还面临来自思维观念、行动路径、技术实现、研究范式等方面的挑战。具体表现在：一是思维观念的挑战，即如何让教育事业的相关参与主体深刻理解"教育信息化正在从教育变革的外生变量转化为内生变量"，并转化到个体的行动逻辑中；二是行动路径的挑战，即如何合理规划并积极开展实践探索，确保教育信息化2.0行动计划得到有效落实，实现从融合应用到创新发展的阶段跨越；三是技术实现的挑战，即如何在确保契合人类福祉与公平正义的道德伦理要求下，设计开发和推广应用智能教育产品和服务，从而提升教育的智能水平，用大数据和智能技术破解教育改革与发展难题；四是研究范式的挑战，即如何主动适应和采纳应用数据驱动的动态研究范式，为智能时代教育信息化理论与实践寻求科学解答等。

## 五、中国教育信息化发展展望

回首过去，更要展望未来。在未来一段时间，教育信息化将继续以学科建设为发展源动力，继续探求理论的深化，共同推进教育与科技的融合创新，实现更有效的学习，并在理性主义的指引下，更加审慎地对待教育信息化实施中出现的教育数据处理危机、人工智能伦理、教育信息化虚假繁荣和可能出现的技术异化现象等，在创新求变与理性审慎中笃步前行。

### （一）学科发展

中国教育信息化从概念到内涵都根植于中国土壤，具有明显的本土化

---

① 李子运、李芒：《中国教育技术学向何处去》，载《中国电化教育》2018 年第 1 期，第 64 – 71 页。

② 裴娣娜：《中国教学论学科的当代形态及发展路径》，载《教育研究》2009 年第 3 期，第 37 – 47 页。

特点，是以解决教育信息化发展中的实际问题而获得发展的具有高度开放性的研究领域。学科是一个知识体系或理论体系的最高阶段，学科或学科体系的形成是进行知识探索的原动力和最终目的。① 通过挖掘教育信息化实践中产生的现实问题，建构合理的研究命题，从而形成具有特定原理和功能并浸透原理化思维的独立知识体系，并最终成为拥有严密逻辑体系和严谨内在结构和外显框架的学科。与此同时，教育信息化建设的可持续发展必须拥有坚实的学科基础与学术归属，并以问题为导向，形成学科自觉意识，为教育信息化发展提供建设方案，培育优秀人才。教育信息化的学科建设要得以长足和长效发展，可以从以下三个方面寻求突破。

第一，在研究的力量构成上，将形成以教育技术学为主流的教育信息化学科群。教育信息化是一项伟大的事业，需要教育学、计算机科学、脑科学等多学科领域共同致力于信息技术在教育中的应用方法、运行规律和现实效果等技术与原理的突破，尤其要关注信息技术对未来教育的影响以及信息社会对人类的认知与学习规律的影响。伴随着近年来信息技术、脑科学与神经科学、心理学、复杂系统等领域取得突破性进展，跨学科、多领域、科学化的协同创新研究势在必行。其中，以培养教育信息化的建设者、管理者、研究者，以及能够在信息技术教育领域从事教学资源、教学媒体和教学系统的设计、开发、运用、管理和评价等的高级专门人才的教育技术学②应成为教育信息化学科群的主流学科，肩负起揭示信息技术与教育相互作用的机理，构建具有中国特色、国际水准的信息化教育理论，以融合创新、重组创新、数据驱动的创新、问题驱动的创新及协同创新引领实践，实现教育现代化的使命。③

第二，在知识生产类型上，将形成人文学科、社会科学和自然科学相融合的教育信息化知识创新形态。人类知识可分为人文学科、社会科学和

---

① 覃红霞：《科举学研究：在学科与专学之间》，载《中国地质大学学报（社会科学版）》2004年第3期，第78-82页。

② 何克抗：《信息技术与课程深层次整合的理论与方法》，载《电化教育研究》2005年第1期，第7-15页。

③ 杨宗凯：《以信息化全面推动教育现代化：教育技术学专业的历史担当》，载《电化教育研究》2018年第1期，第5-11页、第35页。

自然科学三大部类①，教育学科则主要生产人文学科和社会科学的知识，但是从当前教育学科的国际发展趋势来看，它的自然科学属性越来越凸显，对学科发展越来越重要。科技的发展不仅为教育提供了鲜活的教学内容、为教育改革创新提供了最新的手段和方法，而且为教育科学研究提供了新的范式②，还为研究教育规律、变革教育模式、重构教育体制提供了更多可能。实践表明，教育科学研究不仅可以，而且应该学习借鉴自然科学的研究方法和规范，如网络在线课程、学习课程、基于大数据的决策等，全部都有自然科学的深度介入并在其中发挥重要作用。③ 因此，未来的教育信息化的研究必须突破人文学科、社会科学与自然科学之间的学科与知识壁垒，通过不同学科研究范式的交叉融合来探究信息化背景下的人类学习规律，形成新的教育信息化知识创新体系，赋予教育信息化更多普适和科学的逻辑属性。

第三，在人才培养模式上，将形成学科建设与产业发展、人才培养的良性循环圈。"产学研"三结合是生产系统、教学系统与研究系统的交叉融合，是这三个系统的相互协同。对教学系统来说，生产系统提供了学习的基地、学习的资源，研究系统也为学习者提供了研究过程与研究新成果的学习机会。④ "产学研"不仅是一种成功的教学组织形式，更为培养符合教育信息化发展需求的专门人才提供了有效的人才培养模式。教育信息化是体现我国大国优势和社会主义制度优越性⑤的国家战略，与社会制度和国家政策密切相关。因此，未来教育信息化将以"政产学研用"一体化的方式获得联动发展，以用户为中心，以市场需求为导向，突出政府在教育信息化发展中的引导与保障作用，促进学科建设与产业发展、人才培养的良性循环。

① 李醒民：《知识的三大部类：自然科学、社会科学和人文学科》，载《学术界》2012年第8期，第5-33页、第286页。

② 祝智庭、贺斌：《智慧教育：教育信息化的新境界》，载《电化教育研究》2012年第33期，第5-13页。

③ 黄蔚：《大力推进交叉融合的教育科学基础研究》，载《中国教育报》2018年3月22日第12版。

④ 李运林、李克东、南国农等：《协同创新30年——纪念华南师范大学创办新中国第一个电化教育专业30周年》，载《电化教育研究》2013年第11期，第5-16页、第23页。

⑤ 魏先龙、王运武：《近十年中国教育信息化促进教育公平研究综述》，载《现代教育技术》2015年第2期，第12-18页。

## （二）理论升华

信息化进程中教育研究的问题域框架包括三个层次，即：知识生产与知识进化、认知与学习、教学交互等的基础规律层，学习环境、学习资源与认知工具、教育大数据技术、教育人工智能等的环境方法层，以及教育内容、教与学方法、教育评价、教育治理、教育供给方式等的实践创新层。[1] 未来教育信息化的理论研究聚焦三个层次研究内容的相互关联和相互促进，通过深入探究新技术带来的教育重组和流程再造所产生的理论与应用问题，为国家教育改革提供系统化解决方案。具体来说，教育信息化的理论升华将包含以下三个方面。

第一，致力于教育信息化理论的本土化创新。根植于我国现实而获得发展的教育信息化，应该以更大的文化自信和学科自觉来完善本土化的教育信息化理论创新，产生更多以教育信息化推动教育现代化的理论及方法，使教育学的理论更加富有信息化这一鲜明的时代特色，构建具有中国特色、国际水准的教育信息化与信息化教育理论体系。[2] 首先，立足本国教育信息化现实问题，对技术、教育与人的发展之间的作用机理作出科学的理论解释，为信息技术与教育教学在深度融合中遇到的一系列现实问题提供理论指导，形成更多技术变革教育的理论与方法的理论原始创新；其次，回望中国文化经典，提炼中国智慧，珍视中国传统文化带来的启示[3]，外察世界之潮流，内省固有之血脉[4]，立足中国本土，着力解决中国的教育信息化问题，形成具有中国特色和中国智慧的教育信息化理论。

第二，产生更多既"顶天"又"立地"的理论成果。一方面，研究者将围绕学习、媒体与认知之间的作用关系，试图解答教育信息化的基本理论问题，从本体论上回答"信息化教育的本质是什么"，在认识论上回

---

[1] 陈丽、郭玉娟、王怀波等：《新时代信息化进程中教育研究问题域框架》，载《现代远程教育研究》2018 年第 1 期，第 40 – 46 页、第 87 页。

[2] 杨宗凯：《以信息化全面推动教育现代化：教育技术学专业的历史担当》，载《电化教育研究》2018 年第 39 期，第 5 – 11 页、第 35 页。

[3] 朱书强、刘明祥：《守成与回望：凝练中国的教育技术学研究》，载《电化教育研究》2016 年第 11 期，第 12 – 17 页。

[4] 钟志贤：《义趣探微：中庸之道蕴涵的四大教学设计研究理念》，载《电化教育研究》2014 年第 2 期，第 5 – 12 页。

答"信息化教育的原理是什么",在实践论上回答"信息化教育的模式是什么",实现理论研究的"顶天";另一方面,将以智能化学习和信息化教育为研究对象,突破简单机械的"媒体比较研究"的工具论层次,聚焦信息技术与教育教学深度融合的作用机理与有效方法,产生更多诸如"开发和评价创新性的学习和教学机制方式""设计、开发和试点新型的校内和校外学习环境"① 以及"高阶个性化学习"② 等兼具解释性和处方性特征的"立地"理论成果。

第三,统筹协同攻克教育信息化重大创新理论。教育信息化重大理论创新需要跨区域、跨领域、跨组织的合作与交流。今后,国家层面继续发挥统筹作用,围绕教育信息化的重大理论与实践、重大政策规划系列重大国家课题,如信息化促进教育公平的理论研究;研究机构层面将更加积极作为,在充分发挥自身研究优势的基础上,主动联合跨区域、跨领域和跨组织的研究机构,致力于教育信息化理论的集体攻关,如成立各级教育信息化协同创新中心等。

### (三)教育变革

实现教育公平、提高教育质量、推进教育创新是教育改革发展的三大核心任务,也是教育变革的三大永恒主题,教育信息化在其中发挥着重要的支撑和促进作用。

第一,宏观层面,将全面参与教育供给侧改革,促进教育结构性变革,主动服务教育系统变革。一方面,未来教育信息化的发展以智能时代为背景,不再局限于为教育系统本身提供基础性和支撑性的作用,其战略性、全局性价值将在国家经济社会发展中得到体现,将在实施国家战略、构建学习型社会和培养创新型人才等方面释放更大潜能;另一方面,教育信息化将主动促进教育系统内部的体系重构,形成以教育数据流为主导的有序循环和自我进化。泛在、智能的学习环境将学习、信息、技术、设备、人力等相关因素纳入一个整体进行组织,对所有学习者的学习提供全

① Mervis J, "NSF Director Unveils Big Ideas", *Science*, 2016, 352 (6287), pp. 755 – 756.

② Mote C D, Dowling D A, Zhou J, "The Power of an Idea: the International Impacts of the Grand Challenges for Engineering", *Engineering*, 2016, v. 2 (01), pp. 8 – 11.

过程、全方位的支持。①

第二，中观层面，继续推动技术支持的学校教育模式变革。学校教育是整个教育系统的主体与核心，信息化推动的教育系统性变革的重心将落在学校教育上，具体表现为人工智能、大数据、物联网等新兴技术，以及在各类智能设备和互联网支持下的教育模式变革，包括办学模式、教与学模式、课程组织模式和教育决策模式等方面②，推动信息化与课程建设、教学改革、教育治理、教师发展、学生发展等方面的创新融合。

第三，微观层面，形成极度空间以促进学习形态的创新。随着信息技术与教育教学的深度融合，技术之于学习不再是是否需要的问题，而是应该探讨如何用技术来改进学习，以确保每个学生都获得高质量的学习体验。③ 未来将有更多的信息技术被应用到教育领域，产生容纳科技（technology）、教学法（pedagogy）和变革知识（change knowledge）的极度空间（stratosphere）④，学习不再局限于单一的课程教学，学习者在科技的支持下能够在任何时间进行即时学习或碎片化学习，从正式学习转变为正式学习和非正式学习相结合。师生角色不再以某一主体为中心，二者的界限将更加模糊，在学习过程中，师生间互助合作、共同进步的可能性越来越大。⑤ 未来学校的评价标准是能够在多大程度上服务于学习范式的变革，能够在多大程度上支撑基于泛在计算技术的泛在学习、融合线上线下学习的混合学习、基于自适应学习系统的个性化学习、基于虚拟学习社区的社群学习、基于无感交互的沉浸式学习等学习新形态。⑥

---

① 胡钦太、张晓梅：《教育信息化 2.0 的内涵解读、思维模式和系统性变革》，载《现代远程教育研究》2018 年第 6 期，第 12 - 20 页。

② 胡钦太、张晓梅：《教育信息化 2.0 的内涵解读、思维模式和系统性变革》，载《现代远程教育研究》2018 年第 6 期，第 12 - 20 页。

③ US Department of Education，*National educational technology plan* 2016，Washington DC：US Department of Education，2016.

④ ［加］迈克尔·富兰：《极度空间：整合科技、教育学与变革知识》，西南师范大学出版社 2016 年版，第 1 - 8 页。

⑤ 胡钦太、张晓梅：《教育信息化 2.0 的内涵解读、思维模式和系统性变革》，载《现代远程教育研究》2018 年第 6 期，第 12 - 20 页。

⑥ 张海生、范颖：《"互联网 + 教育"时代的学习新形态：主要类型、共性特征与有效实现》，载《中国远程教育》2018 年第 10 期，第 24 - 34 页。

## （四）风险防范

教育信息化在教育现代化进程中被赋予更高的期待和使命，甚至成为实现教育现代化的重要推动力。但是，教育信息化对教育而言并非"灵丹妙药"，也不可能"完美无缺"。从技术角度出发，脱离教育情境与主体感受的教育信息化画面只是一厢情愿的美好想象。现实中，教育数据危机、教育人工智能伦理、技术僭越、教育信息化虚假繁荣等问题让教育信息化的发展面临巨大挑战，甚至可能带来意想不到的生态危机。因此，在对教育信息化的发展抱有乐观态度的同时，更要对其保持足够的理性和审慎，以正面应对新时期下教育信息化可能出现的风险。

第一，要积极应对教育数据处理与应用危机，平衡数据开放与隐私保护之间的矛盾。教育信息化未来发展的技术触点是大数据和智能信息技术，教育数据的体量和开放是实现智能技术的基础。然而，教育数据在各教育系统之间共享、向社会各方开放的过程中涉及大量学生、教师以及教育管理者的隐私数据[①]，这些数据不仅包括学生自愿分享的信息。也包括在学校、教师、第三方教育机构和政府要求下提供的被动信息。一旦学习者的隐私信息遭到泄露，责任主体将难以界定，教育数据的云端部署也大大增加了数据暴露的风险。同时，当前各级教育行政部门和学校积累的大量数据存在数据准确性不高、一致性不强、标准性不足等问题，严重制约了数据在教育改革中发挥作用。[②] 因此，必须积极探索利用区块链等去中心化技术的优势搭建可靠的教育数据库存储与应用方案。

第二，要警惕人工智能的"双刃剑效应"，提前探索教育人工智能伦理的重构与管控机制。人工智能被定义为模拟、延伸和拓展人类智能的技术和方法[③]，其在教育领域的应用表现为智能导师系统、自动化测评系

---

① 李青、李莹莹：《大数据时代学习者隐私保护问题及策略》，载《中国远程教育》2018年第 1 期，第 29 – 36 页。

② 徐峰、吴旻瑜、徐萱等：《教育数据治理：问题、思考与对策》，载《开放教育研究》2018 年第 2 期，第 107 – 112 页。

③ 徐晔：《从"人工智能教育"走向"教育人工智能"的路径探究》，载《中国电化教育》2018 年第 12 期，第 81 – 87 页。

统、教育游戏与教育机器人四种形态①，在提高教学效果、解决教育公平问题方面被寄予厚望。但是，由于人工智能缺乏必要的价值反省和自觉，在某种程度上就是设计者的想法和意志的体现，人工智能有可能从根本上瓦解和颠覆原有的伦理秩序，制造传统的和现有的伦理框架无法解决的道德难题。② 人工智能的"双刃剑"现象在教育领域同样应验，伦理的选择和重建成为人工智能时代教育必须重视并解决的难题。这些亟待解决的具体问题包括但不限：突破基于算法的人工智能"标签化"处理方式，运用动态的思维看待师生成长；避免因大数据"精准推送"的个性化学习路径服务给学生独立思考和创造力的发挥带来限制；解决目前的人工智能水平并不能实现深层次的语义识别和情感互动，无法进行包含情感、态度和价值观的学习互动，造成情感教育的缺失等问题。因此，人工智能教育的应用并非中性和无边界，要从理念、技术和方法等层面深度探讨其道德边界和伦理约束，建立人工智能教育的法律法规、伦理规范和政策体系，提升安全评估、有效管控和价值判断的能力。

第三，要防止教育信息化进程中的技术异化，让技术理性服务价值理性，回归教育本质。教育领域的技术异化表现为以计算机、互联网、多媒体等为代表的现代信息技术对教育中"人"的替代、否定、控制、强迫和漠视。③ 例如，MOOC、微课、网络精品课程等优质学习资源，以及基于人工智能技术的自适应学习系统、基于直播互动系统的双师教学模式等都在不同程度上表现出对教师的替代倾向，形式上让每一个学生都能获得优质教育资源，但是却往往导致教师主导地位以及言传身教的缺失；互联网通信技术使得师生的交互可以随时随地发生，教育时空得到扩展，但是却迫使教师的私人生活受到干扰；当搭载了人脸识别与情感判断等技术的智能摄像头遍布教室，在有效监控课堂行为的同时，也漠视了学生的隐私

---

① 梁迎丽、刘陈：《人工智能教育应用的现状分析、典型特征与发展趋势》，载《中国电化教育》2018 年第 3 期，第 24－30 页。

② 唐汉卫：《人工智能时代教育将如何存在》，载《教育研究》2018 年第 11 期，第 18－24 页。

③ 颜士刚：《现代信息技术异化的根源分析及其消解的可能性》，载《现代教育技术》2009 年第 1 期，第 8－11 页、第 32 页。

和自由等。在"技术崇拜论"的引导下，技术异化现象日趋明显，为了技术而应用技术，技术甚至由服务者转变为控制者，教育信息化成为"失去灵魂的技术"。为防微杜渐，教育信息化的进程中要高度重视技术应用的合理边界，技术理性始终让位于价值理性，技术始终为解放人、发展人服务，回归教育的本质。

第四，要正视并解决教育信息化建设中的未解难题，避免教育信息化的虚假繁荣。从全局的视角来看，我国教育信息化取得了长足发展和显著成绩，但是从具体实施的情况来看，当前"互联网＋"、大数据、人工智能等技术在教育方面更多是表象上应用、容易实现的应用、通过技术能够直接解决的应用。[①] 理性看待在"三通两平台"建设中出现的问题就会发现，教育信息化在某种程度上存在虚假繁荣的现象，如教育云平台建设虽然如雨后春笋般应运而生，但许多平台却因为顶层规划的缺失以及缺乏专业理论和核心价值体系的支撑而处于"整体无序"状态，甚至大多数都还只是传统意义上的信息化平台；耗费大量时间、精力和资金建成的资源，并没有形成合理的长效资源建设机制，重建设而轻应用，造成大量资源的浪费；许多学校的网络学习空间只是简单地模仿社交类空间建设，学习属性较弱，空间利用率并不高。同时，教育信息化相关的新概念、新理念和新思路层出不穷，表面呈现学术繁荣的背后却是让实践者盲目追赶或不知所措。因此，积极面对并脚踏实地地解决教育信息化过程中出现的现实问题，突破避重就轻的建设逻辑，政府、学校和企业要协同攻坚克难，最大限度地避免教育信息化虚假繁荣现象的出现或蔓延。

## 六、结语

《论语·为政》有云，四十不惑。不惑之年的中国教育信息化紧随世界教育信息化潮流，走出一条坚定而富有中国特色的教育发展道路，被时代赋予推动教育现代化、实现教育强国的历史重任。承载过去的荣耀，扛

---

① 钟绍春、唐烨伟：《人工智能时代教育创新发展的方向与路径研究》，载《电化教育研究》2018 年第 10 期，第 15 – 20 页、第 40 页。

起时代的重托，直面当下困难与未来挑战。未来，教育信息化将继续以学科建设为发展源动力，继续探求理论的深化，推进教育与科技的融合创新，并在理性主义的指引下，更加审慎地对待教育信息化实施中出现的风险，在创新求变与理性审慎中笃步前行。总之，教育信息化的发展道阻且长，却也行则将至。

（原载《电化教育研究》2019 年第 12 期）

# 教育信息化 2.0 时代教师信息素养提升路径

## 一、新要求：教育信息化 2.0 时代的教师信息素养

2018 年 4 月，教育部印发了《教育信息化 2.0 行动计划》，标志着我国教育信息化从"1.0 时代"迈进了"2.0 时代"。与 1.0 时代相比，2.0 时代的教育系统内部各要素发生明显变化，面临转型升级。从战略层面来看，教育信息化对教育现代化的作用从"带动"发展为"支撑引领"，重要性提升且上升为国家战略。从技术角度来看，2.0 时代的技术触发点从计算机和半导体技术转变为大数据和智能技术[1]，尤其人工智能技术为教育的变革创新提供更多的可能性。从人才培养的社会需求来看，党的十九大以来，创新成为引领社会发展的第一动力，因此需要着力培养富有创新精神和实践能力的各类创新型、应用型、复合型优秀人才，而非原来强调基本知识、基本技能的标准化人才。

课堂是教育信息化的主阵地，推动教育信息化转型升级，更多需要依靠广大教师的力量，因而提升教师应用信息技术教学的能力的需求十分迫切。《教育信息化 2.0 行动计划》明确提出"大力提升教师信息素养"[2]，对教师的信息素养提出了更高的要求。2019 年 3 月，教育部发布《关于实施全国中小学教师信息技术应用能力提升工程 2.0 的意见》（以下简称《工程 2.0》），突出以学校信息化教育教学改革发展引领教师信息技术应用能力培训[3]，注重培养教师将技术深度融入教学全过程、推动教育改革发展的融合能力。

---

① 胡钦太、张晓梅：《教育信息化 2.0 的内涵解读、思维模式和系统性变革》，载《现代远程教育研究》2018 年第 6 期，第 12 - 20 页。

② 教育部：《教育信息化 2.0 行动计划》，见中华人民共和国教育部网（http：//www.moe.gov.cn/srcsite/A16/s3342/201804/t20180425_334188.html）。

③ 教育部：《关于实施全国中小学教师信息技术应用能力提升工程 2.0 的意见》，见中华人民共和国教育部网（http：//www.moe.gov.cn/srcsite/A10/s7034/201904/t20190402_376493.html）。

在探讨教育信息化2.0时代对教师信息素养的要求之前，首先应当了解什么是教师信息素养。教师的信息素养可大致分为信息技术素养和信息人文素养。[1] 信息技术素养是指教师在教学实践活动中运用信息知识和信息技能，解决实际教学问题并促进自身专业发展的能力；信息人文素养则包括信息意识、信息道德等一系列面对信息、处理信息时表现出的心理状态及人文修养。从教师信息素养的内涵不难看出，它强调教师应该具备应用信息技术开展数字化教学，并在此过程中促进自身专业发展并培养信息人文素养的能力。

在教育信息化2.0时代，教育发展受到大数据、人工智能的强烈冲击，智能信息技术对教育的影响日益深入。在此形势下，教师首先应该主动适应大数据、人工智能等技术变革，走出教学舒适区，提升数字化学习能力，积极应对信息时代下的教育挑战。其次，教师应该在开展信息化教学时，将信息技术深度融入教学设计、教学方法运用、教学媒体选择、教学实施、评价反思等教学全过程中，有效推进教育教学质量提升和教育教学改革。再次，教育信息化发展为教师个人成长带来了良好机遇，教师应抓住机遇，提升在线课程设计与开发、混合式教学、数据分析和评价等信息化职业能力，不断更新专业知识、提高专业技能。研究表明，智能信息技术的应用可加快教师专业发展步伐，新手教师应该抓住机遇，有效利用智能信息技术提高自身专业技能，从而大大缩减其成长为专家型教师的时长。最后，教师应在信息化教学实践中培养信息人文素养，包括信息批判意识、信息安全防范等，了解相关的网络安全法律、法规，做到文明、安全、健康上网，并为学生营造良好的网络学习氛围。

## 二、新挑战：当前教师信息素养的现状与困境

尽管国家高度重视教师信息素养的提升，教师信息技术应用能力提升工程项目也极大地提高了教师应用信息技术改进教育教学的意识和能力，但与教育信息化2.0时代对教师信息素养的要求相比，这些项目与培养目标在许多方面还存在较大差距，无法满足教育教学改革发展的需要。

---

[1] 王轶、石纬林、崔艳辉：《"互联网＋"时代青年教师信息素养研究》，载《中国电化教育》2017年第3期，第109－114页。

下面以在经济发展较好的"G省"开展的2018年度基础教育信息化发展水平调查为例进行说明。该调查范围覆盖该省21个地级市、252所中小学。从调查结果可以看出，教师信息素养主要存在下列5个问题。第一，教师信息技术应用能力亟须提升（见图1）。教师在对应用信息技术开展教学的困难进行归因时，认为缺乏信息技术应用技能是阻碍信息技术应用的最主要因素的占比60.6%。第二，教师的信息化教学能力严重不足，在教学设计、教学方法运用、教学实施等过程中，教师都难以做到真正将技术与教学深度融合，信息化与教育教学"两张皮"现象仍然存在（见图2）。培训时，课件制作技术最受教师欢迎，而整合技术的学科教学知识能力（TPACK）受欢迎程度较低，说明教师整体信息化教学能力较低，较少开展相应活动。第三，教师极少在教学中使用在线课程，仅7.3%的教师在教学中使用过在线课程，各地市建成的区域共享课程只占总课程的1.9%，有14.0%的学校认为本校教师完全不具备利用在线课程、开放资源和校外资源设计开放式学习活动的能力。第四，教师缺乏应用数据辅助教学的能力。8.0%的学校认为，本校教师无法应用即时反馈系统或教学行为数据对学生个体或群体发展进行诊断与分析。第五，教师欠缺信息批判的意识和能力，只有18.1%的教师对"网络上所提供的课程相关信息来源就是正确的"表示质疑，18.5%的教师会对从网络中找到的课程问题答案的唯一性表示质疑。

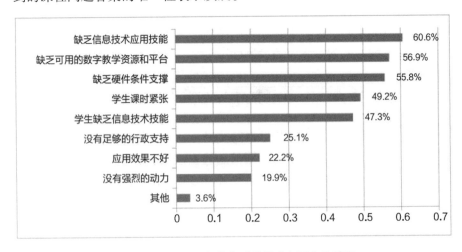

图1　教师应用信息技术时的困难归因占比情况

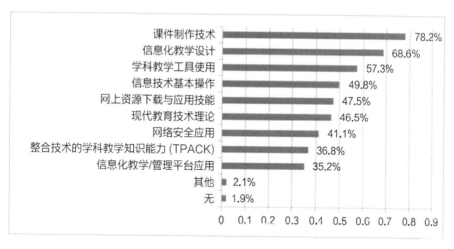

图2 最受教师欢迎的教育信息化培训内容占比

不仅如此，教师信息素养提升还遇到诸多阻力。首先，目前教师信息技术应用能力培训易流于形式。许多培训项目采用大班讲座的形式开展，不同教龄、专业背景、学段、区域、信息化能力水平的教师经常被混在一起参加同一个培训活动。对于不同主题、类型的培训项目，经常采用相同的内容进行培训，导致重复培训，且培训内容陈旧，未随技术的发展而及时更新。其次，信息化教学的支持服务体系尚未形成。从学校视角看，信息技术人员配备不足是学校开展信息化教学改革的最大阻力，认为存在该问题的学校占比高达76.1%（见图3）。从个人角度看，较多认为信息化教学缺乏教学创新团队的支持和帮助，相当多的教师不具备较强的信息素养和改革创新精神。再次，教师信息素养提升缺乏氛围。目前很多学校基础设施落后，校园中缺乏应用信息技术的氛围，不利于教师养成使用信息化手段进行工作、交流与成长的习惯。

## 三、新路径：提升教师信息素养的有效方法

进入教育信息化2.0时代，教师信息素养提升虽面临严峻挑战，但同时也迎来前所未有的巨大机遇。国家从顶层设计层面整体推动教师信息素养提升，教育部启动新一轮中小学教师信息技术应用能力提升工程；"三

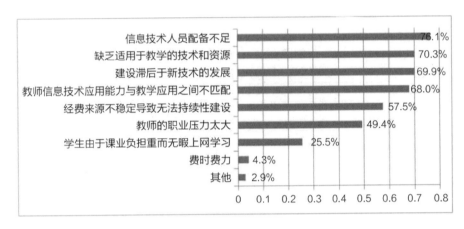

图3　学校信息化教学改革面临的困难归因占比情况

通两平台"成效显著，极大改善了中小学信息技术应用环境；教育领域对信息素养重要性的认识不断深化。因此，我们应抓住机遇、迎难而上，从个人、学校、区域三个层面共同努力，切实有效提升教师信息素养。

（一）个人：提升整合技术的学科教学知识能力

从教师个人角度看，信息素养提升的关键在于提高整合技术的学科教学知识能力（TPACK）。TPACK 是 technological pedagogical content knowledge 的英文缩写，包含三个核心要素，即技术知识（TK）、学科内容知识（CK）、教学法知识（PK）。TPACK 是美国在大力推进教育信息化进程中总结出的每一位教师都必须认真学习的全新学科教学知识，是教师专业化过程中出现的一个新概念，也是未来教师必须具备的一种能力。[1] 教师在信息素养提升过程中，可以将 TPACK 作为总体发展目标，并根据框架将其细分为三个步骤（见图4）。

第一，教师需深入了解、认真学习信息技术，不断提高自身信息技术理论水平和应用能力。从最基本的信息检索工具、信息交流工具，到教学过程中最常用的多媒体教学工具，再到思维导图、网络学习空间等知识管理工具，教师必须循序渐进，熟练掌握并在教学中有效运用。现阶段，教

---

① 何克抗：《论教育信息化发展新阶段》，北京师范大学出版社 2016 年版。

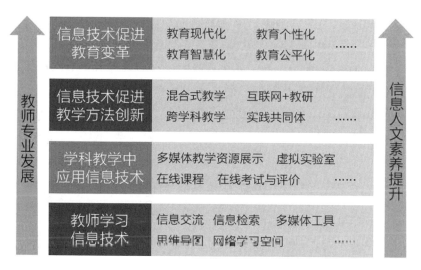

图4　教师信息素养发展目标分解

师尤其要发挥网络学习空间在实现课前、课中、课后学习无缝衔接上的优势，将其与学科内容知识和教学法知识进行整合，以此带动教育理念和教学模式的革新。

第二，教师需在学科教学过程中有效应用信息技术提升教学效果和教学效率。事实上，处于这一阶段的教师已基本掌握信息技术及其应用，需要将重心放在促进信息技术与学科教学的整合上，有效应用信息技术提升教学效果和教学效率。这里的"整合"更多是直接在个别教学环节中应用技术或工具以达到某种特定效果，例如在课堂教学中利用多媒体资源呈现教学内容、利用虚拟实验室进行实验教学、利用在线考试系统评价学生知识掌握度、利用在线教学平台开设一门课程等。

第三，教师需在学科教学中应用信息技术促进教学方式方法的变革与创新。在这一阶段，教师必须将技术知识、学科内容知识、教学法知识融会贯通，着力提升整合技术的学科教学知识。在教学方面，教师可通过在线课程开展混合式教学；通过网络学习空间开展自主、合作、探究等新型教学方式；加强与其他学科教师的交流合作，开展跨学科教学等。在实际应用中，这些教学方式方法往往相互融合在一起，共同服务于教学质量提升及教学改革创新。例如，探究式学习提倡采用混合式教学方式组织探究

133

活动，利用技术（如学科工具、虚拟学习系统、探究实验设备等）创设探究学习情境[1]，用翻转课堂、可视化学习、问题解决式学习、基于资源的学习等方式，组织探究学习活动。[2]

掌握了TPACK能力，教师能更有效推动信息技术与教育教学的深度融合，促进教育的变革与创新，最终实现教育个性化、公平化、智慧化、现代化等发展目标。在TPACK能力提升过程中，教师的专业能力得到极大提升、发展步伐进一步加快、发展途径进一步拓宽，教师的信息人文素养也在潜移默化的过程中得到提升。

### （二）学校：优化支持服务体系，营造校园信息化氛围

从学校角度看，教师信息素养提升需要一定的校园信息化环境氛围及信息化教学支持服务。学校应加速校园数字化进程，完善校园基础设施建设及软文化环境建设，提升学校教育治理的科学化和现代化水平，便于教师在工作过程中使用信息化手段进行有效的沟通与交流。另外，学校还需为教师设立信息化教学支持服务中心，为教师提供信息化教学技能培训、课程制作与运营支持服务、信息化教学研修支持服务等。

### （三）区域：保障教师信息技术应用能力培训质量

从区域角度看，提升教师信息素养最直接、最有效的方式是通过教师信息技术应用能力培训。在《工程2.0》引领下，各级教育行政部门一是要创新教师培训方式方法，推动基于网络学习空间、名师工作坊、网络研修社区等的混合式培训与跨学科培训；二是要在培训前对各级各类学校教师的信息化水平进行摸底测试，并根据结果进行相应培训，提高培训指导的针对性；三是优化培训团队建设，对经常承接信息技术应用能力提升工程培训项目的培训机构，慎重考察、严格要求；四是根据信息技术发展趋势，组织培训团队及时更新培训内容；五是变革教师信息技术能力测评方式，充分利用新技术开展教师研修伴随式数据采集与过程性评价，提高测

---

① 白倩、张舒予、沈书生：《面向混合学习的学习支持服务体系设计与实践》，载《中国电化教育》2018年第8期，第107－115页。

② 田阳、杜静、黄荣怀：《面向混合学习的学习与社交协同策略探究》，载《中国电化教育》2018年第5期，第8－14页。

评助学的精准性，满足教师个性化发展需求。

　　教师信息素养水平关乎教育教学质量的提升和教育教学改革发展的进程，对我国教育事业发展具有至关重要的作用。在教育信息化 2.0 的时代背景下，机遇与挑战并存，我们应抓住机遇、直面挑战，大力提升教师信息素养，坚持促进信息技术与教育教学深度融合的核心理念，以教育信息化为抓手，加快推进教育现代化。

　　　　　　　　　　　　（原载《中小学数字化教学》2019 年第 11 期）

# 教育公平视域中在线教育的困境与出路

在线教育已被各国视为促进教育公平的战略选择，"公平而有质量的教育"是在线教育朝向更高水平发展①的价值目标。然而，在线教育的不断推进引发了学界对于在线教育是"促进教育公平"还是"加剧教育不公"的争议，其根源在于在线教育自身发展"不平衡不充分"，无法满足人民日益增长对在线教育的新需求。疫情期间的在线教育实践为我们留下了弥足珍贵的经验，本文从教育公平视域出发，透过当前在线教育的现实情况，审视其面临的"公平"困境，探索促进教育公平的在线教育的发展路径，希望有助于推动实现"大规模的个性化教育"这一美好愿景，让有质量的在线教育惠及更多学生。

## 一、疫情背景下在线教育新情况

近几年来，在线教育的热度持续攀升，在疫情期间实施的人类史上最大规模的在线教育实验也让"云开学""网课""空中课堂"等关键词频频登上热搜榜。在线教育进入发展的"快车道"，用户规模高速增长，教学实践硕果累累，在线教育成为教育的"新常态"。

### （一）在线教育用户规模快速增长

在疫情催化下，全球在线教育呈爆发式增长态势，用户规模激增。联合国教科文组织最新监测数据显示，全球 153 个国家、68.5% 的学生正处于停课状态。② 在线教育已成为疫情时期教育的最佳选择，各国采取积极措施推动在线教育发展。美国联邦教育部部长德沃斯提出要加快制订远程

---

① 胡小勇、许婷：《"公平而有质量"的教育，智能技术有何作为》，见中国教育报网（http：//paper.jyb.cn/zgjyb/html/2020-03/28/content_577741.htm?div=-1）。

② UNESCO，"COVID-19 Impact on Education"，https：//en.unesco.org/covid19/education response.

教育规则，推动高等院校率先向在线和远程学习过渡；[1] 法国为在线教育抗疫进行舆论造势，提出"实现教育可持续"口号，为各学段学生提供统一化远程学科教学；[2] 日本文部科学省网站提供全学科课程资源，并将原计划于 2023 年实施的全国中小学生人手一台终端电脑（平板电脑）的发放计划提前到 2020 年内完成。[3] 我国实施"停课不停学"，要求学校利用网络平台，组织学生在线学习。[4] 根据第 45 次《中国互联网络发展状况统计报告》，截至 2020 年 3 月，我国在线教育用户规模达 4.23 亿，较 2018 年底增长 110.2%。[5]

## （二）在线教育成为"新常态"

随着我国疫情逐渐退去，学校教育教学秩序开始步入正轨，学生将再次回到真实的课堂，被按下"加速键"的在线教育路向何方？教育部高教司司长吴岩认为："在线教育应抓住机遇、主动求变，加快由'新鲜感'向'新常态'的转变，推进人才培养的'质量革命'。"[6]《2020 年地平线报告（教学版）》聚焦高等教育中的教与学发展趋势，在线教育是报告中最重要的关键词之一，启示我们应以在线教育为抓手，推动高等教育教学变革。[7] 可以预见，经过多年积累和疫情洗礼，伴随网络规模的不断扩大，在线教育将朝着更加常态化、可持续的方向发展，成为促进我国

[1] U. S. Department of Education, "Coronavirus Public Health Emergency Underscores Need for Department of Education s Proposed Distance Learning Rules", https：//www. ed. gov/news/pressreleases/coronavirus-public-health-emergency-underscoresneed-department-educations-proposed-distance-learningrules.

[2] 王晓宁：《法国经验：举国统一的教育领域抗疫部署》，见国际与比较教育研究所网（https：//mp. weixin. qq. com/s/JmRegYDsSv0kUbIgKkuxCA）。

[3] 田辉：《停课期间，日本如何优化居家学习》，见国际与比较教育研究所网（https：//mp. weixin. qq. com/s/Cds0r6Q0tRy5RwIoMyx6SA）。

[4] 教育部：《利用网络平台，"停课不停学"》，见中华人民共和国教育部网（http：//www. moe. gov. cn/jyb_xwfb/gzdt_gzdt/s5987/202001/t20200129_416993. html）。

[5] 中国教育网络：CNNIC 发布第 45 次《中国互联网络发展状况统计报告》，见中国教育网络（https：//mp. weixin. qq. com/s/YG8IO6o8jBujreuz82hkgw）。

[6] 吴岩：《要加快在线教学由"新鲜感"向"新常态"的转变》，见新华网（http：//education. news. cn/2020-04/28/c_1210594251. htm）。

[7] 陈新亚、李艳：《〈2020 地平线报告：教与学版〉的解读及思考——疫情之下高等教育面临的挑战与变革》，载《远程教育杂志》2020 年第 2 期，第 3 - 16 页。

教育事业发展的重要助力，推动教育变革与创新。

## （三）在线教育实际应用问题凸显

疫情期间，在线教育临时上场、匆忙应对，各类实际应用问题凸显。主要包括以下六个方面。

### 1. 课程设计有待改进

"课堂搬家"是疫情期间线上教学最为突出的问题。许多教师难以克服线下课堂教学惯性，自然而然地选择了一种改变最少、最接近线下教学的方式——直播教学。① 浙江省教研室于2020年2月组织了线上教学情况调查，其结果显示线上教学的主要方式为直播，参与课程的比例为89.1%，其中纯直播占比高达51.8%。② 这种现象背后的原因是许多教师缺乏在线教育理论基础和在线课程设计能力，或时间仓促无法精心进行教学设计，导致在线课程设计不科学、不合理，用线上方式开展线下讲授式教学，以己之短攻彼之长，使得效果大打折扣。

### 2. 可用资源相对不足

当前大量在线教育资源主要面向线下教学活动，尽管基于评优和示范出发的"一师一优课，一课一名师"活动或微课比赛，遴选了大量优质资源③，但资源的类型和形式并不完全适用于在线教学。一方面，在线教育资源从表面上看数量庞大，但存在重复建设、内容陈旧、形式单一等问题，教师常常面临资源"多而无用"的困境。另一方面，跨平台、跨区域的在线资源开放共享机制尚未形成，优质教育资源难以实现充分共享。

### 3. 有效管理体系尚未形成

在线教育目前尚未入编"正规军"，因此缺乏有效、规范的管理体系制度。疫情期间，在线教育规模大、人数多、平台工具杂，给各地区、各学校的教学管理工作带来了巨大压力。许多地区和学校临时出台在线教学质量督导的相关管理制度，把控在线教学质量，然而在具体实施管理的过

---

① 梁林梅、蔡建东、耿倩倩：《疫情之下的中小学在线教学：现实、改进策略与未来重构——基于学习视角的分析》，载《电化教育研究》2020年第41卷第5期，第5-11页。

② 浙江省教研室：《疫情期间，线上教学开展得如何？可以怎样改进？看看数据怎么说》，见中小学数字化教学网（https：//mp. weixin. qq. com/s/C5wkC8AMfRujvvkq91e6ZQ）。

③ 闫寒冰、柳立言：《居家在线学习启迪未来教育创新》，见中国教育新闻网（http：//paper. jyb. cn/zgjyb/html/2020-05/07/content_579585. htm?div = -1）。

程中，对督导的"刚性"和"柔性"认识不到位，导致出现强制学生打卡考勤、强制教师录播课程等现象。另外，对线上教学的工作量、教学成果等缺乏统一的考核评价标准，导致部分教师线上教学热情不高。

### 4. 师生信息素养不相匹配

师生的信息素养是影响在线教学效果的关键因素。[①] 疫情期间，一线教师在经验、能力不足的情况下，承受快速组织开展"网课"的巨大压力，往往难以真正适应并发挥在线教育的应有优势。最近开展的一项有关在线教学现状的问卷调查显示，由于缺乏设备操作、在线互动和教学组织等在线教学能力，42%的教师对线上教学感到焦虑。[②] 居家学习期间，许多学生无法快速适应在线学习方式，对于在网上学习情绪不高、自主参与度不强，45.79%的学生表示难以自觉完成在线学习任务。[③]

### 5. 条件设施总体发展不平衡

疫情之下，全区域、全覆盖、全方位的在线教学实践充分暴露出我国区域、城乡、学校之间的在线教育发展不平衡，表现为基础设施、教学资源、师资力量等存在明显差异。中国教育科学研究院开展的一项在线教育调查结果显示，我国东、中、西部不同区域在诸如在线教育支撑和保障条件、教学过程、教学效果等方面存在显著差异。[④] 此外，家庭资本对在线教育的重要性日益凸显，在线学习中必不可少的智能终端设备主要来自家庭，学生的家庭环境和条件对在线学习效果也有着至为关键的影响，学生家庭资本的巨大差异进一步加剧了在线教育失衡。

### 6. 教学质量亟须提升

目前，尽管在线教学总体进展顺利，但大部分教师认为其效果还是弱于传统课堂教学，[⑤] 在线教学更多的是疫情下的无奈之举。深圳市龙华区

---

① 吴砥、余丽芹等：《大规模长周期在线教学对师生信息素养的挑战与提升策略》，载《电化教育研究》2020 年第 5 期，第 12 – 17 页、第 26 页。

② 王冬冬、王怀波等：《"停课不停学"时期的在线教学研究——基于全国范围内的 33240 份网络问卷调研》，载《现代教育技术》2020 年第 3 期，第 12 – 18 页。

③ 王冬冬、王怀波等：《"停课不停学"时期的在线教学研究——基于全国范围内的 33240 份网络问卷调研》，载《现代教育技术》2020 年第 3 期，第 12 – 18 页。

④ 中国教育科学研究院课题组：《数据显示的中国经验：教育系统在线抗疫的关键变量与重要启示》，见国际与比较教育研究所网（https：//mp. weixin. qq. com/s/De70hQpfJkOfbNztgnlySA）。

⑤ 雷朝滋：《超大规模在线教学给中国教育变革搭建了新起点》，见中国教育和科研计算机网（http：//www. edu. cn/xxh/zhuan_jia_zhuan_lan/lcz/202005/t20200515_1727297. shtml）。

于 2020 年 4 月份开展的一项关于在线教学效果的问卷调查结果显示，教师对在线教学效果的总体满意度不高，仅 40% 左右的教师认为在线教学比较高效。[①] 影响在线教学质量的因素有很多，包括网络环境、硬件设备、教学方式、学习监测、课堂互动等，其中学生的学习状态难以远程监测和课堂互动不充分被认为是影响在线教学质量最为关键的两个因素。[②]

## 二、教育公平视域中的在线教育困境

教育公平是社会公平的基石，是教育发展的远景目标与价值诉求。从教育公平的视域出发，在线教育能有效利用互联网实现教育资源、教学工具的整合和动态配置，助推优质教育资源走向普惠共享。表面上看，城市和农村的所有学生均可以在任何时间、任何地点，根据自身的学习需求获取资源、开展学习；然而，由于缺乏设备、网络不畅，加之获取资源和利用资源提升学习效果的能力存在差异，广大农村学生难享在线教育红利。在线教育推动了教育形式上的公平，却在实质上体现为加深教育的不公平，使"数字鸿沟"进一步扩大，在线教育发展面临困境（见图1）。

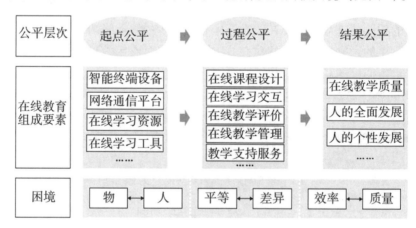

**图 1　在线教育的"公平"困境**

①　焦子宇：《疫情下在线教学效果怎样？疫情后怎么做？权威报告一本话你知……》，见深圳新闻网（http://www.sznews.com/news/content/2020-05/11/content_23141073.htm）。

②　王继新、韦怡彤等：《疫情下中小学教师在线教学现状、问题与反思——基于湖北省"停课不停学"的调查与分析》，载《中国电化教育》2020 年第 5 期，第 15 – 21 页。

## （一）"物—人"困境

教育公平一般包括三个层次：起点公平、过程公平、结果公平。起点公平重在机会层面的公平，即人人享有平等的受教育机会。目前，政府和社会层面关注最多的是受教育机会的问题，我国除全面普及九年义务教育外，还大力发展教育信息化，以信息化促进义务教育均衡发展[①]，重点突出"物"的建设，投入大量人力、物力和财力开展基础设施和教育资源建设。在国家顶层设计的规划与引导下，伴随着以教育信息化为手段和目标的系列世纪工程的有效落实，全国中小学信息化基础设施水平得到大幅提升，优质教育资源的覆盖面不断扩展[②]，为在线教育发展奠定物质基础。在疫情大考下，教育系统依托流畅的通信平台、适切的数字资源、便利的学习工具等[③]快速组织开展超大规模的在线教育，形式上每个学生均可通过在线方式参与学习，然而当研究视角下沉至微观的"人"，则不难发现教师"素养鸿沟"日益凸显[④]，"大锅饭"式教育由线下迁移到线上，学生的主体地位得不到很好的保障。事实上，教育公平更需要体现为一种个体公平，必须关注"人"的层面上的公平[⑤]，但目前的在线教育实施面临课程设计不科学、教学互动不足、管理不规范等诸多问题，导致线上教学如火如荼却成效不彰，学生的个性特征得不到充分发展，"人"的层面上的教育公平道阻且长、远未实现。

## （二）"平等—差异"困境

"人"的层面上的教育公平依赖于教育过程公平的实现。教育过程公平的第一原则是平等，要求教师尊重学生、平等对待每一位学生。[⑥] 随着

---

① 彭红光、林君芬：《以信息化促进义务教育均衡发展的机制和策略》，载《中国电化教育》2010 年第 10 期，第 33 – 39 页。

② 胡钦太：《回顾与展望：中国教育信息化发展的历程与未来》，载《电化教育研究》2019 年第 12 期，第 5 – 13 页。

③ 黄荣怀、张慕华等：《超大规模互联网教育组织的核心要素研究——在线教育有效支撑"停课不停学"案例分析》，载《电化教育研究》2020 年第 3 期，第 10 – 19 页。

④ 石映辉、韦怡彤等：《教师数字鸿沟的发展与弥合——基于从信息鸿沟到素养鸿沟的视角》，载《现代教育技术》2018 年第 3 期，第 59 – 65 页。

⑤ 吕星宇：《论教育过程公平》，载《教学与管理》2009 年第 7 期，第 3 – 5 页。

⑥ 奚晓晶、魏耀发：《课堂：走近教育公平》，上海三联书店 2011 年版。

我国教育的进一步发展，公平的标准不再局限于同一的平等，而是体现为差别的平等①，教育过程公平更重要的是实现"因材施教"，根据学生的个性化特征进行差异化教学。对于网络学习，学生群体的差异在逻辑上会转化为关键因素影响学习过程，并造成学习结果差异②，因此在线教学设计需要考虑个体差异，并采取以学生为中心的教学方法，提高学生学习的主体性。③ 然而，在线下教学过程中，班级是开展教育、教学活动的基本单位，教师在同时面对几十名学生的情况下，基于教学的惯性和便利性，依然沿用平等思维，对待学生"一碗水端平"。线上教学亦是如此，在相同教学理念及教学习惯的影响下，以及在时间、精力十分有限的情况下，大部分教师面向学生实施"无差别"在线教学，对所有学生提供相同的学习资源、开展相同的教学活动、采用相同的标准进行教学评价。疫情期间，许多教师匆忙"上线"，在线教育理论知识匮乏，不具备在线教学创新能力，无法充分发挥在线教学平台及工具的优势，导致出现大量线上教学照搬线下课堂的现象，教学活动单一、教学模式僵化，教学效果不如人意，不利于人才的培养。

## （三）"效率—质量"困境

教育公平的实质和最终落脚点在于教育结果公平④，其核心内涵是确保教育质量，关键在于是否公平地促进了学生的全面发展和个性发展。⑤ 改革开放初期，面对"穷国办大教育"的巨大压力，我国把效率放在了首位。随着经济的快速发展，"效率优先，兼顾公平"的政策话语虽已让位于"公平而有质量的教育"，但"效率优先"的路径依赖与实践惯性依

---

① 谈松华、王建：《追求有质量的教育公平》，载《人民教育》2011 年第 18 期，第 2 – 6 页。

② Money W H, Dean B P, "Incorporating Student Population Differences for Effective Online Education: A Content-based Review and Integrative Model", *Computers & Education*, 2019, 138, pp. 57 – 82.

③ Bhagat K K, Wu L Y, et al., "Development and Validation of the Perception of Students Towards Online Learning (POSTOL)", *Journal of Educational Technology & Society*, 2016, 19（1）, pp. 350 –359.

④ 辛涛、黄宁：《教育公平的终极目标：教育结果公平——对教育结果公平的重新定义》，载《教育研究》2009 年第 8 期，第 24 – 27 页。

⑤ 程红艳：《为了公平与质量：基础教育学校变革探究》，山东人民出版社 2015 年版。

然强劲。① 班级授课制即为追求"效率性"的结果，教师作为班级授课的主导力量，肩负教学效率和质量双重压力，往往难以同时兼顾，教学质量若只为少数优秀学生享有，终有失公平。在线教育近几年发展势头迅猛，慕课的兴起降低了教育的门槛，被学界视为推动优质教育资源开放共享的利器。依托网络平台，一门慕课课程动辄有上万人同时在线学习，效率之高显而易见。然而，高辍学率让慕课的发展陷入"质量"危机。2013 年果壳网对慕课中文用户进行了大规模的调查，结果显示慕课的完成率仅为6%。② 因此，尽管慕课已充分显示出利用互联网为更多学生提供教育机会的潜力，但高辍学率给教师的教学带来了方法上的困难③，慕课教学规模的扩大在某种程度上需要以牺牲教学质量作为代价。疫情期间"停课不停学"，我国在短短一个多月的时间里实现了超过 2 亿师生参与的线上教学，效率之高、规模之大，令人惊叹，但与此同时，也面临整体质量欠佳、发展良莠不齐的现象。

## 三、促进教育公平的在线教育路径选择

作为针对教育不公平问题的"革命性"解决方案④，在线教育势必要在教育公平问题上进一步发力，促进教育"公平而有质量"的发展。为此，本文针对目前在线教育发展困境，基于教育公平的三个层次，提出推动在线教育发展的有效路径，如图 2 所示，以期让大规模的个性化教育真正成为可能。

### （一）理念先行：发挥在线教育的优势与特点

智能信息技术在教育教学中的不断深入应用正倒逼着传统教育理念的

143

① 程天君：《新教育公平引论》，南京师范大学出版社 2019 年版。

② 孟亚玲：《从"MOOC 中文用户大摸底"看其对中国教育的影响》，载《电化教育研究》2014 年第 8 期，第 38 – 43 页。

③ Xing W, Chen X, et al., "Temporal Predication of Dropouts in MOOCs: Reaching the Low Hanging Fruit through Stacking Generalization", *Computers in human behavior*, 2016, 58, pp. 119 – 129.

④ Lee K, "Rethinking the Accessibility of Online Higher Education: A Historical Review", *The Internet and Higher Education*, 2017, 33, pp. 15 – 23.

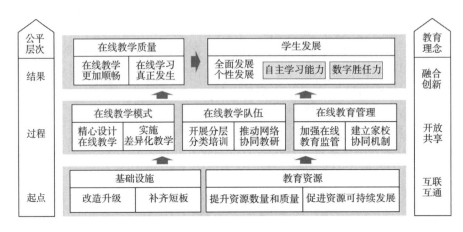

**图2 促进教育公平的在线教育发展路径**

不断更新①，在线教育必须利用互联网、大数据、人工智能等技术打造教育新生态，形成互联互通、开放共享、融合创新的在线教育发展理念。

### 1. 互联互通

在线教育具备的最大优势是利用互联网实现万物互联，能够跨越地域、时间的障碍，突破传统教育的局限性，实现教育资源、社会网络、信息数据的互通。在线教育本质上是一种基于网络的学习行为，互联互通特点的内在逻辑主要基于联通主义学习理论，认为学习是网络结构中的关系和节点的建立和重构②，因此要建立深入的联结，加强在线交互，包括师生之间、生生之间、学生和学习内容之间的交互。在实践过程中，应充分发挥互联网的技术优势，为每个学生创造更多平等的学习交互机会。

### 2. 开放共享

开放共享是互联网精神的核心，互联网技术的快速发展让人们获取信息的途径变得更加便捷、迅速，知识触手可及，教师不再是知识的权威，

---

① 胡钦太、刘丽清等：《工业革命4.0背景下的智慧教育新格局》，载《中国电化教育》2019年第3期，第1-8页。

② 陈丽、纪河：《开放、联通：互联网思维与开放大学创新发展——访北京师范大学副校长陈丽教授》，载《终身教育研究》2017年第3期，第12-15页。

传统封闭式教育格局正在被一种全方位的开放式教育模式所取代。① 学习已然突破了校园界限，优质教育资源共建共享已成为可能，学习者足不出户就可通过网络共享信息和资源。因此，要把开放、共享理念深植于资源建设和应用过程中，让优质教育资源惠及每一位学生。

### 3. 融合创新

融合创新是教育信息化 2.0 指向的教育信息生态系统的核心理念②，表现为技术与教育在深度融合基础上对教育教学流程进行重组再造，推动教育变革与创新。疫情时期教育面临"大考"，此次在线教育实践掀起了一场课堂革命，为教学流程的重组和模式的创新提供了孵化的土壤，诞生了许多优秀教学案例。疫情过后，在线教育必将转型升级，以融合创新为根本理念，推动线上线下教育的有机融合，构建一种新的教育生态③，全面提升教育质量。

## （二）强基固本：夯实在线教育的物质基础

基础设施是社会发展的根本条件。此次在线教育成功应对危机，实现"停课不停学"，其最底层的逻辑在于我们的物质基础，得益于多年来"农远工程""三通两平台"项目等世纪工程引领下的基础设施建设。未来，在线教育需要进一步促进教育公平发展，必将继续依赖良好的基础设施。

### 1. 抓住"新基建"契机，加速基础设施建设改造升级

"新基建"即"新型基础设施建设"，首次出现在 2018 年 12 月 19 日至 21 日举行的中央经济工作会议，会上强调"加快 5G 商用步伐，加强人工智能、工业互联网、物联网等新型基础设施建设"④。2020 年 4 月 20 日，国家发改委首次就"新基建"的概念和内涵作出正式的解释，明确

---

① 胡钦太、刘丽清等：《工业革命 4.0 背景下的智慧教育新格局》，载《中国电化教育》2019 年第 3 期，第 1－8 页。

② 胡钦太、张晓梅：《教育信息化 2.0 的内涵解读、思维模式和系统性变革》，载《现代远程教育研究》2018 年第 6 期，第 12－20 页。

③ 袁振国：《再谈疫情后教育的线上线下融合》，见中国教育学会网（https://mp.weixin.qq.com/s/9gy5RYRcsU79fw_XvFhRGA）。

④ 新华网：《中央经济工作会议在北京举行 习近平李克强作重要讲话》，见《光明日报》2018 年 12 月 22 日第 1 版。

新型基础设施主要包括信息基础设施、融合基础设施、创新基础设施。[①]"新基建"提出的背后是诸多前沿科技的产生和快速发展，形成以互联网为核心的人类智慧与机器智能深度融合的科技生态，各种新技术不断迭代、相互促进，推动人类社会快速向前发展。[②] 教育发展必须跟上技术发展步伐，深度应用新一代信息技术，对基础设施建设进行改造升级，为在线教育快速发展提供强大支撑。

### 2. 补齐短板，加大农村、边远地区基础设施建设力度

基础设施是推动教育公平的先决条件，我国的教育信息化政策始终向农村、边远地区倾斜，同时也在全国范围内实施了许多世纪工程。[③] 近年来，以"三通两平台"为核心的基础设施建设虽成效显著，但此次疫情却暴露出我国在基础设施建设方面仍存在较大短板，农村基础设施还远远落后于城市。一项针对河南省师生在线教学现状的调查结果显示，有近10%的学生家中没有无线网络，30%的学生在用家长的手机流量上网学习。[④] 因此，要进一步加大政策倾斜力度，着力提升农村、边远地区信息化基础设施建设，并采取一定的补偿措施，根据学生的实际需求提供基础设施服务。例如，疫情停课期间，芬兰政府要求学校电子设备外借，并呼吁科技公司捐出闲置的电子设备，以解决低收入家庭学生无设备可用的问题；[⑤] 美国南卡罗来纳州为帮助偏远地区的学生开展线上学习，部署提供3000辆带有移动网络热点的公共汽车。[⑥]

① 李金磊：《国家发改委首次明确新基建范围 将从四方面促进新基建》，见中国新闻网（http：//www.chinanews.com/cj/2020-04-20/9162373.shtml）。

② 刘锋：《新基建的内涵、意义和隐忧，基于互联网大脑模型的分析》，见人工智能学家网（https：//mp.weixin.qq.com/s/0GHWml2EAo_WZqVM73cNYQ）。

③ 胡钦太：《回顾与展望：中国教育信息化发展的历程与未来》，载《电化教育研究》2019年第12期、第5–13页。

④ 梁林梅、蔡建东等：《疫情之下的中小学在线教学：现实、改进策略与未来重构——基于学习视角的分析》，载《电化教育研究》2020年第5期，第5–11页。

⑤ 中国教育网络：《疫情下，各国在线学习措施与挑战》，见中国教育网络网（https：//mp.weixin.qq.com/s/ORGryf7Ua3aB5GSLwj2Esg）。

⑥ 赵章靖：《美国中小学的疫情挑战有多大》，见中国教育新闻网（http：//paper.jyb.cn/zgjyb/html/2020-04/10/content_578320.htm?div=-1）。

## （三）内容优先：培育优质在线教育资源

优质教育资源是信息化手段消弭城乡教育发展鸿沟的基础之基础。[1]在线教育进一步发展需要依托优质教育资源，利用互联网加快在线资源开放共享，推动资源整合，确保每位教师和学生均能享受优质资源。

### 1. 规范引领，提升在线教育资源建设数量和质量

制定在线教育资源质量国家标准，提高资源建设质量，打造课程资源"金课"。优质教育资源应体现类别化的特征[2]，要对各学科、各学段新建的和现有的线上教学资源进行规范和梳理，根据资源类型和使用场景进行分门别类，例如分为适用于线上教学的资源、适用于学生自学的资源、适用于线下教学的资源等。最近一项调查结果显示，学生满意度最高的学习方式是教师不上课，由教师提供学习资源，学生进行自学。[3]因此，要加大支持学生在线自主学习的资源建设力度，开发适用于不同层次学生的个性化学习资源，对紧缺资源进行优先建设，在不断增加优质资源数量的同时避免出现因重复建设造成的资源浪费现象。利用互联网助力优质教育资源扩大覆盖面，重点加强对农村、边远地区的教育资源投入，开发适应其教育发展水平的在线资源。

### 2. 健全机制，促进在线教育资源可持续发展

制定在线教育资源的准入机制，设立专门化、专业化的审核机构，推进资源共享及应用管理办法的落地落实，组织开展在线资源质量评价，对不合格资源强制要求淘汰或"回炉重造"，形成面向"全生命周期"的在线教育资源管理体系。推动公益和市场在线教育资源同步发展，公益资源以政府为主导并引导所有教育工作者共同参与建设，纳入国家教育信息化整体发展计划，为线上教与学"托底"；同时，逐步增加在线教育资源的市场化占比，加强对在线资源的知识产权保护力度，大力推进资源的

---

[1]　武芳、刘善槐：《信息化消弭城乡教育发展鸿沟的空间、障碍与路径》，载《中国电化教育》2020年第2期，第30-36页。

[2]　武芳、刘善槐：《信息化消弭城乡教育发展鸿沟的空间、障碍与路径》，载《中国电化教育》2020年第2期，第30-36页。

[3]　浙江省教研室：《疫情期间，线上教学开展得如何？可以怎样改进？看看数据怎么说》，见中小学数字化教学网（https://mp.weixin.qq.com/s/C5wkC8AMfRujvvkq91e6ZQ）。

"多中心供给"机制①，鼓励多方参与优质资源建设并获得相应的合理报酬，探究资源使用的"付费模式"，激发优质资源建设活力，促进在线教育资源可持续发展。

## （四）以学定教：创新在线教学方式方法

在线教学的优势和局限性使其更加适合于以学为主，而不是以教为主的模式。② 因此，教师需要克服线下"以教为中心"的教学惯性，充分发挥学生的主体作用，创新在线教学的方式方法。

### 1. 精心设计，优化在线教学全过程

在线学习的集大成者，当代著名教育心理学家 Riehard E. Mayer 认为，在线教学设计是将学习科学应用于教育的一个案例，不仅需要关注数字化学习环境的特性，还需要依据相关学习科学理论，例如认知负荷理论。③ 基于线上教学的环境特征，应以学定教，以学生为中心设计在线教学活动，提供多种类型的线上学习资源和工具，促进在线学习交互，加强在线学习的组织和监控。根据认知负荷理论，学生工作记忆的认知能力是有限的④，应提供与课程内容紧密相关的信息和资源，减少冗余，避免分散学生的精力和注意力；应提供具有一定启发性的学习材料，发散学生思维，为学生创设探索发现的空间。另外，"纯线上"学习容易使学生产生焦虑、抑郁等不良情绪，教师应通过组织适当的学习资源、调节必要的技术过程来诱发学生积极正面的情绪，端正学生的学习态度⑤，提高学生的学习效率。

---

① 柯清超、王朋利等：《数字教育资源的供给模式、分类框架及发展对策》，载《电化教育研究》2018 年第 3 期，第 68 – 74 页、第 81 页。

② 祝智庭、郭绍青：《"停课不停学"政策解读、关键问题与应对举措》，载《中国电化教育》2020 年第 4 期，第 1 – 7 页。

③ ［美］理查德·梅耶：《在线学习研究 30 年》，李爽、盛群力译，载《数字教育》2020 年第 2 期，第 1 – 8 页。

④ ［美］理查德·梅耶：《在线学习研究 30 年》，李爽、盛群力译，载《数字教育》2020 年第 2 期，第 1 – 8 页。

⑤ 李文昊、祝智庭：《改善情感体验：缓解大规模疫情时期在线学习情绪问题的良方》，载《中国电化教育》2020 年第 5 期，第 22 – 26 页、第 79 页。

### 2. 发挥优势，实施差异化教学活动

差异化教学是教育公平更本质的要求。[1] 在传统课堂环境下，学生人数众多，教师在教学过程中无法顾及每个学生的个性特点与不同需求，差异化教学难以实现。在线教育过程中，每个学习者的一切行为数据都是有迹可循、能被记录下来的[2]，因此教师可充分发挥线上教学的优势特征，有效开展差异化教学活动，利用大数据、学习分析等技术，对在线教学过程及学生个人行为数据进行采集、分析和反馈，并根据反馈结果进行有针对性的指导，以实现对教学过程的改进和教学效果的监督评价。

## （五）强化师资：打造高标准在线教学队伍

教师始终是课堂教学的主导力量，是在线教学顺利开展的关键所在。疫情之下，充分暴露出教师信息素养普遍偏低，在线教学能力与当前在线教育发展需求不匹配的问题，强化在线教学师资力量、打造高标准在线教学队伍已成为当下最迫切的任务。

### 1. 分层培训，切实提升教师在线教学水平

近几个月的在线教学实践表明，大部分教师尚未真正理解在线教学的实质规律，缺乏在线教育理论指导。[3] 许多教师表面上虽掌握一定的线上教学技术与方法，却缺乏在线教学的设计经验和教学组织经验[4]，导致出现以教为主的线上"满堂灌"教学方式。教师信息素养提升最直接、最有效的方式是加强教师信息技术应用能力培训[5]，因此需要组织开展分层、分类培训，根据教师在线教学能力水平的高低，有针对性地制定不同目标、不同内容的培训计划，提高教师在线教学技术与方法、在线教学设计能力、在线教育理论水平。落实《2020 年中小学幼儿园教师国家级培

---

① 谈松华、王建：《追求有质量的教育公平》，载《人民教育》2011 年第 18 期，第 2－6 页。

② 胡小勇、许婷：《"公平而有质量"的教育，智能技术有何作为》，见中国教育新闻网（http：//paper.jyb.cn/zgjyb/html/2020-03/28/content_577741.htm?div=-1）。

③ 谢幼如、邱艺等：《疫情防控期间"停课不停学"在线教学方式的特征、问题与创新》，载《电化教育研究》2020 年第 3 期，第 20－28 页。

④ 王继新、韦怡彤等：《疫情下中小学教师在线教学现状、问题与反思——基于湖北省"停课不停学"的调查与分析》，载《中国电化教育》2020 年第 5 期，第 15－21 页。

⑤ 胡钦太、刘丽清等：《教育信息化 2.0 时代教师信息素养提升路径》，载《中小学数字化教学》2019 年第 11 期，第 22－25 页。

训计划》①的要求，未来有必要把教师在线教学能力提升行动纳入"国培计划"的常规任务，进一步加强对贫困地区、薄弱学校的培训帮扶。

### 2. 网络协同教研，促进教师专业化发展

互联网时代，网络协同教研进一步拓宽了教师专业发展、信息素养提升的途径，为教师提供了更广阔的在线交流、分享、协作、研究空间。②它支持不同区域、学校之间的精准教研帮扶③，有效提升薄弱地区和学校的教师信息素养水平。因此，要充分发挥互联网跨时空、跨地域的优势，创新教研方式，基于网络学习空间、名师工作坊、网络研修社区等④开展网络协同教研活动，对贫困地区、薄弱学校实施"一对一"对口教研帮扶，重点促进乡村教师专业化发展。

## （六）科学管理：推进在线教育规范发展

在线教育的可持续发展离不开规范、科学的管理。各地区、学校应在教育部相关文件精神的引领下，结合自身实际情况，制定促进在线教育发展的一系列规范、标准，加强家校合作，确保在线教育健康发展。

### 1. 制定政策，加强在线教育监管

疫情过后，线上教学在教育中的比重将进一步扩大，因此必须尽快把在线教育纳入学校常规教育教学工作，包括制定在线课程质量标准体系，建立保证质量的教学组织体系和运行机制；出台在线教学规范、教学流程、教学要求等具有指导性和可操作性的指南或手册；制定在线教育的长期保障政策，确保长期、可持续的人员和经费的支持；对教师线上教学的工作量进行科学认定，纳入工作绩效管理和日常考核；严肃在线考试纪律，将在线作弊行为纳入学生个人诚信档案，提高在线考试结果的可信度；等等。

---

① 教育部办公厅、财政部办公厅：《关于做好 2020 年中小学幼儿园教师国家级培训计划组织实施工作的通知》，见中华人民共和国教育部网（http://www.moe.gov.cn/srcsite/A10/s7034/202003/t20200317_432152.html）。

② 陈文红、焦建利等：《网络协同教研促进教师专业发展》，载《教育信息技术》2013 年第 7 - 8 期，第 4 - 9 页。

③ 胡小勇、徐欢云：《"互联网 + 教研"形态研究：内涵、特征与趋势》，载《电化教育研究》2020 年第 2 期，第 10 - 16 页、第 31 页。

④ 胡钦太、刘丽清等：《教育信息化 2.0 时代教师信息素养提升路径》，载《中小学数字化教学》2019 年第 11 期，第 22 - 25 页。

### 2. 家校合作，解决在线学习的后顾之忧

在线教育的发展离不开学校和家庭的密切配合，尤其是面向低年级学生的在线教育，家庭环境和条件带来的干扰与障碍已成为其最大挑战。[①]因此，有必要把家庭教育纳入在线教育监管的考虑范围，学校积极主动加强与学生家长的沟通联系，建立家校协同机制，协助家长做好在线学习的条件支持和学习监督[②]，提高学生居家学习效率和学习效果。对于家境贫困的学生，学校应予以重点关注，制定若干个切实可行的备选方案，提供一定的补偿政策，确保其顺利参与线上教学活动。

## （七）抓住关键：稳步提升在线教学质量

教学质量是学校的生命线。疫情期间，教育部出台《关于在疫情防控期间做好普通高等学校在线教学组织与管理工作的指导意见》，明确要保证在线学习与线下课堂教学质量实质等效。[③] 对于在线教学，我们应做到"标准不降低、质量不打折"。

### 1. 准备充足，让在线教学更加顺畅

教学顺畅是保证教学质量的最基本要求。为此，学校应做好充足准备，包括提前测试网络、教学平台的稳定性与可靠性；加强宣传工作，组织动员更多师生参与在线教学；工作跟进与反馈，以问卷调查等形式收集师生对线上教学的意见与建议；等等。教师应根据在线学习的特点，合理制订在线教学计划，明确在线学习目标和要求；精心准备在线学习资源，为学生搭建学习"支架"，引导学生发现知识；促进师生之间、生生之间的互动，开展小组讨论、在线答疑等活动，提高教学临场感；加强对学生的组织管理，端正在线学习态度，规范在线学习行为；等等。

### 2. 持续改进，让在线学习真正发生

学生学习状态难以远程监测是目前在线教学面临的普遍问题。为此，

① 中国教育科学研究院课题组：《数据显示的中国经验：教育系统在线抗疫的关键变量与重要启示》，见国际与比较教育研究所网（https://mp.weixin.qq.com/s/De70hQpfJkOfbNztgnlySA）。

② 吴砥、余丽芹等：《大规模长周期在线教学对师生信息素养的挑战与提升策略》，载《电化教育研究》2020年第5期，第12–17页、第26页。

③ 教育部应对新型冠状病毒感染肺炎疫情工作领导小组办公室：《关于在疫情防控期间做好普通高等学校在线教学组织与管理工作的指导意见》，见中华人民共和国教育部网（http://www.moe.gov.cn/srcsite/A08/s7056/202002/t20200205_418138.html）。

教师可充分利用在线教学平台自带的实时日志、学习报表、成绩册等功能，对学生行为数据进行可视化分析，以实现对学生学习状态、学习进度的有效监督；科学掌握学情，定期组织在线学习效果评价，开展在线作业、在线测验、自我评价、互动评价等多种形式的评价活动；加强与学生沟通，通过问卷、群聊等形式了解学生的学习需求、学习困难，重点帮助在线"学困生"，让在线教学"不落一人"；做好在线教学复盘，对在线教学运行情况进行总结分析，持续改进教学过程，持续提升学习效果。

### （八）关注个体：以学生发展为根本目标

教育的落脚点在于学生，其关键在于是否公平地促进了学生的全面发展和个性发展。[1] 对于在线教育而言，学生的自主学习能力和数字胜任力是决定在线学习效果的关键能力，因此，必须重点关注、稳步提升。

**1. 立足发展，促进学生的全面发展和个性发展**

通过在线学习，学生不仅需要获得学科知识与培养学科能力，更为重要的是全面发展学习、沟通、合作、问题解决、探究等通识能力。[2] 对此，《中国学生发展核心素养》以培养全面发展的人为核心目标，明确了学生需要具备的适应终身发展和社会发展的素养和能力。同时，每个学生都是一个独特的个体，因此要尊重学生的个体差异，培养学生的个性特长；鼓励学生张扬个性，勇于质疑，营造良好的学习环境氛围，创造更多条件激发学生的创造性思维；[3] 有效利用大数据、人工智能等技术，对学生的知识水平、认知能力、情感态度等特征进行智能分析，制定个性化学习路径，推送个性化学习资源，促进学生的个性发展。

**2. 关注重点，提高学生的自主学习能力和数字胜任力**

在线教学是一种以学生自主学习为核心的教学方式，因此要把学生自主学习能力的提升放在首要地位。2020 年 2 月 12 日，两部委发布的《关于中小学延期开学期间"停课不停学"有关工作安排的通知》已明确提

---

① 程红艳：《为了公平与质量：基础教育学校变革探究》，山东人民出版社 2015 年版。

② 祝智庭、郭绍青等：《"停课不停学"政策解读、关键问题与应对举措》，载《中国电化教育》2020 年第 4 期，第 1 - 7 页。

③ 胡钦太、刘丽清等：《工业革命 4.0 背景下的智慧教育新格局》，载《中国电化教育》2019 年第 3 期，第 1 - 8 页。

出要注重培养学生的自主学习能力。① 数字胜任力是信息时代下学生的必备技能，然而目前许多教师将数字胜任力简单等同于信息技术学科学业水平②，把数字胜任力的提升仅看作是信息技术课程的教学任务，将其与"主科"课程教学剥离开来，严重制约我国学生数字胜任力水平的提升。从疫情期间的居家学习情况来看，广大学生作为"数字土著"一代，在线学习效果远不如预期。这启示我们，要进一步加强对学生数字胜任力的培养，并把提升数字胜任力融入各学科的日常教学中。

## 四、结语

教育公平是人类社会共同追求的理想和价值目标，在线教育则被视为现阶段迈向教育公平的行动取向。在全球遭受疫情侵袭之际，在线教育迎来时代风口，为教育公平发展注入鲜活动力，也为我国教育发展和变革提档增速。尽管当前在线教育面临种种问题与挑战，但凭借广大教育工作者及全社会的共同努力，在国家政策的大力支持下，在线教育历经这波热潮，必然能"行稳致远"，助力实现教育实质性公平，推动教育改革与发展迈上新台阶。

（原载《中国电化教育》2020 年第 8 期）

① 教育部办公厅、工业和信息化部办公厅：《关于中小学延期开学期间"停课不停学"有关工作安排的通知》，见中华人民共和国教育部网（http://www.moe.gov.cn/srcsite/A06/s3321/202002/t20200212_420435.html）。

② 吴旻瑜、武晓菲：《教育信息化2.0的时代逻辑——〈教育信息化2.0行动计划〉解读之一》，载《远程教育杂志》2018年第4期，第4-10页。

# 促进在线教育健康良性发展的多维审视

作为教育研究的一个专业术语，在线教育常被用来指代依托互联网开展的教育项目、教学活动和教育公共服务供给等。近年来，在线教育被视为促进教育变革与创新发展的重要途径，在创新教育服务业态、改革优质教育资源供给方式、重塑教育组织形态、重构教育教学流程、构建终身学习体系和学习型社会等方面被寄予了时代期望。面对在线教育的蓬勃发展，教育部于2019年底联合11个部门发布了《关于促进在线教育健康发展的指导意见》，对在线教育的健康发展和未来方向做出了积极部署。

2020年初的新冠疫情，使处在学校教育系统"外围"的在线教育一夜之间站在了"风口浪尖"，成为在春季学期开展教育活动的唯一方式，接受了全面的考验。在线教育在此次重大突发公共卫生事件中的临危受命，有效化解了我国庞大教育系统出现严重停摆的危机，实现了我国教育教学的多个"第一次"，如第一次全类型、全学段、全员在线教学，第一次研究生招生在线复试，第一次毕业生在线论文答辩，第一次大规模在线考试，等等。在线教学的快速启动、渐入佳境，得益于我国教育信息化多年持续建设打下的良好基础，是对政府、企业和学校之间协同作战的一次检验。然而在此次"大考"中，在线教育的应急上场也同时暴露了一些问题，如有效管理体系尚未形成，学校师生对在线教育教学的理解不充分，在线课程设计和实施有待改进，可用资源相对不足，教师未掌握在线教学的特点及教学方法，学生信息素养不匹配，基础设施设备总体发展不平衡，在线教学质量亟须整体提升，等等。

## 一、正确认识常态下的在线教育

疫情之后，我们需要思考常态下什么样的在线教育是健康的、良性的，在线教育应以什么方式参与教育系统的变革，在线教育与学校教育如何相互融合等问题。对此，笔者认为要深化对在线教育的认识，客观理性地看待在线教育的作用短板，长远布局在线教育的战略地位，分层分类思考在线教育与各类教育的共存与融合。

（一）在线教育不等于直播教学，应从教育发展的全局和教学变革的宏观层面深化相关认识

疫情期间的线上教学主要以直播教学的形式出现。直播教学作为在线同步教学的一种实施方式，从几个月的实践来看，某种程度上说只是利用互联网对传统课堂教学的一种延续或补偿，并不能全面体现在线教育的本质和精髓，也未能体现在线教育的特点和优势。在线教育能够突破教学双方时空分离的限制，通过教学活动实现教与学的再度整合、优质资源的开放共享和学习过程数据的智能分析与干预，天然具备发挥"人工智能＋教育"技术优势的条件。在线教育在精准对接教育新需求、变革教育服务供给方式、解决传统教育难题、拓展教育发展新空间、全面提升教育服务经济社会发展能力等方面拥有巨大潜力。因此，不能将在线教育狭隘地理解为直播教学，应该将其置于更宏大的教育发展与改革创新的格局中，做好在线教育的顶层设计和发展布局。

（二）在线教育与各类型教育融合的方式呈现不同特点

对基础教育而言，中小学生正处于认知发展的成长期，学生需要更多的面对面交互或群体活动来获得认知发展，基础教育中的在线教育主要以补充、拓展或定制的形式参与学校教育，打破课堂教学和学校教育的时空、资源等的限制，让精准、个性化的教学服务成为可能，改变当前基础教育"齐步走"的现状；对高等教育来说，伴随我国近年来大规模在线开放课程、小规模在线课程等在线课程的建设和应用，很大一部分学生已习惯并具备了在线学习的能力，在线教育进入常规教学并成为常态下高等教育教学的有机组成部分初见端倪；职业教育领域中，在线教育与学校教育的融合与普通高等学校有类似之处，并于在线虚拟仿真教学上呈现巨大优势。在职业培训领域，因为其便捷性和高性价比的特点，在线教育成为提高个人水平或业务能力、力求职业发展最大化、追求自我提升的首要选择，拥有非常广阔的发展空间。在成人教育领域，网络远程教育原本就是主流，其渗透和融合程度会随着互联网技术的发展和应用模式的升级而获得更为长足的发展。

（三）理性看待在线教育在情感、价值观等社会性教育上的作用短板

社会性是教育的本质属性之一，教育最终培养的是能够适应社会实践与发展的社会人。在线教育可以突破时空限制实现知识的传输，但是时空分离也带来情感交互和社会活动的缺失，在某种程度上会造成师生和生生之间心理和情感的隔阂，在培养学生适应现实社会和实践能力上存在不足。

在线教育能够有效实现知识的传输和技能的训练，但是在观念的塑造上没有优势。虽然在线教育在疫情期间实现了教育教学的持续开展，但是我们不应该过度解读在线教育的作用，而应该秉持客观理性的态度看待其优势和短板。教育不仅承担着知识传授的功能，更要立德树人，注重对学生思维、技能和价值观的培养，实现教育的社会性和主体性的动态调适，这些都离不开与现实世界的交互和实践。

## 二、促进在线教育与常规教育融合发展的六个维度

如何促进在线教育与常规教育融合、健康、良性发展呢？我认为应该重点关注以下六个维度。

一是保障公平的在线教育"入口"。在线教育突破时空限制，通过资源的优化配置，让优质教育资源惠及所有家庭和孩子，被视为促进教育公平的战略选择之一。理论上，在线教育可以向所有人开放，但是疫情期间的各种报道或调查却暴露出在线教育的"入口"似乎并不顺畅，比如农村地区以及困难家庭无力负担智能终端、网络流量等。虽然我国教育信息化基础设施、移动互联网建设等取得阶段性成果，但依然无法确保所有学生在"入口"获得上的公平。另外，基础教育阶段的学生竞相参加课外补习活动，导致资源的竞争从校内扩展到校外，从学校教育延伸到影子教育。在线教育接入或融入学校教育，由学校教育系统来保证学生获取在线教育资源的机会公平，可以解决家庭经济弱势的学生在获取课外教育资源上的弱势，在某种程度上弥合校外教育参与所带来的阶层差异。因此，在线教育一定要确保"入口"向所有学生公平地开放。当前，必须抓住国家"新基建"契机，加大农村、边远地区基础设施建设力度，补齐短板，

避免因"入口"的不公平带来新的"数字鸿沟"。

二是做好在线教育服务供给模式的顶层设计与规范管理。根据目前的政策导向和社会诉求，在线教育有可能成为基本公共教育服务体系的构成部分和实现基本教育公共服务均等化的重要力量。在线教育服务供给模式旨在推动线上和线下教育的良性互动、校内教育与校外教育的有机衔接，是培育教育服务新业态的生长点。在线教育获得长足发展，健康、良性的服务供给模式是关键，也是其融入学校教育体系的核心优势和未来建设重点。教育服务供给的主体应该多元化，提供在线教育公共服务的主体不仅包括政府、学校，还应拓展至企业、社会团体甚至个人。在线教育的管理规范需要同步推进，包括在线教育的服务标准、准入条件、质量评估、共享与互认制度等；依照科学合理的制度规范吸纳更多优秀的在线教育社会力量，同时做好对在线教育服务质量与效益的监管。

三是打造适应未来教育形态的在线教育课程结构和形态。课程是人才培养过程的重要载体，在线教育健康、良性的发展离不开适应未来教育形态的课程体系。支撑未来在线教育的课程不仅要充当知识的载体，更是知识生产网络和知识的创新系统。课程系统需要具备促进知识传播、知识再造、构建学习网络等特点。在新的课程形态中，学生、教师、教学媒体、教学资源、教学内容等要素将彼此融通，教学系统在课程系统的支持下自然形成线上线下的真正融合。同时，课程内容和课程目标也需要同步改革、创新或重构。课程内容要注重知识的短小精悍与结构的系统完整相结合，课程要体现整合性和跨学科特征，同时具备情境性、体验性、趣味性等特点；课程表现形式要符合互联网学习和交互特点，呈现虚实融合的立体化课程形态，体现线上线下融合的优势互补；课程的实施要融入真实情景，强调学习过程的社会参与和体验，注重线上与线下体验式活动的设计。

四是利用人工智能赋能在线教育"以学为中心"的教学方式。在线教育中教学的特点是"以学为中心"，学习材料、教学交互和学习活动的开展都是为了帮助学生有效地学习。由于在线教育过程中，学生的学习过程、学习行为、学习成果、交互内容等于在线教学平台中都可获取和记录，因此利用人工智能技术进行学习者画像、形成动态知识图谱、推送翔实的个性化学习资源和提供定制服务成为可能。人工智能为教师的教和学生的学提供主动的、精准的、个性化的服务于在线教学中成为可能。由于人工智能技术在自动出题、智能批阅、学习诊断和个性化定制上的高效率，它能够通过多感知终端采集多模态数据，还能够实现对学生心理、身体、学习风格等的实时监测和评价，使得教师可以从繁重的低层次和重复性的工作中解放出来，将重心放在个性化问题的解决、关键知识的突破、核心素养的培养上。

五是构建科学的认证与评价体系以保证在线教育的质量和效率。当在线教育真正成为教育基本公共服务甚至是学校教育的一部分时，基于在线教育的课程与教学则需要向正式教育转化。只有当在线教育被纳入正规教学管理体系或学分认证体系，才能保证在线教育融入正规教育系统的正当性与合法性，这也成为在线教育长效发展的持续动力。对在线教育的教与学成果的认证与转换体系建设，将成为促进在线教育健康、良性发展的内生力量，是促使线上线下教育教学融合的转化机制。对当前的学校教育而言，在线教学质量评价体系，尤其是基于大数据的线上线下融合教学质量的评价体系，是解决常态下学校教育开展混合式教学需要解决的重点难题，是保障混合学习教育质量的有效工具。

六是升级教师职前职后线上线下融合教学能力的培养与提升体系。在线教育融入学校教育的表现，在微观课堂教学上是线上线下教学的融合。通过疫情期间各单位或组织开展的在线教学大规模调查可以看出，教师在线教学时的角色转变是一个巨大挑战，教师未具备在线教学的技能和方法，容易把传统的面对面的课堂教学直接搬到在线教学中。这一方面反映了教师在线教育方法和技能的准备不足、实际体验的缺位，另一方面也反映出教师职前教育课程体系设计的缺漏。因此，需要更新目前师范生职前教育课程体系、知识结构和培养方式，按照未来教师、数字教师或智能教师的标准来培养，以适应大数据、人工智能等对教师信息素养提出的新要求。对在职教师的培养则需要关注在线教学能力的提升，注重对具体教学情境下混合式教学技能、方法和策略的培训，鼓励教师参与创新性的教研实践活动，提高信息技术与教育教学深度融合的能力，以适应在线教育的发展和教育教学的内生需求。

## 三、长远布局在线教育的战略地位

当前，在线教育在教育系统中尚处于"边缘"状态，以"配角"或

"后备"的身份参与学校教育。但是，在线教育不能止步于此，它需要有更长远的战略布局，要与常规的学校教育融合，形成教育改革和运行的混合动力。经历这次疫情的考验，我们更加深刻地认识到建立危机应对机制的重要性，常态下的在线教育是对学校教育系统的完善或补充，在紧急或特殊情况下则可以作为应对教育危机（疫情、自然灾害、社会事件等）的解决方案。

在线教育依托大数据和人工智能的技术优势，在数据存储与分析的基础上可建立并完善基于大数据的教育公共服务治理体系，这样才能够有效提升数字化教育服务和治理能力，实现从服务条件的监管到服务质量的监管、从结果的监管到过程性监管、从事后补救到实时预警，从而更有效地实现稳定、有序的教育公共服务。所以，长远布局在线教育是有战略意义的。

新冠疫情给人类带来巨大的灾难，但同时也让所有人对生命更加敬畏，对国人在战胜灾难时所表现出来的团结、无畏和博爱有更深刻的认识，对科技和创新的力量更充满信心。对教育而言，虽然常规的教学被打乱，但是在线教育得到历史上最大规模的"全员教学实践"，得到一次全民普及，其接受度得到前所未有的提高，也让我们有了一次深入和全面认识在线教育的机会。疫情期间的"在线教育"讨论像是一股热潮，终有退去的时候，但是技术与教育的紧密结合已成功搭建。未来，在线教育与传统教育将在融合中共存，成为推动我国教育系统变革的重要力量。

（原载《教育研究》2020 年第 8 期）

# "十四五"高校信息化思维创新与路径选择

教育信息化是驱动教育创新发展、迈向现代化的重要引擎，高等教育信息化承担着理论创新、技术开拓和产业培育的重要使命。2021 年是"十四五"开局之年，新的发展周期已经拉开帷幕，各高校陆续启动未来五年信息化发展规划，教育信息化、大数据和人工智能正日益成为新时代高校发展的竞争力和增长极。在这个信息化即将迈入发展"深水区"的关键时间节点，我们有必要认真总结高校信息化的发展经验，厘清思路，补齐短板，以全局视野和创新思维找准未来发展方向，科学谋划"十四五"高校信息化发展，以信息化融合创新强力驱动高等教育改革发展。

## 一、高校信息化发展阶段与情况

我国高校信息化发展历经时代雕琢、技术淬炼，从"九五"起步，历经"十五""十一五"以校园网建设为主的基础条件建设阶段；"十二五"以硬件资源支撑保障和数字校园建设为主的业务支撑阶段；"十三五"以数据应用和信息化公共服务体系建设为主的智慧校园业务融合阶段，基本实现了由"数字校园"向"智慧校园"的发展转型。从趋势来看，"十四五"高校信息化建设将进入驱动高等教育教学模式改革、高等教育治理现代化的创新驱动阶段。

### （一）筑基础：夯实信息化设施建设

高校信息化发展以校园网基础设施建设作为起点和先决条件。从 20 世纪 90 年代起，中国教育和科研计算机网 CERNET 启动建设，带动了高校大规模推进校园网基础设施建设。高校相继成立了信息化技术部门，负责学校信息化建设发展。经过多年积累，我国高校信息化基础设施不断升级完善，信息化基础支撑体系逐渐成熟，校园网接入实现了统一化、无线化和泛在化，硬件资源实现了统筹化、平台化和按需分配，为高校信息化的全面应用和融合创新打下较为坚实的基础。

## （二）抓应用：推进数字校园建设

跨入 21 世纪，高校对运用信息技术提高学校管理水平和工作效率的需求越发强烈，信息化建设重点逐渐从硬件建设转向软件应用，进入以业务系统为特征的数字校园建设阶段。从实际应用需求出发，各高校建设了大批业务管理系统。基于对各业务系统入口整合的考虑，高校陆续推进以"三大平台"建设为特征的数字校园建设，信息化整体应用思维开始萌芽。回顾过去，数字校园对学校推广信息化应用、提升信息化素养起到了积极作用。但数字校园仍没有改变传统的管理理念和管理模式，业务系统各自为政，应用条块化分割现象突出，产生了"信息孤岛"和"数据鸿沟"等问题，纯粹的业务支撑并不能充分发挥信息化效能。

## （三）促融合：开启智慧校园新征程

面对数字校园发展阶段的问题，高校加快推进数字校园向智慧校园的转型升级，从以"部门职能"为核心的管理思维、局部思维转变为以"全局治理""以人为本"为核心的服务思维、全局思维，高校信息化逐步向共性能力平台化、应用开发弹性化发展。从"十三五"阶段开始，各高校纷纷推进数据治理，建立数据管理制度，制定数据标准体系，梳理各业务数据，打破部门壁垒，实现全局数据汇聚共享。同时，基于全局与服务视角，从信息化逻辑上对管理与服务进行有效切割，建设了一系列具备共性能力的信息化"中台"服务平台，包括网上办事大厅、组织架构平台、身份权限管理平台，公共消息组件等，为信息化融合创新赋予新的能力、创造新的空间。

进入"十四五"，高校信息化将以搭建完善、丰富而智能的信息化共性能力平台为抓手，形成兼具业务柔性和发展弹性的信息化应用建设模式，不断拓展学校各项工作的覆盖面和融合度，不断优化学校治理模式，高校信息化进入驱动高等教育教学模式改革、高等教育治理现代化的创新驱动"发展深水区"。

## 二、当前高校信息化发展的短板与存在问题

高校信息化从蹒跚起步到步入正轨，虽已形成了良好的发展环境和土壤，但仍然存在不少"短板"，导致信息化发展潜力未能得到充分释放，难以强力驱动未来高校的跨越式和可持续发展。

### （一）顶层设计不高，统筹监督不够

第一，信息化战略地位不高。许多高校未能充分认识和把握信息化在学校整体发展和核心竞争力提升中的地位和作用。在信息化顶层设计过程中，对信息化与学校战略发展全面融合的整体谋划研究不足，缺乏对未来技术进步和信息化发展趋势的科学分析和准确把握，导致信息化发展规划缺乏系统性、科学性和前瞻性，无法发挥引擎驱动作用。

第二，在高校传统组织体系中，信息化部门属于教辅单位，缺乏主动参与学校核心工作的机会，无法第一时间从信息化视角把握学校整体发展需求；兼具信息化管理规划和统筹协调能力的领军人才缺乏，导致信息化工作推进执行力缺失的现象比较普遍。

第三，高校信息化技术部门"全包全揽""自娱自乐"的现象比较突出，一定程度上导致信息化整体应用效能低下。高校内部对信息化发展方向和驱动作用认识不统一，职能部门和学院对信息化的理解程度和支持态度参差不齐，没有形成多元主体参与的协作氛围。

第四，对比国外名校在孕育信息技术和信息化产业方面的创新源头作用，我国高校信息化建设与学校的信息技术相关学科建设及科学研究的关联性较弱，科研创新优势没有充分释放，导致我国高校的信息化建设多依赖技术输入，鲜见原创性、突破性的技术产出和成果转化，在培育和壮大我国教育信息化产业上乏善可陈。

第五，高校信息化尚未建立行之有效的工作监督机制和效果评价体系，导致高校信息化发展还存在较大的随意性，容易游离于学校的核心工作之外。部分高校在信息化建设上陷入进一步又退回来的循环往复的尴尬境地，造成教育资源的极大浪费。

（二）管理服务不分，服务质量不佳

第一，当前高校信息化条块化、烟囱式的传统管理模式仍然没有得到根本性的扭转，信息化未能有效扩宽管理视野、打通管理边界，距离系统性、全局性的科学治理还有大量的工作需要完成。

第二，高校信息化服务供给仍难以适应师生日益增长的需求，"管理服务一把抓""重管理、轻服务"的问题仍然存在。高校信息化基础支撑能力和服务供给能力，与社会信息化环境的进步幅度和专业化程度相比仍然比较滞后。

第三，高校信息化服务整合力度不强，网上办事大厅、自助打印服务等公共服务平台发展时间短、提供的服务覆盖面有限，数据治理成果在信息化公共服务中的作用还有待挖掘。大量信息化服务仍依附于孤立的业务管理系统，造成服务线条冲突、服务效果不优等困局。

第四，高校信息化建设模式和技术架构多元化，尚未形成校际发展联合体，导致目前各高校信息化服务没有统一标准。高校信息化服务与外部信息化服务的融合能力较弱、服务体验差异化较为严重，用户在适应高校自建信息化服务的过程中往往需要付出较大学习成本，影响信息化应用效果。

（三）融合程度不深，驱动作用不强

第一，由于信息化全局层面统筹能力的缺乏，使得信息化不能及时、有效地融入学校各项核心工作中，难以发挥信息化资源汇聚、流程优化、效率提升和放大的作用，整体应用效益得不到充分发挥。高校基于自身特色化、内涵式发展的信息化内在驱动和主动思考不足，难以汇聚优势、凝练特色。

第二，信息化数据治理与综合应用、公共服务体系建设服务等工作在高校人力资源、评价体系、资源分配等层面的改革具有明显的驱动作用，但从目前的发展水平而言，高校信息化未能跟上高校发展改革总体趋势的步伐，对高等教育的各项改革的驱动作用还有待加强。

（四）保障措施不力，发展后劲不足

第一，我国高校信息化人才队伍总体规模较小，且结构存在缺陷，普遍缺少领军人物和开发人才，信息化全面深化应用、持续优化服务的力量薄弱、后劲不足。在人才队伍建设过程中，由于信息化工作定位不高、职称晋升困难、薪酬待遇不具竞争力等因素限制，高校信息化人才队伍建设难度较大，面临人才引进困难、培养效果不佳等诸多情况。

第二，高校信息化发展资金的投入差距较大，大部分高校现有投入力度不足。部分高校信息化建设经费投入不均衡，波动幅度过大，这给信息化发展的顶层设计和平稳推进造成极大困难，严重制约了高校信息化的可持续发展。

第三，高校在教育理论、信息技术学科和研究方面较之其他行业具有明显的知识创新和智力传承优势，部分高校在信息化建设过程中自主研发了具有创新性、可复制推广的信息化应用，但由于技术创新和成果转化缺乏有效渠道，这些应用很难在其他高校实现产品化推广，阻碍了信息化成果共享和产业培育发展的进程。

## 三、"十四五"高校信息化发展思考

随着高等教育改革的不断深化，高校对信息化发展的需求与日俱增，信息化迎来重要发展机遇与挑战。高校信息化发展要有的放矢，要在解决信息化"短板"问题上重点发力，以全局谋划长远，以创新驱动发展，让信息化的巨大潜力和强大动能充分释放出来，推动高等教育事业迈上新台阶。

### （一）转变发展思维

#### 1. 以全局思维谋划长远：信息化建设应实施"四个转变"

从信息化分割分散转变为信息化全局统筹。高校信息化发展需要改变以部门职能分割业务流程、管理"条块状"现象，要以信息化统筹全局，科学谋划网信事业的长远发展，打造信息化规划、建设、管理、服务"一盘棋"格局，全面提升高校治理能力和服务水平。

从信息化有限应用转变为信息化全面渗透。高校信息化发展应该从边缘全面渗透至教学、科研、财务、行政、安防等核心工作，从底层打通各项应用，构建全方位、一体化公共服务体系，从外延到内涵，使信息化真正与学校的发展融为一体。

从信息化基础保障转变为信息化应用驱动。高校信息化发展应该从提供网络保障、平台资源、一卡通服务等基础保障与服务转变为驱动高校教学、科研、管理、公共服务等工作的全局发展，使信息化成为新时期推动高等教育快速发展的重要引擎。

从信息化孤军作战转变为与研究创新有效衔接。高校信息化发展应充分释放学校在信息化相关领域的学科和科研优势，有意识地把信息化作为学校理论与技术创新的试验田，促进信息化成果培育转化，助力国家信息化产业的发展。

**2. 以创新理念驱动发展：信息化发展要强化"四个驱动"**

驱动高校教育教学模式的根本性变革。构建常态化、混合式教学支撑环境，全面推进信息技术与教育教学的深度融合；进一步提升高校教师信息技术应用能力，推动基于信息化的教学学术研究；建设信息化教学支持服务中心，为师生提供优质的信息化教学服务，推动教学协作共同体的形成；营造信息化教学文化，厚植教育信息化土壤，有效推动高校教育教学模式的变革与创新。

驱动高校公共服务体系的一体化、移动化和智能化变革。主动发现、整合与汇聚师生信息化应用服务需求，构建信息化综合服务、微服务、智能服务等"一站式"校园服务平台；在服务中优化工作流程，信息化服务不但要"做加法"，还要擅长"做减法"，以平台化、极简化、智能化思维指导高校信息化公共服务体系的发展。

驱动高校治理方式变革和治理能力提升。推动学校管理和服务的逻辑切割，促进管理的后台化、专业化和服务的公开化、平台化进程。以个人数据为基本单元和服务起点，系统梳理和汇集学校各领域数据，突破和补齐重点领域数据，为高校学科优化、资源配置、人才引进、绩效考核等重要工作提供源源不断的数据支持，以数据为核心驱动高校治理方式变革和治理能力提升。

驱动高校学科融合、科研创新与产业发展。信息化要主动对接学科研究、发展需求，积极融入学科建设和重大科研平台建设，利用信息技术推动学科交叉、融合与渗透，聚焦关键科研信息化软件和研发平台建设，全面提升科研创新能力；加快信息化成果转化渠道的建立，鼓励新技术、新产品的成果转化，深入推进信息化产业的发展壮大。

（二）明确发展路径

**1. 加强信息化顶层设计和科学规划，切实提高信息化战略地位**

进一步强化信息化顶层设计，从高校核心工作出发，整合各方资源，凝聚各方智慧，研究推进信息化发展的整体框架体系，为高校发展提供信息化解决方案和驱动力。做好信息化演进路径的研究，在顶层设计中预留足够的迭代空间，让规划设计能充分适应时代发展和技术进步。进一步凸显信息化在高校发展战略中的重要地位，不断健全体制机制，全面加强信息化的全局统筹协调能力，为信息化发展提供坚强保障和有力支撑。

**2. 推进基础设施的改造升级，持续优化网络与信息化服务环境**

基础设施建设应长期成为高校信息化工作的重要组成部分，尤其是随着"新基建"概念的提出，信息化基础设施进入升级换代的关键期，必须加快利用大数据、人工智能、IPv6、5G等技术，打造高便捷性、高稳定性、高安全性的网络与信息化服务环境。进一步降低系统平台间的耦合度，提高系统平台的可维护性、可重用性和易扩展性，让信息化更加适应紧急和突发事件，具备较强的应急能力和水平。

**3. 发挥信息化创新驱动作用，推动信息化与高校发展的全面融合**

信息化应成为新时期高校改革创新的催化剂，要进一步推动信息化融入教学、科研、管理、公共服务等各项核心工作，充分发挥信息技术的创新驱动作用，加快促进高校教育教学模式的变革、推动科研创新与学科发展、提升高校现代化治理水平与公共服务质量。鼓励信息化研发与创新，为信息化与各领域的融合创新提供研发基地，激发研发热情与创新活力，推动融合创新成果的转化及产业化。

**4. 鼓励多方参与，构建多元主体参与的信息化发展与评价体系**

多元主体参与在高校信息化发展中具有重要作用，要扩大信息化建设的参与主体，引导各职能部门、师生团体、互联网企业等积极参与高校信息化建设，汇聚多方力量形成合力，营造良性互动共融的信息化多方参与生态。在多元主体参与的基础上，构建信息化质量监督和评价体系，对信息化规划设计、建设、管理、服务的全过程进行科学评价，广泛征集多方意见和建议，持续提升信息化建设质量和效益。

**5. 打造高校信息化协同发展共同体，推动共性与个性同步发展**

突破信息化校园围墙，构建高校信息化协同发展共同体，推动信息化新技术、新产品的开放及推广，共享具有"共性"特征的信息化发展成果。进一步发挥高校"个性"优势，注重培育自身信息化发展特色，结合学校定位及发展需求，汇聚优势、凝练特色，推动具有鲜明个性的信息化技术或产品的研发和创新，形成信息化工作亮点与特色，打造高校信息化品牌。强化信息化应用与产品输出能力，培育壮大教育信息化产业。

**6. 加强信息化人才队伍建设，壮大信息化支撑团队力量**

多举措推进高校信息化专业人才队伍建设，探索 CIO 机制，构建能够深度参与学校信息化规划、设计、协调和推进的人才队伍；打造一支信息化大服务团队，充分整合服务资源，优化服务流程，形成完善的用户服务对接体系；强化人才队伍的自身造血功能，推动信息技术、平台和产品的应用推广与成果转化，以产品转化效益壮大信息化团队力量，形成"以信息化技术养信息化队伍"的可持续发展之路。

（原载《中国教育网络》2021 年第 4 期）

# 人工智能赋能基础教育课程改革研究：
内涵、机制与实践

我国实施新一轮基础教育课程改革（简称"新课改"）已有二十载，其间正赶上信息化大浪潮，技术的发展日新月异，新课改与人工智能的井喷式发展迎面相撞，新课改一直在信息技术的快速发展中被裹挟着不断前进。2018 年，教育部发布《教育信息化 2.0 行动计划》，对我国人工智能在教育领域的推广应用进行了重大部署，开启了智能时代的教育新征程。[①] 站在新的历史关口，新课改迎来前所未有的机遇与挑战，在人工智能技术赋能下，基础教育课程改革必将触发新的发展趋势，延展新的内涵，并在不断碰撞与交融中探索新出路，形成新机制，进行新实践。

## 一、新趋势：人工智能催生基础教育课程形态变革

人工智能（artificial intelligence，AI）最早诞生于 1956 年，经过 60 多年跌宕起伏，在移动互联网、大数据、云计算、物联网和脑科学等新理论新技术驱动下，大幅度跨越了科学与应用之间的技术鸿沟，已在制造、物流、金融、医疗、教育等领域进入颠覆式创新开发和应用阶段。当前，人工智能作为新一轮科技革命和产业变革机遇的战略性技术，已成为国际竞争的新焦点、经济发展的新引擎，[②] 正在对教育行业和技术产业的发展产生重大而深远的影响。

在数据挖掘、深度学习、类脑计算等智能技术助力下，人工智能正趋向与教育教学深度融合，为教育创新和课堂教学改革赋能加力。在新的历史时期，面对如何培养人和培养什么样的人的教育终极目标，传统课程与

---

① 胡钦太、张晓梅：《教育信息化 2.0 的内涵解读、思维模式和系统性变革》，载《现代远程教育研究》2018 年第 6 期，第 12－20 页。

② 张伊聪、王丽萌、李睿等：《人工智能与产业应用价值》，见中国大数据产业观察网（http：//www.cbdio.com/BigData/2018-04/13/content_5702616.htm）。

教学范式已经无法适应智能时代下的学习需要、人的需求和社会发展要求，这正是面向未来课程与教学变革的历史逻辑和时代挑战，必将催生基础教育课程形态的变革。

人工智能驱动的基础教育课程变革，不仅仅是简单的对课程目标或内容的调整，更将是整个基础教育课程形态颠覆性的变革，是从课程哲学到课程目标、从课程内容到课程实施、从课程评价到课程管理的全方位重构与变革。在一定意义上，这次跨越世纪的课程变革是教育范式变革的重要标志，是现代教育走向未来教育的重要标志，是世界教育百年未有之大变局的具体表现。① 受惠于新一代信息技术尤其是人工智能所赋予的强大能力和动量，在线课程、智慧课堂、个性化教学、智能教师、自适应学习等应时而生。新技术变革节点上的基础教育课程形态，将是从课程目标、价值、内容、结构、组织、评价、环境和教师角色等方面重构基础教育课程结构的新形态（见图1），体现出从"规范发展"转向"智能发展"的价值取向，适应未来社会"培养全面发展的人"的目标要求。

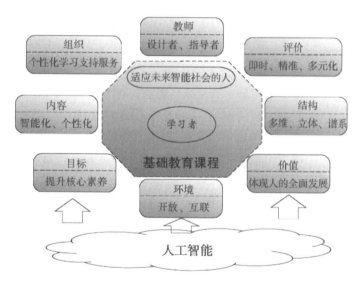

**图1　人工智能催生基础教育课程新形态**

① 杨志成：《面向未来：课程与教学的挑战与变革》，载《课程·教材·教法》2021年第2期，第19－25页。

## 二、新内涵：人工智能重构基础教育课程体系

课程是基础教育的核心载体，教育的目标、价值主要通过课程的实施来体现和实现。通过对基础教育课程进行调研发现，现行基础教育课程体系依旧存在着偏离学生成长规律、结构失范、类型单一、内容脱离实践、实施效能偏低等诸多问题，影响了基础教育"培养全面发展的人"的目标的实现。基础教育课程要真正适应未来智能社会的要求，必须从课程定位、课程结构、课程内容等方面对现有课程体系进行突破性、创新性的重构。而以大数据、云计算和深度学习为核心驱动力的人工智能技术，以及随之衍生的学习者画像、智能导师系统、自动测评系统、AI 教师等人工智能技术在教育教学中的应用，可以对基础教育课程体系的重构提供重要支撑和保障。

### （一）顶层设计，突出适应未来智能社会的课程定位

加强顶层设计是智能时代推动我国基础教育课程改革取得新突破的题中之义和必然要求。目前，由于人工智能教育发展时间较短，尚未形成专业、完整的课程体系结构，缺乏国家统一的课程定位和人才培养方向，[①]不少地区出现把人工智能教育与 STEM 教育、创客教育、机器人教育、编程教育等混淆与照搬照套的现象。[②] 因此，必须尽快推动基础教育阶段人工智能教育类课程的整体规划和顶层设计，体现国家当前对智能教育发展的重要布局，明确突出培养适应未来智能社会的全面发展的人这一课程定位，推动学生对人工智能的相关理论探索和实践。

依据上述顶层设计原则及要求，按照布鲁姆（B. S. Bloom）的教育目标分类学，未来基于人工智能的基础教育课程改革可以采用领域建构的范式，将课程从道德、知识、能力和实践取向等几个方面进行梳理。从新课改背景下基础教育各学段的实际需求出发，在适应智能社会发展需求的前

---

① 于勇、徐鹏、刘未央：《我国中小学人工智能教育课程体系现状及建议——来自日本中小学人工智能教育课程体系的启示》，载《中国电化教育》2020 年第 8 期，第 93 - 99 页。

② 卢宇、汤筱玙、宋佳宸等：《智能时代的中小学人工智能教育：总体定位与核心内容领域》，载《中国远程教育》2021 年第 5 期，第 22 - 31 页、第 77 页。

提下，确立各学段基础教育课程体系的具体目标定位，并根据各地人工智能教育的推进步伐，探索出行之有效的操作路径和解决办法。

### （二）统筹推进，构建数据驱动和智能决策的课程结构

人工智能引发了教育领域的数据革命和智能化革命，数据驱动的智慧教学与智能决策正在成为教育教学的新范式。[①] 人工智能不能被看作一个单一的技术，要想在教育应用领域取得成功，教育组织必须像军队一样，从装备到观念再到组织结构，进行一系列的变革。[②] 基础教育课程要实现真正的革新，必须以开放的姿态，释怀接纳人工智能赋能教育的多重影响力，打破原有固化、统一、单维的课程结构，适应时代发展需求，突出培养创新型、智慧型人才，借力大数据、深度学习等智能技术，以数据分析为驱动，以智能决策为助力，重构谱系化、差异化、立体化的智能课程架构。[③]

未来的基础教育课程结构设计要转向未来课程与智慧教学的理念方向，充分体现智能社会对人的核心素养和智能素养的要求。基础教育管理部门或有条件的学校，可以通过人工智能教育终端建立"数据中心"，进行教育数据采集、清洗、加工、存储，对教学过程中的行为和动态进行挖掘，为教学提供数据统计、数据挖掘、学习分析、资源推送等服务。通过这些教育服务，为智能教育技术形态的实现提供数据基础，对课程类型、科目搭配、组织实施等进行智能决策，以此为依据设置综合课程、校本课程等，将人工智能教育落到实处。

### （三）整体融合，探索生本取向的层次化课程内容体系

人工智能知识体系庞大，能够与计算机科学、数学、心理学等多个学科进行交叉融合，因此不适合把人工智能仅仅当作一门单独的学科，或者仅仅在有限的信息技术课程中培养学生掌握人工智能的相关知识和技能。

① 梁迎丽、刘陈：《人工智能教育应用的现状分析、典型特征与发展趋势》，载《中国电化教育》2018 年第 3 期，第 24 - 30 页。

② 肖睿、肖海明、尚俊杰：《人工智能与教育变革：前景、困难和策略》，载《中国电化教育》2020 年第 4 期，第 75 - 86 页。

③ 程红兵：《基础教育的学校课程结构转型》，载《未来教育家》2020 年第 5 期，第 67 - 68 页。

新课改强调课程整合，明确要求改变以往由分科导致的课程知识单一且相互割裂的现状，人工智能教育本身具备多学科交叉整合的特性，能为贯彻落实课程整合提供良好示范和内在驱动力。在实施新课改的过程中，要将中小学人工智能教育体系与现有的整个教育课程体系进行融合，以现有课程为主体，在各学科课程中渗透人工智能教育，[①] 在潜移默化中推动人工智能与各学科知识、方法、技能的融合。

在基础教育阶段，不同年龄段的学习者具有不同的认知水平和特点，单一的人工智能课程内容体系显然已不足以应对学生多元化的学习需求。因此，迫切需要对不同年龄段、不同性格特征、不同兴趣专长的学生进行科学、细致的分析，并在此基础上对课程内容体系进行合理规划和设计，构建以基础体验、兴趣培养和自主探究等为特征的层次化、差异化的中小学人工智能课程体系。[②] 借助大数据、物联网等信息技术，基于学习者的个人信息、认知特征、学习记录、位置信息、社交媒体信息等数据库，人工智能程序可以自学习并构建学习者模型，并从不断扩大更新的数据集中调整优化模型参数，针对学习者的特征和需求，规划定制个性化课程内容体系，真正实现"为了每一位学生发展"的生本取向的基础教育课程重构。

## 三、新出路：人工智能赋能基础教育课程改革的实现机制

教育工作、教育改革的永恒主题是培养什么样的人、怎样培养人。前者的着眼点在于教育的价值导向问题，后者则聚焦于教育的运行机制和保障机制。同样，在人工智能技术赋能下，基础教育课程改革必须明确解决"培养什么样的人"和"怎样培养人"这两个问题。前一个问题为后一个问题提供价值导向，确保课程的实施朝着正确的目标和方向前进；后一个问题为解决前一个问题提供实现基础和保障支持。因此，面对人工智能时代下基础教育课程改革的新趋势、新内涵，必须加快改革创新步伐，开创

① 于勇、徐鹏、刘未央：《我国中小学人工智能教育课程体系现状及建议——来自日本中小学人工智能教育课程体系的启示》，载《中国电化教育》2020 年第 8 期，第 93 - 99 页。

② 王本陆、千京龙、卢亿雷：《简论中小学人工智能课程的建构》，载《教育研究与实验》2018 年第 4 期，第 37 - 43 页。

发展新出路，探索价值导向、核心运行和长效保障三大实现机制（见图2），确保教育教学跟上智能时代发展步伐。

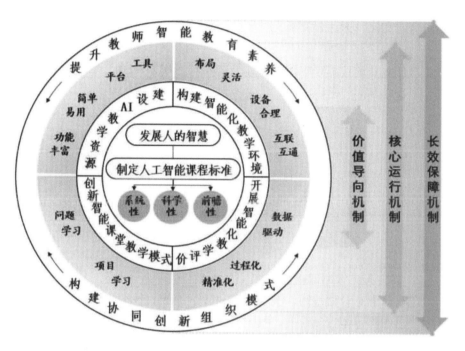

图2　人工智能赋能基础教育课程改革的实现机制

（一）价值导向机制：以发展人的智慧为导向，制定人工智能课程标准

培养什么样的人是教育工作首先要回答的根本问题，体现了教育的真正价值所在。2014年4月，教育部颁布《关于全面深化课程改革落实立德树人根本任务的意见》，强调要培养学生的核心素养，即是学生应具备的、适应终身发展和社会发展需要的必备品格和关键能力。[1] 随着信息技术的飞速发展，当前已进入人工智能的崭新时代，必须在核心素养框架下

---

[1]　教育部：《关于全面深化课程改革落实立德树人根本任务的意见》，见教育部官网（http://www.moe.gov.cn/srcsite/A26/jcj_kcjcgh/201404/t20140408_167226.html）。

重点培养适应智能时代的学习、生存、生活能力，[①] 从本质上看是提升人解决问题的思维品质与实践能力，最高目标是发展人的智慧。[②] 在培养目标指导下，应尽快制定统一的人工智能课程标准，凸显人工智能时代下人才需求的变化，为课程实施提供导向与支撑。

### 1. 发展人的智慧

教育的终极理想和目标一直都是发展人的智慧，促进人的自由全面发展。智慧是智能的高级形态，是个体在其智力与知识的基础上，经由经验与练习习得的一种"德才兼备"的综合心理素质，能确保个体具备正确认识和理解复杂问题，并创新、高效解决问题的能力。[③] 我们认为，智慧在不同时代具有不同内涵，在人工智能时代，人的智慧体现在从低到高三个层次：最低层次，具备基础知识，掌握基本技能，能解决日常面临的简单问题；中间层次，具备人工智能赋能下的信息素养、媒介素养、数据素养等数字素养，能基本应对时代挑战；最高层次，具备创新力和创造力、批判性思维与问题解决能力，能驾驭复杂局面，用创新方式解决不同类型的问题。

### 2. 制定人工智能课程标准

课程标准是教材编写、教学实施和教学评价的基本依据，是人才培养目标要求的集中体现。目前，我国尚未出台人工智能课程的国家标准，现有的信息技术国家课程标准仅涉及了人工智能的部分内容，[④] 导致人工智能教学内容良莠不齐、范围泛化，[⑤] 因此必须尽快制定统一的人工智能基础教育课程标准，为各地中小学实施人工智能教学与评价提供专业标准及有效指导。在人工智能课程标准制定过程中，充分遵循学生身心发展特点及教育规律，制定符合学生多元化发展需求的系统化课程标准；加强与政

---

① 肖睿、肖海明、尚俊杰：《人工智能与教育变革：前景、困难和策略》，载《中国电化教育》2020 年第 4 期，第 75 – 86 页。

② 张进宝、姬凌岩：《是"智能化教育"还是"促进智能发展的教育"——AI 时代智能教育的内涵分析与目标定位》，载《现代远程教育研究》2018 年第 2 期，第 14 – 23 页。

③ 汪凤炎、郑红：《品德与才智一体：智慧的本质与范畴》，载《南京社会科学》2015 年第 3 期，第 127 – 133 页。

④ 方圆媛、黄旭光：《中小学人工智能教育：学什么，怎么教——来自"美国 K – 12 人工智能教育行动"的启示》，载《中国电化教育》2020 年第 10 期，第 32 – 39 页。

⑤ 陈勇：《核心素养视域下义务教育阶段人工智能教学的挑战、重点和策略》，载《教育传播与技术》2021 年第 2 期，第 13 – 16 页。

府、行业、企业、专家等主体的交流合作，充分调动和整合多方力量共同参与课程标准制定工作，提高课程标准的科学性；紧跟人工智能时代和技术发展步伐，根据政策、行业、就业等变化趋势及时更新调整课程标准，让课程标准具有对未来的高度前瞻性。[1]

## （二）核心运行机制：扎根课堂主阵地，打造智能时代的教学新生态

课堂不仅是学校教育的主阵地，也是教师和学生依据培养目标及课程标准等进行双向交流互动、建构知识的过程，课堂教学效果受环境、资源、教学模式等一系列复杂因素的影响。受限于学生人数较多而课室及教师资源不足等现实情况，目前教学普遍采用班级授课制，整齐划一的教学模式虽高效解决了众多学生的教育问题，但由于缺乏对个体特征的关注，不利于培养智能时代所需的智慧型、创新型人才。人工智能技术是一种通用型技术，可以融入各种教学要素，支持教学各个流程，[2] 因此要推动人工智能技术与课堂教学的深度融合，打造智能时代的教学新生态，促进课堂教学改革与创新。

### 1. 构建智能化教学环境

空间环境对学生心理情绪及行为模式的影响是潜移默化且持续发生的，构建与智能化教学相适应的环境氛围，优化教室空间环境，能提高教室对多样化、创新型学习方式的支撑作用，是助力智能教育的重要措施。《教育信息化2.0行动计划》明确提出要"大力推进智能教育，开展以学习者为中心的智能化教学支持环境建设"，各地也掀起了"智慧校园""智慧教室"建设热潮。总体上看，智慧教室具有创新性、灵活性、开放性等特征，更加适合问题式、项目式等教学模式的开展，进而提高智能化教学效果。对于部分基础设施薄弱的中小学校而言，可通过低成本方式对教室环境进行适当优化和改进，包括采用灵活多样的布局方式，营造轻松自由的学习氛围，这样更有利于激发学生的创新思维；在此基础上，可以

① 于勇、徐鹏、刘未央：《我国中小学人工智能教育课程体系现状及建议——来自日本中小学人工智能教育课程体系的启示》，载《中国电化教育》2020年第8期，第93-99页。

② 王佑镁、宛平、赵文竹等：《科技向善：国际"人工智能+教育"发展新路向——解读〈教育中的人工智能：可持续发展的机遇和挑战〉》，载《开放教育研究》2019年第5期，第23-32页。

合理引入和使用信息化教学设备，允许与外界信息和资源进行交流和共享，[①] 互联互通，打通课堂内外情境。

### 2. 建设 AI 教学资源

人工智能教育具有较强的综合性和实践性，需要有相关平台、优质资源的支撑，否则难以有效开展智能化教学活动。目前，尽管我国已经实施"三通两平台"建设工程将近十年，优质资源"班班通"建设已取得重大进展，但从整体上看，能够满足教育教学需求、符合学科自身结构与学生学习规律、内容科学规范的优质数字课程资源仍较为鲜见。[②] 对大部分中小学教师而言，开展人工智能教育，急需具备简单易用且功能丰富的教学工具平台、相关软硬件环境。[③] 对此，联合国教科文组织（UNESCO）与爱立信公司于 2020 年 5 月共同推出面向 K-12 教育阶段的"连接学习"（connect to learn）人工智能教育资源库，为培养学生的创新实践能力提供各种类型的人工智能平台或工具。[④] 我国的人工智能教育发展也应迎头赶上，加大力度建设优质数字资源，对紧缺的 AI 教学资源进行优先建设，包括人工智能专题网站、教学工具软件、多媒体资源等。

### 3. 创新智能课堂教学模式

传统"灌输—接受"式教学已经不再适应新时代下的人才培养需求，新课改明确提出，要由过去"传道、授业、解惑"的教学方式转变为"自主、合作、探究"的学习方式。在智能课堂教学过程中，教学模式更加多样化，包括任务驱动式教学、参与式教学、体验式教学、项目式教学等，从问题出发，基于真实情境，让学生在"想中学、做中学、用中学、创中学、讲中学"[⑤]，使教学过程更具有探索性、体验性和实践性，能有效提高学生的人工智能素养。基于问题的学习和基于项目的学习应成为中

① 胡钦太、刘丽清、郑凯：《工业革命 4.0 背景下的智慧教育新格局》，载《中国电化教育》2019 年第 3 期，第 1－8 页。

② 张熙、潘志松：《智能化进程中课程改革的现状、问题与展望》，载《上海教育科研》2019 年第 9 期，第 87－90 页、第 52 页。

③ 褚金岭、谢忠新：《面向素养培育的中小学人工智能教育实践探索》，载《中小学数字化教学》2021 年第 4 期，第 10－13 页。

④ 李卉萌：《人工智能教育资源建设：基于"连接学习"教育资源库的探析》，载《世界教育信息》2021 年第 1 期，第 68－72 页。

⑤ 褚金岭、谢忠新：《面向素养培育的中小学人工智能教育实践探索》，载《中小学数字化教学》2021 年第 4 期，第 10－13 页。

小学人工智能教学创新的常用模式，其关键点在于关注真实的问题，聚焦核心素养培养，通过多样态项目式学习，以深入浅出的方式引导学生建构人工智能知识体系，[①] 真正体现"以学生为中心"的教育理念，增强学生的自我意识，培养学生的自主学习能力、协作学习能力和解决实际问题的能力。[②]

### 4. 开展智能化教学评价

在课堂教学过程中，评价是指挥棒，是检测教学效果、查找教学中存在的问题与不足、改进教学方法、提高教学质量的主要依据。在人工智能时代，对学生评价的重点不再是对知识的记忆水平和理解程度，而是聚焦于问题解决能力、沟通协作能力、创新能力等综合能力水平测试，传统的纸笔评价方式显然不再适用，对智能化教学评价的需求比以往更加迫切。《深化新时代教育评价改革总体方案》中明确指出要"充分利用信息技术，提高教育评价的科学性、专业性、客观性"。大数据技术的发展为评价改革带来了良好的技术环境与实现条件，个性化评价标准、伴随式数据采集、实时生成的评价报告，成为智能化教学评价的主要方法，能有效评估学生的高层次认知能力和非认知能力。[③] 目前，有不少学校已经开始尝试通过采集课堂教学的全录播数据、在线教学平台的行为日志数据、教学管理系统的结构化数据等进行课堂教学质量分析与评价，[④] 为实施智能时代的过程化、精准化教学评价提供了宝贵的经验。

### （三）长效保障机制：提升教师智能教育素养，构建协同创新组织新模式

人工智能赋能下，基础教育课程改革的持续深化发展离不开政策、资金等一系列具体保障措施。目前，国家已经出台了一系列相关政策支持人

---

① 陈勇：《核心素养视域下义务教育阶段人工智能教学的挑战、重点和策略》，载《教育传播与技术》2021 年第 2 期，第 13 – 16 页。

② 张熙、潘志松：《智能化进程中课程改革的现状、问题与展望》，载《上海教育科研》2019 年第 9 期，第 87 – 90 页、第 52 页。

③ 田爱丽：《综合素质评价：智能化时代学习评价的变革与实施》，载《中国电化教育》2020 年第 1 期，第 109 – 113 页、第 121 页。

④ 胡钦太、刘丽清、郑凯：《工业革命 4.0 背景下的智慧教育新格局》，载《中国电化教育》2019 年第 3 期，第 1 – 8 页。

工智能教育的发展，并且投入大量人力物力开展"新基建"、改善人工智能教育的硬件条件。除此之外，教师智能教育素养的提升以及协同创新组织模式的构建也是智能时代进一步深化基础教育课程改革的重要保障机制。

### 1. 提升教师智能教育素养

教师专业素养的提升是新课改取得实效的关键所在和有力保障。在人工智能时代，教师专业素养重点体现在智能教育素养。教育部已经开展了两批以人工智能助推教师队伍建设的行动试点，遴选部分参与进行智能教育素养培训，推动教师积极运用人工智能技术，改进教育教学、创新人才培养模式。然而，目前我国中小学依然严重缺乏专业的、具备智能教育素养的教师，大部分与人工智能相关的教学工作主要由信息技术教师承担，他们没有接受过系统培训，其人工智能知识理论储备及相关技能距离专业水平还有一定差距，[①] 对开展人工智能教学十分吃力，导致教学效果不尽如人意。因此，提升中小学教师的智能教育素养刻不容缓，要加大力度开展教师智能教育素养培训，鼓励不同学科教师参与人工智能教学工作，构建实践共同体，推动基于网络学习空间、名师工作坊、网络研修社区等的混合式培训、跨学科培训。[②]

### 2. 构建协同创新组织模式

人工智能教育的发展不是教育系统内部的事情，而是受诸多外在因素影响和推动的巨大工程，其长远发展有赖于各界的支持与配合，因此要团结一切可以团结的力量，建立最广泛的协同创新组织模式。在相关政府部门的支持和指导下，深化政产学研合作创新，由政府部门进行总体规划，由高校专家团队与行业协会提供理论和实践指导，由有资质的科技企业承担平台与工具的开发，充分凝聚各方智慧力量，从人工智能课程内容设计、资源平台开发、教师素养培训等方面开展广泛、深入的合作，[③] 推动

---

① 陈凯泉、何瑶、仲国强：《人工智能视域下的信息素养内涵转型及 AI 教育目标定位——兼论基础教育阶段 AI 课程与教学实施路径》，载《远程教育杂志》2018 年第 1 期，第 61 – 71 页。

② 胡钦太、刘丽清、张彦：《教育信息化 2.0 时代教师信息素养提升路径》，载《中小学数字化教学》2019 年第 11 期，第 22 – 25 页。

③ 卢宇、汤筱玙、宋佳宸等：《智能时代的中小学人工智能教育：总体定位与核心内容领域》，载《中国远程教育》2021 年第 5 期，第 22 – 31 页、第 77 页。

人工智能教育的协同创新发展。

## 四、新实践：面向人工智能时代的广东"爱种子"基础教育课程改革探索

广东"爱种子"基础教育课程改革项目以新时代育人目标为导向，基于互联网、大数据、人工智能等技术快速发展的时代背景和教育现代化的要求，打造师生发展、活动支持、资源服务、数据赋能等系统要素支持的智能时代课堂新生态。项目扎根课堂主阵地，突破知识取向和碎片化课堂，构建了以核心素养为目标，以"双名师""双资源"为支撑，以自主学习、互动探究、主题拓展为主要环节，以数据驱动的发展性评价为引导的新型综合化教学模式（见图3）。该模式的实施和应用注重体现和浸润国家新一轮"以人为本"基础教育改革的基本核心理念，即教书育人指向"核心素养"、教学实践强调"学科实践"、从单一课堂走向"综合学习"，基于自主学习的诊断性评价、互动探究的过程性评价、主题拓展的表现性评价，培养学生面向人工智能时代的不同层次的能力素养，促进学生全面而有个性地发展。

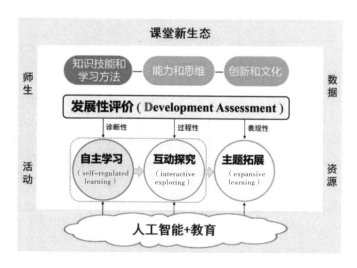

图3 广东"爱种子"基础教育课程改革项目教学模式

"爱种子"项目经过十年的探索与实践，已形成高效、可复制的信息化课堂教学范式，教学焦点从接受式学习转向主题探究式学习，从促进知识传递转向培养智能时代所需的核心素养，具有较强的推广应用价值。目前，该模式已应用于广东省 17 个地级市的课改实验区，覆盖 295 所实验学校、4061 个实验班，惠及 18 余万师生。"爱种子"项目的实施有效推动了"以学为中心"的课堂转变和质量提升，学生逐步由被动学习向主动学习、协同学习转变，教师的教学理念、教学方式、教研水平等都得到较大幅度的提高。

　　2020 年 11 月，党的十九届五中全会明确了"建设高质量教育体系"的政策导向和重点要求。为推动中国特色高质量基础教育发展，要正确认识和迎接信息化时代的挑战。借力人工智能技术赋能基础教育所带来的冲击力，聚焦面向未来的基础教育课程变革，培育新理念，延展新内涵，从课程目标、价值、内容、结构、组织、评价、环境和教师角色等多方面变革课程新形态；从课程定位、课程结构、内容体系等方面重构课程体系；建立基于价值导向、核心运行和长效保障的实现机制，为构建基础教育新格局夯实根基。

（原载《国家教育行政学院学报》2021 年第 9 期）

# 人工智能时代高等教育教学评价的关键技术与实践

## 一、背景与问题

教学评价是对教学的价值判断，对教学具有诊断、鉴定、反馈、导向等功能。[①] 人工智能教学评价是利用人工智能的智能感知、大数据分析、自动决策等特点，运用人工智能算法对全过程教学行为数据进行智能分析，得出实时的个性化评价结果，并提出干预策略，促进教学积极改变。

目前人工智能教学评价研究主要集中在三方面：一是人工智能教学评价系统研究。孙婧提出，学校可以运用区块链技术构建动态的学生综合评价系统，利用人工智能动态追踪和检测学生的学习过程和成效，对学生个性化诊断；[②] 孙等开发了在线英语教学辅助系统，利用决策树算法和神经网络，生成基于决策树技术的英语教学评估模型，研究评估结果与各因素之间的潜在联系；[③] 陶益等借助智能平台建立全过程教学评价体系，推动"中药炮制学"课程教学模式改革。二是人工智能教学评价技术研究。[④] 如菲恩等认为，评价必须考虑教师、学生、机构及其背景，主张数据和非数据交叉，让教师和学生更多地参与；[⑤] 金布鲁等采用分段线性分割算法和差分序列挖掘技术，识别和比较学生的生产性和非生产性学习行为片

① 高巍、王莉娟：《如何通过教学促进大学生主动学习？——美国大学 STEM 课堂教学评价系统 PORTAAL 研究及启示》，载《开放教育研究》2019 年第 1 期，第 55 – 61 页。

② 孙婧：《人工智能时代教学价值的变革》，载《华中师范大学学报（人文社会科学版）》2021 年第 3 期，第 174 – 181 页。

③ Sun Z M, Anbarasan M, Kumar D P, "Design of Online Intelligent English Teaching Platform Based on Artificial Intelligence Techniques", *Computational Intelligence*, 2020（9）, pp. 1 – 15.

④ 陶益、尹禹文、颜继忠等：《基于智能蓝墨云班课的翻转课堂教学实践——以中药炮制学课程为例》，载《中国中医药现代远程教育》2019 年第 12 期，第 133 – 135 页。

⑤ Fawns T, Aitken G, Jones D, "Ecological Teaching Evaluation vs the Datafication of Quality: Understanding Education with, and Around, Data", *Postdigital Science and Education*, 2021（3）, pp. 65 – 82.

段，提出探索性的数据挖掘方法，评估和比较学生的学习行为。[1] 三是人工智能教学评价应用研究。主要表现为对学生认知和情感状态的监测。帕夫利克通过分析学生学习表现，预测学生知识掌握的程度和概率；[2] 还有研究者采用贝叶斯知识追踪模型、卷积神经网络（convolational neural network，CNN）和长短期记忆网络（long short-term memory，LSTM）监测学生的认知状态。[3] 如兰建立的基于贝叶斯网络的智能教学系统学生模型，不仅可以客观地评价学生的认知能力，还能推断学生的下一个学习行为；[4] 以及马克用智能教学系统自动检测学生情感状态，引导学生进入积极的学习状态。[5] 莱麦丹采集脑部浅层活动信号，并根据特定频率提取特定的脑电波，评测学生的注意力、情绪情感和认知负荷等。[6]

　　反观我国高等教育教学评价现实发现：评价模式上，高校对"教师教"的评价甚于对"学生学"的评价，学生没有成为评价的主角；评价指标上，对学生"知识"的考查多于对"能力"的考查，通常借助专家经验设定指标与权重进行评判；评价依据上，由于学生学习过程数据的记录和保存有限，无法对教学质量常态化监测；评价算法上，同一标准评价难以满足所有师生的个性发展需求；评价结果与教学干预上，监测的主要目的是获得"分数"，评价难以真正改善教学，提升质量。这些问题一方面反映出现阶段高等教育教学评价的改革理论与实践存在脱节，另一方面说明人工智能技术融入高等教育教学评价还需方法和技术层面的实践指引。

　　① Kinnebrew J S, Loretz K M, Biswas G, "A Contextualized, Differential Sequence Mining Method to Derive Student's Learning Behavior Patterns", *Journal of Educational Data Mining*, 2013, 5 (1), pp. 190 – 219.

　　② Pavlik Jr P I, Cen H, Koedinger K R, "Performance Factors Analysis：A New Alternative to Knowledge Tracing". *Artificial Intelligence in Education*. Brighton, IOS Press, 2009, pp. 531 – 538.

　　③ Chaplot D S, MacLellan C, Salakhutdinov R, et al. "Learning Cognitive Models Using Neural Networks", *Proceedings of the International Conference on Artificial Intelligence in Education（AIED 2018）*, Cham：Springer, 2018, pp. 43 – 56.

　　④ Wu L, "Student Model Construction of Intelligent Teaching System Based on Bayesian Network", *Personal and Ubiquitous Computing*, 2020, 24 (3), pp. 419 – 428.

　　⑤ Myers M H, "Automatic Detection of a Student's Affective States for Intelligent Teaching Systems", *Brain Sciences*, 2021, 11, p. 331.

　　⑥ Ramadan R A, Vasilakos A V, "Brain Computer Interface：Control Signals Review", *Neurocomputing*, 2017, 223, pp. 26 – 44.

## 二、关键技术

构建基于人工智能技术的高等教育教学评价系统涉及顶层评价模式构建、评价指标与权重制定、学习全过程数据采集、个性化算法应用、评价与干预系统设计等五大关键技术。

### （一）评价模式的构建

构建人工智能评价模式，就是利用人工智能技术对学习过程产生的大数据进行分析，实时反馈学生学习情况。具体来说，就是借助人工智能的智能性和自适应性完成学习检测、诊断、提示和帮助等，实现对学生学习行为的动态跟踪、采集、分析和评价。该模式至少涉及四个环节，即构建多元化的评价指标，考查学生能力；收集学习过程数据，建立数据库及学生个人的行为特征库；通过教育算法对数据进行分析，获得学生深度学习行为特征，得出学生个性化评价结果并据此对学生学习进行决策干预。

### （二）评价指标的制定

构建高等教育教学综合评价指标体系，不仅要关注教学结果，更要重视教学过程；不仅要保证评价指标的系统性，更要确保评价指标的可操作性；不仅要考虑指标的普适性，也要考虑指标的个性化。本研究依据评价指标的知识水平、学习情绪、课堂参与、综合评价等维度将评价指标分为学习成绩指标、学习情感指标、学习注意力指标、学习参与度指标、综合素质指标等。多维评价指标能提升评价的科学性、公正性和合理性，数据获取途径如下：学习成绩指标从学生的考试测验中获得，学习情感指标从学生对课程或老师的评价数据、摄像头采集的学生表情数据以及录音设备采集的学生声音数据中分析获得，学习注意力与参与度指标从摄像头采集的学生课堂行为姿态数据中分析获得，综合素质指标通过考察成绩、情感、专注度等获得。区别于以往的评价体系，基于人工智能算法实现的学生评价指标的识别与分析使评价更客观公正。

### （三）基于智能感知的常态化监测技术

利用智能感知技术开展常态化监测，就是通过智能教学系统收集教学全过程数据，包括学生的语音、姿态、面部表情、生理信号、教学成绩、教学环境物理状态信息、教师教学状态信息等多模态数据。教学全过程数据可分为数值型数据、文本型数据、人体形态图片数据、面部表情数据、生理信号数据以及声音数据等，不同数据需采取不同的处理方法。其中，数值型数据主要为学习行为数据，如云课堂的点击流数据、单元测验或考试成绩等；文本型数据主要为学生对课堂与老师的评价；人体形态图片数据可以反映人体的状态和意图，系统可通过行为姿态识别技术对人体姿势，如起立发言、注视前方、阅读、书写、交谈、转身、使用手机、趴在桌面等进行行为识别；[1] 面部表情数据能反映学生课堂的情绪变化，系统定时采集学生面部数据，实时跟踪学生的情绪变化，并借助卷积神经网络提取面部特征并识别生理信号数据，如脑电、心电、皮肤温度等，并通过采集与分析生理信号捕捉学生的情绪变化及身体健康状况；声音数据是传递信息、情感的媒介，系统对声音数据进行分帧，然后提取声学特征，再利用语音识别技术将其识别为相应的文本，进而开展文本处理；眼动数据包含眼睛盯视方向、时间、眼跳频率、瞳孔参数、注视点轨迹等，可反映受试者的专注程度及背后蕴含的信息。眼动数据可通过单摄像机进行追踪，研究者可提取其视线特征后对其视线轨迹进行分析。

由以上多种数据组合而成的多模态数据可全面反映学生的学习状态，比单一模态的数据更多维度。以往使用单一模态数据的教学评价时，分析结果不够全面，而多模态数据可有效解决这一难题。

## （四）智能评价算法的选择与构建

智能评价算法是教学评价系统的核心，主要对智能感知过程采集的数据进行分析，对学生进行评价。系统用于教学评价的算法包括卷积神经网络、长短期记忆网络、BERT（bidirectional encoder representations for transformers）模型等。如孙霞等使用卷积神经网络和长短期记忆网络组合成混

---

[1]　刘新运、叶时平、张登辉：《改进的多目标回归学生课堂行为检测方法》，载《计算机工程与设计》2020 年第 9 期，第 2684 – 2689 页。

合神经网络预测在线教育辍学问题;[①] 冯梦菲将 BERT 应用于学生习题推荐系统，提高习题推荐质量及在线教学效率。[②] 其中，数值型数据可采用聚类算法等无监督机器学习算法或决策树等有监督机器学习算法进行分析。聚类算法，如 k 均值聚类算法（k-means）、均值 – 漂移算法（mean shift）和基于密度的聚类方法（density-based spatial clustering of applications with noise，DBSCAN）等，被广泛应用于数据挖掘领域的数据分类。如牟智佳使用 k 均值聚类算法分析学生群体特征的结果显示，学生群体可分为能够完成绝大多数学习内容的积极学习者、能够完成部分内容的活动参与者及完成较少学习内容的活动围观者，据此了解学生学习活动的表现及学习效果。[③] 了解学生行为的浅层特征后，系统通过深度学习算法等，将学生学习行为数据根据评价指标分为若干类行为不同的学习者，从而形成不同的评价内容。有监督的机器学习算法，如决策树等可根据学生课堂学习行为特征预测其期末成绩能否及格，进而启动预警系统对学生学习进行干预。如甘甜提出的基于决策树分类算法的高校远程教学质量评估方法，同时满足了教学质量评估的效率及精度，具有较高的应用价值。[④]

以上各类算法均是对学生学习过程数据的分析，研究者首先可根据数据类型选择不同的算法（见图 1），保证学生评价方法的合理、科学。其次，由于阻碍智能教学评价发展的技术难点在于对多模态数据的分析，即目前教学评价只停留在单一数据的分析上，难以实现评价的全面性，不同评价需采用不同的算法来处理相关数据。

① 孙霞、吴楠楠、张蕾等：《基于深度学习的 MOOCs 辍学率预测方法》，载《计算机工程与科学》2019 年第 5 期，第 893 – 899 页。

② 冯梦菲：《基于深度学习的习题理解和应用算法研究》（学位论文），北京交通大学 2020 年，第 31 – 45 页。

③ 牟智佳：《MOOCs 环境下学习行为群体特征分析与学习结果预测研究》，载《中国医学教育技术》2020 年第 1 期，第 1 – 6 页。

④ 甘甜：《基于决策树分类算法的高校远程教学质量评估研究》，载《现代电子技术》2021 年第 9 期，第 171 – 175 页。

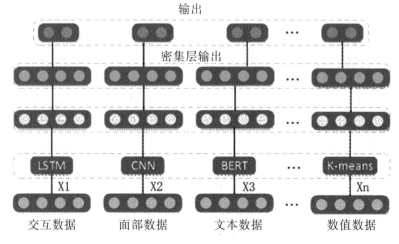

输出

密集层输出

LSTM | CNN | BERT | ··· | K-means

X1 | X2 | X3 | Xn

交互数据　　面部数据　　文本数据　　数值数据

**图1　智能评价算法架构**

## （五）诊断式评价及干预系统的设计

智能评价算法可以得出学生的学习行为、学习状态、学习情感等行为特征数据，数据决策系统可据此自动决策。强化深度学习算法可计算学生后续行为的最优决策序列，及时调整学生学习行为，确保学习进度。当学生评价指标达到预警线，系统可及时进行个性化干预。当学生学习情绪变得厌烦时，系统提醒学生休息以调整情绪；而当学生表现积极时，系统可及时加以鼓励，提高学生学习的积极性。

## 三、研究设计与过程

### （一）研究设计

本研究基于智能系统的自决策，采集线上、线下学生的多模态行为数据进行智能分析，并根据评价结果自动进行学习干预，包括推荐学习资源、学习同伴、学习方法，以及开展情感辅导等，构建基于智能系统的自决策流程，其工作流程如图2所示。

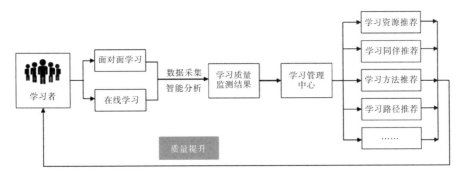

图 2　基于智能系统的自决策流程

依据以上核心技术和设计，本研究在广东工业大学教学云平台蕴瑜课堂与智慧课室的基础上，利用人工智能算法建立了具有融智能感知、智能算法、数据决策等模块的教育诊断评价与干预功能系统，展现人工智能评价在规模化、个性化、公平性、实时性、精准干预的优势和特色。该诊断评价系统架构如图 3 所示。

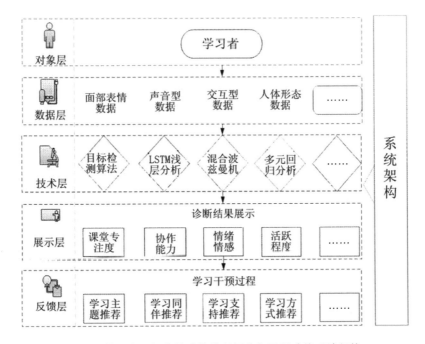

图 3　基于人工智能算法的诊断评价与干预功能系统架构

（二）研究过程

### 1. 数据感知

数据是智能分析的基础。本研究数据包括两部分：一是学生线上学习全过程数据，包括图片、文字、网页点击、观看视频流等；二是通过智能感知技术获取的线下（智慧课室）多模态学习行为数据，包括图像数据、声音数据及眼动数据等。多模态数据用于感知学生的课堂表现，如出勤情况、学习情绪状态、抬头率、讨论交流次数等。受硬件设备及环境噪声等的影响，学习行为监测不可避免地存在漏读、多读、错读和实时性低等问题，导致学习行为数据质量下降，数据分析的准确性降低。为解决这一问题，本研究定义了数据质量的四个标准：准确性、完整性、一致性和实时性，以此对数据质量建模，提出评价异构多源多模态学生实时行为数据质量的方法：基于数据质量的学习行为数据获取算法——根据用户给定精度，选择不同数据的传输网络，在保证数据质量的前提下减少网络资源的消耗；将数据根据时间对齐，再依照数据类型根据时间序列存储在数据库中，最后对数据进行智能分析。

本研究以广东工业大学"马克思主义基本原理"实验课程的 269 名学生为实验对象，获取反映学生课堂专注度、主动学习能力、期末考核情况、交流讨论程度等的多模态数据。

数据统计分析发现，量化处理后的数据类型最小值和最大值呈两极化分布，且平均值位于两极点内，符合统计学规律，证明量化处理后的数据具有合理性。数据感知技术收集的学生全过程数据，可弥补传统教学中老师对学生关注不够的不足。

### 2. 智能评价算法模块

为实现面向学生的个性化数据决策，智能感知采集的数据通过智能评价算法，可以获知学生全过程的真实学习质量。评价算法如下。

（1）课堂专注度分析。为分析学生课堂专注程度，本研究使用基于卷积神经网络的目标检测算法提取图像数据，获得学生的图像特征（见图4），并根据专注度权重获得专注度特征，最后通过全连接层进行图像特征表示。应用机器学习分类方法判定目标对象的面部位置，分析学生的出勤率和抬头率。

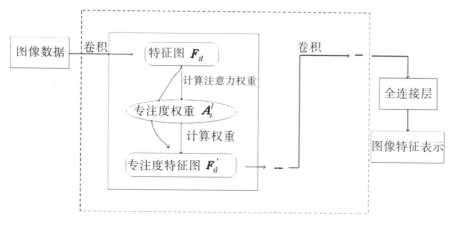

**图4 基于卷积神经网络的目标检测算法**

（2）学习行为浅层特征分析。学生教育数据包括语言文本和交互数据，诊断评价系统使用长短期记忆网络算法，对学习平台学习者交互行为数据进行人机交互处理，分析其浅层特征（见图5）。系统从收集的视频中提取文本数据、语音数据、图像数据，再通过不同方法提取数据特征，从而得到文本特征、语音特征、图像特征，然后组合传入到组合 LSTM 模型进行分类。

（3）学习行为深层特征分析。多个深度学习网络获得同一映射后，为根据这一映射提取高维特征，本研究采取两种方法：判别受限波兹曼机（DRBM）和生成受限波兹曼机（GRBM），组成深度混合判别受限波兹曼机（HDRBM）。得益于深度学习模型强大的学习能力和预测性，基于深度混合判别受限波兹曼机的学习行为分析能保证分析精度，并依此设计神经网络目标函数和优化途径，得出学生的深层学习行为特征。基于波兹曼机的学生深层特征分析如图6所示。

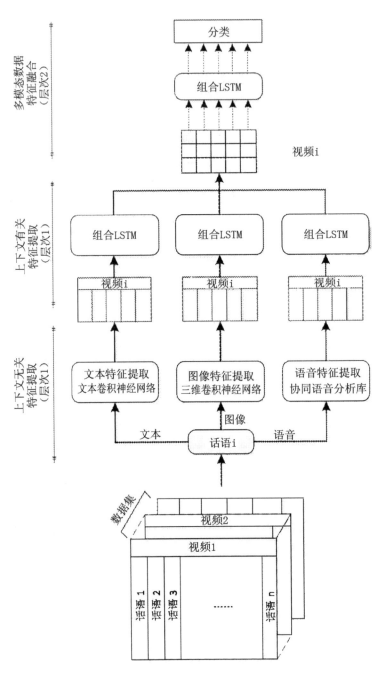

图 5　基于 LSTM 的浅层特征分析算法

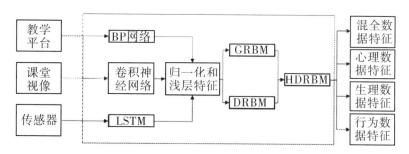

**图6　深度混合判别受限波兹曼机分析**

生成受限波兹曼机、判别受限波兹曼机、混合判别受限波兹曼机的多模态神经网络目标函数如下：

$$L_g(D_{train}) = -|D_{train}| \sum_{j=1} logp(x_i, yi) \qquad (1)$$

$$L_d(D_{train}) = -|D_{train}| \sum_{j=1} logp(x_i, yi) \qquad (2)$$

$$L_h(D_{train}) = L_d(D_{train} + \alpha L_g(D_{train}) \qquad (3)$$

其中，$D_{train}$ 为训练集，$p(x_i, y_i)$ 为一个样本 $x$ 和一个标签 $y$ 的联合分布，可调参数 $\alpha$ 表示生成模型对于整个模型的影响比重。若 $\alpha$ 较大，则偏重生成波兹曼机，即少量数据集的情况；反之，则偏重十判别波兹曼机。

（4）学习行为特征的归因分析。系统利用归因分析算法，追踪学习者行为特征的关联行为。基本的贝叶斯网络结构可以发现学习者行为与主动学习能力等特征的因果关系，从而可基于多元回归分析获取各变量的因果关系影响程度，找出最重要的影响因素，如在线时长、访问课件资源频率等（见图7）。其中，向量 $V = (v_1, v_2, \cdots v_5)$ 表示变量集，$v_i$ 依次表示混合数据特征、生理数据特征、心理数据特征、行为数据特征以及学习情境元素，选取 $n$ 组可观察的数据集 $X = \{x_1, x_1, \cdots, x_n\}$ 进行训练来发现变量 $V$ 和学习评价间的依赖关系。采用基于约束的方法进行贝叶斯模型训练后，即可构建出高维变量的贝叶斯网络。贝叶斯结构 $CH$ 评分函数的形式如下：

$$logP(D \mid G) = \sum_{i=1}^{n} \sum_{j=1}^{qi} \left[ log\left(\frac{\Gamma(\alpha_{ij})}{\Gamma(\alpha_{ij} + N_{ij})}\right) + \sum_{k=1}^{ri} log \right] log\left(\frac{\Gamma(\alpha_{ijk} + N_{ijk})}{\Gamma(\alpha_{ijk})}\right) \quad (4)$$

上式中，$r_i$ 表示结点 $X_i$ 的状态数，$\Gamma(a_{ij})$ 为伽马函数，$D$ 为给定数据，$G$ 为贝叶斯网络拓扑结构，$n$ 为结点数。其中，$a_{ij} = \sum_k^a a_{ijk}$ 为超参数，$q_i$ 表示结点 $X_i$ 的父结点的所有取值组合。$N_{ijk}$ 表示当结点值为 $k$ 时，其父结点状态值为 $j$ 所对应的样本数。

图7　基于贝叶斯网络的可解释性流程

### 3. 数据决策模块

数据决策是利用信息技术的诊断评价结果，融合基于深度学习的神经网络预测模型，为学习者提供优化的精准推荐服务，比如知识点推荐、学习方法推荐以及资讯推荐。

学习者诊断评价结果反映某个时间地点下特定的学习者对学习资源的偏好。依据评价结果，学习者若在某一评价指标下表现出的深层行为特征有欠缺，学习管理中心会自动决策改变推荐内容，重点向学习者推荐利于提升该方面能力的服务，如评价模块显示学习者沟通能力下降，推荐模块就会推荐增加沟通能力的相关读物及加强需要沟通技能的作业比重。

相比于传统教学过程，基于人工智能的干预系统能实现实时的精准推荐，学习者能准确及时了解自己学习过程的不足，并加以改进。

## 四、应用效果

为检验本研究的有效性，广东工业大学"蕴瑜课堂"建立了教育诊断评价与干预功能系统，随机选取本校 10 个实验班共 538 名学生进行对照测试，其中有 5 个对照组与 5 个实验组，对照组使用传统教学评价模式，实验组使用人工智能教学评价模式，开展为期一个学期的对比实验及跟踪调查。

该系统通过人工智能评价算法，对智慧感知的多模态学习行为数据进行分析，实时得出学生个性化诊断评价结果，系统界面如图 8 所示。

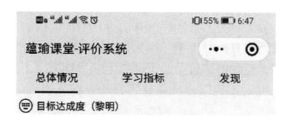

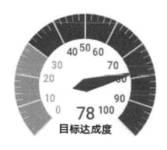

图 8 实时教育诊断评价功能界面

得益于人工智能评价的普惠性与实时性，每名实验组学生都能够访问自己的实时学习评价结果，该结果有多项学习评价指标。实时的学习评价模块通过呈现智慧学习评价雷达图展示自身能力差距，能力越接近多边形外围，则说明该能力越强。智能评价算法可从多维度对学生进行个性化评价，突破了传统系统只对学生单一指标描述的局限性。学生了解自身差距后，系统再根据个性化的评价结果干预学生学习行为。

为进一步分析人工智能评价的特性，研究首先进行学生成绩归因分析，选取交流讨论次数、抬头率和小测成绩，分析其对学习成绩的影响。表1展示了实验组学生学习行为对学生成绩的影响，每一列表示不同学习行为指标取值下对应的学生取得不同成绩的概率。以交流讨论次数为例，当交流讨论次数小于3时，成绩超过80分的概率仅为6.63%，远低于交流讨论次数大于10所对应的概率（20.42%）。由此可见，交流讨论次数对学生成绩有正面影响，学生交流讨论次数的增加可提高其考试成绩。归因分析结果能指导老师改进教学方法。

表 1　基于学习行为的学习成绩归因分析

| 成绩<br>（分） | 交流讨论次数<br>（次） | | | 抬头率<br>（次/每小时） | | 测验成绩<br>（分） | | |
|---|---|---|---|---|---|---|---|---|
| | 0～3<br>（%） | 4～10<br>（%） | 大于10<br>（%） | 0～30<br>（%） | 大于30<br>（%） | 小于60<br>（%） | 60～80<br>（%） | 大于80<br>（%） |
| 小于60 | 18.12 | 5.24 | 4.13 | 23.42 | 5.49 | 51.89 | 10.47 | 6.72 |
| 60～80 | 75.25 | 83.64 | 75.45 | 70.12 | 84.05 | 33.45 | 48.9 | 33.51 |
| 大于80 | 6.63 | 11.12 | 20.42 | 6.46 | 10.46 | 14.66 | 51.1 | 59.77 |

其次，研究采用李克特量表设计问卷，分析教育诊断评价与干预效果。研究围绕普惠化、个性化、公平性、实时性与精准干预五个方面对实验对象开展问卷调查与访谈。本次调查共发放问卷538份，回收问卷531份，有效问卷524份，问卷有效率97.4%，调查结果如表2所示。

表2 应用效果问卷调查结果

| 维度 | 示例 | 组别 | 等级 | | | | |
|---|---|---|---|---|---|---|---|
| | | | 非常同意（%） | 同意（%） | 一般（%） | 不同意（%） | 非常不同意（%） |
| 普惠化 | 老师/系统对我有足够的关注度 | 实验组 | 32.44 | 47.14 | 20.42 | 0 | 0 |
| | | 对照组 | 0 | 15.27 | 57.25 | 27.48 | 0 |
| 个性化 | 老师/系统能够根据我的性格、特点等仔细分析 | 实验组 | 10.69 | 53.05 | 34.92 | 1.34 | 0 |
| | | 对照组 | 0.38 | 17.18 | 60.5 | 21.95 | 0 |
| 公平性 | 老师/系统对我的评价或分析比较公平 | 实验组 | 25.57 | 60.88 | 13.55 | 0 | 0 |
| | | 对照组 | 0 | 34.16 | 59.35 | 6.49 | 0 |
| 实时性 | 老师/系统能够对我的学习行为作出及时反应 | 实验组 | 37.02 | 48.85 | 14.12 | 0 | 0 |
| | | 对照组 | 4.58 | 49.81 | 45.04 | 0.57 | 0 |
| 精准干预 | 老师/系统能够给我提供精准的帮助 | 实验组 | 18.51 | 43.51 | 31.11 | 5.53 | 1.34 |
| | | 对照组 | 12.6 | 25.19 | 53.24 | 8.97 | 0 |

从问卷调查结果可以看出，实验组学生与对照组学生相比，对教学评价、干预模型的满意程度更高，达60%以上（非常同意与同意之和），而对照组的满意度较低。显然，人工智能教学评价模式优于传统的教学评价模式。

综上所述，人工智能教学评价与传统的教师评价相比，其优势体现在五个方面，分别是普惠化、个性化、公平性、实时性与精准干预。（见表3）

表3　人工智能教学评价的优势

| 比较项 | 人工智能教学评价 | 传统的教师人工评价 |
|---|---|---|
| 普惠化 | 可覆盖班级每一名同学 | 只能覆盖班级一部分学生 |
| 个性化 | 个性化程度高，细粒度 | 个性化程度低，粗粒度 |
| 公平性 | 算法标准统一 | 受人为因素影响大 |
| 实时性 | 实时性高 | 实时性低 |
| 精准干预 | 可实现精准的干预或预警 | 精准程度不高 |

# 五、结论与思考

随着人工智能技术的发展，基于人工智能的教学评价带来了评价主体、评价体系、评价结果、教学决策等的积极改变。

## （一）评价主体发生转变

美国《2019年国家人工智能研究战略计划》指出，人工智能系统可以增强或补充人类的工作能力，人工智能将成为人类工作的专业合作伙伴。人工智能系统的成熟将使劳动力从以人类为主转向人机协同。在教育评价中，它可以有效地增强教育评价系统中教师的工作能力，解决过往开展评价工作时出现的效率低下、主观性强、千篇一律、评价延时等问题。人工智能系统使劳动力从以人类为主转向人机协同，特别是数据获取与分析技术的进步，以及基于学生学习全过程数据的评价，使评价更具针对性，实现了评价的规模化、公平化、个性化、实时化，弥补了传统教学评价的不足。

## （二）教学评价体系发生重构

在人工智能+教育的发展趋势下，美国国际教育技术协会、联合国教科文组织、全球监测联盟等先后设计了数字能力素养评估框架，这一新素养在人工智能赋能社会的背景下，显得尤其重要。该评估框架包括七个方面的能力板块：软硬件基础知识、信息和数据素养、沟通与协作、数字内容创建、安全、问题解决和与职业相关的能力。可见，素质教育是人工智能＋教育的重要培养目标，将更加强调学生的批判意识、知识与能力等综合素质的培养，人的全面发展、满足社会需要将成为衡量教育质量的根本标准。

## （三）评价结果更公平

人工智能评价充分依赖物联网技术、大数据技术、高性能计算技术以及相应软硬件的支持，评价贯串于学生学习全过程，有别于传统评价中的唯分数论。智能算法对学生学习全过程数据进行分析，可以实现自学习、自适应、自我优化以及最优的输出结果，能有效地避免因教师主观喜好而造成的评价不公平。

## （四）教育决策更加以人为本

人工智能算法有着自学习、自适应和自我优化的特性，算法可以根据不同的输入，通过学习训练来调整各参数的权重，得出最优的输出结果。人工智能教学评价要将基于数据和智能系统的自决策，与基于教师的他决策相结合，使教育决策更具人文关怀。自决策应用于教学全过程，智能算法可以实现精准干预、过程优化及个性化学习，但由于自决策基于智能系统数据，分析结果可能太过客观死板，缺乏人文关怀。而基于教师的决策，可以根据经验判断、情感因素等给出更具人文关怀的学习决策。

综上所述，人工智能技术能改善高等教育教学评价在评价模式、指标、依据、算法、结果以及教学干预等方面存在的不足，使教育教学评价具有普惠化、个性化、公平性、实时性与精准干预等优点，对教育教学方法的重构具有重要价值。因此，探索人工智能支持的教育评价创新，是推动我国智慧教育的必然举措。

本研究从人工智能教学评价的关键技术出发，提出了构建基于人工智能的高等教育教学评价体系的五大关键技术，在此基础上以广东工业大学"蕴瑜在线课堂"的教育诊断评价与干预系统为例，分别从数据感知、智能评价、数据决策三个方面进行实践。本研究最后以问卷调查的形式，围绕普惠化、个性化、公平性、实时性与精准干预五个方面分析的结果表明，本研究所设计的人工智能教育评价与干预系统各维度均优于传统的教学评价，能为人工智能技术在高等教育教学评价中的应用提供借鉴。

本研究还存在不足：①深度学习模型一般为黑盒模型，基于智能算法得出的评价结果可能有异于平常的经验预测，如何增强评价算法的可解释性，使评价结果得到广大师生的认可是需要重点考虑的问题；②在智慧感知的数据获取方面，学生行为数据获取与分析隐私保护工作有待提高，后续研究应注意在获取学生的行为数据过程中加入隐私保护算法，确保数据安全。

（原载《开放教育研究》2021 年第 5 期）

# 信息化何以促进基础教育的结果公平

## ——基于中国教育追踪调查数据的分析

基础教育公平是教育公平的重要基石。[①] 为了促进优质教育资源共享，缩小区域、城乡、校际教育差距，消除教育"数字鸿沟"，提高教育质量，国家在政策上给予了大力支持。如《教育信息化2.0行动计划》和党的十九大报告把"优先发展教育事业"放在提高保障和改善民生的首要位置。党的十九大报告指出，要"推进教育公平，努力让每个孩子都能享有公平而有质量的教育"。《中国教育现代化2035》把"实现基本公共教育服务均等化，进一步推进优质均衡"作为国家中长期教育改革与发展的战略任务之一。可见，教育公平与教育质量存在内在联系，离开教育质量谈教育公平是没有实质意义的。[②] 教育结果公平是"教育质量"的应有之义，是衡量教育质量的标准。[③] 这表明，即将步入未来的中国教育公平核心问题，已经升级换代为如何实现"有质量的教育公平"。

进入21世纪以来，信息化对基础教育结果公平的作用引起了国内外学术界的高度重视。[④] 教育信息化涉及新技术手段的引进、整合技术的教学方法的改进，[⑤] 使其有利于突破时空界限和优质资源的高速流动与共享，其突出标志是共享优质教育资源和带动跨越式发展，因此信息化可以在推进义务教育均衡发展、促进教育公平中承担更重要的责任。

① 沈有禄、谯欣怡：《基础教育均衡发展：我们真的需要一个均衡发展指数吗?》，载《教育科学》2009年第6期。

② 褚宏启：《新时代需要什么样的教育公平：研究问题域与政策工具箱》，载《教育研究》2020年第2期。

③ 吴全华：《教育结果公平的内涵及其衍生规定》，载《教育理论与实践》2008年第25期。

④ 何克抗等：《通过学校自身的内涵发展促进"教育结果公平"的创新举措》，载《电化教育研究》2015年第5期。

⑤ Lytvyn A，et al.，"Informatization of Technical Vocational Schools：Theoretical Foundations and Practical Approaches"，*Education and Information Technologies*，2020（1）.

# 一、基础教育结果公平的问题凸显

基础教育结果公平的问题突出体现在不平衡、不充分两个方面。[①] 具体来说，不平衡主要表现为城乡区域差距，不充分主要表现为教育内涵发展不完善。从基础教育结果层面来看，如何促进学生全面而有个性的发展，使每个学生都能享有公平而有质量的教育，仍然有很多需要总结和反思的问题。

## （一）对市场调配下信息化拉大教育结果差距的潜在因素反思不足

市场调配教育资源是弥补不同区域间学校基础教育差距的重要手段之一。为了竞争优质的教育资源，很多家庭会选择校外补习，而且成绩越好的学生在校外补习的投入越大，[②] 但是由于补习需要额外教育费用支出，校外补习会导致具有经济优势地位家庭的子女更容易在未来发展中处于有利地位，从而引起社会阶层固化。[③] 而家境较为困难的学生不能承担起高昂的辅导费用，这些学生大多数又处于经济欠发达、教育资源紧缺的农村、中西部等地区，因此单纯利用市场配置信息化教育资源，反而会进一步拉大基础教育公平的结果。

## （二）城乡基础教育结果公平的教育鸿沟仍需弥补

信息化是均等配置教育和教师资源的重要技术支持。"十三五"以来，"有学上"的矛盾得以缓解。[④] 教育信息化能够扩大优质教育资源的覆盖面，促进教育公平和均衡发展。[⑤] 但是精准帮扶农村地区的基础教育

---

① 吕玉刚：《不忘初心 牢记使命 努力把基础教育越办越好》，载《人民教育》2017 年第 22 期。

② Kim S，Lee J H，"Private Tutoring and Demand for Education in South Korea"，*Economic Development and Cultural Change*，2010（2）.

③ 代蕊华、仰丙灿：《国外校外培训机构治理：〈现状、经验、问题及其启示〉》，载《教师教育研究》2017 年第 5 期。

④ 徐辉：《关于"十四五"教育规划的若干建议》，载《教育研究》2020 年第 5 期。

⑤ 包磊：《甘肃省"全面改薄"项目中"班班通"设备的使用现状及盘活策略》，载《甘肃教育》2018 年第 23 期。

办学和教育信息化建设存在重建轻用、重物轻人和忽略贫困地区特色等问题。[1] 在教育资源的配置上，农村基础教育的教师很难有进修、学习和培训的机会，[2] 这可能导致即使拥有资源，农村教师也不知道如何高效、优质地使用好资源，从而引发新的教育鸿沟。以上使用互联网配置教育资源的主要目的是补偿城乡教育资源差距，但是因为缺少对教育结果公平的实效性研究和对用好资源重要性的认知，存在即使利用信息化手段配置教育资源，依然导致城乡差距明显和新的教育鸿沟出现等问题。

（三）如何促进信息化为基础教育结果公平提质增效仍需探索

"有学上"的问题虽然已经解决，但是如何"上好学"和怎样促进基础教育结果公平的提质增效仍需探索。[3] 首先，国家在信息化促进基础教育结果公平方面起到巨大作用，能够资助乡村和偏远地区等企业市场参与较少的地区，大范围提高信息化教育资源的数量和覆盖面，在全国范围内迅速推进"农远工程"和"三通两平台"等大型资源建设项目。但是仍存在教育信息化供需体系不精准，信息化设施后期维护资金不充足，灵活性和开放性稍显欠缺等问题。[4] 其次，目前教育资源已积累到一定水平，仅继续增加资源的数量对提高教育质量不会产生明显促进作用。[5] 再次，信息化教育资源的种类和数量激增，出现了"资源越来越多，而获取越来越难"的信息悖论。最后，资源的数量是有限的，需要实现政府投入的效益最大化。[6] 因此，只是强调资源的数量和优质资源"班班通"的全覆盖是不够的，还需要从促进教育结果公平的目标出发，确保提质增效地

① 张伟平、王继新：《信息化助力农村地区义务教育均衡发展：问题、模式及建议——基于全国8省20县（区）的调查》，载《开放教育研究》2018年第1期。

② 卢曾娟：《西部农村基础教育的公平发展》，载《教育评论》2011年第5期。

③ 褚宏启：《教育公平升级换代：更加关注结果公平与教育质量》，载《中小学管理》2019年第11期。

④ 任友群等：《新时代教育信息化的供给侧改革——市县级需求与问题的分析视角》，载《电化教育研究》2018年第1期。

⑤ 辛涛等：《从教育机会到学习机会：教育公平的微观视域》，载《清华大学教育研究》2018年第2期。

⑥ 左明章、易凌云：《基础教育信息化投资——效益评判模型的构建与分析》，载《中国电化教育》2006年第6期。

用好信息化手段。

基于当前基础教育结果公平现状的问题，面对主流的研究对策，可以发现，信息化在基础教育中的作用愈发重要，那么信息化与基础教育结果公平之间存在怎样的逻辑关系呢？

## 二、信息化与基础教育结果公平的逻辑关系

要厘清"信息化"和"教育结果公平"这一对潜在变量的逻辑关系，需要通过一系列具体的研究问题（并匹配可操作性化的外生变量）来进行参与。为了能够回答"信息化与基础教育结果公平的逻辑关系如何"的问题，首先需要识别"信息化"与"教育结果公平"的潜在关联；其次，有必要立足于新时代和教育公平理论视角，阐述信息化与基础教育结果公平关键要素之间的匹配关系。

### （一）实体化识别信息化与基础教育结果公平间的潜在关联

如何衡量"教育结果公平"是本研究要突破的重点问题之一。已有研究对教育结果公平做了多维论述。

首先，有研究者指出，教育结果公平从低到高可以划分为三个层次：一是学生学业成绩，包括学校成绩、技能水平等；二是学生素质素养，包括学生的认知能力、元认知能力和学习动机等；三是教育的间接影响，包括对学生未来社会地位、收入水平等的影响。① 也有研究认为，教育结果公平作为教育的一种价值取向，是一种实质公平；即无论学生所在家庭条件和个体智力水平等先天因素的差距如何，通过教育教学活动的持续干预，每个学生都能够获得同等的教育增量。② 归纳已有相关研究，可得出三个结论：第一，学业成就是教育结果公平的普遍定义；③ 第二，学生的

① 辛涛、黄宁：《教育公平的终极目标：教育结果公平——对教育结果公平的重新定义》，载《教育研究》2009 年第 8 期。

② 杨挺、龚洪：《论教育中的程序公平与实质公平》，载《中国教育学刊》2015 年第 8 期。

③ 方超等：《信息技术能促进学生认知能力发展吗？——基于教育增值测量的净效应估计》，载《开放教育研究》2019 年第 4 期。

认知水平是新时代教育结果公平的重要内涵之一；[①] 第三，虽然教育结果公平有不同层级，但研究新趋势已从教育高质量发展角度出发，对教育结果公平的追求逐渐向高阶转移，关注不同学生教育结果增量的丰富和均衡。由此看来，学生学业成绩、学生认知能力水平和学生课业接受度是衡量"教育结果公平"的重要分析指标之一。有鉴于此，本文将学生课业平均成绩（指语、数、英成绩，对应学生学业成绩层次）、学生认知能力水平和学生课业接受度同时纳入分析框架，实证检验信息化对基础教育结果公平的影响。

其次，在教育结果公平发展的不同阶段，需要为其实体化匹配不同的信息化要素。并非所有的信息化要素都能作用于基础教育结果公平，在不同阶段，能影响教育结果公平的信息化要素并不相同。在任何阶段，政策和实践都是影响信息化的主要因素，因为政府及其主管部门能够在宏观层面调配和投入促进教育结果公平的信息化手段配置公平。而在实抓"三通两平台"的阶段，细化到微观实践层面，主要促进教育结果公平的抓手是信息化基础设施、信息化教育资源和信息化教学应用。而在未来，当教育结果公平发展到更高阶段时，其主要目标将从低阶层次的提高学生成绩，向高阶层次的兼顾成绩与学生创新批判思维、元认知能力等素质转移。随着教育结果公平的目标变化，信息化作为促进基础教育结果公平的重要手段，其着力点也会从信息化基础设施、信息化教育资源和信息化教学应用，向深度融合教学的信息化要素转移，从而为教育结果公平从均等化的公平向有质量的公平发展做出贡献。

## （二）信息化与基础教育结果公平的因果关系：促进还是阻隔

"信息化与基础教育结果公平"的因果关系在概率意义上可以理解为，在相等条件下，如果"信息化"发生，则"基础教育结果公平"发生的概率提高，或者理解为，"信息化"的变化导致"基础教育结果公平"平均值的变化。信息化与基础教育结果公平关系探讨中，往往呈现出两类明显相反的观点：一类认为信息化能够促进基础教育结果公平的发

---

① 龚伯韬：《教育信息化：促进教育结果公平之路——基于学校信息化对学业成就影响的实证分析》，载《教育研究与实验》2019年第1期。

展，另一类认为信息化会阻隔城乡基础教育结果公平。

首先，认为信息化促进基础教育结果公平的一类观点，其理由有以下方面。

一是信息化有利于促进学生学业成绩的提升。国内自 2000 年至今的"跨越式教学改革"，通过信息化变革传统课堂教学结构，先后对中西部农村试验区做过的三次对比测试，包括北京远郊农村和北京市城区名校同年级学生对比测试、河北省丰宁县的农村试验区学生测试结果和国家新课标要求的对比测试、宁夏海原县最贫困地区和该县传统名校的成绩对比测试。测试证明了运用信息化教学理论方法培训教师，提供学生认知、自主探究和情感体验与内化工具等丰富的学习资源，对教育结果公平有显著促进效果。[①] 国际学生评估项目（PISA）2018 结果显示，信息化的硬软件设施配备水平对学生学业成绩具有显著影响。[②] 美国的早期预警系统能够根据学生成绩表现预测其学业层次，跟踪学生学习进度从而为其设置合理的学习成绩目标，并通过对比纵向数据库建立的学业指标，辅助教师调整教学，从而提高学生学业成绩。[③] 而在线学习与差别化指导相融合的在线开放课堂能够使学生紧跟课堂速度，从而保证期末成绩。[④] 因此，利用信息化手段能够为所有学生提供优质的教育资源，有利于缩小城乡间、区域间学生的学业成绩差距，促进教育结果公平。

二是信息化有利于促进教育资源均衡配置。我国基础教育发展不均衡突出表现在办学条件、经费投入、师资水平和教育质量等方面。借助信息化手段，加大对乡村和边远贫困地区政策倾斜，扩大优质数字教育资源供给，可以一定程度上缓解教育资源分配不均的问题。信息化促进基础教育公平主要考虑数字化信息资源和师资资源两方面的配置。在数字化信息资源方面，利用集结大量优秀教师智慧的电子教材可以有效地缓解教育欠发

① 何克抗等：《通过学校自身的内涵发展促进"教育结果公平"的创新举措》，载《电化教育研究》2015 年第 5 期。
② 马红梅等：《全球视域下学校信息化"数字鸿沟"及其对学生成绩的影响》，载《现代远程教育研究》2020 年第 5 期。
③ 唐晓玲等：《教育大数据战略下美国州纵向数据系统建设与运用》，载《电化教育研究》2019 年第 2 期。
④ 田野等：《在线开放课堂与现代信息技术融合实践与评价研究》，载《高教学刊》2020 年第 35 期。

达地区优质教师资源不足的矛盾。[①] 在师资方面，通过互联网将优秀教师的远程讲授与乡村学校教师的现场配合有机对接的"双师教学"模式，能促进发达与落后地区之间优质数字化学习资源、教师人力资源和管理资源的深度共享。[②] 通过优质学校或城区学校与一般学校或农村学校进行的一对一"捆绑"，能够实现强校与弱校间优质师资资源和教育资源的共享。[③] 由此可知，我们应该对教育信息资源和师资资源进行均衡配置。加强对资源缺乏地区的投入，缩小城乡区域差距，通过调动和提升师资力量改善薄弱基础学校教学质量。

其次，认为信息化阻隔基础教育结果公平的另一类观点，其理由表现为以下两点。一是业界担忧信息化需要投入大量信息化教学资源和基础设施，而这些可能成为办学条件薄弱的学校和经济薄弱地区沉重的负担，进而随着信息化的投入而出现新的"数字鸿沟"。二是由于我国城乡二元社会结构、区域教育信息化发展差异、校际教育文化特色等多方复杂因素的现实条件制约，城乡、区域和校际的基础教育差距在进一步加大。对于此类客观存在的经济发展水平差距导致的教育差距，短期内难以改变。如果资源配置不均衡普遍存在，那么义务教育均衡发展长效机制的健全就难以实现；此外，存在地区之间、城乡之间和学校之间的数字化差距。例如，在对 2017 年全国教育信息化发展状况的调研分析中可以发现，我国中小学校教育信息化基础设施已经初具规模，宽带网络接入情况、信息化学习终端覆盖率等指标均有较大提高，但中西部与其他地区、城乡之间的"数字鸿沟"依然较大。[④]

梳理信息化与基础教育结果公平的逻辑关系可知，对于信息化能否促进基础教育结果公平，能否解决"数字鸿沟"是存在争议的，这些争议需要通过实证来寻找证据和依据。我们应该坚持信息化促进教育公平的价值取向，才可能避免形成新的"数字鸿沟"，即二次不公平的出现。信息

① 章飞：《开发电子教材，促进教育公平，引领学习革命》，载《江苏教育学院学报（自然科学）》2013 年第 1 期。

② 汤敏：《用"双师教学"模式改造乡村教师培训》，载《中国教师》2015 年第 19 期。

③ 陈丽等：《"互联网＋"时代我国基础教育信息化的新趋势和新方向》，载《电化教育研究》2017 年第 5 期。

④ 教育部教育信息化战略研究基地：《中国教育信息化发展报告（2017）》，人民教育出版社 2018 年版。

化在教育领域内的扩散具有复杂性和长期性。[①] 因此，不能简单地在发现"数字鸿沟"问题后就直接认定信息化阻隔城乡基础教育结果公平，要从宏观和长远发展的角度看待信息化过程中出现的"数字鸿沟"。认识学校信息化建设工作的两面性，继续加大对欠发达地区的信息化基础设施投入，通过信息化手段管理基本设施，改进课堂教学，从而利用信息化缓解基础教育课堂中的技术差距，弥补"数字鸿沟"。基于规避和解决新一轮"数字鸿沟"的价值取向，只有当信息化是以提高教育结果公平的效果、效率与效益为目标的时候，才能充分发挥信息化的独特优势。

梳理信息化促进教育结果公平的实证研究，可以发现，该领域研究已取得一定重要成果，但随着教育公平不断发展以及信息化着力点的转移，仍有进一步深化研究的学术空间。首先，当前的理论性文章已经广泛探讨了教育结果公平"是什么"和"存在什么问题"，对怎么做能够促进教育结果公平还缺乏有深度的实证研究。其次，教育结果公平发展的不同阶段，目标不同，需要为其实体化匹配不同的信息化要素。已有的信息化促进教育公平的实证研究主要关注学生的学业成就，信息化与教育结果公平的量化要素比较单一，现阶段需研究更全面的，适合中国现阶段国情的教育结果公平衡量方式。最后，现有研究缺乏系统分析信息化促进教育结果公平的内在复杂机理，尚存在亟待研究的问题：匹配现阶段教育结果公平的信息化变量的构成有哪些关键要素？城乡区位学校信息化对教育结果公平的影响存在什么差异？

为了解决上述研究局限，本研究从实证数据分析的角度，综合已有研究和实情中对信息化与教育结果公平的量化方案，为信息化与基础教育结果公平实证分析的操作化测量、数据描述和实证检验提供可能的支撑。

## 三、信息化促进基础教育结果公平的实证研究

### （一）数据

本研究采用由中国调查与数据中心设计与实施的、具有全国代表性的

胡钦太自选集

HU QINTAI ZIXUANJI

---

① 杨浩等：《技术扩散视角下信息技术与学校教育融合的若干思考》，载《中国电化教育》2015 年第 4 期。

"中国教育追踪调查（CEPS）（2014—2015 年）"数据来探讨信息化对教育结果公平的影响。（截至 2021 年，该数据为全国性的最新可获得性数据）中国教育追踪调查以七年级和九年级两个同期群为调查起点，以人口平均受教育水平和流动人口比例为分层变量，采用多阶段的概率与规模成比例的抽样方法，从全国东、中、西部随机抽取 28 个县级单位（县、区、市）共 112 所学校作为调查点，在每个入样县（区）所辖地理范围内分别抽取 4 所学校，在每所入样学校中分别抽取 4 个班级，入样班级的所有学生、家长、班主任、主科目（语、数、英）任课教师以及学校领导构成最终调查样本。其中，城市学校占被抽中学校总数的 49%，农村学校占 51%。剔除信息不完整的问卷，最终教育结果公平变量选取 112 所学校中的 438 个班级 19562 名七年级学生作为样本，对被抽中班级学生的综合认知能力测试、期中考试成绩（由被调查学校直接提供）等进行调查，综合利用各种手段全面采集高质量的数据，为教育公平政策的制定提供具有全国代表性的多层级教育数据支撑。

## （二）变量

本研究包含结果变量、自变量和控制变量。研究的自变量是学校信息化水平，选取的基础教育信息化衡量指标包括信息化基础设施、信息化教育资源、信息化教学应用。一是信息化基础设施能够反映一个学校最基本的信息化条件，如"生均电脑数"的情况，只有具备一定的信息化设施、硬件设备才能开展信息化教学。二是信息化教学资源，如优质资源班班通的情况，只有重视教学资源的使用和共享，才能打破学校之间的资源壁垒。三是信息化教学应用，如考察教师采取多媒体投影设备、互联网、个人教学网站或博客、微博的网络学习空间进行授课的频率，多媒体教学设备的使用频率则反映着教育资源的利用效率，[1] 只有充分利用学校已具备的信息化设施和资源，才能真正提升学校整体信息化水平。信息化基础设施、教学资源和教学应用，三者间相互联系、相互影响，代表了学校的信息化水平。前两个指标通过调查校领导获取。第三个指标通过调查任课教师获取，问卷题目选项包括"从不""偶尔""有时""经常""总是"。

---

① 石兰月：《教师信息技术素养影响因素实证研究——基于河南、安徽、山西 3 省 14 县（市）的调查》，载《河南社会科学》2017 年第 3 期。

使用主成分分析法提取三个指标的公因子并按公因子以权重为1加权为学校信息化综合得分，该数值越大，表明学校信息化水平越高。

本研究的结果变量是教育结果公平，借鉴前述研究的分类方式，分别从学业成就维度选取学生的"认知能力水平—课业平均成绩—课业接受度"三个指标进行测量。"课业平均成绩"以学生2014年秋季学期的语文、数学和英语课程的期中考试成绩为考察的关键指标，"认知能力水平"以学生的逻辑思维与问题解决能力为关键指标，"课业接受度"以学生对于语文、数学、英语课程的认可和关注度为关键指标。

控制变量包括"学生特征变量—教师特征变量—学校特征变量"三个维度。"学生特征变量"包含性别、独生子女、家庭结构、住校等人口学变量，"教师特征变量"包含教师的年龄、性别、学历、职称、教龄，"学校特征变量"包含学校区位、学校质量排名与城市学生比例。

（三）分析方法

本研究在以往研究的基础上，采用因子分析、相关分析和多元回归分析，探究学校信息化水平和教育结果公平之间的联系以及存在怎样的影响。首先，为保证研究工具的信效度，本研究借助SPSS 25.0对教育结果公平（认知能力水平和课业接受度）作因子分析。

问卷整体Cronbach's系数为0.89，表明问卷内部一致性良好；认知能力水平和课业接受度 $KMO$ 值为0.78，说明因子分析效果良好；同时 $p$ 值 < 0.05，表明问卷效度较好。首先，进一步进行维度探索，随机选取一半数据进行主成分分析法和正交旋转法抽取公共维度，各条目的因子载荷值0.81～0.91，反映出各指标条目具有良好的聚合效度。其次，对学校信息化水平、教育结果公平和学校区位的相关关系进行分析。再通过多元回归分析考察学校信息化（信息化基础设施、信息化教育资源及信息化教学应用）对教育结果（认知能力水平、课业平均成绩及课业接受度）的影响效应。最后，采用层次回归分析验证城乡区位学校信息化对教育结果影响的学生差异，从而为教育结果公平的实证研究提供真实的数据支撑。

（四）结果与分析

**1. 学校信息化对认知能力水平、课业平均成绩及课业接受度的影响**

如表1所示，控制了学生性别、独生子女情况、家庭结构、家长监督、亲子关系、教育期望、学校生活体验、寄宿、同辈群体质量、教师性别、教师出生日期、教师学历、教师教龄、教师职称、学校县区排名、学校地区类型等无关变量后，学校信息化水平可以显著正向预测学生认知能力水平（$B = 0.045$，$S.E. = 0.006$，$p < 0.001$）。信息化基础设施可以显著负向预测认知能力水平（$B = -0.035$，$S.E. = 0.007$，$p < 0.001$），信息化教育资源可以显著正向预测认知能力水平（$B = 0.059$，$S.E. = 0.007$，$p < 0.001$），信息化教学应用可以显著正向预测认知能力水平（$B = 0.040$，$S.E. = 0.007$，$p < 0.001$）。

表1　学校信息化对教育结果公平的影响

| 教育结果公平 | Predictor（s） | B | S.E. | T | $R^2$ |
|---|---|---|---|---|---|
| 认知能力水平 | Total：学校信息化水平 | 0.045 | 0.006 | 7.279[***] | 0.002 |
| | 信息化基础设施 | -0.035 | 0.007 | -5.253[***] | 0.001 |
| | 信息化教育资源 | 0.059 | 0.007 | 8.934[***] | 0.003 |
| | 信息化教学应用 | 0.040 | 0.007 | 5.702[***] | 0.001 |
| 课业平均成绩 | Total：学校信息化水平 | 0.284 | 0.058 | 4.927[***] | 0.001 |
| | 信息化基础设施 | 0.026 | 0.065 | 0.399 | 0 |
| | 信息化教育资源 | -0.142 | 0.062 | -2.291[*] | 0 |
| | 信息化教学应用 | 0.460 | 0.061 | 7.512[***] | 0.002 |
| 课业接收度 | Total：学校信息化水平 | -0.034 | 0.032 | -1.055 | 0 |
| | 信息化基础设施 | -0.075 | 0.036 | -2.063[*] | 0 |
| | 信息化教育资源 | -0.152 | 0.034 | -4.431[***] | 0.001 |
| | 信息化教学应用 | 0.187 | 0.035 | 5.420[***] | 0.001 |

注：[*] $p < 0.05$；[**] $p < 0.01$；[***] $p < 0.001$。

在控制了学生、教师、学校等变量后，学校信息化水平可以显著正向预测课业平均成绩（$B = 0.284$，$S.E. = 0.058$，$p < 0.001$）。信息化基础设施预测课业平均成绩不显著（$B = 0.026$，$S.E. = 0.065$，$p = 0.690$），信息化教育资源可以显著负向预测课业平均成绩（$B = -0.142$，$S.E. = 0.062$，$p = 0.022$），信息化教学应用可以显著正向预测课业平均成绩（$B = 0.460$，$S.E. = 0.061$，$p < 0.001$）。

在控制了学生、教师、学校等变量后，学校信息化水平预测课业接受度不显著（$B = -0.034$，$S.E. = 0.032$，$p = 0.291$）。信息化基础设施可以显著负向预测课业接受度（$B = -0.075$，$S.E. = 0.036$，$p = 0.039$），信息化教育资源可以显著负向预测课业接受度（$B = -0.152$，$S.E. = 0.034$，$p < 0.001$），信息化教学应用可以显著正向预测课业接受度（$B = 0.187$，$S.E. = 0.035$，$p < 0.001$）。

结果发现，学校信息化水平显著正向预测学生的认知能力水平、课业平均成绩。具体而言，信息化中的要素如信息化基础设施和信息化教育资源可能降低或无法改变教育结果公平中的认知能力水平或课业平均成绩要素，而信息化中信息化教学应用显著提高了认知能力水平或课业平均成绩要素。这意味着，信息化教学应用水平越高，学生的教育结果越高。这说明，学校信息化水平的各维度扮演不同作用，其中专注于如何用好信息化是促进教育结果公平和导致学校信息化水平显著正向预测学生的认知能力水平、课业平均成绩的关键指标。

以上测试的结果证明，虽然学校信息化水平能促进学生的认知能力水平、课业平均成绩提高，但是提高信息化教育资源的数量不能影响教育结果公平的各维度，因此需要通过多角度提高信息化教育资源质量。从扶植资源角度向扶植人的角度发展，通过培养、共享、流转优秀的教师智力资源保证信息化资源的使用效果。从落实学校资源分配平均向跟踪学校资源使用效率发展，保证学校信息化教育使用效果。

### 2. 城乡区位学校信息化对教育结果影响的学生差异分析

如表 2 所示，在控制了无关变量后，区位对学校信息化水平影响认知能力水平的调节作用显著（$B = -0.069$，$S.E. = 0.012$，$p < 0.001$）。区位对信息化基础设施影响认知能力水平的调节作用显著（$B = -0.157$，$S.E. = 0.014$，$p < 0.001$），区位对信息化教育资源影响认知能力水平的调节作用显著（$B = 0.048$，$S.E. = 0.015$，$p = 0.002$），区位对信息化教学应用影响认知能力水平的调节作用显著（$B = -0.035$，$S.E. = 0.016$，$p = 0.028$）。

区位对学校信息化水平影响课业平均成绩的调节作用不显著（$B = 0.110$，$S.E. = 0.111$，$p = 0.322$）。区位对信息化基础设施影响课业平均成绩的调节作用显著（$B = -0.393$，$S.E. = 0.126$，$p = 0.002$），区位对信息化教育资源影响课业平均成绩的调节作用不显著（$B = 0.170$，$S.E. = $

0.142，$p = 0.228$），区位对信息化教学应用影响课业平均成绩的调节作用不显著（$B = 0.243$，$S.E. = 0.149$，$p = 0.103$）。

区位对学校信息化水平影响课业接受度的调节作用显著（$B = 0.189$，$S.E. = 0.062$，$p = 0.002$）。区位对信息化基础设施影响课业接受度的调节作用显著（$B = 0.158$，$S.E. = 0.071$，$p = 0.025$），区位对信息化教育资源影响课业接受度的调节作用不显著（$B = 0.093$，$S.E. = 0.079$，$p = 0.239$），区位对信息化教学应用影响课业接受度的调节作用不显著（$B = 0.105$，$S.E. = 0.084$，$p = 0.209$）。

表2　区位对学校信息化影响教育结果公平的调节效应

| 教育结果公平 | Predictor（s） | B | S.E. | T | R² |
|---|---|---|---|---|---|
| 认知能力水平 | Total：区位 X 学校信息化水平 | − 0.069 | 0.012 | − 5.746*** | 0.001 |
| | 区位 X 信息化基础设施 | − 0.157 | 0.014 | − 11.540*** | 0.006 |
| | 区位 X 信息化教育资源 | 0.048 | 0.015 | 3.144** | 0 |
| | 区位 X 信息化教学应用 | − 0.035 | 0.016 | − 2.197* | 0 |
| 课业平均成绩 | Total：区位 X 学校信息化水平 | 0.110 | 0.111 | 0.991 | 0 |
| | 区位 X 信息化基础设施 | − 0.393 | 0.126 | − 3.111** | 0 |
| | 区位 X 信息化教育资源 | 0.170 | 0.142 | 1.205 | 0 |
| | 区位 X 信息化教学应用 | 0.243 | 0.149 | 1.630 | 0 |
| 课业接受度 | Total：区位 X 学校信息化水平 | 0.189 | 0.062 | 3.050** | 0 |
| | 区位 X 信息化基础设施 | 0.158 | 0.071 | 2.235* | 0 |
| | 区位 X 信息化教育资源 | 0.093 | 0.079 | 1.179 | 0 |
| | 区位 X 信息化教学应用 | 0.105 | 0.084 | 1.257 | 0 |

注：* $p < 0.05$；** $p < 0.01$；*** $p < 0.001$.

结果发现，区位对学校信息化水平影响教育结果公平即城乡区域间学校信息化水平拉大、缩小或不影响教育结果公平。其中，城乡区域间信息化教育资源越多，学生的认知能力水平也越高。同时，处于农村地区学校的学生更容易因学校信息化水平的提升而带来认知能力的提升。这意味着，信息化在一定层面上缩小了教育结果的城乡鸿沟，对于农村等薄弱地区，学校信息化的建设成效显著，促进了教育结果公平。

但要注意的是，不能只关注教育资源数量而不重视资源的使用效率。因为用好资源的信息化教学应用才是最重要的，再好的信息化基础设施和资源，如果不能被持续有效地运用在信息化教学中，也不会对学生的认知能力水平、课业平均成绩和接受度产生影响。也就是说，如果只关注教育资源数量公平，就不能促进教育结果公平，反而会造成资源的浪费。因此，在农村等薄弱地区的帮扶过程中，不但要提供资源，还要培育当地教师资源，让每一位老师能够用好资源，提高信息化教育资源的利用效率，精准帮扶，特色扶植，促进城乡教育结果公平。

## 四、信息化对基础教育结果公平的整体推进策略

研究结果显示，教育信息化对于实现基础教育结果公平有显著作用。具体来说，学校信息化程度越高，学生认知能力水平和课业平均成绩越好。此外，城乡区域间学校信息化水平越高，课业平均成绩和课业接受程度越好。实践证明，信息化能够实现优质教育资源的共建共享，缩小"数字鸿沟"，满足不同地区师生的需求。因此，既要加快教育信息化的建设，也要警惕和防范"技能鸿沟""使用鸿沟"等"新数字鸿沟"的产生。[1] 注重数字教育资源供给的优化与因地制宜，基于信息化的师资共享与流转、促进精准合理的教育帮扶。[2] 以期充分发挥教育信息化在促进教育结果公平、追求有质量的教育公平上的作用，最终实现教育现代化。

### （一）构建供给显效、共享增效、用好优效的信息化教育资源供给体系

利用信息化手段优化教育资源供给，实现供给显效、共享增效、用好优效。"十三五"期间，学校、教师和内容等教育资源供给改革取得突破性进展，但是义务教育的总体满意程度城乡差别较为显著。[3] 也就是说，

---

① 王美、随晓筱：《新数字鸿沟：信息技术促进教育公平的新挑战》，载《现代远程教育研究》2014 年第 4 期。

② Lin X F, et al., "Exploring the Relationship between Perceived Technology-assisted Teacher Support and Technologyembedded Scientific Inquiry: the Mediation Effect of Hardiness", *International Journal of Science Education*, 2020 (8).

③ 徐辉：《关于"十四五"教育规划的若干建议》，载《教育研究》2020 年第 5 期。

能不能"上好学"的问题仍旧需要解决,是要缩小研究区域间、城乡间、校际的教育质量差距,促进教育质量公平。教育部关于印发《教育信息化2.0行动计划》的通知中提出要继续深入推进"三通两平台",关键是推进信息化"课堂用、经常用、普遍用"。① 教育质量不简单等同于分数,还包括时代所需要的素养、综合素质,开发学生的潜能和能力,促进人的全面发展与个性发展。② 基于教育结果公平的目标,预判可能的研究焦点在下述三个方面。

一是从"建立模型—数据实证—制定方案"的数据驱动供给决策出发,最大化满足师生对教育资源的多元化和个性化需求。教育结果公平作为量化的指标,可以评价教育结果本身、教育起点、教育过程。③ 互联网具有汇聚大量优质教育信息、实现资源高效共享的特性。通过建立模型,进行抽样调查,寻找影响学习目标达成的因素,进而找到有利于提高教育公平的关键指标,显现信息化教育资源供给体系效果。通过数据实证驱动信息化重构现有数字教育资源公共服务体系,促进教育资源需求侧和供给侧的信息流通和对接,便能够促进教育资源供需匹配度提升,使得闲散的教育资源得到最大化的利用,促进供给管理粗放和应用低效问题,实现最大化满足师生对教育资源的多元化和个性化需求。

二是从"政府监管—市场调配—政企共建"方面出发,加强信息化教育资源供给与共享研究。实现校际、城乡间的"区域内共建共享",制定基础信息化教育资源均衡配置目标及评价标准。研究信息化教育资源区域间"互换共享"服务,研究信息化教育资源共享互换中的矛盾及解决策略、障碍因素、结算模式和监管体系等。④ 在政府监管并提供资金支持

213

---

① 教育部:《关于印发〈教育信息化2.0行动计划〉的通知》,见中华人民共和国教育部网(http://www.moe.gov.cn/srcsite/A16/s3342/201804/t20180425_334188.html)。

② 褚宏启:《新时代需要什么样的教育公平:研究问题域与政策工具箱》,载《教育研究》2020年第2期。

③ 辛涛、黄宁:《教育公平的终极目标:教育结果公平——对教育结果公平的重新定义》,载《教育研究》2009年第8期。

④ 杨宗凯等:《信息技术促进基础教育公共服务均等化研究前景预判》,载《中国电化教育》2015年第1期。

的条件下，引入市场作为要素，将公共服务外包给企业开发。[①] 利用市场能够快速敏锐调配资源的特点，在信息化教育经费投入不变的基础上，动态调控经费的配置比例和使用方法，提升教育资源配置的效率，避免教育资源"建而不用"和"用而不久"的问题。

三是从"点点用—改改用—创创用"层次出发，研究配置与供给后资源的使用效益，促进"校校用平台、班班用资源、人人用空间"的提质增效。重点关注"点点用"占80%，"改改用"和"创创用"各占10%左右，让教师点一点就能简单地使用现有的信息化教育资源，把更多的时间和精力用于思考如何利用好资源而不是修改和制作资源上。对于结果公平来说，要关注学生学习了一段时间后是否达到目标，帮助学生提升学习成绩、认知能力水平和综合素质等能力，从而促进教育结果公平。

（二）完善帮扶精准、区域均衡、特色扶植的信息化城乡协同发展机制

利用信息化手段实现教育的精准帮扶，推动城乡均衡发展。《中共教育部党组关于教育系统学习贯彻党的十九届五中全会精神的通知》提出，要推动义务教育均衡发展和城乡一体化，扩大优质教育资源覆盖面，不断缩小区域、城乡、校际教育差距。[②] 帮扶不是替代，更不是包办；帮扶更重要的在于方法引领、能力发展和思维启发等方面，即"授人以渔"。明确帮扶对象的具体情境和需求，才能精心、细致地提供切需、切实、切境和切时的帮扶，即体现精准。从教育精准帮扶出发，借助信息技术手段，聚焦贫困群体，探索信息化促进教育精准帮扶的可行路径，创新应用信息技术，实现教育数据伴随式收集的技术功能，实现基础教育公平阶段性成效的结果性评估，实现对帮扶成效进行预测性评估，实

---

① 熊才平等：《技术支持下的基础教育信息资源公共服务均等化》，载《教育研究》2013年第11期。

② 中共教育部党组：《中共教育部党组关于教育系统学习贯彻党的十九届五中全会精神的通知》，见中华人民共和国教育部网（http://www.moe.gov.cn/srcsite/A21/s4693/202011/t20201118_500548.html）。

现对基础教育公平发展成效更加精准的考核。预测可能的研究焦点在下述三个方面。

一是从"学校—政府—企业"三个子系统出发，提高教育精准帮扶地区的信息化使用率。学校师生是使用主体，政府是建设资金的提供者和决策者，企业是开发和技术服务提供者。三个利益群体都围绕信息化利用率展开：用户利用信息化服务和资源的参与度越高，利用率就越高；利用率越高，对服务和资源质量的评价就越公正；服务和资源质量的评价越公正，企业获得政府提供的开发资金就越高，就会主动改进服务和资源建设质量。

二是从"省级精统筹—区域内共享—区域间互换"角度出发，利用信息化实现教育帮扶资源精准配置。现行"以县为主"的教育财政体系和管理体制已经不能切实保证基础教育均衡发展，主要原因在于，中国区域之间社会经济呈现严重的非均衡发展态势，县级政府特别是欠发达地区县级政府的财力与其承担的基础教育责任极不相称，必然会逐渐被发达地区的大型基础信息化教育资源库所淘汰。在信息化实现教育帮扶资源精准配置方面，本研究提出"省级精统筹—区域内共享—区域间互换"的路径。首先，强化省级政府的基础教育财政责任，完善省对省以下政府财政转移支付体制，加大对经济欠发达地区的支持力度。其次，"区域间共享"是未改变教育资源投入总量，在没有让既有优质教育资源利益获得者蒙受损失的基础上，使原来教育资源匮乏者享受与优质资源校学生均等的优质教育资源，实现有限教育资源的最大化利用，促进精准帮扶的教育资源配置的良性发展。最后，"区域间互换"针对区域之间数字化教育资源封闭不能共享的难题，分析信息化教育资源共享与权益保护关联关系，构建基于网络技术平台的区域间信息化教育资源共享互换服务模式和体系，形成有效的区域间信息化教育资源共享互换激励机制，推动信息化教育资源大范围共享和互换，最终实现均衡配置。

三是从"教研共同体—学科共同体—教师共同体"维度出发，从扶持资源到扶持人，进行"造血式"特色精准扶植。整合发达地区的资源，培养扶持农村和薄弱地区的教师资源，培育"教研共同体""学科共同体""教师共同体"。通过提高欠发达地区师资素质，以绩效等方式提升教师的工作动力，培养"教师共同体"。在完成上述共同体的建设中，持续鼓励与引导欠发达地区学校根据自身所具有的历史底蕴和内外部条件，探索既契合自身实际又独具特色的信息化发展模式。[①]

## （三）形成共享流转、匹配精准、效能落实的信息化教师资源智力模式

利用信息化手段促进教师智力资源流动，实现共享与流转。为了达到"造血式"精准帮扶的目标，在保障资源的基础上，更要以人为本，重视人的培养。教师是最宝贵的教育资源，肩负着教育振兴和教育质量提升的重要责任，而教师的智力资源又是最为重要的教育资源。"一师一优课，一课一名师"等项目，提高了教师的整体素质，但是主要提高的是教师智力资源本身的质量，没有关注学生的知识水平和接受能力的差距。研究结果发现，教师信息化教学应用对学生认知能力、课业平均成绩均有正向作用。其中教师信息化教学应用还对课业接受度有显著预测作用。这说明，教师的信息化教学应用能力很大程度上会影响教育信息化的发展，因此在信息化促进基础教育结果公平的过程中，要重视提升教师的信息化教学应用能力。

一是从"学生需求—教师资源—技术匹配"流程出发，研究能有效激发和引导学生进行自主、合作的教师智力资源使用模式。以学生个性化实际需求为导向，在移动互联网、大数据、云计算等先进技术的支持下，通过教育资源公共服务平台精准诊断学生学习状况以及学科发展的优劣，推荐适合其个性化发展的在线教师智力服务资源，构建出基于数据分析和教师资源精准匹配的在线辅导体系，使得优质教师资源在平台上实现智力流转，扩大教师智力资源的辐射范围。实现精准化、个性化、多样化的在线教育服务供给，达到运用信息技术解决教师智力资源公平获取问题的目的。

二是从"落实情况—使用效率—投入产出"角度出发，研究教师智

---

① 雷励华等：《教育信息化2.0时代城乡教育均衡发展路径反思与重构》，载《中国电化教育》2019年第10期。

力资源的使用情况。包括配置的教师智力资源的使用率，收集质量评价反馈，研究学校信息化环境建设和教师智力资源流转的经费投入与产出比。利用教学试点，"以点带面"进行实证研究，使用计算机仿真模拟计算落实结果的可行性和成功率。

三是从"不同时期—不同程度—不同差距"方面出发，以学生学习成果为目标导向研究教师智力流转和共享。关注学生的差距来配置和流转教师智力资源，从而提升基础教育公平的师资质量和效率。根据不同时期学校信息化对提高学生的认知能力、课业平均成绩和课业接受度的作用，用数据证明信息化对教育结果公平的影响是持续发生影响的。

（原载《教育研究》2021 年第 9 期）

# 深度学习支持下多模态学习行为可解释性分析研究

## 一、引言

人工智能、大数据、物联网等新一代信息技术的迅速发展和深入应用，给社会各领域带来了巨大的变革，同时也对教育教学产生了深远影响，推动新时代智慧教育的产生与发展。当前，基于智慧教育环境的研究重点逐渐从学习平台开发、资源与内容设计、传统普适性研究、应用模式与实证探究等转向基于行为全过程分析的精准助教与评价研究上。学生个体千差万别，其行为表现一定程度上反映了学生的学习风格、心理特征和情感特征，通过智慧课堂感知系统、教学管理平台采集学习行为过程数据，并通过大数据技术挖掘学生行为特征，能为学习过程的改善提供重要依据。

目前，已有的学习行为分析大多针对各类在线教学平台采集的数据进行，数据来源单一、分析指标简单，学生学习行为研究呈现较大的局限性和割裂感（如 Abdelrahman 等[1]、Eradze 等[2]、姜强等[3]、黄昌勤等[4]）。随着传感器、可穿戴设备、眼动仪和脑电仪等智能信息技术的发展，学习分析领域有了新的突破，研究者逐渐意识到，只有尽可能捕捉学生学习全过程数据（包括声音、视频、表情、生理等多模态数据），才能更加全面准

① Abdelrahman Y, Velloso E, Dingler T, et al., "Cognitive Heat: Exploring the Usage of Thermal Imaging to Unobtrusively Estimate Cognitive load", *Mobile, wearable and ubiquitous technologies*, 2017, 1 (3), pp. 1 – 20.

② Eradze M, Laanpere M, "Lesson Observation Data in Learning Analytics Datasets Observata " In: *Proceedings of the 12th European Conference on Technology-Enhanced Learning*. Tallinn: Estonia, 2017, pp. 504 – 508.

③ 姜强、赵蔚、王朋娇等：《基于大数据的个性化自适应在线学习分析模型及实现》，载《中国电化教育》2015 年第 1 期，第 85 – 92 页。

④ 黄昌勤、朱宁、黄琼浩等：《支持个性化学习的行为大数据可视化研究》，载《开放教育研究》2019 年第 2 期，第 53 – 64 页。

确地了解学习过程，挖掘学生学习规律，拓宽学习行为分析研究的深度与广度，多模态学习分析研究应运而生。

多模态学习分析通过语音、图形图像、肢体与面部表情等识别技术，充分捕捉或感知各种信息，通过对这些多模态数据的统一表征，从而更准确地判定学情。[①] 国内主要以北京师范大学、华东师范大学、华南师范大学等师范大学研究团队为主，从学习科学的角度进行多模态学习分析，研究主要集中于理论探讨（如穆肃等[②]、汪维富等[③]）、框架搭建（如周进等[④]、张琪等[⑤]、牟智佳[⑥]、李卿等[⑦]），较少从计算机科学、数据科学等视角将理论应用于实践，深化研究。

国外有关多模态学习分析的研究较国内成熟，研究多结合机器学习方法，围绕学习行为建模、模态传感器建模、算法模型以及新技术的介入等形成系列研究。如挪威科学技术大学的研究者收集了自适应学习活动中学习者的多模态数据，并采用模糊集定性比较分析（fsQCA）方法来描述学习者参与模式与学习绩效的关系。[⑧] Vicente 等人提出了基于物联网技术和可穿戴设备实时监测数据的可穿戴教育物联网（WIoTED）系统，并使用机器学习技术和多模态学习分析方法来构建能够"解释"学生参与度的模型。该研究基于一组相关变量选择决策树和规则系统，获得的规则很容

---

① 陈凯泉、张春雪、吴玥玥等：《教育人工智能（EAI）中的多模态学习分析、适应性反馈及人机协同》，载《远程教育杂志》2019 年第 5 期，第 24 – 34 页。

② 穆肃、崔萌、黄晓地：《全景透视多模态学习分析的数据整合方法》，载《现代远程教育研究》2021 年第 1 期，第 26 – 37 页、第 48 页。

③ 汪维富、毛美娟：《多模态学习分析：理解与评价真实学习的新路向》，载《电化教育研究》2021 年第 2 期，第 25 – 32 页。

④ 周进、叶俊民、李超：《多模态学习情感计算：动因、框架与建议》，载《电化教育研究》2021 年第 7 期，第 26 – 32 页、第 46 页。

⑤ 张琪、李福华、孙基男：《多模态学习分析：走向计算教育时代的学习分析学》，载《中国电化教育》2020 年第 9 期，第 7 – 14 页、第 39 页。

⑥ 牟智佳：《多模态学习分析：学习分析研究新生长点》，载《电化教育研究》2020 年第 5 期，第 27 – 32 页、第 51 页。

⑦ 李卿、任缘、黄田田等：《基于传感数据的学习分析应用研究》，载《电化教育研究》2019 年第 5 期，第 64 – 71 页。

⑧ Papamitsiou Z, Pappas I O, Sharma K, et al. , "Utilizing Multimodal Data through fsQCA to Explain Engagement in Adaptive Learning", *IEEE transactions on learning technologies*, 2020, 13 (4), pp. 689 – 703.

易被非专业人士解释。①

学习分析多考虑数据的"源息性"问题，收集哪些数据、采用何种方法分析以全面、准确地体现学习者的全部特性②。可见，学习分析多关注数据的准确性、全面性，而可解释性在传统技术上很难实现，近几年才越来越受到关注。可解释性，是指可以在观察的基础上进行思考，最终合理地得出事物变化的原因、事物之间的联系和事物发展的规律的一种性质。如 Kaur 等人采用局部可解释不可知模型（LIME），通过在本地训练可解释模型，以可解释的方式分析预测模型③。有研究者采用 LSA（滞后序列分析法)④、K-Means 算法⑤等解释了学习行为与学习成绩之间的变化关系，有助于研究者对学习行为的过程与机理的了解。

本研究基于多模态数据（包括各类学习平台、教室视像信息和各种传感器信息等），将最大限度采集发生在各种时空维度割裂的学习行为数据结合关联起来，以教育心理学和行为科学为依据，构建能更贴近真实的学习情境的学习行为数据模型。然后在数据模型上提高数据分析的可解释性，使得人们不仅知道分析的结果，也清楚结果产生的原因，从而更有针对性地为学生提供指导与帮助，进而提高学生学习成效。

## 二、基于深度学习算法的多模态学习行为数据分析模型研究

学习行为分析是一个复杂的高维的分析过程，传统分析方法对多模态数据分析比较困难，大数据与智能算法的出现，给学生学习特征分析、教

---

① Camacho V L, Guia E D L, et al., "Data Capture and Multimodal Learning Analytics Focused on Engagement with a New Wearable IoT Approach", *IEEE transactions on learning technologies*, 2020, 13 (4), pp. 704 – 717.

② 钟薇、李若晨、马晓玲等：《学习分析技术发展趋向——多模态数据环境下的研究与探索》，载《中国远程教育》2018 年第 11 期，第 41 – 49 页、第 79 – 80 页。

③ Kaur, Harmanpreet, et al., "Interpreting Interpretability: Understanding Data Scientists' Use of Interpretability Tools for Machine Learning", In: *Proceedings of the 2020 CHI Conference on Human Factors in Computing Systems*. 2020, pp. 1 – 14。

④ Xinyu Y, Bohong L, Menghua C, et al., "Analyzing Student Behavior in Online Programming Courses",《计算机教育》, 2018 (12), pp. 48 – 56.

⑤ Bientzle M, Hircin E, Kimmerle J, et al., "Association of Online Learning Behavior and Learning Outcomes for Medical Students: Large-scale Usage Data Analysis", *JMIR Med Educ*, 2019, 5 (2), p. e13529.

育大数据挖掘提供了新方法。本文提出利用深度学习算法进行多模态学习分析，为教育技术领域中利用多模态教育大数据挖掘学习者行为特征提供了新范式。

## （一）深度学习支持下的学习行为分析模型设计

深度学习是学习样本数据的内在规律和表示层次，这些学习过程中获得的信息对文字、图像和声音等数据的解释有很大的帮助。构建面向多模态学习行为数据的大数据采集框架，采集实时的课堂、实验室和教学平台等时序多模态数据，根据数据模态特征及因素特点，对多模态学习行为数据进行清洗与预处理，再使用智能算法进行浅层特征分析，然后将他们进行归一化与深度融合。依据高维数据处理需求构建一种新型的流形深度学习分析模型，对深度融合的多模态数据进行分析。鉴于 HDRBM（hybrid deep restricted boltzmann machine，深度混合判别受限玻尔兹曼机）神经网络具有降维、分类、回归、协同过滤、特征学习以及主题建模等优势，集合了目前主流深度学习的特征提取、高精度和速度等优点，是目前最适合处理多模态数据的深度学习框架。因此，本研究中运用 HDRBM 神经网络处理智慧学习环境下多模态学习行为数据，以此建立多模态学习行为分析模型（见图1），并进行学习者行为特征分析。

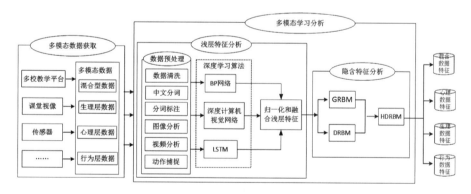

图1　基于 HDRBM 的多模态学习行为分析模型

### 1. 多模态数据获取

数据是学习行为分析的基础，相比于单模态数据，多模态数据来源多样化、格式不统一、关系与结构复杂，给数据采集与分析带来了很大的困难。本研究中按照数据所携带信息的特性对多模态学习行为数据进行采集，包括生理层数据、心理层数据、行为层数据和混合型数据四类，如图2所示。

**图2　多模态学习行为数据分类**

（1）混合型数据。对教学管理平台存储的数据可使用日志搜索技术采集学习者点击流、测验等数据，获得使用者在平台中留下的学习行为痕迹，主要包括浏览课件次数、互动频率、错题、测验成绩等数据，这些数据皆来自教学平台的存储。通过传感技术等获得学习地理位置、时间、湿度、温度等基本情境信息，以及学习者的活动数据等。

（2）生理层数据。采用生物数据采集技术采集学生的眼动频率、脑电波、心电、皮肤电反应等神经生物层面的数据，这些数据能反映学生的情绪及身体健康状态；采用物联网感知技术和可穿戴设备采集学习者的体温、血压、心率等人体体征数据，以了解学习者的专注度、活跃度等信息。

（3）心理层数据。采用网络爬虫技术获取学习平台中的非结构化数据，如学习者在讨论区发布的评论等；采用情感识别技术获取学习者和教学者的面部表情等情感信息；采用自动识别等语音识别技术采集学习者和教学者的话语内容。

（4）行为层数据。通过校园一卡通分析学习者在校园内的各类活动情况，比如进出图书馆次数、借书频率等；采用智能录播技术采集课堂教学数据，如教师行为、学生行为等；通过网评网阅技术分析学习者的知识薄弱点；使用点阵数码笔技术对学习者的手写文本数据进行实时采集；使用拍照搜题技术获取学习者测验、作业情况等数据。

### 2. 基于多模态数据的学习行为分析过程

基于已获取的多模态数据，利用深度学习算法进行学习行为分析，包括两个方面的内容。

第一方面是浅层特征分析。根据上面的描述，多模态数据包括混合型数据、生理层数据、心理层数据以及行为层数据。我们首先对这些数据进行数据抽取、数据转制和数据载入等预处理；然后根据不同模态数据的不同表示方式，采用对应的深度学习算法进行特征提取。例如，跨专业教学过程中产生的数据，对学习结果的影响是非线性的，存在线性不可分的特点，而 BP 神经网络具有很强的模式分类和多维函数映射能力，因此使用 BP 神经网络来提取混合型数据的浅层特征；生理层数据、心理层数据以及行为层数据，这些数据是由各种传感器进行采集，数据之间存在前后依赖关系和有序关系，而 LSTM（长短期记忆网络）是一种时间循环神经网络，专门用以解决数据之间的长期依赖问题，因此采用 LSTM 网络对这三种数据进行浅层提取。

第二方面是隐含特征分析。首先，获取浅层特征的学习概率分布，充分利用多模态数据的特点以及玻尔兹曼机学习算法的特点，设计出新的HDRBM，通过输入的浅层特征来学习概率分布；其次，建立基于多模态数据与半监督学习的深度学习体系框架；最后是设计响应的玻尔兹曼机，根据具体的研究方案，突破已有的研究中只使用单模态数据进行分析的局限性，在高维的多模态数据特征中挖掘出用户隐含的心理、情感等特征以及这些特征之间的联系。

### （二）多模态学习行为数据分析算法设计与实现

多模态学习行为数据分析首先是采用不同的深度学习算法对不同模态的数据进行浅层特征分析，然后把浅层特征进行归一化与融合，获得全局浅层特征表达，作为隐含特征分析的输入，最后采用 HDRBM 深度学习网络获得隐含特征。

### 1. 多模态数据的获取与归一化

多模态深度学习方法是一类充分利用多种模态数据进行对应深度表示特征学习的方法。针对不同模态的数据，首先进行数据清洗。对于文本类信息，采用去除停用词、标点符号、空白符以及特殊字符等操作，然后对词干进行强化，通过 N-Gram 分析将字符按照最小单元分割为连续字串；

对于视像信息，根据环境光线、镜头灰尘以及传输信号丢失程度等因素进行图像增强处理，包括但不限于白平衡、伽马矫正和小波变换增强等；对于传感器时间序号信息，通过高低通滤波和凹陷滤波等对信号进行过滤，对数据不好的进行插值处理等操作。

经过若干操作的数据清洗后，将清洗后的数据输入到相应模态的深度学习网络中进行归一化，最后采用特征堆叠的方式融合各个模态的局部特征，从而获得更具鲁棒性和区分性的全局浅层特征表达，作为玻尔兹曼机的标准输入。

将不同模态数据通过对应深度学习网络映射到深层的同一个融合层中，此方法将跨模态数据的浅层特征提取到同一个框架下进行归一化。现有的 BP 网络、计算机视觉和 LSTM 等为本文深入研究提供了大量研究方法，通过修改不同模态对应网络的优化方法和激活函数等超参数，构建基于多模态数据的深度学习方法。

### 2. 基于 HDRBM 的学习行为特征提取

在上一个环节中，多模态数据通过对若干个深度学习网络获得同一映射后，为了根据这一映射进一步提取高维特征，采用判别受限玻尔兹曼机和生成受限玻尔兹曼机的结合，即 HDRBM。生成模型可以解决训练数据集数量较少的问题，在少量数据集情况下的效果要好于分类问题中使用的判别模型，但随着多模态数据不断增加，在拥有大量训练数据的情况下，判别模型好于生成模型。为了兼顾两者的优势，本研究拟在多模态深度学习建模中混合组成生成受限玻尔兹曼机和判别受限玻尔兹曼机，组成混合判别受限玻尔兹曼机，并依此设计相应的多模态神经网络目标函数和优化途径。

对于训练集 $D_{train}$，生成玻尔兹曼机以最小化负对数似然为目标函数，即最小化目标函数：

$$L_a(D_{train}) = -\sum_{i=1}^{|Dtrain|} logp(x_i, y_i) \tag{1}$$

其中，$p(x_i, y_i)$ 为一个样本 $x$ 和一个标签 $y$ 的联合分布。

生成玻尔兹曼机能得到学习行为特征与学习评价之间的联合概率分布。判别玻尔兹曼机能够对输入的学习行为特征进行精准的学习评价标注，考虑负对数似然，目标函数为：

$$L_d(D_{train}) = - \sum_{i=1}^{|Dlrain|} logp(x_i \mid x_i) \qquad (2)$$

为了既能适应前期数据量较少的情况，又能满足日后数据集充足情况下对性能的要求，结合公式（1）（2）的目标函数，混合判别受限玻尔兹曼机的目标函数为：

$$L_h(D_{train}) = - L_d(D\ train) + \alpha L_g(D_{train}) \qquad (3)$$

其中，可调参数 $\alpha$ 表示生成模型对于整个模型的影响比重。若 $\alpha$ 较大，则更偏重生成玻尔兹曼机；反之，则偏重于判别玻尔兹曼机。对于实验中 $\alpha$ 的选取，我们借鉴在强化学习（reinforcement learning，RL）中成熟且广泛运用的 e-greedy 策略，使得混合判别受限玻尔兹曼机可以在数据集增多时自动降低生成模型对整个模型的影响比重，从而获取更为灵活、更为准确的模型效果。

另外，在玻尔兹曼机训练时，随着网络层数的增加，会出现梯度不稳定场景，比如梯度弥散和梯度爆炸问题，在靠近输入层的隐藏层中或会消失，或会爆炸。为此，我们引入批归一化（batch normalization，BN）方法来规避梯度弥散问题，它应用于每层激活函数之前，就是做均值和方差归一化，对于每一批次数据还作放大、缩小、平移，为了梯度下降的时候收敛速度更快。而且，在前期数据集数量较少且网络层数较多的情况下，很容易使整个模型产生过拟合的现象，因此引入神经网络中常用的 Dropout 策略，以提高模型的泛化性能。在训练过程中，Dropout 策略会把一层单元中的一部分随机置 0，也就相当于舍弃该单元与下一层神经元的连接，以此降低模型过拟合的概率。

## 三、学习行为可解释性分析研究

以上基于深度学习的多模态学习行为分析，能保证分析的精度。然而，深度学习模型是黑盒模型，解释性比较差，因此，对于影响因素分析和相关性分析等所需的解释性工作需要有更进一步的设计，从而建立学习行为与特征之间的因果关系，得出不同的行为对特征的贡献度，增加结果的准确度与师生的满意度。

贝叶斯网络在基于概率计算的基础上，其概率图模型能清晰描述多个变量间的依赖关系，找出影响学习成绩的因素。联合树推理算法，能帮助在现有结果情况下进一步探究各因素影响的程度。因此，采用贝叶斯网络进行建模，在已构建的多模态数据中找出影响学习成绩的各个因素，最后通过联合树推理计算各因素的影响度。

## （一）基于贝叶斯网络的学习因果关系分析

### 1. 贝叶斯网络结构学习

为挖掘学习成绩和多模态数据特征间的因果关系，构建双层贝叶斯网络结构，如图 3 所示。

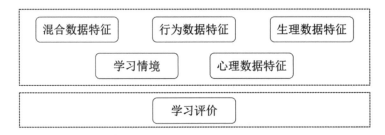

**图3　贝叶斯网络结构**

贝叶斯网络结构学习是通过分析样本数据集，获得先验信息，进而求得各个节点之间的相互关系，并建立相应的网络结构。贝叶斯网络结构的学习主要分为两大类，分别是基于评分搜索的方法和基于依赖统计分析的方法，其中前者过程简单且规范，因此较为常用。评分函数用以评价网络拓扑结构与样本集数据集拟合的程度，评分函数会基于一个空白的网络，按照节点次序遍历待求节点前面的所有节点，随后选择后验概率值最大的节点作为该节点的父节点，然后通过有向边相连，一直遍历直到网络构建完成。常用的评分函数如公式（4）所示：

$$\log P(D|G) = \sum_{i=1}^{n} \sum_{j=1}^{q_i}$$

$$\left[ \log \left( \frac{\Gamma(\alpha_{ij})}{\Gamma(\alpha_{ij} + N_{ij})} \right) + \sum_{k=1}^{r_i} \log \left( \frac{\Gamma(\alpha_{ijk} + N_{ijk})}{\Gamma(\alpha_{ijk})} \right) \right] \tag{4}$$

上式中，$D$ 为数据集，$G$ 为拓扑结构，$n$ 为节点数，$r(\alpha_{ij})$ 为伽马函数，$r_i$ 表示节点 $X_i$ 的状态数，$\alpha_{ij} = \sum_k \alpha_{ijk}$，$q_i$ 表示节点 $X_i$ 的父节点的所有取值组合。$N_{ijk}$ 表示当节点值为 $k$ 时，其父节点状态值为 $j$ 所对应的样本数。

### 2. 贝叶斯网络参数学习

通过结构学习算法学习完贝叶斯网络的拓扑结构后，接下来需要使用参数学习算法对贝叶斯网络的参数进行学习，也就是求出变量相对于父节点的条件概率分布，作为后序推断的先验信息。若变量服从贝叶斯分布，则贝叶斯参数先验分布如下：

$$P(\theta_{ij}|G)=Dir(\alpha_{ij1},\alpha_{ij2},\dots,\alpha_{ijq})=\frac{\Gamma(\alpha_{ij})}{\prod_k\Gamma(\alpha_{iik})}\prod_k\theta_{ijk}^{\alpha_{ijk}} \tag{5}$$

参数的后验分布如下：

$$P(\theta_{ij}\mid G,D)=\frac{P(\theta_{ij}\mid G)P(D\mid G,\theta_{ij})}{P(D)}=\frac{\Gamma(\alpha_{ijk}+N_{ijk})}{\Gamma(\alpha_{ij}+N_j)\prod_k\Gamma(\alpha_{ijk}+N_{ijk})}$$

$$\prod_k\theta_{ijk}^{\alpha}+N_{ijk\,ijk}=Dir(\alpha_{ij1}+N_{ij1}),(\alpha_{ij2}+N_ij2),\cdots,\alpha_{ijr_i}+N_{ijr_i}) \tag{6}$$

则参数 $\theta$ 的最大后验概率估计为：

$$\hat{\theta_{ijl}}=\frac{\alpha_{ijk}+N_{ijk}}{\prod_k(\alpha_{ijk}+N_{ijk})}=\frac{\alpha_{ijk}+N_{ijk}}{\alpha_{ij}+N_{ij}};$$

$$(\forall i\in[1:n].\ \forall i\in[1:q_i].\ \forall k\in[1:r_i]) \tag{7}$$

通过贝叶斯公式习得网络参数，将先验信息和样本数据集 $D$ 有机结合起来，有效提高了参数学习的精度。

向量 $V=(v_1,v_2,\cdots,v_5)$ 表示变量集，$v_i$ 依次表示混合数据特征、生理数据特征、心理数据特征、行为数据特征以及学习情境元素，选取 $n$ 组可观察的数据集 $X=\{x_1,x_2,\cdots,x_n\}$ 进行训练，得出变量 $V$ 和学习行为评价间的因果关系。采用基于约束的方法进行贝叶斯模型训练后，即可构建出高维变量的因果网络，即基于因果关系的贝叶斯网络模型（见图4）。

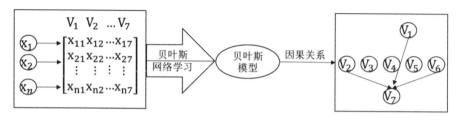

图4 基于贝叶斯网络的因果分析流程

## （二）基于联合树算法的影响度判别

联合树算法（junction tree）是现在比较流行的效率较高的贝叶斯分析算法的一种，可以把贝叶斯网络转换成相应的联合树结构。在本研究中，通过联合树算法，把学习到的贝叶斯网络以及相关参数进行分析与推理，就可以得出学习行为对最终学习评价结果的影响。联合树算法流程如图 5 所示。

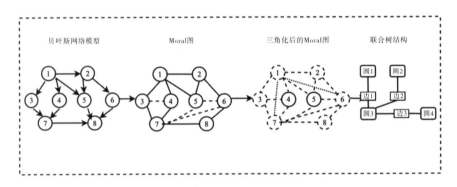

图 5　联合树算法流程

### 1. 生成 Moral 图

对图中的每一个节点 X，将他们的父节点用无向边连接在一起，然后将图中所有的有向边改成无向边。新添加的边被称为 Moral 边。

### 2. Moral 图的三角化

通过添加边来使 Moral 图中不存在超过 3 个点的环，从而得到三角化图。

### 3. 找出所有子团

步骤 2 中生成的三角图中的极大完全子图就是子团，找出三角图中所有的子团。

### 4. 建立联合树

建立的联合树会包括所有的团节点，并且他们之间的交集作为连接两个团节点的分隔节点。

联合树推理分为三个步骤：初始化、消息传播和计算推理结果。初始化就是将贝叶斯网络中的条件概率表转换到联合树中，通过分布函数 $\varphi\_c$

把节点中所有变量的取值映射到 0～1 之间。消息传播包括证据收集和证据扩散两个阶段，前者消息自底向上传播，后者信息自顶向下传播。计算推理结果阶段可以通过分布函数 $\varphi\_c$ 计算在当前证据下任意随机变量的概率分布。

推断的意义在于根据证据求出条件概率、联合概率、后验概率以及最大可能后验概率，进而对未知事件的发生与否进行判定，具有高度的可解释性。条件概率可以由原因推知结论，根据已知的原因（证据），从而求出在该原因下结果发生的概率。后验概率可以实现诊断推理，在已知结果时，找出产生该结果的原因所对应的概率。最大可能后验概率则是在当前证据下，最后可能出现的结果。概率可以表示特征变量与结果之间的影响程度。

## 四、学习行为可解释性分析机制的效果验证

本研究对 UCI 公开学生在线学习行为数据集 xAPI-Edu-Data 进行研究，该数据集包含了与学生成绩相关的 17 个变量，数据集的大小为 480 条。应用贝叶斯网络和联合树算法推理学生学习行为对学习成绩的影响程度（见表 1 和表 2 的条件概率表所示）①，在保证有效性的基础上表现出较好的可解释性，与多项 logistic 模型相比贝叶斯网络学习的结果平均绝对误差值更小（贝叶斯网络：多项 logistic 模型 = 0.0007：0.0131），学习精度更高，说明本研究模型更加有效。推理结果指出，在 6 种收集的在线学习行为特征中，有 5 个因素对学生在线学习成绩产生影响，其中直接影响因素有学生浏览在线课件次数以及学生缺席天数，间接影响有举手次数、浏览学校公告次数和课堂讨论次数。

表 1  浏览在线课件次数对成绩的影响

| 条件概率表 | 浏览在线课件次数（次） | | |
|---|---|---|---|
| 成绩（分） | 小于 30 | 30～70 | 大于 70 |
| 小于 70 | 0.6747 | 0.2088 | 0.0219 |

---

① 冯广、潘霆锋、伍文燕：《基于贝叶斯网络模型的在线学习行为分析》，载《广东工业大学学报》2022 年第 3 期，第 41 - 48 页。

续表

| 条件概率表 | 浏览在线课件次数（次） | | |
|---|---|---|---|
| 70～90 | 0.2783 | 0.5721 | 0.4890 |
| 大于90 | 0.0470 | 0.2191 | 0.4890 |

表2　学生缺席天数对成绩的影响

| 条件概率表 | 学生缺席天数（天） | |
|---|---|---|
| 成绩（分） | 小于7 | 大于7 |
| 小于70 | 0.0371 | 0.5991 |
| 70～90 | 0.4858 | 0.3786 |
| 大于90 | 0.4771 | 0.0223 |

## 五、结语

随着智能信息技术的快速发展，学习分析迎来了新的发展春天，以往的学习分析数据往往只来源于在线学习平台，数据来源单一、结构简单，然而学生的学习不仅发生在线上，也发生在实际物理学习空间中，因此，采集来自多种途径的数据源，分析多模态数据能更全面、准确地把握学生的学习状态。着眼于数据分析的可解释性，本研究利用大数据技术，采用深度学习算法对多模态数据进行分析与建模，在特征分析的基础上，利用贝叶斯因果分析法对影响学习者学习成绩的要素进行归因分析，以找出影响学习成绩的核心要素，并采用联合树算法对各要素的影响程度进行判别。最后，本研究设计了一系列实验，分别从学生浏览在线课件次数、学生缺席天数、举手次数、浏览学校公告次数和课堂讨论次数等对学习成绩的影响进行验证，结果表明本研究所采用的算法能在保证有效性的基础上表现出较好的可解释性。

（原载《电化教育研究》2021年第11期）

# 信息化促进教育公平研究检视：
# 问题域框架与问题优化

## 一、问题提出

信息化使得全纳、优质、终身的教育公平理念从理想走向现实[①]，被视为促进教育公平、提高教育质量、推动教育改革的有力抓手和有效手段。[②] 中国政府作为教育公平的"第一责任人"，从改善基础设施、投入教育资源、提升教育能力、发展学生素养、加强教育管理和开展试点案例等方面发布了诸多导向性政策[③]，并系统实施了"校校通"工程、"农远"工程、"三通两平台"工程、"全国中小学教师信息技术应用能力提升"工程、"教学点数字教育资源全覆盖"项目、"农村义务教育薄弱学校改造计划"等重大项目，在实践路径上始终贯彻以信息化促进基础教育公平的发展进路。

研究者们围绕"信息化促进教育公平"这一主题开展了持续的研究，并将其视为教育领域的重大理论和实践议题。目前，这一主题的相关研究主要聚焦于教育信息化与教育公平关系的辩证思考[④][⑤][⑥]，以及信息化促进

---

[①] 任友群：《信息时代教育公平的新内涵——国际教育信息化大会〈青岛宣言〉解读》，载《中国教育报》2015年6月16日第8版。

[②] 蔡继乐：《以教育信息化全面推动教育现代化——访十九大代表、教育部副部长杜占元》，载《中国教育报》2017年10月23日第1版。

[③] 蔡旻君、魏依云、程扬哲：《信息化促进基础教育公平政策研究——基于政策工具的分析视角》，载《电化教育研究》2019年第11期，第48～55页。

[④] 任友群：《信息时代教育公平的新内涵——国际教育信息化大会〈青岛宣言〉解读》，载《中国教育报》2015年6月16日第8版。

[⑤] 胡钦太：《信息化视野中的教育均衡发展：关系、命题与对策》，载《华南师范大学学报（社会科学版）》2012年第6期，第29－34页。

[⑥] 廖宏建、张倩苇：《"互联网＋"教育精准帮扶的转移逻辑与价值选择——基于教育公平的视角》，载《电化教育研究》2018年第5期，第5－11页。

教育公平的作用机理①②③、实施路径或策略④⑤⑥、实施效果或案例总结⑦⑧⑨等方面，回应了信息化促进教育公平的内涵、信息化为什么能够促进教育公平、如何借助信息化实现教育公平、信息化促进教育公平的效果如何等问题。⑩ 但是，这些研究着重"解决问题的答案"而往往忽视"问题是什么"⑪，呈现"实践先行而认知迟滞"的现象，研究的实践效度和普遍化指向常常受到质疑。教育公平经常作为教育信息化的"万能"关联标签和最终落脚点出现在各种研究和论述中，但在具体的研究问题描述上却倍感困惑，"信息化促进教育公平"成为熟悉的陌生问题。

究其原因，以信息化促进教育公平是中国的一项教育政策，相关研究常常围绕教育政策的变化而展开，但是教育政策通常将教育公平视作社会公平，主要调节的是作为社会公共资源的教育资源配置，其所表述的物理界限可以作为教育行动的边界，但是科学研究并不能想当然地将其作为分

① 邵亚萍：《义务教育公平视域下的教育信息化：逻辑演进与实现路径》，载《浙江社会科学》2021 年第 2 期，第 140 - 147 页。

② 万力勇、舒艾：《以信息化促进民族地区义务教育均衡发展：机制与策略》，载《中南民族大学学报（人文社会科学版）》2017 年第 3 期，第 59 - 62 页。

③ 王美、徐光涛、任友群：《信息技术促进教育公平：一剂良药抑或一把双刃剑》，载《全球教育展望》2014 年第 2 期，第 39 - 49 页。

④ 胡小勇、曹宇星、宋宇等：《"三个课堂"促进新时代教育公平发展的研究》，载《中国电化教育》2021 年第 10 期，第 1 - 7 页。

⑤ 张伟平、王继新：《信息化助力农村地区义务教育均衡发展：问题、模式及建议——基于全国 8 省 20 县（区）的调查》，载《开放教育研究》2018 年第 1 期，第 103 - 111 页。

⑥ 张秀梅、张学波、杨青等：《区域教育信息化发展路径研究——以广东省云浮市为例》，载《开放教育研究》2016 年第 4 期，第 87 - 94 页。

⑦ 柳立言、秦雁坤、闫寒冰：《信息化促进教育公平典型案例分析：基于可持续发展的视角》，载《电化教育研究》2021 年第 5 期，第 32 - 39 页。

⑧ 梁林梅、陈圣日、许波：《以城乡同步互动课堂促进山区农村学校资源共享的个案研究——以"视像中国"项目为例》，载《电化教育研究》2017 年第 3 期，第 35 - 40 页。

⑨ 何克抗、余胜泉、吴娟等：《通过学校自身的内涵发展促进"教育结果公平"的创新举措》，载《电化教育研究》2015 年第 5 期，第 5 - 16 页。

⑩ 雷励华：《教育信息化促进城乡教育均衡发展的国内研究综述》，载《电化教育研究》2019 年第 2 期，第 38 - 44 页。

⑪ 王建华：《教育公平或许是无用的：一种不合时宜的沉思》，载《教育发展研究》2017 年第 19 期，第 20 - 24 页。

析边界①；同时，该主题研究又与信息技术的变革密切相关，研究者常因为信息技术的革新而陷入"追新逐热"的工具理性研究。因此非常有必要跳出政策话语体系，从更上层、更稳定的视角重新审视"信息化促进教育公平"相关研究，将其作为教育研究问题进行系统梳理，从"域"的视角对"信息化促进教育公平"加以纵贯性审视，在系统的问题框架下进行整体思考。

## 二、一种新的研究问题域框架

"域"源自现代数学理论，指的是一个最高、最广的"数学系统"，包含各种"数学元素"及其相互运算（即为一种相互关联方式）。② 问题域（problem domain）是指提出问题的范围、问题之间的内在关系和逻辑可能性空间。③ 建立清晰的论域框架能够为开展前瞻性和储备性研究提供系统性分析视域，为践行及检视"信息化促进教育公平"研究提供行动框架。

教育学属于典型的人文社会科学④，教育领域的研究问题通常具有社会科学和人文学科的研究特点。"信息化促进教育公平"既涉及信息化对教育公平的作用过程与效率，具有明显的社会科学研究倾向，又涉及信息化促进教育公平的价值指向、伦理和意义等，属于人文学科的研究范畴。教育研究依循自然科学范式和人文主义范式⑤⑥，以社会科学和人文学科的双重方法来研究教育现象与教育问题。⑦ 其中，社会科学取向的教育研

---

① 林小英：《素质教育 20 年：竞争性表现主义的支配及反思》，载《北京大学教育评论》2019 年第 4 期，第 75 – 108 页。

② 桑新民、朱德全、吕林海等：《学习科学与未来教育》，载《教学研究》2020 年第 1 期，第 1 – 22 页。

③ 褚宏启：《新时代需要什么样的教育公平：研究问题域与政策工具箱》，载《教育研究》2020 年第 2 期，第 4 – 16 页。

④ 王鉴、姜振军：《教育学属于人文社会科学》，载《教育研究》2013 年第 4 期，第 22 – 29 页。

⑤ 马凤岐、谢爱磊：《教育知识的基础与教育研究范式分类》，载《教育研究》2020 年第 5 期，第 135 – 148 页。

⑥ 金生鈜：《何为教育研究的规范性论证》，载《教育研究》2015 年第 8 期，第 4 – 11 页。

⑦ 王鉴、姜振军：《教育学属于人文社会科学》，载《教育研究》2013 年第 4 期，第 22 – 29 页。

究源于自然科学的实证主义研究①，开展的是以经验主义为理论基础，借助实证研究方法对确凿的事实和证据进行研究以揭示教育"实然"状态的经验研究（empirical research）；而人文学科取向的研究则以现象学、存在主义哲学、解释学等作为哲学基础形成教育研究范式②，正视研究对象的主观性和不可控制性，开展的是以先验主义为理论基础，对教育及教育活动的价值进行追问、诠释或辩护，以理性思辨的方式提出具有普遍性的规范价值体系以指导教育实践，为"应然"的教育和教育活动寻找正当理由的规范研究（normative investigation）。因此，对于产生并发生于教育系统内部的"信息化促进教育公平"问题，需要从社会科学的研究视角和方法对"信息化促进教育公平"进行描述、理解和阐释，同时也要对"信息化促进教育公平"背后的行动文化进行人文主义的意义阐释，从社会科学和人文学科的向度分别开展研究，才能获得"信息化促进教育公平"的完整理解。本研究所构建的"信息化促进教育公平"研究问题域框架，以社会科学和人文学科作为分析向度，从经验主义的立场出发，分别对"信息化促进教育公平发生了什么""信息化促进教育公平是如何发生的"等经验性实证研究问题进行梳理；从先验主义的立场出发，对"为实现信息化促进教育公平应该怎么做"等规范意义和文化阐释等问题进行梳理。

经验研究客观地描述和记录已经发生的或正在发生的现象。基于经验事实进行描述和解释，探寻的是经验科学意义上的真理。经验取向的研究主要包含对实体存在的"信息化"与"教育公平"进行现象或数据描述、相互作用关系的检验、两者之间作用机制的过程解释三个层面。经验取向的三层研究问题是按照经验主义开展"信息化促进教育公平"实证研究的研究逻辑和问题构成，其中对"信息化"和"教育公平"在具体情境下的实体存在进行量化描述是基础，基于大样本和中小样本开展的因果效应和因果机制分析是研究"信息化促进教育公平"应解决的核心问题。

其中，"教育信息化"在研究中通常以"技术—环境""资源—配

① 赵成福：《论教育学方法论研究的发展——从人文社会科学方法论角度分析》，载《高教学刊》2015 年第 18 期，第 251 - 252 页。

② 赵成福：《论教育学方法论研究的发展——从人文社会科学方法论角度分析》，载《高教学刊》2015 年第 18 期，第 251 - 252 页。

置""模式—实施"三种方式作为实体存在。"技术—环境"指的是优化或重构物理和虚拟教与学环境，借助学习环境的优化实现学习机会接入的平等，如某种技术（媒体）或平台（空间）在教育教学中的应用。"资源—配置"指的是依托信息化建设的优质教育资源，通过扩大优质教育资源覆盖面或优化优质教育资源配置来实现学习资源获取的平等，如MOOC、某种专门的数字资源、学习自适应系统的应用等。"模式—实施"是指信息技术支持的学习模式、教学模式、教研模式、区域教育共建共享模式等元素或系统层次的教育教学实践活动，如信息化教学模式创新、"双师"模式、"互联网＋教研"、区域教育云服务模式、在线教学模式、数字化教育治理模式等。"教育公平"的测量主要还是循着起点、过程和结果三个维度。起点维度通常以"投入—产出"思维下的教育财政公平作为测量指标，如生均经费、教学设施、师资状况等为代表的事业型教育资源配置指标和入学状况、人口受教育状况等为代表的教育规模指标。[①]教育过程维度的教育公平测量通常以组织公正理论作为理论基础，设计开发课堂公正和学习机会测量指标，借助量表来获取课堂公正的表征数据。学习机会的测量指标包含宏观层面课程和教材对学习内容的覆盖、中观层面教师的教学能力和教学过程、微观层面学生在课堂上的真实学习过程和经历等。[②] 教育结果维度的教育公平通常以基于宏观数据的各类公平指数作为测量指标，诸如变异系数、基尼系数、麦克伦指数、泰尔指数等，以及学业成绩笼统称为综合素养的个体测量指标，如欧盟提出的"关键能力"、美国提出的"21世纪技能"、中国提出的"核心素养""信息素养"等。

　　对于具有人性、理想性、规范性特点的教育活动而言，研究不能仅仅满足或停滞于对教育现实的忠实反映，还要超越现实去发现教育所具有的独特的永恒价值问题以引领实践，这正是规范研究的使命。只从技术层面、工具理性层面谈论或推进教育信息化是远远不够的，必须从价值层面，从现代精神、人的发展、人的存在意义等角度，思考教育信息化的合

---

　　① 孙阳、杨小微、徐冬青：《中国教育公平指标体系研究之探讨》，载《教育研究》2013年第10期，第111－120页。

　　② 辛涛、姜宇、王旭冉：《从教育机会到学习机会：教育公平的微观视域》，载《清华大学教育研究》2018年第2期，第18－24页。

理性以及技术进步对于人的影响，为技术找到价值方向，为教育信息化找到精神家园。① 因此，规范取向的研究需要厘清信息化促进教育公平的本质、实践逻辑、未来形态等，对信息化促进教育公平背后的哲学基础、合理性和正当性进行辩护，对行动理念、原则与价值观等开展逻辑阐释，对信息化促进教育公平可能引发的伦理纠葛、技术风险等进行理性批判。而这些研究问题均以概念为基础对"信息化促进教育公平"的价值理性进行逻辑论证，使其实践活动获得价值规范。引入时间维度可以发现，这些研究包括三个类型：第一类研究问题是对愿景的构思与论证，是面向未来的思考；第二类研究问题是基于当下实践活动的理论遵循；第三类研究问题是对"信息化促进教育公平"背后的基础问题和本质问题的分析和批判。

学术研究以追求真理为圭臬，至少应该包含科学的方法、问题的解决和新知识的产生三个要素，且最终以新知识（即理论）的诞生为旨归。正如冯友兰所言，各种学说之目的，皆不在叙述经验，而在成立道理。② 因此，除了上述经验取向和规范取向的研究问题外，围绕"信息化促进教育公平"开展研究还有一个需要重点解决的任务——理论建构，即对信息化与教育公平之间何以存在以及存在何种关系进行思维建构，以形成对这一因果关系作用规律的一般性解释，对现象本身、现象之间的关系以及相对重要性重新建立认识。与上述研究问题相比，对"信息化促进教育公平"命题进行理论构建不是为了提供令人信服的解释，而是提出一般性的规律并用于预测。

基于经验性论证的理论建构是在因果机制论述的基础上进行富有建设性的抽象或想象，并以此来解释更具有普遍意义的规律，是在简洁性和解释力之间寻求平衡的理论概念。这里的理论是对具体情境下的"信息化促进教育公平"这一类现象发生的原因或导致的结果进行描述和解释的一般性陈述，它由因果规律或假设、解释以及前提条件几部分组成③，其中假设是由一般理论假设演绎出的具体经验命题。理论无法通过社会科学

① 褚宏启：《为教育信息化找到精神家园》，载《中小学管理》2019 年第 6 期，第 58 - 59 页。

② 刘莉：《对教育规范研究范式的反思及辩护》，载《教育学报》2017 年第 6 期，第 26 - 35 页。

③ ［美］斯蒂芬·范埃弗拉：《政治学研究方法指南》，陈琪译，北京大学出版社 2012 年版，第 8 页。

的因果分析方法获得，只能被因果分析方法检验。[①] 因此，对"信息化促进教育公平"开展经验性研究之前，理论需要以包含假设、解释和前提条件等要素的形式被首先提出。由于经验性研究定性分析的关注点是个案本身，是理论与经验的反复碰撞，重点是进行文化阐释，并不天然有利于检验假设，却有助于理论和概念的创造和完善。

基于规范性论证的理论建构一定是以现有理论作为基础的，是对现有理论的应用或批判继承，综合了各种经验现象而不是局限于具体经验现象，能够接受逻辑的连贯性。[②] 规范研究取向的"信息化促进教育公平"研究的理论建构，需要借助一系列教育概念、教育判断和推理所表达出来的对这一现象本质及其规律的知识体系，在对上述三类规范性问题开展研究时都有可能进行理论建构。这一理论建构是从理论到理论、从概念到概念的理性思辨而产生的抽象结果，是对概念的证成，是更一般的规律知识，是用于指导"信息化促进教育公平"的思想和行为规范。

综合对基于经验性论证和基于规范性论证的研究问题阐释，以及在此基础上的理论建构或优化，本研究构建了"信息化促进教育公平"的研究问题域框架，如图1所示。

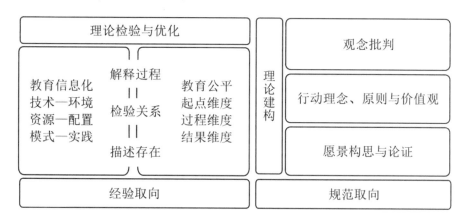

图1 信息化促进教育公平研究问题域框架

## 三、研究问题域优化

基于上述提出的"信息化促进教育公平"研究问题域框架，并综观现有的研究，从经验取向和规范取向两个维度提出未来开展"信息化促进教育公平"研究的问题优化。

### （一）基于因果理论的经验性研究问题

因果理论（theory of causation）是实证社会科学认识论的重要理论，旨在揭示"当我们说 A 导致 B 时，我们到底在说些什么"的问题。这为分析"教育信息化促进教育公平"命题提供了分析工具。根据因果理论，解释和理解因果关系包含观察、干预和想象三个层级①，其中观察是指通过数据分析作出现象描述，它处在因果关系的最下层，观察的结果是为了寻找变量之间的相关性，就是积累经验；干预是指通过某种试验对数据进行再次补充和加工，在试验前就提出一些假设并进行验证；想象是指对过去发生的事情的反思，是需要建设性或想象力的思维抽象，在考虑那些没有发生的事情会产生什么样的结果时运用的就是"反事实分析"的思维方式。由此，"信息化促进教育公平"这一因果命题可分解成以下三个层次的研究问题。一是描述"信息化促进教育公平"作为实体存在的现象，以数据统计和分析的方式对具体场景下的"信息化"和"教育公平"进行变量赋值、数据收集和统计分析，从而对"信息化促进教育公平"做出现象描述。二是在实验开始前做出"信息化促进教育公平"的具体假设，并借助实证研究检验这一假设的实际作用效度，以量化的形式对"信息化促进教育公平"进行群体概率或平均值意义上的理解。三是运用"反事实分析"的思维方法对"信息化促进教育公平"的经验事实进行回溯和假设，以获得"信息化促进教育公平"的因果作用机制解释。围绕这三个层次的研究问题，并结合目前的研究现状，经验取向的"信息化促进教育公平"研究可以从以下三个方面进行优化。

---

① ［美］朱迪亚·珀尔、［美］达纳·麦肯齐：《为什么：关于因果关系的新科学》，江生、于华译，中信出版社 2019 年版，第 6 – 15 页。

**1. 研究的前提是明确变量的实体属性，对"信息化促进教育公平"的经验研究还需进一步扩大研究的视角、维度和范围**

实证主义倾向的社会科学研究必须以客观化阶段为前提，否则它只能是各种心态的投射。[①] 根据因果埋论，位于原因项和结果项的是具有各种实际存在属性的实体，它是个体层次（元素层次）的或是结构层次（或者说系统层次）的实际存在之物；理解因果过程的关键在于理解"作用项实体及其属性"[②]。目前有关教育公平的研究侧重规范性研究而忽视经验性研究，这与经验性研究中关键概念的操作化和测量难度较大有密切的关系。[③] "信息化"和"教育公平"作为这一对因果关系的两个潜在变量，只能通过一系列具体的研究问题，不断逼近、体现其真实内涵。因此，为了能够回答"信息化促进教育公平指的是什么"这一问题，首先需要基于某个确定的研究视角对原因埋"信息化"和结果项"教育公平"的实际存在内涵做出具体定义，为概念测量、数据描述和实证检验提供可能。

在确定的研究视角下赋予操作性定义，对"信息化促进教育公平"的事实进行描述性统计，这是对其实践样态的最直观描述。"信息化促进教育公平"作为客观实体存在进行经验取向的研究，其前提是明确定义原因项"信息化"和结果项"教育公平"的实际存在属性，即在研究中对"实施了什么样的教育信息化""实现的教育公平是什么"等问题做出具体描述。已有研究中"信息化"实体属性基本都被涵盖于"技术—环境""资源—配置""模式—实施"三个方面，但是对于"实现的教育公平是什么"这一问题则显得模糊，少数具有明确定义的研究多以学业成绩作为结果维度的教育公平，而将教育公平视作过程维度的课堂公正、学习机会公平以及结果维度的个体"综合素养"的研究则十分少见，因而无法获得微观视角下"信息化促进教育公平"的现状描述。目前有关"信息化促进教育公平"的调查和分析主要还是循着起点公平维度以"投入—产出"为量化表征的教育财政公平作为测量指标，很少与教育公平

---

① ［法］皮埃尔·布迪厄：《实践感》，蒋梓骅译，译林出版社2009年版，第16页。

② 吕涛：《因果理论的结构与类型——社会科学理论建构的方法论思考》，载《西北师大学报（社会科学版）》2012年第1期，第79－86页。

③ 周鸿敏、方光宝：《教育公平测量的路径演变和典型方法》，载《教育研究》2019年第6期，第128－135页。

财政测量指标以及各类公平指数等宏观数据表征联系起来，这就造成了无法获得"信息化"作用于"教育公平"的宏观影响效应。过程维度的教育公平既以群体也以个体作为研究对象，而起点维度和结果维度的教育公平测量常常以群体作为研究对象，包括区域、城乡、校际、阶层、性别视角下的差异分析等；区域、城乡、性别等是经常被采用的分析视角，而校际、阶层、特殊群体等则仍处于设想，现实中很少被实证测量。[①] 这也是导致人们在讨论"信息化能否促进教育公平"时无法做出准确回答的原因之一。因此，在描述经验取向的"信息化促进教育公平"实体存在时，不仅需要明确定义"信息化"和"教育公平"的实体及其属性，更要拓展研究视角、维度和范围，以获得"信息化促进教育公平"实践样态的直观、全面描述。总而言之，要在视角上从关注宏观的教育信息化发展水平和绩效调查，转向"信息化"对中观或微观层面的"教育公平"的影响；在维度上从关注学生学业成绩这一单一维度，转向起点、过程和结果各层面的具体意义的教育公平；在范围上从关注区域、城乡、性别等拓展到校际、阶层、特殊群体等对象。

**2. 研究重心从"描述存在"向"检验关系"转变，获得"信息化促进教育公平"假设模型的实证检验证据**

对"信息化促进教育公平"的实体存在进行描述统计，并不能直接说明原因项"信息化"与结果项"教育公平"之间的作用关系，无法证明两者存在相关或因果关系。因此，第二层的研究要获取"信息化"与"教育公平"之间相关或因果关系的实证检验证据，需要解释教育信息化的变化或干预所造成的具体意义的教育公平观测要素的变化。"信息化促进教育公平"的因果关系表现，在概率意义上可以理解为在相等条件下，如果"信息化"发生，则"教育公平"发生的概率提高，或者可以理解为"信息化"的变化导致"教育公平"平均值变化。要获得这一概率上的检验，首先要借助已经发生的经验和专家知识（通常以文献的形式来表示）来建立假设，然后借助变量控制法或大样本统计分析对假设进行检验。变量控制法是模仿自然科学的控制实验设计，针对教育问题通常采用的是准实验的研究方法，或者通过案例的比较获得自变量与因变量的影

---

① 周鸿敏、方光宝：《教育公平测量的路径演变和典型方法》，载《教育研究》2019 年第 6 期，第 128 – 135 页。

响效应。大样本的统计回归方法是通过计算变量的共变性（因果效应）或者相关性（相关系数）来检验变量的影响效应。

基于经验性论证的"信息化"与"教育公平"关系研究以统计控制模拟试验控制，区分规律性和偶然性因果关系，通过估算净相关效应来检验因果假设。论证内容包括"基于'描述存在'基础上的'信息化'与'教育公平'存在什么样的相关关系""是否存在直接或间接的作用效果""影响效应是多少"等问题。这类研究在具体意义的"信息化"和"教育公平"之间建立假设，并通过控制实验或规模调查的数据来检验"信息化"对"教育公平"的影响效应。目前，有关"信息化促进教育公平"的经验性研究多集中在基于调查数据的现状描述，少部分开始对其中的相关或因果关系进行论证。例如，龚伯韬探讨了学校信息化对中学生学业成就的影响在不同阶层及学校类型之间的异质性问题，以此来证明教育信息化促进教育结果公平的实际作用；[①] 方超等人检验了信息技术分别对全样本、城乡、不同阶层的学生学业成就产生的"净影响"作用；[②] 曹丹丹等人检验了青少年互联网使用能力与城乡青少年认知能力差距的关系；[③] 陈纯槿等实证考察了互联网使用偏好对学生学业成就与教育结果不平等的影响。[④]

### 3. 研究最终旨在解释"信息化促进教育公平"的作用机制，同时要避免数理关系过分简约带来的理论泛化问题

相关关系或因果关系在本质上是对现象的抽象与概括，即在统计概率上回答"A 是否导致了 B"或者"A 与 B 是否高度相关"，而没有回答"A 如何导致 B""为什么 A 和 B 高度相关"等问题，要回答后面的问题则涉及因果机制的探讨。大样本统计分析方法把显著的因素都纳入自变量，剩余所有不显著的因素都被纳入残差项，这导致因变量和自变量之间

① 龚伯韬：《教育信息化：促进教育结果公平之路——基于学校信息化对学业成就影响的实证分析》，载《教育研究与实验》2019 年第 1 期，第 11 – 18 页。

② 方超、黄斌：《信息技术促进了学生的学业表现吗？——基于中国教育追踪调查数据的实证研究》，载《开放教育研究》2018 年第 6 期，第 88 – 99 页。

③ 曹丹丹、罗生全、杨晓萍等：《基于互联网运用的城乡青少年认知能力发展》，载《中国电化教育》2018 年第 11 期，第 9 – 17 页。

④ 陈纯槿、顾小清：《互联网是否扩大了教育结果不平等——基于 PISA 上海数据的实证研究》，载《北京大学教育评论》2017 年第 1 期，第 140 – 153 页。

呈现一种"弱"因果关系，且通过回归方程往往看不出因与果之间到底是充分条件、必要条件还是充分必要条件。基于大样本的统计回归方法虽然也是建立在随机实验基础上的因果关系分析，但并不表述为个体实践，只能表达群体概率或平均值和随机组试验的可重复性。[①] 因此，对"信息化促进教育公平"的理解和解释还需要得到更微观或具体层面的研究证据支持，这一层面的研究重在解释"信息化促进教育公平"的作用或因果机制。

因果机制分析是基于小样本或案例开展的深层次分析，旨在给出原因和结果之间合乎逻辑的因果链条，为"信息化"和"教育公平"的因果效应找到微观基础，获得更接近现实经验的"信息化促进教育公平"的理解。同时，借助因果机制分析有助于找到"信息化促进教育公平"过程中的能动因素，对能动者在一定结构下的选择和行为进行分析有助于打开黑箱、增强解释力。[②]"信息化"作用于"教育公平"的因果链条可以是活动、关系、过程等，分析因果机制的研究方法主要有过程追踪和定性比较分析。其中，过程追踪按照时间顺序将事件可能的因果过程加以重建，以此理解变量间的作用机制，倾向于对一类事件的概括性认识和一般性解释；[③] 基于案例的定性比较融合集合和布尔代数等分析技术，旨在整合定性和定量研究方法的优势。[④]

目前，有关"信息化促进教育公平"的经验性研究几乎没有涉及其中的作用机制问题，研究整体上倾向简单阐释主义的关系论述或者少量因果效应的分析，很少涉及因果机制的研究，更没有上升到或挖掘出获得广泛共识的理论（对规律的解释）。现有很多案例研究多为介绍性分析，研究只是简单陈述手段、过程与结果，很少对作用机制作深度剖析，方法上的应用也不够严谨，导致研究结论的可移植性和可靠性不强，由此造成理论建构层面的成果缺乏，理论对于实践的反哺滞后。"信息化"与"教育公平"关系的已有研究大多是基于实验法或大样本统计法的定量研究，

---

① 彭玉生：《社会科学中的因果分析》，载《社会学研究》2011年第3期，第1-32页。

② 刘骥、张玲、陈子恪：《社会科学为什么要找因果机制——一种打开黑箱、强调能动的方法论尝试》，载《公共行政评论》2011年第4期，第50-84页。

③ 曲博：《因果机制与过程追踪法》，载《世界经济与政治》2010年第4期，第97-108页。

④ 阿克塞尔·马克斯、贝努瓦·里候科斯、查尔斯·拉金等：《社会科学研究中的定性比较分析法——近25年的发展及应用评估》，载《国外社会科学》2015年第6期，第105-112页。

而能够严格按照过程追踪、定性比较分析的方法开展的定性研究则较少，这也无法避免地在微观层面上出现对"信息化促进教育公平"作用过程或机制解释力不高的现象。因此，要了解"信息化促进教育公平"的完整面貌，除了单纯"描述存在"式的调查分析，更应该对其实际作用关系和作用机制进行深度分析，从干预或改变"信息化"这个原因及其中间变量促使作为结果的"教育公平"的变化，使干预、改造社会环境成为可能。值得注意的是，在数理统计技术日臻完善的情况下，任何两个变量间都可能展示出较高的协同性和相关性[1]，基于变量控制法和统计分析法的相关关系或因果关系（因果效应）分析会带来因果关系的过分简约化，通过适当的抽象化后就上升为解释社会现象或规律的理论，存在理论泛化的问题。[2]

### （二）超越工具理性的规范性研究问题

在人文社科领域，所有问题都是基于某种价值标准而建构的，没有价值标准就没有问题，在教育领域里尤其如此。[3] 教育公平既是一个由实践引发的理论问题，也是一个由理论所建构的实践问题。"信息化促进教育公平"不仅是教育实践的一种路径或措施，同样也是一种社会价值观上的选择与判断，是一种价值负载的教育活动。经验研究是描述性的，而任何经验例证都无法从描述性知识推理出普遍的规范性知识，无法根据具体经验事例推导出"信息化促进教育公平"过程应该遵循的价值标准和伦理原则，无法推导出所有涉及的教育实践的应然形式。同时，教育研究不能回避对有争议的价值观念的系统反思，正是这些有争议的价值观念让我们不断回到教育实践的意义和重要性本身进行重新思考。不论是国家、地区或学校等组织的教育行动，还是教育者或受教育者个人的教育行动，都要追问或反思教育信息化对于教育公平实现的正当性，反思该教育活动本身及其后果的伦理责任，并形成正确的价值判断。结合目前的研究现状，规范取向的"信息化促进教育公平"研究可以从以下三个方面优化研究

---

① 耿曙、陈玮：《比较政治的案例研究：反思几项方法论上的迷思》，载《社会科学》2013 年第 5 期，第 20 – 29 页。

② 蒋建忠：《社会科学研究中的因果机制：内涵、作用与挖掘》，载《前沿》2016 年第 7 期，第 17 – 29 页。

③ 靳晓燕：《教育的真问题是什么?》，载《光明日报》2013 年 1 月 23 日第 14 版。

问题。

**1. "信息化促进教育公平"的愿景构思与论证非常有必要，但是要尽量避免大而无当的观点表达，开展严密而合理的逻辑论证**

教育的未来从来都不是教育的历史或当下现实的教育活动在未来某一个时间点的简单演绎或重复，而是人们通过创造性参与而不断生成、发展的过程。教育研究总是饱含对未来的深情与关怀，表达一种对未来教育发展的美好愿景与构思，是一种教育理想。这意味着"教育信息化"的实践自觉性是要向理想的教育公平无限接近，是在技术革命的驱动下对"公平而有质量的教育"发出创造性和超越性的积极预测。例如，以大数据、云计算、人工智能等新一代智能信息技术与教育融合形成的"技术无处不在而又难以察觉"的技术协同、技术沉浸、信息无缝流转的教育信息生态①，对教育公平在均衡、优质和个性层面上的不断深化，尤其是人工智能技术实现教育优质公平新格局②，借助精准帮扶助力解决教育发展的不平衡，借助多样化的优质供给助力教育发展的不充分③等方面开展面向未来的愿景构思与论证。这类研究问题体现的是源于又高于当下"教育信息化的发展"所能实现的教育公平图景，是一种超前观念的反映，是理论意识和经验意识的统一；这类研究使得未来"信息化促进教育公平"的行动具有向上兼容性。

但应当警惕的是，学术研究不是发表意见或表达自己的观点，而是需要站在真理的普遍性立场上，对提出的观点进行批判性辩护。虽然目前与"信息化促进教育公平"相关的思辨性文献数量繁多，但很多文献缺乏缜密的逻辑论证。如果缺少理论提升，或缺乏严密的逻辑推理，或没有建立在对教育的系统分析之上，只是站在自己的立场阐述想法或观点，这样的经验总结不能称为学术研究。个体经验的表达，不论是采用演绎式呈现概念和命题，还是"哲学"意味的语录、随笔、感悟，都属于议论性的表达，而非学术研究。但受到政策性因素的影响，目前许多"信息化促进

---

① 胡钦太、张晓梅：《教育信息化2.0的内涵解读、思维模式和系统性变革》，载《现代远程教育研究》2018年第6期，第12-20页。

② 熊璋、杨晓哲：《充分利用人工智能促进教育公平》，载《中国教育报》2019年6月1日第3版。

③ 胡小勇、许婷：《"公平而有质量"的教育，智能技术有何作为》，载《中国教育报》2020年3月28日第3版。

胡钦太自选集

HU QINTAI ZIXUANJI

教育公平"的观点表述很少有学术意义上的论证，由此造成许多规范性研究缺乏深度和普适性，能够指导或预测未来的理论研究成果乏善可陈。面对规范取向的研究问题时，研究也同样需要严格按照规范的论证方式对相关概念进行演绎推理。概念、逻辑、思维构成规范研究的基本要素[①]，"信息化促进教育公平"研究需要以概念分析作为核心论证方式，在设定某个理论前提下从学理上或概念上对其有效性进行考查，回答什么样的可能性条件才能使这个理论假设合理，为理论假设的正当性辩护，严格按照演绎推理的方式进行论述。

**2. 加强"信息化促进教育公平"的理念、原则与价值观等的规范性论证，同时要避免陷入"功能阐释"的循环论证**

对于教育这种重要的人类实践活动，它的每一个决策或判断，都应该是理性的、有充足理由的，即能告诉人们为什么要这么做，"信息化促进教育公平"的行动背后是对某种知识与信念、原则与价值等的遵循。针对教育信息化存在技术功利主义倾向以及过分关注技术的工具化和效率的现象，可以对"信息化促进教育公平以什么作为理念指引""信息化促进教育公平应遵循哪些原则或规约"等价值问题进行追求和思辨，避免技术理性对价值理性的过分僭越。教育信息化作为一种技术手段是中性的，但是其促进教育公平的进程却暗含人的价值观念，这种价值观念将直接影响教育公平的最终效果。这类研究问题是一种理性的普遍性追问，即经过理性论证的思想、知识、信念等不仅适用于完全相同的情况，也适用于其他情况——被视作相似或不同的情况也能用具有普遍性的理性来解释，通常以"形式""原型""理念""价值""原则"等包含价值取向的思辨作为研究结果。因此，在开展规范性论证时，可以对"信息化促进教育公平"背后的哲学基础、合理性和正当性辩护，对价值旨趣、行动规范或原则等问题进行论证。

目前，有关"信息化促进教育公平"的规范性研究主要聚焦在本质内涵、实践逻辑、未来形态等面向未来的愿景构思与论证上，对于"信息化促进教育公平"行动背后的理念、原则、价值观以及客观理性批判则相对较少涉及，这导致实践活动找不到价值规范的理论参考。分析现有

① 刘莉：《对教育规范研究范式的反思及辩护》，载《教育学报》2017 年第 6 期，第 26 – 35 页。

的规范性研究文献发现，大部分的规范性研究常常囿于功能阐释的循环论证①，即通过刻画或论述"信息化"对"教育公平"的潜在功能和作用来解释"信息化促进教育公平"现象的存在或可能性。虽然建立事物的功能理论或功能模型是认识事物本质，特别是认识该事物与其组成部分以及其他事物之间的关系的重要方法，然而功能解释很容易演变成目的论的解释，并没有真正解释事物发生的因果机制。这类研究通常只是一种目的论的解释，并没有真正解释信息化促进教育公平发生的过程机制，并不能为"信息化促进教育公平"带来解释力。

**3. 对"信息化促进教育公平"进行理性批判，对其中涉及的道德伦理和技术风险问题进行超前研究**

规范性研究的一个重要任务是进行观念的启蒙与批判，对教育的存在进行批判性思考和理性反思。对"信息化促进教育公平"的批判，首先要对涉及的教育现象或观念保持敏锐的判断力，对隐含在现象或观念背后的基础问题和本质问题进行分析和批判，即要站在普遍真理的立场对其涉及的核心概念进行鉴别与澄清，揭露虚假或谬误。伴随着对时间与空间界限的突破，"信息化促进教育公平"将衍生出更多更复杂的伦理道德和技术安全问题，带来更多新的伦理纠葛。其一，人们对信息化能否促进教育公平存在争议。虽然大部分学者对此秉持积极乐观的态度，但也有学者提出"新的信息技术往往加大社会原有的不平等，将越来越多的人置于新一轮的区隔和贫困之中"②；优质教育资源具有相对性和地区差异性，向薄弱学校和师生的单向资源输出并不能真正解决教育资源不均衡的问题。其二，教育信息化依托的是信息技术和互联网技术，受到经济状况的制约，"最大化维持不平等"的理论假设在教育信息化的推进中依然无法避免，甚至得到彰显，由此可能走进一种恶性循环。③ 其三，人工智能引发

① 陈云松：《逻辑、想象和诠释：工具变量在社会科学因果推断中的应用》，载《社会学研究》2012 年第 6 期，第 192 – 216 页。

② 罗小茗：《信息技术与课程改革——以上海"二期课改"为例》，载《北京大学教育评论》2013 年第 4 期，第 63 – 76 页。

③ 魏黎、沈红：《教育信息化的弊端及其制约》，载《高等工程教育研究》2006 年第 2 期，第 33 – 36 页。

的数据隐私泄漏等技术和教育伦理问题等。① 在这些方面需要开展的研究包括但不限于以下问题：人工智能技术对教育公平而言是"一剂良药"还是"破坏性力量"，"信息化促进教育公平"背后的伦理纠偏，教育信息化对技术选择的公平性是弥合还是加剧了传统受教育机会的不公平，信息化促进教育公平带来的数字安全和道德问题等。

［原载《华南师范大学学报（社会科学版）》2022 年第 2 期］

---

① 王嘉毅、鲁子箫：《规避伦理风险：智能时代教育回归原点的中国智慧》，载《教育研究》2020 年第 2 期，第 47–60 页。

# 构建"互联网+"教育新生态，推动乡村基础教育高质量发展

## ——广东"爱种子"项目的探索与实践

推动基础教育高质量发展，实现教育现代化是我国新时代基础教育的重要使命，发展乡村基础教育事业是国家乡村振兴战略实施的重要组成部分。2017年，党的十九大报告指出，要全面贯彻党的教育方针，落实立德树人根本任务，发展素质教育，推进教育公平，推动城乡义务教育一体化发展，高度重视农村义务教育，努力让每个孩子都能享有公平而有质量的教育。国家"十四五"规划和2035年远景目标提出要建设高质量教育体系，推进基本公共教育均等化。因此，实现从"有质量"到"高质量"的现代化跨越成为新时代我国乡村基础教育发展的重要主题。

## 一、乡村基础教育质量提升的困难与挑战

基础教育公平是教育公平的重要基石①，目前我国基础教育发展仍存在整体发展不平衡和不充分②问题，同时面临新时代"高质量"发展目标和人工智能时代的变革挑战。当前，我国将教育信息化作为促进教育公平均衡发展的重要抓手，党的十九大以来，教育领域更关注基于新技术的教育服务供给优化，致力于支持教育过程和结果公平。③ 从广东的实践看，广东省在新时代背景下，针对新课改中全面提升"育人质量、发展质量、公平质量"的主张，从"新学校、新课程、新课堂、新教师、新学生、

---

① 沈有禄、谯欣怡：《基础教育均衡发展：我们真的需要一个均衡发展指数吗?》，载《教育科学》2009年第6期，第9-15页。

② 胡小勇、许婷等：《信息化促进新时代基础教育公平理论研究：内涵、路径与策略》，载《电化教育研究》2020年第9期，第34-40页。

③ 胡小勇、许婷等：《信息化促进新时代基础教育公平理论研究：内涵、路径与策略》，载《电化教育研究》2020年第9期，第34-40页。

新家长、新评价、新治理"八个方面着手构建"广东新时代新教育体系"①，积极探索和利用信息化促进基础教育优质均衡发展。但在实施过程中，仍面临不少困难和挑战。

一是新时代背景下乡村基础教育课堂改革模式如何重构的问题。受"以教为主"的惯性理念和以升学率为主的评价导向影响，一线课堂强调知识讲授而素养培养不足，学生处于被动学习的现状尚未有效突破，乡村学生学习自信和韧性水平相对较低，高效、深度、生本的课堂尚未形成常态。在新课改强调"知识本位向素养本位转换"② 和"双减"政策落地的背景下，如何真正提高课堂质量和效率，成为保障乡村基础教育教学质量的核心问题。

二是乡村基础教育"互联网＋"应用效果如何常态化及提高的问题。近二十年来，国家基础教育信息化建设取得了丰硕成果，但信息化与基础教育"两张皮"现象仍然存在，部分信息技术创新应用停留在"公开课""比赛课"，难以实现常态化、持续性、规模化发展。

三是"互联网＋"如何促进乡村基础教育持续均衡发展的问题。由于社会经济发展水平存在区域性差异，区域、城乡、学校之间的办学条件、资源投入、师资素质、创新发展等方面差距明显。以广东为例，珠三角地区的基础教育发展水平较高，粤东、粤西和粤北则相对薄弱，亟须探索以"互联网＋"新思维重构乡村基础教育持续发展新生态，从而实现乡村基础教育的优质均衡发展。

## 二、"互联网＋"教育新生态推动乡村基础教育高质量发展的机理

### （一）"互联网＋"教育新生态的内涵

教育生态系统是社会生态系统的一个相对独立的子系统，有自身结构

---

① 王创：《以"育时代新人"为导向，构建"广东新时代新教育体系"》，载《人民教育》2018 年第 24 期，第 43－46 页。

② 钟启泉：《从"知识本位"转向"素养本位"——课程改革的挑战性课题》，载《基础教育课程》2021 年第 11 期，第 5－20 页。

和功能。[①] 教育生态是指教育系统中的主体和各个因子与生态环境的互动关系。笔者认为，"互联网＋"教育新生态是互联网背景下，在传统教育生态基础上，信息技术与教育教学深度融合和创新发展，促进教育生态的迭代发展、要素创新和结构重组，产生的一种新型教育生态。该生态系统的构成包含教师、学生、家长、学校管理人员、教育管理部门、企业、高校、教学名师团队等教育生态主体要素，外部生态环境由基于"互联网＋"的教育信息化环境、教育组织与管理体系、财政与文化制度等构成，生态的交换机制体现为教育信息与数据流、教育投入政策和方式、教育资源配置机制和教育质量评估机制等。

"互联网＋"教育新生态赋能基础教育是基于教育公平和均衡发展的基本价值观念，以科学发展与技术进步为现实基础，通过信息化促进教育生态系统的优化和变革，使基础教育走向现代化和高质量发展。新生态赋能基础教育的基本形态是促进基础教育的体系变革和流程再造，包括课程形态、课堂生态、教学管理、参与主体的变革。具体而言，在变革课程形态方面，重构课程目标、内容组织、媒体手段、素养评价等要素和形态，体现了"规范发展"到"智能发展"的价值转向；[②] 在重构课堂生态方面，使"以人为本"的教育模式改革真正落地，实现课堂从"粗放、经验、灌输"到"精准、科学、生长"的形态转变；在变革教学管理方面，数据驱动决策促使基础教育管理科学和精准化[③]；在变革参与主体方面，社会资本和企业力量增强了乡村教育信息化建设和投入的多元化和开放性。

（二）"互联网＋"教育新生态推动乡村基础教育高质量发展的机理

乡村基础教育高质量发展的价值向度和现实要求只能通过基础教育生态系统的动态平衡和充分发展得以实现。根据教育生态理论和系统理论，系统变革是促进教育生态系统平衡和发展的核心动力，要通过管理者、教

① 范国睿：《教育生态学》，人民教育出版社2000年版。

② 胡钦太、张彦等：《人工智能赋能基础教育课程改革研究：内涵、机制与实践》，载《国家教育行政学院学报》2021年第9期，第23－30页、第38页。

③ 黄荣怀、王运武等：《面向智能时代的教育变革——关于科技与教育双向赋能的命题》，载《中国电化教育》2021年第7期，第22－29页。

育者和受教育者等生态主体的协同进化①，促进生态群体的互利共生与系统结构要素的优化，优化资源配置并发挥其规模效应，才能提高教育生态的发展承载能力，形成教育新生态，达到新的系统平衡。因此，"互联网＋"教育新生态推动乡村基础教育高质量发展的核心机理是聚焦发展目标，以信息技术促进乡村基础教育的系统变革，通过构建"互联网＋"教育新生态，推动基础教育生态主体发展和结构要素优化，促使育人质量、发展质量和公平质量得到全面提升，最终达到乡村基础教育高质量发展的改革结果，如图1所示。

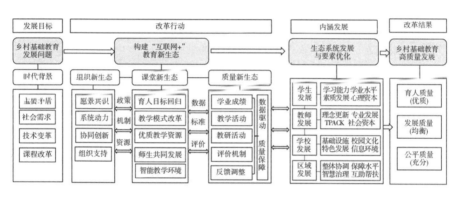

图1 "互联网＋"教育新生态推动乡村基础教育高质量发展的机理

在乡村基础教育发展目标分析阶段，不仅要理解国家发展规划要求和分析现状问题，更要深刻认识改革的时代背景，即教育发展的主要需求和主要矛盾、社会经济发展的需求、技术发展与变革对教育的影响、新的课程改革（人本理念、素养本位、学业评价）等对乡村教育发展的整体要求，形成高质量发展的目标愿景和改革共识。

在建构"互联网＋"教育新生态的改革行动阶段，主要工作集中在"组织""课堂"和"质量"三个新生态的系统构建。一是通过构建"组织新生态"，提高教学条件及基建水平，提供教育改革配套环境。通过培训和实践，使教改主体理解新时代基础教育的发展愿景，达成改革共识，为改革提供政策、机制和资源等系统动力；建设多元主体参与的协同创新

① 吴鼎福、诸文蔚：《教育生态学》，江苏教育出版社2007年版。

平台和产业链条，为改革提供组织支持和配套环境，提高信息化基建和资源配置的质量。二是通过构建"课堂新生态"，促进课堂育人目标回归到促进人的全面发展，应用技术为课堂提质增效。通过更新教师的教学理念，渗透立德树人理念，促进素养育成；开展新型信息化教学模式改革，使课堂走向深度、具身，让课程素养和核心素养在课堂活动中生成；通过优质教学资源的均衡配置，使城乡同享优质资源，促进城乡一体化发展；通过建立学生学习共同体和教师教研共同体，促进师生共同发展；通过建设智能教学环境和应用新型技术，提高乡村课堂教学智能水平，使传统课堂走向智慧课堂。三是通过构建"质量新生态"，全过程数据驱动，提高质量保障水平。通过学生学业评价和成绩分析，有效掌握学情；通过教与学活动的数据分析，有效调整教学和个性化指导；形成教师发展共同体，开展精准高效教研，提高课堂质量和效率，做到精讲精练，有效减负；通过建立教改标准和课堂评价、学生发展和素质评价等评价机制，实现教改落地刚性和教学实践柔性的统一；通过多元反馈，促进教学模式和课堂实践的有效调整。

在生态系统发展和要素优化的内涵发展阶段，要围绕学生、教师、学校和区域多层次发展。对于学生而言，通过教学改革，提高其学习能力、学业水平、素质发展（课程素养、21世纪核心素养）和心理资本（学习主动性、学习韧性、教师支持感、学习效能感等），从而得到全面和终身的发展。对于教师而言，通过有效培训和教改实践，促进其教学理念更新和专业发展（智能教学能力和素养、教研和科研能力、教育理论水平），提高TPACK综合水平；通过参与教研活动和学习交流，增长社会资本（教研团队支持、教科研指导、职业生涯引领），最终提升乡村教师团队整体水平和素质能力。对于乡村学校而言，通过完善基础设施和信息化环境，凝练校园文化，探索特色发展道路，优化教学与育人环境，使得乡村学校走向均衡发展。对于区域而言，通过构建与应用教育大数据，提高整体协调和系统保障水平；通过数据支持教育决策，推动区域智慧治理；通过开展"区间助扶""教师支教""名师指导""资源共享"等互助帮扶，提高区域发展和城乡均衡水平。

改革的结果，是"互联网＋"教育新生态的系统变革，使育人质量走向优质、发展质量走向均衡、公平质量走向充分，最终实现乡村基础教育高质量发展。

# 三、基于"互联网＋"教育新生态的乡村
# 基础教育高质量发展实践

## （一）"互联网＋"教育新生态的理论探寻与模型构建

### 1. "互联网＋"教育新生态的理论基础

构建"互联网＋"教育新生态的主要核心理论基础包括教育生态学理论、人本主义学习理论、建构主义学习理论、联通主义学习理论等。其中，教育生态学理论为"互联网＋"教育生态系统的构建和运行提供核心理论指导；人本主义学习理论为实现"立德树人"的根本目标提供哲学涵养和方法指导，即教育要回归人的发展，促进育人目标、课程实施、教学目标和课堂教学的协调统一；建构主义学习理论为基础教育的教学设计、课堂环境和师生活动设计提供理论支持，要求教师重视培养学生的21世纪能力和素养，提供合作、自主和探究学习的机会，重视学生整体发展和个性发展；联通主义学习理论则为人工智能时代学生创新思维和智能素养的培养提供理论指导。

### 2. "互联网＋"教育新生态的基本结构模型

"互联网＋"教育新生态的运行基于"互联网＋"，由组织新生态、课堂新生态和质量新生态三个子生态构成，其基本结构模型如图2所示。其中"组织新生态"为信息化教学改革提供组织支持和配套环境，"课堂新生态"是基础教育开展教学改革的核心和主阵地，"质量新生态"则为整个生态系统提供质量保障体系和改革驱动力，三者共同作用为基础教育的高质量发展提供了坚实的基础。

### 3. "互联网＋"教育新生态的实践探索过程

"互联网＋"教育新生态的实践探索经历了酝酿萌芽、试点探索、渐进推广以及全面辐射四个阶段。酝酿萌芽阶段（2010—2014年），项目团队依托信息化促进义务教育均衡发展的系列实践研究，酝酿"互联网＋"新生态教学改革理论体系。试点探索阶段（2015—2016年），在广东省教育厅的指导下，"以信息化推动义务教育教学改革研究与推广项目"（简称"爱种子"项目）于2015年正式启动。2016年，在广州市从化区的4所农村学校开展英语学科"爱种子"试点研究，聚焦课堂新生态，提出

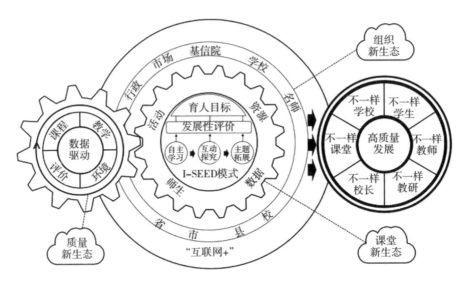

图2 "互联网＋"教育新生态的基本结构模型

"三环四得"教学模式。渐进推广阶段（2017—2019年），依托成立的广东省基础教育与信息化研究院（简称"基信院"），聚合多方智慧和资源，将教改试点拓展到清远市清城区，完成小学阶段全学科覆盖，形成"爱种子"模式的学科教学范式和变式，设计开发了体系化课程资源。全面辐射阶段（2020年至今），广东省政府发文（粤发〔2020〕06号）指出要在全省规模化推广"爱种子"经验，广东省教育厅启动新一轮"互联网"背景下基础教育改革实验，促进"互联网＋"教育新生态的推广和应用。2021年底，应用已覆盖广东省17个区域、366所学校，惠及22.1万师生。

（二）"互联网＋"教育新生态有力推动乡村基础教育高质量发展

**1. 构建"横向联通、纵向联动"的组织新生态，提供教育改革组织支持**

开展基础教育改革需要强有力的组织支持，就需要创新组织新生态，提高各主体要素的协同联系和互利共生。具体做法是突破部门层级各自为政的组织模式，以互联网为依托，通过行政引导、高校牵头、市场服务、学校创新、专家和名师参与，形成"政府—高校—市场—学校"横向联通、"省—市—县—校"纵向联动的组织新生态（见图3），为乡村基础教育改革提供动力机制和组织支持。在"爱种子"项目实践中，基信院借助中国教育信息化产业创新战略联盟力量，发挥区域教育发展的愿景引领（目标、理念、路径）作用，协同各方共同促进行政引导（政策、指导、监管、激励）、协同创新（机制、资金、管理、基建）、人才培养（师资、教研、培训）、资源汇聚（平台、硬件、软件）、市场参与（资源、技术、投入）和智慧共享（创新发展共同体），打造了IGUEST协同创新平台，推动组织管理、服务体系、评价规范和淘汰机制的建立，为基础教育改革提供系统动力。"爱种子"项目以各级政府和教育主管部门的政策引领和经费支持为基础，以新型学科资源建设与平台应用为抓手，汇聚了信息技术企业的技术资源和平台服务，通过"研、政、学、产"协同创新，形成较为完善的优质资源供给与信息服务产业链条，促进了组织新生态的主体互利共生和系统自持发展。

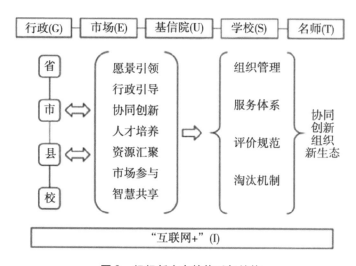

图3　组织新生态的体系与结构

**2. 构建"素养导向、综合学习"的课堂新生态，促使课堂变革真正发生**

课堂作为教与学的核心场域，是教学改革的主阵地，因此构建面向素养培养、促使综合学习发生的课堂新生态是智能时代乡村教学改革的核心工作。具体做法是围绕基于"互联网＋"的"I-SEED"教学模式改革核心，形成师生发展、活动支持、资源服务、数据赋能等系统要素支持的信息化时代课堂新生态，推动课堂变革和教学模式创新。在课堂新生态中，形成了由"课程分析"（协同的育人目标、课程标准、教学内容分析）、"双师设计"（省级教学名师和企业设计师设计的教学方案、导学资源和教学支架）、"资源服务"（学与教的资源、技术平台、资源开发和资源推荐）、"教学创新"（学科模式创新、教学范式凝练、在地优化与迭代创生）、"评价改革"（师生数据、活动数据、评价数据）构成的系统闭环（见图4），使课堂生态得以不断迭代和更新生长。在课堂新生态的建设实践中，依托教学平台和技术环境，建设协作互动和共生发展的组织文化，为学生营造和谐生长、积极向上的课堂育人氛围，重视学生课堂秩序和学习习惯的养成，提高教师课堂管理的水平和艺术。

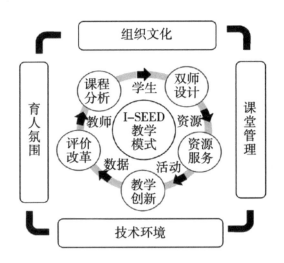

**图4　课堂新生态的体系与结构**

在教学模式创新方面，坚持"信息技术与教学深度融合、学生为中心、素质教育在课堂、教为学服务"的指导思想，推动教学范式由传统接受式学习向新型综合性学习转变，构建了"互联网＋"新型综合化教学模式（I-SEED教学模式）。该教学模式的设计、实施和应用充分体现了国家新一轮基础教育改革"以人为本"的核心理念[①]，其主要特征为：突破知识取向和碎片化课堂、以培养核心素养为目标、以"互联网＋AI"为支撑、以大单元为设计框架、以"自主学习、互动探究、主题拓展"为主要环节、以发展性评价为引导、以"学得、习得、评得、教得"为思维学习和教学策略。"爱种子"模式（I-SEED）中"三环"与"四得"相辅相成，面向学生核心素养和能力的培养，旨在打造一个新型教学体系，如图5所示。其中，"自主学习"指向内化、能动、具身的学习，"互动探究"指向协作、集体、深度的学习[②]，"主题拓展"指向创新、跨学科的学习。"四得"中的"学得"和"习得"是一个整体过程，"评得"与"教得"为两者服务，共同促进学生的整体发展。

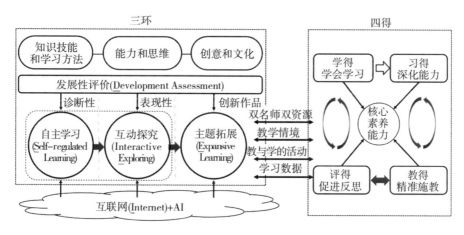

图5　I-SEED教学模式中"三环"与"四得"的关系

### 3. 形成"整体设计、数据驱动"的质量新生态，提高教育质量保障水平

乡村教育质量的持续提升和改进需要有完善的质量保障体系和改革动

①　胡钦太、张彦等：《人工智能赋能基础教育课程改革研究：内涵、机制与实践》，载《国家教育行政学院学报》2021年第9期，第23－30页、第38页。

②　钟启泉：《课堂转型》，华东师范大学出版社2018年版。

力，因此需要通过整体设计、数据驱动，建立由课程、教学、评价和环境要素构成的闭环质量新生态。在课程要素方面，以新时代育人目标为导向，以创新设计的大单元课程资源和信息化学科课程教学范式，促使面向未来的综合性学习发生，保障课程目标与课程标准、教学内容与学业发展、课堂实践与素质发展的统一和达成。在教学要素方面，为课堂提供了创新设计的组件式、场景式优质的教与学的资源和名师教学支架；云端一体的智能教学平台中嵌入伴随式数据采集功能，师生利用教学终端和学习终端（应答器或平板电脑）开展发展性评价，帮助教师以学定教、因材施教，引导学生主动学、协作学和创新学；基于学习分析和学科知识图谱技术的资源推荐为学生课后学习提供支持。在评价要素方面，课堂即时反馈、教学活动分析和学情学业分析等评价功能，不仅能帮助教师把握课程教学目标达成情况、调整和优化教学设计与实施，提高课堂教学质量和效率，促使学生学业水平和核心素养得到持续提升，还能为教研共同体开展精准教研提供现实基础，推动数据指导教学，保障教研质量。在环境要素方面，教育大数据提高了区域整体教学质量监测和协调水平，提高了教育治理和决策的科学性；建立了"区—校—科组"三级教师发展共同体，发挥教师集体智慧，研磨资源设计和教学范式，促进"爱种子"教学模式持续优化和迭代发展；建立了教改质量评价标准和运行规范，保障了教改的组织运行、资源投入和机制创新，为教改的持续推进提供良好的发展环境。

## 四、基于"互联网＋"教育新生态的乡村基础教育高质量发展效果

经过十多年的探索和实践，广东省以"爱种子"教改项目为抓手，通过构建"互联网＋"教育新生态，推动了基础教育优质均衡发展，实现了乡村基础教育高质量发展的"六个不一样"。

### （一）"不一样的学校"

"爱种子"项目的实施推动了实验学校教书育人环境的整体提升，优化了校园环境和文化内涵（校风、教风、学风等），使得教育更人性、教学更高效、配套机制更完善。校内"爱种子"教改实践与教研活动，推

动了教育者的理念更新，营造了互教互学的教学科研氛围，提升了学校教学水平，焕发了师生精神。通过提高乡村学校的教育质量，提高了公共教育服务的水平，弥补了乡村学生社会教育补偿不足、家长辅导能力有限等问题。

## （二）"不一样的学生"

在践行"爱种子"课堂教学模式和理念的过程中，学生逐步由接受式学习向主动学习、协同学习转变。在广州市从化区、清远市清城区等地开展的跟踪研究结果表明，"爱种子"模式能有效改善师生课堂交互时间分配，提升学生课堂参与度和公平感，显著提高学生学业成绩和核心素养，尤其是自主学习、协作能力、解决问题能力、言语表达和学习信心。以清城实验区为例，2018 年实验前，清城区较偏远的飞来峡镇平均星（学科综合评价分值）为 37.21，清城区平均星为 44.62，相差 7.41；2020 年实验后，飞来峡镇平均星为 39.85，清城区平均星为 42.79，相差2.94，差距缩小 4.47。前后结果对比表明，飞来峡镇平均星提高且与清城区整体平均水平差距缩小，"爱种子"模式有效促进了均衡发展。

## （三）"不一样的教师"

随着课改的推进，实验教师的教学思想和理念、教学方式和行为、教学实施和评价在悄然发生转变，加速了教师从经验型向反思型的实践者转变。教师利用信息技术赋能教与学，优化教学方式，提升了教学水平和信息素养。教改与科研的融合，从专业精神、专业知识、专业能力、专业智慧等维度促进了教师专业发展。[①] 在参与"爱种子"教改项目过程中，大多数教师完成了观念转变，逐步接受"以学生为中心，教为学服务"的理念，积极践行"爱种子"模式教学，具体表现为课堂行为改进、平台使用频率较高、教研活动参与活跃、信息化教学走向常态化，并形成高度的行动自觉。

---

① 罗爱珍：《"爱种子"模式下小学语文教学范式的构建与实践》，中山大学出版社 2021年版。

### （四）"不一样的课堂"

通过"优质教学资源 + 学习共同体 + 数据赋能教与学"，推动"以学为中心"的课堂转变和质量提升。与传统教学相比，"爱种子"课堂产生了三个变革：一是学习形态与方法变革。以资源驱动学生自主学习或共同体协作学习，利用应答器或平板电脑即时采集学生反馈信息，通过获取即时评价可以暴露存在的问题，引导学生自我反思、合作反思，促进再学习、再评价，教师根据问题开展精准指导。二是教学方法和方式变革。教师重视课堂的生成和学生学习的生成，应用新型资源创设知识的应用情境与案例，让学生在常态化的"自主、互动、探究"学习中发展思维和培养习惯，让素养在课堂中得以生成。三是培养目标与方式变革。将发展性评价贯穿学习过程，通过"评中学，学中评，互评互学，共同促进"，有效培养了学生的综合创新能力。

### （五）"不一样的校长"

"爱种子"项目的实施，使实验学校的校长更新了理念，提高了信息化领导素养，发挥了对实验团队的指导作用，使教改步入良性发展轨道。具体表现为：高度重视，成立教改领导小组，选好实验教师，保障经费投入，全力以赴，带头学习；措施得力，搭建交流平台，制定激励方案，修改学校奖励和评优方案；管理到位，开好"三个会"（周小结交流会、月总结交流会、期中期末总结会），为教改营造"三个合理"（导向合理、分工合理、管理合理）的良好环境和组织氛围。

### （六）"不一样的教研"

项目通过三项关键举措和大数据支持的精准教研，使教研方法由经验感受转向数据驱动，使教研活动聚焦于教学的真问题。具体包括：组建多元主体教研团队（教研室—导师团—学校种子核心团队—年级学科骨干—年级学科教师），形成专业指导机制，逐层引领指导，提升团队的专业化能力。借助融合式教研（区域内融合、区域间融合、设计与应用融合、教研与科研融合），推动教学模式的优化。构建三级教研网络（导师驻点教研—校际教研—校本教研），促进模式的转化，采用"推门听课—诊断分析—导师指导—教师整改—检查验收"的方式，对教师进行跟踪性指导。通过教研共同体的建设和成长，促进了教师智力资源流转，解决了偏远地区的师资发展难题，唤起教师的内在成长，最终实现教师专业化发展。

## 五、结语

乡村基础教育高质量发展是新时代背景下基础教育事业的核心主题，是实施乡村振兴战略的重要支点。广东省在推进"互联网＋"乡村基础教育改革、助力乡村振兴的实践中，创造性地构建了由组织新生态、课堂新生态和质量新生态构成的"互联网＋"教育新生态，为推动乡村基础教育高质量发展提供了行之有效的系统方案。"爱种子"项目的探索实践，形成了可复制、可推广、可持续的"互联网＋教育"教改模式和实施路径，为构建新时代的新型教育生态、推进乡村基础教育公平而有质量发展提供了实践案例和良好范本。

改革永远在路上，新时代有新使命，面对乡村基础教育高质量发展的新要求和人工智能时代的新挑战，本项目团队将继续扎根乡村教改一线，持续完善"互联网＋"教育新生态，为实现乡村基础教育高质量发展和教育现代化贡献力量。

（原载《中国电化教育》2022年第6期）

# 智慧教育驱动的教育系统革新

## 一、问题提出：当前教育系统革新进程中存在的缺陷

2021 年 3 月，《中华人民共和国国民经济和社会发展第十四个五年规划和 2035 年远景目标纲要》提出了高质量教育体系的建设目标，明确了新时期教育系统革新的总体方向。① 当前，我国教育系统革新通常针对课程、教学或管理制度等特定系统要素开展，很少兼顾各个要素之间的关联性，也极少考虑外部因素，导致教育系统成为一个内部相对独立、外部相对割裂的运行系统，暴露出诸多缺陷。

### （一）教育革新对象的范围规划较为局限，缺少对外部因素的宏观考量

当前，教育系统革新主要是从教育及相关领域的视角研究问题，对教育革新对象的范围划定有限，教育系统之外的其他因素对教育变革对象产生的影响难以体现。② 由于缺少社会参与，教育革新对象与社会脱节，极少考虑包含政治、经济、文化等在内的其他外在社会因素带来的影响，致使教育系统的革新与发展难以适应外界社会环境。教育系统革新的艰巨性决定了教育系统革新进程的复杂性和长期性，需要系统规划、合理安排、统筹推进。党的十九大报告指出，"全面深化改革……着力增强改革系统性、整体性、协同性"是我国改革取得重大突破的宝贵经验。可见，教育系统革新同样需要统筹考量宏观技术发展、经济体制、政治文化等，并以系统化的体系来落实、保障，从而实现对教育系统本身及其所处外部环境的回应。

---

① 国务院：《中华人民共和国国民经济和社会发展第十四个五年规划和 2035 年远景目标纲要》，见中国政府网（http://www.gov.cn/zhengce/2020-11/03/content_5556991.html）。

② 任友群、张瑾、郑太年等：《教育系统范式变革的研究与启示》，载《现代远程教育研究》2010 年第 2 期，第 6－12 页。

（二）教育变革挟制于要素式的局部成功，忽视内部的协同性与耦合性

对教育系统来说，其内部要素彼此交织、相互影响，加之教育元素的多样性、教育环境的复杂性、教育活动的可变性、教育发展的动态性等，都意味着教育系统革新的过程必然是动态复杂的，充满了不确定性。① 以往的教育变革往往局限于教育系统内特定要素或环节的改革，如只针对设备环境、课程设计等，忽视对教育系统要素和层次的深刻认识与理解，没有关注教育系统各要素之间的整体耦合性与内部协同性，导致变革成效不可持续、变革要素难以相互促进。甚至某些阶段性的成功反而对后续教育发展产生不良效果②，部分示范性成效难以被有效复制、大范围推广。教育系统革新是一项系统性工程，需要从以点带面到协同发展、从要素优化到系统推进、从个体示范到复制推广。既要关注教育系统内部的多种要素及其联系，转变以往改革的点状思维、线性思维，统筹兼顾、综合平衡，实现不同要素地位、作用的根本性变革，也要注重从"点"的突破到"面"的集成，突出重点、带动全局，有效扩大改革的广度与力度。

（三）教育系统革新进度滞后于时代脚步，无法前瞻性地引领社会发展

"十四五"时期，我国信息化已经步入加快数字化发展、建设数字中国的新阶段③，以信息化实现现代化是顺应社会变化、实现高质量发展的内在要求和必由之路，各行业的数字化转型与智能化升级成为时代呼吁下的教育发展新需求。教育系统同样需要回应社会转型的步伐，进行彻底变革。④ 教育系统革新固然无法一蹴而就，但与高速数字化、智能化的其他

① 黄荣怀、刘德建、刘晓琳等：《互联网促进教育变革的基本格局》，载《中国电化教育》2017 年第 1 期，第 7 - 16 页。
② Selwyn N，Hillman T，Eynon R，et al.，"What's Next For Ed-Tech？Critical Hopes and Concerns for the 2020s"，*Learning，Media and Technology*，2020，45（1），pp. 1 - 6.
③ 中央网络安全和信息化委员会：《"十四五"国家信息化规划》，见中央网络安全和信息化委员会办公室网（http：//www. cac. gov. cn/2021-12/27/c1642205314518676. htm）。
④ 刘妍、顾小清、顾晓莉等：《教育系统革新与以学习者为中心的教育范式——再访国际教学设计专家瑞格鲁斯教授》，载《现代远程教育研究》2017 年第 1 期，第 13 - 20 页。

领域相比，教育系统革新的进程仍显得缓慢，在观念革新、制度体系建设、可持续发展等方面都面临不同程度的困难与障碍，如教育者数字化能力和领导力缺失、在线教育体系不够完善、数据安全与师生隐私面临威胁、基于人工智能的数字化教育平台建设与维护成本高昂等。伴随基于互联网的新型学习方式的高速普及、新时代物质生产方式和生活方式的极大变革，教育系统迫切需要主动思考、积极作为，联合多方力量更加快速并且持续地进行自我更新，不仅要彻底更新教育工作者的教育理念、转变教育方式，紧跟时代前沿，不断挖掘教育发展的新生长点，还要推动完善相关制度体系建设，保障教育系统革新的可持续推进和有效落地，从而能够迎接并引领高度数字化、智能化的社会发展。

（四）教育系统革新未能回应社会需求，亟须指向新时代的育人目标

长久以来，"应试"导向的教育培训、单一的教育评价标准等破坏了教育生态，对学生的发展产生了诸多不良影响。一方面，教育系统的人才培养模式无法有效回应新时代深化改革和经济转型的需要，核心素养、综合素质和高阶思维能力的培养缺失导致教育事业与市场产业脱节，难以真正有效地培养出现代社会需要的应用型人才、综合性人才，因此亟须转变观念、改革体系。另一方面，针对"我国教育要为谁培养人、培养什么样的人、怎样培养人"这一首要问题，教育部相继提出"落实立德树人根本任务""深化新时代教育评价改革""健全学校家庭社会协同育人机制"等目标需求，旨在引导全社会关注学生成长，落实立德树人根本任务，确保教育往正确方向发展。这一系列改革为教育系统实现育人模式的转变创造了良好的制度环境，以核心素养和全面发展为目标、以复合型人才培养为指向、以尊重个性化与多元化发展为旨归，这逐渐成为新时代人才培养的主要方向。在国家系列政策的引领与带动下，教育系统改革需将新时代育人目标作为终极方向，健全育人体系，树立并落实科学的教育质量观和人才观，促进学生健康成长。

## 二、机制分析：智慧教育是教育系统革新的有效推动力

2022年1月，国务院发布的《关于印发"十四五"数字经济发展规

划的通知》指出，持续提升包含教育在内的公共服务数字化水平，强调"深入推进智慧教育""推进教育新型基础设施建设，构建高质量教育支撑体系"①。互联网、大数据、人工智能等技术的发展正在引领新一轮教育变革。本研究认为，以新一代数字技术与智能技术为支撑的智慧教育能够有效破解教育系统发展难题、引领教育系统革新，成为新时代教育的发展方向。

以智慧教育突破教育系统存在的问题，即改革对象规划较为局限、挟制于要素式的局部成功、革新进度滞后于时代脚步等问题，需要首先在认识论上厘清智慧教育破解教育系统革新相关难题的作用机制，分析智慧教育驱动教育系统革新的目标体系，并使其具有前瞻性。②

## （一）智慧教育驱动教育系统革新的宏观格局

### 1 智慧教育促使教育系统激发新活力与新动能

在宏观上，智慧教育依托大数据与人工智能等关键技术，赋能教育系统扩展智慧治理、科学决策的能力，从而实现对教育管理过程的集成统筹、对技术设备环境的智能管控、对教育决策方向的科学指导等，促使教育系统从单一教育部门管理向各教育主体协同治理转变。在微观上，智慧教育能够优化教育系统各要素，在精准教学方面帮助教师更好地对教和学进行集成管理，为调整教学策略、优化教学流程、完善课程设计等提供决策依据；在精准学习方面为学生搭建智慧学习环境、提供智慧学习资源，促进人才的个性化发展与全面发展。③

### 2. 智慧教育助力教育系统提升适应能力与韧性

在数字技术、云计算、元宇宙等技术的推动下，物理空间与虚拟空间的边界趋于模糊，现实空间和网络空间逐渐走向融合。在智慧教育驱动下，教育环境建设步伐加快，如云端一体化教育环境、无边界学习平台等，教育系统变得更加开放、便利、个性、智慧，同时具有更强的韧性与

---

① 国务院：《关于印发"十四五"数字经济发展规划的通知》，见中国政府网（http://www.gov.cn/zhengce/content/2022-01/12/content_5667817.htm）。

② Selwyn N, Hillman T, Eynon R, et al., "What's Next for Ed-Tech? Critical Hopes and Concerns for the 2020s", *Learning, Media and Technology*, 2020, 45（1），pp. 1 – 6.

③ 胡钦太、刘丽清、郑凯：《工业革命4.0背景下的智慧教育新格局》，载《中国电化教育》2019年第3期，第1 – 8页。

适应性，不仅能够适应不同类型的学习需求，提供多元化、差异化的学习服务，真正实现以学习者为中心的个性化学习，还能够打破传统学校教育的中心化地位，为在线教学、社区教育、成人教育、自主学习等提供良好的环境和条件，有助于终身教育体系的建立。在新冠疫情期间，为应对大规模的停课与隔离，在线教与学在特定的时期成为新常态①，在此次超大规模的在线教学与居家学习过程中，具有高适应力、开放性的智慧教育生态发挥了巨大的作用。

### 3. 智慧教育带动教育系统发展自我进化的能力

智慧教育能够通过对教育数据的关联性分析与深度挖掘，前瞻性地引导教育系统的内部要素优化，使得教育教学流程、教与学方式、教育资源服务、教学质量评价等内部各要素形成正反馈和内部进化的能力，促进教育系统实现自我演化和动态平衡。互联网、大数据、移动技术等深度应用于教育领域，将教师、学生、家长、教育管理者和社会公众等联系在一起，教育系统得以获得更多决策与发展的依据。通过多方协同参与教育发展，整合知识的发展、社会的需求、参与者的反馈和决策系统的评价等多元信息，辅助教育系统进行智能分析和判断，并不断在现有教育系统的基础上完成进化或生成新的信息、资源等，确保其具备高质量发展、可持续发展的生命力。②

### 4. 智慧教育引领教育系统革新整体层次与结构

技术赋能的智慧教育将成为转变教育发展理念、提高教育系统整体效能、促进教育高质量发展的有效手段。智慧教育能够促进转变教育理念，重塑教与学的空间与结构，改变教育者与学习者的教学方式与学习方式，促进评价方式和治理体系的变革，带来教育科学决策和综合治理能力的大幅提高，推动教育服务生态的变化，为泛在学习环境和全民终身学习提供有力支撑，最终驱动教育系统层次与结构发生根本性变革，引领教育系统走向整体革新。

---

① Jandri'c P, "Postdigital Research in the Time of Covid-19", *Postdigital Science and Education*, 2020, 2 (2), pp. 233 – 238.

② 胡钦太、刘丽清、郑凯：《工业革命 4.0 背景下的智慧教育新格局》，载《中国电化教育》2019 年第 3 期，第 1 – 8 页。

（二）智慧教育驱动教育系统革新的目标设计

### 1. 以智慧教育拓展教育系统革新的格局与版图

教育系统包含诸多要素，各要素之间相互关联、相互衔接，在教育系统革新过程中不能只关注单一要素，而是需要立足于整个教育系统乃至社会系统的宏观高度来进行考量，不断拓展教育系统革新的格局与版图。

以云计算、学习分析、人工智能、区块链等为代表的智能信息技术在教育领域得到广泛而深入的应用，技术与教育教学的全过程融合、深度融合能够为突破当前教育系统革新的局限性问题提供有效解决方案。在智能信息技术的推动下，一方面，多元开放的智慧教育平台能够持续关注不同目标的实现情况，观测各内部要素之间是否有关联性影响，从而统筹规划教学系统、学校系统、育人模式、评价体制和治理体制等的协同可持续发展，解决各种教育发展难题，另一方面，教育系统能够作为一个开放的体系，不断同外部经济、政治、文化等系统进行物质与能量的互换或融合，智慧教育得以通过不断的理念创新、技术创新、文化创新、服务创新、治理创新等，持续拓展教育系统革新的深度与广度，打破教育系统和社会系统之间的壁垒，形成对教育系统整体革新的科学指引和向导。

### 2. 以智慧教育赋能教育系统内部要素优化升级

教育系统及其各要素之间具有内在一致性、耦合性和系统性。作为一个复杂有机整体，教育系统内部各要素之间关联耦合、互相影响，从而形成一定的层次和结构。要实现教育系统革新，需要依据教育系统内部各要素之间相互作用、相互制约的复杂关系，促进各要素有机聚合、形成合力，从而激发教育系统内部要素的全部效能与潜在活力，实现教育系统内部要素的精细优化和升级。

以互联网、大数据、虚拟现实等为代表的新一代数字技术与智能技术在教育领域得到广泛而深度的应用，带来更加多元化、个性化和智能化的学习环境、学习体验和学习服务等，深刻影响教育观念、教育流程和教育模式等的变迁。在智慧教育驱动下原本的教育系统内部各要素被"重混"（remix），如形成了新的知识体系结构、课程组织模式等，拓展技术支持教育的更多可能性、不断提升教育系统效能。新型智能技术的不断优化、技术与教育的融合持续深入，也极大地变革了当前教育系统的层次结构，使得教育系统内部各要素在技术的持续赋能下得以不断地自我调整与进化，以维持教育系统的动态平衡与协同发展。

### 3. 以智慧教育推动教育信息化引领教育现代化

建设教育强国是社会主义现代化强国的应有之义。加快推进教育现代化、建设教育强国是新时代我国教育事业的根本发展方向。教育系统作为社会系统的重要组成部分，其系统革新不仅需要协调、回应教育环境与社会环境的动态变化，根据时代的变迁、技术的发展和文化的变革等因势顺变，调整其内部要素的内涵与外延、改变教育系统的组织结构，更需要以前瞻性的教育理念与实践推动实现高水平的教育信息化，以教育信息化引领教育现代化、以教育现代化引领社会主义现代化。

当前，教育信息化已成为各国促进教育发展的制高点。新型智能技术的发展和知识观念的变革对教育内容、教与学方式和育人模式等提出了新的要求。智慧教育是教育信息化高度发展阶段所呈现的教育新形态和未来新方向，它不仅是国家整体信息化发展的重要组成部分，更是教育顺应新发展阶段形势变化、紧抓信息革命机遇、贯彻新型教育理念、促进优秀人才培养、推动教育高质量发展的内在要求和必由之路。与此同时，智慧教育在带动教育系统实现系统革新的过程中，还需不断加强示范引领、积累革新经验、带动辐射推广，从而充分发挥智慧教育推动教育信息化、引领教育现代化的作用。

### 4. 以智慧教育回应新时代社会人才培养目标

教育系统发展的终极目标是促进人的发展，然而人的发展离不开政治、经济、文化等因素带来的影响。因此，教育系统作为社会系统的重要组成部分，应该与社会多方面因素的发展相协调。

智慧教育契合新时代社会的育人目标。在过程层面，智慧教育以融合渗透先进教育理论、系统理论和高新技术等为路径[1]，通过探索和实践智能技术支持的现代教育体制，促进教学理念本质性转变和教学模式根本性变革，通过努力推动人才培养模式的根本性转变，为培养大批面向未来的复合型、创新型卓越人才打造了良好的支持条件。在目的层面，智慧教育的关键在于培养智慧型人才，旨在通过创设良好的智慧学习环境和社会环境，通过创新教育教学、教育管理的模式与方法，满足个体全面发展和个

---

① 胡钦太、郑凯、胡小勇等：《智慧教育的体系技术解构与融合路径研究》，载《中国电化教育》2016 年第 1 期，第 49 – 55 页。

性化成长的需求，不断促进学习者的智慧发展，从而回应新时代的育人目标与人才培养需求。

综上所述，本研究确立了智慧教育驱动教育系统革新的宏观格局与目标设计，认为智慧教育能够促使教育系统激发新活力与新动能、助力教育系统提升适应能力与韧性、带动教育系统发展自我进化能力、引领教育系统革新整体层次与结构，并提出以智慧教育拓展教育系统革新的格局与版图、赋能教育系统内部要素优化升级、推动教育信息化并引领教育现代化、回应新时代社会的人才培养目标，为提出智慧教育推动新时代教育系统革新的路径奠定了理论基础。

## 三、路径实施：以智慧教育驱动新时代教育系统革新

教育系统是一个复杂而又完整的系统，智慧教育驱动教育系统拓展新动能、提升适应力与韧性、发展自我进化能力、变革整体层次结构，促进了教育系统的整体革新，从而实现其内部各要素的优化和升级，具体体现在教育理念整体革新、多学科交叉与融合、信息技术融合创新、教与学的空间重塑、数智技术赋能增效、教育公共服务生态构建、教育治理方式升级和终身学习体系建立八个方面（见图 1）。

### （一）教育理念整体革新：回应新时代的发展需求

当前，我们正进入数字化、智能化时代，数字技术与智能技术在教育教学中的持续深入应用正倒逼教育理念不断更新，以此回应新时代对教育提出的诸多要求。智慧教育驱动的教育理念革新可以分为知识学习观念变革、人才培养目标变化、教学模式方法优化和环境建构理念升级四个方面。这四者并非相互独立，而是互相交织、互相影响的连续统一体。

在知识学习观念变革方面，智能时代的学习是一种联通学习，知识的形态逐渐向网状、动态、多元和碎片化的方向转变，资源和知识表现出更显著的碎片化、网络化、社会化特征。[①] 教育系统革新要求个体具有更强大和持续的学习力，能够将知识碎片化和网络化的优势有机结合起来，从

---

① ［美］西蒙斯、李萍：《关联主义：数字时代的一种学习理论》，载《全球教育展望》2005 年第 8 期，第 9 – 13 页。

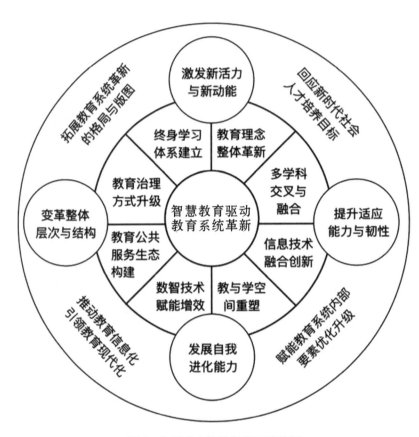

图 1 智慧教育驱动教育系统革新

而学会学习和建构不断演进的知识框架。在人才培养目标变化方面，智慧教育旨在培养"具有良好人格品性、较强行动能力、较好思维品质和较深创造潜能"的智慧型人才[①]，其中对高阶思维的培养尤为必要。在教育模式方法优化方面，教育系统需要能够满足教师教学多样化和学生学习个性化的多元需求，充分运用互联网、区块链等新兴技术，关注项目学习、现象学习、无缝学习等多种新型教学模式，推动新型教育教学模式的常态化应用。

---

① 祝智庭、肖玉敏、雷云鹤：《面向智慧教育的思维教学》，载《现代远程教育研究》2018 年第 1 期，第 47 - 57 页。

## （二）多学科交叉与融合：实现课程模式的创新

智慧教育为创新教学体系提供了有力支撑，5G、物联网、XR 等智能技术使得新型课程模式成为可能。课程作为教育教学的重要单元，需要契合教育环境乃至社会环境的变化，主动回应新时代对人才的需求，通过多学科交叉融合来探索、应用与创新课程模式。

教育系统需要充分运用技术手段，基于新时代的学生发展目标探索、研发各类课程模式。比如，2020 年初的新冠疫情使在线教学迅速受到广泛关注，成为全国各级各类教育的主要教学方式，并逐渐成为后疫情时代的重要教学方式。如今线上线下融合教育（OMO）更是得到了大量推广和实践，急需进一步探索线上线下融合课程模式的有效实现路径。此外，智慧教室、电子书包、移动智能终端、可穿戴设备等技术的深度应用推动了教学结构的重组，传统教学结构固有的"导入、讲授、巩固、小结、作业"等经典环节和内容被取代，校内外联合的培养模式、虚拟现实等新型技术与课程内容的深度融合极大地提升了学生的学习体验，使得传统学科边界被打破，涌现出通过技术优化课堂结构进而产生支持高阶思维培养、深度学习的课程模式，如 STEM 课程、基于设计的学习和创客教育等，促进形成多学科交叉融合的知识体系[1]，促进全体学生实现符合个性化需求的智慧发展，适应新时代的人才培养目标。

## （三）信息技术融合创新：促进教与学方式变革

新一代智能技术与教育教学深度融合为教与学方式的变革带来了更多可能性，促进了教学方式、学习方式和教学元素三个方面的变革。

在教学方式方面，重视学习者发展、以学生为中心成为教师教学的核心要求。教师应深化信息技术与课堂教学的创新融合，积极开展以学生学习为中心的教学实践。人工智能将承担知识性讲授、重复性任务的工作，而教师的主要工作是支持学生获取知识和认真学习，培育学生的智慧和能力，故教师需要精心设计资源、活动和评价等，实践多种新型教学方式，促进课堂教学改革。在学习方式方面，实现差异化学习、促进个性化发展

---

[1] 胡钦太、刘丽清、郑凯：《工业革命 4.0 背景下的智慧教育新格局》，载《中国电化教育》2019 年第 3 期，第 1–8 页。

成为学生学习的主要诉求。技术赋能的学习以多元化、差异化为基本特征，能够支持新型学习方式、提供多元学习体验、真正实现个性化学习。此外，物联网、泛在网络、区块链等技术支持的无缝学习和联通学习使得"人人皆学、处处能学、时时可学"真正成为可能①，在线教育、移动学习、弹性教学等逐步渗透到更广泛的学习场域，智能移动终端能够帮助学习者随时随地获取自助式的个性化数字学习服务，为学习型社会建设打下基础。在教学元素方面，随着数字化学习资源、虚拟现实学习资源和学科知识图谱的不断发展，在线云平台、网络学习空间和智慧教材等的推广与覆盖，学生得以获得个性化、多元化的优质学习资源与学习服务。比如，教学内容由仅依赖一本教材，转变为由能够提供丰富学习体验与情境化智能互动的数字化教学资源提供支撑，更有助于满足学习者的多元发展需求。②

（四）教与学的空间重塑：打破传统教与学边界

美国高等教育信息化协会曾指出，"学习空间重塑"是未来影响教育的重要发展趋势之一。智慧教育中的教与学空间实现了物理空间和虚拟空间的相互结合、线上学习和线下学习的紧密联系，打破了传统教与学的边界。学习空间重塑可以从强化现实学习空间和拓展网络学习空间两个方面进行。

强化现实学习空间，建设技术支持的教与学环境。技术赋能的新型教与学空间将是以创新性、灵活性和开放性等为特征的新型现代教室，教育的场所也不再固定于课堂和教室，而是扩展到社区、博物馆等支持多种教学模式的场所，并通过5G、物联网等技术实现学习资源、进度、成果等的互通共享。同时，智慧课堂环境也是智慧校园的有机组成部分。智慧校园在技术的支持下更注重系统的开放性，通过统筹协调系统内外的优质资源和交互信息，建立扁平化组织架构、弹性学制、开放式平台等，打通学

---

① 习近平：《建设"人人皆学处处能学时时可学"的学习型社会》，见央广网（http//news.cnr.cn/native/gd/20150523/t20150523_518620985.shtml）。

② Lin X F, Liang Z M, Chan K K, et al., "Effects of Contextual Interactive Healthcare Training on Caregivers of Patients with Suspected COVID-19 Infection: Anxiety, Learning Achievements, Perceived Support and Self-efficacies During Quarantine", *Journal of Computer Assisted Learning*, 2022, 38 (3), pp. 731 – 742.

校、社会、家庭之间的良性互动通道，构建多方协同的开放式办学格局，从而形成适应时代发展的未来学校组织形态。①

拓展网络学习空间，营造虚实融合的教与学场景。依托互联网、云计算、元宇宙等技术，搭建能够提供多种资源与服务的在线教学平台或网络学习空间，是对线下教学空间的重要延伸。目前，线上虚拟平台和网络学习空间以其便捷、泛在、实时等优势，能够满足在真实物理空间中难以满足的教学需求，并能够提供丰富、多元的环境条件和资源服务，同时通过对学习行为数据的全面采集、智慧分析、深入挖掘、智能诊断，为非正式学习、个性化学习提供支撑，使教与学场景朝着"一体化、个性化、数据化、智能化"的方向发展。②

### （五）数智技术赋能增效：驱动教育评价改革

随着新一代数字技术与智能技术的发展，学生数字档案、云 AI 课堂分析、基于区块链的综合素质管理平台、区域教育质量监测数据平台等多种评价技术应运而生，教育评价深入教育教学的不同环节和对象，使得"以能力培养为导向、以过程评价为依据、以个性成长为目标"的教育评价理念的落实成为可能。教育评价不再局限于固定对象或停留于浅层的基本知识与基本技能维度，而是能够实现对学习全过程的综合评价，为促进学习者发展提供科学依据。

首先，完善综合评价体系。大数据、区块链等技术赋能使得教育评价对象可以不局限于学生，而是拓展为学生评价、教师评价、学校评价、区域教育质量评价等；多模态数据采集技术为学生心理特征和认知能力评估提供了更加科学有效的观测方式；脑机接口、人工智能等技术更是帮助结果评价突破传统纸笔测试的局限性，使学生知识测评和能力评估向多元性、高阶性、动态性、综合性转变。其次，强化过程评价理念。强调个性化评价与过程性评价，运用学习分析技术与区块链技术等，采集学习者学习的全过程数据，为教育评价指明更科学的前进方向，同时为教育公平的

---

① 牟童瑶：《智慧校园：信息革命背景下的学校形态发展新趋势》，载《中国多媒体与网络教学学报》2020 年第 4 期，第 145 - 147 页。

② 胡钦太、刘丽清、郑凯：《工业革命 4.0 背景下的智慧教育新格局》，载《中国电化教育》2019 年第 3 期，第 1 - 8 页。

评价提供实证依据。① 最后，探索增值评价方式。"增值评价"期望学校可以增加"价值"到学生的学习成就之上②，代表的是一种"绿色升学率"理念下的评价方式，它要求学校教育促进学生的可持续发展，使其成长为适应社会的人，而学校育人的终极目标是促进社会和谐发展。探索增值评价，能够对我国教育均衡发展、学校特色发展等起到积极的推动作用。

## （六）教育公共服务生态构建：促进教育供给方式内涵提升

教育公共服务平台是教育信息化支撑环境与数字化公共服务体系的重要组成部分③，也是智慧教育促进教育系统革新的重要环节。2022 年 1月，教育部部长怀进鹏在全国教育工作会议上强调要"丰富数字教育资源和服务供给""创新数字资源供给模式"，建设国家智慧教育公共服务平台。④

早在 2010 年，我国便已开始建设教育资源公共服务平台，经过十年发展，已建成省市层面与国家层面联动的教育资源公共服务平台体系⑤，旨在推进优质教育资源的持续普及与共享。2022 年 3 月，教育部更是将原有的"国家中小学网络云平台"升级为"国家中小学智慧教育平台"，不仅为学习者提供海量、优质、开放的数字化教育资源，还提供课后服务、教师研修、家庭教育等多方面支持。可见，充分发挥技术优势，构建智慧教育背景下的教育公共服务生态尤为必要。智能化教育平台能够集成多样化优质资源与个性化服务，并通过互联网技术不断扩大优质教育资源的覆盖面，不断提高优质教育服务的普及化发展，使得大规模的个性化教

---

① 胡钦太、林晓凡、张彦：《信息化何以促进基础教育的结果公平》，载《教育研究》2021 年第 9 期，第 142－153 页。

② 张生、王雪、齐媛：《人工智能赋能教育评价："学评融合"新理念及核心要素》，载《中国远程教育》2021 年第 2 期，第 1－8 页、第 16 页、第 76 页。

③ 祝智庭、管珏琪：《教育变革中的技术力量》，载《中国电化教育》2014 年第 1 期，第 1－9 页。

④ 教育部：《加快教育高质量发展——2022 年全国教育工作会议召开》，见中华人民共和国教育部网（http//www. moe. gov. cn/jyb_xwfb/gzdt_gzdt/moe_1485/202201/t20220117_594937. html）。

⑤ 祝智庭、林梓柔、闫寒冰：《新基建赋能新型教育公共服务平台构建：从资源平台向智慧云校演化》，载《电化教育研究》2021 年第 10 期，第 31－39 页。

育成为可能，对促进教育公平发展具有深远意义。如通过整合需求侧与供给侧，基于智能服务平台，在提供大规模学习资源的同时辅以智能化的精准帮扶服务，真正实现规模化与个性化相统一。

（七）教育治理方式升级：打造多主体参与的智慧治理体制

大数据、区块链等智能技术有助于实现数据驱动的科学决策，推动从基于经验的教育管理向基于数据询证的教育治理发展，通过形成基于智能技术的人机协同、多元参与的新型决策与治理模式，建立系统完备、科学规范、运行有效的制度体系，实现从"教育管理"到"教育治理"的变革。

智慧教育治理将基于云计算、大数据、AI 等信息技术构建智慧管理平台，在各级各类教育治理过程中实现对各类信息的自动采集、汇聚和关联，全面升级教育治理方式；通过人与业务信息的融合，构建教育治理的大数据模型，从而提供智慧化管理服务，包括教育资源服务、教育管理服务、教育空间和成长档案；开发教育治理决策支持系统，促进学校治理能力与决策能力的科学化、现代化；形成政府宏观调控、社会广泛参与、学校智慧管理的格局，构建智慧教育数据开放服务平台与制度体系，最大限度解决不同机构之间存在的数据孤岛问题，推动智慧教育数据合理开放，确保智慧教育数据的建设与应用、统一与集成、共建与共享。智慧治理促进学校、政府、社会等多主体协同发力，是推动教育高质量发展的有效手段，应遵循"多元协同、共建共享"的基本理念，通过多主体参与的多元合作，各主体之间的协调和统筹，整合各级各类教育数据与技术力量，形成"学校—社会—家庭"协同推进教育治理的新型教育共治格局，为实现我国教育治理体系现代化，进而实现教育现代化提供有力支撑。

（八）终身学习体系建立：走向数字化与泛在化学习

工业 4.0 的到来标志着人类迈入以"知化、流动、共享、互动"为关键力量的终身学习时代。经济合作与发展组织（OECD）曾指出，随着知识社会的到来，"学习"被移到舞台的中央，学校教育必须从帮助学生掌握事实性知识和程序型技能，转向帮助学生发展高阶思维能力和解决问题能力，并促进学生的终身学习。

数字孪生技术的发展、教育元宇宙的提出将人们的生存维度从现实空间扩展到既独立于现实空间又与现实空间相结合的综合环境，在这样的环境下数字技术使得学习走向碎片化、常态化和动态化。当前需要树立数字化终身教育的理念，开展数字化终身学习，完善相关体系建设，驱动技术支持的学习型社会建设与发展。首先，促进学习资源与服务的开发和供给。教育的数字化转型加快了教育供给侧改革的步伐，逐渐形成了学校、教育机构、信息化企业等多部门共同参与的教育产业生态，为学习者提供多元化的数字化学习资源与服务，开发数字化终身学习平台，促使数字化学习走向常态化。其次，建立数字化终身学习的治理体系。运用区块链技术，建立健全学分银行体系，成立统一数字化管理标准，链接来自多种平台的泛在、非正式、碎片化学习数据，完善非正式教育与泛在学习的学习成果认证体系，建立支持终身学习的新型教育评估与管理机制，构建"人人皆学、处处能学、时时可学"的学习型社会。

## 四、结语

我国教育信息化发展已经从"应用阶段"走向"融合阶段"，但从教育系统变革的角度来说仍处于技术促进教育变革的初始阶段。[①] 随着国家新基建进程加速，新时代与新基建背景下的智慧教育具有高度智能互联、高度数据贯通、高度人机协同和高度适应个性的特征。[②] 在新的发展阶段，智慧教育能够拓展教育系统革新的格局与版图、赋能教育系统内部要素优化升级、推动教育信息化并引领教育现代化、回应新时代的社会人才培养目标，并能通过教育理念革新、多学科交叉与融合、信息技术融合创新、教与学的空间重塑、数智技术赋能增效、教育公共服务生态构建、教育治理方式升级和终身学习体系建立八大路径，促使教育系统激发新活力与新动能、提升适应能力与韧性、发展自我进化能力、变革整体层次与结构，从而有效推动并实现教育系统革新。

（原载《中国远程教育》2022 年第 7 期）

---

① 黄荣怀、刘德建、刘晓琳等：《互联网促进教育变革的基本格局》，载《中国电化教育》2017 年第 1 期，第 7 – 16 页。

② 杨现民、米桥伟：《新基建背景下的智慧校园新样态》，载《中小学信息技术教育》2021 年第 4 期，第 9 – 12 页。

# 新时代我国教育技术学科高质量发展的机遇与路径

## 一、高质量发展是新时代教育技术学科发展的新命题

### （一）实施高等教育高质量发展的政策导向

教育技术学是当代教育科学与信息技术相融合而形成的新兴学科，也是国家大力发展教育信息化迫切需要的学科。2018 年，教育部、财政部和国家发展改革委联合印发《关于高等学校加快"双一流"建设的指导意见》，指出要"坚持高等教育特色一流、内涵发展，体现优势特色，提升发展水平，……实现以质量为核心的可持续发展"①。随后，教育部又陆续发布了《关于实施一流本科专业建设"双万计划"的通知》等系列政策，都体现出建设高质量高等教育体系的目标。2021 年 3 月，国务院发布的《中华人民共和国国民经济和社会发展第十四个五年规划和 2035 远景目标纲要》再次强调了"建设高质量教育体系"的发展愿景，并将"提高高等教育质量"作为重要规划内容之一。② 专业是高等教育的基本单元，是建设高质量本科教育、培养高水平人才的"四梁八柱"，专业建设更是关乎优秀人才培养、经济社会发展、教育质量乃至综合国力提升的重要内容。在教育高质量发展与"双一流"建设的背景下，教育技术学专业与学科体系的改革和创新尤为必要。

### （二）推动教育数字化转型的变革需求

随着人工智能、大数据、区块链等新技术的飞速发展，社会转型更加

---

① 教育部：《三部门印发〈关于高等学校加快"双一流"建设的指导意见〉》，见中华人民共和国教育部网（http://www.moe.gov.cn/srcsite/A22/moe_843/201808/t20180823_345987.html）。

② 中华人民共和国中央人民政府：《中华人民共和国国民经济和社会发展第十四个五年规划和 2035 年远景目标纲要》，见中国政府网（http://www.gov.cn/xinwen/2021-03/13/content_5592681.htm）。

强调数字化、网络化、智能化。我国高度重视信息化建设和数字经济及数字中国建设，《"十四五"数字经济发展规划》中强调"把握数字化发展新机遇"①，教育系统更是需要推动教育信息化和数字化建设，以教育信息化推动教育高质量发展。② 2021年7月，《教育部等六部门关于推进教育新型基础设施建设构建高质量教育支撑体系的指导意见》提出要"推动教育数字转型、智能升级、融合创新，支撑教育高质量发展"③。教育部部长怀进鹏也在2022年全国教育工作会议上指出，要"以改革创新注入教育发展强大动力……实施教育数字化战略行动"④。教育部更是在2022年工作要点中强调，要"完整、准确、全面贯彻新发展理念，服务构建新发展格局，……加快教育高质量发展，推进教育现代化、建设教育强国"，提出了包括"促进教育发展成果更多更公平惠及全体人民""提升教育服务创新发展能力，为构建新发展格局提供坚强支撑""深化教育改革，为教育发展注入强大动力"等在内的建设要求。⑤ 可见，推进教育数字化转型与智能化升级、推动教育更加公平更有质量、培养大批适应经济社会发展需要的人才，成为新时代教育发展的必然要求。

总体而言，在高等教育高质量发展和教育数字化转型的政策背景下，教育技术学作为对社会和技术发展做出最快速反应的学科之一，需要重新审视学科定位，调整专业方向，努力为社会转型所需的人才培养做出应有的贡献。

---

① 中华人民共和国中央人民政府：《国务院印发〈"十四五"数字经济发展规划〉》，见中国政府网（http：//www. gov. cn/xinwen/2022-01/12/content_5667840. htm）。

② 教育部：《教育部举行党组理论学习中心组集体学习暨教育信息化首场辅导报告会》，见中华人民共和国教育部网（http：//www. moe. gov. cn/jyb_xwfb/gzdt_gzdt/moe_1485/202202/t20220221_600942. html）。

③ 教育部：《教育部等六部门关于推进教育新型基础设施建设构建高质量教育支撑体系的指导意见》，见中华人民共和国教育部网（http：//www. moe. gov. cn/srcsite/A16/s3342/202107/t20210720_545783. html）。

④ 教育部：《加快教育高质量发展——2022年全国教育工作会议召开》，见中华人民共和国教育部网（http：//www. moe. gov. cn/jyb_xwfb/gzdt_gzdt/moe_1485/202201/t20220117_594937. html）。

⑤ 教育部：《教育部2022年工作要点》，见中华人民共和国教育部网（http：//www. moe. gov. cn/jyb_xwfb/gzdt_gzdt/202202/t20220208_597666. html）。

## 二、新时代教育技术学科高质量发展的基础与机遇

### （一）教育技术学专业已从成熟期步入提升发展阶段

根据对教育技术学专业发展的阶段划分（即依次经历了起步期、发展期、成熟期、提升期），我国教育技术学目前已处于从成熟期迈向提升期的阶段。在专业开设方面，截至 2022 年初，全国共有 197 所院校开设了教育技术学本科专业。根据 2010 年至 2022 年间教育部公布的普通高等学校本科专业备案和审批结果，近 10 年来我国陆续撤销了一批教育技术学专业，但同样也有院校新增开设了教育技术学专业，而且新增专业的院校以师范类院校为主，新增学位类型主要为教育学与理学；撤销该专业的院校以综合类院校、理工类院校和地方类附属院校为主，撤销学位类型主要为理学与工学。此外，在课程建设方面，教育技术学国家精品在线开放课程与一流本科课程持续增加，共有 6 门课程入选 2018 年首批国家精品在线开放课程，15 门课程入选 2020 年首批国家级一流本科课程，其中线上线下混合课程建设受到更多关注，占总入选课程的 47.6%。

总体来看，开设与撤销教育技术学专业院校数量的动态变化是学科和专业发展、人才需求变化的历史选择，既符合学科发展规律，更体现出新时代高等教育专业发展质量总体提高的目标与行动。2022 年 2 月，教育部公布的《2021 年度普通高等学校本科专业备案和审批结果》强调要"升级改造传统专业，淘汰不适应社会需求、不符合学校办学定位的专业"，旨在优化调整专业结构，保障专业建设的基本质量。① 因此，教育技术学亟须加快提高专业质量、优化专业结构的步伐，积极回应技术进步、满足社会发展与人才培养等方面提出的新挑战与要求，努力推动教育技术学专业的高质量发展。

### （二）教育技术学展现出独特的专业优势和社会贡献

随着技术逐渐渗透到教育乃至社会发展的全过程与各领域，教育技术

---

① 教育部：《做好本科专业设置工作 提升高校人才培养质量——教育部高等教育司负责人就〈关于公布 2021 年度普通高等学校本科专业备案和审批结果的通知〉》，见中华人民共和国教育部网（http：//www.moe.gov.cn/jyb_xwfb/s271/202202/t20220224_602162.html）。

学专业的师生和研究者在信息化教育方面的贡献与影响力已逐渐从校园扩展到社会，既回应了社会发展的迫切需求，也为社会发展做出了令人瞩目的贡献。

以在线教育为例，在 2020 年初新冠疫情防控期间，来自全国 30 所高校的教育技术学专家、学者组成"国家队"，启动了"同心抗疫助教学，教育技术网上行"的社会志愿服务活动，在 6 周内共开展了 43 场直播讲座，征集并发布了两批共 123 个本专业的共享课程资源等，为疫情防控期间乃至当下的在线教育都做出了巨大贡献，深受社会广泛好评。在一流课程建设方面，有学者组织开发了教师教学能力提升的系列慕课，内容涵盖教学方法、教学能力、信息化教学、职业素养等，此外，学者还向有志于开展慕课的高校教师积极传授了如何利用数据进行设计与优化慕课的实战经验①，受到国内各层次学校的广泛认可。在服务城乡教育和助力乡村振兴方面，教育技术学领域的学者与组织机构持续深入开展信息化促进教育公平的研究与实践，形成了双轨制数字学校模式、城乡互助"双师"模式、有组织的 MOOC 模式、适切性数字资源全覆盖模式等本土化教学模式，通过各类强交互专递课堂助力乡村学校教学质量不断提升，同时开发自适应学习课程赋能乡村学生个性化学习②，从而不断为乡村教育质量提升和乡村振兴做出教育技术学特有的贡献。这些创新型的教学模式与各具特色的课程资源，不仅有力回应了国家"三个课堂"的建设要求，同时也依托"互联网 + 教育"大平台，向欠发达地区的学校精准供给了优质教学资源，推动了"三环四得"教学改革，促进了公平而有质量的乡村教育发展。③ 在"产学研用"人才培养方面，教育技术学领域的学者积极联合中国教育技术协会、各级基础教育部门和中小学校、信息技术企业等，构建了提升教育技术学专业人才信息技术应用创新能力"三融合"培养模式，包含"五结合"高水平课程体系、"四位一体"培训实践体系、"六结合"产学研协同育人机制，培养了大批能够胜任教育信息化建

---

① 汪琼：《如何根据数据改进慕课质量》，见搜狐网（https：//www.sohu.com/a/www.so-hu.com/a/131756837_507588）。

② 王继新、张伟平：《信息化助力县域内教育优质均衡发展研究》，载《中国电化教育》2018 年第 2 期、第 1 − 7 页。

③ 中国教育报：《铺就乡村教育振兴"信息高速路"》，见中国教育报网（https：//baijia-hao.baidu.com/s?id = 1701269204182304009&wfr = spider&for = pc）。

设和中小学信息技术课程教学的教育技术学专业高素质复合型人才。[①]

由此可知，教育技术学在发展过程中所彰显出的独特社会贡献，也正凸显了教育技术学所独有的、其他学科无法替代的优势。[②]

### （三）新高考改革与"双一流"建设为教育技术学科发展提供了重要契机

从教育部 2019 年以来开展的国家级一流本科专业建设情况来看，教育技术学国家一流本科专业建设点院校数量在逐渐增加。目前，已有 8 所高校的教育技术学专业入选首批国家级一流本科专业建设点名单，另有 14 所高校入选第二批国家级一流本科专业建设点名单（见表1）。

表1　教育技术学国家级一流本科专业建设点名单

| 首批 | | 第二批 | | | |
|---|---|---|---|---|---|
| 序号 | 院校名称 | 序号 | 院校名称 | 序号 | 院校名称 |
| 1 | 华中师范大学 | 1 | 北京师范大学 | 9 | 江西师范大学 |
| 2 | 江南大学 | 2 | 东北师范大学 | 10 | 南京师范大学 |
| 3 | 华南师范大学 | 3 | 华东师范大学 | 11 | 山东师范大学 |
| 4 | 曲阜师范大学 | 4 | 陕西师范大学 | 12 | 首都师范大学 |
| 5 | 四川师范大学 | 5 | 哈尔滨师范大学 | 13 | 新疆师范大学 |
| 6 | 西北师范大学 | 6 | 河北师范大学 | 14 | 广州大学 |
| 7 | 浙江师范大学 | 7 | 河南大学 | | |
| 8 | 天津师范大学 | 8 | 江苏师范大学 | | |

2019 年，教育部发布的《关于实施一流本科专业建设"双万计划"的通知》明确提出，鼓励不同类型的普通本科高校在一流本科专业方面

---

① 徐福荫、黄慕雄、胡小勇等：《提升教育技术学专业人才信息技术应用创新能力"三融合"培养模式构建与实践》，载《中国电化教育》2021 年第 5 期，第 138 – 142 页。

② 胡钦太、陈斌、王妍莉：《我国教育技术学人才培养现状与未来趋势——面向"十四五"的调研分析及建议》，载《中国电化教育》2021 年第 1 期，第 66 – 72 页。

分类发展、特色发展。① 同年，我国多个省市开始试行新高考政策，取消录取批次，实行"专业＋高校""院校专业组＋专业"等志愿填报模式，这为诸多学科特色强的高校提供了超越其他同类院校的机会。2007 年至 2011 年间，教育技术学专业先后有 8 所院校入选全国高校特色专业建设点名单②，为同类型高校的专业建设与改革起到了示范与引领作用。2020 年后，在疫情和就业等社会因素的综合影响下，师范类专业的招生形势持续向好，教育技术学专业因社会服务表现良好，受到高考考生的广泛认可。当前我国教育技术学科建设正面临融合创新与分流转型的重要节点③，在新高考改革与"双一流"建设背景下，各高校势必需要进一步优化学科布局，形成具有本校特色的人才选拔方式和培养方案。

## 三、新时代教育技术学科实现高质量发展的行动路径

目前，我国教育技术学科的发展水平与规模实力正走向稳定优化阶段，专业建设正朝着优质、创新、特色的方向发展。站在新的起点上，教育技术学需要把握新机遇，顺应"互联网＋教育"、人工智能教育、智慧教育、教育数字化转型等趋势做出积极转变，助力国家教育信息化与智能化建设。同时以一流本科专业建设与新型学科改革为抓手，开发优质一流资源、优化基层职能结构、区分人才层级类别、做好产教融合育人，以全局谋划长远，以创新驱动发展，带动教育技术学在新时代实现高质量发展。其高质量发展的行动路径如图 1 所示。

---

① 教育部：《教育部办公厅关于实施一流本科专业建设"双万计划"的通知》，见中华人民共和国教育部网（http://www.moe.gov.cn/srcsite/A08/s7056/201904/t20190409_377216.html）。

② 教育部：《教育部财政部关于批准第七批高等学校特色专业建设点的通知》，见中华人民共和国教育部网（http://www.moe.gov.cn/srcsite/A08/s5664/moe_1623/s3842/201101/t20110109_115832.html）。

③ 胡钦太、陈斌、王妍莉：《我国教育技术学人才培养现状与未来趋势——面向"十四五"的调研分析及建议》，载《中国电化教育》2021 年第 1 期，第 66－72 页。

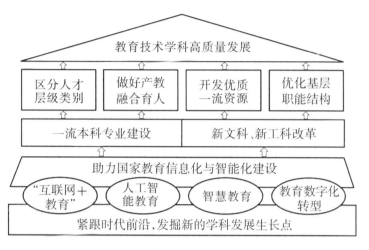

图1 教育技术学科高质量发展的行动路径

（一）紧跟时代前沿，发掘新时代教育技术学科发展的生长点

近年来，以人工智能、互联网、神经科学、学习分析等为代表的新一代智能技术逐步融入教育教学全过程，这为新时代教育体系的变革与创新提供了源源不断的动力。恰如 2019 年习近平总书记在向国际人工智能与教育大会所致的贺信中所言，"中国高度重视人工智能对教育的深刻影响，积极推动人工智能和教育深度融合，促进教育变革创新"①。教育技术学科的发展应紧跟技术发展方向，探索信息化赋能教育变革的前沿，在学科和专业建设中融入智能教育、"互联网＋教育"等新的生长点，以更好地适应不断变化的社会、技术、经济等因素对教育和人才提出的新要求。

具体而言，可从三个方面着手：第一，在技术探索创新方面，要把握技术发展前沿，积极挖掘新技术赋能教育技术学科中应用的生长点，促进新一代智能技术与课程建设、学生学习、教师教研、教学管理、教育治理等方面的深度融合，积极探索技术在教育教学流程重组、教育教学方式变革、教育治理模式升级、教学质量评价方式优化等方面的创新应用。第

① 光明网：《习近平向国际人工智能与教育大会致贺信》，见光明网（https：//m. gmw. cn/baijia/2019-05/17/32840112. html）。

二，在教育形态创变方面，要加快推进打造能够满足学生自主学习与个性化发展需求、满足教师高效教学与集成管理、满足学校智慧治理与科学发展决策的智慧平台、智慧课室、智慧校园，推动形成"互联网＋教育"新形态，以现代信息技术促进专业建设质量提升。第三，在学科发展规划方面，要尊重规律、构建体系、强化优势、突出特色，及时抓住领域发展前沿，结合院校定位、地缘格局等方面的特色与优势，积极进行课程体系调整与改革，突出学科发展重点与人才培养特色。

## （二）服务社会发展，助力国家教育信息化与智能化建设

2021 年 12 月 17 日，教育部发布的《全国普通高校本科教育教学质量报告（2020 年度）》指出，高校需"在主动应变中持续改进"[①]。教育技术学作为一门与教育信息化发展密切相关的学科，不仅需要应用信息技术前沿、参与信息化进程、研究教育教学规律，还需要与各级各类教育机构建立紧密联系，将教育技术学的专业优势和学术贡献落到实处。

教育技术学需要承担起服务教育信息化建设、管理和研究的责任，为国家教育信息化和智能化建设做出贡献。其发展可从三个方面推进：一是顺应国家政策要求，以教育技术创新助推教育信息化发展。具体包括建设新型基础设施与环境资源，探索技术赋能的高效教与学模式，开发优质共享的数字化教与学资源，促进师生数字能力发展，带动信息化产业发展，构建智慧治理与绩效评估体系等，切实推进教育理念、教育方法、教育内容、教育环境、教育治理等的现代化进程。二是合理设计专业架构，主动对接教育信息化的发展需求。在人才培养目标方面，可根据国家教育信息化行业、产业发展和就业需求，设定科学合理的专业能力培养目标；在教育教学模式方面，应充分发挥线上线下混合教学、虚拟仿真实验教学、人工智能教学的优势，在智能化的教学环境中不断提升人才培养的效果与质量。三是改进理论应用范式，打破学术研究与应用实践之间的壁垒。应加强高校、科研机构与社会组织、教育管理部门之间的沟通与合作，建立健全科研成果向实践成果的转化机制；同时应提升教育技术学科成果服务社

---

① 教育部：《教育部发布〈全国普通高校本科教育教学质量报告（2020 年度）〉》，见中华人民共和国教育部网（http://www.moe.gov.cn/jyb_xwfb/gzdt_gzdt/s5987/202112/t20211217_588017.html）。

会的广度与深度，着力解决学科理论知识普及不足、实践服务落地困难等问题。①

## （三）建设一流本科，持续提高教育技术学专业整体质量

人才培养是高等学校的第一使命，培养拔尖创新人才、回归高校育人本质也是"双一流"建设的主要任务之一。教育技术学专业应当把握提升高等教育本科教学质量的契机，主动适应新发展理念，参照一流本科专业建设标准，凸显一流专业特色与学科优势。具体做法包括：一是在宏观架构方面，将系统改革与引领示范同步推进，在人才培养、课程内容、师资队伍、专业资源、质量保障等各方面全面推进，同时引领带动同类型高校优化专业结构，全方位提升全国教育技术学专业的整体水平。二是在人才培养方案与课程体系设置方面，积极回应国家培养应用型人才与创新型人才的需求，结合自身专业特色，改革人才培养方案和专业课程体系。三是在师资队伍建设方面，推动教师主动适应信息化赋能的教育教学改革，强调以学生发展为中心的教学理念，不断提高课堂教学质量。四是在基础设施创设方面，提供现代化的教育教学环境与支撑条件，包括网络学习空间、优质共享资源、智慧治理平台等，从而为开展智能化、沉浸式、强交互、高效能、个性化的教与学提供支撑。五是在办学质量评价与保障方面，深入落实立德树人的根本任务，改革教育评价方式，建立教育技术基础理论知识与实践应用技能并重的多元化综合评价体系，完善包括全方位数据支持的学习过程监测、评估、反馈的综合评价体系，探索建立能够体现学校人才培养效能与学生全面发展及可持续发展水平的发展性增值评价体系。

## （四）指向新型学科，积极探索与多学科深度交叉融合

我国于2019年4月底正式启动"六卓越一拔尖"计划2.0后，新工科、新农科、新医科、新文科引起社会广泛关注。这就要求各高校深刻把握学科发展规律，主动回应新变局、新时代、新技术带来的现实挑战，真

---

① 郁建兴：《新文科建设的场域与路径》，载《新文科教育研究》2021年第1期，第38 – 47页、第142页。

正落实培养面向未来的复合型人才、应用型人才和创新性人才的目标。①新文科和新工科建设对我国高校目前的专业设置与人才培养都提出了更高的要求，因此高校亟须以创新思路和跨界模式着力建设多学科交叉融合、适应和引领时代发展的教育技术学专业。

具体而言，可从以下方面推进：一是拓展学科知识体系，促进教育技术学与其他学科融合创生新兴学科、交叉学科、综合性学科的探索与实践，以学科互涉的协同效应与学科融合的有机反应不断实现教育技术学科理论与实践的创新发展。二是创新学术研究方法，紧跟时代前沿，积极引进新理念、新取向、新技术、新工具，不断拓展教育技术学理论与实践的新场景、新环境、新生态，打破传统教育技术学在研究对象、研究手段、研究成果等方面的局限性。三是优化人才培养模式，通过开设跨学科课程实现学科外部交叉延展和学科内部融合。既要积极寻求教育技术学与其他学科的融合、交叉与合作，也要满足学生的个性化发展需求。可将计算机科学、脑科学、传播学、艺术学、人工智能科学等有效融入教育技术学专业的理论与实践当中②，从而提升学生的基本专业能力与跨学科能力，培养具有批判性思维、创新性思维和多学科素养的教育技术学人才。

### （五）区分层级类别，形成科学的专业人才分类培养体系

2017 年 12 月，国务院办公厅印发的《关于深化产教融合的若干意见》指出，要"健全高等教育学术人才和应用人才分类培养体系……大力支持应用型本科和行业特色类高校建设，提高应用型人才培养比重"③。新一代智能技术的快速发展为新时代教育技术学人才培养带来新机遇，但信息技术相关岗位分工的细化与专业化，也对教育技术学人才的多样性与专业性提出了更高要求。

高校需要针对以往人才培养模式趋同、个性化培养路径缺失等问题，以学生为本、分类制定各类人才培养体系，推进高等教育分类管理和高等

① 郁建兴：《新文科建设的场域与路径》，载《新文科教育研究》2021 年第 1 期，第 38 – 47 页、第 142 页。

② 马小芳：《"新文科"视域下教育学学科专业发展路径探析》，载《湖北第二师范学院学报》2020 年第 4 期，第 78 – 82 页。

③ 中华人民共和国中央人民政府：《国务院办公厅关于深化产教融合的若干意见》，见中国政府网（http://www.gov.cn/zhengce/content/2017-12/19/content_5248564.htm）。

学校综合改革：一方面，要确定具有院校特色的专业培养模式。专业培养模式应充分体现其所隶属院校的背景与发展环境，不仅要考虑所处院校人才培养的需求、所处院所的特征与特色，还需兼顾院校所处地区的发展定位与地缘优势，精准制定人才的培养目标与素质结构，积极响应国家区域发展战略布局。另外，专业培养模式既要体现不同院校教育技术学的发展特色，更要在整体上体现中国教育技术学的发展特色。另一方面，要为不同类型人才提供不同的培养体系与训练体系。我国教育技术学专业人才去向大致可分为技术类、教学科研类、教学辅助类、其他类[①]，院校应根据各专业人才的能力要求与发展目标，制定针对性的培养方案，如面向学术型人才提供学术研究与科研项目，面向教学型人才提供教学设计培训体系与学科竞赛，面向工程型人才提供实训基地与实践项目等。

### （六）做好产教融合，构建多方协同的育人新模式

产教融合一直贯穿于我国教育技术学专业的发展历程。深化产教融合，促进教育链、人才链、产业链、创新链的有机衔接，是当前推进人力资源供给侧结构性改革的迫切要求，对于在新形势下提高教育技术学专业人才培养质量、扩大就业创业、推进信息化产业发展、培育信息化发展新动能，均具有重要意义。[②]

我国教育技术学"产教融合""科教融合"等人才培养模式正逐步成型，但仍需从如下方面进一步完善：其一，在实践育人平台与实训机制建设方面，鼓励校企合作搭建产教融合的教学平台和实践基地，以产业经营项目为主要依托，创新优化实践教学，基于校外实践基地建设项目、创新创业教育项目、实习实训项目等，构建"专业技能—综合应用—创新实践"层层递进的实训体系。其二，在专业育人机制改革方面，可构建校企协同育人模式，将信息化产业需求融于教育技术学人才培养的全过程，通过联合开发课程、编写教材等举措实现教与需相结合。同时应健全应用型人才培养体系，在实践性较强的专业推行现代学徒制和企业新型学徒

---

① 胡钦太、陈斌、王妍莉：《我国教育技术学人才培养现状与未来趋势——面向"十四五"的调研分析及建议》，载《中国电化教育》2021 年第 1 期，第 66 - 72 页。

② 中华人民共和国中央人民政府：《国务院办公厅关于深化产教融合的若干意见》，见中国政府网（http：//www.gov.cn/zhengce/content/2017-12/19/content_5248564.htm）。

制，促进学校招生与企业招工相衔接，实现校企育人"双重主体"，学生学徒"双重身份"。其三，在师资队伍建设方面，可组建面向教育信息化领域的产教融合双师型师资队伍，以信息化人才需求为导向，引进具有行业经验的专职和兼职教师，同时鼓励校内专任教师进入行业和企业进行锻炼。其四，在产教融合生态构建方面，应全面促进教育技术学科和教育信息化产业的协调发展，形成学科建设、人才培养、产业发展的良性循环圈。同时促进校企沟通与信息流动，打造产教融合信息服务平台；提升校企合作水平，建立紧密对接产业链与创新链的学科及专业体系；创新成果与产业对接，推动将重大科学创新、关键技术突破转变为先进生产力；构建教育信息化产教融合的育人质量评价机制，建立产教融合的评价考核机制，并将产教育人水平融入高校教育质量评价体系。

### （七）开发优质资源，助力一流专业和一流课程建设

教育部在 2018 年发布的《关于加快建设高水平本科教育全面提高人才培养能力的意见》中指出，要"定期更新教学大纲，适时修订专业教材，科学构建课程体系"①。2019 年发布的《关于一流本科课程建设的实施意见》也强调要以新理念和新方法建设高质量课程。②

在国家政策的号召下，尽管 2019 年以来我国教育技术学专业多门课程获评国家精品在线开放课程、国家级一流本科课程，但由于各院校在教师队伍和资源建设路径等方面的差异，许多高校的教育技术学专业都存在专业课程设置滞后、规模化与前沿性的统编教材建设缺位、线上资源的合作共建与后期管理不足等问题，这与新时代对学科发展的需求严重不符。因此，教育技术学专业在资源开发与课程建设方面应做到如下三点：第一，积极改革教学方法与手段，引入新理念、新内容、新资源，及时更新与维护课程资源，推进在线慕课、混合式课程、虚拟仿真实验课程及平台建设，尤其要关注教育技术学的课程思政和技术伦理等相关问题，积极发挥优质课程、一流课程对教学质量整体提高等方面的引领作用。第二，促

---

① 教育部：《教育部关于加快建设高水平本科教育全面提高人才培养能力的意见》，见中华人民共和国教育部网（http：//www. moe. gov. cn/srcsite/A08/s7056/201810/t20181017_351887. html）。

② 教育部：《教育部关于一流本科课程建设的实施意见》，见中华人民共和国教育部网（http：//www. moe. gov. cn/srcsite/A08/s7056/201910/t20191031_406269. html）。

进优质资源共建共享和校际互联，加强团队教研协作，构建课程教学共同体，强化教育技术学一流课程建设的横向合作，共建精品统编教材，共享优质教育资源，共创校际协同机制，同时要建立学科开放课程与资源集成的智慧管理和评审平台，重视基于大数据的资源管理与优化。第三，关注课程资源的应用与推广。对于示范型资源与优质课程，鼓励教师积极学习参考和进行多元应用，同时要鼓励学生进行个性化和多形式学习，提高教育技术学课程的实际应用效果，不断增强教育技术学科的公共服务水平。

## （八）优化职能结构，加强基层教学组织建设

教育部在《关于深化本科教育教学改革全面提高人才培养质量的意见》和《关于一流本科课程建设的实施意见》等文件中明确指出要"加强基层教学组织建设""实现高校基层教学组织全覆盖"①。教育技术学专业的基层教学组织建设可以从团队建设和制度建设两个方面来推进。

第一，形成科学的基层教学组织团队。在团队组织模式方面，以院系或专业为单位，根据不同教师的身份角色与教学任务，形成教学团队、学科教研室、实训中心等基层教学组织，建设教学梯队，严把进人关、注重"传帮带"，选聘高水平技术人员或教授担任负责人，充分发挥教育技术学产教融合与"双带头人"的引领作用。在组织运行方式方面，强化基层教学组织的教学功能，创新教研模式，落实育人目标，切实巩固人才培养的中心地位和本科教学的基础地位，鼓励以基层教学组织为单位或节点开展项目合作与教学交流活动，以及组建教学或教研合作共同体。第二，建立基层教学组织的长效发展与质量保障机制。在管理模式方面，弱化行政职能，强化教学教研职能，健全教师担任实践导师、班主任等配套制度，积极发挥教育技术领域内的省部级优秀教学团队和教学名师的示范引领作用。在培训机制方面，发挥基层教学组织在教师队伍建设方面的关键作用，创新教师教学和学术成长的形式与载体，推动教师培训常态化和专业发展自主化，建立教师教学能力全周期分阶段规划培养制度和校内外教学"双导师"制度。在质量评价体系方面，一方面要围绕教育教学水平

---

① 教育部：《教育部关于深化本科教育教学改革全面提高人才培养质量的意见》，见中华人民共和国教育部网（http：//www. moe. gov. cn/srcsite/A08/s7056/201910/t20191011_402759. html? from = singlemessage&isappinstalled = 0）。

与人才培养质量开展评价考核，提高教学在评价考核中的比重，合理处理科研与教学的关系，并鼓励教师将科研成果转化为教学内容，以及依据教学内容凝练出新的科研成果。另一方面要积极完善基层教学组织的团队组织、人才流动、绩效评价等制度，充分发挥制度优势，助推教育技术学基层教学组织的作用发挥。

## 四、结语

我国教育技术学（电化教育）专业自 1983 年正式创设以来，已走过近 40 年的发展历程，呈现出良好的发展态势。当前，伴随人工智能、大数据、区块链、社交网络、增强现实等技术在教育领域得到越来越广泛且深入的应用与发展，教育技术学在未来将拥有更值得期待的创新机遇与更广阔的发展空间。2020 年 12 月，党的十九届五中全会提出了"建设高质量教育体系"的目标，强调要"提高高等教育质量"[①]。站在新的起点，教育技术学科只有在专业建设、人才培养、学科发展、理论创新和实践引领等方面进行开拓创新和深耕细作，才能迈向更高质量的发展目标。

（原载《现代远程教育研究》2022 年第 4 期）

---

① 李萍、杨桂青：《如何建设高质量教育体系——专家学者为"十四五"期间教育改革发展建言献策》，载《中国教育报》2022 年 2 月 17 日第 1 版。

# 高等教育数字化：演进、挑战与转型

随着中国特色社会主义进入新时代，我国教育信息化正式进入2.0阶段，开启了智能时代的教育新征程。① 党的二十大报告中提出"推进教育数字化，建设全民终身学习的学习型社会、学习型大国"。2023年2月，中共中央、国务院将"大力实施国家教育数字化战略行动"写入《数字中国建设整体布局规划》。② 高等教育是培养创新型高素质人才的高地，对教育现代化起着重要的支撑作用。面向中国式现代化新征程，厘清高等教育数字化的演变历程、把握高等教育数字化转型的挑战、构建转型的新格局，显得十分重要。

## 一、高等教育数字化演进

学术界对高等教育数字化的发展阶段有不同的见解，常见的是"二阶段论"，即"融合—转型初级—转型高级"③、"转化—升级—转型"④以及"转化—转型—智慧"⑤。高等教育数字化在数字技术的革新驱动下应运而生，其演变既要考虑数字技术的发展历程，也要兼顾数字技术在教育教学应用的演变。有学者将技术的发展划分为前期、电子、信息、智能

---

① 胡钦太、张晓梅：《教育信息化2.0的内涵解读、思维模式和系统性变革》，载《现代远程教育研究》2018年第6期，第12－20页。

② 中共中央、国务院：《数字中国建设整体布局规划》，见中国政府网（http://www.gov.cn/xinwen/2023-02/27/content_5743484.htm）。

③ 李铭、韩锡斌、李梦等：《高等教育教学数字化转型的愿景、挑战与对策》，载《中国电化教育》2022年第7期，第23－30页。

④ 李敏辉、李铭、曾冰然等：《后疫情时代发展中国家高等教育数字化转型：内涵、困境与路径》，载《北京工业大学学报（社会科学版）》2022年第1期，第35－46页。

⑤ 世界慕课与在线教育联盟秘书处：《高等教育数字化的趋势、阶段与变革——〈无限的可能：世界高等教育数字化发展报告〉节选一》，载《中国教育信息化》2023年第1期，第3－8页。

技术四个阶段，① 联合国教科文组织将数字技术应用于教育过程分为四个阶段：起步、应用、融合、转型。② 本研究基于技术演变和教育应用历程视角，将高等教育数字化的演进划分为起步发展、应用转化、融合创新、智能转型四个阶段（见图1）。

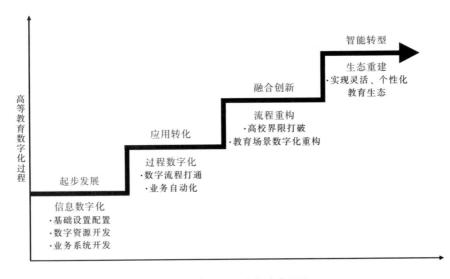

**图1　高等教育数字化演变历程**

首先是起步发展阶段。这一阶段主要以基础设施建设和数字资源的开发为主。学校按照教学、管理、科研、财务、后勤等业务的需求，开发相应的数字化管理系统，实现物理信息的数字化存储，但这种开发以单个业务为主，各个系统以独立的形式存在。其次是应用转化阶段。在这一阶段学校从应用层面出发，按照"顶层规划，统一部署"原则，搭建统一的身份认证平台，建立数据中心，将原有独立的学习管理系统、科研管理系统、办公系统等进行整合，数字技术贯通更多业务流程，高校运作更加简

---

① 郝建江、郭炯：《技术演进驱动教师素养发展的过程、路径及内容分析》，载《现代教育技术》2022年第7期，第22-30页。

② 世界慕课与在线教育联盟秘书处：《高等教育数字化的趋势、阶段与变革——〈无限的可能：世界高等教育数字化发展报告〉节选—》，载《中国教育信息化》2023年第1期，第3-8页。

化、自动化，实现数据的汇聚。再次是融合创新阶段。这一阶段的基础设施建设从"以功能为中心"逐渐转向"以服务为中心"，专业、课程之间的界线被逐渐打破，高校之间，高校与企业、社会机构之间的联系更加密切；探索高校教学与人才培养过程中各类场景数字化的重构，大学组织形式、教学方式、服务模式、治理体系等发生深刻变化。最后是智能转型阶段。以人工智能等为代表的新型数字技术，充分赋能高等教育生态重建。智能化学习环境实现虚实融合，具备学习场景识别、学情感知等多种高级功能，学习变得更加灵活、个性、多元，课堂从"以教为主"转变为"以学为主"，数字教学资源更加开放共享，逐步实现规模而有质量的个性化教育。

## 二、高等教育数字化挑战

高等教育数字化演进历程，是一项复杂的系统工程。《无限的可能：世界高等教育数字化发展报告》中指出，世界高等教育数字化发展面临一系列挑战。[①] 在此背景下，世界高等教育数字化转型在育人理念、教育教学模式、学校治理体系、终身学习路径、可持续发展机制等方面将面临挑战。

### （一）支持高等教育数字化的育人理念尚未转变

新时代下的高等教育应顺应数字化社会对人才培养的需要，充分利用数字技术的赋能作用，推动实现以人为本、公平、个性化、终身化的优质教育。[②] 当前，高校已意识到数字化转型对高等教育的重要作用，但尚未实现从以往传统的育人理念向教育数字化转型的育人理念转变，主要表现在以下三个方面：一是重视技术投入，忽视人的发展。在技术主义的长期主导下，高校在数字化校园建设中常存在唯技术驱动、重建轻用、建用脱

---

① 世界慕课与在线教育联盟秘书处：《高等教育数字化变革与挑战——〈无限的可能：世界高等教育数字化发展报告〉节选五》，载《中国教育信息化》2023 年第 1 期，第 44 – 60 页。

② 袁振国：《教育数字化转型：转什么，怎么转》，载《华东师范大学学报》2023 年第 3 期，第 1 – 11 页。

节等问题，① 主要表现为：将更多的经费投入学校的数字化基础设施、设备、环境建设等方面，对紧缺的数字化和新兴交叉领域拔尖创新人才的培养培训等投入占比相对较少。二是重视单一技能提升，忽视复合能力培养。大模型内容生成式人工智能技术的发展，将对高等教育人才培养模式产生较大的影响，问题解决、创新、批判等能力的培养将成为未来人才培养的重点。当前，专业型人才仍是高校的主要培养目标，基于单一学科专业知识与技能掌握的培养模式，不利于培养适应数字化时代的具备技术复杂情境的问题解决、创新思维、批判性思维等高阶能力的复合型人才。三是重视规模化育人，忽视个性化教育。目前高等教育在学规模不断扩大，总规模达到 4655 万人，毛入学率达到 59.6%，普及化水平进一步巩固和提升。② 由于规模化教育的长期影响，统一的课程资源、教学模式以及评价标准已难以适应个性化教育的需求，阻碍着数字时代个性化教育的实现。

## （二）创新高等教育数字化的教育教学模式不足

教育是高校有目的、有计划、有组织培养人的活动，教学是高校传播系统知识、促进学生身心发展最有效的形式，两者之间是整体和部分的辩证关系。高等教育数字化的演进与发展对创新教育教学模式提出了要求。尽管信息技术催生了混合教学模式的出现，但随着数字技术的飞速发展，尤其是人工智能、元宇宙、虚拟现实技术、自适应学习系统、ChatGPT 等的开发与应用，对教育教学模式创新提出了新的挑战。目前，高校教师已逐步形成数字化创新教学模式的意识，但因数字素养不足，在实践中只是简单机械地将传统教学搬到数字化在线平台上，缺乏适切的在线教育教学模式，使得教学过程中频繁出现诸如学生参与度不高、师生互动困难、学生学习效果不佳等问题。与此同时，教师不能灵活运用数字技术创新教学模式，如面向人机协同、虚拟仿真等教学情境创建、活动设计、学业评价、学生情感参与、师生角色转换、协同育人等，这不利于培养学生问题

① 徐晓飞、张策：《我国高等教育数字化改革的要素与途径》，载《中国高教研究》2022 年第 7 期，第 31 – 35 页。
② 教育部发展规划司：《2022 年全国教育事业发展基本情况》，见中华人民共和国教育部网（http://www.moe.gov.cn/fbh/live/2023/55167/sfcl/202303/t20230323_1052203.html）。

解决、探究、合作、自主学习等能力。

### （三）服务高等教育数字化的学校治理体系不完善

高等教育学校治理体系现代化是实现高等教育现代化的重要力量和必然选择。高等教育数字化不仅要依托各类数字化教学资源，包括数字技术支撑的硬件和软件资源，还需建立能与之相匹配的治理体系。但是目前学校治理体系依然不完善，主要表现在以下三个方面：第一，与高等教育数字化相适应的学校治理体系尚未形成。推动高校治理体系向数字化治理体系转变面临着诸多挑战和发展的困境，包括顶层设计、体制机制创新、治理依据、原则、经费投入保障、技术平台、新技术的应用、管理者和师生数字素养与数字技能的培养、相关数字化的标准规范、伦理规范等多方要素。第二，数据是高校治理体系的重要组成部分和关键支撑，由于高校数据具有体量大、类型复杂、交换密集的特点，数据模型不一致、不规范等问题阻碍了高校治理体系的构建。第三，开放共享的教育生态是实现高校治理体系现代化的前提和保障，它是一个复杂的生态系统，包含的要素广泛多元，给高等教育数字化治理带来了新的发展挑战，如技术、制度、政策、法律、法规等方面的规范和引导还需进一步加强。

### （四）支撑高等教育数字化的终身学习路径匮乏

数字技术为建设终身学习体系提供了新的发展路径，将推动学校、社会、家庭等与学生终身学习相关的学习场景融合。但目前支撑高等教育数字化的终身学习路径匮乏，主要表现为数字化支撑的终身学习理念尚未深化，支持终身学习的家校社协同机制尚未建立，平台、技术、数据之间的融通不畅给学习资源供给、学习支撑环境、个性化学习服务带来较大的阻力。在倡导数字化支撑的终身学习理念与构建终身学习场景的同时，还需研发数字化支撑的终身学习认证体系。目前，数字化支撑的终身学习认证体系尚未形成，如学历提升认证、职业资格认证等。

### （五）保障高等教育数字化的持续发展机制不健全

可持续发展是推动实现中国式高等教育现代化的内生动力。目前保障高等教育数字化转型可持续发展的体制机制尚不健全。从宏观层面分析，主要表现在尚未建立有效的激励机制。高等教育数字化转型离不开国家政策层面的激励机制，而目前在国家层面上还未正式出台明确的激励性政策文件。从中观层面分析，高等教育数字化转型离不开政府、学校、社会力量等多方主体参与。目前，数字技术的产学研协同在政策保障、资金支持以及社会认可度上仍然不足。[①] 从微观层面分析，数字化人才队伍保障不足。高校的数字化人才队伍建设包括管理、师资队伍、技术服务等多方主体，但目前还未构建与数字化转型相适应的体系化人才队伍保障机制，高校的数字化人才队伍分类培养目标、框架、策略、路径需进一步厘清，对各类主体的数字素养、数字技能等的培养不足。

## 三、高等教育数字化转型"五位一体"新格局

高等教育数字化转型是一个深刻、长期的系统过程，需要考虑其复杂性，进行顶层规划，[②] 同时也需重视其紧迫性和现实意义。基于高等教育数字化演进的复杂性和面临的挑战，当前，必须在智慧教育理论的指导下，通过融合要素观、人才观、服务观、学习观、发展观，构建高等教育数字化转型"五位一体"新格局。

### （一）要素观：树立数字化协同育人新理念

高等教育数字化转型涵盖多种教育要素。学术界从学校、专业、课程、教师、学生等不同的视角阐述了高等教育数字化转型的要素，[③] 包含理念与方法、组织机构、平台支持、文化氛围、数字素养培养、评价、科研等内容。基于对以上要素的分析，结合世界高等教育数字化育人指数的指标[④]，数字化育人理念可以分为数字化环境建设、资源供给优化、数字素养培养、教学模式变革四个方面，各要素之间并非孤立存在的，而是相

---

① 世界慕课与在线教育联盟秘书处：《高等教育数字化变革与挑战——〈无限的可能：世界高等教育数字化发展报告〉节选五》，载《中国教育信息化》2023 年第 1 期，第 44－60 页。

② Jackson N C, "Managing for Competency with Innovation Change in Higher Education: Examining the Pitfalls and Pivots of Digital Transformation", *Business horizons*, 2019, 6, pp. 761－772.

③ 程建钢、崔依冉、李梅等：《高等教育教学数字化转型的核心要素分析——基于学校、专业与课程的视角》，载《中国电化教育》2022 年第 7 期，第 31－36 页。

④ 世界慕课与在线教育联盟秘书处：《世界高等教育数字化发展指数构建——〈无限的可能：世界高等教育数字化发展报告〉节选六》，载《中国教育信息化》2023 年第 1 期，第 61－72 页。

互联系、相关依存的统一共同体。

在数字化环境建设方面，通常包括校园公共环境和各领域的部门环境。① 首先，升级教学楼、宿舍、图书馆、办公区等校园公共区域的网络、终端设备，通过 5G 等新一代移动通信技术，实现校园无线网络全覆盖，建设校园物联网，推动智能终端设备互联；其次，破除"信息孤岛"，对学校的教学、科研、管理、后勤等业务流程进行重塑与再造，加强跨部门数据共享，支持部门业务之间的互通互联；最后，汇聚各类过程性、生成性、多模态数据，建立师生数字档案，记录和存储学习经历与成果。

技术创新为资源优化提供了技术手段，推动数字资源的形式、内容、交互、结构、服务等全方位变革，从而满足学习者多元化与个性化的学习需求。② 一方面，满足学习者跨文化、跨学校、跨学科的学习需求，建设高校一流精品课程、慕课课程、网络思政课程等课程资源，根据需求适时引进国际课程资源；另一方面，满足学习者个性化学习需求，利用 5G、人工智能等技术开发情景化、沉浸式体验数字教育资源，基于互动视频、虚拟仿真、全息投影、数字孪生、人机协同建构教育资源，整合学校数字图书馆、虚拟实验室与数字博物馆、数字科技馆等社会资源。

数字化转型要落实到对人的数字素养与能力的培养上，主动回应新时代对数字素养培养的要求，提高不同群体的数字素养和数字技能。一要提高管理者的数字领导力、数据治理能力、数字决策能力等；③ 二要提高教师的数字化意识、数字技术知识与技能、数字化教学创新与应用、数字化责任、数字化学习与研修、数字化研究与创新；三要提高学生的数字意识、思维，以及数字化的学习、创新能力与安全素养。

在教学模式革新方面，新一代数字技术孕育了未来的教育教学新模式，教学平台、自习空间、虚拟学习环境等手段为受教育者提供了课前预

---

① 肖广德、王者鹤：《高等教育数字化转型的关键领域、内容结构及实践路径》，载《中国高教研究》2022 年第 11 期，第 45 - 52 页。

② 柯清超、林健、马秀芳等：《教育新基建时代数字教育资源的建设方向与发展路径》，载《电化教育研究》2021 年第 11 期，第 48 - 54 页。

③ 袁振国：《教育数字化转型：转什么，怎么转》，载《华东师范大学学报》2023 年第 3 期，第 1 - 11 页。

习、课中学习、课后复习的一休化模式。① 推进数字技术与教育教学的深度融合，创新混合式教学模式，采取模块化与个性化的课程模式，探索人机协同教学的混合新模式，利用数字技术，从教与学的全过程进行数据采集、分析、评价和应用。

## （二）人才观：创新数字化人才培养新模式

人才培养是高等教育育人的核心职能，创新高校人才培养机制是全面深化高等教育综合改革的最终目的。② 第一，完善数字化人才培养顶层设计。数字化时代下，高校人才培养需回应国家"培养什么人、怎样培养人、为谁培养人"的问题，满足适应社会发展、学生终身学习、个性化发展的现实需要，结合自身的地缘优势、学科优势、专业特色，制定数字化人才培养的战略规划，加大对数字化人才培养的经费投入与激励保障。第二，创新数字化人才培养模式。建立国际教育人才交流平台，在课程、学术、科研、项目等方面实现跨平台、跨文化、跨国界的合作与交流，搭建政产学研的数字化人才培养基地，培养掌握新一代数字技术的紧缺人才；分类培养创新型人才、技术型人才以及复合型人才，构建数字化支撑的"幼—小—中—大"学习阶段相互衔接的全过程创新人才培养体系③；培养适应新时代国家数字职业需要的大数据分析、信息安全工程、区块链工程、人工智能训练、农业数字化技术、工业机器人系统操作等不同领域的专业技术人才；培养具有国际视野、创新能力、问题解决能力、批判思维的复合型人才。第三，改革数字化人才培养评价体系。借鉴国内外创新人才培养模式及经验，建立"线上＋线下"混合式教与学的评价机制，将学业成绩、科研项目等与专业实践相结合，支持建立可视化、数字化、个性化的人才评价体系。

---

① 齐红倩、张佳馨：《数字技术发展与高等教育教学模式改革》，载《中国高等教育》2022 年 18 期，第 56－58 页。

② 胡钦太、林晓凡、郭锂：《面向高等教育创新人才核心素养培养的慕课应用模式研究——基于中国 24 个地区 1449 份样本的调查分析》，载《电化教育研究》2018 年第 6 版，第 61－66 页、第 97 页。

③ 叶美兰、金久仁：《地方高校创新人才培养的行动逻辑与实践路向》，载《国家教育行政学院学报》2022 年第 5 期，第 18－24 页。

（298）

胡钦太自选集

HU QINTAI ZIXUANJI

（三）服务观：建立数字化学校治理新体系

教育部部长怀进鹏将"服务至上"作为国家教育数字化战略行动中的原则之一。[①] 高校治理体系是以制度为核心，包括价值理念、行为方式等要素在内的治理系统。[②] 高等教育作为人才培养的主阵地，在推动数字化转型中，要以服务为导向、安全为保障，实现从"教育治理"到"数智治理"的变革。首先，建立数字化治理服务标准规范。建立覆盖信息网络、平台体系、数据资源等方面的标准规范，研制数据管理办法、高校数字基座等标准规范。其次，建设一站式的数字化管理服务平台。融合高校教育教学、科研、评价管理等，建立一体化、一站式的数字化管理服务平台，为高校的教育监测、智能评价、智慧决策提供数字化支撑，推动常态化数字治理。最后，建立数据服务治理体系。围绕高校管理人员、教师、学生等多类型用户的特征及需要，建立以数据为驱动、数据安全为核心、服务为导向的数据管理与利用机制；建立智能化的数字监管与可信安全体系，利用人工智能、大数据技术做出智能研判、快速响应，形成趋势报告，提升突发事件监测能力，提高评估监测的科学性与精准性，建立教育数据中心和高等院校数字化预警机制；推动可信应用，促进数字技术应用和创新，有序推动教育数据中心、教育信息系统和办公终端的改造，建立完善和统一的身份认证体系，推动移动终端的多因子认证。

（四）学习观：构建数字化终身学习新路径

工业4.0的到来标志着人类迈入以"知化、流动、共享、互动"为关键力量的终身学习时代。[③] 终身学习是每个社会成员为适应社会和个体发展需要持续的学习过程，强调"需求侧"产生的个体行为，发生于学

---

① 怀进鹏：《数字变革与教育未来——在世界数字教育大会上的主旨演讲》，载《中国教育信息化》2023年第3期，第3−10页。

② 何健：《高校治理体系现代化构建：原则、目标与路径》，载《国家教育行政学院学报》2017年第3期，第35−40页。

③ 胡钦太、林晓凡、王姝莉：《智慧教育驱动的教育系统革新》，载《中国远程教育》2022年第7期，第13−20页、第78页。

习者自身的内部变化，体现"以人为本"的教育理念。[1] 数字技术作为构建终身学习的桥梁，应打破学校的围墙，支撑构建现代化学习型社会。首先，建立多元参与的数字化终身学习生态。政府、学校、互联网企业、家庭等是构建数字化终身学习生态的关键力量，为学习者提供多样化的数字教育资源和个性化服务，促进数字化支持的终身学习真正发生。其次，建立数字化的终身学习空间，实现学习方式的转变。探索整合现有的学校软硬件环境，包括教室、实验室等正式学习空间，以及自习室、图书馆、会议室等非正式学习空间，推动传统的物理学习空间向"线上＋线下"结合的未来学习空间的融合转变，并通过5G、人工智能、区块链等技术实现学习资源、过程、成果等的联通共享，支持居家学习和家校互动。最后，构建终身学习评价机制，实现学习评价的多元化。运用大数据、区块链技术，健全学分银行体系，开展课程与专业微认证、职业发展认证等。

## （五）发展观：探索数字化可持续发展新机制

"包容""创新""协作""可持续"是高等教育未来发展的趋势。高等教育数字化转型需要在政策、经费、队伍、政产学研协同机制等方面予以保障，促进其可持续发展。

在政策指引方面，高等教育数字化转型需要国家政策的引领。发挥政府部门在数字化转型中的主导作用，既要考虑服务于国家重大战略规划与部署，制定相关政策规划、管理与服务标准规范，建设信息化新型基础设施、治理体系、评价认证、安全体系等，同时也要兼顾地方、高校、产业等的协调发展，促进良好的教育生态构建，并针对当前面临的问题、挑战以及立足未来的可持续发展进行顶层设计。

在经费保障上，一方面，加大国家和地方财政对高等教育数字化转型工作的投入力度；另一方面，创新经费投入模式，建立政府、社会、学校联动的多元投入体系，多口径、多方式增加经费投入。

在队伍建设上，要增强管理者、教师、专业技术人员的数字思维、数字认知、数字技能，建立数字化建设、教学创新应用、数字化服务及管理队伍，推动学校管理科学化、教育教学多元化、服务精准化和个性化。

---

[1] 何佳航：《服务全民终身学习的基础教育管理体制研究》（学位论文），沈阳师范大学2022年。

同时，在政产学研协同机制方面，要建立以政府主导，企业、学校等多方力量协同的创新机制。鼓励学校将数字化转型纳入"一把手工程"重点规划，探索数字技术在支撑育人理念、人才培养、专业发展、学科建设、治理体系、管理服务、产教融合等方面的发展路径与具体应用；鼓励企业参与数字技术开发、平台建设、人工智能、大数据等数字技术的学习场景构建，提供最新的技术解决方案、数字化运营与运维服务等；加大科研院所为教育数字化转型提供学术引领与智力支持的力度；通过参与国际、国内的学术交流、科研项目等，建立学术共同体，深入研究高等教育数字化的理论、生态构建、发展路径、模式、机制等，以期形成教育数字化转型的中国方案。

（原载《国家教育行政学院学报》2023 年第 1 期）

# 面向服务的 MOOCs 分析与教学设计研究

## 一、引言

信息技术和互联网技术的发展推动着学校教学组织模式的变革。MOOCs 的出现为网络教育带来新的革命，网络教育从关注内容向探索开放互联网背景下全新的大学课程组织模式转变。MOOCs（大规模开放在线课程，massive open online courses）是面向社会公众免费开放的网络课程，MOOCs 项目的教育机构为更大规模和范围的学生提供网上学习资源，本质上是面向学生的教学服务，与其他现代服务业一样，具备服务理念的一般规律，也具备教学服务的特殊规律。MOOCs 学习过程具有开放性、在线免费获取、自组织性和学习动机的自发性等特点，并且拥有大规模的学习伙伴、多样化的分布式网络学习支持服务。[①] 为了更大程度提升 MOOCs 教学服务的效果和效率，MOOCs 应当尽可能地契合学生（用户）的个性化需求（如兴趣、学习风格、学习进度等），并支持和促进个性化学习路径和学习结果。因此，本文提出将面向服务的体系结构（service oriented architecture，SOA）的思想引入 MOOCs，更能凸显 MOOCs 学习的本质特征，使学习者有更佳的学习体验和学习效果。

## 二、面向服务视角下的 **MOOCs** 现状分析

面向服务的体系结构是一种构建信息系统的体系结构。[②] "服务" 是

---

① Liyanagunawardena T R, Adams A A, Williams S A, "MOOCs: Asystematic Study of the Published Literature 2008 – 2012", *The International Review of Research in Open and Distance Learning*, 2013, 14 (3), pp. 202 – 227.

② Zheng G, Bouguettaya A, "Service Mining on the Web", *Services Computing*, *IEEE Transactionson*, 2009, 2 (1), pp. 65 – 78.

其中最重要的组成元素，① 它按照一定的标准将相关要素进行封装②。SOA 强调系统及其模块的设计和开发尽可能松散耦合，同时可以灵活地重用、组合和互操作，以便帮助学习实现"随需应变（on-demand）"的业务需求。③ 本文提出面向服务的 MOOCs 理念，旨在强调 MOOCs 要更注重根据学习者不同的需求，提供不同的定制服务，促进学习者的个性化学习。本文首先调研了 MOOCs 的现状和服务需求，进而结合服务科学视角对 MOOCs 的特征进行分析。

## （一）国内外典型 MOOCs 设计开发现状分析

为了更好地了解 MOOCs 的设计开发现状，本研究选取了目前国内外主流的 MOOCs 项目作为案例，从 MOOCs 的媒体呈现、评价方式、教学场景和互动情况进行分析，对 MOOCs 案例的特点进行剖析（见表1）。

表1　国内外 MOOCs 典型案例分析

| MOOCs 课程 | 媒体呈现 | 评价方式 | 教学场景 | 互动情况 |
|---|---|---|---|---|
| 英国，Getting a gripon Mathematical symbolism④ | 呈现形式为图文类 PPT 静态媒体，一般没有人机交互 | 诊断性评价、形成性评价 | 无情境化场景 | 论坛讨论、作业互评 |
| 澳大利亚，Building Rapport⑤ | 无视频 | 诊断性评价、形成性评价 | 文字网页，缺乏真实情景 | 论坛参与 |

① Yu Q，Liu X，BouguettayaA，et al.，"Deploying and Managing Web Services：Issues，Solutions，and Directions"，*The VLDB Journal*，2008，17（3），pp.537 – 572.

② Jia X，Lei Q，Fan T，"Multimedia Education Resources Management Based on Service Oriented Architecture"，In：Stephen D. Dukes. *the 3rd International Conference on Consumer Electronics，Communications and Networks*（*CECNet*），Xianning，China：IEEE，2013，pp.404 – 408.

③ Crawford C H，Bate G P，Cherbakov L，et al.，"Toward an on Demand Service-oriented Architecture"，*IBM Systems Journal*，2005，44（1），pp.81 – 107.

④ Getting a gripon mathematical symbolism（http：//www. futureleaen. com）.

⑤ Building Rapport（http：//learn. open2study. com/）.

续表

| MOOCs 课程 | 媒体呈现 | 评价方式 | 教学场景 | 互动情况 |
|---|---|---|---|---|
| 美国，Business Ethics for the Real World① | 无视频，纯文本网页 | 形成性评价 | 没有情景 | 论坛讨论 |
| 美国，加利福尼亚大学伯克利分校，云计算与软件工程② | 专家授课，视频画面缺乏镜头、景别、视点的变化 | 系统自动考评；无诊断性评价 | 授课视频是图文同步式，缺少真实情景 | "做中学"作业模式论坛讨论 |
| 北京大学，The Study of Folklore、民俗学③ | 专家授课，视频画面没有发挥电视手法的优点 | 形成性评价 | 授课视频是图文同步式 | 线上交流互动 |
| 清华大学，电路原理④ | 视频画面多是教学内容的图文同步 | 形成性评价 | 缺少实验，缺少真实情景 | 线上交流互动 |

## （二）MOOCs 教学服务需求的调研

为了更好地诠释 MOOCs 教学服务现状和需求，本研究依据学者蔡佩珊、蔡今中和黄国祯教授（2011）设计的个性化网络学习量表⑤，包括网络环境的易用性、学习过程服务的持续性、资源设计的相关性、教学设计

---

① Business Ethics for the Real World（https：//learn. canvas. net/courses/192/wiki/classroom）.

② 《云计算与软件工程——第一部分》（http：//www. xuetangx. com/courses/BerkeleyX/CS169_1x/）.

③ The Study of Folklore 民俗学（https：//courses. edx. org/courses/PekingX/02030330X/）.

④ 《电路原理（一）》（http：//www. xuetangx. com/courses）.

⑤ Tsai P S, Tsai C C, Hwang G J, "The Correlates of Taiwan Teachers' Epistemological Beliefs Concerning Lnternet Environments, Online Research Strategies, and Search Outcomes", *Internet and Higher Education*, 2011, 14（1）, pp. 54 – 63.

的实用性、信息化资源的多样化、交流互动的有益感、学习评估与反馈的及时性、教师指导与支持服务质量等八个维度，共42道问题。问卷采取五级 Likert 量表法，从1到5分别表示"1很不同意，2不同意，3一般，4同意，5很同意"。本次调研随机抽样了一线的 MOOCs 学习者作为对象，最终有105份有效问卷，利用 SPSS 18.0 分析软件进行分析，结果如表2所示。

表2　MOOCs 学习服务的需求调研（n-105）

| 维度 | 信度（α） | 平均值 | 标准差 | 范围 |
|---|---|---|---|---|
| 网络环境的易用性 | 0.82 | 4.13 | 0.68 | 2.1～5.0 |
| 学习过程服务的持续性 | 0.85 | 2.85 | 0.51 | 1.0～5.0 |
| 资源设计的相关性 | 0.88 | 2.87 | 0.50 | 1.0～5.0 |
| 教学设计的实用性 | 0.89 | 3.12 | 0.56 | 1.0～5.0 |
| 信息化资源的多样化 | 0.90 | 3.34 | 0.59 | 1.8～5.0 |
| 交流互动的有益感 | 0.83 | 2.56 | 0.51 | 1.0～5.0 |
| 学习评估与反馈的及时性 | 0.84 | 3.68 | 0.48 | 1.0～5.0 |
| 教师指导与支持服务质量 | 0.81 | 2.61 | 0.51 | 1.0～5.0 |

根据表2分析发现：①问卷的各维度的信度值处于0.81～0.90之间，总体信度值为0.87，说明该问卷信度较高。②此次调研的总体满意度水平较低，说明 MOOCs 还未达到当前学习者的期待。表2显示学习者对学习过程服务的持续性、资源设计的相关性、教师指导与支持服务质量等三个维度的满意度水平最低，分别是2.85、2.87和2.61，显示这几个维度存在较突出的问题。

综合表1和表2的调研数据和文献研究，可以归纳出当前 MOOCs 的特点与不足。具体如下。

（1）大部分学习者认为 MOOCs 平台环境较为易用（"网络环境的易用性"满意度平均值是4.13，较高），适合大规模学习，但难以满足学习者个性化学习需求（"学习过程服务的持续性"满意度平均值是2.85，较低），尤其是还无法根据学习者个人的学习路径、行为和学习时所在的时空环境来提供学习材料。

（2）教学评价反馈及时，但缺少对学习效果的针对性跟踪指导（"教师指导与支持服务质量"满意度平均值是 2.61，较低）。数据结果显示，学习者希望能适时得到专家式的指引，引导后续学习，并能适时通过有意义的问题引发和刺激思考。说明师生间、学习者之间互动的机会较少[①]，尚未达到预期的数量和效果。

（3）基于认知风格的教学资源呈现方式较单一，便于课程大规模开发[②]，但用户体验有待提升。当前学习资源较多从图文、视音频等多媒体技术出发，较少结合教育心理学和学习者的认知特性来深入分析与考虑（"资源设计的相关性"满意度平均值是 2.87，较低）；学习者期望MOOCs 能提供更多呈现真实的学习情境，以便能直接应用所学知识解决生活和工作中的相关问题。

## 三、面向服务的 MOOCs 优化设计策略

针对调研结果中存在的学习者对学习过程服务的持续性、资源设计的相关性和教师指导与支持服务质量等三个维度反馈结果的特点与不足，本研究整合情境认知、学习风格、问题解决等理念，以松散耦合、基于标准以及可重用、组合和互操作的 SOA 思想为指导，构建面向服务的 MOOCs运行模型。

### （一）学习过程个性化服务的持续性：基于实践线索、学习者特征和需求构建个性化学习服务

当前 MOOCs 课程主要来源于 Coursea、Edx、Udacity 等各类课程提供商，多来源导致各课程之间存在难度不一、内容重叠、体系缺乏连贯等问题，不利于为学习者的个性化学习提供持续、有效的服务和开放共享。而面向服务的 MOOCs 的优势在于强调松散耦合、重用和互操作，突出以

---

[①] 胡钦太、林晓凡：《面向社会教育的 MOOCs 应用模式及优化设计研究》，载《电化教育研究》2014 年第 11 期，第 30 - 36 页。

[②] 韩锡斌、翟文峰、程建钢：《cMOOC 与 xMOOC 的辨证分析及高等教育生态链整合》，载《现代远程教育研究》2013 年第 6 期，第 3 - 10 页。

"服务"为核心理念，强调一方可以"消费"（即使用）另一方提供的"服务"（即功能）。即无论是课程还是学习资源，无论是新的课程，或是新的资源，都可以在不修改原有系统的情况下，将各个课程或资源转化为服务；再对新开发的课程或资源进行组合封装为服务。这些服务之间彼此独立，又可以重组，MOOCs 课程和资源间"服务提供"与"服务使用"关系能够灵活、动态地随着业务需求的改变而改变，有助于实现服务的随需应变、资源的整合与共享。学习者可以在初始学习时，依据实践线索在学习路径导航图中建立整个课程的整体感知和初步印象；还可以按照自己的思维线索和认知水平，不断对学习内容进行重新选择，构建一个与学习者自身认知发展结构相吻合的动态学习路径。

面向服务的 MOOCs 是一种在开放互联网背景下形成的新的学习环境和学习模式，沿着迈克尔·波特提出的价值链[①]分析开放互联网的教学环境可以发现，MOOCs 将推动学校重构和课程解构两种趋势的出现。前一种趋势使得学校等教学机构打破内部层次化的传统结构，转向教学业务流的水平集成，从而能够及时响应用户的需求，并具备多样性和柔性；后一种趋势使得课程业务专业化，专注于自身核心竞争力，以获得更好的教学效果。这让课程资源的提供方可以专注于课程教学这一核心业务，非核心业务则可以外包给 MOOCs 的服务中心。即面向服务的 MOOCs 的课程定位将从"小而全"或"大而全"的课程体系，转变为强调"小而美"核心竞争力的课程集群，并进一步转变为以服务为核心的课程集群。在未来，为最终用户提供良好的服务和解决方案成为企业新的价值体现，大批具有核心能力的 MOOCs 优势资源将构成价值网络。围绕着这一点，一套新的关于课程设计、开发与实施的思维方式和理论也正在浮现。表 3 给出了设计焦点转移的比较，显示了面向服务的 MOOCs 课程的教学过程从计划管理转向服务协调，且管理方式从控制转向协同，聚焦于为教学用户的需求提供准确、可靠的解决方案，提升及时反馈能力，以实现教学效果最大化的目标。

———————

① Janssen M，"Exploring the Service-oriented Enterprise：Drawing Lessons from a Case Study"，In：Ralph H S. *Proceedings of the Thirty-Third Annual Hawaii International Conference on System Sciences*（*CD – ROM*），Honolulu，Hawaii：IEEE，Computer Society，2008，pp. 101 – 110.

表3　面向服务的MOOCs与传统学校课程的设计焦点对比

| 维度 | 传统学校教学的课程 | 面向服务的MOOCs课程 |
|---|---|---|
| 教学焦点 | 教学质量、成本和完成课时等 | 及时、准确满足教学需求的解决方案 |
| 核心教学要素 | 教学过程 | 教学服务和面向服务的教学过程 |
| 实施方式（教学与科研） | 讲授、模拟、操练、集体教学、图书馆文献研究、CAI | 讲授、自主学习、探究型/资源型/合作型研究、游戏式等 |
| 教师职业角色 | 讲师、知识传递者 | 指导教练、教学引导、学习辅导、专家、顾问、研究者等 |
| 管理方式 | 教学过程控制、集中决策 | 教学服务协调、分散决策 |
| 管理单元 | 部门式组织、层次化结构 | 服务中心、扁平化结构 |

（二）资源设计的相关性：提供学习者认知风格与资源呈现方式的灵活匹配服务，关注学习体验

即便在学习时间、学习材料、师资等条件相同的情况下，不同学习者的学习效果也可能不尽相同，因为学习者之间有着认知上的差异，这是重要的差异因素。其中，Litzinger等学者曾将学习者的认知风格划分为活跃型与沉思型（active or reflective learners）、感悟型与直觉型（sensing or intuitive learners）、视觉型与言语型（visual or verbal learners）、序列型与综合型（sequential or global learners）、独立型与场依存型（the field dependence or independence）等数十组。[①] 教育理论研究的专家认为，无论技术发展如何，从教学设计理论的角度分析，利用MOOCs进行教学主要可以分为以下几种模式：教师讲授式教学、自主式学习、项目探究式学习、协作讨论式学习、模仿与游戏学习、操练与测试式学习等，如表4所示。在传统教育中，虽然认识到个体认知风格存在差异，但由于网络教学资源的匮乏和表现形式的单一，即便投入高额成本，仍很难设计出适合各种认知风格学习者的教学环境，因材施教的思想很难成为现实。

---

① Litzinger T A, Lee S H, Wise J C, "A Psychometric Study of the Index of Learning Styles", *Journal of Engineering Education*, 2007, 96 (4), pp. 309–319.

表4　MOOCs 中各种典型教学模式比较

| 教学模式 | 信息技术发挥的作用 | 关键特征 |
|---|---|---|
| 教师讲授式教学 | 通过视、音频技术，呈现教师的图像或授课情景的图像以增加学习者的学习临场感；灵活的存储、暂停、重放技术实现按需点播，突破时空限制 | 以传统课堂讲授为特点；基本上是"以教师为中心"[1]；学习者被动重复所学知识，并在测试中运用；目前大部分 MOOCs 教学资源还比较偏爱"讲授视频 + 测试"的形式 |
| 协作讨论式学习 | 通过 Wiki、Elluminate、Moodle、DBs 等技术，帮助学习者建构自己的学习空间，组建不同的在线兴趣社区；帮助学习者充分利用 Facebook、Twitter 等社交媒体，参与到全球性的、不受时空限制的协作学习网络 | 学习者在商讨、争论和对话中对问题进行充分论证，形成学习共同体，共同获得学习目标；为学习者创设一种互动交流、对话、辩论的氛围，以增强学习者之间的沟通，以及增加师生之间的互动机会[2]，培养学习者与他人之间互学互助的精神 |
| 模仿与游戏学习 | 利用多媒体技术、虚拟现实技术、增强现实技术，实现高度临场感和情景再现，激发学习兴趣和创造力 | 学习者所学的是与工作和生活中角色相关的知识，通过模拟游戏的闯关可以使学习由浅入深，对于适合游戏化的教学内容可以在教学设计时采取与游戏融合在一起 |

309

---

① 陈荣群、田英、龙昀光等：《教育信息化环境下 Seminar 教学方法的应用研究》，载《中国电化教育》2014 年第 2 期，第 114 - 118 页。

② 庄绍勇、耿洁、蒋宇：《"学习村庄 2"在协作探究学习中的应用》，载《中国电化教育》2014 年第 1 期，第 119 - 124 页。

| 教学模式 | 信息技术发挥的作用 | 关键特征 |
|---|---|---|
| 操练与测试式学习 | MOOCs 平台嵌入人机交互式练习 (interactive exercise) 和题库等操练与测试内容，并为学习者提供机器评分反馈，可以即时了解学习成绩 | 通过利用非正规的考试，学习者可以在考试之前检验学习效果，通过综合并建构知识，学习者可以反复测试，重复应用所学的内容，提高掌握程度 |
| 自主式学习 | 使资源更好地呈现、提供恰需的脚手架，有利于激发学习者的兴趣，保持注意力和学习热情；使学习者产生强烈的探究欲望，有利于培养学习兴趣，养成自主学习的习惯，形成学习的主动性 | 学习者主动地获取知识，学习进度和交互内容完全由学习者自己决定，而非像传统的按照教师设计的课程顺序进行学习；① 以学习者为中心，学习者自己确定学习目标，自我管理、评价和调控学习，保持高水平的自主性，实现对知识的理解、创新以及达到高层次的学习等目的② |
| 项目探究式学习 | 通过 Mindtool、Cognitivetool 概念图、专家系统、可视化工具和技术，教师适当引导并支持学习者进行探究和思考，从而促进他们的学习 | 通过创设问题情境，把学习内容转换成一连串具有潜在意义的问题，学习者主动地探究、发现，主动地从事观察、操作、实验、猜测、验证、推理等活动，以建构新的结构原理；教师要给予学习者适当的引导，肯定并鼓励学习者进行大胆猜想和主动探究；在学习者完成探究活动之后，组织学习者总结自己探究过程中的经验，并相互分享和进行评价 |

---

① 杨玉芹：《MOOC 学习者个性化学习模型建构》，载《中国电化教育》2014 年第 6 期，第 6-10 页。

② Cheng K H, Liang J C, Tsai C C, "The Role of Internet - Specific Epistemic Beliefs and Self-Regulation in High School Students Online Academic Help Seeking: A Structural Equation Modeling Analysis", *Journal of Educational Computing Research*, 2013, 48 (4), pp. 469-489.

而面向服务的 MOOCs 服务提供方在进行 MOOCs 预设资源设计、资源重组、生成性资源整合共享时，需充分考虑学习者的认知风格。即教学设计团队要正确认识学习者不同的认知风格和学习习惯，同一知识点要设计出适合不同认知风格的不同呈现方式。在此基础上，根据不同认知风格和呈现方式制定各种教学策略，并考察各种 MOOCs 教学策略与不同认知风格的适应程度。进而利用面向服务的思想与现代网络技术，使各类资源呈现形式与学习者认知风格都能自成体系，又支持灵活重组。学习者可以获取符合自己认知风格的个性化教学服务。

（三）教师指导与支持服务：构建多元化的在线学习共同体，营造互助互学、持续互动的学习氛围

当前 MOOCs 有及时的教师指导和反馈，但学习者希望能适时得到专家式的指引，这说明营造师生间、学习者之间的互动和主动参与的氛围，并增加互动的机会十分重要。但目前 MOOCs 尚未达到学习者的需求，MOOCs 的规模化使得教师指导和支持体验减少，但大规模的学习群体可以为组织内的学习者提供学习指导和支持、为持续互动和知识建构带来便利和新的契机，通过组建多元化的学习共同体，帮助学习者找到志趣相投、知识互补的助学者。教师通过鼓励或适度参与学习共同体的交流互动，可以在一定程度弥补 MOOCs 教师指导和支持体验较少的问题。

（四）面向服务的 MOOCs 教学模型构建

为了实现为学习者提供有效和个性化的学习服务，本文构建了面向服务的 MOOCs 教学模型。模型由循环往复的四个阶段组成，各阶段的核心教学业务元素如图 1 所示。

（1）在需求分析阶段，课程提供方主要研究服务需求与服务创新，对教学业务结构进行决策，透过服务设计让服务变得更有效率，在此基础上进行教学业务组件的划分和定义。如上文通过分析得出资源呈现的需求，同一知识点一般有 6 种不同服务风格的资源呈现方式：讲授式、协作讨论式、游戏式、操练与测试式、自主学习式、项目探究式。

（2）在业务设计阶段，基于服务配置模型的支持，定义教学业务服务模板并进行配置，同时形成教学过程模板库。例如，上文提出在资源设

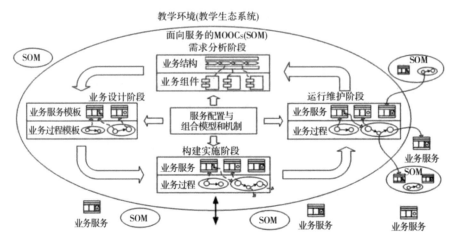

**图1 面向服务的 MOOCs 教学模型**

计和建设过程中，应对同一知识点设计出不同服务风格的资源呈现方式，并根据服务对象的认知风格的测试结果提供事先设定的 MOOCs 教学设计方案。

（3）在构建实施阶段，根据服务配置、教学环境特征和学习者需求，不断将业务服务和教学过程进行发布，以使潜在用户发现和调用。在进行资源建设时，初期也许会由于成本投入限制达不到一步到位的预期效果，但随着 MOOCs 教学资源的丰富，可以逐步建成适合不同服务对象认知风格和需求的教学资源服务。

（4）在运行维护阶段，将教学服务与教学业务需求相匹配，并在必要时进行服务组合，执行服务实例和过程实例，同时进行必要的更改和维护，并作为后续需求分析的依据。例如在 MOOCs 学习过程中，师生点评、用户发现的新问题、优秀案例和作品等生成性资源既是深度有意义互动的成果，又是直接推动学习者知识的转化、生成、应用和传播的催化剂，这些优质的生成性资源将与原先的课程进行重组与封装，推动 MOOCs 学习资源更新或成为其他 MOOCs 使用的服务资源。

## 四、结束语

面向服务的 MOOCs 具备"小而美"的核心特色，以及业务柔性和灵活性高、需求响应能力强、便于业务协同等特点，有利于为学习者提供个性化学习服务和促进资源的开放共享。在由海量服务构成的面向服务的 MOOCs 课程集群和资源中，不仅服务数量庞大，且服务之间存在错综复杂的关联关系，实现有效的服务资源管理和基于服务资源开展教学活动具有重要的研究价值，也存在很多亟待解决的问题。MOOCs 未来深化发展的动力是在实践过程中持续地满足学习者现有和潜在的需求，即将用户需求作为提供服务的动机，这也是 MOOCs 相较于传统网络教育有优势、赢得其存在价值的本质。

（原载《中国电化教育》2015 年第 1 期）

# 面向高等教育创新人才核心素养培养的慕课应用模式研究

## ——基于中国 24 个地区 1449 份样本的调查分析

  创新高校人才培养机制，是党的十九大对高等教育改革发展提出的最直接、最明确的要求，也是全面深化高等教育综合改革的最终目的。MOOC 的出现，在推进高等教育创新人才核心素养培养中有着重要作用。首先，MOOC 能够加快名校从一流校园教育向一流网络在线教育转变，从以教为中心向以学为中心转变，从以课堂学习为主向综合多种学习方式转变。其次，MOOC 能够打破传统高等学校人才培养中采用的"班级批量生产"和"满堂灌"的课堂教学方式①，一定程度上实现因材施教，解决师资与课程资源不足等问题。最后，MOOC 为没有机会上高水平大学的社会大众学习高质量的优质高等教育课程提供了有效途径。

  "国家精品课程建设工程"十多年的发展与建设，为我国高等教育累积了规模和数量并重的课程资源，质量也在不断提升。然而，由于缺少从传播、政策和用户需求等多维度对精品课程所面临的困境进行系统性的梳理与提高，导致大部分优质的精品课程资源"沉底"，很大程度上制约了精品课程建设工程的效益提升和辐射推广。因此，需汲取精品课程建设工程的经验和教训，基于教育传播理论，构建面向高等教育创新人才核心素养培养的 MOOC 应用模式，这对进一步推进精品视频公开课、精品资源共享课等国家"精品开放课程"建设，提升高等教育人才培养质量，具有重要的理论意义和应用价值。

## 一、目前高等教育人才培养中慕课的相关研究

  在 2015 年的国际教育信息化大会上，习近平总书记强调：因应信息

---

  ①  林晓凡、胡钦太、邓彩玲：《基于 SPOC 的创新能力培养模式研究》，载《电化教育研究》2015 年第 10 期，第 46 – 51 页。

技术的发展，推动教育变革和创新，构建网络化、数字化、个性化、终身化的教育体系，建设"人人皆学、处处能学、时时可学"的学习型社会，培养大批创新人才。[①] 目前已有不少研究指出 MOOC 对高等教育人才培养的作用。[②] 一般来说，MOOC（massive open online courses，即大规模开放在线课程）是由国内外高水平大学建设、高水平教师主讲的高水平课程，放在高水平在线平台免费开放与全球共享的大规模优质高等教育资源。MOOC 是定期开课的，一门 MOOC 课程会持续几周至十几周，每周发布一次教学视频，每节课的时间只有几分钟至十几分钟，视频内容虽然短，但都是教学重点，中间还穿插各种测试、网络研讨（同步与异步）和作业等学习活动。MOOC 是大规模高质量"一对一"的自主与个性化的教学与学习模式，是互联网教育的新形态。

通过国内外文献分析，目前国内外对 MOOC 促进高等教育人才培养的研究取得了一些有价值的成果。如从"联通主义"理论提出教育理念革新[③④]；作为新型传播媒介对教育革新的影响[⑤⑥]；通过 MOOC 对传统教

---

① 苏福根、郭伟：《以智慧教育提升教育信息化应用水平》，载《中国教育信息化》2016年第 11 期，第 1－3 页、第 12 页。

② 胡钦太、林晓凡：《面向服务的 MOOCs 分析与教学设计研究》，载《中国电化教育》2015 年第 1 期，第 39－43 页。

③ 樊文强：《基于关联主义的大规模网络开放课程（MOOC）及其学习支持》，载《远程教育杂志》2012 年第 3 期，第 31－36 页。

④ Cabiria J，"Connectivist Learning Environments：Massive Open Online Courses"，In：*The 2012 World Congress in Computer Science Computer Engineering and Applied Computing*，Las Vagas：Routledge Falmer，2012，pp. 16－19.

⑤ Dewaard I，Koutropoulos A，Keskin N，et al.，"Exploring the MOOC Format as a Pedagogical Approach for M-Learning"，In：*Proceedings of 10th World Conference on Mobile and Contextual Learning*. Beijing：Beijing Normal University，2011，pp. 138－145.

⑥ 吴林静、刘清堂、毛刚等：《大数据视角下的慕课评论语义分析模型及应用研究》，载《电化教育研究》2017 年第 11 期，第 43－48 页。

育冲击的研究，促进高等教育创新①②③等。

从研究过程发现，现有研究缺乏从传播、教育、政策等多维度对 MOOC 在高等教育人才培养面临困境进行系统性梳理，急缺对于 MOOC 如何与高等教育人才培养深度融合的研究。对 MOOC 促进高等教育人才培养的研究还存在着内容视角局限、测量评价体系不一、方法简单等问题。针对 MOOC 在高等教育人才培养中面临的现实困境以及国内外现有研究的问题，本研究采取以下的解决策略（见表 1）。

表 1 目前 MOOC 在高等教育创新人才培养研究中存在的问题及本研究的解决策略

| 存在的问题 | 本研究的解决策略 |
|---|---|
| 在 MOOC 的政策研究方面，目前尚没有研究涵盖 MOOC 的建设与传播、宏观与微观相结合的政策与策略框架与体系 | 基于教育传播维度建构 MOOC 的优化策略：从高等教育人才核心素养培养需求和 MOOC 教育传播的优化视角，将宏观与微观相结合，构建面向高等教育创新人才核心素养培养的 MOOC 应用模式，从"MOOC 资源—课程团队—学习用户—环境"系统构建该模式。就 MOOC 的研究方法而言，现阶段的 MOOC 研究多采用描述性方法，缺少运用计量方法深入讨论。采用调查研究结合微观计量方法，量化统计数据，更能确保研究结论的科学性 |
| 在已有的对 MOOC 的实证研究中，用户样本容量普遍偏小、地域代表性不足，限制了结论的科学性和普适性 | 大范围、大样本取样，对我国 24 个地区 48 个专业 1449 位学习者进行样本取样，更具有代表性和普适性 |

① Yueh H P，Liu Y，Liang C，"Impact of Distance Teaching Implementation，Online Material Guidance，and Teaching Effectiveness on Learning Outcomes"，*International journal of engineering education*，2015，31（1），pp. 121 – 126.

② DI Valentin C，Emrich A，Lahann J，et al.，"Adaptive Social Media Skills Trainer for Vocational Education and Training：Concept and Implementation of a Recommender System"，In：2015 48*th Hawaii International Conference on System Sciences*（*HICSS*），Manoa：IEEE，2015，pp. 1951 – 1960.

③ 李晓明、张绒：《慕课：理想性、现实性及其对高等教育的潜在影响》，载《电化教育研究》2017 年第 2 期，第 62 – 65 页。

## 二、面向高等教育创新人才核心素养培养的慕课
应用模式及优化策略

针对国内外 MOOC 在促进高等教育创新人才核心素养培养中存在的问题和相关研究的局限性，本研究以网络学习理论、混合学习理论、联通学习理论、终身学习理论和教育传播理论等为指导，在调研基础上构建"互联网＋"时代高等教育创新人才核心素养的组成要素。①学习与创新技能。在线学习、泛在学习、混合学习、主动与自主学习、个性化与互动学习、协作学习与探究学习、创新与创业学习的技能、解决问题的技能。②信息、媒体与技术技能。信息素养、技术素养和媒介素养。③职业与生活技能。灵活性与适应能力、社交与跨文化能力、就业与职业能力、尽责与高效工作技能。进而提出面向高等教育创新人才核心素养培养的 MOOC 应用模式及优化策略：以提升学生核心素养，学习与创新技能，信息、媒体和技术技能，生活与职业技能①为目标，从"MOOC 资源—课程团队—学习用户—环境"的教育传播维度，构建"基于 MOOC 的跨文化、跨校、跨学科的优质资源支撑和国际交流平台—基于 MOOC 的创新思维与实践能力培养体系—基于 MOOC 的创新人才动力支持与保障机制"的教育传播优化策略，推进"互联网＋"时代高等教育创新人才核心素养培养（见图1）。

### （一）打造基于MOOC 的跨文化、跨学校、跨学科的优质资源支撑和国际交流平台

"互联网＋教育"充分发挥互联网在教育资源配置中的优化和集成作用，将互联网的创新成果深度融合于教育中，提升教育的创新力，是打造优秀教育资源、促进教育资源跨学校、跨学科融合的重要途径。在"互联网＋"背景中，人才培养模式要突破传统的单一学科专业教育和地域局限，要利用多学科协同机制，培育有交叉学科知识背景、善于独立思考并以全局眼光和创造性思维分析、解决问题的人才，要提升学生的信息素

① 胡钦太、林晓凡：《面向服务的 MOOCs 分析与教学设计研究》，载《中国电化教育》2015 年第 1 期，第 39－43 页。

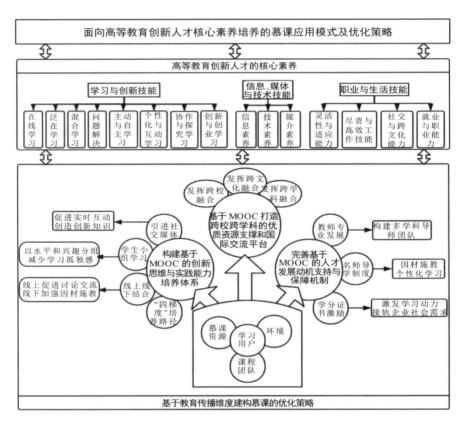

**图1　面向高等教育创新人才核心素养培养的 MOOC 应用模式及优化策略**

养、媒介素养和技术素养。目前，各大 MOOC 平台发展迅速，但仍处于初创和探索阶段，缺乏成熟的管理和推广体系，国内优质教育资源的普及存在不小的阻力。需要从内容、方法、模式、机制等方面，在基于"互联网＋"的背景中再打造。如"爱课程"网虽集中了各大高校的优质课程资源，但与 MOOC 的"开放教学"还有一定的距离。此外，要实现从"开放内容"到"开放学习"的过渡，需借鉴国外 MOOC 平台的建设经验并积极探索新的商业模式，加强教育资源共建共享。在我国，还可以利用 MOOC 平台向欠发达地区输送高水平大学的优质教育资源，支援西部地区高校建设。

## （二）构建基于 MOOC 的创新思维与实践能力培养体系

"互联网＋教育"就是要用互联网来驱动教育创新，用互联网来重构教育。21 世纪要求人们具有更高水平的创新能力和想象力，要求学习者运用互联网提升社交与跨文化能力、终身学习能力、就业与职业技能，以适应不同的角色和职责，有效地开展工作。学习与创新技能更多被当作区分学生是否已为 21 世纪越来越复杂的生活与工作环境做好准备的认证方式[①]，因此，学习与创新技能实质上是"21 世纪技能"的精髓。[②] 我们要充分认识到 MOOC 的发展对高等教育带来的重大变革，并对目前的教育模式进行创新，解决 MOOC 知识创新与分享的不足，从书本学习拓展到线上线下学习、随时随地学习，从以教师为中心向以学生为中心、从课堂学习为主向多种学习方式转变。

### 1. 建立线上线下混合教学模式

针对 MOOC 线上线下相结合的多种教学方法综合应用，加强师生间、生生间的互动，减少学习时的孤单感，不断提高课堂教学效能，解决 MOOC 的"开放"与"不设先修条件"造成的"高注册率—低完成率"问题。帮助学生从多视角认识和分析问题，实现探索性、研究性、参与性学习，通过案例教学、以问题为中心等教学方法的综合应用，培养学习者在线学习、泛在学习和混合学习的能力，让学习者学会自主学习，掌握探究学习的方法，增强学习者运用信息技术分析、解决问题的能力，培养创新精神和创业能力。通过教师自身的教学改革，在教学环节中，更加注重学生的启发、讨论、探究、小组、研究性学习；同时，基于大数据对学生的学习过程进行形成性分析，提取学生的个性化需求，实现因材施教，实施差异化教学。另外，教师要进一步认识 MOOC 的发展对高等教育带来的重大变革，要投入更多的精力整合线上教学方式，注重在线课程的设计，从不同角度、不同层级展示教学内容，积极引导学习者进行探索性学习。

### 2. 构建学生小群组学习环境，引进社交媒体

将专业水平与学习兴趣一致的学习者组成一个小群组，进行 MOOC

---

① 张义兵：《美国的"21 世纪技能"内涵解读——兼析对我国基础教育改革的启示》，载《比较教育研究》2012 年第 5 期，第 86 – 90 页。

② Chai C S, Deng F, Tsai P S, "Assessing Multidimensional Students' Perceptions of Twenty-first-century Learning Practices", *Asia Pacific Education Review*, 2015, 16（3），pp. 389 – 398.

在线学习，使学生"线上讨论"更激烈，效率更高、效果更好；同时，教师又可以全程指导这一小群组所有学生的学习过程。学生小群组学习有利于孕育拔尖创新人才的优质保障系统；围绕教学与研究优化管理决策、沟通交流与激励评价体系，激活各校各学科教学组织和师生的创造性。从学生全面发展的角度出发，突破传统 MOOC 教学中"师生分离""实时同步互动不足"等"瓶颈"环节，通过建立"学习共同体"，增加师生、生生线上线下交流与实践，提升综合能力，从而促进全面发展。此外，在学习过程中，不仅可以运用 MOOC 平台，还可以运用博客、微信、QQ 等社交媒体，加强学习者之间的实时同步互动，为学习者提供有效的个性化学习服务，实行有效的服务资源管理，实现知识创新与共享①，从而提高 MOOC 的教育传播效果。

### 3. 基于 MOOC 的高等教育创新人才"四梯度"培养路径

在学生核心素养培养方面，需要以四梯度的课程形式，促进通识教育、大类课程教学与宽口径专业教育的有机结合，强化对学生知识掌握的广度、深度与能力培养的逐级拓展，同时加强文化涵养的多方位熏陶。

第一梯度：依托 MOOC 平台以"MOOC 课程群选课"为主的课程架构，辅以线上和面对面的研讨（seminar）课程为基础，帮助学生构建多元知识基础。如打造"文史哲"和"数理化"交叉学科专业优质课程群，让学生开阔学习视野，引导学生建构具有各专业共同的学术核心点和专业基本素质或基础研究方法体系。

第二梯度：以"通识类 MOOC 教育"为特点的学科大类培养，以通识教育核心课与专业课的紧密衔接来解决传统专业教学的知识割裂问题，提升基础学术训练水平，引导学生加强对不同学科发展方式的理解及多学科思维的培养，增强全方位获取知识的能力，为学生的终身发展打下坚实的基础。

第三梯度：以专业兴趣与志向为基础的科研类 MOOC 课程为核心课，旨在引导学生进入一级学科并创造研究性学习氛围，通过专业核心课程的教学，为学生提供了解学科知识发展脉络和动向的"窗口"，催生专业兴趣与志向的"第一个生长点"。

---

① 林晓凡、胡钦太、张映能等：《一种提升学生 21 世纪技能的路径——基于混合式移动学习活动的实证研究》，载《中国电化教育》2016 年第 11 期，第 39－44 页。

第四梯度：以专业发展方向培育为重点的高阶 MOOC 课程与实训模块，以跨学科问题探究的形式，加强创新意识、创新思维和实践能力培养，逐步形成专业发展的"第二个生长点"。同时，将专业发展与企业职业培训衔接，以提升学生的整体素质，从而促进学生就业。

### （三）建立基于 MOOC 的创新人才动力支持与保障机制

#### 1. 构建名师导学制

建立跨校、多学科协同的导师团队，辅以博士生助教制度，为以问题为中心的多学科研讨、深度经典阅读学习等提供支持。将多个学科人才优势、知识创造优势渗透到育人全程中，采用个性化教学，因材施教，为拔尖学生培养提供优越的师资保障。MOOC 平台也可以促进国内名师与海外名师的交流，促进教师教学研究与专业成长，充分利用 MOOC "世界名师名课"的学习机会来促进教师专业发展。还可适当引进一些重要领域的自然科学和人文社会科学研究领域的海外名师，共同营造良好的国际化培养环境，更有利于拓宽学生知识面，促进学生学业成长。

#### 2. 构建 MOOC 学分和证书的激励保障机制

一方面，MOOC 课程认证制度的建立是我国 MOOC 战略和政策的关键环节，鼓励大学建立课程认证机构，不仅能够保证课程的权威性和质量，而且能够保证课程的特色，为 MOOC 的发展提供一个良好的政策环境。另一方面，MOOC 证书和学分是促进 MOOC 资源有效传播的激励机制。随着 MOOC 的不断发展，MOOC 学分及相关的资质证、岗位证、课程证等将不仅成为学习者完成相关课程的有效凭证，也证明他们在这一学科具备了一定的专业技能，有利于接轨企业、社会需求，这为 MOOC 的发展提供了有利的激励保障。

## 三、面向高等教育创新人才核心素养培养的 MOOC 应用模式的实证分析

### （一）调研样本分析及量表设计

本研究的样本覆盖我国 24 个地区 48 个专业，共有 1449 个样本，包括北京、黑龙江、山东、湖北、广东、内蒙古等地区。在专业方面，样本覆盖文、理、工、艺术等科目。本研究应用"互联网＋"时代高等教育创新人才的核心素养，调研"面向高等教育创新人才核心素养培养的 MOOC 应用模式及优化策略"。结果发现，学习者对 MOOC 学习的认知可分为六种类型，分别是为了"记忆"（memorizing）、"准备考试"（preparing for tests）、"获得更高的成就"（gaining high status）、"应用"（applying）、"理解"（understanding）以及"以新的方式看待事物"（seeing in a new way）。以 Conbach's $\alpha$ 系数作为评价问卷信度的指标，发现"记忆""准备考试""获得更高的成就""应用""理解"和"以新的方式看待事物"的 $\alpha$ 系数分别为：0.82、0.88、0.83、0.85、0.79、0.77，可见问卷内部一致性信度良好，该问卷可为未来研究提供借鉴参考。其中，"应用""理解"以及"以新的方式看待事物"三个维度，能映射核心素养中的"学习与创新技能""信息、媒体与技术技能"和"职业与生活技能"三类技能。

**1. 本研究对"学习与创新技能"三个方面进行调查**

（1）个性化与互动学习。如学习 MOOC 的相关课程能学到其他专业相关的知识，帮助提升专业素养；学习 MOOC 的相关课程能帮助学习者深入了解感兴趣的领域和知识；学习 MOOC 的相关课程能加深学习者对本专业问题的理解。

（2）协作学习与探究学习。如学习 MOOC 的相关课程可以帮助学习者理解更多其他专业的情况及知识。

（3）创新与创业学习技能。如学习跟管理有关的 MOOC 课程可以提升学习者的竞争力。

**2. 本研究对"信息、媒体与技术技能"三个方面进行调查**

（1）正确获取和判断信息技能。如这门 MOOC 课程的教学设置对学习者来说是容易掌握的；这门 MOOC 课程的内容设置清楚明了，使学习

者容易学习。

（2）了解媒体传达信息特点技能。如当通过社交媒体收到同伴在MOOC作品评价活动中的评论时，学习者可以确定他们的哪些观点是更重要的。

（3）合理使用数码技术和通信工具技能进行交流与表达。如在作品评价的活动中，学习者可以给出意见或建议，学习者可以对小组协作学习存在的不足提出建议。

### 3. 本研究对"职业与生活技能"进行四个方面的调查

（1）灵活性与适应技能。如学习 MOOC 的相关课程可以丰富学习者对问题的思考角度，学习 MOOC 的相关课程可以改变学习者看待生活的态度。

（2）社交与跨文化技能。学习 MOOC 的相关课程能让学习者与他人有更多的讨论话题，学习 MOOC 的相关课程可以帮助学习者理解更多其他专业的情况及知识。

（3）就业与职业技能。学习 MOOC 的相关课程主要就是可以得到比较好的工作，学习 MOOC 的相关课程主要就是可以让学习者未来获得较好的晋升机会。

（4）尽责与高效工作技能。学习 MOOC 的相关课程可以提升学习者的做事效率，参与这门 MOOC 课程可以方便学习者有效运用时间学习。

## （二）优化 MOOC 教育传播效果的策略分析

本研究采用结构方程模型（SEM），以本研究提出的优化 MOOC 教育传播效果的各维度均分为自变量，以核心素养的各维度均分为因变量，考虑变量间的所有路径，建立模型，结果发现：优化 MOOC 教育传播效果的策略到核心素养的"学习与创新技能""信息、媒体与技术技能"和"职业与生活技能"三个维度的路径系数显著。模型拟合指标如下：$x^2 = 5035.03$，$df = 1332$，$x^2/df = 3.78$，$CFI = 0.848$，$NNFI = 0.837$，$SRMR = 0.060$，$RMSEA = 0.059$。模型拟合度可以接受。这表示本研究所调查的"优化 MOOC 教育传播的策略"能有效影响"学习与创新技能""信息、媒体与技术技能"和"职业与生活技能"等核心素养。

同时，高层次的核心素养与深入的优化 MOOC 教育传播效果策略（如用新的观点看待事物与解决问题）有正向的相关，而低层次的核心素养像获取信息等，则与表面的学习取向（如为了记忆或考试而学习）有关。这说明运用深层次的"基于优化 MOOC 教育传播策略"对培养学习者核心素养的重要性，如线下面授加强"因材施教"、跨文化跨专业综合培养、跨校联盟学分互认激励、学习者以专业水平与兴趣组建学习群组等策略。

## 四、对我国"在线开放课程"建设的政策建议

MOOC 的发展需要多方力量的介入，教育行政部门作为教育政策制定的主体与教育服务的提供者，可以发挥更大更积极的作用，加快推进我国 MOOC 的发展。[1] 本调查报告通过国内外文献调查和专家访谈发现，现阶段的 MOOC 建设仍然存在许多问题，如"建设条件宽泛、课程质量良莠不齐""课程顶层设计与评估不足，课程资源重复""课程建设不均衡，职业技能型的课程缺乏""MOOC 学分和证书认可度不高"，制约了高等教育创新人才核心素养的培养。针对以上问题，本研究提出对我国建设精品视频公开课、精品资源共享课等国家"精品开放课程"的五点建议，以期为各级教育行政部门、高校制定具体的建设实施办法提供参考。

（1）我国不需要所有的大学和教师都建设 MOOC，双一流大学侧重建设 MOOC，普通高校侧重引进和应用 MOOC、可以建设 SPOC 满足本校需求。这能协调各方优势，促进 MOOC 与传统高校教学的有机融合，结合区域特色和校情，从而满足不同高校、高校联盟对于 MOOC 教学的不同需求。

（2）教育主管部门要加强对我国高等教育的 MOOC 建设进行顶层设计与评估。MOOC 制作成本相对较高，且需要持续投入，因此，建议当前 MOOC 课程资源的建设根据基础条件和实施情况进行路径优化。对于具有高水平大学、高水平学科、高水平主讲教师、上线后高水平实施等特征的高水平课程优先和持续资助其 MOOC 建设，从而提高我国高等教育的教育质量，尤其是高水平大学的国际影响力。

（3）加强职业技能型 MOOC 的建设，提升学生就业创业技能和终身

---

① 李亮：《MOOC 发展的国家政策支持研究》，载《现代教育技术》2014 年第 5 期，第 65 - 72 页。

学习技能。教育部多鼓励校企合作开发与职业技能相关的 MOOC，并探索更多元的教学和应用方式，能有效破解高校教育与企业和社会需求相脱节的问题，培养和提升学生相关职业技能、就业创业技能。

（4）创新 MOOC 学分互认和证书激励机制，激发 MOOC 学习者的学习动力。教育部和双一流大学可以推进一批精品 MOOC 的认定。同时，在国家层面、双一流大学品牌层面对 MOOC 学分和证书予以承认，加大 MOOC 证书的社会认可度，促进学习动力和资源利用率。

（5）本研究提出的"面向高等教育创新人才核心素养培养的 MOOC 应用模式及优化策略"可以推广应用到我国的"双语教学示范课程""精品课程""精品视频公开课""精品资源共享课"、MOOC、SPOC 等"在线开放课程"的教育教学改革试验中，从而充分利用我国"在线开放课程"，培养高等教育创新人才，加快推动我国从人口大国进入人力资源强国的行列。

## 五、总结

本研究构建了面向高等教育创新人才核心素养培养的 MOOC 应用模式及优化策略，是创新高校人才培养模式的一种尝试，有助于转变教育方式、优化高校资源配置，为后续高校人才培养机制的创新和完善提供借鉴和参考。同时，有助于高校课程团队运用研究成果不断完善 MOOC 课程培养体系，把握其传播特性，为 MOOC 在高校课堂的应用与研究提供新的视角，推进 MOOC 及相关优质资源的发展。而基于优化 MOOC 教育传播策略的高等教育创新人才核心素养培养模式的提出，为 MOOC 在高校中的应用提供了支撑，有助于学习者运用本研究成果，更好地认识和理解 MOOC，充分利用其优质课程资源提高自身学习的质量和效率。

（原载《电化教育研究》2018 年第 6 期）

# 我国教育技术学人才培养现状与未来趋势

## ——面向"十四五"的调研分析及建议

## 一、研究背景

教育技术学是当代教育科学与信息技术科学相融合的新兴学科，也是国家教育信息化和智能教育建设迫切需要大力发展的学科。[①] 2020 年初，新冠疫情突然暴发，各级各类教育机构都转战网络空间开展"停课不停学"活动，非常时期的应对策略，加速了教育信息化进程的发展，对信息化教育人才培养提出了新的实践要求。2020 年是我国"十三五"规划的收官之年，"十四五"规划即将启航。人才是第一生产力，未来五年教育技术学的人才培养，不仅将影响我国教育技术学科专业的生存与发展，更将对新时期全国教育信息化事业的发展进程产生重大影响。

人才培养和学科专业发展互为支撑。学科作为相对稳定的知识体系，注重科研人才培养，旨在培养硕博研究生；专业则面向社会就业之需，旨在培养社会所需的各类人才。[②] 本研究基于我国教育技术学的人才培养现状，从教育技术学本科及研究生人才的培养，即从专业和学科两个方面出发，全面梳理和深入探究目前教育技术学专业学科建设中的人才培养现状，为未来五年的人才培养路径和策略提供参考。

## 二、教育技术学人才培养现状

### （一）本科专业人才培养现状

#### 1. 专业发展现状分析

1983 年，华南师范大学李运林、李克东两位教授领衔创办了新中国

---

① 胡小勇：《优化在线教育应急方案》，载《中国教育报》2020 年 5 月 2 日第 3 版。

② 王建华：《学科、专业管理：高等教育研究的新领域》，载《青岛科技大学学报（社会科学版）》2007 年第 1 期，第 58–62 页。

第一个电化教育（教育技术学）本科专业，开辟了我国教育技术学本科专业的发展道路。截至 2010 年，全国共有 232 所学校开设了教育技术学本科专业。① 随着社会发展和技术更新，教育技术学本科专业也不断根据社会用人的供求平衡而有所变动起伏。根据教育部公布的年度普通高等学校本科专业备案和审批结果②，2010—2019 年共备案和审批新增教育技术学本科专业的院校 14 所，撤销该专业的院校 34 所。其中，就学校类型而言，新增该专业的学校类型以师范类院校为主，共 7 所院校，占总数的50%，撤销该专业的学校类型以综合类院校为主，共 20 所院校，占总数的 59%（见图 1）；新增专业和撤销专业的学校类型，都以普通高等院校为主；就分布地区而言，华东地区撤销该专业的学校最多，共有 8 所院校，占总数的 24%，其中又以浙江省最多，共有 3 所院校；东北地区无新增教育技术专业的院校，其余各地区比例相当。

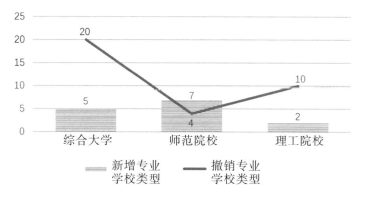

图 1　2010—2019 年度新增及撤销教育技术学专业学校类型分布

### 2. 人才培养成果梳理

师资队伍是人才培养的根本保障，在南国农先生等前辈努力的基础上，多年来，教育技术学专业的师资队伍不断扩充和升级。目前已有包括"终身教授"何克抗教授、祝智庭教授，"国家级教学名师"桑新民教授、傅钢善教授，还有"长江学者"特聘教授黄荣怀教授等为代表组成的高

---

① 南国农：《中国电化教育（教育技术）史》，人民教育出版社 2013 年版。
② 教育部：《教育部关于公布 2019 年度普通高等学校本科专业备案和审批结果的通知》，见中国政府网（http://www.gov.cn/zhengce/zhengceku/2020-03/05/content_5487477.htm）。

层次人才师资队伍。[1]

历史上成系列建制的专业教材，也为本科人才培养提供了丰富的教学资源，对于提高专业人才培养的规范性，发挥着良好的促进作用。1985年，由南国农、李运林两位教授编写并审定了全国电化教育课程教材《电化教育学》《电化教育基础》等系列教材[2]，自此拉开了专业化教材的建设序曲。2000—2005年左右，我国教育技术学专业组织了两次大型的系列教材编写工作，共出版教材35本，主要包括教育技术导论类（共8本，占总数的23%）、教学设计类（共7本，占总数的20%）、计算机与教育类（共5本，占总数的14%）等多个类型的教材内容，其他类的教材出版数量均为1本，包括教育传播学、教育信息处理、教育技术学专业英语等，如图2所示。这些教材的编写为我国教育技术专业的人才培养奠定了坚实的基础。

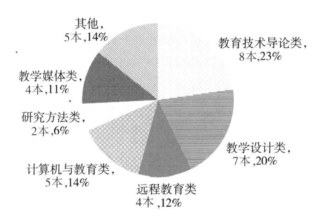

图2　教育技术学系列教材内容分布

国家级教学成果奖的评选，反映了专业教学的质量和学科团队的整体水平，教育技术学专业自1989年参与国家级教学成果奖评选以来就硕果累累，专业影响范围日益扩大，获奖种类和研究方向逐步多元，获奖学校涵盖了师范类、综合类等各种类型的学校，其中，华南师范大学连续八届

①　王运武、黄荣怀等：《改革开放40年中国特色教育技术学的回顾与前瞻》，载《现代远程教育研究》2019年第3期，第18-27页。

②　南国农：《中国电化教育（教育技术）史》，人民教育出版社2013年版。

获得 9 项国家级高等教育教学成果奖。

在国家级特色专业建设方面，在陆续公布的 7 批国家特色专业名单中①，共有 8 所院校的教育技术学专业入选，如表 1 所示。此外，为了加快建设高水平本科教育，2019 年教育部印发了《教育部办公厅关于实施一流本科专业建设"双万计划"的通知》。② 在第一批评审中，全国共有 8 所高校的教育技术学专业入选为国家级一流本科专业建设点，分别是华中师范大学、江南大学、华南师范大学、西北师范大学、浙江师范大学、曲阜师范大学、四川师范大学、天津师范大学。另有 15 所高校的教育技术学专业入选省级一流本科专业建设点。

表 1　全国高校教育技术学特色专业建设点名单

| 获批时间 | 专业 | 学校 |
|---|---|---|
| 第一批 | 教育技术学 | 华南师范大学 |
| 第二批 | 教育技术学 | 浙江师范大学 |
| 第三批 | 教育技术学 | 黄冈师范学院 |
| 第四批 | 教育技术学 | 徐州师范大学 |
| | 教育技术学 | 渭南师范学院 |
| 第六批 | 教育技术学 | 北京师范大学 |
| | 教育技术学 | 华中师范大学 |
| | 教育技术学 | 四川师范大学 |

① 中国教育在线：《全国高校特色专业建设点名单》，见中国教育在线网（https：//www. eol. cn/e_html/gk/tszy/index. shtml）。

② 教育部：《教育部办公厅关于实施一流本科专业建设"双万计划"的通知》，见中华人民共和国教育部网（http：//www. moe. gov. cn/srcsite/A08/s7056/201904/t20190409＿377216. html）。

## （二）学科研究生人才培养现状

### 1. 学科人才培养方向分析

近几年来，随着《教育信息化2.0行动计划》的启动，以及大数据、人工智能等新兴技术对于教育实践与教育创新的深度影响，推动了教育技术学科人才培养方向的新变化：一方面注重培养学科人才在新媒体、新技术、新理念和新方法指导下的理论研究水平，另一方面注重培养学科人才的实践创新本领。[①]

以全国各高校教育技术学专业研究方向为数据基础，通过 Wordcloud 插件，对词频进行优先级分析，形成如图3所示的教育技术学专业研究方向热点的词云图。可以看出，出现频率最高关键词依次是教育、应用、技术，这体现了教育技术学作为方法论学科关注实践应用的特性。

**图3 教育技术研究方向热点词云**

按专业名词的出现频率来分析，如图4所示，出现频率较高的方向有：教育信息化理论、教育信息管理与评价技术、智能学习系统、智慧教育应用、教育游戏动漫、多媒体技术以及网络远程教育等。在理论研究中，教育技术基本理论、远程教育基本理论等是重点；在实践研究中，则

---

① 陈丽、王志军等：《"互联网+时代"教育技术学的学科定位与人才培养方向反思》，载《电化教育研究》2017年第10期，第5-11页、第22页。

突显了新型智能技术、大数据、物联网、3D 建模等的重要作用，显现出教育技术学学科的应用性特征。①

**图 4　教育技术专业名词频率词云**

　　教育技术学硕士和博士研究生的就业范围较广，方向大致包括四类：技术类（教育软件工程师、教育大数据工程师、程序员）、教学科研类（教学科研人员、信息技术教师、教育技术教师）、教学辅助类（教学辅助、学校行政、辅导员、电教员）、其他类（企业培训师、销售人员、产品经理、电视节目编导人员）。通过对"前程无忧招聘网"中的数据梳理可以得出：从就业岗位分析，与教育技术学相关的岗位主要分布在我国东南沿海及中部地区，其中广东省与教育技术学相关岗位的招聘信息最多，约占总数的40%；从行业领域分析，与教育技术学相关的岗位绝大多数都为教育行业，然后是计算机及互联网行业，占总数的34%；从薪资水

――――――――――
　　① 韩锡斌、程建钢：《教育技术学科的独立性与开放性——斯坦福大学学习科学兴起引发的思考》，载《北京大学教育评论》2013 年第 3 期，第 49 – 64 页、第 190 页。

平分析，教育技术学相关岗位的薪资水平差距较大，最低薪资低于 1500 元/月，而最高工资则可以达到 30～40 万元/年，展现了用人岗位对用人需求标准的参差多样性。

### 2. 学科人才培养规模与分布

在研究生层次的办学中，教育技术学研究生招生院校的规模呈稳步增长的趋势。截至 2019 年底，我国招收教育技术学硕士研究生的院校共有 52 所，如图 5 所示。其中师范类院校的数量最多，共 31 所，占总数的 59.7%；其次为综合类院校，共 15 所，占 28.8%；理工类有 5 所院校，占 9.6%；其他还有 1 所民族类院校，为西北民族大学。招收现代教育技术硕士研究生的院校有 83 所，数量与以往基本持平。招收教育技术学博士研究生的院校持续增加，目前共有 27 所院校具有教育技术学博士学位授予权，18 所院校招收教育技术学博士，7 所院校拥有教育技术学博士后流动站。①

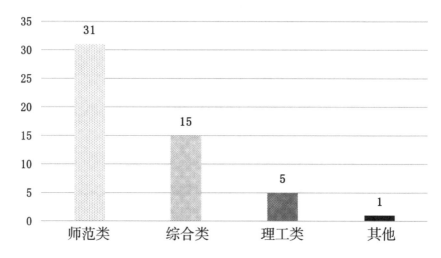

图 5　教育技术学专业硕士点所在高校类型

按照名称和领域，各高校教育技术学专业所隶属的院校可划分为教育

———————————

① 教育部：《国务院学位委员会关于下达 2019 年动态调整撤销和增列的学位授权点名单的通知》，见中华人民共和国教育部网（http://www.moe.gov.cn/s78/A22/xwb_left/zcywlm_xwgl/moe_818/202004/t20200402_437602.html）。

类、计算机/信息科学类、教育技术类、新闻与传播类、物理与电子类和人文类六大类。如表2所示，在我国现有52所开设教育技术学硕士专业的高校中，将教育技术学专业划归为教育类部院系的达25所，占比为48.1%，数量最多，其中北京师范大学的教育技术学以教育技术学院存在且归在教育学部下；隶属于计算机/信息科学类，及以教育技术学专业为主的院系或直接设置为教育技术类院系的高校各有10所，占比均为19.2%，其中华中师范大学教育技术学院在2020年新归属于学校所成立的人工智能教育学部；隶属于新闻与传播类和物理与电子类的高校数量均为3所，各占比5.8%；隶属于人文类的高校仅1所，占比为1.9%。

表2　教育技术学专业隶属院系情况

| 类别 | 院系 | 数量（所） | 比例（%） |
|---|---|---|---|
| 教育类 | 教育科学学院、教育学部、教育学学部、教育学院、高等教育研究院、教师教育学院、师范学院、职业与继续教育学院 | 25 | 48.1 |
| 计算机/信息科学类 | 计算机科学技术学院、计算机科学学院、计算机科学与网络工程学院、计算机与信息工程学院、计算机与信息技术学院、计算机与信息科学学院、计算机与信息科学学院软件学院、信息技术工程学院、信息科学与技术学院 | 10 | 19.2 |
| 教育技术类 | 教育信息技术学院、教育技术学院、教育技术研究所、教育科学与技术学院、现代教育技术中心、智慧教育学院（计算机科学与技术学院）、信息学院教育技术中心 | 10 | 19.2 |
| 新闻与传播类 | 新闻与传播学院、传媒技术学院、传媒学院 | 3 | 5.8 |
| 物理与电子类 | 物理科学与工程学院、物理与微电子科学学院、电子信息学院 | 3 | 5.8 |
| 人文类 | 人文学院 | 1 | 1.9 |
| 总计 | | 52 | 100 |

## 三、教育技术学人才培养的发展趋势

### （一）教育技术学科进入稳定优化发展阶段

2019 年，全国有 13 所高校撤销教育技术学本科专业，位居全国撤销专业数量第二，这引起了业界内外的极大关注。教育技术学专业的发展，是否进入了末路阶段？然而我们纵观教育技术学科的发展历史可以看出，自 1978 年电化教育重新起步，1983 年成立第一个本科专业，1993 年正式更名为教育技术学专业，该专业已经经历了 42 年总体向上的发展历程。1983 年至今，每年新增本科专业数量统计如图 6 所示。[①②] 从无到有，年度新增教育技术学专业高校数量持续递增，在 2002—2004 年达到本科专业发展的高峰期，三年共有 108 所院校新增教育技术学专业，之后骤增的情况逐步缓和，新建专业数量趋于平缓；2020 年，全国有 1 所高校新增教育技术学本科专业。

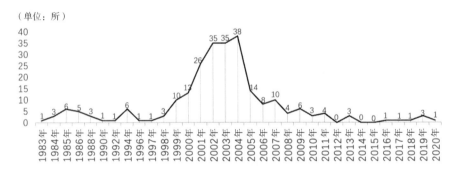

**图 6　1983—2020 年新增教育技术学专业院校数量统计**

有研究曾提出，教育技术学科专业的发展大体分为起步期、发展期、成熟期和提升期四个阶段[③]，从图 6 的新增专业数量统计结果也可以看

---

① 南国农：《中国电化教育（教育技术）史》，人民教育出版社 2013 年版。

② 教育部：《教育部关于公布 2019 年度普通高等学校本科专业备案和审批结果的通知》，见中国政府网（http://www.gov.cn/zhengce/zhengceku/2020-03/05/content_5487477.htm）。

③ 王运武、黄荣怀：《改革开放 40 年中国特色教育技术学的回顾与前瞻》，载《现代远程教育研究》2019 年第 3 期，第 18 – 27 页。

出，目前，我国的教育技术学处于成熟期向提升期的过渡阶段，即每年会增加或减少一定数量的教育技术学科和专业，数据动态变化但整体基本趋于稳定；竞争力不强的学位点和专业逐渐被淘汰或转型，竞争力较强的则进一步提升发展，涌现出一批一流学科、一流专业或品牌专业。

### （二）教育技术学科的融合创新与分流转型

教育技术学，需要紧密联系社会新技术的发展而动态调整自身的技术属性，需要紧密对接社会的产业升级要求并及时调整专业人才培养目标的教育属性，才能在融合适变中持续实现学科的创新发展。在发展历程中，例如桑新民教授提出的学习科学与技术[1]、张景中教授提出的教育信息技术[2]、丁兴富教授等提出的远程教育学[3]、祝智庭教授提出的智慧教育[4]等，都已经成了教育技术学重要的研究方向。随着脑电科学、"互联网＋"、大数据、智能技术的新发展，教育技术学专业也在不断进行分流与转型，如上所述的许多撤销了已有教育技术学专业的高校，同年增设了如"人工智能""数据科学与大数据技术""大数据管理与应用"等相关的新型专业，如表3所示。此外，也有高校在保留教育技术学已有专业发展的基础上积极进行创新发展，例如，西北师范大学于2020年作为全国第一批智能教育专业博士学位点开始招生，[5] 华中师范大学2020年整合教育技术学等多学科力量成立了全国第一个人工智能教育学部。[6] 上述专业和学位点的增设，均可以看出教育技术学科融合创新、分流转型的现象。

---

① 桑新民：《学习科学与技术——信息时代大学生学习能力培养》，高等教育出版社2004年版。

② 张景中、王继新等：《教育信息技术学科的形成和展望》，载《中国电化教育》2007年第11期，第13－18页。

③ 丁兴富：《远程教育学》，北京师范大学出版社2001年版。

④ 赵玥颖："'智慧教育时代的变革与创新暨祝智庭教授学术思想研讨会'顺利举行"，见华东师范大学教育学部网（http：//www. ed. ecnu. edu. cn/？p＝24735）。

⑤ 西北师范大学：《2020年西北师范大学博士研究生报考指南》，见西北师范大学研究生院官网（https：//yjsy. nwnu. edu. cn/2019/1031/c2701a131128/page. htm）。

⑥ 光明日报：《华中师范大学成立全国首个人工智能教育学部》，见光明网（http：//di-fang. gmw. cn/hb/2020-06/02/content_33880823. htm）。

表3　教育技术学科专业的转型发展

| 年度 | 院校 | 撤销专业 | 学位类别 | 备案或审批新专业 | 学位类别 |
|---|---|---|---|---|---|
| 2019 | 吉林工程技术师范学院 | 教育技术学 | 理学 | 人工智能 | 工学 |
| | 江汉大学 | 教育技术学 | 教育学 | 人工智能 | 工学 |
| | | | | 大数据科学与大数据技术 | 理学 |
| | | | | 大数据管理与应用 | 管理学 |
| 2018 | 中国传媒大学 | 教育技术学 | 教育学 | 大数据管理与应用 | 管理学 |
| | | | | 智能科学与技术 | 工学 |
| | 中北大学 | 教育技术学 | 工学 | 人工智能 | 工学 |
| | 长春工业大学 | 教育技术学 | 理学 | 人工智能 | 工学 |
| | 重庆三峡学院 | 教育技术学 | 工学 | 数据科学与大数据技术 | 工学 |
| | 西安工程大学 | 教育技术学 | 工学 | 数据科学与大数据技术 | 工学 |
| | 浙江大学 | 教育技术学 | 教育学 | 机器人工程 | 工学 |
| | 电子科技大学 | 教育技术学 | 教育学 | 数据科学与大数据技术 | 理学 |
| | 福建师范大学闽南科技学院 | 教育技术学 | 理学 | 数据科学与大数据技术 | 工学 |
| 2017 | 西安交通大学 | 教育技术学 | 理学 | 大数据管理与应用 | 管理学 |
| 2016 | 广西科技大学 | 教育技术学 | 理学 | 数据科学与大数据技术 | 工学 |

## （三）教育技术专业的社会服务属性日益凸显

2020 年初，我国遭遇了前所未有的新冠疫情。疫情防控期间，教育部及时发布了延迟开学和"停课不停学"的通知，在线教学迅速成了全国范围内的主流教学方式。教育技术学也在这次抗疫过程中积极发挥专业优势进行社会服务。教育部高等学校教育技术专业教学指导分委员会在疫情期间积极号召，组织全国各高校的教育技术学专业力量发挥所长为所在院校和地区的在线教学做贡献，征集发布本专业两批共 123 门推荐共享课程资源。同时，面向疫情防控需要，组建了由全国 30 所高校教育技术学专业知名教授组成的"国家队"，4 月 25 日至 5 月 30 日启动了"同心抗疫助教学，教育技术网上行"的社会志愿服务活动，为国内各级各类学校、师生、家长、教育管理部门及其他社会人士提供了公益服务，把疫情影响降到最低；还组织开展了"停课不停学"在线教学实践推进研究成果的征集工作，共推出优秀成果 112 项，其中基础教育类 54 项，高等教育类 58 项。[①] 此外，各级各类高校的教育技术学专业人士也都在在线教学期间积极发挥了资源开发、教学示范、案例分享、经验推广等作用。核心关注教学设计、资源开发、学习支持服务等理论与实践的教育技术学科，在指导和服务各类学校和教师开展在线教学过程中，具有其他学科不可替代的优势。[②]

## （四）教育技术学人才培养模式有待创新

近几年，我国陆续出台了很多针对高等教育和职业教育的相关政策，意在通过产教融合的方式提升新时代人才培养的质量。事实上，产教融合一直贯通着我国高等教育的发展。目前，高等教育产教融合也随着创新驱动发展战略、科教兴国战略的深入实施进入了深化阶段，我国教育技术学的"产教融合""科教融合"等人才培养模式正逐步成型与完善。

产教融合的本质是多主体的协同，目标是实现 1 + 1 > 2 的协同育人效

---

① 任友群、顾小清：《教育技术学：学科发展之问与答》，载《教育研究》2019 年第 1 期，第 141 - 152 页。

② 王运武、黄荣怀等：《开创新时代中国特色教育技术发展道路》，载《电化教育研究》2020 年第 3 期，第 40 - 47 页。

果，协同育人过程涉及教育、产业、社会等多个系统的结构特征，需要来自教育、产业、政府等的多元支持系统。[①] 当前关于教育技术学"产教融合、科教融合"的实践途径，多是从协同育人平台的搭建、课程教学的改革、保障机制的建立等方面开展，如构筑学科专业一体化建设与发展模式、实施科教融合的研究性教学改革、健全强有力的外部保障与内部激励机制等。[②] 通过搭建推动产教科教融合、协同育人的教学转化和发展平台，把创新创业精神和能力培养融入教育技术学人才培养全过程。

## 四、面向未来的发展机遇与建议

目前，我国教育技术学人才培养发展规模较为稳定，人才培养方向多元化，且向综合化、多元化、跨领域的方向不断创新发展。未来五年将是我国社会和科技发展的关键期，一方面，各级各类专业开始主动开展教育技术的相关研究，专业之间的传统技术壁垒和优势正被打破；另一方面，教育信息化、在线教育、智能教育发展的时代大趋势没有变，对专业人才的需求仍然长期存在，我国教育技术学挑战与机遇并存。基于此，我国高校应抓住时代机遇，为教育技术学在新时代的发展构建更为完善的人才培养体系。

### （一）紧跟时代前沿，发掘专业发展新生长点

随着新兴技术的涌现与互联网的发展，2017 年我国首次提出面向人工智能领域战略布局的《新一代人工智能发展规划》[③]，重在推动人工智能技术与各行业的融合发展；2018 年又发布了加快教育现代化建设的《教育信息化 2.0 行动计划》[④]，标志着我国教育信息化发展开启了智能教育的新篇章；2020 年国家发改委多部门联合发布了《关于支持新业态新

① 胡小勇：《优化在线教育应急方案》，载《中国教育报》2020 年 5 月 2 日第 3 版。
② 胡钦太：《高校信息化人才队伍建设的机制创新与实现路径研究》，载《中国教育信息化》2016 年第 13 期，第 58－62 页。
③ 国务院：《国务院关于印发新一代人工智能发展规划的通知》，见中国政府网（http://www.gov.cn/zhengce/content/2017-07/20/content_5211996.htm.）。
④ 教育部：《关于印发〈教育信息化 2.0 行动计划〉的通知》，见中国政府网（http://www.moe.gov.cn/srcsite/A16/s3342/201804/t20180425_334188.html.）。

模式健康发展激活消费市场带动扩大就业的意见》，提出将"融合化在线教育"放在第一位。① 因此，我国教育技术专业应结合自身的专业特色和优势，及时抓住领域发展前沿，在专业建设中挖掘智能教育、在线教育的生长点，改革专业人才培养方案，更新行业人才培养定位。同时，应加强交叉学科、跨学科、超学科性质的合作，改革课程体系设置，考虑将人工智能、大数据技术等融于课程体系中，实现教育技术专业理论、技术、实践的同步发展。

## （二）建设一流本科，保障专业人才培育质量

2019 年，教育部提出了"双万计划"，旨在通过一流本科专业点的建设引导高校回归育人本质。教育技术专业应当把握此次提升高等教育本科教学质量的契机，切实巩固教育技术专业人才培养的中心地位和本科教学的基础地位，参照一流本科专业建设标准，改革专业人才培养方案和课程体系设置，推动教师主动适应信息化、人工智能等新技术变革，提升专业内涵。以新理念、新技术、新方法为引领，在培养目标、培养方向、课程内容、师资队伍、专业资源、质量保障等方面全面改进，建设一批国家级和省级的一流教育技术学本科专业，强化学科专业特色优势，发挥建设点示范作用，引领带动高校优化专业结构，全方位提升全国教育技术学专业的整体水平，推动形成高水平人才培养的体系。

## （三）开发优质资源，校际协作助力一流课程建设

课程是人才培养的核心要素，教材是课程内容的重要载体。自"十一五"以来，我国教育技术学曾开发过多部系列国家级或省级教材，对整个教育技术学的发展起到了良好的促进作用。但是，由于各院校师资、资源、教学经费发展不均衡等原因，许多高校的教育技术学专业都存在着专业课程设置滞后、规模化统编教材建设缺位等不足，对新时期人才培养的质量产生较大的影响。在协同发展的大背景下，全国高校教育技术学专业应加强校际互联，融合互补各自的优势，共建精品课程教材、共享优质教育资源、共创校际协同机制；加强团队教研协作，构建课程教学共同

---

① 国务院：《关于支持新业态新模式健康发展激活消费市场带动扩大就业的意见》，见中国政府网（http://www.gov.cn/zhengce/zhengceku/2020-07/15/content_5526964.htm.）。

体，强化教育技术学的一流课程建设的横向合作，为全国教育技术学的人才培养提供更具有学科和专业特色的优质课程和教材教学资源，提升人才培养的整体水平。

### （四）响应国家政策，培养好教育信息化建设研究人才

2018 年，教育部颁布《普通高等学校本科专业类教学质量国家标准》，突出了产出导向原则，提出人才的培养要主动对接经济社会发展需求，科学合理设定培养目标。[①] 教育技术学作为一门与教育信息化发展密切相连的学科，不仅需要掌握教育教学规律，而且需要了解信息技术前沿，其培养的人才需要对接各级、各类教育机构。因此，培养单位需要了解行业、产业和就业的市场需求，合理构建专业知识、能力和素质结构，提高生存发展技能，强化学生创新实践能力培养。教育信息化人才的培养方式应充分发挥常态面授教学与网络在线教学的优势，集成多元教学资源与环境，在智能教学环境下提升人才培养的效果。同时，在知识评价的基础上，更加注重对能力发展水平的评价，培养理论基础扎实、应用能力强大的教育技术人才。

### （五）做好产教融合，构建协同育人的新模式

党的十九大提出要实现高等教育内涵式发展，深化高等教育产教融合。我国教育技术学作为实践应用型学科专业，人才的培养应当更加注重与产业、行业需求对接。构建面向教育信息化领域产教融合的教学平台和实践基地，与教育信息化企业合作教学，共同指导学生的校外实习实训任务；组建面向教育信息化领域的产教融合双师型师资队伍，以信息化人才需求为导向，充分利用企业优势，引进具有行业经验的专/兼职教师，同时鼓励校内专任教师进入行业、企业锻炼；创建政府、企业、高校共同联动的面向教育化领域的产教协同育人机制，将产业需求融于教育技术人才培养的全过程，实现教与需相结合，构建全新的校企协同育人模式；建立教育信息化产教融合的育人质量评价机制，制定规范的实践教学管理制

---

① 教育部：《〈普通高等学校本科专业类教学质量国家标准〉有关情况介绍》，见中华人民共和国教育部网（http://www.moe.gov.cn/jyb_xwfb/xw_fbh/moe_2069/xwfbh_2018n/xwfb_20180130/sfcl/201801/t20180130_325921.html）。

度、实践教学激励考核制度、实践教学安全管理制度等规章，有效保障产教融合实践教学工作的开展，全面促进教育技术学科和教育信息化产业的协调发展，培养高素质教育技术学专业人才。

（六）区分层级类别，优化人才培养的精准定位

目前，我国教育技术学已经有完善的本、硕、博一体化培养体系，不同类型的学校、不同层级的机构，都应当根据自身师资力量、核心优势、地域特点等对人才培养目标进行精准定位，确定具有特色的培养规格。整体而言，本科专业人才的定位为实践应用导向，要加强应用技术类课程，注重实践技能的培养，强化学生应用技术工具解决教学实际问题的能力；硕士和博士专业学科人才定位注重理论创新培养，加强基础研究类课程，推进学科交叉融合，突出国际化交流趋势。此外，人才培养还应兼顾专业所处区域的定位，积极响应国家区域发展战略布局，结合中西部等不同地区的典型特征，探索适应区域发展需求的创新型、应用型和技能型人才的培养路径，不断优化对教育技术学人才培养目标的精准定位。

（原载《中国电化教育》2021 年第 1 期）

胡钦太自选集

第二部分

教育传播研究选辑

# 网络教育传播的主客体关系及其模式

教育主客体关系问题一直是现代教育哲学研究和争论的一个主要课题，其实质在于探究教育过程中师生双方的地位。回溯近代教育的历史可以发现，人们对师生地位的认识始终在以教师为中心与以学生为中心的两极之间徘徊，从赫尔巴特到杜威、从凯洛夫到罗杰斯，莫不如此。我国学者从20世纪70年代末就开始了对这一问题的讨论。20多年来，学者们对于教育内容等教育过程中的非人因素属客体范畴已取得共识，但对于教育中的教师和学生究竟谁是主客体的问题，还存在着持续的争论，至今悬而未决。特别是伴随着互联网的发展和普及，网络环境作为新的影响因子的嵌入，致使这一问题日益复杂。然而，网络迅速而深刻地改变着人们的生活，影响着我们的教育。研究网络教育传播的主客体关系，进而探索网络环境下教学传播的策略，是摆在当前教育工作者面前的重要研究课题。

## 一、传统教育过程中的主客体关系辨析

关于传统教育过程中的主客体关系问题，学者们从不同的视角提出了不同的观点，主要包括以下三种：第一种观点认为，教师是主体，学生是客体。教育过程的主要矛盾就是教师所提出的教育目标要求与学生的认知水平之间的矛盾，教育是一个教师对学生的单向作用过程。第二种观点认为，在教育过程中，学生是教育的主体，这突出表现在教师的任何教育活动只有通过学生这个主体的心理、认知的变化才能起作用，教师只能在引导教育方向和营造教育环境等方面发挥有限的作用，处于从属和次要的客体地位。第三种观点认为，在教育活动中，师生之间互为主、客体，教师与学生的主体性是平行的，双方之间的影响是双向互动的。此外，还有其他一些观点，如主体转化论、主体规定论等。

之所以会存在上述争论，根本的原因在于研究方法的不同。其具体表现在四个方面：一是以教与学两个过程代替教育的过程，把这一过程理解为教与学两个过程，分别讨论各个过程中的主客体问题，割裂教育过程的

完整性，这种情况主要发生在双主体论中。二是以经验描述代替理论思辨。教育主客体关系问题是在理论层面对师生关系与地位的考察，理论层面的问题只能用理论思辨而非经验描述的方式来理清，这样才能保证研究的合理解释范围与能力。而现有的研究中却存在着以经验描述替代理论思辨的现象，用经验描述的方式把理论范畴凝固在实体上，缺乏深入的理论思辨，其结果必然是情可容、理难信。三是以静态考察代替动态分析。现有的研究存在着一种错误的倾向，即把教育主客体关系当成一种凝固不变的存在，师生双方何者为主体、何者为客体一经确立就成为永恒。这种用静态、共时的方式来考察存在于变动过程之中的教育主客体关系，得到的只能是该过程中的某一点或某一时刻存在的主客体关系，而不是这一关系的全部。这种界定往往以偏概全而失之谬误。四是以概念偷换代替问题研究。有学者断言："在教育过程中，学生始终处于主体——内因的地位，而教师则始终处于客体——外因的地位，必须提出学生主体论即学生是唯一主体论。"[①] 把内外因这一哲学领域的概念引入教育论中分析相应的教育问题，本无不可，但内外因的对立统一与主客体的对立统一虽在表象上有一定的相似性，但在本质上却是两对不同的哲学概念，以概念上的简单偷换和混淆替代深入而精细的问题研究，其结果必然是谬误的。

出现上述种种研究方法上的不足，一个主要原因是研究者没有把教育主客体真正置于关系中进行考察。以教与学两个过程代替教育过程是在人为割裂教育主客体关系，以经验描述代替理论思辨是把教育主客体关系作了庸俗理解，以静态考察代替动态分析是僵化了这种关系，以概念偷换代替问题研究则又忽视了这种关系。事实上，教育主客体在对立统一的矛盾关系中生成，在对立统一的矛盾关系中存在，也应在对立统一的矛盾关系中进行把握。教育主体和客体同是教育活动的参与者，在活动中，主体表现为以不同方式发动和掌握教育活动的人，客体则是指这种活动所指向的对象。二者的基本关系可以通过对其属性的阐释表现出来。

首先，教育主体与客体都有其自身结构上的规定性，在知识、经验、社会职责等方面，双方各不相同且存在较大差异。但这只是使师生双方成为主客体有了可能性，而不是决定谁主谁客的原因。这种可能性要落实在一定的具体关系中才可能由潜在的主客体成为现实的主客体。例如，教师

---

① 燕国材：《再论学生是教育过程的唯一主体》，载《少先队研究》1993 年第 5 期。

知识渊博、经验丰富，又肩负着传道授业的社会职责，发动、指引着教育过程，似乎是"天然"的主体。但恰恰是教师具有的这种自身结构，才成为对象性存在，成为学生的活动对象；从这一点看，他又应该是"天然"的客体。这样看来，教师与学生在何种情况下是主客体，只能根据他们在一定对象性关系中的地位来确定，否则会使这一问题偏颇、空洞。

其次，教育主体的自为性与教育客体的律他性并存。从教育主体角度看，"凡是有某种关系存在的地方，这种关系都是为我而存在的"①。教育主体之所以存在于教育活动中，是为了按照自身内在的规定性和意图（自身的尺度）发动教育活动，认识和改变教育客体，因此主体在教育活动中表现出了目的性、能动性和创造性。而教育客体之所以成为教育主体的对象性存在，是因为一方面客体具有满足主体需要，可以被主体认识和改变的性质。另一方面，客体又具有律他的性质，制约着教育主体的活动。这时的主体指向客体、使客体主体化的活动并不是客体任由主体裁制、主体无拘无束的，它要受教育客体的约束。这里也存在着一个主体客体化的过程，即主体的活动是以尊重客体的自身性质为前提的。也就是说，在教育活动中，主体要遵循自身的与客体的两个尺度，否则，主体的活动注定要失败。

概言之，教育主体的能动是受动的能动，教育客体的受动是能动的受动，教育客体虽然具有客观性、现实性、受动性，但并不意味着他是被动机械地完全受制于教育主体而任由主体为所欲为，教育主体虽然要张扬自己的愿望，但也要以遵循教育客体自身固有的内在规律与运动特点为前提。

通过上述分析可以发现，传统教育主体与客体同处于教育活动中，或者说正是教育活动才生成了教育主体与客体。他们连理共生于同一过程中，既相对立又相互依赖，既相互依存又可以依活动性质的不同而相互转化，在这种对立统一的关系中，双方互相改造，共同发展、完善、提高。

---

① 中共中央马克思恩格斯列宁斯大林著作编译局：《马克思恩格斯选集》（第一卷），人民出版社 1972 年版，第 35 页。

## 二、网络教育传播主客体关系的变化发展

自20世纪60年代末因特网起源以来，网络的发展对许多领域产生了重要影响，导致了许多传统观念、行为和关系的变革和更新。如果用人际交往理论来分析和理解网络中各因素的相互关系，在网络环境下人们之间的信息传播呈现出四个显著的特征：一是传播个体的自我发展性。在网络环境下的教育活动中，传播个体——学习者——学习资源或学习组织都是一个个相对独立的无核心的网络节点，共同处于无核心的网状学习组织中，它们具有离散、独立分布在网上的自我生成与自我发展性。二是传播方式的互动性和平等性。由于网络速率的时空消解性使得网络中节点与节点之间在地理分布上虽然远在天边，但在虚拟时空中却是近在眼前的，所以当把"教师"或"学生"看作网络中的节点时，则他们之间便可利用网络平台进行无国界、无区域概念的异地即时互动。同时，在网络中，"每个人只有各自的ID号，而没有在现实社会中的各种约束和限制，每一个人的地位都是平等的，并不存在高低贵贱之分"[①]。三是传播内容的自由选择性、共享性和建构性。由于网上学习资源丰富，学习者可在网上漫游，选择自己感兴趣的学习资源。学习者还可根据自己的愿望不受时空限制地在网上选择自己心目中的学习指导者或学习组织机构。同时，由于网络最小细胞——比特（bit）的可重组性或可再生性，比特（bit）的这一可重组性或可再生性使网络教育传播具有共享性和建构性。网上呈现的任何学习资源，都是允许学习者去进行二次开发、去重组并再生的未完成品。四是传播环境的开放性、虚拟性与宽容性。网络教育传播是基于 Internet 平台的，随着网络被接入百姓人家，网络教育传播也就向分散的学习者走近，向他们开放。通过遍布世界的网络，学习者可以随时在任何可上网的地方学习，没有固定教学地点，没有固定教学时间，再加上学习资源的丰富，使得学习者在虚拟的环境中几乎不受任何入学人数的限制，从而部分消除教育的"入口"障碍。同时，随着网上学习空间的拓展，不同国家、民族、社会团体和个人间的沟通交流日趋频繁，这无形中又使学习者在文化层面上走向开放，变得包容。由于网络环境下人们之间的传播呈现出上述

---

① 程乐华：《网络心理行为公开报告》，广东经济出版社2002年版，第17页。

特性，所以在网络教育传播活动中，其首要的问题就是要充分把握网络教育传播中师生关系的改变，即网络教育传播过程中主客体关系的改变。概括来讲，这种主客体关系的改变主要表现在以下二个方面。

一是主客体关系的间接性转化。在传统的教育活动中，作为教育者的教师和作为受教育者的学生的交往是面对面、实实在在的。这种教育模式中所涉及的因素主要包括教育者、受教育者、教育内容、教育手段、教育方法和途径等。除此之外，教育的主客体关系主要地集中于作为教育者的教师和作为受教育者的学生之间。不论这种主客体关系中谁是主谁是客，这种主与客之间都是有直接关系的。而在网络环境中，人与人之间的交往不是面对面、实实在在的交往，不再是传统的"人—人"交往，而是新型的"人—机—人"交往，通过网络可以忽略所处的现实环境和条件，而与另一个不知身份、职业、性别的人进行思想、心理上的交流。这种交往对象的间接化，导致了交往过程中主客体关系的间接性转化。这种转化突出表现在过去是人与人之间的主客体关系，而现在发展成了"人—机—人"式间接的主客体关系。这种主客体关系的间接性转化为我们充分挖掘和利用网络这个中间资源，构建新的教育传播平台，积极有效地开展教育传播工作创造了契机。

二是学生主体价值的强化。由于网络教育传播中个体的自我发展性和交往内容的自由选择性、共享性和建构性，使得对于传统教育形式中的"学生"这一"网络节点"来说，充分地要求以个体为本，自我控制、自主学习。在这里，每一个个体都以自身为核心自我发展。只要每个个体都尽力发展具有个性的自我，那么由各个个体构成的虚拟交往实体也就得到最充分的发展。同时，由于网上学习资源丰富，学习者可以在网上漫游，选择自己感兴趣的学习资源。学习者还可以根据自己的愿望不受时空限制地在网上选择自己心目中的学习指导者或学习组织机构。当学习者基于自身经验选择资源时，也就在最大程度上践行着杜威通过个人经验来进行学习的原则。杜威曾说："教育必须以学习者已经具有的经验作为起点，这种经验和在学习过程中发展起来的能力又为所有的未来的学习提供了起点。"但是"要找出材料引导到更大地和更好地组织起来的一些领域之中，也是比较困难的"①。特别是面对经验丰富、经历各异的成年学习者，每一位指导者要找出每位这样的学习者的经验背景则更是困难。解决这一困难的出路在于将原本属于指导者的权力下放给学习者自身。每位学习者最了解他们自己的经验，网络教育传播正是把基于各自经验选择学习材料的权力交给学习者，从而减轻了将材料更好地组织起来的困难。所以，在网络教育传播中，学生不能再像传统教育模式中那样，依赖于教师的灌输，而应当突出主体性价值，自主地去寻求、挖掘和开发学习资源。

三是教师主体性的客体化。"人—机—人"的教育传播模式使教师不再像传统教育中那样，直接地对学生进行指导，而是通过计算机和互联网进行间接的帮助。同时，由于网络传播中交往个体的自我发展性，使得对于传统教育形式中的"教师"这一"网络节点"来说，要求他们将各自的精品展现在个人网页上，营造网塾（又称网上学校或电子私塾）式的个性化教学环境，从而形成以各个名师为核心向外辐射的节点群。网络传播中交往方式的互动性和平等性也要求不论是"教师"还是"学生"都会越来越多地通过网络获得信息、表达思想、进行交流，并制作个人网页或个人博客，将自己的所思所想放在网上，与他人进行交流，接受别人的检阅，通过网络异地即时平等互动而共同进步，而不再局限于传统教育过程和教育模式中的主客体之辩。网络教育传播中个体交往内容的自由选择性、共享性和建构性，也促使更多的权力下放到学生自己手中。在这些情境中，教师的价值与作用更多地体现在对计算机和网络页面中的界面和内容的设计与组织中。教师的主体性价值和作用更多是通过网络页面和知识内容这个客体化的载体表现出来。

## 三、网络教育传播模式

互联网改变了教育传播活动的生存环境，改变了传统教育活动中的主客体关系，同时也拓展了教育传播的空间和渠道，为教育传播提供了新的平台。网络教育传播工作的策略，就是必须充分研究网络教育传播主客体关系的新变化，利用互联网所提供的资源环境，依托互联网所创造的信息

---

① ［美］杜威：《我们怎样思维：经验与教育》，姜文闵译，人民教育出版社1991年版，第291页。

沟通方式，转变教育传播方式，构建富有生机、活力的新型教育传播模式。

一是基于网络国际课堂的教育传播模式。"国际课堂"是随计算机网络技术而发展起来的一种教学形态。它是借助计算机网络技术，将位于不同地理位置的教室（课堂）相互连接，使处于不同教室的学生能在本地课堂分享异地教学资源。国际课堂不仅使课堂的物理空间扩大了，并因能吸引来自不同领域、不同国家的课堂参与，除采用电子邮件相互交流信息外，每个小组均可发起或参与其他小组发起的网上研讨会（seminar），进行跨国界、跨学科、跨班级的交流，逐渐成了一种全新的、依托网络互联教室，以围绕共同关心问题进行联合研究的教育传播方式。国际课堂教育传播模式的创设和维持，首先，要求确定一个具体的、采用国际课堂教育传播模式的项目，这个项目就是师生共同感兴趣的教育传播主题；其次，要求教师通过网络引导学生对共同关心的教育主题开展研究，吸引、促进跨学科、跨团体、跨班级的交流；最后，要求在学习讨论结束后，教师通过互联网，围绕联合讨论的主题和参与情况对国际课堂教学情况进行最终的联合评价。

二是基于网络学习社区的教育传播模式。网络"学习社区"（online-learning community）是指在网络环境下，一个由学习者及其共学者（包括教师、专家、辅导者等）共同构成的团体，他们彼此之间经常在学习过程中进行沟通、分享各种学习资源，共同完成一定的学习任务，因而在成员之间形成了相互影响、相互促进的人际联系。网络环境下学习社区传播模式的建构，一般包括以下四个方面的内容：①教育传播主题（话题）的确定；②建立合作学习小组；③建立教师协作指导小组；④建立自由讨论区。其基本的操作步骤是：①参加者首先需要自我介绍和相互了解，建立一个融洽的讨论环境；②主持人（老师或学生）发布讨论主题、流程安排、发言规则等；③展开讨论时要求把对某一主题感兴趣或有研究的人集中起来，让每位与会者充分发表自己的观点，以集益广思；④主持人（或其他参与者）对聊天记录进行整理、归纳和做出小结等，以供大家分享使用。

三是基于网络虚拟现实的教育传播模式。现实生活是学生思想生长的根基。教育首先应当引导人们关注现实生活。在网络传播背景下，我们完全可以创造出"既源于生活，又高于生活"的虚拟世界，通过网络虚拟现实的教育传播模式，引导学生积极建构个人完整的生活经验。这样，一方面可以使学生有效地了解现实世界，另一方面又避免了完全经历现实生活所可能带来的种种困难，通过模拟一个仿真世界，架构起现实世界与书本世界的桥梁，为实现这种转变寻找合理的支点。基于网络虚拟现实的教育传播模式的建构大致包括资源层、功能层和管理层三个方面。其中，资源层是提供构建学习环境大量的基础资源数据，包括文字、声像、WWW，这些资源组成图书资料库、音像资料库、试题库等基础数据库，当然还有 Internet 这个"无限信息库"。功能层是提供友好的用户界面（user interface，UI），与学习者直接交互，实现各种具体的应用功能，如电子论坛、网上群组、电子邮件、实时视频播放系统等，以及评价学生教育学习效果的评价系统等其他功能系统。管理层是实现对资源层中资源数据实施有效的监控并保证数据的安全性，对社区的各项功能进行日常维护，对注册学生及教师的基本资料的管理。

[原载《华南师范大学学报（社会科学版）》2006 年第 6 期]

# 电视访谈的教育传播功能及其在远程教育中的应用

电视访谈把访谈交流活动引入电视屏幕，是一种人际传播与大众传播相结合的节目形式，具有独特的魅力。它除具有一定的文化、社会意义外，还具有良好的教育传播功能。它在远程教育中究竟有什么应用价值？又如何将电视访谈良好的教育传播功能充分应用于远程教育中呢？

## 一、电视访谈节目及其教育传播功能

### （一）关于电视访谈

我国的电视访谈节目诞生于 1992 年，上海东方电视台推出了我国第一个电视访谈节目《东方直播室》，随后全国部分省市电视台纷纷效仿，相继推出一批访谈节目，如广州电视台的《羊城论坛》、山东电视台的《社会话题》等。之后，在综艺节目和纪实节目浪潮的冲击下又渐渐归于平寂。1996 年以后，以《实话实说》为代表的电视访谈节目以其新颖的节目形式在中国大陆形成收视热点，带动了各电视台创办电视访谈节目的热潮，电视访谈节目又如雨后春笋般涌现，出现了一批典型的访谈节目。[①] 在此后一两年的时间里，仅中央电视台的各频道就开办了《东方之子》《文化视点》《对话》等一系列的电视访谈节目。在这种访谈节目中，访谈者之间面对面地交谈形成了一种轻松融洽的人际交流，使有关信息得以直接沟通和传播，并通过现代化的电视媒介进行扩大化的时空传播活动。

### （二）电视访谈的教育传播功能

**1. 自然人格状态下能激发受众的接受兴趣和参与感，发挥更大的教育传播作用**

口语交流作为人类最原始的人际传播方式，是至今为止最基本、信息

---

① 刘文：《试析电视访谈》，载《中国广播电视学刊》1998 年第 12 期，第 46 - 47 页。

量最为丰富的传播行为。它除了单纯的口头语言外，还同时伴有形体语言、语气、表情等副语言行为参与传播，并且可以在传播者之间及时反馈交流。电视访谈节目与其他电视节目相比，在很大程度上恢复了人际口语交流中副语言参与传播和及时反馈交流的优势，它将真实的人际口语传播过程带给观众，让观众从中感受到思想和情感真诚的交流与沟通。以自然人格状态出现的访谈对象更能博得受众的好感，放松他们的心态，也更能激发受众的接受兴趣和参与感。这是访谈节目区别于其他节目样式的主要功能，把它应用于教学中，将大大地发挥它的教育传播作用。

2. 表现手法丰富灵活，能营造良好的教育传播氛围

电视访谈节目中有面对面的双向交流，使电视节目不再是一个"冷媒体"，它充分调动学习者的求知欲望，学习者在解惑的同时，还主动学习怎样去思考。电视访谈中，主持人模拟了学生的角色，对嘉宾进行质疑，双方进行讨论、交流，发现问题、探索知识，能调动学习者的学习积极性。相对于普遍存在的表现手法古板、课堂搬家等不足的电视教材来说，将电视访谈应用于远程教育中是一种极具优势的丰富教学资源的手段，能够在一定程度上弥补远程教育中师生分离、缺少交流这个缺陷，为学生提供一个交流知识、探讨问题、沟通思想的谈话空间，也为学生知识的构建与内化提供支持和帮助。而且，电视访谈象征性地邀请远程学习者进入到访谈现场，使空间分离的学习者感到教师、学伴就在眼前，不再感到孤独，这种灵活的表现手法能营造良好的传播氛围。

3. 分析透彻及权威性突出，有利于学习者析疑解惑，强化了教育传播效果

在电视访谈节目中，嘉宾往往是社会精英人物，他们的语言表达能力强、思维敏捷，所谈的内容清晰、容易理解，有较突出的权威性，这种形式更有利于学生的析疑解惑。如在《对话·回看互联网》中，陈丕宏关于电子商务的定义和解释说明，使学习者不看教材就能即时清楚明白，大大地强化了教育传播效果。

4. 能调动学习者思考、联想，促使学习者构建相关知识网，实现传播的内化

在电视访谈中，内容是多种多样的，常有一些围绕正常思路的对立问题。这类问题往往可以调动思考、呼唤联想，构成了访谈的立体空间，使访谈领域扩大、层次丰富，引人入胜。尤其是节目中精彩的提问与准确、

到位的回答，共同构成了饶有趣味的访谈内容，为学习者提供多方面的启示、多色彩的想象和多层次的感受，用于远程教育中，可以多方面调动学习者的参与，有"引人入胜"之感。同时，由于这种联想更有利于学习者构建相关的知识网，起到"触类旁通"的作用，实现了知识传播过程的内化。①

**5. 使教育传播空间实现"现场感"**

由于远程学习者缺乏传统正规课堂的学习环境，因此更应该创建一个有利于学习的氛围，吸引学习者坚持学习。在电视访谈节目中，由于屏幕上的人际交流在空间上同学习者近在咫尺，仿佛是"面对面"，有较强的现场感，这种以"人格化"和"对象化"的传播方式向学习者传达信息，可收到较理想的学习效果。如果把电视访谈应用在远程教学中，由于电视访谈把"教师""课室"巧妙地置于学习者面前，活跃了学习气氛，定能收到更好的教育效果。

## 二、电视访谈在远程教育中的应用

### (一) 远程教育对教学媒体的要求

远程教育中教师和学生分离这一基本特点要求有简明、有效的教材和学习媒介支持远程教学和学习。由于教与学双方在时空上的远离，造成教师与学生心理距离的加大，尽管通过各种通信技术可以实现师生的交互，但由于不能面对面地直接交流，师生之间缺乏情感的沟通，这对教学效果有着潜在的影响，因此要更好地体现远程教育的效果，就必须选择合适的教学媒体，弥补教学分离的不足。②

电视可把视听信息忠实地表达出来，在开放型的远程教育中起着传递知识的重要作用，它应是远程教育的主要传播手段。③ 即使采用不同的远程通信技术，如卫星广播、因特网及电信网等，视频、音频仍是主要的信

---

① 孙清河：《话语空间的建构——电视谈话节目的文化分析》，载《中国电视》2001 年第 11 期，第 19－22 页。

② 苏杰：《现代远程开放教育的发展趋势及我们的任务》，载《辽宁广播电视大学学报》2000 年第 2 期，第 7－10 页。

③ 丁海宴：《电视传播的哲学》，北京广播学院出版社 2001 年版。

息记载形式。如目前经常在网络教材中采用的 IP 课件，其主要教学信息还是来自主讲教师的电视录像。另外，作为电视节目其中一种表现形式的电视访谈在社会各阶层大受欢迎，具有不可忽视的教学潜力，因此发掘电视访谈和远程教育的内在联系，探讨如何发挥电视访谈的优势，把电视访谈应用于远程教育中具有重要的意义。

## （二）电视访谈应用于远程教育的前景

### 1. 能为远程学习者提供优质资源

如果在远程教学中采用了电视访谈节目，学识渊博的教师参加了电视访谈，这就很方便地让各地的学习者远程向权威学者学习，得到均等的学习机会。如《经济半小时·吴敬链》这个访谈节目就可以使难以见到吴老师的学习者领略到经济学家的风范。在这里，作为访谈对象的嘉宾既是知识的传道者，也是智力资源的开发者。再如，在《对话·回看互联网》中，陈丕宏描述了关于机遇降临那种奇妙的感觉，可以让学习者联系自己的实际，推敲如何捕捉机遇。有时候，访谈者不一定是专业教师，但是他们一样可以给学习者传授丰富的知识，而这正符合远程教育的基本理念：向人们提供他们所需要的教育，为学习者提供丰富的学习资源、信息，构建有效的学习支持服务体系，帮助学生掌握深层次的学习方法。

### 2. 能为远程教育节省资金，实用性强

各大电视台通过电视访谈的形式已积累了大量的素材，如果把这些节目内容运用于远程教育，就能发挥更好的作用。

第一，利用已有的媒体资源，成本相对较低，能提高远程教育的经济效益。如在介绍互联网对现代生活的影响时，就没有必要重新录制节目，完全可以使用《对话·回看互联网》或《电视论坛·网上教学可否取代传统教学》中相关人士的有关访谈进行教学。

第二，电视访谈作为远程教育的内容，有一定的优势，因为学习者习惯了电视的表现形式，很容易接受电视的传授方式，因此在远程教育中应用电视媒体，在某些场合表现教学内容的效果优于其他媒体。

第三，电视访谈摒除大量无效信息，形成最佳的信息流，将有效的信息直接传导给学习者，教学效果更优。如在《文化视点·面对面——我看主持人》中，每讨论一个话题后都有字幕作小结，列出了每个主持人的特点，学习者能够一目了然，抓住重点。

第四，如果把电视访谈节目制作成用于网络的教学资源，其信息量是很丰富的，使用也很方便，同时还具有可复制性。把电视访谈节目和计算机网络应用结合起来，把电视资源和网络服务支持结合起来，为学习者提供更好的学习资源和学习环境，是符合远程教育要求的。

### 3. 能满足远程教育学习者自主学习的需要，有利于探究性学习

在远程教育中，学习者是利用教学资源、教学环境进行自主学习的。此时，电视访谈既作为教学资源也创设了一个教学环境，里面的人物更是亦师亦友，扮演了多种角色。比如在《文化视点·面对面——我看主持人》里，倪萍侃侃而谈自己第一次登台当主持人的时候，学习者犹如置身于那时的情景中，对第一次登台主持有了深刻的体验。学习者可以把倪萍当作一个前辈，聆听她的经验，也可以把倪萍当作一个朋友，听她分享自己的故事。这样更能提高学习者的学习兴趣，充分发挥他们的学习主动性和参与意识，调动他们内在的学习需要，激发他们的内驱力，有利于学生探究性学习，有利于学习者个性的培养和独立性、创造性的发展。

### 4. 有利于远程教育学习者调整学习角色

在学习过程中，学生可以根据自身学习水平、知识能力水平，自觉选择处于电视访谈中的何种角色地位。当学习者选择处于学生地位时，会热切主动进行知识的探索与吸取；当选择处于教师地位时，会以教师的视角来思考，假想如果是自己的话会怎么样回答、解释、辨析，并对照访谈中专家学者的讲解，将知识整理、归纳并内化。如在《文化视点·面对面——我看主持人》中，如果学习者假设自己是一个主持人，就会思考怎么面对观众的批评，以及需要什么样的形象、素质。在学习过程中，学习者既可以像个乖学生一样，接受里面嘉宾的意见，把自己塑造成嘉宾所要求的主持人，也可以像个严厉的教师，对他们的说法进行批驳，提出自己独特的见解。至于选择怎么样的角色，那就要根据学习者在学习过程中的需要而定了。

## （三）电视访谈应用于远程教育中应注意的问题

电视访谈具有面对面交流的优势，能够强化教育效果，可以补偿远程教育中师生分离不能进行面对面交流的不足，它在远程教育中的应用前景

是相当好的，但将电视访谈应用于远程教育中尚缺乏一套完整的开发体系。[①] 相对于普通的电视访谈，应用于远程教育中的电视访谈有比较确定的电视受众——学习者，有特定的制作目的——实现特定的教学目标。因此在设计与开发的时候还要注意以下问题。

### 1. 要组建一支具备较强专业能力的队伍

从事电视访谈应用于远程教育的工作，需要一支具有编辑、选择能力，有一定专业技术能力的队伍。依靠他们在繁多的材料中选出有教学价值、符合远程教育要求、适合学习者口味的节目，并将其按照教学要求来剪辑、编纂，让它成为一个完整的教育节目播出。

### 2. 要注意原有电视访谈节目的再利用

要适时适度开发用于远程教育的电视访谈节目，使其教学性、科学性、实用性、针对性更加突出。同时也要善于利用已有电视访谈节目的资源，这些节目资源既可向学习者提供积极有效的学习支持，又可以节约制作时间和成本，降低远程教育成本，在解决好版权问题的基础上，为制作教学资源提供一条捷径。

### 3. 尽可能访谈名人嘉宾、专家学者或者经历不凡的访谈对象

俗话说"名师出高徒""学高为师"，访谈对象要有较高的文化水平才能具备为人师表的资格。同时，名人对节目的影响力、所形成的吸引力不容忽视，名人所特有的身份、地位和名声，有助于提高电视节目的权威性，提高节目在学习者心中的地位。名人嘉宾激发了学习者的参与意识，比如在《对话》栏目中从互联网成功运作人士到石油巨子，从联想巨头柳传志到经济学家吴敬琏，嘉宾的知名度成为吸引观众的重要因素，名人来到《对话》栏目自然就吸引了学习者的目光。

### 4. 要有优秀的访谈节目主持人

优秀的主持人需要具备丰富的知识、敏捷的思维、独到的见解以及处变不惊的能力，能对整个节目的时间安排、调度胸有成竹，精于操纵话题，善于将访谈内容引向纵深方向。主持人还要有敏锐的洞察力、深刻的分析能力，这样才能和名人嘉宾进行有分量、有深度的对话。优秀的主持人与嘉宾的对等交流也能带动嘉宾的情绪，促进节目互动模式的形成。在

---

① 黄少豪：《网络教学时期电视教材制作的改革探讨》，载《中国医学教育技术》2002 年第 4 期，第 222－223 页。

行为方面，要求主持人对于被访者的表现有敏锐的反应，同时要对自己的行为进行认真监督和高度控制，保证访谈的顺利进行，带动节目的节奏气氛。

### 5. 要恰当使用资料镜头

资料镜头丰富了视觉效果，使访谈更加深入，这是广播访谈节目无法比拟的优势。如在《文化视点·面对面——我看主持人》里，倪萍谈第一次登台的情景时就播放了她第一次主持节目的录像资料，如果没有这段录像资料，单靠当事人的口述，学习者就没有那么强烈的感受，对倪萍的访谈也无法深入。

### 6. 要及时进行测试与评价

评价是修改设计和制作过程的一部分。教与学过程都十分复杂，制作的节目要根据科学原理和教学策略经过多次反复的试行和修改，才能达到最优效果，所以这个阶段是不可忽略和缺少的。我们知道，在传播过程中会有一个反馈的环节，在远程教育中，如何体现电视访谈节目应用于教育中的效果，对教育电视访谈节目进行全面、综合、客观的测试和评价是十分必要的，这将有利于教与学的活动。

虽然电视访谈应用于远程教育中有不少的优点，但还处于初步探索阶段，理论方面的研究较少，缺乏一个比较完善的开发、评价体系，需要更多的同行共同关注、共同研究。

（原载《电化教育研究》2007 年第 11 期）

# 教育传播学研究30年：现状、瓶颈与对策

　　教育传播学自 20 世纪 80 年代进入我国学界研究视野以来，经历了近 30 年跌宕起伏的发展历程，在面临难得的发展机遇的同时，又潜藏着不容忽略的危机。在这种背景下，梳理其发展的脉络，总结取得的进展，挖掘存在的问题，探寻未来发展的路径，对我国教育传播学的健康发展颇为紧迫。

## 一、教育传播学在我国的发展

　　说到教育传播学，不得不先提传播学。作为一门新兴的社会科学，传播学在我国是随着改革开放的不断深入而逐渐发展并日益壮大的。学界一般认为，1982 年，中国社会科学院新闻研究所主持召开的首次传播学座谈会，标志着传播学在我国的正式发展。①

　　与此同时，在教育界尤其是教育技术（原电化教育）界，开始出现了教育传播的概念，不少学者随之开展了这方面的研究，并为建立我国的教育传播学而努力。1982 年，华南师范大学在广州举办教育传播理论讲习班，邀请美国的威尔伯·施拉姆（Wilbur Schramn）博士和香港中文大学余也鲁教授担任主讲，来自全国的 300 余名电教工作者参加了会议。1983 年，华东师范大学教育科学研究所电教研究室编译出版了英国菲利普·希尔斯（Phillips Hills）写的《传播过程与教学》。1984 年后，我国的电教刊物，如《外语电化教学》《电化教育》《电化教育研究》等，陆续发表了一批探讨教育传播问题的文章，有的大学还开设了"教育传播理论专题讲座"课。1985 年，《教育传播学》被正式列入国家教育委员会（简称"国家教委"）制定的"七五"教材建设规划中。全国电化教育课教材编审组也将《教育传播学》列入"七五"教材编写计划。1987 年，国家教委师范司在天津召开高等师范院校本科专业目录讨论会，会议确定

---

① 黄鹂、吴廷俊：《教育传播学新探》，载《现代传播》2003 年第 1 期。

将《教育传播学》作为电化教育专业的必修课程。1988 年后，不少设有电教专业的高等院校陆续开出了《教育传播学》课程。然而，各校教学内容不尽相同。为此，1992 年，国家教委高等师范教育技术（电化教育）专业教材委员会在广州召开会议，讨论制定了这门课程的教学大纲，形成了基本理论框架。随后，一批教材应运而生，其中，南国农先生和李运林老师的《教育传播学》成为目前的标志性教材。①

## 二、我国教育传播学研究的现状

通过对文献的研究，我们发现，教育传播理论的研究大致经历了三个发展阶段（见表1）。第一阶段是 20 世纪 30 年代至 50 年代，这一阶段的主要特征是重媒体研究，即研究的重心在于教育传播媒体的功能与效能，研究方法注重对比研究，其理论基础主要来源于行为主义学习理论、戴尔的"经验之塔"理论。第二阶段是 20 世纪 60 年代，这一阶段的主要特征是重过程研究，即研究的重心在于教育传播系统的构成要素，研究方法注重系统研究，其理论基础主要来源于传播学、系统论的结合。第三阶段是 20 世纪 70 年代以后，这一阶段的主要特征是重优化研究，即研究的重心在于教育传播过程的优化设计，研究方法注重个案研究和评估，其理论基础主要来源于认知学习理论、教学过程优化理论、教学设计理论等。②

表1　教育传播理论经历的三个阶段

| 阶段 | 时间 | 特征 | 研究重心 | 研究方法 | 理论基础 |
|------|------|------|----------|----------|----------|
| 第一阶段 | 20 世纪 30—50 年代 | 重媒体研究 | 教育传播媒体的功能与效能 | 注重对比研究 | 行为主义学习理论、"经验之塔"理论 |
| 第二阶段 | 20 世纪 60 年代 | 重过程研究 | 教育传播系统的构成要素 | 注重系统方法 | 传播学、系统论 |

① 黄鹂、吴廷俊：《教育传播学新探》，载《现代传播》2003 年第 1 期。
② 李华：《教育传播伦理研究的发展与教育传播学的创立》，载《中国电化教育》1996 年第 3 期。

续表

| 阶段 | 时间 | 特征 | 研究重心 | 研究方法 | 理论基础 |
|------|------|------|----------|----------|----------|
| 第三阶段 | 20 世纪70 年代 | 重优化研究 | 教育传播过程的优化设计 | 注重个案研究和评估 | 认知学习理论、教学过程优化理论、教学设计理论 |

我国教育传播学的研究在发展过程中，既吸收和借鉴了国外的经验，又更多地结合实际融入了中国的特点和元素。其研究体现在"教育传播学"作为一门学科的研究和"教育传播"作为教育活动的研究这两个维度上。

## （一）"教育传播学"作为一门学科的研究

"教育传播学"作为一门学科的研究兴起于 20 世纪 90 年代初、中期。这一时期的研究基本上都集中于对学科特征及理论建设问题的探讨。1997 年以后，教育传播学的研究跌入低谷。到 2000 年及以后，这一方面的研究才逐渐恢复，并有拓宽和加深的趋势，主要体现在以下三个方面。

### 1. 关于教育传播学学科建设理论与方法的研究

这方面的研究包括从宏观方面展示教育传播学的发展历程、研究现状、理论体系和架构等；有的阐释教育传播学原理的应用，有的则讨论了教育传播学作为一门学科的教学改革问题等，如黄鹂、吴廷俊的《教育传播学新探》、李永健的《教育传播学理论体系重构的研究设想》、王文君的《教育传播涵义及教育传播学研究范畴分析》等。

### 2. 关于教育传播学课程或教学改革的研究

在这部分的研究中，有的是关于新技术环境下教育传播学教学的研究探讨，有的则是基于某种理论的教育传播学学科教学改革，有的是探讨教育传播学的课程教学模式。这些成果基本上都出自教学一线的教师，是他们教学实践的总结，是课程教学设计，也是在已有的教育传播学的基础理论的基础上对学科的丰富，如《博客在教育传播学课程中的使用》《建构主义指导下的〈教育传播学〉教学改革研究》《基于 WebQuest 的〈教育传播学〉网络教学试验研究》等。

### 3. 关于新技术应用于教育传播学教学的探讨

这方面的研究主要关注新的教育媒体的特征、传播模式、传播过程、不足之处、传播效果，以及新旧教育媒体的比较研究等。这部分的研究也对教育传播学的研究提出了新的视点，如《教育传播学原理在改进班级授课制下的信息化课堂教学中的应用》《现代远程开放教育的传播学展望》《现代教育的传播学释义》等。这些论文探讨的是将教育传播学相关原理应用于教育学科或教育实践的问题。其中，有的论文探讨运用传播学原理对教育学及教育过程进行分析，有的还对某门具体学科进行传播学分析。

### （二）"教育传播"作为教学活动的研究

这类研究主要集中在四个方面。

### 1. 跨时态教育传播活动研究

即研究不同阶段、时期的教育传播活动。这类研究着重从历史的视角探讨教育传播现象，探讨不同阶段或不同历史时期的教育传播现象及其特点，如《对教育传播发展阶段划分的质疑》《论宋代国子监教育传播的新特征和传播职能的转变》《中国古代教育传播媒介与传播技术述论》等。这些研究为现代教育传播理论研究和教育传播实践活动提供了可资借鉴的思想或学术资料。

### 2. 基于其他理论视角的教育传播研究

这类研究将其他研究方法或理论引入教育传播研究中，或者探讨教育传播系统中的要素环节，或者讨论各要素的有机联系，或者将教育传播过程化并阐释其特征、运行模式等，如《教育传播系统的结构与过程分析》《教育传播研究的现代符号学视角》《论教育传播模式的构建与分类》等。

### 3. 教育传播中的传者、受众、效果以及影响因素（噪声）的研究

这类研究的目的在于追寻传播学研究范式，借鉴传播学的基本理论探讨教育领域里的传播现象，如《远程教育传播的传受双方研究》《传媒的变迁与远程教育传播的最佳化》《影响网络教育传播的内部因素》等。

### 4. 基于新媒介技术的教育传播研究

这类研究主要探讨新教学媒体给教育教学带来的优势、弊端，以及如何优化应用这些新技术、新媒体更好地服务于教育传播的问题，如《互联网与现代教育传播》《卫星电视教育传播模式的管理与实践》《博客在

教育传播学课程中的使用》等。这部分的研究体现了学术紧随时代发展的特性，也表明新技术于教育传播的重要性。

一直以来，教育传播学的相关研究大多集中在教育技术领域，该领域的专家学者对教育传播学的看法和态度很大程度上影响着教育传播学的学科发展情况。教育传播学在经历了20世纪90年代中期的繁荣发展随即陷入低谷，但是教育技术界一直视教育传播学理论为其基础理论，对教育传播学的研究一直以来是该专业学术界所呼吁和倡导的。

### 三、当前我国教育传播学研究的瓶颈

目前，我国教育传播学的研究总体上处于上升的态势，参与这一领域研究的学者有所增加，对问题的研究范围不断拓展，研究视野逐步开阔，研究深度不断加大，有价值的研究成果也逐渐增多。但是，我们也发现，仍然有一些突出的问题和因素影响制约着我国教育传播学研究的进一步发展，这主要体现在以下五个方面。

#### （一）理论体系建构相对滞后，理论研究的持续性不足，理论指导教与学的研究就更显薄弱

纵观教育传播学研究的现状，主要问题之一是学科理论体系建构严重滞后，理论研究的持续性不强，没有形成学科强有力的基础。[①] 与传播学和教育技术学的学科理论编著的繁荣景象对比，教育传播学的理论编著基本上停滞不前。从教育传播学的理论编著来看，目前拥有的教材指导书还是20世纪90年代的作品，如宣伟伯、余也鲁著的《传媒·教育·现代化——教育传播的理论与实践》，高蕴琦、林克诚等编著的《教育传播学》，魏奇、钟志贤著的《教育传播学》，邵培仁编著的《教育传播学》以及南国农、李运林编著的《教育传播学》等。这些著作中即便有一些在近年来进行了修订，但内容更新仍然比较少，新的理论著作就更少。2003年金振坤主编的《远程教育传播学基础》一书，从某种程度上讲也只是教育传播学的一个子系列研究——远程教育传播研究，但已经是21世纪以来少有的与教育传播学相关的论著了。还有，教育传播学理论指导

---

① 李永健：《教育传播学理论体系重构的研究设想》，载《电化教育研究》2006年第6期。

教与学的深度、广度也明显不足，这必然导致学科研究的推广度不大，无法使教育传播学成为教育工作者有效应用的工具与方法。

（二）传播学界对教育传播研究相对缺失，传播学和教育技术学两个学科的互动和合作偏少

从上述著作的作者的学科背景来看，国内学者中以传播学作为学科背景的较少，大多属于教育技术学的学科背景。纵观传播学的刊物，传播学界对教育传播的研究相对缺失，而且传播学和教育技术学两个学科的学者的合作很少。在期刊论文方面，教育传播理论的研究者中，大多数研究者来自教育技术学领域，传播学领域的学者介入得较少，即便有一些，也多是一时的关注，缺乏持续性，成果偏少。另外，从论文发表的期刊分布来看，教育传播学方面的论文大多发表在电化教育、信息技术与远程教育、科技教育类期刊以及高等院校的学报上，在传播类期刊上发表的论文较少。

（三）教育学界专门就教育传播学的研究较少

从期刊论义分布情况来看，教育界的一些研究较为关注大众传播领域，有跟着市场打转之嫌，对教育传播学的研究偏少。即使是教育技术界，目前专门研究教育传播学的学者也很少。作为教育学、教育技术学基础理论的教育传播学，在有些论文中只做了很少的描述；此外，专门供教育传播研究的文献也较少。而教育技术专业作为教育传播学研究的重要领域，长期以来受研究领域界定的困扰，尤其是 AECT 94 定义的出现，使得教育传播学这一基础理论的研究时兴时弱，曾出现过研究断层现象。20世纪 90 年代以后，由于教育技术界主要的任务是开发技术，再加上网络技术的挑战，教育技术界顾及不到教育传播学的研究，这也造成对教育传播学的忽视。而目前，研究也大都专注于技术、认知、技术哲学等领域。

（四）学者过多专注于学科的界定划分，没有凸显教育传播学的地位

就目前的教育传播学研究现状来看，很多学者过多专注于学科界定划分，却略显争执不前。对基于某种教学媒体的单一教育传播现象研究有所重视，而理论层面研究太少。而且缺乏研究的持久性、深入性和系统性，

未能形成良好的氛围，致使我国的教育传播学研究多停留在表面，没有体现其作为教育技术基础理论的地位。在广大从事教育传播活动的一线人员中，进行有针对性研究的人员较少，地位凸显不够。同时，再加上基础理论研究以及教育传播史学研究的缺失，使得教育传播学的研究大而空，显得枝叶不全、纵深度小，指导教育传播活动的效力不足。

（五）传统与现代的建构、融合缺失

一方面，许多学者呼吁构建适合我国特色的教育传播学，但是从我国传统文化汲取相关教育传播理念的研究太少，造成了教育传播学研究的"有学无史"的发展状态;[①] 另一方面，在信息时代的今天，社会更加强调大众教育、公众教育、终身教育，这些特点就要求研究者不能仅以教学媒体论中的特定眼光看待问题，大教育观念势在必行。目前，对传统大众媒体以及新媒体的教育传播功能、效果、不足等研究偏少，传统与现代的构建、融合缺失。

## 四、加强我国教育传播学研究的对策建议

在经历了近 30 年跌宕起伏的发展历程后，教育传播学的研究又站在了一个新的历史起点上；在面临难得的发展机遇的同时，又潜藏着不容忽略的危机。基于当前我国教育传播学研究的现状和存在的突出问题，要进一步推进教育传播学的研究，必须从以下五个方面下功夫。

一是要组建研究团队。目前，教育传播学的研究处于弱势阶段，各高校，尤其是有教育技术和传播学专业的学校，要组织力量，由相关专家带头，组建良好的研究团队，围绕前沿性的特定问题开展专题研究。

二是要整合研究资源。当前，教育传播学研究的资源分散，平台不大，没法形成合力，因此必须进行整合。建议由相关政府机构、教育组织、社会组织、期刊报纸等分工协调、相互配合，这样才能共同搭建良好的教育传播学研究平台。

三是要加强交流合作。目前，教育传播学的研究主要产生于教育技术界，传播学界和其他学界加入不多，这必然影响教育传播学研究的深度和

---

① 南国农、李运林：《教育传播学》，高等教育出版社 2005 年版。

广度，需要各个学界加强交流、沟通与合作，努力形成既有纵深探讨，又有广博研究，既有理论研究又有实践研究的生动活泼、百花齐放的良好局面。

四是要加强基础研究。基础理论研究不足是当前困扰着教育传播学研究的首要问题。由于没有形成自己独特的理论体系，某种意义上阻碍了学科的长足发展，所以，必须通过移植和引进等有效的方法，促进教育传播学理论体系的形成。

五是要加强实践探索。一方面，要强化教育传播学基本理论指导学科实践，充分发挥理论的作用，使学科实践朝着正确的方向发展；另一方面，要鼓励一线教师大胆深入开展学科实践，在实际工作中创造出更多的成果，不断丰富教育传播学理论；还要引导和激励广大教育传播学实践工作者和理论研究者加强合作，增进理解，共同促进理论研究与实践探索的共同进步。

[原载《华南师范大学学报（社会科学版）》2009 年第 1 期]

# 高校精品课程网站建设研究：
# 以教育传播学为例

精品课程建设是高等学校本科教学质量与教学改革工程的重要范畴。目前，全国各高校高度重视精品课程建设，并积极运用现代教育技术与方法，建设和完善网络教学资源，加强精品课程网站的辅教和助学功能。然而，在精品课程网站建设中，也存在着"网站导航设置不合理""课程内容和素材不便维护和更新""课程网站缺乏学习指导和帮助""网络课程学习缺乏交互"等问题。精品课程网站建设应该遵循什么原则？其课程网站具有什么样的开发过程与模式？本文对此展开研究，并以省级精品课程"教育传播学"为例，进行课程网站的设计开发和应用实证。

## 一、精品课程网站的设计理念分析

教育部颁布的《国家精品课程评估指标》指出，网络资源建设、网络教学硬件环境和软件资源的建设，是教学条件指标中的一个重要观测点，并且要求网络教学资源建设能具有规模和经常更新，运行机制良好，在教学中确实发挥作用。结合文献调研，精品课程网站的设计思想应该关注以下三个方面。

### （一）把握建设精品课程的意义，增强网站建设的整体规划意识

课程网站建设的出发点是为精品课程提供支撑服务。因此，在精品课程网站的建设过程中，要始终围绕着国家建设精品课程的主线，明确建设目标、建设主体、服务对象、建设内容、建设途径和运行机制等问题，如表1所示，增强网站建设的整体规划意识。

表1 精品课程网站整体规划的关注点

| | |
|---|---|
| 国家实现精品课程建设的原因 | 以信息化为手段推动教学改革,提高课程教学质量 |
| 精品课程网站建设的使用对象 | 精品课程为广大学生、教师及其他教育工作者实现优质课程共享、学习、交流、借鉴而建 |
| 精品课程网站建设团队 | 精品课程由高校的教育教学专家教师、技术开发人员来进行建设 |
| 精品课程网站建设的内容 | 精品课程建设不仅要实现资源建设,还要实现教学过程,教学活动、教学管理等网络化 |
| 实现精品课程网站建设的手段 | 根据课程特点,采用一定的技术手段,实现课程网络化,创设网络学习平台 |
| 实现精品课程网站持续性建设与发展的条件 | 制定网络课程建设的管理办法及网站平台的运行管理办法,严格按照办法进行操作 |

（二）运用软件工程的系统开发思维，指导精品课程网站设计

精品课程网站开发的技术路线可以分为五个阶段:准备阶段、设计阶段、开发阶段、测试阶段、应用推广阶段,如图1所示。本研究采用了软件工程的系统开发思维,来建立教育传播学精品课程网站设计与开发的总体架构。

（三）遵循统一标准，融入教学设计，切实满足使用者的学习需求

精品课程网站建设应切实从使用者(教学者和学习者)的角度出发,网站建设要遵循结构化设计原则,教学内容、网页制作、网站导航等要遵循学习者的认知、智力、技能等发展目标,尽可能考虑可以促进学习的教学策略,网站系统要遵循相应的标准和规范,以利于用户使用。各精品课程的教学网站之间要相互联系,真正实现课程高层次、大尺度的共享、交

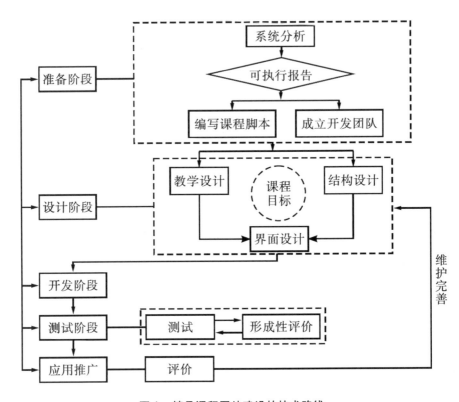

图1　精品课程网站建设的技术路线

流、提高。①②

　　精品课程的内容设计和网站构建，还必须充分考虑教与学的互动性，如设置清晰简洁的导航菜单，提供丰富详尽的教学资源，融入多种形式的讲课手段，实现师生之间的交流等。精品课程的网站设计不能只拘泥于技术层面，而要以教学设计理论为指导，做到体系完整独特，导航层次分明，突出专业风格。课程内容的媒体设计制作要精益求精，突出特色资源且丰富实用，检索功能完备，便于助学。

①　李辉：《精品课程现状分析及对策探究》，载《中国教育信息化》2007 年第 7 期。
②　许晓安：《国家精品课程建设对网络教育发展的启示》，载《电化教育研究》2007 年第 8 期。

## 二、教育传播学精品课程网站的设计与实现

本研究依托华南师范大学教育技术学专业教育传播学课程，将精品课程网站的设计理念应用于实践开发之中。华南师范大学教育技术学专业率先从国外引进教育传播的概念和理论，并始终重视继承经验和创新发展。[①] 教育传播学课程强调培养学生的理论水平、创新精神与应用能力，重视研究性学习、网络探究学习、协作学习等现代教育理念的应用，一直以来教学梯队稳定、结构合理，教学质量评估成绩长期优良。新时期，课程教学团队以信息化为手段，建设精品课程及网络资源，推动教学改革，进一步根据课程内容的逻辑特点及教学环境差异，构建设计了将课堂教学与网络学习互补优化的"混合式"教学方法体系，将"课堂中的现场学习"与"基于网络课程的学习"相结合，以实现教学效果的最优化。

### （一）教育传播学精品课程网站后台系统设计

课程网站后台系统是一个基于 Internet 的教学系统。该课程网站的后台系统以计算机网络技术为支撑，依托现有的校园网络环境和学校教育信息技术中心多媒体课件制作室，利用数据库技术、多媒体技术、计算机辅助设计等相关技术，采用浏览器/服务器（B/S）体系结构的网上虚拟功能辅助教学系统。

#### 1. 系统体系架构

网络平台分为前台和后台两大部分。前台部分给普通用户（学生、教师、其他用户）使用，具有相应操作等功能。后台部分给管理员使用，具有用户审核、用户管理、资源管理、权限控制、统计分析等功能。在本课程后台系统体系的架构中主要进行网站后台管理架构和互动论坛后台管理架构。教育传播学精品课程网站后台管理架构如图 2 所示。

---

① 胡钦太：《教育传播学研究 30 年：现状、瓶颈与对策》，载《华南师范大学学报（社科版）》2009 年第 1 期。

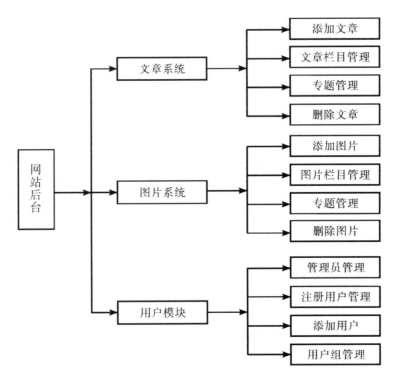

**图 2　精品课程网站后台管理架构**

　　根据调查分析以及平时的实用经验，在"课程网站互动论坛系统"的创建上，应该遵循以下原则：课程界面有吸引力，课程内容和教学设计有生命力；以教学活动聚人气、以作品互评创品位、以课程资源显特色；将面授课程与网络课程互为补充，一方面通过课室教学的形式来组织课程教学活动，另一方面结合网络平台来为学生的探究学习提供课程资源和研讨解答的信息化支持。

　　2. 网站系统的功能分析

　　本课程的网站系统主要进行以下几方面的功能分析：后台登录系统功能分析；网站基本信息编辑功能分析，包括网站名称、标题、Logo 地址等基础信息；主系统的功能分析；模板管理的功能分析；系统函数标签的功能分析；子系统的功能分析；等等。

### 3. 网站互动系统功能分析

教育传播学课程网站互动平台在后台建设时，设立限制进入的管理者登录系统。

## （二）教育传播学精品课程网站前台设计与实现

本精品课程网站的前台设计直接面向课程用户，因此在遵循精品课程设计理念和策略的基础上，重点结合课程教学需求进行设计与开发，并不断测试和完善。

### 1. 教育传播学精品课程网站的功能需求分析

设计开发教育传播学精品课程网络平台的目的是整合优质课程资源，支撑现有课堂教学，成为教育传播学课堂的拓展、延伸、补充。通过应用与更新管理，提高该课程的教学效果，实现整体构建"立体化、多层面、混合式"的教育传播学优质课程的教改研究，以形成新时期具有鲜明整体特色和教学实效性的教育传播学优质课程，在国内同类课程建设中树立良好的示范效应。[①]

### 2. 教育传播学精品课程网站的前台设计

精品课程网站主要是展示课程建设成果和为学生、教师提供课程学习、教学平台，为了达到预期目的，本研究对教育传播学精品课程网站前台进行如下规划设计。

（1）网站结构设计。网站的结构设计主要分为内容结构设计、链接结构设计和网页呈现结构设计三部分内容。①内容结构设计。该网站按功能分为两大模块：课程建设内容模块，即精品课程模块；课程学习网站模块，即网络课程模块。②链接结构设计。网站链接结构设计，对整个站点中的各个页面设计将起到很大的指导作用。本精品课程网站混合使用树状和星状链接结构，达到较理想的效果。③网页呈现结构设计。对于课程建设内容模块，由于其相对独立且子模块多，其呈现方式采用"新建窗口"；此外，课程录像、在线测试采用的是"新建窗口"，便于控制录像播放；而网站中由文字和图片构成的网页，均采用"分帧"式，以便在较大的区域内呈现内容。

---

① 胡小勇、李闰莉、徐旭辉：《优化分组学习效果的实践策略：以〈教育传播学〉课程为例的研究》，载《华南师范大学学报（社科版）》2009 年第 1 期。

（2）风格设计。本精品课程网站主要是展示课程建设内容、提供课程学习和教学平台，面向的对象主要是评委专家、学生和教师，页面设计简洁而直观，内容信息罗列有条理。简洁的页面设计有利于提高访问速度，使浏览者能尽快找到他们想要查询的资料和信息。首先，本精品课程采用充满信息化的深蓝色作为主色调，让浏览者充满遐想，思维活跃；其次，让浏览者感觉网站设计者认真投入；最后，让浏览者的信息查找快捷、交流方便。

（3）版面设计。版面布局设计主要是将 Web 页面分割成用于安排文字、图像等各种屏幕元素的隐含区间。良好的页面布局应该做到结构清晰，突出主体。本课程的版面布局遵循以下原则：简洁清晰，符合美学中的黄金比例等规律，保持页面平衡，风格统一。按照这些原则进行网站的风格设计，使得页面布局整体匀称、重点突出，给人以庄重、稳定的感觉，导航目录采用统一的风格，具有统一的整体效果。

（4）交互设计。本课程网站中的交互设计包含人机交互和师生交互。其中人机交互设计主要包括页面显示、菜单交互、内容呈现、信息反馈等方面。学生通过与教学内容的相互作用，构建他们自己的知识体系，从而实现他们自身认知结构的改变。课程网站中的人机交互通常有同步交互和异步交互。由于本课程的学生人数多而教师人数少，答疑、批阅论文等工作完全做到师生双方实时交互是不现实的。因此，本课程网站采用了异步交互的方式设计了"有问必答"模块，该模块采用"互动论坛"形式。学生点击留言板上的问题，可弹出教师回复内容。异步交互方式下，交互双方不受在线时间的限制，信息的发送和回复可在不同的时间内完成，双方的交流具有更大的自由度。

（5）导航设计。在进行本课程学习网站导航设计时，主要遵循清晰明确、形式多样、简洁明快的思路。为使学习者进入课程网站学习时，首先能对整个课程网站的结构有所认识，了解网站由哪些模块组成，以确定将要浏览哪个模块，课程网站给学习者提供了一个目录结构，来呈现整个课程网站的内容体系结构。本课程的目录树共有 9 个模块，分别是：申报资料、教师团队、教学内容、教学条件、教学方法与手段、教学效果、特色与政策支持、课程资源、网络课程。目录树具有直观形象、层次分明、可折叠的特点，将目录树的各层节点全部展开，就可以看到课程网站的内容体系结构。本课程的网址是 http：//202.116.45.198/jycbx/jpkcnew/index.html。

### 3. 教育传播学精品课程网站的制作处理技术

在课程网站制作过程中，建立动态、交互、功能强大的 Web 页面，需要各种技术的支持。本课程中所使用的技术主要包括：网页制作技术、程序编制技术、数据库技术、图形图像处理技术、动画制作技术和流媒体技术，如表 2 所示。

**表 2　课程网站的实现技术**

| 技术 | 实现方式 | 功能与成效 |
|------|---------|-----------|
| 网页制作技术 | Dreamweaver 制作工具 | 具有强大的动态网页编辑功能，支持大部分动态网页技术，如 asp JavaScript JSP 等等。它能够让用户轻松设计复杂的交互网页 |
| 程序编制技术 | ASP 和 Java Script 语句 | 可实现某些特殊功能，如网络数据库的访问、在线人数的统计等 |
| 数据库技术 | Access 数据库 | 可使精品课程的很多信息进行不断地存取，且其"有问必答"模块数据库结构简单，数据量小，利用 Access 较易实现 |
| 图形图像处理技术 | Fireworks、Photoshop 和 Corel-Draw 工具 | 使图形图像符合教学设计的需求，使其页面丰富多彩，满足学员的学习需求，提高学习的积极性 |
| 动画制作技术 | Flash8 工具 | 使课程中的内容呈现不仅富有动感、色彩绚烂，而且文件体积小，下载速度快，实现了网页动画的快速网上流通 |
| 流媒体技术 | "串流大师"工具 | 使精品课程中的课堂实录制作更人性化，成为更符合需求的流媒体作品 |

## 三、教育传播学精品课程网站的教学应用

### （一）课程网站论坛极大促进了学习者的互动分享

互动论坛系统能够较好地反映学习者对课程的学习交流情况。本课程网站的互动论坛，根据教学需要，设立了最新通知、下载专区、作品专

区、讨论交流区四个论坛。互动论坛的启用为教育传播学课程的学习者提供了帮助。课程学习者通过互动论坛，可以了解课程教学过程的最新动态、前沿知识，加强与任课老师、课程助教、同学的互动交流，分享学习成果和资源等。

### （二）课程网站满足了学习者需求，总体使用效果显著

教育传播学精品课程网站建设运行后，收集了使用者对课程网站的整体风格、导航设置、课程资源等进方面的反馈。数据显示，精品课程为学生、教师提供了优质课程资源的共享平台，促进了使用者之间的学习交流，提升了教学质量。[①] 以"网络课程是否满足学习者需求"为例，调查数据统计结果如图3所示。数据显示，绝大多数学习者认为精品课程能够满足学习需求，这表明该课程实际应用于教学过程中效果显著。

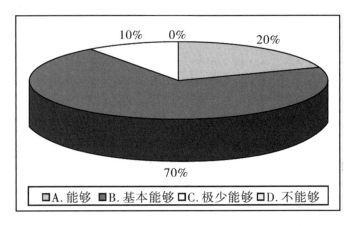

图3　精品课程网站的使用效果调研

## 四、结束语

本文分析总结了精品课程网站开发的理念和策略，并展示了教育传播

---

① 胡小勇、李闫莉、徐旭辉：《优化分组学习效果的实践策略：以〈教育传播学〉课程为例的研究》，载《华南师范大学学报（社科版）》2009年第1期。

学省级精品课程网站的设计与开发。该课程网站融入教学设计理念和先进技术手段，在课程建设过程中取得优秀成果，教学资源丰富、更新及时，运行效果好。该课程网站还鼓励学生发挥网络环境的优势，将"课堂中的现场学习"与"基于网络课程的学习"相结合，促进了教学效果的优化。

（原载《中国教育信息化》2009 年第 19 期）

# 传播学专业实践创新人才培养模式探析

## 一、国内传播学人才培养现状

1997 年 6 月，新闻传播学被国家教委确定为一级学科；同年，教育部批准在高等院校设立传播学二级学科。虽然传播学作为一门学科在我国已有十几年的历史，但作为"新闻传播学"下面的一个二级学科，传播学科的研究、教育与新闻学科一直纠缠在一起，致使传播学教育与传统的新闻学教育相比毫无特点可言。而对比美国的传播学教育，他们已经建立了以社会学为依托，不仅注重培养学生的社会科学理论素质，而且注重培养实际业务技能和专业实践能力的人才培养模式。

目前，我国传播学专业教学存在教学计划、课程设置与新闻学专业雷同，人才培养方式趋同，毕业生能力结构同质化，缺乏创新能力，对社会就业需求的针对性差等问题。社会对传播学专业人才的期望在不断升高，不仅要求从业人员具有扎实的理论功底、娴熟的实际操作技能，并要求具备上岗后马上投入工作的能力，而且还必须具有一定的专业特长且在工作中有创造性表现。我国传播学专业人才培养的现状与社会需求之间的矛盾迫使我们必须对传播学的人才培养模式进行反思、调整，甚至重构。

## 二、传播学实践创新人才培养模式案例分析

传播学在创新人才培养模式中呈现出多样化的趋势，归纳起来主要有三种不同类型的人才培养模式：一是"学校教学与业界互动"的传播学创新人才培养模式，二是凸显"学校特色 + 专业"的复合人才培养模式，三是依托"地方特色"建立传播学创新人才培养模式。

### （一）"学校教学与业界互动"的传播学创新人才培养模式

即让开设传播学专业的高校与业界保持互动关系。一方面，可以通过邀请业界的精英加入教师队伍，通过课堂授课或者开设讲座的方式，向学

生传授一线媒体的实践技能与知识经验；另一方面，可以与业界建立联合培养的模式，在校内外建立实践基地，使学生拥有更多动手实践的机会，减少学校培养与业界需求"脱钩"的现象，使传播学毕业生更符合业界的标准与要求。

华南师范大学传播学本科专业创办于 2002 年。为了重点加强学生的实践能力和创新能力，学校从 2002 年起对实践教学等环节进行了创新探索，构建了基础理论教学、实验课程教学、校内实践创新、校外平台扩展的"四位一体"的教学体系（见图 1），改革实践教学方法和内容，建立校内外"双基地"实践的专业实践模式，探索传播学专业实践创新人才培养模式。其中，基于校内外"双基地"实践的传播学创新人才培养模式，是华南师范大学注重学生社会科学理论素质和实际业务技能相结合、强调高校与业界联合培养的一大特色。

**1. 校内实践创新体系**

指创建相关机制为学生参与创新型实验活动提供智力和物力支持。如建立指导学生实践的导师制；建立校内实践基地，利用校内实践基地的横向课题的研究任务和开发任务开展实践创新研究；通过与相关大型培训机构联合培养的方式提升教学质量，提高学生的实践能力。

**2. 校外平台扩展体系**

校外平台扩展体系是指与电视台、报社、广告公司、影视制作公司、IT 企业等合作，建立校外实践基地；整合相关大型培训机构资源，面向学生及社会提供各类培训、咨询和认证服务，共享本专业的设备资源和信息资源，为拓展学生的能力搭建一个延伸性强的支撑平台；发挥本专业资源优势与校外单位共建实验室。

## （二）凸显"学校特色＋专业"的复合人才培养模式

凸显"学校特色＋专业"的复合人才培养模式，是以学校较有特色的学科为背景，要求学生在掌握新闻传播学基本理论与实践操作技能的基础上，同时掌握好特色学科的基本理论知识，从而成为掌握双学科的复合型人才，满足媒体对特定专业领域从业人员的需求。

以青岛农业大学为例。青岛农业大学从 2003 年开始设立以农业科技传播为特色的传播学专业，凭借自己在农业科教影视方面多年的丰厚积累，其传播学专业制定了依托农业特色的鲜明培养目标，在教学内容、课

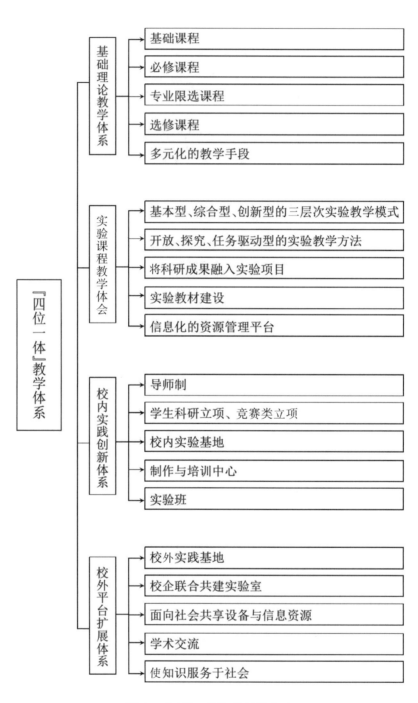

图1　"四位一体"的教学体系

程实践体系方面突出农业科技传播的特点和规律。青岛农业大学地处山东省高新农业聚集地带，是一所农业特色鲜明的院校。正是结合了区域优势与学校特色，该校的传播学专业确立了以培养"应用型"人才为主的培养目标。在课程体系的设置上，结合农业科技传播学多学科交叉的特点，其传播学教育打破了专业壁垒，加强文理渗透，体现技艺结合。为了提高学生的实践能力和专业技术，该校制定了"课内实验、课外实习"的实验教学制度，课内实验环节做到"双百"（100%的实验开出率，100%的综合性和设计性实验）以培养学生的创新能力，课外实习环节也格外注重塑造学生的创新研究意识。

### （三）依托"地方特色"建立传播学实践创新人才培养模式

依托"地方特色"，就是要以开设传播学专业院校所处的地方特色为立足点，在培养传播学人才时，将地域特色元素加入其中，从而形成学生相较于外来竞争者的新优势。

如广州大学实行了广东省与广州市共建、以市为主的管理体制，是地域性特征很强的大学。因此，广州大学新闻传播学院的专业和课程设置也考虑到了地方特色，根据广州市的发展方向和实际情况来进行设置。例如，广州大学的播音主持艺术系，不但对学生的普通话水平进行训练，而且还开设了如粤语发声学等粤语播音相关的课程，并与广州电视台、广东电视台珠江频道、佛山电视台等多家粤语媒体进行长期合作，建立了与粤语对口的实践实习基地，为广东省和国内各级电台、电视台及港、澳与海外华语传媒培养普通话、粤语方言的新闻主播、出镜记者和各类广播电视节目主持人。

## 三、传播学专业实践创新人才培养模式的启示

近年来，国内传播学专业的教育不断进行教学方法和培养模式的创新。通过分析国内院校传播学专业实践创新人才培养模式，我们发现具有以下共通点。

（一）依托学校办学特色或地域特色，开设具有不同学科背景的传播专业，走"专业＋传播"的复合型人才培养之路

如青岛农业大学依托农业优势，致力于培养"农业＋传播"的复合实践型专业人才；广州大学以地方特色和方言为优势，建立了一批与粤语对口的实践实习基地。

（二）与媒体互动密切，尝试联合培养，形成"订单"模式，并构建校内外实践基地

媒体与学校联合培养是产学合作教育的体现。通过社会支持来促进教育的发展，同时也通过与社会的合作，产生新的社会效益和经济效益。在媒体与学校的合作教育、联合培养实践中，培养学生的综合能力。目前，有许多高校都在媒体单位建立了稳定的实习基地，与媒体单位一同培养所需人才。

（三）建设"双师型"教师队伍是提高教学水平的重要途径

"双师"是指既具有作为教师的职业素质与能力，又具有技师或其他高级专业人员的素质和能力的教师。目前实行双师制主要有三种办法：一是请有多年媒体从业经验的专业人员为学生上课；二是安排专业教师到媒体单位进行专业实践；三是积极开展校本部培训，通过加强实践教学及实践教学环节提高教师的专业实践技能。

（四）"整合传播"教学模式是未来传播学实践创新人才培养的发展趋势

当今媒体融合已经成为必然趋势，在媒体大融合的发展趋势下，培养具备突破传统媒体界限的思维与能力，并适应融合媒体岗位的需要、集多种能力于一身的"全媒体记者"，成为新的发展趋势。体现在实践教学上，就是以现代传播技术为先导，将平面媒体、广告媒体、电视媒体、网络媒体及多媒体融合起来，设计实践教学项目，实现实践教学的多样化和整合性，形成全面的"整合传播"实践教学模式，以适应不同媒体相互渗透、融合发展的需求。

## 四、传播学实践创新人才培养的对策与建议

### （一）加强与业界的联系，形成"学界＋业界"紧密联动的培养模式

新闻传媒是一个操作性很强的行业，它需要传媒人时时站在行业发展的前沿。因此，学校应加强与媒体的合作，开设更多的校外实践基地，通过理论与实践相结合的教学方式，选拔和培养出更多符合媒体单位需求的新闻传播学人才。

加强与业界合作的另一个表现是邀请媒体精英和具有丰富实践经验的学者加入教师队伍中，承担教学任务，定期开设前沿讲座，使学生获得更为全面的学术视野和实践经验。

### （二）培养新的复合型人才

从传媒业发展的角度看，多媒体新闻平台正成为21世纪信息服务行业的支柱与基础。它要求从业人员具有采、写、编、评、摄、播以及网络传播制作的能力，同时又具备报道某一领域的专长。

顺应传媒行业的发展和要求，传播学专业教育一要重视人才的跨媒体综合素质与能力的培养，关注传媒扩张中的"一体化"模式。跨媒体、多层次、立体化的媒体运作将成为传媒业经营的大方向，应确立跨学科、跨专业、综合性的实践型人才培养新思路。二要确立具有复合与交叉"兼容"特点的实践型传播人才培养的基本要求，在此基础上，进一步培养具有广泛适应能力和创新能力的"全媒体记者"。

### （三）加强特色专业建设，培养"学校特色＋传播"的传播学专才

特色专业建设是指培养出在某一领域优于其他院校同专业的学生。具体而言，高校应根据自身的教学条件和优劣势，确定办学特色和办学目标，制订科学合理的人才培养方案。从培养规格到课程设置，从教学内容到教学手段和教学方法、从理论教学到实践教学等各个环节，都须大胆创新，彰显特色。比如，特色专业的课程设置，采取模块化的设置方式，除

设置公共通识课程、学科基础课程、专业核心课程等课程模块之外，根据特色人才培养需要，还要开设专业方向课程、专业特色课程等课程模块。

### （四）实行"双师制"，培养教师的创新意识

在传播学的教师队伍发展中，实行"双师制"有利于帮助学生拓展更全面的学术视野。此外，2006年全国科学技术大会做出了建设创新型国家的战略部署，要求高校充分发挥在人才培养方面的优势和作用，培养和造就数以千万计的高素质专门人才和一大批拔尖创新人才，为社会经济发展提供强大的人才支持、智力支撑。创新教育教师应先行。只有具备创新意识的教师，才能够引导其学生进行学习上的创新。一方面，应该鼓励教师到国内外开办传播学专业的院校进行深造学习，以获得新的启发、经验和理念。另一方面，高校可以通过实行各种有效的奖励制度，鼓励教师从事科研创造，这样既可以把新的科研成果运用到教学中，又可以培养教师不断创新实践的意识。

### （五）鼓励"订单式"培养模式，培养适应媒体行业所需的专业人才

借鉴高等职业学校的"订单式"教育模式，可与媒体签订"订单合同"，为媒体培养专门人才。校方可以根据合同内容安排教学计划，强化教学质量，同时为毕业生提供就业保障。

采取"订单式"的新闻传播人才培养方式，可以预设以下两种方案：单一专业对接式培养和嵌合式专业培养。

（1）单一专业对接式培养。该模式培养出来的毕业生新闻传播专业基础扎实，在从事专业性极强的财经、法律、教育等新闻传播工作时具有独特优势。一方面，高校要积极地寻求与媒体合作的途径。另一方面，一线媒体可以根据媒体工作对人才的特殊需求，参与学校的课程设置、实践安排、专业实践等，并提出具体要求。此外，合作媒体还可派出行业精英担任学生导师，让学生了解媒体发展的最新动态。

（2）嵌合式专业培养。即在大学4年中，设定的课程为新闻传播专业课，用一到两年时间，把各个不同专业的学生集中起来，强化传播学专业知识。订单单位可以选派首席记者来校讲课，高校引进具有丰富实践经验的名记者、名编辑承担教学任务，或为学生开办热点讲座。这种培养模

式培养的毕业生专业素质好，就业点分布广泛，复合性强。嵌合式专业培养可以同时为媒体培养多工种新闻工作者，满足综合性新闻媒体对于多专业人才的需要，也为媒体人才梯队建设奠定了基础。

## 参考文献

［1］胡钦太.教育传播学研究 30 年：现状、瓶颈与对策［J］.华南师范大学学报（社会科学版），2009（1）：99－102.

［2］徐福荫，黄慕雄，等.创建"三位一体"实践教学体系，促进教育技术学专业实践创新人才培［J］.电化教育，2008（10）：40.

［3］黄慕雄，张学波.传媒类国家级实验教学示范中心管理机制创新实践探索［J］.实验技术与管理，2009（2）：108.

［4］张学波，徐福荫，等.传媒类国家级实验教学示范中心实践教学体系创新的探索［J］.中国现代教育装备，2009（6）：109－111.

［5］阮志孝.大陆传播学的发展趋势、学科教育与就业问题［J］.西南民族大学学报（人文社会科学版），2005，26（4）：261－265.

（原载《当代传播》2010 年第 2 期）

# 论信息时代的教育传播研究范式

人类社会正朝着信息社会不断发展。信息时代的来临预示着人类的生活方式将发生空前规模的转变。诚如我们所经历的，信息技术正在改变着人类世界、社会生活的方方面面。教育作为人类社会一种特有的知识继承、传播活动，也在经历技术变革的洗礼，被时代灌注以新的活力。信息技术促进了教与学方式的革新，也衍生出教育现实的各种新现象和新问题。教育传播学是与媒体技术发展紧密相关的学科，其内涵与外延始终伴随着媒体技术的进步，处于持续地动态发展过程之中。进入信息时代，教育传播研究面临着新的挑战和机遇。[①]

## 一、信息时代的教育传播与范式

传统教育是面向工业化的教育，而信息化进程中的教育的出发点则在于充分认可信息技术对社会和教育的巨大影响，是对信息化作用于教育整体形态的概括。[②] 近年来，伴随着信息技术的快速发展和普及应用，人类信息的绝对总量急剧增加，呈现出"信息爆炸"的现象。据资料显示，人类在过去五十多年之中所产生信息的总量，已经超过了之前数千年以来所积累信息量的总和，并且"知识的半衰期"更保持着持续加速度缩短的趋势。国际经济合作与发展组织认为，人类正在进入一个以智力资源占有、配置和使用，以及信息快速传播增值为最主要特征的新时代，"信息化社会""地球村"等概念逐渐为大众所普遍接受。教育是以服务社会发展为最终目标的，理所当然应该对社会变化的时代趋势作出积极应对。

信息技术融合着现代人的生活，同时也为教育传播加入许多令人耳目

---

① 南国农：《教育传播学研究：一个需要关注的领域》，载《华南师范大学学报》2009 年 1 期，第 98 页。
② 胡小勇：《信息化教育中的知识框架：结构与关系》，载《全球教育展望》2004 年第 3 期，第 57 – 62 页。

一新的元素，使教育传播活动呈现出新的特点。信息社会的发展，不仅要求教育进行改革，同时也为教育改革创造了条件，提供了环境。综观人类教育史的演进过程，我们可以看到社会进步在教学改革上的印记，更会发现现代教育传播与科学技术尤其是媒体技术革新的紧密联系。在信息技术蓬勃发展的时代背景下，人类教学实践无数次印证了媒体的引入对教师教学活动的实施、教学目标的实现以及学生学习等有着不可忽视的作用。就算是定格在 21 世纪初叶的今天，这些媒体技术也仅仅是人类科学发展风口浪尖的星点飞沫，但我们已经能感受到它们为教育传播实践带来的巨大推动力。它使信息时代的教育传播呈现出新的特点，同时，瞬息万变的技术环境也不断对教育传播学发展提出新的问题和要求。顺应时代发展趋势，立足信息社会的教育现实，探索教育传播理论、方法的合理创新以及教育传播效果的有效优化，对当前教育教学改革和教育传播学自身的可持续发展等均具有重要的作用。

所谓范式（paradigm），其含义是指包括规律、理论、标准、方法等在内的一整套信念，它代表着某一学科领域的世界观。① 科学哲学家托马斯·库恩（Thomas Kuhn）在著作《科学革命的结构》（*The Structure of Scientific Revolutions*）中最早提出了"范式"的概念。他认为，范式是某一时代人类共有的对事物的见解、思维方法和思维框架的总称，持同一范式的科学家因其有着共同的信念、价值标准、理论背景和研究方法而组成了一个"科学共同体"。② 从某种意义上来讲，研究界是由一个流行的范式所影响和控制的，它指导和决定问题、数据和理论的选择，直至某种新的范式以竞争的姿态出现，③ 并逐渐取代旧有的范式，形成范式的迁移转换。

## 二、教育传播研究范式的迁移

教育传播研究范式的迁移，是在整合了教育理念变革和信息科技创新积极要素的基础上进行的，这种趋势在两类转变中得到了比较明显的体

---

① ［美］托马斯·库恩：《科学革命的结构》，北京大学出版社 2004 年版。
② 陈颖健、张惠群：《新思维范式》，科学技术文献出版社 2003 年版。
③ Paradigm Shift, http：//168. 16. 169. 58/paradigm. html.

现：一类转变是"以教师为中心"向"以学生为中心"的变化，[①] 另一类转变是以"传统媒体技术"向"数字化媒体技术"的变化。信息时代的教育传播与传统的教育传播在各传播要素和环节上均呈现出一定的差异，见表 1。综合来看，虽然要完善信息化背景下的教育传播研究新范式仍然需要付出不懈的努力，但研究范式的变化，已经成为新时期教育传播学的重要趋势。

表 1　信息化进程中教育传播范式的变化

| 维度 | 传统教育传播 | 信息化教育传播 |
|---|---|---|
| 传者（教师） | 占据教育传播活动的"制高点"，教育传播信息资源的主要把关人、占有者和发布者，在传播过程中享有"最高权威" | 不再是教育传播活动的唯一信源：在教学过程中起主导作用，与受者（学生）的关系趋于平等互动；信息化教育传播对教师素质和专业化发展提出新的要求 |
| 受者（学生） | 较被动地接受教师传播的信息，在面授教育中与教师间的关系不对等；基本缺乏对教育信息资源选择的空间。在面对面教育传播活动中的反馈相对稀少滞后 | 学生主体意识回归，信息化教育环境下学习个性化、自主化、开放化的特点显著；信息化环境赋予学生更大的空间，包括对教育信息资源的选择与获取、与教师间的交流互动、发表意见的话语权等；借助信息技术，学生对教育传播活动的反馈更加及时、活跃、频繁 |
| 教学媒体与信息 | 以纸质印刷媒体为主要形式。知识以抽象符号形式存在，脱离知识情境 | 印刷媒体与数字媒体（电子材料、光盘、软件）综合并用，并可存在于数字化情境之中：信息多元融合，常表现为跨学科、综合性知识 |
| 教育传播模式 | 以教师为传播中心、学生被动接受信息的教学活动，多表征为线性、单向的教育传播模式 | "教师主导、学生主体"、传受双方平等互动的信息化教学活动，表征为多元、双向、混合的复杂教育传播模式 |

## 三、信息时代教育传播研究范式的变化与思考

### （一）信息时代教育传播过程中传受双方的重新定位

传统的课堂教育传播是典型的"以传者为中心"，即以教师为中心的传播。在这种方式下，教育者是教学活动的中心，是传播活动的控制者，是信息的"灌输"者；与之相对的，受教育者则为灌输的对象，甚至被看作是外部刺激的被动接受者。传统教育传播具有典型的"拉斯威尔"传播模式特点，教师（传者）将知识（信息）通过口头传播的方式（媒介）灌输给学生（受者），而学生的成绩可以看成是这个传播过程所产生的效果，学校则通常将这个效果理解为教师教学水平的体现。由于教师的权威性及知识上的专有性，受者较少提出质疑，传播过程反馈弱化甚至缺失。作为信息的接受者与信息最终要发挥作用的主体——学生在教学过程中完全处于被动的地位，他们的反馈及个性化学习需求基本被忽视或压抑。

信息技术和数字环境不仅使教育传播方式发生了改变，而且为人类提供了一种前所未有的交往环境。在信息时代的教育传播中，师生关系也呈现出传播主体多元化、传播时空多头化、传播手段多样化等新特点。互联网的出现是信息时代来临的重要标志之一，借助互联网进行的教育传播也衍生出一系列新现象和新问题：网络的身份隐蔽与角色虚拟化特征，能够让师生在虚拟与现实场景中进行角色转换和匿名交流；网络允许跨越时空的异步交流特征，导致了师生面对面直接交流的机会减少；网络信息资源的开放和共享性，使师生之间的信息获取能力趋于对等，同时也让传统意义上作为"知识权威"的教师遭受到挑战……在教育传播的发展过程中，信息技术无疑是一个具有两面性影响的工具。如果使用恰当，它能够对教育产生积极的影响；如果误用或滥用，也会产生消极负面的影响。随着信息传播技术的发展，它对教育传播主体之间交往的影响将更加突出。

必须注意的是，在信息技术高速发展的今天，虽然电话、手机、网络等众多媒体被人们所普遍接受，也频繁地应用于师生间的交往中。而最普通的也是最有效的面对面的交流方式，却仍然不可替代。在利用计算机、网络等新型媒体开展师生间信息传播的同时，也不能忽视基于真实场景的

师生面对面的人际交往，通过混合使用的方法来弥补网络虚拟交往的缺陷。教育可以培养人的社会实践能力，要关注和重视人际交往的重要性。爱因海姆曾经指出，"当信息传播通过手指一按就可以进行时，人的嘴便沉默了，写作也停止了，心灵也随之凋谢"。[①] 媒体技术的进步，在拓展了人类获取信息和表达信息能力的同时，也弱化了现实生活中人际交往的真实性。其实，在发挥计算机功能代替教师完成部分日常工作之后，教师还应该腾出更多精力与学生进行面对面的人际交往和信息沟通。教师要了解信息时代背景下学生群体形成的新文化，把握学生发展的脉络。在信息高速膨胀的今天，人际交往的"游戏规则"在不断发生变化，这种规则常常深刻地影响判断能力尚弱的学生，因此教师要给予学生一定的指导。要把信息传播技术的优势与学校、课堂的优势结合起来，要把师生人际交往与人机交往的优势进行结合互补，为师生的教育信息传播与应用营造一个良好的氛围。

### (二) 信息时代教育传播媒体与信息的新变化

信息时代的到来为教育传播提供了更大的发展机遇和平台。作为教育传播过程的重要组成部分，教育传播媒体在信息时代中的飞速发展进一步拓展了教育传播的广度和深度。数字化、网络化、多媒体等为教育传播开辟了新的空间和领域，而新媒体与教育的融合，更促进了信息时代教育传播媒体的发展，将对教育领域产生不可估量的影响。

新媒体在教育传播中的出现，给传统教育教学带来极大的冲击，打破原有单向传播的形式，教育转变为大众共享信息、平等交流和研究学习的形式。时代的进步，新技术的发展，要求教育要借助各种新媒体平台，运用新媒体特点拓展教育教学的新领域，促进师生互动，提高教学效果，满足社会大众日益增长的终身学习需要。从传播学的视角出发，以 Web 2.0 为代表的信息时代的核心特征是个性化、互动化和去中心化。"个性化"更关注信息内容本身，学生有机会创造并传播自己的信息；信息环境的"互动化"允许教师与学生之间、学生与学生之间甚至是家庭和学校之间的联系沟通频次大大提升；而"去中心化"，则使创造、收集信息的权益不再集中在少数"精英"那里，教育传播中则是体现在从"以教师为中

---

① 章伟民：《文化嬗变与教育技术》，载《电化教育研究》2002 年第 12 期，第 3 - 7 页。

心"向"教师主导、学生主体"的转变，教学传播活动中双向、多向交流增多，有助于信息的活跃和沟通。教育信息其本身也从传统的分类清晰、学科领域单 的知识形式转变为多元融合、学科交叉的综合性知识形式。

传统教育符号的生成大多依靠的是教师对教学信息的编码，借助传受双方的面对面交流来实现传播目的，其中，最基本的传播符号是教师的言行举止，在课堂上由教师对教学内容进行讲解或示范是最常见的教育传播方式；而在信息时代，各种技术工具的出现和应用为教育符号的生成提供了新的方式。除了传统的语言符号和非语言符号，信息技术给教育传播活动带来了多符号传播系统。多符号传播系统包括电子教材系统、课堂多媒体组合系统、多媒体计算机系统以及计算机网络教学系统等，借助信息技术的优势，把信息技术应用到教学过程中，使传播过程更加灵活。教师可以在课堂上根据教学内容的特点运用各种信息化传播符号，促进教学信息的传递，为教育传播活动带来更多的便利。

### （三）信息时代教育传播过程与模式的多元混合发展

信息时代的教育传播已经突破了传统的以教师为传播中心、学生被动接受信息的线性单向的教育传播模式，转而呈现出多元化、混合化的发展，突出表现为"教师主导、学生主体"，传受双方平等互动的信息化教学活动以及多元、双向、混合的复杂教育传播模式。

信息时代，特别是互联网环境支持下的教育传播显示出巨大的能量，提高了教学活动的自由度，也使教育方式变得开放、多样。同时，传统的面授教育传播不再是教育教学的唯一形式，信息化环境下的多中心和分散性互动学习不断普及，受教育者正在由单向和被动的传播接受，向双向和主动的传播交互转变。传统教育中的固定授课地点和授课者在信息化环境中也发生了改变，新兴媒体提供更多的选择和更丰富的资源，教育传播模式必然随之改变。[1] 在继承传统教育媒体优势的基础上，网络教育传播显示出独特的教育功能，使继续教育乃至终身教育成为可能。网络教育提高了教学活动的自由度，改变了传统教学的组织形式，学习本身的含义也发

---

[1] 欧阳康、汪瑜敏：《试论信息化环境下的教育传播》，载《电化教育研究》2008 年第 12 期，第 16 - 19 页。

生了改变，它不再意味着简单地接收和理解知识，而是通过有效获取和整合应用信息来解决实际问题。

传统课堂教学中的教育传播是"一对一"或"一对多"的传播方式，即"点"对"点"或"点"对"面"的传播方式，传播主动权基本掌握在教育者手里，教育信息主要来源于少数教育者，[①] 而学习者较为被动，对教师和书本的依赖性强，缺乏自主学习能力和创新能力。而基于网络等新型媒体的教育信息传播，则体现出了信息来源多元化和多向互动的传播新特征。在获取信息时，教师不再是学生获取信息的唯一来源。教师在将教学信息发布到网络上时，网络已有的教学信息、其他师生所发布的信息、多媒体教材等都可能成为学生获取教学信息的来源，信息提供呈现出了"面"乃至于"立体网络"的特征；教师在发布信息时，每位学习者在信息技术工具的帮助下，都拥有了发布信息的话语权，把自己对学习内容的理解分析和思想观点发表在互联网上和其他师生进行自由的双向或多人交流，形成了多向互动的信息传播现象。

## 四、结语

教育传播学具有交叉学科的性质。它既是教育技术学研究的一个经典品牌，同时又是传播学研究的一个重要品种。[②] 伴随着快速发展的信息化进程，教育信息的传播途径与作用机制发生重大变化，也使教育传播学研究的各方面呈现出新的范式，将不断为教育传播学发展带来新的挑战和契机。

（原载《电化教育研究》2010 年第 12 期）

---

① 陈仕品：《基于 Blog 的教育传播方式探究》，载《现代教育技术》2007 年第 7 期，第 79－82 页。

② 胡钦太：《信息时代的教育传播：范式迁移与理论透视》，科学出版社 2009 年版。

# 论信息时代教育传播研究的新内涵

进入信息时代，教育传播研究正面临着新的机遇和挑战。针对信息化进程中教育传播的新问题、新现象进行广泛深入的研究，变得尤为突出和迫切。[①] "教育传播是由教育者按照一定的目的要求，选定合适的信息内容，通过有效的媒体通道，把知识、技能、思想、观念等传送给特定的教育对象的一种活动，是教育者和受教育者之间的信息交流活动。"[②] 科学技术的发展，带来了媒体功能和信息传播特性的变化，这给教育传播研究领域注入了新的活力。近年来，教育传播各种要素内涵的不断变化，促使教育传播的系统和模式得到了相应改进。国内外许多学者从各个角度对信息时代的教育传播进行了关注和探讨，开展了各种基于新型信息媒体和传播环境的教育传播研究，取得了不少新成果，形成了信息时代教育传播研究的新景象。

## 一、信息时代教育传播系统及要素研究的新发展

媒介技术的变化并不是信息时代教育传播学研究的唯一内容，但媒介技术的发展变化，无疑在其中占据了重要的地位。传播媒介的信息化和新型数字化媒介技术的发明，使教育传播的各个要素及其特性都有了相应的变化。通过对国内外文献的综合研究，本文就学者们对信息时代教育传播要素新发展的研究结论进行了归纳，如表1所示。

---

① 胡钦太：《信息时代的教育传播：范式迁移与理论透视》，科学出版社2009年版。
② 南国农、李运林：《教育传播学》，高等教育出版社2005年版。

**表1　教育传播要素研究的新发展**

| 要素 | 内涵变化 |
|------|----------|
| 教育者 | （1）在新的教育传播过程中，"教师"可能淡化为一个虚拟形象，是远程教育信息的发布者，传播者日渐形成"后台力量"。（2）教师不再仅仅担任传授知识的角色，更重要的是引领受教育者主动寻求和鉴别知识，对受教育者的媒介素养和信息素养进行培养。（3）信息时代的教师必须熟练运用新的传播媒体，熟悉专业知识、基本技能，转变观念，培养受教育者自主学习能力和使用媒介的能力 |
| 受教育者 | （1）信息时代，多媒体增加了课堂的信息量，学生不再局限于从书本中获取知识。（2）教育传播各要素的发展趋势是打破限制，将各种教育资源进行有效整合，使得受教育者更容易获取更多所需要的知识，同时受教育者的学习范围也得到相应拓展。（3）网络教育传播的受者来自各种不同地区，教育传播的信息、相关传播手段和受者的文化背景都会影响其接收信息的效果。受教育者必须具备鉴别信息的能力和对信息的解码能力，这样才能更加有效地接收信息 |
| 教育信息 | （1）信息的内容和形式都有所变化，不同的传者、不同的信息载体，以其不同的方式传递着教育信息。教育信息不仅给受者带来新的知识和技能，还能够影响他们的思想和情感，进而改变他们的行为和习惯。（2）信息时代教育信息的选择方式和呈现方式逐渐多样化，影响着教育传播效果。如何在"保质""保量"的基础上，选择与信息相适应的教育传播媒体，使之更有效地传递信息变得很重要。（3）应该从教育信息的合理性、整体性、系统性、适量性、针对性、启发性等方面综合考虑如何更合理有效地传达教育传播信息，以达到更好的教育传播效果 |
| 教育媒体 | （1）传统教学媒体与新媒体交叉混合使用，能够增强学生的兴趣，增强他们的求知欲，也能够让授课教师将晦涩难懂的抽象知识用形象的手段展现，达到更好的传播效果。同一知识点可以用不同的媒介进行传递，这就需要传播者选择更有效的媒介，以便达到更好的传播效果。（2）如何利用新媒体更好地服务于教育传播，这就需要教育者在教育传播和选择媒介的过程中，除了要强调知识的传递，还要注重学生的心理发展需求，使受教育者的"身""心"能够得到全面的发展，应当从学生的知识水平、学校硬件设施、技术水平，特别是媒介属性来进行综合考虑 |

| 要素 | 内涵变化 |
|------|---------|
| 教育效果 | （1）信息时代教育传播效果优化研究多集中在对新型数字网络媒体的研究，涉及视觉和听觉，同时，提供的信息并不单一，而是对多种感官的综合刺激，使学习者获得更多的信息。（2）教育传播效果的优化，可以通过改善传播要素（主要包括传者、受者、媒介、环境等方面），以达到优化教育传播效果的目的 |
| 教育环境 | 信息时代教育传播环境与传统环境有所差别。对教育传播环境的文献研究多集中于对远程教育传播和网络教育传播的教育环境的考察。多媒体技术的发展必然丰富教育传播方式和教育信息内容，并使教育传播环境得到改善 |

## 二、信息时代教育传播模式研究的新发展

信息时代的教育传播已经突破了传统的以教师为传播中心、学生被动接受信息的线性单向的教育传播模式，转而呈现出多元化、混合式的发展，突出表现为"教师主导，学生主体"、传受双方平等互动的信息化教学活动，形成多元、双向、混合的复杂教育传播模式。[①]

### （一）信息化背景下教育传播模式的变化

信息时代，基于网络环境的教育传播现象发展尤为突出。网络教育传播作为一种新兴的教育教学手段，被广泛应用于远程教育，并引入传统课堂教育中。[②] 传播要素内涵的不断变化，对教育传播模式产生的影响也不容忽视。信息时代教育传播模式的特征及发展内涵，如表2所示。

---

① 胡钦太：《论信息时代的教育传播研究范式》，载《电化教育研究》2010年第12期，第5页。

② 刘晓丽、吕俊超：《网络教育模式浅析》，载《信息化教育》2010年第3期，第77页。

表2　信息时代教育传播模式研究的发展

| 特征 | 发展内涵 |
|---|---|
| 1. 传播媒体的多样化发展 | 与传统教育传播模式相比，新型教育传播模式中传播媒体这一部分变化较大。杨改学、俞树煜在《现代远程教育传播模式的选择与评价》中提出，卫星电视、计算机网络、有线电视网络、天地网合一、点对点的网络传播模式；北美学者 Jay M Lightfoot 提出，在网络如此发达的今天，人们面对面的交流与利用网络的信息交互在传播当中的差别较大；R E Clark 指出，社会发展、科技进步，多媒体、新媒体在教育传播中的应用，包括即时通信工具和流媒体的使用。同时，许多其他数字媒介和新媒体对教育传播媒体和环境产生影响，从而使得教育传播模式也相应改变 |
| 2. 受众反馈形式的多样化发展 | 国内许多学者将教育传播媒体的变更应用于教育传播模式中的反馈环节、传与受的过程可以同步进行。宋清阁在 E-learning 教育传播模式中利用网络媒介的虚拟学习环境，传受双方都可以随时掌握对方动态，同时接受着"网络媒介"的反馈。其中网络媒介被细分为 E-mail、BBS、博客、播客、数字电视等各种形式的信息反馈渠道 |
| 3. 受众范围的拓展 | 网络教育传播模式中的受教育者已不再是以往单纯的学生聚集群体，而是有一定目标的概念上的群体结构。杨小红将"自学者"概念引入受教育者部分，认为多媒体教学提供了更多的资源与交互的学习模式，为自学者提供了学习平台。清华大学徐楠指出，在网络远程教育传播中，受传者面对面的机会很少，他们是一个潜在的具有独特组织性的群体，成员间通过远程教育交互渠道形成联系。信息技术的发展，终身学习成为时代发展的必然趋势，在教育传播模式中受者范围拓展到了网络所能触及的社会群体中的任何人 |
| 4. 教育者与受教育者在教育传播模式中地位的变化 | 网络教育传播模式中，教育者与受教育者的地位都有了相应变化，传者与受传者之间不再是控制与被控制的关系，而是选择与被选择的关系。赵荣芬指出，在卫星电视教育传播模式中，学生可以在开放的环境中进行交流、合作、探究，其核心就是完成教师和学生在教学活动中角色的转变：教师从知识的传输者变为指导者，学生从知识的被动接受者变为知识的主动建构者。信息时代的教育传播模式中，传受双方的界限不再像以往那样泾渭分明，李默提出，当学习者遇到有价值的信息时，会随手摘录到自己的博客，博客是一个写作和记录的过程，在"写与录"的同时，人们调动自己的判断能 |

| 特征 | 发展内涵 |
|------|----------|
|  | 力、按照自己的方式进行表达。受教育者这一个体成为一个独立的教育传播系统。北美学者 Wenli Chen、Chee-Kit Looi 等重视对协同学习环境的研究，认为计算机技术在协同学习中起着决定性作用，网络技术与传统的面对面课堂的区别在于学生的自主学习、协同学习。还有学者开展了对教师教学主导性的相关研究，Randall E Croth 提出，教师应该利用计算机技术对教案、教学方式等进行改良 |

## （二）信息时代的教育传播模式

对受者进行研究后不难发现，信息时代的教育传播模式与传统模式的最大区别就是教学媒体多样化。教学媒体的多样化导致了师生关系的多样化、学生反馈信息方式的多样化。教育传播模式中变化最大的就是数字媒体技术（以计算机和网络技术为代表）的应用，教师不再对学生进行"填鸭式"教育，而是采用全新的教学模式、教学方法、教学设计思想。对于信息时代教育传播模式的变化，可以大致总结，如图 1 所示。

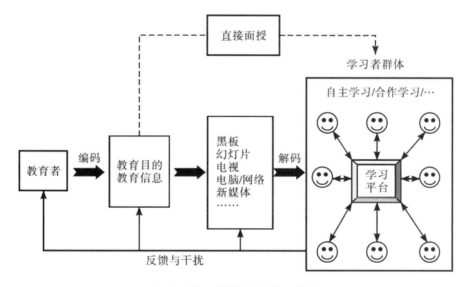

图 1　信息时代的教育传播模式

## 三、信息时代教育传播效果优化研究的新发展

教育传播效果优化研究是教育传播学相关研究中与实际应用结合最紧密的部分，也是教育传播学面向实用层面的研究重点。一般来说，教育传播关于效果的研究主要集中在对教育传播过程优化、教育传播模式改进和对传播各要素进行整合并有效利用的研究。教育传播的最优化包括选择与确定最优化的教育目标与内容，设计最优的媒体使用方案和教育实施过程，要求在同样的时间和效益条件下使学习者能够学得多些、快些、好些；提高教学效率，提升教育质量，扩大教育规模等。[①] 传播效果优化不只是局限在对某一方面进行改良，而是在于对整个教育传播过程和效果进行优化，以获得最优化的总体发展。具体体现为以下六个方面。

（一）教育传播者应该在教育传播过程中努力提升自身的信息传播能力

目前，信息流通迅速、获取信息的方式多样，传播者可以通过多种渠道提升自身素质，提高信息来源可信度及提高自身的学术修养和自身专业化水平，让受传者更好地接收信息，优化教育传播效果。

（二）善于发现受教育者中的"意见领袖"，并加以培养和运用

充分调动学生自主学习能力的同时，发挥学生的主观能动性，培养自主学习能力。在教育传播过程中，真正的"意见领袖"应该是教育者，教育者利用自己的学识和经历解读相关信息，传播给受教育者，使得信息接收者对某一领域从无知到有知，从浅知到理解。在信息传递的过程中教师还要随时注意学生的反馈状况，随机应变，在双向互动中达到理想的效果。教师还应该对学生进行积极引导和启发，注意培养受教育者群体中的"意见领袖"。信息时代的受传者能够拥有私下比较独立的信息传递和协作网络，可以充分利用已建立的互动信息网络，以及他们中有影响力的个人来带动整个群体的学习动力，以达到优化教育传播效果的目的。

---

① 黄鹂、吴廷俊：《教育传播学新探》，载《现代传播》2003 年第 1 期，第 46 页。

（三）依据学生的状况随机调整教育传播的方式、内容，使学生易于接受信息

"议程设置"理论强调在传播信息的过程中，信息发布者既能够影响人们接受何种信息，又能够影响他人如何思考信息内涵。教师应当充分调动自己的学术、实践水平以及利用一切教学设施，科学地进行教育传播中的议程设置，根据实际情况不断动态调整教育信息传递的过程，达到事半功倍的效果。

（四）提高教育传播信息的质量，使其具有科学性、理论性、综合性、系统性、结构合理等特征

教师对教育传播信息的选择，直接影响学生接受信息的最终效果。目前，对于教育传播中信息的传递应考虑以互动、开放、动态的形式，有利于学生对信息的理解、参与和主动吸收。[1]

（五）在远程教育传播中，应该充分发挥媒体技术对教师的"代言人"作用，代替教师与学生面对面进行交互，利用技术来调动学生的学习激情[2]

如何科学合理地组合和使用媒体，也是提高教育传播效果的有效方式。利用网络构建的知识信息平台，使学生置身于知识网络中，能够更有效地达到远程教育传播的目的。

（六）构建良好的教育传播"虚拟环境"

在信息技术支持的教育传播中，信息发布者应努力构建良好的信息发布形式，既能够做到互动传播，又能够让受教育者自主选择信息，理解信息内涵，提高教育传播效果。

① 张振伟：《提高教育传播效果的途径分析》，载《文教资料》2008 年第 12 期，第 103 页。
② 谢江田：《浅析远程教育传播科学研究特点及现状》，载《现代教育技术》2003 年第 2 期，第 17 页。

## 四、信息时代教育传播理论与研究方法的新发展

### （一）研究理论的新发展

当前，教育传播研究仍然以教育学和传播学为主要理论根基，同时也吸取了信息时代出现的一些新的理论成分，例如建构主义理论、协同教育理论、网络说服理论等。教育传播学引入了心理学中的建构主义理论，更加强调在信息传播过程中学生对信息的主动获取和自主理解。协同教育理论则是在新时期教育信息系统外延扩大的基础上提出的，它使"教育传播系统研究，从学校教育扩展到家庭教育和社会教育，以及三个子系统之间的互动关系"，[①] 更加强调三大教育传播系统的共同作用、资源共享，取得最佳效果。网络说服理论是从计算机学科引入到教育传播学研究的，主要是从说服理论的角度来探究网络环境下的教育传播媒体、传播环境和传播效果之间的关系。[②] 总体而言，信息时代教育传播学的理论研究发展仍然较为缓慢。然而，尽管原创性较弱，但发展潜力仍然很大。特别是在各种新型媒体广泛应用于教育传播的背景下，结合各种大众传播理论研究成果来充实和发展信息时代的教育传播理论研究，具有很大的发展空间。

### （二）研究方法的新发展

信息时代，由于教育传播与社会学、计算机等学科之间的交叉和融合，也给教育传播的研究方法带来了一些新的启示。黎加厚等在《网络时代教育传播学研究的新方法：社会网络分析》中，详细阐述了社会网络分析方法的起源与发展，提出了将社会网络分析方法应用于网络虚拟社区中的人际交流和信息互动，用于描述和测量网络社群成员之间的关系，并用社会网络分析方法研究了苏州教育博客学习发展共同体。[③] 欧阳康等

---

① 李运林：《教育传播研究：重要性与新领域》，载《电化教育研究》2009 年第 3 期，第 10 页。

② 欧阳康、汪瑜敏：《试论信息化环境下的教育传播》，载《电化教育研究》2008 年第 12 期，第 16 页。

③ 黎加厚、赵怡、王珏：《网络时代教育传播学研究的新方法：社会网络分析——以苏州教育博客学习发展共同体为例》，载《理论探讨》2007 年第 8 期，第 13 页。

在《试论信息化环境下的教育传播》中，将计算机说服理论和无尺度空间研究纳入了信息化环境下的教育传播研究之中，突破了以往教育传播的单向信息流动，为网络环境中的教育传播研究提供了新的思路和方法。① 王卫军等学者则将现代符号学纳入教育传播的研究视野中，创新了教育传播研究方法的视角：符号学派更加侧重于文本分析，将信息、知识内容符号化，形成形象的符号解读，是符号学对教育传播研究方法的重要贡献；符号学研究思维还有利于教育传播研究的定性分析，能够做到将定量研究与定性分析有机结合。② 此外，教育传播学还不断借鉴了传播学中批判学派的研究方法。例如，邱婧玲在《传播学批判学派学术思想及对教育传播的启示》中提出，教育传播研究方法需要更多地运用批判学派的学术思想从为什么的角度进行思考，引入传播学批判学派的思路、文化背景和研究方法，来培养学生的批判精神，从而提高学生的创新能力，在复杂的社会观念中培养学生正确的价值观。③

## 五、结语

目前，综观各种研究新成果，我们看到，信息时代的教育传播研究取得了不少成绩，但也还存在着研究的局限性。时代的变迁，给教育传播系统、要素、模式、效果优化等方面赋予了新的内涵，教育传播的相关研究已经不能再局限于传统环境和视野，而是要拓展到教育的方方面面。在信息化环境下，充分吸取各个学科的有益成分，持开放包容的心态，为教育传播研究提供更多的研究切入点，才能促进教育传播理论与实践研究的长远发展。

（原载《电化教育研究》2011 年第 11 期）

---

① 欧阳康、汪瑜敏：《试论信息化环境下的教育传播》，载《电化教育研究》2008 年第 12 期，第 16 页。

② 王卫军、俞树文、王文君：《教育传播研究的现代符号学视角》，载《电化教育研究》2007 年第 8 期，第 18 页。

③ 邱婧玲：《传播学批判学派学术思想及对教育传播的启示》，载《理论探讨》2009 年第 10 期，第 27 页。

# 信息时代语境下教育传播过程的重构

　　教育传播过程是指教育者借助教育媒体与受教育者进行教育信息的传递和交互的动态过程。① 教育传播过程包含教育者、受教育者、教育信息、教育媒体、编码、译码、噪声、反馈与效果等基本要素。传播过程具有动态性和序列性，即教育者、受教育者的意义或精神内容的双向互动，并且传播过程的各要素按信息的流向依序执行各自的功能，相互作用的各要素之间具有层次性和结构性。② 学者对教育传播过程的研究主要包括教育传播过程的阶段分析和教育传播过程的设计等。信息时代环境下教育传播的语境发生了变化，其变化活跃了教育传播的生态，影响了教育传播过程的各要素。

## 一、信息时代教育传播语境的变化

　　教育传播活动是在一定的环境中发生的，环境对教育传播的效果具有重要的影响。在信息产生、传输、获取等发生剧烈变化的信息化环境下，教育传播原有的规则和运作方式受到了极大冲击。教育传播更强调受众的小众化、个性化、多元化、互动性和参与性等。

### （一）信息时代知识观的改变

　　知识观是人们对知识本质、来源、范围、标准、价值等相关方面的各种看法、信念以及相应的知识运用与知识创造行为，它伴随着知识的积累，是人们对知识的一种意识和反思。③ 信息时代的知识激增，具有共享性和重复使用性等特点，因此从知识的积累转变为知识的创新尤为重要。

---

① 胡钦太：《信息时代的教育传播》，科学出版社 2009 年版，第 39 页。
② 南国农、李运林：《教育传播学》，高等教育出版社 2005 年版，第 20 页。
③ 吴忠才：《当代知识观及其对教学观与教学行为的要求》，载《教学与管理》2008 年第 12 期，第 17 – 19 页。

教育的核心任务也正是要培养具有创新精神、创新意识和创新能力的新型人才。

## （二）教育传播的范围扩大

信息技术为知识共享和跨时空交流提供了便利，任何一个能接触网络的人都有可能成为终身学习的成功响应者，学习者可以随时随地随意地浏览各种网络信息，检索和利用自己所需的各种信息。媒体的多样性发展，使人们接触媒体的机会增加，为社区教育、社会教育提供了便利。

## （三）教育者和受教育者平等参与教育传播过程

传统的教育传播是一种不对称的状态，提供信息的教育者处于相对强势。信息时代语境下，信息传递渠道的多样化、信息传递数量的极大化，使得信息接收方可以选择更适合自己喜好、更易于理解的传播方式。教育者和受教育者的进入门槛大大降低，参与者都有可能把握"话语权"，教育者和受教育者平等参与教育传播过程。在参与过程中，教育者和受教育者能借助利用信息技术构建的虚拟情景开展交流，进行同步和异步双向沟通，包括使用教育网站、教育软件和课程、网络学习平台等实施教学，让受教育者参与网络建构的情景沟通和学习。

## （四）教育传播信息的选择与获取自主化

在信息化的环境中，教育信息的发布和获取不受时间的限制，受教育者具有很大的自由度，能更充分发掘个体参与的积极性和主动性。在信息化环境下，教育传播的多中心化、分散互动性表现得尤为明显，受教育者由被动接受信息的单向传播向主动的双向和多向传播转变。

## （五）分众传播的出现，教育传播凸显个性化的诉求

信息能有效到达受教育者的前提是教育者需要关注和了解目标人群的个性背景和心理需求，根据受众的需求，提供个性信息服务。在海量的教育信息中，围绕教育主题汇聚相关的教育信息是极其必要的。在新型的推送技术机制下，可以通过网络平台来定制个性化的信息服务，满足不同受教育者的个别化需求，提供准确的信息服务，或通过对受教育者个性、使用偏好的分析而主动地推荐其可能需要的信息服务。

## 二、信息时代教育传播过程的要素变化分析

### （一）教育者从"把关人"变成"引导者"

#### 1. 从信息的直接传播者到学生的引路者

利用新媒体，教师转变成学习活动的组织者、指导者，学生是信息加工的主体和知识的主动构建者。教师的主要职能由"教"变为"导"，教师的职责不再是单纯的知识传授，而更多地体现为根据学生的个体需要和个体实际筛选组织教学内容、进行教学设计。教师"导"的职责主要表现在引导与指导、辅导与教导。教育者帮助受教育者制定恰当的学习目标，培养学生形成良好的学习习惯、掌握正确的学习方法和策略，使学生能借助新媒体、新技术完成学习任务，努力提高和发展学生的知识能力。

#### 2. 课程资源的设计者与开发者

信息技术使教育传播不受书本的局限，拓展了教学活动的物理时空，学生学习的目的也不再是记忆多少知识，而是提高筛选、分析、加工和应用信息技术的能力。教育者应以科学的教育理论为指导进行课程设计和开发，对知识进行重新认识和定义，改革和创新传统的课程内容。

#### 3. 信息时代的"受传者"

以信息技术为基础，能建立其互相沟通和交流的关系。作为信息时代教育传播活动的主要参与者，教育者从知识的传者变为教学反馈、学习新信息的受者，并努力转变为新型的传者，需要做以下准备：观念与态度的转变、知识构成的改变；提高教育者传播意识，掌握信息传播技术以实现通过网络与学生实现平等对话；提高教育者的信息素养，以使教育者能通过信息技术了解新教学方法和优秀教学案例。

### （二）受教育者由被动变成主动

#### 1. 受教育者获取信息和知识的途径发生变化

受教育者获取信息的渠道增加，包括从经验世界中获取信息和知识（在做中学习）、从语言文字世界中获取信息和知识（在书中学习）、从虚拟世界中获取信息和知识（在数字化环境中学习）、从自我内心世界中获取信息和知识（自主学习）。信息化工具进入教育传播过程，为受教育者

学习提供了主动学习的便利和保障。

### 2. 受教育者学习方式的多样化

受教育者通过利用电子图书馆、地区或学校教育资源库、视听觉媒体、各类搜索引擎及社会性软件等多种工具和途径进行学习。数字化的学习方式变得多样化，有利用数字化资源进行情景探究学习，有借助资源、依赖自主发现的探索性的学习，有利用网络通信进行合作、探讨式的协商互助的学习，有利用信息工具进行创新性、实践性的问题解决的学习等。[①]

### 3. 受教育者对话语权的掌握

受教育者的话语权是指学生这一特殊群体在教育活动中，尤其是在课堂教学中所具有的表达自己的思想、情感和见解的权利；[②] 在信息时代，受教育者的话语权更多地体现在"信息的创造"层面上，既包括课堂内外表达思想、情感、见解及参与讨论的权利，也包括受教育者利用现代化教学媒介进行信息创造及传播的权利；体现在受教育者既是意见的发出者，也是信息的再造者和传播者。作为"意见的发出者"，受教育者可以借助信息技术发出自己的"声音"，由被动接受转向"主动参与"。作为"信息的创造者"，受教育者在网络学习活动中，学习主体通过自我意识系统，实现人脑对信息的输入、加工、存储、输出的自动控制。互联网技术让学习成为一种自我教育的传播，受教育者需要在网络中探索答案，而这一过程有赖于学生的个体意识的发展。

受教育者在信息技术环境下获得了更多的主动选择、建构知识、技能的机会，为了保证教育传播过程中的教育质量，应培养受教育者的信息获取能力、识别能力、处理能力、免疫能力、创造能力、传播规范意识。

### （三）教育传播中意见领袖的角色多元化

传播学者李普曼认为："在任何组织中，都有一些确立了地位的领导人，他们有着极大的天然优势。他们被认为享有更好的信息资源……因

---

① 李克东：《数字化学习（下）——信息技术与课程整合的核心》，载《电化教育研究》2001 年第 8 期，第 18 – 22 页。

② 徐祖胜、商秀梅：《学生话语权的缺失及建构》，载《沈阳教育学院学报》2007 年第 8 期，第 84 – 86 页。

此，他们更容易受到注意，说话的声调更容易令人信服。"[1] 在教育传播过程中，意见领袖是教育信息的加工者、传播者，学习社群中的舆论引导者，虚拟社区的维系者。基于网络环境的教育意见领袖更具有多重角色特征，基于网络的意见领袖是信息加工者，因为他们往往率先获知信息，成为网络教育传播过程中的第一层受众；同时，他们也是下一级传播的传播者，充当信息的"把关人"，在信息二次传播过程中，由于网络的自由性，他们会基于自己的知识基础进行信息重构。

在信息时代的教育中，教师间、师生间的关系出现新的转变，信息技术与环境给一般教师和学生及其他知识享有者以表达的机会，在教育传播中意见领袖的角色也出现草根化、具有相对的匿名性。意见领袖的出现导致在平等接触网络的机会上，每个人在教育传播过程中具有不同的影响。意见领袖在虚拟社群中具有维系参与者人际关系的作用，是教育信息传播的枢纽。

## （四）教育信息数字化

信息时代产生了一批新媒体，加速了信息产生、传播、加工处理的速度和质量。通过各种媒体呈现在学生面前的教育信息是丰富而多样的，教育传播进入泛信息化时代——教育信息不止包括课本上呈现的内容，各种有助于学生发展、知识结构完善的信息，都被归入教育传播信息的范畴。教育信息建设的模式也不断更新，如商业教育资源开发、国内外网络课程、立体化教材建设、远程教育资源库建设等，使教育信息资源极大丰富，一定程度上实现了优质资源共享，为改变传统教学模式、促进学生自主学习、实现教学效果优化提供了支持条件。

## （五）教育媒体由单向媒体变成多向媒体

与传统媒体比较，信息时代的教育媒体呈现了新的特点。

### 1. 媒体自身多元化

施拉姆认为，我们在媒介或直接经验中不断学习。戴尔提出教育教学应该从具体经验入手，而教育信息的抽象程度取决于教育媒体存储加工的

---

[1] ［美］沃尔特·李普曼：《公众舆论》，阎克文、江红译，上海人民出版社2006年版，第181页。

符号形式。在教育传播的新媒体中，呈现信息的符号形式有文字、图形、图像、视频等生动的感知觉形象，有的还能再现或模拟学习情境。多样化的教育信息呈现方式，能够为学习者提供各种类型的学习经验。

### 2. 媒体为使用者提供个性化服务

新媒体技术能够提供点对点、高针对性和适用性的信息传输服务，如语义网络技术能够根据对元数据的分析，有效地促进人与计算机之间的交流和协作，实现教育资源的个性化"推""拉"服务。

### 3. 媒体为资源的开放与共享提供可能

新媒体技术的信息传递，已不再是单向、线性的发布和接收，而是呈现出网状的多向流动，为教育者和学习者提供了平等交流、共享资源的开放平台，实现了观点的碰撞、思想的交锋以及师生之间的良性互动。

## 三、信息时代教育传播过程模式

对教育传播过程模式的研究，有拉斯韦尔模式、香农－韦弗模式、奥斯古德－施拉姆的循环模式及贝罗的 S－M－C－R 模式等几种著名的经典传播模式。在信息化语境下，教育传播过程中各要素发生了变化，其传播过程模式也随之发生改变，以下分别从面对面教学、远程教育、Web 2.0 非线性双向互动的教育进行分析，其过程模式分别如下。

### （一）面对面教育传播过程模式分析

在信息化语境下，教育者和受教育者平等参与教育传播过程，教育传播信息的选择与获取自主化。教育传播过程要素中，教育者从把关人变成引导者，受教育者由被动变成主动。据此，对奥斯古德－施拉姆的循环模式进行改进，教育者和受教育者在此过程中是对等的地位。面对面教育传播过程模式如图 1 所示。

在面对面教育传播过程模式中，主体包括学生和教师，处在一个互动循环的状态。在传播过程中，教师和学生各自的活动过程始终伴随着自我调控，包括态度、情绪等。

### （二）远程教育传播过程模式分析

远程教育是以媒体为中心的一种传播方式，但在这种传播方式中，教师难以及时获取教学反馈信息，不能及时调整教学内容和方法，对教育传播的优化产生负面影响。借助网络技术的发展，远程教育的及时反馈可使这种传播方式得到很大的优化。结合施拉姆大众传播模式与奥斯古德－施拉姆人际传播模式在远程教育中的应用，可以建构具有大众传播和人际传播综合特性的远程教育传播过程模式，如图2所示。

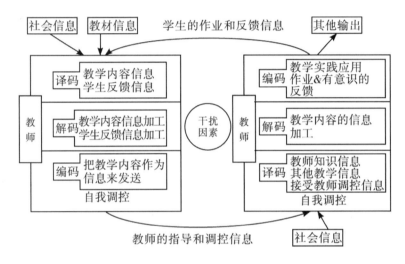

图1　面对面教育传播过程模式

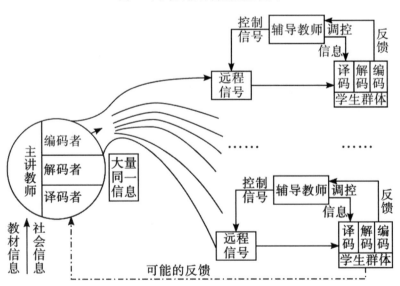

图2　远程教育传播过程模式

该远程教育传播过程模式中的要素包括主讲教师、辅导教师、学生群体；教师和学生同为译码者、编码者和解码者；该传播过程分为两个阶段，即主讲教师单向传播及辅导教师和学生的双向传播；反馈主要集中在辅导教师和学生。

## （三）Web 2.0 非线性双向互动的教育传播过程模式分析

典型的 Web 2.0 应用包括 Blog、Tag、SNS、RSS、Wiki、Pod-casting、Social Bookmarking、IM、Mash-up 等。[①] 其非线性的传播方式，强化了教育中传者和受者的相互作用，有利于知识在师生之间的意义建构。

### 1. 基于博客的教育传播过程模式

基于博客的教育是传受主客体统一的教育传播方式，是个体性与共享性统一的教育传播方式，是双向和多向反馈的教育传播方式，是"面"到"面"的教育传播方式。模式中，包括信息发布者、信息接收者、信息评价者，体现了网络传播的多重"个性"，形成了基于虚拟网络的社交网络。在这种传播结构中，任何一个节点都能接收、产生和发布信息，信息以非线性方式流入网络，其模式如图 3 所示。

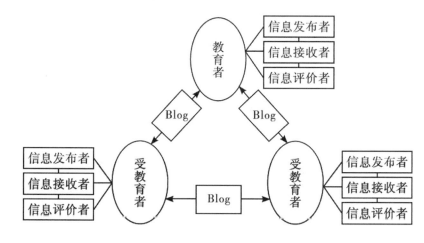

图3　基于博客的教育传播过程模式

① 张学波、林秀瑜：《信息化环境中的教育传播实践应用模式研究》，载《电化教育研究》2011 年第 9 期，第 37 – 40 页。

### 2. 基于 SNS 的教育传播过程模式

SNS 是多中心的一对多式传播，是网状链接的裂变式传播。[①] 其教育应用有组建班级社区、协作学习、元认知训练、学术专题讨论、会议后台交谈、项目管理工具及搭建个人学习网络等。[②] 以教育信息中的知识点为话题，形成链接的中心，建构基于 SNS 的教育传播过程模式，能实现教育信息在教育者和受教育者之间的深入互动。（见图 4）

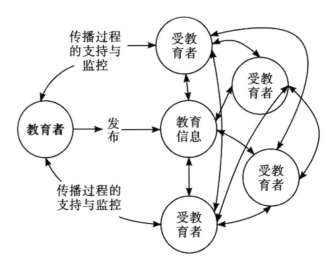

图 4　基于 SNS 的教育传播过程模式

## 四、结论与探讨

信息技术的变革，引起教育传播过程相关要素发生改变，促成了教育传播过程及其模式的重构。在信息时代的新语境下，媒体生态极其活跃，需要重新审视教育传播过程、教育传播模式。

---

① 袁立庠：《微博的传播模式与传播效果》，载《安徽师范大学学报（人文社会科学版）》2011 年第 6 期，第 678－683 页。

② 郁晓华、祝智庭：《微博的社会网络及其教育应用研究》，载《现代教育技术》2010 年第 12 期，第 97－101 页。

（一）信息时代教育传播过程模式的新发展

**1. 信息时代面对面教育传播过程模式是对原有模式在"对等的主体"方面的拓展**

本研究中面对面教育传播过程模式是将原有的面对面教育传播模式与奥斯古德和施拉姆传播模式进行整合，提出了学生与教师在此过程中是"对等的主体"。因为，不论是教师还是学生，都要完成对信息的接受、处理与发送任务，在本质上，他们都是教育传播的参与主体。学生在教育传播过程中的角色和任务主要包括：首先，学生充当译码者的角色，是信息的首次接受方，接收的信息有教学信息、教学管理信息、社会信息等；其次，学生充当教育传播的解码者，对教师教学知识内容进行理解、加工和记忆；最后，学生也是这一过程的编码者，将学习的效果有意识地反馈给教师，或者反馈给社会，其反馈形式包括考试、作业等。除此之外，学生的反馈还包括无意识的表情、动作等。

**2. 信息时代远程教育传播过程模式中融合了人际传播与大众传播**

本研究中，结合施拉姆大众传播模式与奥斯古德－施拉姆人际传播模式提出的远程教育传播过程模式分别对应主讲教师与学生、辅导教师之间的大众传播及辅导教师与学生之间的人际传播。为此，本研究将远程教育分成了两个阶段：第一阶段是主讲教师将教学信息单向传播给辅导教师和学生群体，第二阶段是辅导教师和学生群体之间的信息双向传播。在此模式中，发挥辅导教师的"桥梁作用"，使其成为改善远程教育教学传播效果、实现有效教学传播的根本途径。

**3. Web 2.0 非线性双向互动的教育传播过程模式的社会网络互动**

博客、SNS 等是 Web 2.0 中具有典型性的一种社会新软件，是一种可读、可写的社会化信息传播工具。其传播过程使教师的主导作用和学生的主体地位都能充分体现出来，弥补了 Web 1.0 中"人—机"交互的不足。Web 2.0 的个体性支持了个体的自我表达，促进个体价值实现；同时，其共享性保证了个体之间的深度交流，促进了群体中隐性知识向显性知识的转化。在传播方式上，Web 2.0 非线性双向互动的教育传播过程模式是"面"到"面"的传播，一方面，教师发布的信息是以"面"的方式发布，学生获取的信息也是多途径的"面"接收；另一方面，学生获取信息后，经过再加工，重新发布的反馈信息也是"面"到"面"的传播。

（二）信息时代语境下的教育传播过程重构的特点

### 1. 信息时代语境下的教育传播过程更重视个体的发展

在传播过程中，信息时代下的媒体技术更利于个体的表达。个体通过信息传播技术，获得"以人为本"的发展。在教育中，教育者和受教育者通过信息技术获得知识的建构，在教育传播过程，关注个体的需求，满足个性化的发展。

### 2. 信息时代语境下的教育传播过程，体现了人与技术的双向互动

对技术而言，教育者和受教育者是利用技术的主体；对教育者和受教育者而言，技术是客体。主体与客体之间的互动，能更有利于达到利用技术的目的。在信息化的教育传播过程中，教育者、受教育者可以便利地与技术发生互动，对技术加以改造，以适应教育传播过程，达到优化教学效果的目的。

### 3. 传播技术的变迁促进教育传播过程的重构

技术的发展与变迁，促进了人类文明的进步。传播技术不断更新，教育传播过程在不断地发生变化，特别是进入信息时代后，教育传播过程在发生重构。例如信息时代知识观的改变、教育传播的范围扩大、教育者和受教育者平等参与教育传播过程、教育传播信息的选择与获取自主化、分众传播的出现，教育传播凸显个性化的诉求等，这使得教育更注重人的发展，更利于人的发展。

除了以上的分析和研究，还需要从多学科汲取养分。例如从社会性网络、计算机说服理论、无尺度空间、协同教育理论等为视角，探讨基于社会性软件的学习模型、网络教学传播中的符号问题、在教育传播研究中对不同文化背景受众的意义阐释进行归因、剖析传播思想及研究范式发展历程，为教育传播研究寻求新的突破口。

（原载《中国电化教育》2012 年第 6 期）

# Web 2.0 环境下微博的教育传播效果研究

Web 2.0 环境下新技术的应用形式，为教育传播的应用和研究提供了新视角，改变着教育传播模式、应用方式及传播效果。Web 2.0 的教育传播正走向结合多种工具来提高教与学的效果。例如除了将博客作为个人写作交流的工具外，还开始运用 Google Group 邮件列表进行群体集思广益的研讨、利用 Wiki 进行网络内容的结构化整理等。①

作为 Web 2.0 的新生事物的微博，是信息时代获取、传播、分享信息的平台，是一种全新的信息交流手段，正成为当下新宠。它最大的特点是灵活的双向传播属性——能随时随地实现一对一、一对多的信息反馈，极大程度地拓宽信息回流渠道，使得教育传播效果产生巨大的变化。

## 一、研究问题的提出

纵观大众传播效果研究，它们都是在传统媒介环境下产生的，也就是说，他们体现的是大众传播在单向传播模式下的效果。1949 年，香农（Claud Shannon）和韦弗（Weaver）在《传播的数学理论》（*Mathematical Theory of Communication*）中首次提出单向线性传播模式的概念，这就是著名的"香农 – 韦弗模式"。② 它描述了信息从信源通过媒介到达信宿的单向传播过程，体现了在传统媒介环境下信息传播的基本形态。所有的效果研究的出发点与最终目的，都是研究媒介信息在这个模式下所能得到的传播效果。

互联网从 Web1.0 过渡到 Web 2.0，经历了从关注数据到关注人的核心理念的转变，而 Web 2.0 时代的微博学习特征主要表现为允许学习者

---

① 庄秀丽：《Web 2.0 教育应用现状概述》，载《中小学信息技术教育》2009 年第 6 期，第 5 – 6 页。

② 殷晓蓉：《传播学史——一种传记式的方法》，上海译文出版社 2005 年版，第 366 – 367 页。

从任意角度、任何层次以适合自己的方式切入，以促使学习者的学习更有效、更容易发生。① 微博的裂变式、多中心式对传播效果产生了巨大的影响。② 基于此，本研究开展微博教育传播效果的实验研究，有针对性地考察微博的"聚合"、促进师生之间的交流、实现资源优化配置和共享等传播效果。

## 二、微博教育传播效果研究的类型分析

根据不同维度，传播效果的研究类型有不同的分类：按出现时间划分为现实效果和潜在效果，按持续时间划分为长期效果和短期效果，按与传播者意图的关联划分为预期效果和非预期效果，按效果性质划分为正效果、负效果和逆反效果，按区别媒介影响力的作用范围划分为对受众个体的影响、对小团体及组织的影响、对社会机构的影响、对整个社会或整个文化的影响等。

英国的传播学者麦奎尔对媒介的传播效果做了其外在形态、内在性质两方面的划分。从传播效果的外在形态看，有三个层次：媒介的"效果"、媒介的"效能"、媒介的"效力"。从传播效果的内在性质看，有四个层次：心理效果、文化效果、政治效果、经济效果等。③ 英国学者戈尔丁从时间和意图两个维度，对传播效果做了时间与意图上的交叉分析，将大众传播的效果分为短期预期效果、短期非预期效果、长期预期效果、长期非预期效果四种类型，如图1所示。

从对传播效果的认识过程来看，可分为两种情况：一种强调传播过程中各要素的作用，以及这些要素对受众带来的影响，称作传播过程效果；另一种强调传播活动对受众及其周围环境、对整个社会的宏观影响，并强调这种影响带来的结果，称作传播社会效果。传播过程效果分析将传播活动看作一个动态的行为过程，传播活动中的各个要素，包括传播者、传播

① 林书兵、徐晓东：《微博及其教育应用探析》，载《电化教育研究》2010年第3期，第16－20页。

② 袁立庠：《微博的传播模式与传播效果》，载《安徽师范大学学报（人文社会科学版）》2011年第11期，第678－683页。

③ 寇功杰：《我国博客及其传播效果研究》（学位论文），华东师范大学2009年。

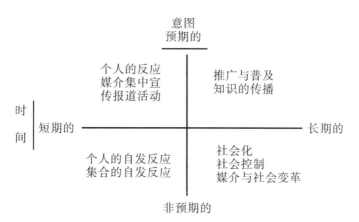

意图
预期的

个人的反应
媒介集中宣
传报道活动

推广与普及
知识的传播

时　间　短期的 ————————————— 长期的

个人的自发反应
集合的自发反应

社会化
社会控制
媒介与社会变革

非预期的

**图 1　戈尔丁对传播效果类型的划分**①

内容、传播媒介、传播技巧、干扰因素对传播的结果产生影响，并且这种
影响是诸要素相互作用的结果。社会效果分析有两种模式：心理动力模式
和社会文化模式。②

　　分析以上效果研究的类型，结合微博的自身特点，本研究从以下维度
来分析与考察微博的教育传播效果：①出现时间与持续时间、与传播者意
图的关联（预期或非预期）、性质（正效果还是负效果）、媒介影响力的
作用范围。②从传播过程效果分析，即考察在传播过程中每个要素在传播
活动中的地位和作用，以及对结果的影响；传播过程的每个环节对结果的
影响。由于微博赋予受众的自由性与主动权，考察将会侧重传播过程中各
要素、各环节对受众心理产生影响以及带来的行为变化。③传播社会效果
分析，即考察微博的宏观效果，考察教育微博对学生之间、师生之间、集
体态度、集体行为等的整体影响，以及对其他有关人群和环境的影响。

## 三、基于微博的教育传播应用效果的实验框架

　　本研究选取某大学"国际金融 2009 级 B 班"的"国际金融"课程中
"汇率与外汇"这一单元的学习展开实验研究。

---

① 郭庆光：《传播学教程》，中国人民大学出版社 1999 年版，第 190 页。
② 屠忠俊、吴廷俊：《网络新闻传播导论》，华中科技大学出版社 2002 年版，第 220 页。

（一）实验假设

为了更有针对性地考察微博教育传播的效果，设计实验假设如下。

（1）微博传播具有较好的"聚合"效果，在教育微博传播实验中，爱好、观点相近的人更容易彼此接近。

（2）由于微博的开放性、资源的丰富性与受众选择空间的庞大，教育微博内学习与社交的小圈子更容易自发形成。

（3）教育微博使用过程中，学生与教师的传播主客体地位相互转化，教师不再是唯一的传播主体。

（4）微博平台上，师生之间、学生之间呈现自发、密集的交互状态。

（5）信息流动快速且流向具有针对性，优化学习资源的配置，促进资源共享。

（二）实验对象

本次实验的研究对象选择如下。

（1）实验对象：某大学国际经济与贸易专业本科 2009 级 B 班。

（2）参与人数：38 人（含教师 1 人）。

（3）所选课程：国际金融。

（4）使用媒介：新浪微博。

"国际金融"是国际经济与贸易专业 2009 级 B 班的专业课程之一。国际经济与贸易专业 2009 级 B 班一共有 49 位同学，其中有 37 位能随时使用微博来传递和接受信息并愿意参与本实验研究。

（三）实验的设计与实施

### 1. 实验设计

（1）国际经济与贸易专业 2009 级 B 班"国际金融"课程的代课教师注册一个微博作为交流平台，并"关注"参与实验的所有学生，以便随时观察每位学生动态，与学生进行交流。

（2）微博的使用与该课程的学习同步进行，并且使用时间覆盖该课程学习的一个完整周期，即微博开展贯穿该课程某一单元的完整教学。

（3）在微博上开展的主要活动是与该课程有关的资料分享、问题答疑、主题讨论活动等，作为该课程课堂学习的补充。

（4）在实验过程中，分析教师微博主页上更新的所有学生与教师的帖子，并根据发帖的时间、方式、性质、内容对其进行分类。并对各类别帖子的发帖数量、发帖频率、发帖时间加以分析和对比。

（5）实验结束后，在数据分析与教育微博使用状态观察的基础上，总结微博教育应用实验的效果。

**2. 实验实施**

（1）实验准备。开通"国际金融09级B班"新浪微博，作为教师微博；参与本次实验的所有学生均开通新浪微博服务，并具备随时上微博的必备条件。

（2）确定实验内容。在本实验中，使用微博作为交流工具与讨论、资源分享、答疑、活动通知、小组辩论平台，辅助"国际金融"课程的学习，与课程中对"汇率与外汇"这一单元的学习同步进行，完整涵盖这一单元的学习过程。

（3）实验要求。每项活动均是学生自由参与，教师可以随时浏览监督学生微博，每天中午12点和晚上12点对微博主页上更新的帖子进行记录和整理。

（4）数据收集与分析。从2011年2月19日，到2011年3月12日共计22天的实验期间，微博"国际金融09级B班"，每天记录教师微博的发帖内容和数量，共计有3867条帖子。这些帖子部分是在学生自己的微博上评论或转发，但都由被"关注"这一功能链接到教师微博上。因此，在教师微博的主页可以收集到所有的学生发帖动态。从传播形式与特征上看，它们可分为是否含有超链接、是否转发、是否评论，是否发言（不包括评论）。从传播内容上看，收集到的微博可划分为主题讨论、小组辩论、提问与答疑、私人对话、资料分享和通知。

# 四、基于微博的教育传播效果分析

本研究根据实验数据与观察结论，分别从时间、效果产生的路径、与传播者意图的关联（预期或非预期）、性质（正效果还是负效果）、媒介影响力的作用范围等五个方面来考察微博教育传播的效果。

（一）从效果开始时间与持续时间维度，分析微博教育传播效果

在本次微博教育传播实验中，从第一条反馈帖子的发出开始，就可以说微博教育传播的效果产生了。然而根据实验数据分析，学生参与度的显著提高却是在实验进行三天以后，在主题讨论活动的引导下产生的。从讨论活动开始后，在外力干扰并不大的情况下，微博发帖数量持续快速增多，如图2所示，发帖量曲线从平缓到陡峭，需要一定的效果反应时间。

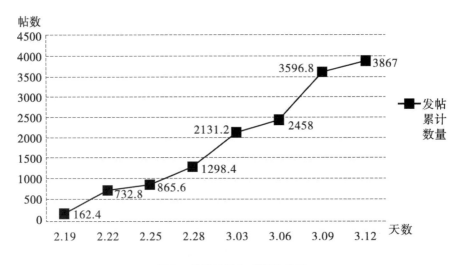

图2　总发帖量与时间的关系

（二）从效果产生的路径维度，分析微博教育传播效果

由于微博教育传播中信息传播在每一个节点、每一个用户端都可能产生分流，每一条微博都可能带来不同节点的反馈与新信息的产生，因此在网状传播的状态里，直接效果和间接效果是同时存在且相互影响的。从实验微观效果分析微博教育传播效果产生的路径，可见效果产生的路径呈现多样化、直接间接效果同时产生并相互影响。微博教育传播中效果产生的反应机制如图3所示。

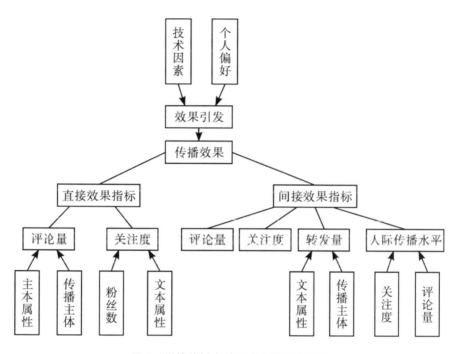

图3　微博传播中效果产生的反应机制

从效果产生的路径来讲，首先微博教育传播效果受技术因素（即传播工具、传播手段等）的影响，以及信息传播者个人偏好的影响，在信息发出后，信息在微博传播中会沿着两个方面的路径产生影响：一是直接效果。衡量微博教育传播的直接效果分为两个阶段，第一阶段是在信息从以微博途径发出后，在评论量、关注度等方面的变化；第二阶段是对评论量的文本属性与传播主体产生的影响，以及粉丝数量、文本属性形成的关注度。评论的文本属性包括作者态度（即作者褒或贬、接纳或排斥的态度）和文本形式。二是间接效果。间接效果分为两个层次，第一层次是对信息的评论量、关注度、转发量、对此信息的人际传播水平，比如在微博上看到的信息，口耳相传给朋友或同学，使更多的人上网浏览该信息，以引发更多的回复与评论；第二层次是转发量的文本属性与传播主体，以及人际传播水平带来的更多关注度与评论量。

### （三）从传播者意图的关联维度，分析微博教育传播效果

从这个角度分析微博教育传播的效果，主要是考察微博教育传播是否达到了传播者意图的预期效果。第一，在本文微博教育传播实验中，根据该课程任课教师介绍与以往参与教育博客相比，学生更加积极。在2009级B班的"国际金融"课上，该教师曾使用过教育博客，本意是用作集体讨论与收发作业。在收发作业方面收到了比较理想的效果，然而在主题讨论方面，讨论不够透彻，无法吸引学生的持续关注。而在微博讨论中，教师往往不需要太多督促，发帖量随着时间推进自然上涨，虽然私人对话的成分多，但是参与学习讨论的绝对数量也不在少数（22天时间内主题讨论帖达到1401条），开展集体讨论的效果远远好于教育博客。第二，在微博上对主题讨论的参与度明显高于班级讨论，参与讨论的绝对人数提高了。据任课教师观察，以往在课堂讨论中，积极发言人往往是固定的几个学生，大多数人都比较沉默。而在微博教育传播中，实验过程中的22天内，几乎每个人都有发言，甚至平时沉默寡言的人在微博上都有积极表现。第三，微博的教育应用方便教师对每个学生的表现进行全面考察。教师只需打开学生微博主页，便可了解学生在实验期间内包括发言、评论、转发、关注等行为。但微博的微内容特征，使微博留言的表象呈现碎片化状态，给教师在观察和考评上造成了一定障碍。同时，本研究发现在一些方面微博教育传播并没有达到教师的预期效果，存在学习氛围轻松自由但不够严谨、干预渠道的限制使管理比较困难等问题。私人对话的泛滥、偏离课题的闲言碎语，都在某种程度上影响了微博教育传播的效果。

### （四）从效果性质维度，分析微博教育传播效果

从效果的性质上来看，微博在教育传播实验中有积极效果，如激发了学生的集体讨论热情（实验期间评论、主题讨论、辩论帖达到3629条）；挖掘了学生"敢言""能言"的一面（发言帖812条）；学习资源的高速流动与扩散，提高了资源的有效利用（转发、资源共享帖1281条）；打破了时空阻隔，对问题的集体讨论可以随时随地进行，有利于非正式学习的开展等（提问与答疑帖154条）。与此同时，也存在信息传播与接收过程中噪声太多，即私人对话的大量存在（私聊帖1432条），使作为微博教育传播中的主要角色学习讨论有所让步；讨论氛围过于自由，往往使讨

论偏离主要轨道；缺乏"把关人"，无法有效管理；教学过程中占用教师过多的时间，教师处在随时被呼叫的状态等消极效果。但从总体来看，微博教育传播的积极效果更大。

（五）从媒介影响力的作用范围维度，分析微博教育传播效果

相比于其他教育传播媒介，微博教育传播在影响力方面更有渗透作用。它表现在两个方面：媒介触角的延伸与社会渗透力。微博没有时空限制，只要有移动终端，无论何时何地，学生都可以发表自己的观点。社会渗透力强弱意味着媒介能在多长时间、多大范围内，在社会或社会观念与社会行为中造成多大强度的影响。在时间与范围上，微博是裂变式、几何级的扩散与传播；在社会观念与社会行为的影响上，微博传播是自下而上的层级传播，每位用户既是信息传播者也是信息接收者，是决定社会观念改变的根本原子。在媒介影响力上，任何用户都能发出吸引社会眼球的信息，甚至能引发社会性的行为以至影响或改变社会观念。

## 五、研究结论与探讨

微博改善教育传播效果，即考察微博在教育传播过程中每个要素、每个环节（包括传播主体、传播内容、信息载体、传播技巧、传播对象）在传播活动中的地位和作用，以及对结果的影响。本研究微博的教学应用实验表明学生对微博学习具有参与热情，远远超过传统的课堂讨论或博客讨论，在教学应用的学生参与度上得到了良好的效果。学生的参与和热情是达到学习效果的重要条件，微博能激发学生的参与热情。

（一）Web 2.0 环境下，微博的教育应用影响传播主客体关系

在传统教育传播环境中，学生缺乏主动利用媒介的有效渠道。在传统媒介环境下的教育传播过程中，传播主体是教师，传播客体是学生。在微博教育传播中，能收到信息双向流动、多向传播的效果，从媒介权利、表达渠道、到心理作用层面，学生逐渐成为传播主体。但是由于微博高效、高速裂变式的信息传播，教师无法提前预知学生传播内容及干预发布，学

习节奏与微博秩序的管理难以把握，导致传播主客体的界限开始明显，学生与教师的传播主客体地位相互转化，教师不再是唯一的传播主体。

## （二）Web 2.0 环境下，微博的传播内容促进"微型学习"

Web 2.0 环境下微博的传播内容主要为"微内容"（microcontent）。Cms Wiki 网站上对 microcontent 的最新定义是"最小的独立的内容数据"①。微博是微内容的集合地。用户编辑的不超过 140 字的微小信息在这个空间中高速流动与扩散，在微博的教育传播环境中，学生发表的每一个观点，都以微内容的形式在网络上传播开来，学习资源也以微内容的形式被分享。在碎片化的时间里获取碎片化的信息，正是"微型学习"的前提之一。教育微博的展开，使学生在任何零碎的时间里都能获取一条或多条学习的信息与资源。教育微博的传播内容以微内容的形式传递学习资源和交流意见，达到了"微型学习"的效果。

## （三）Web 2.0 环境下，微博促进跨文化交流传播的社会性效果

施拉姆的大众传播功能理论把微博传播的社会效果分为政治效果、经济效果和一般社会效果。在微博传播中，相对于政治效果和经济效果，比较显性的是一般社会效果。就微博的一般社会效果来说，它主要表现在人际交往、信息传递、文化交流、知识普及、道德体系建设与维护等方面。在网络世界里，微博还承担着一种跨文化交流的社会角色。

对微博的教育传播而言，这个范围要缩小一些。微博的教育传播比较显著的是一般性社会效果，从对教师、学生的集体态度、行为的影响与改变，到对引发社会性的思考与行为，再到跨文化的传播与交流，都属于微博教育传播的宏观社会效果。

（原载《电化教育研究》2012 年第 7 期）

---

① 译自 cms wiki 网站（http：//www.cmswiki.com/tiki-index.php？page = MicroContent）。

# 基于新媒体的社会教育传播模式构建研究

## 一、问题提出

近年来，互联网、数字电视、手机等新媒体的迅猛发展，为人们搭建了方便、快捷的虚拟世界，给人们的信息传播、学习、工作及生活方式带来了前所未有的影响。教育是促进人类发展的重要途径，作为与家庭教育和学校教育并列的三大教育体系之一的社会教育，在终身教育体系和学习型社会形态下变得越来越重要，而新媒体的兴起必然引发其新的变革。如何有效地利用新媒体促进社会教育的发展，不仅是教育部门和学界普遍关注的热点问题，也是各级政府部门关注的重要问题。然而，研究发现，现阶段学者针对新媒体教育传播模式的研究主要集中在学校教育领域，对三大教育体系之一的社会教育领域的研究相对较少。另外，大部分研究针对手机、博客等某一类具体媒体，缺乏全面性、系统性的研究。针对这种情况，本研究在对现有的新媒体社会教育传播模式案例进行系统分析的基础上，构建了三种新媒体的社会教育传播模式，以促进和优化基于新媒体的社会教育传播效果。

## 二、研究综述

新媒体是一个动态发展的概念，综合美国哥伦比亚广播电视网（CBS）技术研究所所长高尔德马克（P. Goldmark）[1]、中国传媒大学杨继红和学者邵庆海关于新媒体的定义，本研究界定的新媒体（new media）

---

① 毕晓梅：《国外新媒体研究溯源》，载《国外社会科学》2011 年第 3 期，第 114 – 118 页。

是基于数字化传播技术、具有高度互动传播性①和非线性传播②等三大基本特征的传播媒介。依此界定范围，新媒体主要包括网络媒体、手机媒体和数字广播电视媒体等。③ 综合众多学者对社会教育的定义，本研究所界定的社会教育是指除学校教育和家庭教育以外的④，社会全体成员所进行的有目的、有系统、有组织、独立的教育活动⑤，目的是达到"协同体的提升"与"自我的扩张"的统一。在教育领域，教育传播模式是指描述教育传播过程中各要素的地位与作用、相互关系以及发生联系之后的性质与功能的简化形式。⑥ 构建教育传播模式最常见的方式是"归纳"和"演绎"，也就是从经验上升到一般理论抽象的高度和使用实验验证理论假设的有效性。⑦ 综上所述，本研究旨在针对新媒体的教育传播模式案例进行研究分析，并在此基础上构建出全面而系统的新媒体社会教育传播模式。

文献研究表明，现阶段针对新媒体社会教育功能的传播模式研究相对较少，但是可以借鉴现有新媒体教育传播模式来建构相应的有效模式。目前，对新媒体教育传播模式的研究主要集中在传播模式发展趋向、影响分析、针对特定情境以及基于各种新媒体平台的传播模式研究上。概括起来有三个方面：①基于 Web 2.0 新媒体的交互式教育传播模式研究。基于 Web 2.0 的新媒体形态（博客、微博、维基、视频分享、社交网站等 Web 2.0 应用）不断涌现，促使受众的互动意识逐渐提升，满足其参与、分享、传播的互动需求就成为研究的焦点。对基于 Web 2.0 新媒体的交互式教育传播模式的研究，以学校教育居多，如国外研究者提出的基于

---

① 杨继红：《谁是新媒体》，清华大学出版社 2008 年版。

② 邵庆海：《新媒体定义剖析》，载《中国广播》2011 年第 3 期，第 63 – 66 页。

③ 谭天：《媒介平台：传统广电转型之道》，载《新闻记者》2013 年第 12 期，第 27 – 31 页。

④ 蓝建：《论社会教育在我国社会转型时期的重要性》，载《成人教育》2004 年第 5 期，第 1 – 5 页。

⑤ 侯怀银、张宏波：《"社会教育"解读》，载《教育学报》2007 年第 4 期，第 3 – 8 页。

⑥ 李运林：《传播理论》，高等教育出版社 1989 年版，第 95 页。

⑦ 钟志贤：《谈谈关于教育传播模式问题》，载《外语电化教学》1992 年第 1 期，第 16 – 18 页。

Web 2.0 的教学模式和评价方式①、基于 Web 2.0 的教学交互过程②、基于移动技术的教学媒体③。国内研究者提出的有新媒体远程教育传播模式、基于 Web 2.0 的教育传播模式和移动学习的教育传播模式等三种教育传播模式④，并指出基于 Web 2.0 技术的新媒体创造了一种新的传播模式，构成一种分散的网状传播模式。以博客为例，方兴东等指出博客使人内传播、人际传播、组织传播、群体传播和大众传播相结合，其传播模式具有传受主客体统一性、个体性、共享性和交互性的特点。⑤ ②新媒体环境下危机教育传播模式的研究。近些年国内外突发灾难的不断发生，因此增强公民危机意识教育，及时披露相关信息，提升应对危机的能力，是社会教育的责任。文献显示，对新媒体危机传播模式的研究逐年增多，且较集中在研究如何应用方面，国内基本建立了网络电子政务的纵向监管系统及横向联系，便于对民众舆情的了解、掌握、疏导。而在手机和网络媒体方面的研究，则侧重分析其传播现象，归纳相关案例的特点，进而提出应对某类新媒体危机传播的对策。而国外在突发事件处置、媒体舆情应对、危机公关研究等领域⑥⑦⑧均做出对互联网、手机等新媒体在危机传播中的应用研究，这说明西方发达国家的政府危机公关系统较好地发挥了新媒体的作用。不过，以施拉姆的双向交互传播学经典理论为基础，系统研究新

① Wang S K, Reeves T C, "The Effects of A Web-Based Learning Environment on Student Motivation in A High School Earth Science Course", *Educational Technology Research and Development*, 2007, 55 (2), pp. 169 – 192.

② Goldman R H, "Using Seminar Blogs to Enhance Student Participation and Learning in Public Health School Classes", *American Journal of Public Health*, 2008, 98 (9), pp. 1658 – 1663.

③ Merchant G, "Mobile Practices in Everyday Life: Popular Ddigital Technologies and Schooling Revisited", *British Journal of Educational Technology*, 2012, 43 (5), pp. 770 – 782.

④ 杨静：《新媒体传播特征研究》（学位论文），河南大学 2009 年。

⑤ 方兴东、张笑容：《大集市模式的博客传播理论研究和案例分析》，载《现代传播》2006 年第 3 期，第 68 – 73 页。

⑥ Charitonos K, Blake C, Scanlon E, et al., "Museum Learning Via Social and Mobile Technologies: (How) Can Online Interactions Enhance the Visitor Experience?", *British Journal of Educational Technology*, 2012, 43 (5), pp. 802 – 819.

⑦ Ulmer R R, "National Extension Workshop Developing Effective Risk and Crisis Communication Approaches in the Poultry Industry", *The Journal of Applied Poultry Research*, 2012, 21 (3), pp. 706 – 716.

⑧ Coombs W T, *Ongoing Crisis Communication: Planning, Managing, and Responding*. Sage Publications, 2011.

媒体危机传播模式的文献未曾出现。① ③新媒体向国际传播模式转型的研究。该类研究有利于以促进社会和谐和发展为主的社会综合功能层面的社会教育的开展，主要的形式是通过有计划地推进公益性新闻网站的建设②，加强新媒体在视听方面的传播优势、考虑开发新媒体传播的全智能模式等来积极推进新媒体向国际传播模式转型。③ 这些研究成果均为本研究中新媒体社会教育模式的构建提供了有益参考。

综上所述，从狭义的视角看，社会教育作为家庭教育和学校教育的重要补充，是一种培养公众素质与能力的必不可少的教育活动。在新媒体时代，无论是按机构划分的图书馆、科学馆、博物馆、艺术馆、音乐厅、影剧院、纪念馆、动物园、娱乐中心等社会教育场所中进行的相关活动，还是按内容划分的成人教育、老人教育、亲子教育、妇女教育、交通安全教育、环境教育、媒体素养教育等社会教育活动④，都可以得到互联网站、博客、播客、微博等新媒体手段的有力支撑。然而目前有关新媒体教育功能的研究主要集中在学校教育领域，对于新媒体社会教育功能及应用的研究和实践比较欠缺。概括来讲，主要有：①对新媒体社会教育功能的研究多停留在策略、途径层面，与其对应的传播模式研究相对较少，行之有效的传播模式尚不多见。②当前在新媒体传播学方面的研究，仍局限于研究博客、网络或移动设备等某一类新媒体或研究新媒体的某一传播特征上，而对新媒体进行全面而深入的普适性、系统性的研究较少。③当前新媒体教育传播模式研究多局限在学校教育领域，研究的广度及系统性有待延伸、加强。这也从侧面反映出，关于新媒体的社会教育功能及传播模式的研究仍有较大的拓展范围及深化的空间。

---

① 蔡哲：《新媒体全交互危机传播模式构建研究》（学位论文），湖南大学 2010 年。

② Gunkel D J, "Second Thoughts, Toward A Critique of the Digital Divide", *New Media & Society*, 2003 (5)，pp.499 –522.

③ 郜书锴：《论报业转型中的新经济模式》，载《中国出版》2011 年第 5 期，第 68 – 69 页。

④ 蔡亮光：《台湾社区教育发展理念与模式及其对大陆的启示》，载《发展研究》2010 年第 9 期，第 117 –120 页。

## 三、基于新媒体的教育传播模式案例研究

中国人民大学匡文波教授在针对新媒体在国内外的定义及特征研究的基础上，提出了新媒体的分类，将新媒体分为网络媒体、数字广播电视媒体和移动媒体三大类①，并再进行细分，列举出各类新媒体。参考该分类方法，本研究分别选择微博、数字电视和手机媒体作为网络媒体、数字广播电视媒体和移动媒体三类新媒体中的代表性媒体，作为案例研究对象，在拉斯维尔的"5W"传播模式和香农－韦弗传播模式的基础上，结合案例分析的具体情况，从传者和受者、信息、效果、干扰等四个方面对各案例模式进行分析。

### （一）网络媒体传播模式分析——以微博为例

在探讨微博应用于教育的可行性方面，侯小杏和张茂伟分析总结了微博特点，指出微博与教育相结合的可能性和对策，并提出了微博在教学中应用的传播模式②（见图1）。该模式强调师生之间、生生之间的交流活动，其传者和受者主要涉及专业教师、非专业教师、优秀学生、后进生、普通学生和爱好者等六个微群体，微博内的群体都可以对感兴趣的某知识（传播内容）进行发布、传播和接受，还可以对群体外的个体进行下一级的传播，由此一级一级建成微博的庞大传播网络。胡钦太等通过设计、实施微博教育，证明其传播内容能够影响和促进各类师生的学习，并促进各知识领域、社会领域等之间的文化交流传播效果。③ 对微博在教学应用中传播模式各要素的分析见表1。

---

① 匡文波：《"新媒体"概念辨析》，载《国际新闻界》2008年第6期，第66－69页。

② 侯小杏、张茂伟：《微博在教学应用中的传播模式研究》，载《琼州学院学报》2011年第4期，第83－84页。

③ 胡钦太、程伊黎、胡晓玲：《Web 2.0环境下微博的教育传播效果研究》，载《电化教育研究》2012年第7期，第11－14页。

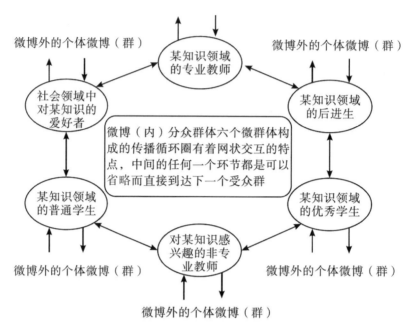

图1　微博在教学应用中的传播模式

表1　微博在教学应用中传播模式各要素分析

| 传播要素 | 特征分析 |
| --- | --- |
| 传者和受者 | 微博用户草根化，降低了门槛，促进了微博信息的广泛传播；使用者既是传者，又是受者，扮演两重身份，共同成为传播的主体 |
| 信息 | 而对某知识领域，各类师生（人、群），利用不完整、较宽松的时间，完成对事物和某一知识点的学习、消化，提升交流的频率和深度 |
| 效果 | 裂变式信息传递，传播频率、速度、转发功能呈现放射式几何级数效应，形成分众的广播模式 |
| 干扰 | 缺乏相应的教师引导和学生行为管理机制，易导致偏离交流话题、交流深度较浅等问题 |

（二）数字电视广播媒体传播模式分析——以数字电视为例

周勇针对数字电视的特点，以内容的离散化、传播的多级化和接收的个性化等三个方面为切入点，构建基于新媒体环境的数字电视传播模式①（见图2）。该模式表明，未来电视的传播将不再是基于频道和栏目（节目）的单向线性传播，而是基于碎片化信息的、由电视及其观众两大主体共同完成的多级传播。数字电视传播模式各要素分析见表2。

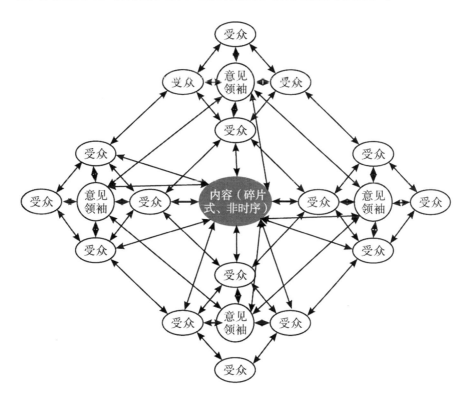

图2　基于新媒体环境的数字电视传播模式

①　周勇.《电视会终结吗？——新媒体时代电视传播模式的颠覆与重构》，载《国际新闻界》2011年第2期，第55—59页。

表 2　数字电视传播模式各要素分析

| 传播要素 | 特征分析 |
|---|---|
| 传者和受者 | 传者与受众在互动中具有受者与传播者的双重特征，并逐步形成一批意见领袖 |
| 信息 | 从传统电视以"时序"为主线的编排方式转变为"碎片式、非时序"的、更为贴近受者个性需求的编排方式 |
| 效果 | 与互联网结合，实现电视信息的反复、多次、多级传播。电视信息提升传播价值，打破传统电视不可逆转、不可重复的线性传播局限 |
| 干扰 | 在电视信息的多级传播过程中，电视信息在反复传播中价值得以提升，但也使电视传播的效果变得越来越难以控制；电视信息传播的过程，有待介入适当的舆论机制进行必要引导 |

## （三）移动媒体传播模式分析——以手机为例

用手机媒体发送和传播信息，学者卢壮壮认为，不需要通过特定"把关人"，大众在海量信息中寻找信息，手机的便携性使社会上人人都成为媒体，从而提出手机媒体的网络螺旋传播模式（见图3）。手机信息的传播过程，在该模型中显示，是从一点出发呈螺旋状上升发至另外一个焦点①，体现传受双方的互动性。手机的出现为教育传播的分众化和多元化提供了实现途径，使教育信息更直接、准确、有针对性地传达给受教育者。教育者和受教育者在信息传播过程中可以随时随地进行互动与反馈②，形成高度互动的社会性传播形态。手机媒体传播模式各要素分析见表3。

---

① 卢壮壮：《手机媒体的传播模式分析》，载《有线电视技术》2011 年第 4 期，第 99 – 100 页。

② Milrad M, Spikol D. "Anytime, Anywhere Learning Supported by Smart Phones：Experiences and Results from the MUSIS Project", *Educational Technology & Society*, 2007, 10 (4), pp. 62 – 70.

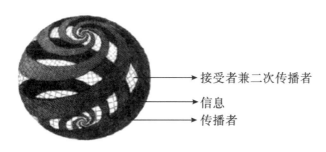

接受者兼二次传播者
信息
传播者

**图3　手机媒体的网络螺旋传播模式**

**表3　手机媒体传播模式各要素分析**

| 传播要素 | 特征分析 |
|---|---|
| 传者和受者 | 传者和受者可以互换角色，传受双方多元互动，实现了传受双方的对等 |
| 信息 | 传者和受者根据实际需求选择相关的教育信息和服务，或根据需求重组、传递或定制不同的信息，并在传者与受者的互动中不断丰富手机传播的信息 |
| 效果 | 交互的信息传播不断加入传播者的想法和意念，使得信息量膨胀、整合，以实现传播效果的深度和广度 |
| 干扰 | 存在失范问题，如垃圾短信、虚假信息、手机传播病毒等显得格外突出；需引入行政监管制度，结合行业自律、民间管理来规范手机信息的传播 |

## （四）新媒体的教育传播模式关键要素分析总结

在对微博、数字电视、手机等案例分析的基础上，可以看出新媒体在教育传播过程中有四个共同点。

### 1. 传、受双方互动化

互动性是新媒体的本质特点。在新媒体的传播过程中，传、受双方一直处于互动之中，新媒体的用户同时兼顾信息传播者和信息接收者的角色。同时，在互动中，逐渐产生了"意见领袖"。"意见领袖"不同于以往的专家学者，他们不一定具有深厚的专业知识，却有较高的文化素养和独立的判断能力，在新媒体信息的传播过程中起着"控制阀"的作用。

### 2. 传播信息碎片化

新媒体的技术进步使其传播的信息日益碎片化。微博、手机允许用户随时随地发布任何碎片化的信息，数字电视允许用户随时点播不同的电视节目而无须按照节目播放的安排在电视旁等待。新媒体打破了传统媒体的时空限制，满足了人们因时间碎片化情况越发普遍所带来的需求。

### 3. 信息传播裂变式

新媒体的互动性，使信息传播裂变成为可能。在信息传播之初，信息是在个人与个人之间传播的。比如说，你在网上发了一条微博，你的朋友看见了，转发了你的微博，此时，该条微博信息是在你和你的朋友之间传递。如果你朋友的朋友因为你朋友的转发而又评论或转发了你的微博，此时，信息的传播进入"个人—大众"阶段。依此类推，随着更多用户的加入和不同互动的发生，信息的传播最终会进入"大众—大众"阶段，并会持续一级一级裂变下去。

### 4. 监督管理机制缺失

在新媒体的传播过程中，出现了或轻或重的信息传播问题。交流的负面效应、传播效果难以控制、传播失范等问题伴随而生。因此，需要在传播模式中加入相应的管理监督机制，以引导和规范传者和受者的行为。

## 四、新媒体社会教育传播模式的构建

结合社会教育的特点，并通过对以上几个有代表性、启发性的新媒体传播模式案例进行分析，明确了这些新媒体在传播过程中各要素的地位与作用、共同特征、发生联系之后的性质与功能的简化形式，并通过特征归纳和一般性理论的演绎，构建出以下新媒体社会教育的传播模式。

### （一）新媒体社会教育的互动循环模式

新媒体社会教育的互动循环模式如图4所示，在信息传播开始时，传者通过新媒体将碎片化的内容传播给受者，受者对接收到的内容进行自主的、主观的加工后，再把该内容传播给另外的受者或原来的传者。此时，信息实现二次传播，一次传播中的受者同时为二次传播者，一次传播中的传者有可能成为二次传播中的受者，传、受双方角色发生互动。如此循环往复，实现三次、四次……n 次传播。该模式聚焦于内容传播的过程中，传、受双方角色的互动变化，及在该互动中推动信息不断循环向外扩散传播。

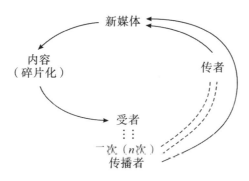

**图 4　新媒体社会教育的互动循环模式**

## （二）新媒体社会教育的裂变传播监督模式

新媒体社会教育的裂变传播监督模式如图 5 所示。鉴于新媒体信息传播裂变的特点，易为不良信息的传播提供方便，为使信息传播得以健康、有序、合理地进行，保护新媒体用户，减少、避免不良信息侵蚀和影响，亟须对信息的传播过程进行监督。该模式聚焦信息传播过程中的裂变传播和监督机制，模式将传播的监督环境分为三个阶段。第一阶段：新媒体环境中的媒体监督。当信息开始传播时，仅在一定的范围中进行，此时，各种新媒体充分发挥互动、共享等优势，对传播的内容进行实时、及时的监督。如微博安排专门的人员对网民在微博上发布的信息进行 24 小时监督，对其中不符合事实的、违反相关规定的微博信息进行内容删除、屏蔽、用户追踪等。第二阶段：法制环境中的法制监督。法律保障人民享有言论自由、知情权等权利，但前提是在法律范围内。国家通过立法、执法对信息的传播进行有效监督，对虚假信息、传播失范等现象进行依法打击。第三阶段：社会环境中的大众监督。信息的多次传播过程产生了众多的受者，在这些受者当中，坚持传播正能量的，会渐渐成为信息"把关人"角色即意见领袖，信息不断地在受者和意见领袖中进行裂变传播，大众监督成为最广泛的监督方式。大众可通过与其他受众交流，向相关机关、媒体举报等方式对信息的传播进行监督。

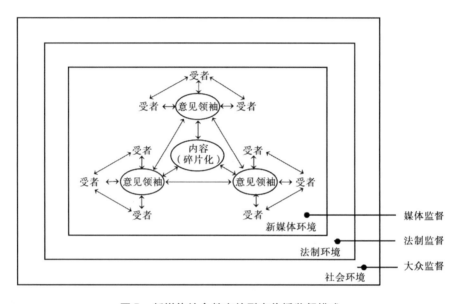

**图5　新媒体社会教育的裂变传播监督模式**

## （三）新媒体社会教育的分级传播模式

新媒体社会教育的分级传播模式如图6所示，该模式聚焦信息的分级传播，模式将传播过程分成三个阶段。第一阶段："个人—个人、个人—群体"阶段。此时，信息还是在小群体、小范围内进行传播，当传者将碎片化的内容传播给受者，受者将接收到的内容反馈传播给传者，或将该内容传播给另外一位受者、群体，传、受者双方的角色处于互动进行之中。第二阶段："个人—大众、群体—大众"阶段。此时，第一阶段中新媒体所承载的内容和信息向第二阶段传播，新媒体中的媒介融合，给信息的传播带来更为广阔的平台，信息开始从群体向大众进行传播。同时，信息在传播的过程中传者、受者不断地补充和丰富。第三阶段："大众—大众"阶段。此时，由于新媒体中各媒介的日益融合，传播的内容、范围和效果成几何裂变状扩大，信息的传播不再局限于群体内，个人、群体与大众互相融合、交互，新媒体传播的作用和价值完全彰显。

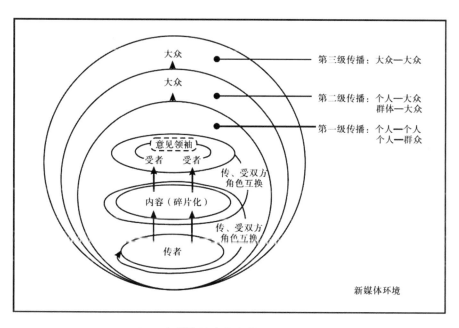

图6　新媒体社会教育的分级传播模式

## 五、结语

本文通过各种代表性新媒体的传播模式研究，总结构建了"新媒体社会教育的互动循环模式""新媒体社会教育的裂变传播监督模式"和"新媒体社会教育的分级传播模式"三大模式，希望给新媒体在社会教育传播模式的研究领域提供参考。本文所构建的新媒体社会教育传播模式，将在更大样本和不同的社会教育环境中进一步验证和完善。

（原载《电化教育研究》2014年第5期）

第三部分

综合研究选辑

# 新形势下大学生价值观教育的思考

21世纪，世界呈现出国际政治多极化、经济发展全球化、产业知识化、社会信息化的态势。中国的改革开放不断深入，市场经济体制逐步确立，经济成分和利益主体、社会组织形式、社会生活方式、社会岗位和就业形式呈现出多样化的特征，特别是"入世"使我们面临着更多的机遇和挑战。这些发展变化，将直接影响到人们的思想观念、价值取向、思维方式、行为习惯、就业观念和人际交往等诸多方面。这些发展变化，也正冲击着当代大学生的价值取向，使他们对价值观有了新的诠注。

## 一、当代大学生价值观变化的特点及其具体表现

当代大学生的价值观主流呈健康向上的发展趋势。从个体上看，部分学生的思想处于过渡转型阶段，尚未形成完整、独立的人生观、价值观，在对待某些问题上常常表现出矛盾或多变状态，其价值观念的变化主要呈现出主体性、矛盾性、多样性和不稳定性这四大特点。

### （一）主体性

大学生价值观变化呈现主体性特点，主要体现在：崇尚自我、以个人为中心、注重个人奋斗、强调自我价值的实现；在社会活动中只愿当主角，不愿当配角，总担心自己被埋没、被大材小用。

以毕业班为例，许多学生择业的期望值可以说是居高不下，对于薪金方面的要求较高；对于择业地点的选择，大多集中在经济发达的中心城市；许多学生很注重所选职业的发展前景和施展才能的机会，尤其注重能否发挥自我能力，这说明当代大学生迫切需要的是施展才干的舞台，希望凭借个人努力闯出一片新天地。

### （二）矛盾性

由于市场经济条件下社会群体利益分配的差别和价值观念的多样化，

大学生价值观念上的困惑和矛盾明显增多。血气方刚的他们常会感叹"天下兴亡，匹夫有责"，大谈中华民族的优良传统，然而在拜金主义、个人主义面前却难过钱权名利关；他们在课堂上接受了许多正面教育，但在社会上消极腐败现象面前又感到无所适从。

由上观之，大学生在价值判断与选择上存有这样的心态：关心与冷漠相容，希望与困惑并存，进取与彷徨同在，认同与失落交错。

### （三）多样性

大学生价值观变化的多样性特点主要体现在两个方面：一是升学与职业的选择上；二是出发点，即目的选择上。比如，大学生在设计自己的成才之路时是多角度、全方位的，或考研专攻学业，或考"托福"以向外谋求发展空间，或从政以争取社会声望和社会地位，或经商以充实经济基础……然而他们在设计这些多种多样的计划时，有许多人是从个人利益和个人兴趣出发的。

也有部分青年大学生愿意积极响应国家号召，为国为民奉献热血青春。在2001年征兵工作中，华南师范大学有200多人参加报名，经体检政审后6名学生光荣应征入伍参军。也有些学生舍弃大城市的繁华只身奔赴大西北。这些现象反映出大学生价值观念的表现形式的多样化。

### （四）不稳定性

大学生的价值观念的判断和选择易受到外界环境的影响，处于不稳定状态。对于同一个问题的看法，可能会因为听一场音乐会或与人吵一次架而做出及时的、迅速的改变。

价值观的不稳定性与其主体的心理状况不稳定也有极大关系，当代大学生的心理调适能力确实还有许多亟待提高的地方，尤其是缺乏忧患意识，经受不起挫折的打击和困难的考验。

总之，大学生的价值观，有适应现代社会需要的积极因素，也有不适应现代社会的消极反映。

## 二、当代大学生价值观变化的主要原因

首先从大学生价值观形成的外部条件看，社会生活总过程决定着其价

值观的形成过程。社会的生活条件，特别是物质资料的生产方式对大学生的价值观的形成发展具有决定性作用。社会的上层建筑和精神生活，尤其是社会政治制度、法律制度、意识形态对大学生价值观的形成和变化起着重大的影响作用。

社会对大学生价值观变化的影响归结起来主要有两大方面。

## （一）市场经济的影响

无论是社会主义市场经济还是资本主义市场经济，市场经济有其自身共同的规律，如价值规律、供求规律、竞争规律等。在市场经济中，青年人有敢于竞争、讲究效益、充分发挥自己的主动性与创造性、想实现自身价值、为社会作贡献、特别富有活力的一面。但是在市场经济条件下，货币的作用在一定程度上被夸大了。货币是一切交换价值的化身，而在现实生活中，人们也往往把经济领域中的等价交换原则扩大到其他领域，进一步夸大了货币的作用，在一定程度上导致了金钱升值和道德贬值。因此，在一些青年大学生眼中，只有钱才是最真实的最有用的东西，而思想道德则是抽象的，当不了饭吃。于是，拜金主义、个人主义、享乐主义、实用主义在部分青年人学生中人行其道。在部分青年大学生看来，"入世"只是意味着可以享受更多物美价廉的商品和服务方式；可以有更多机会远渡重洋，潇洒走一回；甚至有些学子埋头用功，练就一身过硬的学术本领只是为了在异域谋得一席生存发展的空间。这种种观念当然不能简单武断地称之为"错"，但毕竟缺少了些什么，起码可以说明一点，传统的伦理人文精神，在当代青年学生的思想气质中已弱化，在与现代市场经济意识的较量中已略占下风。

## （二）网络文化的冲击

如今的互联网被称为"青年网"，上网的大多是青年学生。丰富的网络文化以其独特的魅力使愈来愈多的大学生趋之若鹜。但网络作为一种传媒，一种工具，也不可避免地带来消极的一面。网络在传播信息中具有六大特点：传递跨时空性、传播跨文化性、信息自由化、监管跨国界性、网民离散性、交往隐蔽性。许多青年学生上网，常是与网友"老地方见"；或到形形色色的网站观看种种"新鲜玩意"，过足一把网络瘾。网络文化的无序，西方文化渗透与意识形态入侵便捷，使西方精神文化产品、价值观念触手可及，很多青年大学生在自觉或不自觉中，不由自主地受到了影响，这势必淡化大学生的社会主义、集体主义的价值观念，并打破他们受教育的价值体系，使他们的价值观重新分化组合，从而形成了矛盾、多样、不稳定等特点。

从主观原因来看，青年大学生价值观变化出现误区，是与青年大学生所处的年龄阶段和心理特征、个人经历等因素密切相关的。大学生的价值观都带有理想主义色彩，同时又有很强的现实性。一方面，大学生们在这种特定的年龄阶段中，人格已相对独立，对未来常有美好的憧憬和向往，价值目标和现实的物质利益联系起来，优先考虑个人利益，表现出一定的功利性倾向；另一方面，青年大学生涉世不深，生活经验较少，对传统和现实缺乏深入全面的了解，集体主义、为人民服务等思想精华常被认为是过时和保守的。相反，不少人则认为个人主义和利己主义价值观才是具有时代意义的价值观。

此外，社会教育、学校教育、家庭教育的缺陷，加之大学生个人经历等因素，导致众多大学生无法将社会规范及其对大学生这一特殊群体的要求转化为自觉实践，使其个人价值观与社会主流价值观总是存在着一定的距离，有时甚至让大学生感到这二者是矛盾的。在这种情况下，若缺乏正确的教育引导，大学生容易被错误的价值观所误导。

由此可见，市场经济的导向作用、网络文化的冲击，以及大学生自身的心理特点、学校教育、家庭环境、个人经历等对大学生价值观的形成和改变都有很大的影响。

## 三、应加强对当代大学生价值观的教育和引导

价值观是一个较抽象的概念，因此，对于当代大学生价值观的教育引导并没有"一举奏效"或"放之四海而皆准"的方法。根据当代大学生的价值观状况以及本人的实践经验，以下方法是较为有效而且具有普遍性的。

### （一）坚持人的全面发展方针，教育学生走"复合型"人才的成才路向

社会的发展越来越需要既具有一定专业知识又具有较高综合素质的

"复合型"人才。用人单位选人用人往往看重两个方面：一是人才的科学文化素质，二是人才的思想道德素质。在教育引导学生走全面发展的成才路向时，我们应特别强调树立正确的人生价值观的重要性，让学生在学习科学文化知识的同时，注重培养自己高尚的道德情操。我们可以结合大学生的实际，针对当代大学生价值观的不稳定性和选择的多样性，定期邀请一些取得突出成就的青年企业家或先进工作者到学校开讲座，向学生们介绍他们的价值取向与实践方法，引导他们树立正确的价值观。

（二）转变教育观念

要努力提高思想政治工作的实效性。一是要从学生的实际出发，在充分尊重学生人格的同时，引导大学生进行正确的价值选择。要关心学生价值实现的过程，体现教师在学生成才过程中既传播知识，又教学生做人的教育作用。特别是应充分发挥"两课"的主渠道作用，高扬时代主旋律，把爱国主义、集体主义、社会主义教育落到实处，取得实效。二是要引导大学生从实践的角度去认识、理解、选择正确的价值观，在社会的动态发展中寻找大学生个人价值观与社会主流价值观的有机结合点。大学生处在一个相对封闭的大学校园之中，对社会的接触了解比较肤浅，因此，要通过实践的环节，为大学生架起一座与社会沟通的桥梁，也为大学生进一步认识社会、认识自己、重新审视个人的价值观提供机会，从而帮助引导大学生把感性的价值取向上升到法律和道德范畴的理性的价值取向，最终实现个人价值与社会价值的目标取向的一致性。

（三）坚持重在建设的方针，构建与时俱进的大学生思想政治教育新模式

针对不同年级、不同对象、不同层次的大学生，进行有侧重的教育引导。一是根据培养目标与大学生的思想实际，教育内容应有所侧重，构建新模式，重点突破，分层推进。如确定大学一年级应重点抓适应教育，引导学生学会自我心理调适；二、三年级应抓专业学习和价值观的教育，使学生把专业知识的学习与思想品德的修养有机结合起来，进一步廓清思想观念的模糊认识，初步形成相对稳定的价值观；四年级应抓职业道德教育和创业教育，帮助大学生确立相对成熟的价值观，为他们走上社会工作岗位奠定基础。二是注意把思想教育工作的连续性、阶段性、系统性有机结

合起来，保证各阶段教育内容的有机衔接，形成合力。

（四）加强校园文化建设

校园文化对大学生的世界观、人生观、价值观的形成与发展有着极其重要的地位与作用。多年来，各高校都非常重视运用校园文化活动这一载体，为大学生成长成才服务。在当前，应抓好三个方面的工作：一是认真总结传统的校园文化建设的成功经验，注意在"精""深"上下功夫，树立精品意识，提高文化品位和档次，铸造大学人文精神，为大学生培养良好的行为习惯和高尚的道德情操，确立正确的世界观、人生观、价值观提供良好的服务；二是要认真抓好现代的校园文化特别是校园网络文化的建设，要充分发挥现代网络媒体的作用，把互联网的负面影响降到最低；三是应教育引导学生以积极、健康的心态去面对各种社会思潮，明辨是非，保持大学生应有的独立的人格，从而形成校园文化合力，为大学生树立正确的价值观提供有益的帮助。

（原载《思想理论教育导刊》2002 年第 5 期）

# 试论高校党建工作的改革与创新

江泽民同志在广东考察时提出："要把中国的事情办好，关键取决于我们党，取决于党的思想作风、组织、纪律状况和战斗力、领导水平。"江泽民同志的讲话，深刻地揭示了当前中国共产党的鲜明的时代特征，为新形势下实现党的"新的伟大工程"指明了方向，是高校加强党的建设的根本指导思想。面对新的挑战，高校党建工作者必须认真研究，勇于探索，高瞻远瞩，与时俱进。

## 一、面向21世纪，高校党建环境面临的新问题

### （一）"西化"与"分化"对高校党建工作的挑战

在复杂多变的世界新形势中蕴含着"和平与发展"两大主题和"政治多极化与经济全球化"两大趋势，尽管世界多极化的趋势在继续，和平和发展依然是时代的主题，但霸权主义和强权政治有新的发展，往往把经济政治化，以人权干涉内政，产生了新干涉主义和炮舰政策。西方敌对势力加紧实施"西化""分化"我国的战略图谋，企图用他们的政治观点、意识形态和生活方式影响我们。从国内环境来看，随着改革开放的深入和社会主义市场经济体制的建立，改革、发展、稳定的任务仍很艰巨，经济成分、利益主体、社会组织和社会生活方式日趋多样化，给高校师生的思想观念和人与人之间的关系带来种种影响，给党的建设带来许多新的课题。另外，历史上产生并遗留下来的一些腐朽落后的东西，在今天的社会生活中依然有某些存在的条件，并时刻影响着我们的党员和干部。在这样的国际、国内环境下，建设我们的党可以说是机遇与挑战并存、优势与困难同在。这意味着一个更具挑战性的时代已经到来。高校党建必须对此予以重视。

（二）经济全球化对高校党建工作的影响

经济全球化将极大程度地促进我国社会主义市场经济的发展和对外开放的扩大，极大地促进我国社会主义生产力的解放和发展，它增强了人们的竞争意识、效率意识和民主法制意识，尤其是我国加入 WTO 后，更加增强了民族的创新意识，有利于我们吸收外国的先进管理经验。但是，在这一进程中，西方资产阶级的政治主张、价值观念、生活方式也必然会乘虚而入，对高校党员干部产生影响，也同样给高校党建工作带来影响。

（三）网络化浪潮给高校党建工作带来新问题

随着信息技术特别是互联网的迅猛发展，信息传递更加快捷、方式更加多样，这客观上为高校党建工作的开展提供了现代化手段，拓展了空间和渠道；但同时，敌对势力也在利用互联网这一阵地，尤其在政治性突发事件中，往往借助于互联网歪曲事实，挑拨是非，扰乱人心。这种互联网的危害性主要体现为："文化殖民""黄毒"泛滥、"黑色轰炸"等，特别是"虚拟世界"的冲击。某些党员干部那些不敢在现实生活中表露的兴趣和心态，都会淋漓尽致地在网上表露，从而导致了道德失范，这也增加了党建工作的难度。

（四）"四个多样化"对高校党建工作的影响

随着改革的深化和社会主义市场经济的发展，社会经济成分和利益主体多样化、社会生活方式多样化、社会组织形式多样化、就业岗位和就业形式多样化已经成为越来越明显的趋势，这些趋势对高校党员的思想观念、价值取向、思维方式、行为方式、就业观念和人际交往等也会产生负面的影响。

一是社会经济成分和利益主体多样化。社会经济成分和利益主体多样化反映到党员中，较突出的问题有两个方面：一是少数党员干部在利益实现的过程中，拜金主义思想严重，政治观念淡化，理想信念动摇；二是出现一些私营企业主党员、个体户党员以及拥有一定数量私人资本的党员。这些党员有自己特殊的利益追求，如何做到维护党员个人合法权益与保持党的先进性的统一？这将为高校党建提出新的问题。

二是社会生活方式多样化。社会生活方式多样化反映到党员中，比较突出的问题有两个方面：①一些党员受西方腐朽生活方式的影响，享乐主义思想严重，无视党纪国法；②一些党员享乐主义思想蔓延滋生，世界观、人生观、价值观发生质变，艰苦奋斗的精神缺失。这也是当前高校党建的一大课题。

三是社会组织形式多样化。伴随各种社团和中介组织的不断出现，社区功能在城市发展中的作用日益凸显。这为我们党延长工作手臂、扩大工作领域提供可能，同时也为我们党的基层组织建设和党员教育管理提出了许多新的课题。

四是就业岗位和就业形式多样化。就业岗位和就业形式多样化反映到党员教育管理中，主要有两个方面的问题：①部分党员在处理个人职业与党的事业、个人岗位与党员义务、工作性质与党的性质这三对关系时，难以平衡，需要进一步教育引导；②由于党员岗位变换轮转速度快，流动党员增加，党员的管理已成为一个难点。

## 二、当前高校党建的现状分析

当前高校党建的情况基本上是好的，绝大多数党员能模范地执行党的路线、方针、政策，在完成教学、科研、管理等各项任务，促进高校的改革与发展中，发挥良好的作用，创出了新的业绩。但同时，在高校内部也一定程度地存在党不管党、治党不严、纪律松弛、组织涣散等不容忽视的情况，高校党建还存在一些亟待解决的问题：①党员的教育管理缺乏针对性，监督缺少时效性；②基层组织生活不够深化，方法不够创新；③民主生活会质量不高；④党的优良传统得不到很好的继承发扬；⑤党支部的堡垒作用发挥不够理想；⑥基层组织的领导者（支部书记）的素质有待提高；⑦对党的组织建设的评价不够科学；⑧部分党员的模范带头作用发挥不够；等等。

对此，我们必须增强忧患意识，清醒地认识到高校党建工作面临的严峻形势和繁重的任务，不断加强党的建设。

## 三、按照"三个代表"重要思想的要求，以改革精神切实加强高校党的建设

目前，从高校大环境上看，抓党建的氛围是积极、浓郁的，学校党建工作的基础是扎实、良好的。但在新的形势面前，如何在 21 世纪中进一步抓好高校党的建设，直接关系到学校党的工作，关系到党的建设。江泽民同志在党的十五大报告中指出："加强和改进党的基层组织建设，要围绕党的基本路线，为党的中心服务；用改革的精神研究新情况、新问题，改进工作方法、工作作风和活动方式；认真做好对党员的教育、管理和监督，增强解决自身矛盾的能力"，强调要"从各自的特点出发"，并警示全党"堡垒最容易从内部攻破，绝不能自己毁掉自己"。在中纪委第四次全体会议上强调指出："共产党的力量和作用，主要不在于党员的数量，而在于党员的质量（1989 年 6 月曾指出过）"，"基层党组织是我们党的细胞。如果细胞都发生了病变，党的肌体就不可能健康，最后甚至可能垮掉"，"当务之急，最重要的是必须从根本上扫除一些基层组织软弱涣散的状况。要深入基层，摸清情况，因地制宜，分类指导，关键要建立和健全保证基层党组织健康发展的机制。"这些精神和要求是我们加强党的建设的经验和法宝，尤其是"三个代表"思想的提出，为我们拓展了党建工作的视野和眼界。就高校党的建设而言，如何把这一思想贯彻落实、使之得到充分体现，这是摆在广大党员干部和党务工作者面前紧迫而重要的任务。

### （一）以"三个代表"重要思想为中心，切实强化思想政治工作

高校党组织必须把"三个代表"重要思想与学校的发展目标和中心工作、与科教兴国的重任结合起来，进行深入讨论和研究，深刻理解"三个代表"重要思想的科学内涵、理论依据、内在联系和伟大意义，增强贯彻落实"三个代表"重要思想要求的自觉性和坚定性，统一思想，形成共识，以"三个代表"重要思想指导学校党的建设，以"三个代表"重要思想的要求检验党的工作。高校党组织和广大党员要自觉实践"三个代表"重要思想的要求，并在学习过程中要注意"五个结合"，以此全

面推进党的思想政治建设：一要结合邓小平理论和党的建设目标进行学习；二要联系高校实际进行学习，充分讨论如何在教学、科研和育人工作中体现；三要与"三讲""两思"的教育成果结合起来；四要与形势教育结合起来；五要通过多种形式进行学习和宣讲，如组织生活、党课教育、讨论、调研、考察等。

## （二）创新高校党建的手段与模式，抓好党建工作的现代化建设

高校党组织和党员要成为"三个代表"重要思想的实践者，必须内强素质、外树形象，更新党建观念，充分体现时代要求，运用现代化手段加强自身建设。如通过建立网站，把高科技手段引入党建工作，通过网站进行工作研究、交流和指导。在新形势下对加强党的建设进行大胆尝试，相信会成为党建工作的一个亮点，促进党建工作现代化。

## （三）以改革精神改进党建工作机制

江泽民同志曾多次强调："要用改革精神研究新情况、新问题，改进工作方式、工作作风和活动方式。"对基层组织建设尤其如此。就党建工作机制而言，要致力于营造"党委领导，职能部门统一协调、齐抓共管，基层党组织负责，党员群众积极参与"的工作机制，要着重抓好四个环节：第一，深入调研，掌握动态。这是做好党建工作的前提。党组织要及时了解党员群众的思想动态，想党员之所想，急群众之急，增强工作针对性。第二，加强指导，齐抓共管。党委职能部门和各级党组织要统一思想，加强联系和协调，及时沟通信息，建立反馈机制；要摸清情况，分类指导。第三，改进党员教育管理监督方式。针对当前党员教育比较表面化、党员管理不够规范、党员信息不够准确、对党员的监督不力等状况，要特别强调教育要联系实际，管理要体现特点，监督要依法进行，以务实精神改进工作。第四，加强制度建设，建立制度体系。

**参考文献**

江泽民. 论"三个代表"［M］. 北京：中央文献出版社，2001.

［原载《华南师范大学学报（社会科学版）》2002 年第 5 期］

# 重构大学生诚信教育机制

诚信自古以来就是国人"修身、齐家、治国、平天下"的根本。《论语·为政》中说："人而无信，不知其可也。"周敦颐《通书·诚下》中也说："诚，五常之本，百行之原也。"诚信作为中华民族的传统美德，从厚重的中华文明积淀中走来，一直绵绵延续到今天，浸润着国人的心灵，提升着国民的素质。

时代发展至现在，诚信作为公民道德规范，基本内容是诚实、诚恳、信用、信任，也就是忠诚老实，诚恳待人，取信于人，对他人予以信任。诚信既是市场经济领域中的基础性行为，也是个人与社会、个人与个人相互关系的基础性道德规范。诚信也是现代文明的重要基础和标志。大学生是中华民族的希望和未来，是社会建设的主力军，也是人类文明的传承者。大学生诚信是整个社会诚信的晴雨表和风向标。

中国高等教育从诞生至今，一直非常重视对大学生进行道德的教化和人格的塑造，造就了一代又一代"有理想、有道德、有文化、有纪律"的社会主义建设者。然而，随着社会的发展和社会主义市场经济体制的建立，利益主体多样化、社会组织形式多样化、社会生活方式多样化、就业岗位与就业形式多样化日趋明显，"四个多样化"极大地冲击着人们的思想观念、思维方式、行为方式、价值取向，特别是由于受市场经济的一些负面影响，使一些人面对各种利益的诱惑，背弃诚信，唯利是图，见利忘义，使传统的道德教化在市场经济大潮中受到严峻的挑战，导致社会诚信出现危机，并迅速影响到高校大学生这一特殊的群体。诚信缺失已成为当前高校大学生思想道德教育的突出问题之一。因此，用积极、理性的心态去分析当前大学生诚信问题的状况和原因，并从大学生诚信教育机制的构建这一层面出发，深入探讨解决大学生诚信问题的可行之道，必将对整个社会的道德建设起到积极的推动作用。

# 一、当前大学生诚信缺失的范式及其原因分析

大学生诚信缺失，体现在大学生的思想、学习、生活、工作等各个层面。表现为诸如从抄袭作业到考试作弊，从贷款不还到偷盗财物，从班级干部、奖学金评选的弄虚作假到毕业就业中的假证件、随意毁约等行为，反映了当前大学生令人担忧的思想道德状况，同时折射出当前高校思想道德教育的积弊。

导致大学生诚信缺失的原因是多方面的，根据笔者多年在高校从事学生工作的经验看，归结起来主要有如下五个方面。

## （一）历史积淀的负面影响

在漫长的中华文明发展史上，虽然形成了诸如"童叟无欺、公平交易、互礼互让"等有关诚信的经典之句，但在古代社会长期的封建专制下，百姓们的诚信意识也存在着扭曲的一面。历史上"逢人只说三分话，未可全抛一片心""见什么人说什么话""老实人易吃亏""愈诚信，人生之路愈不妙"等俗语古训，导致人们潜意识中诚信意识的缺乏。诚信的基本要求是真实，无真实则无诚信。从这一角度看，历史积淀中的负面因素确实还在影响着当代大学生，而且这种影响还具有"世袭"的趋势。

## （二）现实消极现象的影响

随着市场经济的发展，以"利"为目的主导着一些人的行为和观念，在这种观念指导下，诚信缺失存在于社会的广泛领域。从经济领域中的假冒伪劣产品充斥市场、服务质量低劣、坑蒙拐骗经营，到社会政治领域中的以权谋私、权钱交易、贪污受贿、欺上瞒下、耍花架子、搞形式主义、浮夸虚报等，使得人们在认知中产生这样一种错觉，那就是不诚信已在某种程度上成为一种生存手段，甚至是获得利益的一种途径。这也极大地腐蚀着大学生的灵魂，使得正处于人生坐标十字路口的大学生有无所适从之势，从而导致了诚信的滑坡。

## （三）主观上存在有诚信缺失的因子

当代大学生绝大部分是独生子女，他们在享受良好教育的同时，无可

否认地存在着艰苦奋斗不足、以自我为中心、只顾自己不顾他人的自私心态，在义和利面前，学生们往往站在利的天平上。自私自利的思想和行为常常会偏离诚信的原则。这在主观上就成为诚信缺失的因子。

### （四）高校内部管理上的漏洞给大学生不守诚信以可乘之机

高校中的诸多管理领域和部门存在着诸多弊端和漏洞，特别是在一些与学生关系甚为密切的职能部门，工作无序、制度缺乏、管理松懈、监督不力。从考试作弊到偷盗自行车在学生中不以为耻，从学生综合测评的评比掺水到教师到处兼职上课而不求质量，从后勤采购"黑芯棉"到学校招生、各类评估上的虚假行为等因素，客观上助长了大学生诚信的缺失，为不守诚信的学生提供了弄虚作假的可乘之机。

### （五）教育体制因素的影响

由于传统体制监督的单向性，导致"下信上不信，民信官不信"的流俗积弊至今没有绝迹，在社会经济转型时期，高等教育体制远不能适应社会经济体制的发展，大学生道德教育与社会经济发展要求仍有许多不相适应的地方，如道德教育的简单化与社会经济发展的复杂化，教书与育人分离，理论与实践相背等矛盾，都在一定程度上反映出现行教育体制的弊端，亟待改革。否则，思想道德教育与社会经济的发展很难同步并会长期滞后。

最后，需要特别指出的是，大学生诚信教育机制的不完善和不健全，是导致大学生诚信教育实践上知行相离、效果上难以奏效的关键因素。因此，构建大学生诚信机制，培养大学生的诚信观念，对于造就新一代社会主义建设者和接班人是至关重要的。

## 二、重构大学生诚信教育机制应遵循的原则

笔者认为，要建立和健全大学生的诚信教育机制，至少应遵循以下十二个原则要求。

### （一）在理念上，必须注重人本化

要树立大教育观，打破以往以教育论教育、以道德谈道德的难以取得

实效的空洞说教的教育观念。应把教育视点从原来的关注道德规范本身转移到"人的全面发展"的内容上来，着眼于人才的成长，以"人而无信，不知其可也"为出发点和归宿点，注入人文精神，使之培养出的人才能与社会经济发展相适应，与时代发展同步。

## （二）在认识上，必须重视规范化

这主要是指诚信意识的规范化。不规范的思想意识会导致人们在行动上的不一致和价值取向上的巨大反差。当前大学生在诚信问题的认识上还存在偏差，因此，要大力提倡"做老实人，说老实话，办老实事"的风气，使大学生在思想意识深处，真正意识到，诚信是一切道德的基础和根本，一个不讲诚信的人必将会失去其立足社会的根基，一个诚信缺失、道德沦丧的国度，必将影响到经济社会的快速、持续发展。

## （三）在内容上，必须体现现代化

经济全球化和教育国际化的发展进程要求我们在大学生诚信教育内容上必须注入时代精神，使传统的本土化的诚信教育逐步走向现代化、国际化。特别是教育国际化发展进程在加快，标志着人才的国际化趋势越来越明显，而"诚实守信"则是国际化人才的共同特征之一。因此，面对新形势，我们必须重新对大学生诚信的教育内容进行审视，在理论的内涵与外延上要进一步深化、拓展、创新，以期大学生诚信之树常青，不断朝现代化、国际化迈进。

## （四）在管理上，必须实现制度化

制度对人的约束比其他管理有效得多。大学生诚信教育制度化的关键在于人与制度之间必须建立一套良性的互动机制，使得每一个人在自律基础上，通过制度渠道达到自己的目的。若诚信不能得到利益保证，欺诈不能得到应有制裁，诚信将会遭人践踏，尽管它是道德的、正义的、崇高的。因此，我们必须在大学生中建立一套信用制度，把大学生在校的诚信表现用制度加以规范。如建立大学生个人信用档案，通过一系列有效的数据、事实和行为来标明大学生的诚信度。把个人信用档案当作大学生的第二身份证和走向社会的通行证。

## （五）在方式上，必须体现生活化

陶行知说，"生活即教育"。大学生诚信教育必须讲究课堂教育和现实生活的一致性，把诚信教育生活化，将大学生的诚信思想体现在具体的生活细节之中，使大学生在大量生活细节中培养诚信行为，铸造诚信精神，从而构建一种生活即教育，教育即生活的良性互动的诚信教育方式。

## （六）在运作上，必须实行契约化

对契约的重视，是法制文明的起点。法制所确定的秩序，实质上就是对契约关系的各方权利和义务的维护和监督。从大学生的日常管理到具体贷学金的贷还，如果实行契约化，使双方权利和义务明确化、法制化，可以避免诸多由一厢情愿带来的不良后果，也有利于大学生逐渐形成一种契约意识和人格独立意识。

## （七）在实践上，必须强调一致化

这主要是指认识与实践的一致性。一方面，我们要重视对大学生进行引导，使他们对诚信由认识转化为信念，由信念内化为行动，努力践行知行合一。另一方面，也要规范学校的活动，特别是与学生密切相关的一切活动，学校必须为学生树立一面诚信的旗帜，真正做到公平、公开、公正，不弄虚作假，不欺上瞒下。只有这样，才能让学生体验到学校自身的行为和对学生的教育要求是统一的，言行尺度是一致的。

## （八）在载体上，必须建立网络化

不断寻找新的教育载体，延长工作手臂，拓展工作空间，构建大学生诚信教育网络，可以在最大的范围内实现最佳的大学生诚信教育效果。当前，大学生诚信教育必须在传统的媒介载体上，引入现代的电脑多媒体网络工具，实现传统与现代的有机结合，互相补充，共同渗透。通过网络化的教育载体，搭建大学诚信教育平台，塑造诚信文化，培养诚信品质，造就诚信人才。

## （九）在时效上，必须着眼于终身化

思想品质教育必须立足于人的全面发展，着眼于人才的未来，因此，在规划上要考虑到长期效应与近期效应的结合，杜绝任何带有浓重功利色彩的假、大、空的短期行为。大学生诚信教育也是如此，学校在时效的追求上，不仅要注重学生在校时的表现，更应关注学生走向社会之后的长期效应，使学校的诚信教育具有跨越时空的效应，使学生在校就学会修身养性的方法、锤炼优良高尚的品性，终身受益。

### （十）在舆论上，必须注重公开化

学校要营造一种诚信的氛围，完善舆论监督机制，要善于借助舆论的力量，弘扬真、善、美，鞭挞假、恶、丑，并敢于将不诚信的行为公开，树立诚信的正确导向，使恪守诚信者受到舆论的肯定、宣传，获得成功；让不守信用者受到舆论的谴责、批判，难以立足。在这样一种舆论力量的作用下，大学生的诚信自然有一股无形的力量在约束，并规范着他们的行为。

### （十一）在体制上，必须实现同步化

教育体制与社会经济体制的不同步、不相适应，特别是高等教育体制滞后于社会经济体制的改革，使高校的思想道德教育步伐缓慢，效果不明显，缺乏针对性、前瞻性和实效性。因此，要使大学生诚信教育取得实质的进展，还必须对现行的高等教育体制进行深入的改革，通过对教育体制的改革，逐渐构建一套与社会主义市场经济体制相适应的大学生思想道德规范体系，从而推动诚信教育向纵深方向发展，实现教育与社会经济的同步发展。

### （十二）在评价上，必须强调科学化

对人的思想道德进行客观、公正、科学的评价，历来是一件难事。要对大学生的诚信状况进行客观、公正、科学的评价，就必须将诚信纳入学生评价体系之中，制定诚信评估方案，明确评价指标，统一标准尺度，并按照辩证唯物主义的方法，坚持定性与定量分析相结合、传统方法与现代方法相结合，对学生的诚信状况进行科学的评价。

（原载《道德与文明》2003 年第 1 期）

# 关于网络道德的几点思考

    网络进入了千家万户，这是当今社会不争的事实，计算机网络的兴起和广泛应用是人类近代工业革命后的又一次巨大的技术革命，它必将引起全球的社会生产和生活方式的变革，随之而来的方方面面的问题也亟须解决。构建网络道德规范，已被提到议事日程。

## 一、网络道德及其建构的必要性

    正如道德是调整人与人之间、个人与社会之间的关系的行为准则和规范的总和一样，网络道德是人们在网上的虚拟生存空间中所应遵循的行为准则和规范，它通过信念和舆论对网上生活起约束作用。网络道德的构建就是要建立一种依靠网际公民的舆论和其内心信念来规范、调整的道德规范。这种规范是人们在网络生活中应当遵循的行为准则的总和。由于网民在网络中的交往，不同于现实社会中人与人的交往，没有人的年龄、地位、性别、外貌等特征的约束，因此建立在现实社会基础上的传统的道德规范对网络失去了作用，约束力明显下降，所以，网络道德对自律有更高要求。

    网络是一把双刃剑，它以独特的魅力改善着人们的生活，但同时也给社会带来了一些负面影响，如病毒、黑客、网络无政府状态、黄色污染、信息泛滥等，使青少年深受其害。无数事实表明，大力加强网络监督，构建网络道德势在必行。其必要性表现为以下三个方面。

    第一，网络中人际情感的疏远和道德冷漠现象强烈地呼唤网络道德的构建。以机器为媒介的人与人的交往方式，使人陷入一个封闭的环境，随着电信科技的高速发展，居家办公、网上学校、电子商场的出现使人与人之间直接交往的机会大大减少，以致不少人对现实生活中的人和社会漠不关心，从而产生冷漠、孤僻、紧张等心理问题。网络犯罪、网上无政府主义、道德失范等问题接踵而来。为了清除网络的负面影响，解决这些严峻的问题，不少网民呼唤构建一种新型的网络道德模式。

第二，传统道德所受的严峻挑战和冲击迫切需要构建新型的网络道德体系。在网络社会中，主体的行为往往是在"虚拟现实"的情况下进行的，在网络技术的帮助下，每个人都可以成为"隐形高手""隐身怪人"，其行为方式、行为目标和个体身份都能受到十分"安全"的掩护和篡改。人们在网上不需要承担任何义务和责任，网上诽谤和人身攻击现象层出不穷。在网上，人们随心所欲，自己既不能驱使别人，也不会被别人驱使，从而导致个人主义盛行，忽略道德普遍性，加剧了通讯自由和社会责任间的矛盾，使传统的礼仪诚信等道德规范受到严重的挑战甚至破坏，因此，网络道德建设势在必行。

第三，网络上不健康文化的传播呼唤网络道德的建立。网络的开放性、互动性使它成为不同国家、不同社会形态间进行文化传播与交流的场所，然而，也正是这种开放性与互动性使网络不健康文化的传播成为可能，而网络道德的建立，对这种网络不道德因素能起到良好的约束作用。由此可见，建构网络道德体系十分必要。

## 二、当前网络道德失范的状态及其原因分析

网络提供的虚拟空间使得人们认为网络上有绝对的自由，道德相对主义在网络世界找到适合生存的领域。在互联网上，一个人不需要承担自己的义务和责任，因此，在现实中不敢张扬的丑陋的事情在网上却可以大行其道，网络道德失范的情况随处可见。对于这些不道德的行为，美国南加利福尼亚大学在网络伦理声明中把它归为六类：①有意地造成网络混乱，擅自闯入网络及其相连的系统；②商业性地或欺骗性地利用大学计算机资源；③偷窃资料、设备或智力成果；④未经许可而接近他人文件；⑤在公共用户场合做出引起混乱或造成破坏的行为；⑥伪造电子函件信息。

据统计，在我国网络总用户中，年龄在 16～24 岁的占一半以上，且绝大多数是大中学生，面对网络上的各种诱惑，青少年们表现出更为严重的道德失范，主要体现在如下四点。

第一，个人主义盛行，道德意识滑坡。在互联网中，网民是自己的主人，往往神游网络，畅所欲为，一切行为皆为了满足自我利益，青少年们陶醉于"我喜欢干什么就干什么""我爱看什么就看什么"的个人喜好中，不顾忌后果地"我行我素"。据调查，在大学生群体中，有 5.9% 的

人在网上骗过人撒过谎，有 35.4% 的人在聊天室里和人谩骂吵架，有 48.1% 的人浏览过不健康的网站，这些行为正是个人主义的表现，从而导致道德意识的滑坡。

第二，社会责任意识淡化。互联网的特点使得任何力量都不可能对其进行彻底的控制，所有人都可以在这个虚拟的空间随心所欲地说话做事而不必承担任何义务和责任。随着习惯的形成，人们继而将这种行为方式从"网上社会"转移应用到现实社会，由此造成现实社会生活秩序的紊乱，对现实社会生活造成消极的影响，这是网络道德失范的又一表现。

第三，网络犯罪频现。网络上不时会潜入"黑客"等，如中国台湾地区一学生制造的 CIH 病毒，导致全球 6000 万台电脑死机，其中我国有 36 万台电脑瘫痪，造成了巨大的损失。再如，在网上恶意传播照片，恶意中伤他人。这些都是严重的网络道德失范的例子，甚至严重地破坏了国家安全和生活安宁。

第四，网络文化的侵略。西方国家往往借助网上优势，推销他们的文化，倾销他们的价值观念，这种情况使发展中国家面临着"殖民文化"和"文化侵略"的压力。这种压力必然会反映到社会道德领域，据有关统计，目前在互联网上，英语内容占 90%，法语的占 5%，其他语种只占 5%。"文化侵略"也将影响我国的道德体系，导致网络道德的失范。

当前穿梭于网络时空的多数是青少年，而青少年时期被称为人生的"心理哺乳期"，强烈的好奇心和脆弱的鉴别力，使青少年无法抗拒网络社会中存在着形形色色的诱惑，从而造成网络道德失范。

### 三、建立网络监督机制，有效规范网络道德

面对互联网给我们带来的种种问题，我们要从根本上认真对待。目前，网络发展迅猛而网络伦理、网络道德研究还不深入、不系统，对此，笔者认为，目前必须建立网络监督机制，有效规范网络道德。

（一）加强网络阵地建设，建立健全网上监督机制，从内在机制上探寻问题的解决方法

应提供更多的健康的网络信息，在用先进的思想和道德观念占领网上阵地的同时，加强对网络的管理，成立有关机构，制定相关法规政策。在

鼓励青少年运用网络学习科学技术的同时，进一步对网上不良信息进行过滤净化，对网上那些有害安全、煽动作乱、严重违背我国文化习俗和言论的行为应依法严加取缔。另外，网络道德的建设同样离不开法治手段，通过一系列立法活动和规章制度的制定，可以使网络道德的内容制度化、契约化、明确化。一般来说，道德规范总是滞后于道德行为，在建构网络道德的层面上我们尤应加大力度。

（二）从网络的外在因素而言，教育工作者应加速自身角色的转换，监护人应依法履行监督职责

目前，网上犯罪者多为青少年，对青少年进行网络道德教育势在必行。作为引导者、监护人的老师和家长对此应有明确的认识。教育工作者应认识到教学中的主体是谁，变单向教学为双向互动教学，调动学生学习的主体积极性，树立终身学习观念，积极吸纳网上知识，与时俱进，引导学生选择、过滤网络信息，加强师生互动交流。家长也要转变家庭教育的观念，改变传统的以"控制"为主的教育方式，在自身了解网络、熟悉网络的前提下，与孩子谈心聊天，解决孩子的思想、心理问题，有的放矢地做好引导工作，同时加强与社区、学校的联系，帮助青少年建立起良好的网络道德。

（三）从道德的主体性因素而言，网民自身必须具备良好的道德纪律意识

外因往往通过内因起作用，我们应当强化青少年的网络意识，针对网上道德弱化的问题做好网上文明行为规范教育。青少年应通过多种途径加强自身网络道德的学习和培养，树立正确的人生观、世界观、价值观，提高自律意识，坚决抵制不良思想的侵蚀腐化。

网络道德的建立、健全和完善并非一朝一夕能完成的，它需要一个过程，需要全社会成员共同努力，需要通过自律与他律的有效结合来完成。这为德育工作者提出了挑战。

（原载《思想教育研究》2003 年第 3 期）

# 论大学人文精神的培育

有关人文精神的讨论是近几年来文化界和教育界讨论的热点问题。自从 1993 年上海文学批评界提出这一问题以来，各种观点和议论一直不断。关于人文精神的问题也已超出文学领地，进入了文化界、知识界、学术界和教育界。总的来说，大多数学者对于什么是人文精神的总体把握和界定还是基本一致或大致相似的，如"一般来说，所谓人文精神，应当是整个人类文化所体现的最根本的精神，或者说是整个文化生活的内在灵魂，它以崇高的价值理想为核心，以人本身的发展为终极目的"①。但对人文精神更深入一步地研究和细化，仍然存在着许多分歧。因此，理清这些问题，对我们研究如何培育大学人文精神不无裨益。

## 一、对人文精神的再考察

学术界对人文精神的深入研究主要存在如下三个方面的问题：一是人文精神与终极关怀的关系问题，二是人文精神与科学精神的关系问题，三是人文精神与人文知识的关系问题。

在人文精神与终极关怀问题上，有人认为，人文精神对人的生存意义或价值就是对终极的关注，是为把握终极价值而不懈的努力。这种强调对终极关怀的人文精神观点，有助于人跳出眼下追求物质利益的怪圈，但同时又容易简单化地对待所有的现实追求，以终极关怀为准则一概否定现实的人生需要，同时容易把精神的东西当成麻醉品，使人忘却实际困难，回避对他们的解决，从而使人文精神不可避免地带上某种程度的宗教信仰色彩。事实上，人的价值和维度不是单一的，而是多元化的，真正的人文精神也是具有包容性的。因此人文精神只能是价值追求或者价值判断的一个方面。人文精神在坚持对人生或者存在的精神价值的追求与实现的同时，也不应当排斥其他价值尺度。也就是说，人文精神在追求自身精神价值、

---

① 孟建伟：《科学与人文精神》，载《哲学研究》1996 年第 8 期。

终极关怀的同时也并不反对物质价值的追求和实现。事实上，物质价值和精神价值的追求与实现，是人类生存的重要方面。并且，采取这样的态度，才能避免两个极端，即单纯的物质主义极端和单纯地空谈人文精神的极端。

在人文精神与科学精神的关系问题上，受马克斯·韦伯价值理性与工具理性二元论的影响，在当今学术界，存在着一种将科学精神与人文精神截然对立起来的倾向，认为科学精神导源于工具理性，而人文精神则导源于价值理性，两种精神是截然不同的精神追求。这一观点的实践结果在于把科学理性认为是造成人文精神失落的重要原因，提倡人文精神就意味着要排斥科学理性，最起码也要将人文精神和科学理性作为分属于意义世界和事实世界的不同范畴。我们认为，科学精神是指人在科学活动过程（或凝结在科学成果）中的精神，人们进行科学活动的精神本身就是一种人文精神，更确切地说，科学精神是人文精神的不可分割的重要组成部分，是人的精神的一个方面或一种。从某种意义上讲，科学精神是属于人文精神的，它是人文精神在科学领域的表现。这种理解不仅有着丰厚的理论意义，也有着广阔的实践价值。其理论意义在于加深了对科学精神和人文精神的理解，克服了将科学精神归结为"客观主义"和"功利主义"的狭隘偏见，超越了将人文精神等同于"文人精神"或"人文科学的精神"的狭隘观念，从而为更加全面、更加深刻地理解科学精神和人文精神开辟了一条新的思路，同时也为沟通科学文化和人文文化提供了一种可能性。其实践意义在于有利于进一步弘扬科学精神，促进我国的现代化建设和社会的全面发展，在科学领域提倡人文关怀，促科学精神与人文精神共生存、共发展、互相促进、互相充实。

在人文精神与人文知识的关系问题上，人文是一个含义比较广泛的内容，它包括人文知识和人文精神。人文知识所表征的是一个"为学""知道"的层面，而人文精神所表征的则是一个"为道""体道"的更为深层次的意义。人文知识是人文精神的基础与前提，相对于人文精神而言，人文知识是比较浅层次的概念，而人文精神则更为深入，更贴近人文的本质。现在一提人文精神的培育，人们首先就想到开人文课程，办人文讲座，读人文书籍，这些举措，可以增加人们的人文知识，有助于修养人们的人文精神。但如果我们将这些属于人文知识的内容等同于人文精神去培育，这是人文教育的一大失误。人文知识是基础，人文精神的培育，除了需要人文知识的传授之外，更为重要的是要将这些知识通过合适的载体和合适的机会内化为人们内心深处的体验，再外化为人们的行为表现。这就需要人文氛围的长久熏陶了，而不仅仅是举办几个讲座或者看几本人文书籍就能解决得了的。

## 二、大学人文精神的培育

出自《大学》的"大学之道，在明明德，在亲民，在止于善"实质上已经阐明了大学的目的，即大学在于教人道理，净化人们的心灵，陶冶人们的情操，培养人们的善良美德，使人们达到真善美的最高境界。在社会主义国家，大学培养人才，不仅仅要适应目前的市场经济和经济建设的需要，而且更应该站在市场经济的前面，站在社会发展的前面，去引导市场经济，引导社会发展，使大学在适应社会发展的同时成为引领时代发展的精神高地。

现实中，我们的大学教育在人文精神方面的缺失实为严重。我们往往以社会适应性作为教育的根本尺度，否定了人的发展，忽视了人的心灵完善与精神的完整建构。我们赋予学生更多的是知识积累，但忽略了要引导学生去关注知识的意义。人文关怀的缺损带来的直接后果是教育价值的迷茫与教育意义的丧失。现代教育从根本上强调人对社会的适应、强调人面向社会的发展，却忽视了人的生存本身，缺少对人本身深入地关怀。强调知识，但没有在知识传授的过程予以应有的人文关怀。

为此，重建大学人文精神在现时代就显得尤为迫切。如何培育大学的人文精神？

第一，调整价值观念，以全面塑造和培养人的教育理念引导大学在适应社会需求的同时保持引领时代发展的精神高地。

作为为国家培养人才，服务于社会的大学，有振兴经济、发展科技、适应社会之类的功利价值，同时，又具有人伦教化、文化传递等非功利价值。它主要是通过人文精神的培育来实现的。因此，在大学培育人文精神，首先要解决一个前提性的问题，即教育观念和教育理念的问题。有学者把大学的内容界定为三部分：①教会学生如何做人；②教会学生如何思考；③教给学生必要的现代科学技术和文化知识，以及应用现代科学技术和文化知识的能力。这是对大学价值的一个很好的概括。大学当然要教给学生必要的现代科学技术和文化知识以及应用现代科学技术和文化知识的能力，但更为重要的却是教会学生如何做人和如何思考。① 这实际上也在一定程度上揭示了我们办大学所应持有的理念。

大学作为学校教育的最后一站，也是学校教育产品的成品阶段，它所培养的人才直接影响着社会的发展。一个符合社会发展需要的人才必须是既有较为全面的知识积累，又具有高尚的道德情操；既有社会参与能力，又有理想追求意识；既敢于进行科学探索，又勇于承担社会责任。当然，培养这样的对社会有用人才的工作是艰难的，但我们绝不能因为这样的人才难以塑造和培养就降低我们教育的理想与追求。要科学教育与人文教育并举，努力培育大学的人文精神，使大学在适应社会需求的同时始终保持引领时代发展的精神高地。

第二，拓展师者内涵，努力提高大学教师的人文素养，造就一批全面实施素质教育、塑造人文精神的师资队伍。

"师者，所以传道授业解惑也。"这很好地概括了大学教师的职业定位，要求大学教师不仅要有广博精深的知识和较强的教学与科研能力，还要有较高的人文素养；要求大学教师不仅仅是专业知识的传授者，还必须是人文精神的培育者和引导者。

我们要在提高大学教师的专业水平与科研能力的同时注重和提高他们的人文素养，激发他们勇于探索、乐于奉献的热情，促使他们成为对学生进行人文教育的自觉推行者。首先，要求教师要学习优秀的传统文化，不断扩大自己的人文知识面，内化人文知识形成自己的人文知识结构。其次，要求教师加强人文知识积累，在专业传授过程中渗透人文精神。最后，要求教师对人、对学生要有深厚的感情，对社会、民族、国家乃至全人类怀有崇高的责任心。他们能以高度负责的精神对待自己所从事的职业。我们要强调大学教师的道德品质、人文修养，要鼓励大学教师不仅成为学生的知识传授者，更要努力成为学生在人生路上的指明灯和充满人格魅力的精神导师。

第三，以学科课程的深度融合为基础，以培养学生的综合素质为指向，构筑合理的人文知识体系，拓展学生的人文知识视野。

---

① 杨叔子：《传统文化·人文底蕴·大学教育》，《中国大学人文启思录》（第一卷），华中理工大学出版社 1996 年版。

精神源于认知，修养源于知识。人文知识的学习与积累是人文精神的培育和养成的基础。

首先，要加强学科课程的深度融合。目前，我国高等教育的许多课程设置仍然是按照传统的学科、专业、方向划分方法。这一划分有利于知识的专业化分类。但随着社会的发展变化，这种分类越来越不适应综合人才培养目标的要求。因此，要加强对学科、专业课程的调整。调整的过程中要突破学科门类简单相加的模式，逐步向人文社会科学课程与自然科学课程的紧密结合的方向转变，构筑合理的知识体系，使不同的学科门类的学生共同树立正确的道德观、人文观、价值观以及形成科学的方法论、认识论，最终达到科学精神与人文精神的统一、个人价值与社会价值的统一。

其次，要充分发挥大学各院系、学科的优势，整合学科资源，实现资源共享，鼓励各专业学生跨专业、跨系甚至跨校选修课程，辅修第二专业，攻读第二学位，优化学生的知识结构。在校内大力开辟哲学、文学、艺术、法律等人文选修课程，拓宽学生的人文视野。

最后，如前所述，人文知识是人文精神与修养的前提和基础。大学各系要结合实际开设人文课程，举办人文讲座，鼓励学生读人文书籍。这些举措，可以增加学生的人文知识，有助于学生人文精神的培养。此外，还可以通过各种方式举办人文系列讲座，支持学生开展人文学术活动，建立人文素质教育活动基地，优化学生活动条件，为学生拓宽人文知识视野，陶冶高尚人文情操，感受高雅的人文空间。

第四，构建具有浓郁人文气息的校园文化氛围，营造良好的人文精神培育环境。

高校要加强校园文化建设，重视校园文化所创造出来的人文学术环境和文化艺术氛围对学生人文精神的熏陶与影响，积极塑造人文精神，将其融汇在教学、科研中，融汇在校园人文学术活动、文化艺术活动、物质文化建设以及日常管理工作中，形成具有浓郁人文气息的教学研究环境、人文学术环境、文化艺术环境、物质文化环境和管理文化环境。

要重视把大学人文精神的培育贯穿于教学、科研中。由于教学、科研在大学里的中心地位，学校教师和学生最关心、花时间和精力最多的往往是教学、科研。如果在大学里，能在师生最关心、花时间和精力最多的教学、科研中渗透人文精神，那么，素质教育就可以事半功倍。目前，在大学里，最关键的在于能否发动广大专业教师，使他们能自觉地把专业课作为人文素质教育的阵地，进行自然而不是强加，内在而不是外表的人文精神教育。这种教育对专业课不是额外强加的，而是它不可分割的有机组成部分，人文与教学科研相互渗透、彼此融合，相辅相成。这样，就能使得专业教学课堂和实验场所成为人文素质教育的阵地，所以，教学、科研是渗透人文精神的有效途径。

要努力形成浓郁的人文学术环境。在科学技术日新月异的今天，我们要树立"科学是立世之基"的观念，我们必须看到，一切科学创新的本质是人文的过程。因此，我们也必须树立"人文是科学之本"的理念。在实际工作中，不断强化人文学术氛围。

要努力营造浓郁的文化艺术环境。让学生体验美，产生美的升华。大力开展校园文化艺术活动，如组织音乐会、舞蹈专场等多种活动，营造具有大学特色的高雅的文化艺术氛围，提高学生的审美能力，培育学生的人文精神。

要重视校园物质文化环境建设。校园不仅仅是学生学习和生活的地方，还是给学生以无形的熏陶的场所。一所历史悠久、环境幽雅，到处都是人文历史景观的大学无疑对学生人文精神与气质的培养和塑造具有重要的作用。

要重视校园管理文化环境的建设。管理不仅仅是一种制度、一种科学，更是一种文化。大学校园的管理，有别于企业或政府机关的管理，校园的管理应当更注重培养一种科学、民主、平等和自由的宽松的管理文化环境。

第五，把人文精神放在市场经济大潮中进行培育，促进市场经济与人文精神的同步发展。

市场经济是一个开放的系统，是一把"双刃剑"，它既对大学人文精神的培育有促进作用，同时又有消极的影响。

首先，市场经济具有强烈的人文内涵。如果我们不把"人文"仅仅局限在伦理层面，而是从尊重人、促进人的全面发展，以人的价值和潜力的充分实现为目标来理解人文精神，那么，市场经济的发育就具有深刻的人文意义。因为市场经济极大地促进了生产力的发展，为人的全面发展提供了丰富的物质条件，它扩大了人与人之间的交流与合作，为个性的丰富创造了多层次的社会关系。同时，它催生了与现代社会相适应的伦理价值观念，促进了"人的现代化"。所以，从这一意义上讲，社会主义市场经济对大学人文精神的培育具有推动作用，对于人文精神的现代化极为有利。

其次，市场经济与人文精神的培育相互促进，不断发展。当前，我国的市场经济还不够规范、成熟，还有一个发育和完善的过程；我国的人文精神也并不是完美无缺的，它需要接受时代精神的洗礼，充实新的内涵。因此，市场经济与人文精神只有在现实的社会运动中才能找到最佳"结合点"，大学的人文精神只有在市场经济中进行培养，才能具有时代的含义。

第六，建立和完善相关的可操作性措施，为大学人文精神的培育提供制度保障。

可操作性要求大学人文精神不能停留在学院或者书斋深处的个人操守或道德律令上，而应该体现在投入交流的精神产品与知识成果的生产和创造中，这些精神产品与知识成果因其根本目的在于关注人的身心全面的发展而具有不容置疑的精神上的价值。然而，当今我国各大学在培育人文精神的问题上，更多的是观念上的探讨和一些简易的实验，真正做到可操作的还是不多，所以，制订相关的可操作性措施，是当前促进大学人文精神培育的重要环节，它能保证大学人文精神的培育不流于形式。

从总体优化的思路看，应当把人文精神的培育与思想政治教育联系起来落实。我们要继续把思想政治教育放在首位，把人文精神的培育放在基础性的位置来落实，通过建设好人文教育基地和"两课"教育基地来促进人文精神与思想政治教育的互相提高。

在具体操作上，既要解放思想、敢于突破，又要实事求是。重大改革步骤要通过试验，防止大起大落，防止形式主义，徒有虚名。当然，人文精神培育的措施要有一定的范围和力度。为此，在人文精神的培育上，必须加强领导。目前，像华中理工大学就通过新生入学一律再行中国语文考试，不合格的要补课；同时，针对理工科的特点，提出每位学生必须获得2个人文学科的学分，否则不予毕业……只有当各高校或教育部门都制定一定的规范，并在发展中不断完善，大学人文精神的培育才能得到强有力的保证。

爱因斯坦说过，"学校的目的始终应该是，青年人在离开学校时，是作为一个和谐的人，而不是作为一个专家"，仅仅"用专业知识育人是不够的。通过专业教育，它可以成为一种有用的机器，但不能成为一个和谐发展的人，要使学生对价值有所理解并产生热忱的感情，那是最根本的。他必须获得对美和道德上的具有鲜明的辨别力，否则……而不像一个和谐发展的人"。

因此，面向 21 世纪的高等学校，只有积极推进人文精神的培育，才能肩负起培育高素质人才的重任。

（原载《高教探索》2003 年第 1 期）

# 全面提高"两课"教学效果的方法论思考
## ——在"两课"教学中如何贯彻理论联系实际的原则

理论联系实际是马克思主义的一个基本原则。理论的生命力与战斗力就在于理论源于实践又指导实践。由"两课"的性质、任务和内容所决定，理论联系实际是"两课"教学的根本原则和基本方法。

## 一、贯彻理论联系实际原则的必要性

随着当前国际形势风云变幻，国内改革和建设快速发展，新情况、新问题不断出现。而"两课"教学与当前形势的发展还存在着一些不适应的方面，存在某种程度的理论与实际相脱节问题，主要表现在以下三个方面。

### （一）教学内容与变化的现实不相适应，缺乏针对性

首先，教材编写的特点决定了教材总是相对滞后于社会现实，导致了教材内容与现实存在一定的不相适应。比如西方敌对势力对我国意识形态领域进行渗透，西方社会思潮不断地渗入我国思想文化领域，而我们的教材内容又不可能及时地对这些思潮进行必要的总结和剖析，这就可能使学生由于缺乏正确的引导而产生一些思想的困惑和错误的认识。其次，教师在课堂上讲授的内容与社会现实也存在着某种不相适应。有些教师照本宣科，未能很好或不能正确地回答现实问题。学生从教材和教师口中得不到对现实情况的合理解释，从而对教学内容产生了厌倦，这也是教学内容缺乏针对性的另一表现。比如，我国确立了社会主义市场经济体制，但在体制转型时期，许多机制还不健全，市场发育不成熟，与市场经济相适应的道德规范在许多方面还是"真空地带"，尚未形成规范的市场经济道德体系。在这种情况下，出现了"一切向钱看"的拜金主义、享乐主义和极端个人主义，少数人精神空虚，"黄、赌、毒"充斥了他们的生活。这些

社会现象，在讲授过程中，教师如不能给学生提供合理而有力的回答，就会使学生产生思想困惑，甚至使部分学生对我国社会主义制度、党的领导、马克思主义在意识形态领域的指导地位和为人民服务的人生观、价值观以及共产主义理想和信念等产生怀疑和动摇。可见，"两课"教学实施理论联系实际的原则多么重要。

## （二）传统的教学方式与当代青年的思维方式不相适应

目前，高校"两课"教学总的来说是以说服性教育为主要方式，注重教师的课堂讲授，对学生的主体性发挥不够。在新的历史条件下大学生思想特点已发生了新的变化，这主要表现在：一是认知方式偏重感性化。即注重自身感受和体验，忽视理论学习，认知方式渗透着更多的情感因素。二是个体独立意识的膨胀化。即在认知、意志、情感等方面更注重自己意识的独立性，强调个性化。三是价值取向多样化。在价值目标、价值取向上呈多样、分散的趋势。面对学生这种新的思想特点和新的思维方式，如果我们还是采用老师讲、学生听的方法，必然造成德育的短效、低效的状况。

## （三）教师的知识结构和知识储备与青年学生的需要不相适应

大学生是社会最敏感的一个群体，他们追求真理、渴望成才，他们非常想了解国内、国际发生的大事件，渴求知道自己应该如何在社会上正确定位。面对学生们的需要，我们的"两课"教师有时显得无能为力，教学照本宣科，不为学生所信服。其中主要的原因还是"两课"教师的知识结构和知识储备与新形势下学生的思想特点不相吻合，与学生的需要不相适应。一些教师知识结构比较单一，对自己所教的内容只是知其然而不知其所以然，还有一些教师把"两课"上成了一般的文化课、知识课，就理论谈理论，这种纯理论上的空讲，不能引发学生情感上的共鸣，反而引起了学生的逆反心理，影响教学效果。

## 二、切实贯彻理论联系实际原则的几点思考

理论联系实际，既是"两课"教学的关键，又是"两课"教学的难点。从教师方面讲，怎样才能在教学过程中贯彻这一根本原则呢？笔者认为最主要的是：一是吃透理论；二是吃透实际，并把二者有机结合起来贯彻在具体的课堂教学中去。为此，应在以下三个方面努力。

### （一）吃透理论

贯彻理论联系实际，首先在理论问题上要真正弄懂弄通，小到一个概念的内涵外延、来龙去脉，大到理论体系的完整把握，理论的重点、难点、疑点，都要吃透。这就要求"两课"教师，首先要弄懂弄通马克思主义基本原理，把握贯穿其中的立场、观点和方法；要全面地、系统地、准确地掌握马克思主义的理论体系，并学以致用，能够举一反三。其次，要做到能够从整体上把握教材。教材是进行教学活动的基本依据，只有真正把握教材，才能做到因材施教。要把握教材的基本思想、逻辑体系及内在联系，理出知识点，包括基本概念、原理，重点与难点，做到统筹兼顾，心中有数。最后，要汲取各类知识特别是社会知识丰富自己，这样才能更好地理论联系实际，更生动地运用现实及社会的丰富材料，把理论课讲得有声有色、生动活泼。

### （二）吃透实际

吃透理论是理论联系实际的前提和基础，只有掌握实际，才能"有的放矢"。吃透实际主要包括：一是社会实际，主要指对当今社会变革中的一些热点、难点问题，尤其是对诸如政治方向、价值取向、市场导向等方面的疑难问题要把握准、看得透、说得清、辨得明，有理论思考，而且这种思考必须具有说服力、前瞻性。二是学生实际，就是对学生的思想特点和心理特点有一个比较准确的把握，更多关注学生思想状况和变化趋向中出现的新情况、新特点，对学生的实际，特别是思想实际确实能做到"知真、知全、知深"。只有这样，"两课"教学才能有针对性，才能有的放矢。三是工作实际，这里有两个层面：第一个层面是"两课"教师的工作是事关国家和民族的前途命运的神圣事业，课堂虽小但责任重大，如

果对这个实际情况认识不足，则在教学过程中，教师不会有责任感、神圣感，工作投入及重视程度必然不足，效果也就自然不理想。第二个层面是"两课"课程结构及内容问题。把握好"两课"的课程结构和内容，是提高教学效果的重要保证，也是"两课"教学中的一个最大的实际。教师在教学过程中，应根据情况的发展增加新的内容，做到与时俱进。

### （三）做好理论联系实际

理论联系实际的具体方法是多种多样的，如专题辅导，座谈交流，参观访问，社会调查，基地教育，考试改革等，但是，课堂教学是提高学生思想道德素质的根本途径。十几年的教学实践使笔者深深感到，要全面提高教学质量，应做到以下五个方面。

第一，要站得高。教师对许多重大社会问题和社会现象能进行正确的理论思考。究其原因，揭示本质。需要强调：一是研究怎样运用具体材料说明一些观点和原理；二是研究怎样运用理论观点去解释一些实际问题，从而切实培养学生的理论联系实际的能力，更重要的是培养他们判断是非能力。

第二，要讲得实。"实"就是对历史问题和现实问题采取实事求是的科学分析态度，对问题的分析和论述力求做到准确、全面，一切以事实为基础。如讲"邓小平理论概论"中关于当前我国在建设社会主义市场经济体制中出现的难以避免的矛盾和问题，既应全面地分析和阐明这些矛盾和问题产生的主客观原因，又应阐明党和国家解决这些矛盾与问题的观点和态度。

第三，要教得活。教师要坚持因地制宜，因材施教，具体问题具体分析。要用灵活多样的理论联系实际方法引导学生、吸引学生，在教学方法上，要充分利用多媒体课件和有关的网络平台，使教学内容的呈现多样化、新颖化，调动学生的学习兴趣，更有效地接受教育。

第四，要引导正确。"两课"教学的重要目的是为青年学生树立正确的世界观、人生观、价值观打下科学理论的基础，确立为建设中国特色社会主义而奋斗的政治方向。对于事关重大的原则性理论问题和现实问题，教师必须立场坚定，旗帜鲜明，决不能含含糊糊，对于某些政治性和政策性很强的敏感问题，应持十分慎重的态度，决不能想怎么联系就怎么联系，应以正面引导为主，克服随意性，杜绝误导。

第五，教学方法要改得好。当前，信息技术发展很快，为"两课"教学提供了现代化的手段，"两课"教学如果不注意改进形式和方法，还是停留在原来的"老面孔、老办法"，必然会在青年学生中失去吸引力。但是，运用多媒体开展教学，仍然有一个是否运用得恰当、用得好的问题。讲授的内容和多媒体的内容选择要配合得好，这也需要下功夫。

（原载《思想理论教育导刊》2003 年第 4 期）

# 高校校园文化建设的时代思考

## 一、高校校园文化及其时代特征

高校校园文化是教育者与被教育者共同以校园为主要空间，围绕教学、科研、生产活动和校园生活而共同创造并共享的，以文化冲突和整合为表征的亚文化系统，良好的校园文化不但可以促进教学、科研及管理活动，而且可以丰富校园生活，并使校园文化建设的主体在精神上得以振奋和升华，良好的校园文化具有强大的凝聚力和吸引力，能较好地调节和激励师生的思想行为，较好地培养和激发师生员工的群体意识和集体精神，促进师生员工的自我约束、自我管理和自我完善，较好地保持学术的稳定。由此可见，校园文化在学校教育中具有举足轻重的作用，搞好高校校园文化建设对于学校的建设和发展具有深远的历史意义和重大的现实意义。目前，思考高校校园文化建设，必须把握好其时代特征。

### （一）教育性

高等学校是按照党的教育方针，有计划、有目的地培养高级人才的地方，它必须根据社会的进步和要求来培养和教育学生，这就决定了高校校园文化的教育性。然而，校园文化的教育性具有很强的目的性，校园文化所建设的精神环境的文化氛围必须具有明确的规范性，即必须紧紧围绕培养人才这一根本要求，在培养学生良好品格方面，必须用马列主义的立场、观点、方法，用爱国主义、集体主义、社会主义的道德观念来构建特定的文化氛围；在学习知识和掌握技能方面，按社会的要求，确定教学内容、教学形式和教学手段，使学生在特定的文化氛围中学习好基本理论，获得基本知识，掌握基本技能，从而使学生确定远大的理想和良好的行为。

### （二）开放性

校园文化是根据学校教育的既定目标，按照与之相适应的系统，精心设计和严密组织营造起来的。但是，在改革开放的时代，校园文化的建设毫无疑问地需要面向现代化、面向世界、面向未来，尤其在网络时代，这种开放性更具有时代特征。然而，这种开放性也不是"天马行空"，而必须根据办学目的和培养目标的要求，有选择、有限度、有层次地开放。

（三）综合性

当前，校园文化作为教育的载体，具有继承和传播文化的功能，这决定了校园文化具有综合性的特征。从纵向看，校园文化继承了前人的智慧和文化的精华，在某种意义上是一种文化的积淀。从横向上来看，校园文化是中外之间、校园与社会之间的有机融合，是智能型的多文化集合体，具有综合性。

（四）敏感性

大学是社会的"晴雨表"，大学校园文化的敏感性，主要由以下四个因素决定：一是学校具有外界包括外来文化接触的得天独厚的条件。二是校园文化的主体具有较高的文化层次，思想活跃，敢于改革、开拓、创新。三是大学生对新思想、新观念较敏感，敢想敢为，容易接受新生事物。四是高等学校的学科教育能迅速反映科技发展、学术研究和社会思潮的新动态和新成果。

（五）超前性

毛泽东同志对青年说过："世界是你们的，也是我们的，但是归根结底是你们的。你们青年人朝气蓬勃，正在兴旺时期，好像早晨八九点钟的太阳，希望寄托在你们身上。"学校培养的人才是属于未来的，是我国未来建设的生力军，这就要求校园文化在形成自身特定文化氛围的同时，必须具有超前性。当前，我国高校校园文化建设的一切内容、设施、途径和方法，都鲜明地突出了现代社会的时代意义，同时预示着未来社会的发展方向。总的来说，目前高校培养的人才既具有正确的政治方向和健康的道德情操，同时也掌握了学科最新的知识，而且具备了把握社会发展的能力。

（六）辐射性

校园文化是一种开放文化，它通过传授知识、发展科学而使学生接触古今中外的各种文化。校园文化与社会文化的关系是双向的，既受制于社会文化，又以鲜明的个性影响社会大文化和其他亚文化系统，形成辐射性特征。

## 二、当前高校校园文化所面临的时代性课题

校园文化是社会文化的重要组成部分，它的变迁和发展，受到社会文化的影响和制约，当前，高校校园文化所面临的时代性问题主要表现为如下四个方面。

### （一）社会主义市场经济的负面影响

建立和完善社会主义市场经济体制，是我国经济体制改革的总目标，在这种体制下，如何建设和发展校园文化，是我国高校校园文化建设面临的一个重要课题，市场经济的确立和完善，必须对上层建筑中的文化，其中包括校园文化的建设产生重大的影响，我们在看到市场经济对校园文化建设积极影响的同时，也要清醒地看到其消极作用和负面影响。

**1. 教师的失落感**

由于市场的激烈竞争，公民收入差距拉大。目前，高校教师与同龄的从政者或经商者相比，收入明显偏低。作为校园文化引导者的教师，在物质和精神上受到不少的冲击，从而产生一种莫名的失落，这种现象势必导致一是优秀教师大量外流，这势必导致教学质量的下降，进而给校园文化建设带来不利的影响。二是作为"传道、授业、解惑"的校园文化主体的教师，在失落感加剧的情况下，其所言所为，若有不慎，必定对学生产生极为不利的影响。

**2. 基础学科受到削弱**

市场经济的运作是靠市场调节来进行的，这种市场调节由于具有盲目性的一面。在近期利益驱使下，社会急需的专业人才供不应求，被市场看好的热门专业学生往往一哄而上，形成了某种意义上的畸形发展的局面；相反，基础学科备受冷落。这种趋势越来越严重，极大地挫伤了基础学科

教师的积极性。对此，一些基础性专业和学科纷纷包装，改头换面（如历史改旅游、哲学改经济等），长此以往，必将影响教育的综合和平衡发展，给丰富多彩的校园文化带来极为不利的影响。

### 3. 功利主义和拜金主义抬头

市场经济遵循的是价值规律，以追逐利润为出发点，这一做法在市场行为中是正确的，但这种思想在校园中，则会对学生的思想教育起到消极的作用，正如潘懋元教授在《市场经济的冲击和高等教育的抉择》中所指出的"价值主体自我化，价值取向功利化，价值目标短期化"那样，进入20世纪90年代后，这种功利和拜金现象的思想迅速抬头，并有继续发展的趋势，这势必会给高校的思想政治工作带来难处，也会影响校园文化建设的正确方向。

## （二）网络时代的影响

互联网是一把开放的"双刃剑"，其信息庞杂多样，既有大量进步、健康、有益的信息，也有不少反动、迷信、黄色的内容。它的出现和繁荣，使高校校园文化建设更加复杂，任务更加繁重，工作更加艰巨。互联网的应用，使信息达到的范围、传播的速度与积累都有显著增加和提高，为高校的校园文化建设提供了新的平台和发展的机遇。然而，互联网的繁荣也给校园文化建设带来了严峻的挑战。一方面，国内外敌对势力竭力利用互联网同我们党和政府争夺下一代；另一方面，互联网本身在给人类社会提供方便、高效的同时，也给人类社会带来消极的和负面的冲击。我们将面临人际关系的疏离，文化冲突的激化，网络违法的抬头，信息焦虑的日盛和黑色风暴的侵袭等严重问题的困扰和挑战。

## （三）"四个多样化"的影响

当前，我国正处于社会主义初级阶段，这一社会阶段的最突出特点是"四个多样化"，即经济主体与经济成分多样化，社会生活方式多样化，社会组织形式多样化，社会分配与就业方式多样化。这种社会存在的多样性决定了人们思想观念和主观形态的多样化，也决定了高校校园文化的多样化、复杂化。因此，在校园文化建设过程中，如何坚持健康校园文化的主导地位，如何坚持义利并重的社会主义道德导向，如何建立起新的思想观念和道德准则，都是摆在教育工作者面前艰巨而神圣的任务。

（四）旧的教育模式的影响

学校是培养德、智、体、美、劳全面发展人才的重要基地。作为统领地位的德育，按理说是学校教育的重点，但在旧的教育模式下，一些学校把注意力集中在学科上，重智育轻德育，为了"应试"，教师采用"填鸭式"教育，大大地增加了学生的负担，严重地束缚了他们的想象力和创造力。由于教育模式选择的失衡，很容易使学生在思想上产生模糊认识，从而影响了对道德观念的正确选择和确立，导致校园不文明现象的产生，甚至发生校园暴力事件。这些问题的出现，反映了校园精神文化的匮乏。

## 三、营造具有时代特色的高校校园文化的思考

校园文化的营造，就是依据校园文化的传统及其发展规律在校园范围内有目的、有计划、有系统地进行合乎时代要求和发展的文化建设和管理。目前，营造具有时代特色的高校校园文化必须进行如下的思考。

（一）必须坚持"以文化人"的原则

营造具有时代特色的校园文化，必须以一定的原则作基础。这一原则就是"以文化人"（此处的"化"是动词），它是由文化的功能所决定的。文化最基本的功能是养育性地维护或维护性地养育着个人和社会的存在及其发展，"以文化人"的校园文化营造原则，不仅要求校园文化的营造者们强调群体的社会化，而且应该注重个人的社会化。

（二）创新是营造具有时代特色校园文化的灵魂

在现实世界中，校园文化作为一种社会现象，其变化与发展当然有其必然的连续性，但是校园文化的发展如同现实发展一样，都遵循新陈代谢的规律，这就存在创新的问题。江泽民同志指出："创新是一个民族进步的灵魂，是一个国家兴旺发达的不竭动力。"当前，对校园文化进行创新要从以下四个层面来进行：一是对某些内容和形式都已陈旧并且已显示出失去了生命力的校园文化，我们应该淘汰、去掉。二是对于某些仍有合理性的校园文化形式，我们必须革新其内容。三是对于有利于新时代、新的社会生活发展的校园文化要大力弘扬，让其发扬光大。四是借鉴外来文化

的冲击作用，从而产生新的校园文化，这也是创新的途径之一。

然而，我们在考察校园文化创新时，必须牢记江泽民同志所说的要代表"先进文化的前进方向"，创新必须有利于校园文化的良性发展，在创新过程中必须谨记一条原则，那就是无论创新何种性质的校园文化，中国特色的社会主义原则不能丢，有利于我国文化的良性发展的方向不能改变。

### （三）必须以"学校精神"凝聚校园文化

"学校精神"是在校园文化基础上，通过校园文化主体的实践活动并经过历史的积淀、选择、凝聚、发展而形成的，是校园精神文化体系中高度成熟并已被学校师生一致认同的主体精神文化。当前，我们必须以"学校精神"作为校园文化的灵魂。校园文化才能顺应当代中国社会大文化的时代潮流，在弘扬传统文化、创造新文化的校园文化建设实践中，培养现代意义上的校园文化新人，推进社会文化转型和进步。

### （四）要从社会发展战略的高度考虑校园文化建设

党的十五大昭示了我国 21 世纪社会发展三步走的战略目标，第二个十年国民经济更加发展，各项制度更加完善，到 21 世纪中叶，达到中等发达国家水平。实现这一宏伟目标取决于国民素质的提高和人才资源的开发，而中国特色的社会主义文化的功能恰恰就在于它能提高劳动者的素质和开发人才资源，而通过对具有中国特色的社会文化的子系统——校园文化的建设，能够使校园文化建设的主体具有共同的理想和价值观念，把教育教学活动与国家和社会发展战略联系起来，不断提高劳动者的个人素质和整个社会的综合素质，使校园文化建设成为培养建设社会发展战略所需要的人才奠定坚实的基础。

### （五）要抓好校园文化建设的保障机制——制度建设

校园制度文化作为校园文化的内在机制，包括学校的传统、仪式、规章制度，是维系学校正常秩序的不可少的保障机制，是校园文化建设的保障系统。

（六）加强隐性课程的建设，扩展校园文化建设的空间

隐性课程（hidden curriculum），指的是那些没有在课程计划或学校教案中显现，但确是学校教育实践和教育结果中必不可少且有效的组成部分，它包括正规课程中隐含的教育因素，学校的物质环境和精神环境，学校的管理体制，教师的人格及领导者的风格，等等。因此，我们在考虑校园文化建设的过程中，必须要考虑相关的背景因素（社会的、科学的、因素的）和动态的因素（如师生交互作用、教学方式的变化、环境的因素等），使校园文化建设扩展到学校的整个生活世界中。

（七）利用先进媒体，加强校园文化建设

面对 21 世纪的挑战，如何培养既与知识经济相适应又具有坚定社会主义信念的理想人才，是高校校园文化建设所面临的重大课题。一方面，传统的校园文化载体的作用由于现代媒体的冲击呈弱化趋势；另一方面，大学生随着时代的变化呈现出全新的特点。校园文化建设必须主动适应当今大学生的思想特点和变化的新趋势，充分利用先进载体，使校园真正起到促进学生素质全面提高的作用。目前，我们可以做如下的工作：一是建立局域的校园骨干网。利用网络引导、培养、影响大学生的人生观、价值观、思维方式和意识形态。二是充分挖掘网络潜力，建设校园网络文化。三是建立校园主站，通过这种"官方网站"，吸引更多的同学加入，它的健康有序发展必然起到促进校园文化建设的作用。

参考文献

［1］王邦虎.校园文化论［M］.北京：人民教育出版社，1999.
［2］谢海光.互联网与思想政治工作实务［M］.上海：复旦大学出版社，2001.

（原载《青年探索》2003 年第 3 期）

# 高校思想政治工作"四新"探析

2000 年 6 月 28 日，江泽民同志在中央思想政治工作会议上的讲话指出，世界正在发生深刻的变化，中国正在进行完善和发展社会主义制度的自我变革，党的思想政治工作面临的形势更复杂，任务更繁重，工作更艰巨。网络时代带来的新情况，正是我们思想政治工作者当前要重视和解决的实际问题。

## 一、新空间：网络为高校思想政治工作带来机遇

网络的出现使高校思想政治工作的观念和手段、方式和范围等产生深刻变化，为这项工作提供了全新的机遇。

### （一）网络的信息全球化为高校思想政治工作提供了丰富而重要的信息

过去，我们党为思想政治工作者提供了大量时事类、政治类的内部或公开刊物，这些刊物成为思想政治工作的重要信息源。而在网络时代，只要思想政治工作者掌握网络，就能在其中发现自己所需的无尽信息。网络既能为思想政治工作者提供实时动态信息，又能提供全面和系统的数据、资料。巨大的速度优势和丰富的信息量，将有利于及时传播思想政治工作信息。

### （二）网络的互动性为高校思想政治工作提供新的交流方式

交互性是网络最独特的特性。在网络上，一个传者与另外一个受者或更多的受者交流与互动，信息得到了有效的接收与反馈，再加上不参与讨论的旁观者，其影响面更大，而且匿名、开放的交流方式更能使参与者畅所欲言。大学生年轻、参与感强，在这种全新的互动交流中容易得到认同，而且会得到感染并内化。高校思想政治工作要充分发挥网络"润物

细无声"的功能，从而提高思想政治工作的针对性和有效性。

（三）网络的多媒体性和超文本链接，为高校思想政治教育提供了新的工作平台

传统的思想政治教育，多数情况下是靠教育者的口授加简单的媒体。网络媒体打破了传统思想教育的局限，它集合了多种媒体的表现形式（如文字、声音、图片、动画、视频等）来传送信息，显得更实用。另外，网络的超文本设计模拟了人类的思维方式，即在数据中有包含与其他数据的链接。用户接受信息内容时可方便地联想和跳转，更加符合阅读和思维规律。网络的这种超文本、多媒体的形式，把严肃的教育内容融入网络文化娱乐中去，充分调动人们的感官与思维的参与，使教育变得更为生动活泼，从而有利于提高思想政治工作的有效性。

（四）网络能为思想政治工作者提供准确的分析数据，起到及时预警的作用

目前，对网站访问状况的分析统计软件已经十分成熟，这些统计软件可以向网络新闻传播者提供诸如时段的访问流量、读者所在的国度和地区、网站中被访问最多和最少的专栏、读者的浏览路线等有关网络读者的全方位的资料，彻底改变了传统思想政治教育过程中对受众情况不甚了解的被动局面。这对调整思想政治工作的方略具有极其重要的意义。同时，网络还为思想政治工作者提供了一种有效的预警装置。积极的思想政治工作者只要充分重视，就能从中发现问题，及时引导，使问题在萌芽状态时得到解决。从这一意义上讲，网络为现代高校思想政治工作延伸了手臂，扩展了空间，是对传统思想政治工作的有力补充。

## 二、新问题：网络对高校思想政治工作的挑战

网络是一把"双刃剑"，它既给高校思想政治工作带来机遇，也带来挑战。

（一）网络信息内容良莠不分，给高校思想政治教育带来了难度

在网络时代以前，人们接受信息的主渠道是新闻媒体，在长期的革命和建设实践中，这些媒体形成了自己的工作规范，强调的是党性原则与社会效益，而网络媒体的出现令这种稳定的格局为之改变。当传统的新闻媒体发出主旋律的声音，网络媒体中则会出现与之抵触的非主流声音。由于在网络上传递信息、发表意见可以在相当程度上不承担责任，因此，各种政治的、社会的谣言甚至危害国家安全的信息到处流传，再从网上传到现实，造成更消极的影响。此外，各种垃圾信息以及色情、暴力的信息也充斥于网上，这些对社会公众情绪的稳定以及正确价值观的树立，尤其是青少年的成长都会造成极大的危害。

（二）大学生群体上网的动机与浏览内容给高校思想政治工作敲醒警钟

在当今复杂多变的社会环境中，当代大学生善于把现代科技知识融入自己的日常学习与生活中。根据 2000 年 6 月浙江省对 5 所高校进行的调查问卷情况看：大学生上网的目的是浏览信息和发收电子邮件的占49.3%，上 BBS 或网上聊天的占 24.3%，查找资料的占 18.4%，游戏或娱乐的占 8.0%。在被调查的对象中，上网浏览网站的分布比例为：娱乐31.7%，新闻 26.3%，学术 22.8%，其他 19.2%。娱乐的点击率是最高的。大学生的世界观和价值观的不确定性，势必会造成部分大学生因接触不良信息而导致其在思想品德方面的失范，给高校政工干部增加了一项新的问题。

（三）网络道德价值与人际情感的疏远给高校思想政治工作带来难度

网络的"绝对自由"环境，导致了后现代主义的道德相对主义的盛行。另外，由于网络环境下的"人—机—人"相对封闭，人与人的依赖关系为人与机器的关系所代替，极有可能导致人与人之间关系的紧张，出现情绪低劣、思想迟钝、自我评价降低等症状和其他的心理疾病。这些情况给高等学校思想政治工作的顺利开展带来难度。

（四）思想价值观念的变化及"信息入侵"问题，是对高校思想政治工作的新挑战

大学生处于思想、价值观念形成期，他们长期接触网络，易于被网上的表面现象所迷惑，并受网络上内容所隐含的意识形态所影响，网上的这种多元文化容易导致大学生思想观点不稳定和无所适从。同时，网络促进了不同文化的交流与融合，但国际上的强势文化也趁机形成新的文化霸权。在当前的国际互联网的信息中，80%以上的网上信息和95%以上的服务信息由美国提供，而我国在整个互联网的信息输入和输出流量中，分别仅占到0.1%和0.05%。这使得已存在的传播不平等现象在网络中又进一步加剧。由于互联网而产生的崇拜西方的政治体制、经济模式以及生活方式的"西方至上"观念在社会中占有一定的市场。这些现象削弱了现行思想政治教育体系在大学生教育中的影响力，造成不可低估的负面影响。

## 三、新定位：高校思想政治工作必须进网络

面对网络时代给高校思想政治工作带来的机遇和挑战，高校思想政治工作必须积极应对。在巩固和增强现有教育手段的同时，要努力实现思想政治工作进网络，不断开拓新的思想政治教育途径。

### （一）提高对思想政治工作进网络的重要性的认识

网络所影响的最大群体是属于未来的大学生。因此，思想政治教育工作如何在网络时代中争取主动，如何取得突破，如何"努力探索出一套行之有效的方式、方法、手段和机制，不断提高思想政治工作的感召力和渗透力"，将是高校思想政治工作的首要问题。实践证明，思想政治工作进网络，是拓展思想政治工作新空间、形成新渠道、发展新形式、取得新效果的好办法。

### （二）优化思想政治工作进网络的资源配置

思想政治工作进网络是一种手段，其目的是提高工作的针对性和实效性。而进网络的工作是一项综合的、立体的、长期的工程，需要学校各方

面的投入和支持。一方面这项工作需要强大的技术支持，另一方面还需要强大的、专门的网络思想教育人员和全体教职工的参与。

### （三）重点解决"进"的问题

思想政治工作进网络，指的是要主动占领网络的阵地，积极引导大学生养成良好的网络道德文化和修养，把网络的不良影响减到最低。在形成"要进"共识的基础上，高校要着重解决"进什么""如何进"的问题。在"进什么"的问题上，要把一切有利于增强思想政治工作实效的资料作为进网络的内容。在"如何进"的问题上，必须解决两个层面的问题：一是思想政治工作者要有与时俱进的观念，要充分认识进网络是一项长期的工作，要结合现实更新进网络的内容，克服一劳永逸的心态。二是要把网络教育与日常教育相结合，减少网络信息在传递过程中的弱化甚至是"归零"现象。这就要求我们不但要以丰富、直观、生动的网络内容吸引大学生，使他们更多地进行点击，扩大浏览人数，以达到扩大教育层面的目的；同时也要做到现实教育与现代科技教育相结合，提高大学生对网络内容的识别、评价与处理信息的能力，提高学生的网络道德水平。

## 四、新策略：构建强大的高校思想政治工作主阵地

当前，要加强和改进高校思想政治教育工作，必须在现实和网络中全方位、综合化地构建强大的高校思想政治工作主阵地。

### （一）改进传统的思想政治教育模式，增强时效性

针对社会环境的变化和人才培养的要求，不断地改进传统的思想政治工作模式，以求得最好的教育效果。在当前，一是要发挥"两课"的主渠道作用，加大正面宣传和教育。用科学理论武装学生，提高他们明辨是非的能力。二是要把"全员育人"落到实处，把思想政治工作融入学校的各个层面，充分发挥环境育人的作用。三是寓教于乐。充分发挥校园文化的育人功能，用丰富的校园文化活动促进学生的身心健康发展。

### （二）充分利用网络开展教育与服务，净化网络环境

思想政治工作要充分利用网络，发挥网络的特殊功能，做到趋利避

害。一方面，建立高校思想政治工作网站，用正面的、健康的、科学的信息占领网络阵地，旗帜鲜明地宣传党的有关理论，传播中国特色的思想文化，开展网上时事教育、网上评论；另一方面，增加对学生有用的资讯内容，为学生提供网上服务，诸如校园新闻、就业信息、心理辅导等，让学生随时感受到学校集体的关爱，让学生在享受到网络乐趣的同时，树立起正确的网络道德观。与此同时，针对互联网信息良莠不齐、个人"绝对自由"等特点，高校应充分利用校园网端口接入的筛选功能，加强信息的审查，加强对网络的监控与管理，净化网络环境，做到"防"与"导"结合。

### （三）适应时代要求，建立一支高素质的思想政治工作队伍

高校思想政治工作要提高实效性、扩大覆盖面，增强影响力，就必须构建强大的、立体的思想政治工作主阵地，培养一支能适应时代要求的高素质政工队伍。在当前，高校应当首先建立起一套行之有效的人才培养机制，尽快培养一支有良好的思想政治素质、具备良好的知识结构、掌握网络业务技术的新型人才，稳定思想政治工作队伍。其次，加强对现有思想政治工作者的培训，提高对网络时代思想政治教育工作重要性和复杂性的认识，改变传统的说教观念，建立起平等、人本的观念；同时加强对他们的技术指导，使他们既能娴熟地开展传统思想教育，又能做好网络上"把关人""参与者""引导者"的角色。

参考文献

［1］谢海光.2000年互联网与思想政治工作概论［M］.上海：复旦大学出版社，2000.

［2］胡钰.网络时代的思想政治工作新方法研究［J］.清华大学学报（哲学社会科学版），2001（1）.

［3］周鸿铎.网络传播与知识经济［M］.北京：北京广播学院出版社，2001.

（原载《中国高教研究》2003年第7期）

# 论网络时代高校德育环境的优化与构建

　　人类进入网络时代，政治、经济、文化等交流更加频繁，高校德育环境更加纷繁复杂。网络信息技术的发展改变了高校德育环境。网络作为新的信息传播的主流媒体，具有虚拟性、即时性、开放性、参与性、共享性、跨文化性等特征，它越来越成为高校师生获取知识和各种信息的重要渠道与来源，对高校师生的学习、生活乃至思想观念产生巨大的冲击，对大学生的世界观、人生观、价值观以及思维、心理和行为方式等都带来广泛而深刻的影响，也成为思想道德教育工作的一个新的重要阵地，作为素质教育基础和核心的高校德育将面临现代科学技术带来的严峻挑战。与此同时，网络的另一个重要特征——全球性，客观上为西方敌对势力对社会主义国家发动"和平演变"提供了一个理想的工具和有利的阵地。西方利用其在经济和技术上的优势，不断推行西方主流的思想意识形态和价值观点，从而形成了不同文化的地域特征与西方文化观点的冲突。而且，在这样的背景中，由于宏观社会结构转型导致的宏观社会系统在组织制度、意识形态、社会心理等方面的巨大变化，必然会产生许多社会问题，如社会结构失调、社会风气变差、社会大众心理失常等。这些社会问题也给高校德育环境带来了一定的负面影响。高校德育工作者必须根据网络对高校德育环境的影响和社会的宏观环境变化，审时度势，优化与构建高校德育环境，创新网络时代高校德育的有效途径，使高校德育更具有实效性、针对性。

## 一、网络时代高校德育环境的优化与构建原则

　　改革开放以来，我国高校德育工作有了新的发展，但是，其中一个比较明显的不足是缺乏实效性，这与人们对德育环境的挖掘、开发、利用不足有关，也与人们对德育环境的认识、营造、优化不足有关。随着网络时代的到来，高校与社会的一体化趋势的出现、大学生主体意识的增强、素质教育的推进，环境在德育工作中的地位与作用将更加重要，我们必须重

视对高校德育环境的优化与建设，并且遵循以下优化与构建原则。

（一）教化性原则

网络环境中的各种因素都可能对大学生的精神世界产生潜移默化的影响，因而，拓展网络德育环境，必须考虑它的教育意义和感化、净化意义。这一原则，就是要在利用网络资源时充分挖掘网络德育的教化功能，从网络资源和网络教育方式方面开展有益的探索，要把网上内容与师生身边发生的人与事紧密联系起来，使其贴近学生、贴近生活，使学生主动受到教化。

（二）开放性与拓展性原则

德育环境是不断发展变化的开放系统，必须重视拓展外部德育环境的利用空间，深化内部德育环境的内涵，探讨外部与内部德育环境相结合的途径和方式。当前，对高校德育环境的优化和建设要特别重视开放性与拓展性，要及时、有效地根据国际和国内政治、经济的新变化对大学生进行有效的道德教育，在强调施教者的引导作用的同时，更要重视受教者的主体性与积极性的发挥。

（三）实效性原则

高校德育环境的优化与构建的实效性是指高校德育环境优化与构建工作在精神和物质方面的实际成效与结果，它是高校德育环境优化与构建的灵魂。当前，坚持实效性原则就是要在德育工作中注意讲求社会实际与大学生思想实际相结合，尽量使德育环境的优化与建设产生实实在在的效果，避免形式主义。

（四）科学性原则与"人本"原则

所谓科学性原则，是指德育环境的优化与构建要符合学生身心发展的特点和德育规律，要遵循生理学、心理学、教育学、社会学等方面的基本规律。而"人本"原则是指德育环境的优化与构建应本着一切围绕学生、一切为了学生、一切适用于学生的精神，对外部德育环境的各种有效因素进行优化、重组和建设，对内部德育环境进行优化和升级。网络时代下高校德育的对象是实实在在的人，他们不是简单的"符号人"，网络也不是简单的、纯粹的机器，因此，优化与构建网络德育环境应符合人的特性，应体现"人性化"的思路。

（五）网络意识原则

网络意识是指在网络时代，德育工作者在优化与构建高校德育环境时，必须具有良好的网络意识，具备良好的网络素养，才能进行有效的网络德育工作。它包括要注意网络资源的丰富性与复杂性、网络管理的技术性与经济性、网络通信的交互性与隐蔽性、网络文化冲突的政治性、宗教性与民族性等。

## 二、网络时代高校德育环境的优化与构建策略

在遵循上述原则的基础上，优化与构建高校德育环境还必须采取以下有效的策略。

（一）整体构建策略

我们要本着"着眼于未来、立足于本校、着重于建设"的精神，整体设计和构建外部德育环境信息滤选机制，构建高校内部德育环境健全的组织机制、科学的管理机制、健康的运作机制、完善的考评机制和硬件建设规划，形成动态的德育环境整体优化体系。

（二）强正弱负策略

随着网络时代信息技术的迅猛发展和市场经济的推进，大学生的思想、人格品质的形成和发展受学校外部环境的影响越来越大，但外部德育环境传送给大学生的信息是良莠相杂的，既可能因"信息教化"使学生健康成长，也可能因"信息污染"使学生误入歧途。因此，高校必须设置外部德育环境信息滤选层，最大限度地强化正面信息和弱化负面信息；同时，要帮助大学生学会正确地分辨和选择信息，提高信息素质，不断接受"信息教化"，抵制"信息污染"。

（三）特色化策略

环境心理学研究表明，环境可以直接影响人的行为，环境的不同特征

能对人产生不同的影响。在优化德育环境的过程中，以弘扬民族传统文化为主题，可以增强或突出某些特征，有意形成某些特定的环境来影响德育活动和师生的行为，如设置具有鲜明特色的宿舍文化、课室文化、校园人文景观、校园文化走廊或形成独特的校园学术氛围，等等。

## （四）引导调控策略

德育环境影响人、改造人，同时人也改造和建设德育环境，而且人应该是环境建设的主人。高校要根据国家的教育方针，对德育环境的优化与建设加以正确引导、调控，最大限度地实现德育环境的优化，从而使德育效果最佳。

## 三、网络时代高校德育环境良性运作机制的构建

优化德育环境，还必须有良性的运作机制与之相配合，这样才能充分发挥德育环境的作用。

### （一）建立权威、高效、负责的领导运作机制

面对网络，我国的社会系统、教育系统还未能建立起权威、高效的德育工作领导运作机制。要解决这一问题，必须从运作机制上入手。首先，要健全政府领导、社会与教育者主导的良性德育环境领导体制。正如江泽民同志在《关于教育问题的谈话》中指出的："只有加强综合管理，多管齐下，形成一种有利于青少年学生身心健康发展的社会环境，年轻一代才能茁壮成长起来。"其次，要构建社会主导、学校实施、家庭配合的德育环境良性运作机制，通过法律、行政、经济、文化手段，充分挖掘各种德育环境资源，并使其发挥作用。最后，要构建党委切实重视、行政有效实施的德育环境良性运行手段。通过校务公开向学生公布德育工作的具体措施和目标；通过有效的监督机制，让学生对落实情况进行评价。

### （二）形成严格的信息滤选机制

如前所述，网络技术的发展与普及，对人们的生活、学习和发展产生了极大的影响，正面作用很大，负面作用也不可忽视，因此，必须建立并形成严格的信息滤选机制，才能保证网络为我所用，充分发挥它的正面作

用，使负面影响降到最低。首先，社会和学校都应建立严格的传媒管理机制，特别是加强对互联网的管理，建立安全的"防火墙"系统，最大限度地防范网络风险；其次，高校要建立强正弱负机制，即通过滤选，对正面的信息要扩大其教育功能，对于负面的信息，通过控制传播途径来控制传播的范围，或者是通过解惑、疏导来使其负面效应减到最低。

此外，还必须建立和完善有力的德育内化机制，建立合理有序的德育传导机制，保障畅通的德育环境信息反馈机制。这些对于高校德育环境的优化与构建都是非常有用的。

## 四、网络时代高校德育环境构建的具体途径

高校德育环境构建的途径很多，概括起来有以下六个方面。

第一，建立德育网站。网络时代的高校德育工作能否在网络上顺利开展，一个重要的标准就是相关信息的点击率。网络时代的大学生思想开放、个性鲜明、行为独立、追求时尚，极富创造力、创新力和好奇心。他们经常上网"冲浪"，因而他们既是"业余"的教育者，又是"积极"的被教育者。高校应当充分利用网络快捷、生动、便利、开放等特点，在互联网上设立德育资讯版面、网页以及经济、政治、文化、教育、科技、体育、生活、娱乐等主流版面、网页，打好主动战，唱响主旋律，大力弘扬社会主义、爱国主义、集体主义精神，正确引导青年学生树立正确、科学的世界观、人生观、价值观。

第二，提高网络技术，建立便捷、交互、友好的界面。做好思想道德教育是一门艺术，如何将严肃的内容变得生动有趣、便于接受，一直是人们研究的重要课题。为增加说服力和感染力，电子网络必须利用超文本链接的方式，加入多媒体技术，运用图片、声响、音乐、动画、视频等方式，使原来比较单一、枯燥的德育内容形象化，从而可以充分调动人们的各种感官，给人们留下深刻的印象，使德育信息变得让大学生喜闻乐见，更容易为他们接受，增强德育的实效性。

第三，大力开发德育软件。在网络时代进行思想道德教育，既要坚持和强化对大学生的社会主义教育、中华民族传统美德和优秀文化教育，又要努力实现教育方式的现代化。这就要求德育工作者要深入研究思想道德教育的规律，发展网络道德教育，组织技术力量认真开发适合大学生的高

校德育软件，充分发挥多媒体技术图文并茂、声像交融的特点，把思想道德教育由"平面"引向"立体"，丰富德育内涵，拓展德育空间，建立健全校园信息网，建立网上德育新阵地，使思想道德教育更加生动活泼，变被动防御为主动出击。

第四，建立一支积极进取、技术过硬的网络德育工作队伍。这支队伍应当具有深厚的马克思主义理论素养，熟悉社会主义建设的阶段性特点，比较深刻地了解网络的特征，能熟练自如地驾驭网络，及时地解决网络传播中的突发问题，从而使在网络上的思想教育生动形象，具有强烈的吸引力和感染力，并能有的放矢地开展工作。此外，网络德育工作者还应当具有强烈的开拓进取精神，不断克服困难，勇于探索规律，走出一条创新的网络德育之路。

第五，营造良好的网络德育氛围。要形成良好的网络德育氛围，就要建设网络德育阵地并发挥网络德育阵地的功能；帮助网民增强网络安全防范意识和网络道德意识，引导广大网民文明上网，使网络真正成为人们学习知识、交流思想、休闲娱乐的重要平台；在全社会营造关注网络环境的氛围，促进网络的健康发展。要在师生中高举网络文明大旗，以自觉自律、倡导网络文明新理念为宗旨，号召广大学生从我做起、从网上做起，做有责任心、正义感的合格网民，以实际行动来带动周围网友自觉抵制各种不健康不文明的网上信息，以正面引导的方式在全社会中形成网上道德和文明上网的风气。当然，建设网络德育阵地，并不是说日常的教育工作就可以放松了，相反，更要抓紧日常思想政治工作，特别是要发挥高校所具有的硬件优势和人才优势，经常性地开展一系列有关网络的讲座、竞赛、征文、讨论等活动，培养大学生良好的网络素质。这样，既可以从技术层面普及网络知识，又可以从社会道德、法律层面引导大学生、教师树立正确网络观。只有培养良好的网络素质，让人们树立了正确的网络观，形成良好的德育氛围，才有可能真正解决由网络带来的种种德育问题。

第六，开通心理咨询网站。提高大学生的自信心，提高个体心理健康水平，形成健全的人格，这既是高校德育的重要内容，也是摆在高校德育工作者面前的一个严峻的现实问题。当前，大学生面临的竞争日益剧烈，网络媒体信息影响不断增加，大学生的心理问题已经引起社会特别是教育工作者的广泛关注。因此，提供多种形式的心理咨询服务就显得十分必要了。由于大学生个体心理健康水平存在不同程度的差异，我们可以通过开通网络心理热线，为大学生的心理调适提供更快捷的服务。网络的虚拟性使学生可以毫无顾忌地倾诉平时难以启齿的心理问题，从而使得教育者能对症下药，有针对性地引导他们走出"心理断奶期"，帮助他们解开"心结"，形成健康的心理与健全的人格，成为一个身心健康、全面发展的大学生。

### 参考文献

［1］古城.对构建网上思想政治教育阵地的思考［J］.西南民族学院学报（人文社会科学版），2001（S1）.

［2］檀传宝.论学校德育环境的时代构建［J］.教育科学，1995（4）.

［3］杨金廷.高校德育环境新探［J］.河北科技学院学报，1999（3）.

（原载《学校党建与思想教育》2003 年第 8 期）

# 论人的全面发展与学习型社会的创建

　　人的全面发展，是指人的脑力与体力、能力充分而协调地发展，成为社会广泛需要的"高度文明"的人。人的全面发展，是人的各种潜能素质的充分发挥，人的个性的丰富完满是人的历史发展的必然归宿。提到关于人的全面发展问题，我们会自然想到马克思关于人的全面发展理论。尽管从思想史上看，马克思并不是第一个提出这个问题的人，但我们必须承认，只有马克思才使人的全面发展思想获得了真正的历史内涵。他深刻地揭示了人在现代性所塑造的生存格局和制度安排中日益陷入片面化和物化的命运，同时指出人的全面发展必须具备三个条件，即经济前提、人们之间的相互联系密切结合、个人的共同生活方式。马克思关于人的全面发展思想大致包含两个层面：就逻辑内涵来说，人的全面发展就是指"人以一种全面的方式，也就是说，作为一个完整的人，占有自己的全面的本质"①；就历史内涵来说，人的全面发展则是一个历史过程，是历史的充分的体现，即"全面发展的个人……不是自然的产物，而是历史的产物"②。

　　关于人的全面发展理论，中国共产党的领导人，从毛泽东、邓小平到江泽民，先后都对这一理论做过相应的阐述，并不断对这一理论进行深化。江泽民同志在《在庆祝中国共产党成立八十周年大会上的讲话》（以下简称"七一"讲话）中，站在时代发展的历史高度和民族复兴的战略高度重新阐述了关于"人的全面发展"理论，并在党的十六大报告中提出了关于"创建学习型社会"的构想。当前，如何深入领会并认真实践这两大重要思想，使之融汇并贯穿于全面建设小康社会的进程中，这不仅是一个理论问题，还是一个实践问题。因此，值得我们深入研究。

---

　　① 中共中央马克思恩格斯列宁斯大林著作编译局：《马克思恩格斯全集》第42卷，人民出版社1995年版，第53页。

　　② 中共中央马克思恩格斯列宁斯大林著作编译局：《马克思恩格斯全集》第46卷，人民出版社1995年版，第108页。

# 一、建设社会主义新社会的本质要求：
## 人的全面发展的时代意义

江泽民同志在"七一"重要讲话中强调："我们建设有中国特色社会主义的各项事业，我们进行的一切工作，既要着眼于人民现实的物质与社会生活需要，同时又要着眼于促进人民素质的提高，也就是要努力促进人的全面发展，这是马克思主义关于建设社会主义新社会的本质要求。我们要在发展社会主义社会物质文明和精神文明的基础上，不断促进人的全面发展。"①"七一"讲话对人的全面发展的这一论述，并不是对马克思主义关于人的全面发展学说的诠释，而是把它的内涵界定为社会主义本质的内在要求及其追求的重要目标和我国社会主义现代化建设的重要内容。因而它是将这一学说做了与时俱进的创新，并由此成为马克思主义中国化的当代成果，体现了鲜明的时代特征。

实现人的全面发展，是社会主义区别于其他社会形态的本质特征，是社会主义优越性的集中体现，马克思指出人的全面自由发展的目标，是对人的历史发展做出的科学分析和预见。人类社会历史的发展也就是社会进步和人自身全面发展的过程。生产力的高度发展，人与人的交往更加普遍以及世界市场的形成，都为人的全面发展奠定了基础。也就是说，只有生产力高度发展了，个人的全面发展才成为可能，而社会主义就是解放生产力，发展生产力，消灭剥削，消除两极分化，最终达到共同富裕，为实现每个人的自由全面发展创造条件。社会主义追求的共同富裕的价值目标，不仅应包括物质财富的共同富裕，也应包括全体人民在精神财富上的共同享有和自身全面发展方面的共同提高。只有当社会物质生产力的发展和人自身的全面发展相协调时，才是真正符合社会主义的。

马克思主义认为，人的本质在其现实性上是一切社会关系的总和。人在实践中不断创造社会关系，从而也不断地铸造着自身，丰富着人的本质，使得人朝着全面性的方向发展。然而，中国历史上一些唯心主义哲学家着重于从社会伦理角度把握人性，从而不可避免地陷入了关于人性善与恶的无休止的抽象争论之中；或者把人简单地视为有血有肉、有生理需求

---

① 江泽民：《论"三个代表"》，中央文献出版社 2001 年版，第 179—180 页。

的感性动物，从而把人性归结为单独的自发性。从本质上讲，这些哲学家都仅仅是抓住了人性片面的东西，并将其绝对化、抽象化。而马克思主义则从人类的自由、解放的高度出发，揭示了人的社会本质，认为"个人的全面性不是想象的或设想的全面性，而是他的现实关系和观念关系的全面性"①。人通过社会实践活动，通过创造全面的社会关系，全面地创造自己的本质。所以，人的全面发展与社会发展是辩证统一的有机整体，社会发展与个人发展互为前提和基础。正如江泽民同志所指出的"推进人的全面发展，同推进经济、文化和改善人民物质文化生活，是互为前提和基础的，人越全面发展，社会的物质文化财富就会创造得越多，人民的生活就越能得到改善，而物质文化条件越充分，又越能推进人的全面发展"②。

　　然而，由于我国尚处于社会主义初级阶段，人口多，底子薄，经济相对落后，生产力水平较低，地区发展不平衡，科技水平相对落后，这些都制约着人的全面发展。但随着我国社会主义市场经济的深入发展和科学技术成果的进一步应用，社会生产力将大大提高，人们的生活也会发生深刻的变化。随着人们的交往范围越来越大，社会关系将越来越多样，人们就会越来越认识到，社会不仅要发展，而且要可持续发展，社会的发展与人的发展要相互促进，社会的全面发展和社会主义市场经济体制的完全建立，最终的决定因素是人，是人的全面发展。在这种背景下，提出人的全面发展这个目标，是对马克思主义基本观点的运用，是立足社会主义新社会的本质要求，是对马克思主义的重大创新与发展。

　　当前，推动人的全面发展对于全面建设小康社会，更加具有战略性意义。从 20 世纪 50 年代中期我国进入社会主义初级阶段开始到现在，经过半个世纪特别是最近 20 多年的发展，我国生产力有了极大提高，各项事业有了很大进步，为我国实现人的全面发展、全面建设小康社会打下了坚实的基础。但总的说来，我国的社会生产力不发达的状况没有根本改变，社会主义民主制度不健全，社会主义市场经济体制还不成熟。所有这一切，都对我们努力推进人的全面发展、全面建设小康社会提出严峻挑战。众所周知，一方面，人的全面发展是历史发展与社会进步的客观趋势；另

　　①　中共中央马克思恩格斯列宁斯大林著作编译局：《马克思恩格斯全集》第 46 卷，人民出版社 1995 年版，第 36 页。

　　②　江泽民：《论"三个代表"》，中央文献出版社 2001 年版，第 179－180 页。

一方面，实现人的全面发展又需要一定的前提条件，它包括了高度发展的生产力和生产关系，高度发达的政治关系和文化关系。因此，我们要实现人的全面发展，全面建设小康社会，就必须在现有基础上寻找一种内在驱动力，这股驱动力就是创建一个学习型的社会环境，为社会的良性发展提供不竭动力，进而为人的全面发展创造必要的先决条件。

## 二、学习型社会的创建：人的全面发展的动力之源

学习型社会是一种现代化发展进程中的基本的社会状态，是指通过各种有效途径，建立全方位的学习网络，通过满足全体公民不同层次的学习需要，创造人人愿意学习、人人有机会学习、人人有能力学习的社会氛围，使全体公民自身素质得以不断提升，为促进社会进步提供原始动力。

### （一）一个政党、一个国家的繁荣与发展，其核心在于学习，在于创建学习型社会

中国共产党已走过了八十多年的光辉历程，八十多年来，党是在学习中发展壮大的，也是在学习中与时俱进、不断取得辉煌成就的，讲学习是我党我国的光荣传统。近代西学东渐以来，特别是鸦片战争打破了中国人"天朝王国"的迷梦之后，一代又一代的中国人前赴后继，学习西方，寻求救国救民的真理，中国先后发生了洋务运动、维新变法、辛亥革命、五四运动……1921 年中国共产党成立以后，从学习西方转向以俄为师，逐步将马克思主义普遍真理同近代中国的具体国情相结合，创建了社会主义新中国。党的十一届三中全会以来，邓小平同志重新审度国际国内时势，提出改革开放的观念，大胆向外国学习先进的技术和管理经验，引导中国人民走上了建设有中国特色的社会主义道路。二十多年的实践又一次证明，我党我国就是在不断学习、不断探索、锐意进取、与时俱进中，取得一次又一次的胜利，从而推进了社会的发展，为创建学习型社会提供了肥沃的土壤，为人的全面发展奠定了基础。

### （二）创建学习型社会的根本目标，在于促进人的全面发展

党的十六大报告把形成学习型社会与促进人的全面发展相提并论，揭示了两者的本质内涵和相互间的内在联系，表明了创建学习型社会是促进

人的全面发展的必由之路。

建立在全民学习、终身学习基础上的学习型社会，关注人的多元素质（德、智、体、美、劳等）、综合素质（心理素质、创新精神、实践能力、人文素质、学习素质等）的全面和谐、充分的发展；强调人与社会、人与自然的协调与可持续发展；注重把学习作为个体生活与成长的方式，作为社会主义的生存与发展方式，作为促进人的全面发展的基本途径。学习型社会为人的全面发展提供了学习与发展的物质基础，为人的素质全面发展展现了"更上一层楼"的广阔平台；学习型社会为人的全面发展提供制度的支持，是实现人的全面发展的根本保证；学习型社会扩展了学习的功能，所营造的全民终生学习意识和社会风尚是促进人的全面发展的舆论与精神环境。社会对学习者越来越多、越来越高的要求，以及学习者自身不断增强的发展需求，都是促进人的全面发展的动力之源。创建学习型社会是促进人的全面发展的基础、途径和手段。创建学习型社会的目的是促进人的素质的全面提高，这是"人的发展是社会发展的根本"这一本质特征所决定的。因此，学习型社会创建的核心是促进人的全面发展，是人的全面发展的推动力。当前，我们要把理论、历史、国情、时代趋势四个要素紧密结合起来，研究新情况，解决新问题，以学习求进步、求发展。也就是要努力创建学习型社会，让全民讲读书、重学习，才能为社会的政治、经济、文化等发展培育动力，个人的自由、充分、全面发展才有坚实的基础。

## 三、问题与探索：关于创建学习型社会的现实思考

### （一）学习型社会的创建不能与生产力的发展脱节

高度发展的生产力及其创造的社会物质文化生活条件，是个人发展的前提和现实基础，人的发展无疑是以人的生命存在为前提条件的。而人作为感性存在物，其吃、喝、住、行等一系列基本需要，又只有在生产力的发展中才能得到满足。正因为如此，马克思和恩格斯把生产物质生活本身的活动，称作人类生存的"第一个历史活动"[①]。没有生产力的发展，就

---

① 中共中央马克思恩格斯列宁斯大林著作编译局：《马克思恩格斯选集》第 1 卷，人民出版社 1995 年版，第 32 页。

不可能有人的自由、充分、全面的发展。换言之，我们在强调创建学习型社会的同时，不能忽视物质文明的建设，更不能忽视科技进步为人们学习提供的有效载体。在当代中国，人口膨胀、经济增长、资源利用及环境保护等一系列问题始终是我国经济发展中的尖锐问题。我国每年净增人口在1400万左右，全社会劳动力供大于求，流动规模越来越大，形成一次又一次的"民工潮"；而农业、工业生产的粗放型经营，产销脱钩等问题的存在，也必然为社会的全面发展构成沉重压力，这些都不可能有利于学习型社会的形成。因此，当前创建学习型社会，必须高度重视物质文明的建设和科学技术的作用，只有这样，才符合现实生产力的发展水平。

（二）学习型社会的创建应该注重全方位、多层次的教育体系的构建

江泽民同志在十六大报告中指出，全面建设小康社会的目标之一是："全民族的思想道德素质、科学文化素质和健康素质明显提高，形成比较完善的国民教育体系，科技和文化创新体系，全民健身和医疗卫生体系，人民享有接受良好教育的机会，基本普及高中阶段教育，消除文盲。形成全民学习、终身学习的学习型社会，促进人的全面发展。"教育的普及，有赖于全方面教育体系的建设和完善，在社会经济与生活方式日趋多元化的今天，全方位、多层次地开展家庭教育、校外教育、老年教育、妇女教育、弱势群体教育、再就业培训、爱国教育、科普教育、法制教育……使教育体系覆盖社会生活的方方面面，使个人发展的每一阶段都能充分得到有效教育。要把整个教育体系纳入终身教育体系中，学校教育要按照终身教育的理念来改造，注意培养学生终身学习的意识和能力。此外，还应该努力营造人人爱学习的现代社会氛围，营造读书学习的社会风气，尊重知识，尊重人才，尊重创造。

（三）创建学习型社会，必须在全民中牢固树立学习的"四化"观念

学习，对于个人来讲，能够提高自身素质，开阔视野，促进人的进步；对于社会来说，能够提升全社会的文明程度和进行现代化建设的能力，使中国走向世界，实现中华民族的伟大复兴。为实现这一目标，必须在全民中树立起学习的"四化"观念，即"学习社会化""社会学习化"

"学习终身化""学习个性化"。第一，学习型社会要打破"学生学习"的传统观念，学习应作为每个社会成员的生活需要及自觉行动，整个社会必须人人参与学习，人人都应该学习。第二，学习型社会要打破传统的"学校教育"的界限，要把学校教育扩展到整个社会，形成一体化、网络化的教育体系。开放、互动、全方位的学习体制，为学习者提供随时随地的学习机会与条件。第三，学习型社会要打破"学习年龄"限制，要实现从阶段学习、终结学习到全程的学习、终生学习的转变，要使学习成为贯穿于人的生命全过程的终身大事。第四，学习型社会还要一改传统的"读书"方式，实现从接受学习到自主学习的转变，使学习者成为学习的主人，实现学习的主体化和个性化。

### （四）学习型社会的创建离不开创新机制的完善

创新是一个民族进步的灵魂，是一个国家兴旺发达的不竭动力。创新就是要不断解放思想，实事求是，与时俱进。学习型社会不仅是一个风气的问题，还要有一个体制和机制来保证，而且要不断创新这种机制，这里面要做的事情很多，如学校、家庭、社会的三个环节的教育就有一个用什么样的机制及如何进行统一的问题；还有课本、书报、广播、电视、互联网里面也有如何统一和协调的问题。当前，当务之急是我们要把社会各种企事业单位都办成学习型组织，要把组织成员的培训和继续教育纳入组织的发展和管理中，通过学习促进创新，通过创新促进发展，形成一个推进终生教育的体制和机制。

围绕整个学习型社会的建设，我们要有一个尊重知识、尊重人才、尊重创造的机制。就广东省而言，现阶段，广东的科技创新能力居于全国各省前列，特别是珠江三角洲地区，更是成为全国最大的高新技术产业地带。但与发达国家相比，广东科技对经济增长的推动力仍是相当薄弱的，鼓励科技创新、知识创新，对于广东经济建设的发展迫在眉睫，这就要求我们一定要完善教育创新机制，深化教育改革，优化教育结构，合理配置资源，培养数以亿计的高素质劳动者、数以万计的专门人才和一大批高尖创新人才，为学习型社会的创建提供人才保证。

### （五）创建学习型社会的关键在于党的领导

中国共产党是我们现代化事业的领导核心，也是建设中国特色社会主义的领导核心，创建学习型社会的关键也应该在我们党。首先，我国已经进入了全面建设小康社会时期，正在加快推进社会主义现代化建设，小康社会是社会主义初级阶段的重要发展阶段，所以，创建学习型社会，应该成为小康社会的重要特征，小康社会应该是学习型的社会。因此，应把创建学习型社会纳入全面建设小康社会的任务。从这一角度讲，创建学习型社会的关键在于党的领导。其次，我们党所提出的"三个代表"重要思想，要求党必须按先进性的要求来建设，这必然要求党成为创建学习型社会的表率，"三个代表"重要思想最终体现在"先进性"上，要有"先进性"，就必须使党能够紧跟时代潮流，走在时代前列，从这一角度出发，我们在创建学习型社会的时候，党必须起引领作用。因此，在新的形势下创建学习型社会，就是要按"三个代表"重要思想的要求，高举邓小平理论伟大旗帜、紧跟时代的潮流，面向现代化、面向世界、面向未来，推动全社会学习蔚然成风，创造一个健康、向上的学习型社会。

学习是人类自我超越的一种手段，学习型社会把教育和社会联系在一起，将为人的全面发展创造更好的条件，使人的整体素质得到进一步的提高。

## 参考文献

[1] 蒋群. 论人的全面发展与建设中国特色社会主义 [N]. 光明日报，2003 - 02 - 21（4）.

[2] 李君如. 创建学习型社会的几点思考 [N]. 学习时报，2002 - 01 - 14（1）.

[3] 李季. 建学习型社会促进人的全面发展 [N]. 广州日报，2003 - 03 - 16（12）.

[4] 陈卫平. 人的全面发展是建设新社会的本质要求 [M]. 上海：上海社会科学院出版社，2002.

（原载《现代教育论丛》2004 年第 1 期）

# 加强新时期大学生信仰坚定性的对策思考

当前，世界范围的经济全球化、科学技术信息化、政治格局多极化、社会历史进程复杂化以及我国国内出现的经济成分和利益主体多样化、社会组织形式多样化、社会生活方式多样化、就业形式和就业岗位多样化，对人们的思想观念、思维方式、行为方式、价值取向等产生了极大的冲击。这一方面有助于促进社会全面进步和经济的快速发展，另一方面也容易引发诸多社会问题，诸如人们在观念、心理、精神等方面，面临许多压力，出现许多不适应，而这些问题都会投射到大学生的身上，体现在他们的现实生活中。在这一特定的时代背景下，当代大学生的主流是积极、健康、向上的，但也有一些大学生信仰的坚定性出现了危机，主要表现在对社会主义的前途、命运产生困惑，进而对共产党的领导以及对马克思主义和共产主义的信念不同程度地产生了动摇。本文着重探讨这种危机的表现、成因及其对策，以进一步增强大学生信仰教育的主动性、针对性和实效性。

## 一、部分大学生信仰坚定性危机的表现及成因

当前，部分大学生的信仰坚定性危机主要表现在三个方面：一是信仰的非理性化。信仰本身虽然有非理性的成分，但科学的信仰则强调把非理性建立在理性的基础之上。现实表明，信仰一旦处于不坚定状态，理性与非理性的关系就会颠倒，崇尚非理性就会成为一种社会时髦。对于少数涉世不深、人生体验欠缺的大学生来说，这方面尤为突出。这种由信仰坚定性危机所致的藐视理性、崇尚非理性在现实生活中的表现，被称为"漂浮式"的生活方式，其主要表现是跟着感觉走、随着潮流行的价值取向等。二是信仰的多元化。信仰的多元化是信仰对象的多元化和信仰内容的复杂化。其最为突出的表现是主流信仰有模糊化、边缘化、复杂化的趋向，诸如社会主义的理念（包括共产主义的奉献精神、利他精神、集体主义精神、人的高度责任感、为人民服务的思想等）在部分大学生心目

中的地位失落，甚至在一部分人的意识里，社会主义和中国共产党的核心地位已被其他信仰对象所代替，这种现象尤应引起我们的注意。三是信仰的功利化。信仰的功利化的实质是以市场价值取向取代人生信念取向。在社会主义市场经济条件下，一些大学生在承认公平合作是现代市场经济的内在要求和基础的同时，更加认可市场的趋利性、本位性、竞争性、等价交换性。诚然，市场是注重现实结果和实际利益的，在这种市场价值观念的冲击下，有的大学生的人生信念取向原则逐渐失去必要的文化和道德约束，被市场经济生活原则所取代，将现实生活的一切都市场化、功利化，把信仰的神圣性消失在功名利禄之中。这也是一些大学生的信仰坚定性危机萌发的根源之一。

社会存在决定社会意识。社会的改革和发展势必使人们在思想观念上有一个调适的过程，在这一过程之中，一些大学生出现理想信念迷失或信仰动摇是难免的社会现象。这些现象不但有其主观的原因，也有客观因素的影响。除了国际、国内环境复杂变化因素的影响，还有西方文化渗透的影响。国际霸权主义、强权政治不希望中国发展起来，一直对我国采取西化、分化、弱化的政策，加紧运用政治、经济、文化等各种手段对我国进行渗透，不断利用人权、民族、宗教等问题制造麻烦。这些因素容易使一些涉世未深的大学生对共产主义的信念产生动摇。

此外，一段时间以来，我国信仰教育的弱化也是一个比较重要的原因。信仰教育是解决人的思想、观念、立场问题、构建人的精神家园的教育活动。在信仰教育过程中，大学生不仅是教育的客体，更是信仰内化的主体。导致信仰教育弱化的原因很多，但最主要的是因为教育工作者过去对信仰教育本身的极其重要性认识不够清楚。如信仰作为人类特有的精神现象，其本质、特点和规律是什么？实事求是地说，这些问题至今在一些教育工作者的认识中还是模糊的。此外，在市场经济条件下，一些人认为物质是实的，而思想政治教育是虚的，从主观上存在不重视信仰教育的思想意识。有的高校的信仰教育只停留在口头上，在实际工作中却不重视甚或忽视；有的高校在开展信仰教育时，不够理直气壮，缺乏连续性；一些"两课"教师自身的政治、业务素质不高，缺乏深厚的马克思主义理论功底和研究现实问题的能力，有的甚至本身的信仰就不坚定，因而，在教育过程中往往有理讲不清，讲理讲不透，不能充分发挥真理的力量。再加上有的教育形式呆板单一，内容空洞无物，在客观上使信仰教育的力度和效果大大弱化了，降低了信仰教育的实效性。

## 二、提升大学生信仰坚定性的对策思考

信仰坚定性危机常常和社会转型相伴，如何摆脱危机实现大学生信仰提升，直接关系到中国特色社会主义事业能否沿着正确的方向顺利进行。笔者认为，当前大学生的信仰提升应该在现有基础条件上抓好以下四个方面。

### （一）确立大学生信仰内化的主体地位

在信仰教育中，大学生本身是信仰内化的主体。高校思想政治教育工作者在大学生信仰教育过程中应起到"推动器"的作用，为大学生信仰的健康形成提供内化所需的信仰文化、精神信息。高校"两课"教师和思想政治教育工作者要以学生为本、更新观念，尊重大学生的认知能力，在此基础上以客观、理性、公平、宽容的态度开展信仰教育。

### （二）倡导科学社会主义的主导信仰

科学社会主义把社会主义建立在对社会发展规律的科学认识上，揭示了社会主义的正确道路。科学社会主义之所以科学，是因为它不是凭主观想象而是从现实社会历史运动出发来考察社会主义的，它把社会基本矛盾运动看作是历史发展的真正动力，也是社会主义取代资本主义的必然性所在。在国际共产主义运动遭受挫折的今天，社会主义仍然受到普遍重视，社会主义的科学性和真理性将在人类历史漫长而复杂的发展进程中不断得到丰富和完善。新时期高校要实现大学生信仰坚定性的提升，一个重要任务就是要倡导信仰科学社会主义。只有正确认识社会主义历史发展进程的必然性与复杂性，正确认识东欧剧变对社会主义运动的冲击和影响，才能理直气壮地走中国特色社会主义道路。在一定意义上来说，大学生只有坚定对中国特色社会主义的信仰，才能进一步坚定对马克思主义和共产主义的信仰，实现信仰的升华。

### （三）强化信仰教育的理论基点

任何信仰都是在一定的文化理论基础上形成并得以发展的。大学生信

仰坚定性的提升是指对他们马克思主义、共产主义信仰的立场、方法和态度的坚定性的提升。因此，高校的信仰教育必须在帮助大学生认清中国社会整体经济发展的历史水平，认准新时期中国特色社会主义改革发展的历史方位的基础之上进行，促进大学生坚定地信仰马克思主义特别是科学社会主义。为此，我们至少要在两个层面做出努力：一是在处理信仰所蕴含的个人与社会关系的原则上，我们必须坚持以人为本，发挥个人的积极性、创造性，促进个人自我完善和个人价值的实现，这实际上也是马克思主义价值论的基本观点，它和共产主义目标是一致的。二是在处理信仰所蕴含的现实与理想的关系上，要确立信仰和理想的层极性。信仰一般是对理想的一种把握和认同，它的作用是在终极价值目标上给人以动力和精神支柱；而理想可以分为生活理想、道德理想、人生最高理想三个层面。信仰与理想的层面之间在一定意义上是有对应性的，因为真正的信仰是以理性为基础的。失去这个基础，信仰则成为迷信和盲从。我们要把共产主义的终极社会理想内化或升华为大学生的信仰。

（四）强化信仰教育的系统性

当前，高校要教育大学生认清当代中国社会发展的历史阶段和发展的大趋势，认清我们所处的历史方位，正确地认识和处理个人与社会、学校与家庭，以及现实与理想等关系。新时期大学生信仰教育是个系统工程，需要家庭和社会与高校密切配合、大力支持。高校和全社会都要以高度政治责任感和极大的工作热情去加强和推动以爱国主义、集体主义和科学社会主义为核心的大学生信仰教育，切实帮助大学生树立坚定的马克思主义政治信仰，切实增强他们的社会责任感和历史使命感，坚定他们为实现中国特色社会主义共同理想而努力奋斗的信念和信心，为他们政治上的成熟和全面健康成长创造良好的社会氛围。

参考文献

[1] 晏辉. 论社会转型的实质、困境与出路 [J]. 内蒙古大学学报，1998（1）.
[2] 冀哲. 信仰问题研讨综述 [J]. 哲学动态，2002（8）.
[3] 荆学民. 当代中国社会转型期的信仰重建 [J]. 教学与研究，1998（12）.
[4] 薛意茹，罗大文. 信仰、理想与价值观研究论评 [J]. 河北广播电视大学学报，2001（4）.

［5］陈晏清，荆学民.中国社会信仰的危机与重建［J］.江海学刊，2001（3）.

［6］李红琼.新世纪的信仰教育：困境及出路［J］.中国农业教育，2002（6）.

［7］本书编写组.信仰·信念·信心·信任："四信"教育学习读本［M］.北京：中共中央党校出版社，2000.

（原载《思想理论教育导刊》2004 年第 11 期）

# 媒介时代的异化现象及其调适

在当代社会中，传播媒介已经不仅仅是人类交流沟通和改造社会的工具，它更具有本体论的意义。在某种程度上讲，现代人和社会的形态正是大众传播媒介塑造的，媒介已逐步成为社会整合与变迁的基本动力。然而，生活在媒介化时代中的人，其本质观、价值取向正在被媒介所掌握与控制，其一切社会行为、自律与他律、手段和目的都与媒介发生着千丝万缕的联系。人们被各种信息所左右，成为媒介化的人。那么，如何调适这种关系，克服异化现象，恢复人在媒介时代的主体性，实现人与媒介的良性互动关系，是现实的一个重大课题。

## 一、异化理论与媒介异化

异化（alienation）作为一个哲学和社会学的概念，其所反映的实质内容，在不同历史时期的论者有不同的解释。异化理论自近代人本主义兴起以来，一直被哲学界当作研究和评判历史的基本理论和方法之一。从霍布斯和洛克的政治异化观到黑格尔的绝对理念异化观再到费尔巴哈的人本主义异化观，均属于这一系列。

异化理论真正受到人们的普遍关注，始于马克思对资本主义劳动的批判。19世纪50年代至60年代，在《1844年经济学哲学手稿》《德意志意识形态》和《资本论》等著作中，马克思以分析资本主义生产关系为基础，明确提出了异化劳动的观点，并以此为起点，进一步揭示了作为资本主义社会和此前社会的主要异化形式"私有制异化"，即作为国家形式的政治统治的异化以及劳动作为人的自我否定的社会活动的异化。马克思说："国民经济学以不考察工人（即劳动）同产品的直接关系来掩盖劳动本质的异化。"[①] 在这里，马克思扬弃了从社会契约论到黑格尔的异化理

---

① 中共中央马克思恩格斯列宁斯大林著作编译局：《马克思恩格斯全集》（第42卷），人民出版社1972年版，第93页。

论，认为只有异化劳动才真正揭示了人们在资本主义制度下最一般的深刻的社会关系，其实质在于表明人所创造的整个世界都变成了异己的、与人对立的东西。

马克思从两个方面考察了实践的人的活动即劳动的异化行为："我们从两个方面考察了实践的人的活动即劳动的异化行为。第一，工人同劳动产品这个异己的、统治着他的对象的关系。这种关系同时也是工人同感性的外部世界、同自然对象这个异己的、与他敌对的世界的关系。第二，在劳动过程中劳动同生产行为的关系。这种关系是工人同他自己的活动——一种异己的、不属于他的活动的——关系。"① 在马克思看来，所谓异化，是指人的物质和精神生产及其产品蜕变为脱离生产者，反过来成为统治者的一种反常现象。异化过程就是人的主体性完全丧失，遭遇本来由自己创造出来而现在成了压制自身的物质力量和精神力量的被奴役过程。在异化过程中，人的能动性丧失了，人的个性不能全面发展，只能片面发展，甚至畸形发展。异化作为社会现象同阶级一起产生，私有制是异化的主要根源。

从马克思开始，异化概念和异化理论的研究和讨论在世界学术理论界从未停止。法兰克福学派则把异化理论引入到大众文化的研究与批判领域。法兰克福学派认为，马克思的异化理论蕴含着一种深刻的文化哲学视野。他们认为，马克思对异化的分析和揭露主要局限在劳动生产方面，而在当代，异化已超出劳动生产领域，扩展到社会生活的方方面面，已衍生为全面异化，表现在经济、政治、科技、文化、心理、生理以及语言等诸多领域，被异化的不仅仅是工人阶级，还包括资本家、官僚、经理、职员以至普通市民，每个人都处在异化状态中。马尔库塞说："发达工业文明的奴隶是受到抬举的奴隶，但他们毕竟还是奴隶。"工业文明创造了大量令人舒适的生活用品和令人着迷的新闻娱乐，这一切都带来了固定的态度和习惯，"思想文化的被异化了的和正在异化的作品成了人们熟悉的商品和服务"。②

作为文化研究的重要领域，伴随着大众媒介的兴盛和媒介化时代的到

---

① 中共中央马克思恩格斯列宁斯大林著作编译局：《马克思恩格斯全集》（第42卷），人民出版社1972年版，第94–95页。

② ［美］马尔库塞：《单向度的人》，刘继译，上海译文出版社1989年版，第31页。

来，媒介在人的生产、生活中扮演着越来越重要的角色，成为人须臾不可离开的一个中介物。然而，在人对媒介的使用过程中，人对媒介的依赖程度越来越高，以至于有时候，本来作为一种"工具性存在"的"媒介"甚至成为目的本身，即人们不仅依赖传播媒介控制的信息资源实现各种实际目的，而且还对媒介逐渐形成了某些非目的性的精神依赖。法兰克福学派认为，传媒生产的所谓"大众文化"不过是一个奴役人、压迫人、束缚人的东西，是一种精神的枷锁和文化的鸦片。贝雷尔森在1949年发表的《没有报纸意味着什么》一文中总结了人们使用报纸的六种形态：获得外界消息的信息来源、日常生活的工具、休憩的手段、获得社会威信的手段、社交的手段和读报本身的目的化。① 其中"读报本身的目的化"反映的正是人们对媒介的非目的性的精神依赖。人们把接触媒介本身作为必不可少的日常习惯和仪式，而不是出于对媒介内容的实际需要。对此，法国政治学家阿立克·谢对大众媒介曾做过这样的描述：媒介就像一双充满权力的眼睛注视着我们的生活。② 这句话揭示了一个基本事实：即在媒介化时代，人们生活在一种全敞开的状态中，我们的一举一动都被监视着，都被多种力量汇集而成的媒介权力所驱使、控制和塑造。媒介化生存将人类引上了一条异化传播的道路，而人变成异化了的"媒介人"。③

上述媒介由工具性逐步转化为目的性的"变异"现象就是媒介异化。在进入媒介化时代的今天，人类与媒介之间的关系已经不同程度地发生扭曲，作为人类沟通交流工具的大众传播媒介变异成为支配人、控制人的主体，而人则越来越被异化为媒介控制和改造的对象，成为媒介的奴役对象。通俗来讲，媒介异化主要是指在传播信息过程中，媒介通过自身对信息的参与与控制，为了某种自身的目的，对信息进行改造、加工后，使信息脱离其真实的一面而进入传播活动中的过程。

## 二、媒介异化及影响

马克思的异化理论主要包括了劳动异化的四种形式：①劳动产品的异

---

① Lowery S A, DeFleur M L, *Milestones in Mass Communication Research*：*Media Effects*（*Third Edition*），Longman Publishers USA，1996，pp：93 – 111.

② 樊葵：《媒介崇拜论》，中国传媒大学出版社2008年版，第136页。

③ 樊葵：《论媒介崇拜》，载《当代传播》2007年第5期。

化，即劳动产品成为劳动者异己的力量；②劳动活动本身的异化，即劳动不仅成为外部的存在，还成了异己的与他相对立的独立力量；③人的本质的异化，即异化劳动把人从自觉自愿的本质中异化出去，劳动成为人非自愿的、折磨人的、强制性的；④人与人之间关系的异化，即非正常的、非人性的、非内在的、非本质的与他人发生各种联系。与马克思对劳动异化的分类相对应，我们认为，媒介异化现象也可分为四种类型：媒介产品的异化、媒介活动本身的异化、媒介环境下人的本质的异化以及媒介环境下人与人之间关系的异化。

### （一）媒介产品的异化

媒介产品通常是指媒介组织制造出来供人们消费的文化产品。媒介产品的异化，指媒介产品在制造过程中或者在使用过程中，背离了初衷，偏离了方向或走向了对立面的状况与情形。媒介产品的异化，集中表现在人们对媒介的批判性和独立性的缺失。媒介的批判性和独立性是媒介最可贵的品质，评价媒介产品的重要标准就是看它是否具有批判性和独立性。然而，在大众媒介时代，在对媒介产品进行大量复制的情况下，媒介的批判性权力已经被快乐主义所取代。媒介产品的娱乐化、大众化和同质化的趋势，使它们丧失了独立性和不可替代性。在大众传播媒介的影响下，受众购买和消费的媒介产品不再是对艺术和个性的欣赏，而是追求大众化的娱乐。同时，新闻的娱乐化背离了信息功能，娱乐的低级庸俗化也背离了娱乐的功能。异化了的娱乐新闻以及新闻的娱乐化倾向为现代人提供了消遣和麻痹，使人们不再拥有批判意识和超越的渴望，而是越来越顺从现实。因此，鲍德里亚在批判电视广告的异化"罪行"时，就深刻地揭示了媒介产品的异化现象，在他看来，电视广告总是能够吸引观众注意而又不导致引起批判觉悟的方式，对商品加以描述，使大众在不知不觉中被牵制和同化。因此，电视广告的根本目的就是把主体构建为一个消费者，同时消解主体理性。鲍德里亚对于媒介产品异化的论述，揭示了媒介产品异化的本质。

### （二）媒介活动本身的异化

媒介活动，即媒介从事的各类活动。媒介活动的异化，就是指媒介在从事各类活动过程中，由于媒介自身及外界原因，使这些活动脱离了最初的目的，成为一种否定性、消极性甚至是破坏性的负面力量。媒介活动自身的异化可分为经济活动异化、政治活动异化、社会活动异化等方面。媒介经济活动的异化通常表现为，在市场经济环境下，媒介组织在日常运作过程中受经济利益的驱使，为追求利益最大化，向市场屈服，致使媒介应承担的传播社会价值观和伦理道德的社会责任因过分"亲近"市场利益而受到削弱，从而使媒介陷入低俗化的境遇。正因为这样，在很多时候，传播媒介为了谋利不是在传播事件，而是在制造事件。媒介政治活动异化通常表现为在国家利益驱使下，拥有媒介活动话语权的国家，为推行霸权主义，歪曲事端甚至无中生有、欺凌弱者，搅乱国际格局，制造国际争端，从而达到其政治颠覆的目的。媒介社会活动异化较突出地表现在活动（尤其在宣传报道中更为突出）中的"泛意识形态化"及"模式的齐一化处理"等，其结果往往更容易使受众产生逆反心理，从而对媒介的社会活动所要传递的信息"充耳不闻"，甚至故意曲解误读，媒介的社会活动效果往往适得其反，媒介活动也因此走向了异化。

### （三）媒介环境下人的本质的异化

在信息高度密集、生活节奏不断加快而生存压力日益增强的今天，人们自然地将大众传媒作为获取各类信息最为便捷而有效的渠道，自觉不自觉地将大众传媒所提供的信息作为调整与修正自己思维和行为，以求得生存与发展的重要依据，并且注重将自己与大众传媒之间的融合程度作为衡量自身是否具有社会化特征的一项指标。当媒介将国内外的某些事物、信息传播给受众时，受众根本无法核实事实的真假，并不加怀疑地把它作为自己认知判断的依据。媒介就是这样通过虚拟世界的制造对广大受众进行着有效的影响和控制，使人的个性、价值判断无形之中被媒介导向固定的程式中。

马尔库塞在《单面人》一书中提出，现代工业生产过程是产生现代单面人的主要原因，而媒介功能的异化正印证了这一点。在法兰克福学派那里，"单面人"指的是在技术理性统治下缺乏否定精神、没有批判意识、更无超越欲望的单向度的人。单面是相对双面而言的，人失去了理性批判的一面，只剩下了接受和顺从的一面。我们难以想象，完全依赖媒介生存，将人们的生命活动完全纳入大众传媒策划与制作的轨道之中；消解个性和创造力，放弃自觉认识世界和改造世界的责任与权力情形下，人类将陷入怎样的无奈和悲哀之中。

（四）媒介环境下人与人之间关系的异化

正如鲍德里亚所说："电视带来的'信息'，并非它传送的画面，而是它造成的新的关系和感知模式、家庭和集团传统结构的改变。"[①] 大众传播媒介，特别是网络、手机等新媒介的快速发展，开启了一个人类社会交往的新时代。广播电视尤其是计算机网络技术等新媒体的崛起，使个人可以足不出户而知天下，联络的便捷使人与人之间直接接触的必然性削弱。由于 QQ 等虚拟社区工具的不断完善，人们慢慢更倾向于网络上的人际传播，为了省时、省事、省心而渐渐忽略了现实生活中的人际交往，使直接的、现实性的交往让步于远距离的虚拟交往。由此形成的结果是遥远的人因为网络对空间概念的改写而变得熟悉，与自己接近的人却无暇顾及而变得陌生起来。由于坐在一起聊天的机会正被独自坐在电脑桌前的场景所替代，这使得家庭关系、朋友关系渐渐变得疏远。远的事物变近，近的事物变远，近处的人、家庭、邻居关系变得陌生。现代城市人由于缺少或没有情感的交流与沟通，其心理健康问题已成为人类面临的重大问题。媒介技术使真实的人与人之间的关系感情淡化，人们越来越喜欢独处，这与人的社会性本质是背道而驰的。

## 三、媒介异化的调适

媒介自身功能的不断发展已成不可逆转之趋势，它为人类的文明与进步所发挥之作用将愈来愈重要，故而，一味地批判或抵制媒介及其传播实为不明智之举。更重要的是，克服媒介异化现象之关键，不在于遏制媒介的发展抑或消极地疏离媒介，而在于人类如何平衡地把握媒介信息和媒介技术的尺度，以及人类媒介时代主体自觉性之重构。具体来讲，对媒介异化现象之调适可从政府、媒介及受众三者着手进行。

### （一）政府监督：国家权力的介入

政府在行使国家权力培养媒体的独立性格的同时，应给予媒体活动以

---

① ［法］让·鲍德里亚：《消费社会》，刘成富、全志钢译，南京大学出版社2001版，第132页。

有效的监督。法兰克福学派在运用马克思的异化理论论述大众传播媒介时指出，大众传媒已经沦为政治权力的附属品，通过大众传媒，统治阶级获取了对意识形态领域加以控制的权力。法兰克福学派的观点从一个侧面揭示了媒介异化的原因，即政治权力对传播媒介的控制。从这一角度讲，克服媒介异化现象，培养有独立人格和民主精神的公民，需要政府提供宽容的舆论环境，培育传播媒介的独立性格。而事实上，新的媒介技术发展已经大大弱化了政治权力在传播空间内的功能，媒介权力在微观领域内已突破了政治权力的控制，人们也可以选择不受政治权力控制的信息空间。在这种情况下，行使政治权力的政府与其一味控制媒介，不如给媒介更多的自由空间，实现政府与媒体的和谐共处。

然而，为传播媒介提供自由空间并不意味着国家权力对大众传播不闻不问，毕竟国家权力作为公共权力，承担着维护公共秩序、保护公共利益的责任。现实中传播媒介受商业利润的驱使，可能会滥用媒介权力，走向异化。行使国家权力的政府应该对媒介权力进行监督和约束。当前，监督的方式既有通过制定政策法规、建立新闻检查和分级审查制度等，也有通过财政拨款、干部任命和对媒体采取"关、停、并、转"等强制手段进行。对媒介权力主体违反社会规范的行为要进行限制和制裁，对媒介权力主体进行积极引导，改善大众传播中的权力支配关系。

## （二）媒体自律：责任意识的约束

在当前这个蓬勃发展的媒介化时代，媒介权力已经不是哪一个阶级、阶层或精英能控制和支配的工具了，它已经成为一种蕴含在媒介社会结构中独立的本体性力量。政治权力所进行的监督和约束在实践中很难有效控制媒介权力的越轨行为。在一些大众媒介权力主体那里，创造让位于满足，欲望扼杀了良知和责任，媒介权力主体的人文精神严重弱化，社会责任和社会规范意识被淡忘了。除了行政权力约束之外，利用法律规范和道德力量促使媒介自律，也是控制媒介异化的重要方法。

实现媒介自律，首先要培育媒介权力主体的责任意识，促使这种责任意识转化为一种道德信念和人格力量。因此利用各种途径加强媒介从业人员的教育是必须引起重视的。其次，媒介组织自身要建立行业道德规范来自我约束媒介行为。如1991年中华全国新闻工作者协会第四届理事会第一次全体会议通过了我国第一部《中国新闻工作者职业道德准则》，这就是媒介组织内部自我约束的一个重大举措。在大众媒介的社会影响范围越来越广、影响程度越来越深刻的今天，出台能够更加有效纠正和消除媒介工作人员不良行为、树立良好的媒介社会形象的职业道德规范变得更加迫切。再次，要加强对媒介从业人员，特别是控制信息在信息通道里流通的"把关人"的教育培训，要培养他们自觉遵守职业道德，加强道德自律，正确处理好社会责任、受众利益和需求、市场经济规律三者之间的关系，把法律与道德作为媒介行为的准则。最后，媒介还要通过开辟受众监督渠道，完善受众参与机制和信息反馈机制，自觉接受受众的批评监督，有效减少媒介负面效应的扩大。

### （三）受众觉醒：主体地位的回归

根据纽曼的"沉默的螺旋"理论假设，在大众传播过程中，个人的观点和态度会受到周围人和大众媒介的影响，而在某一个时期内，究竟什么样的观点占优势，经常是由大众媒介决定的。如果受众与大众媒介传播的主流观点不一致，他就会害怕被孤立而改变自己的观点。"沉默的螺旋"理论揭示了个体在媒介所构成的社会结构的作用下，自觉放弃自己的主体地位，放弃自己的理性判断，成为媒介"奴隶"的现象。因此，调适媒介的异化现象，最终要靠受众的主体性觉醒和理性的回归，要靠受众的媒介素养的提高。当今，理想的受众应该是理性的信息接收者、合格的媒介使用者、成熟的内容生产者和传播者。

受众媒介素养的提高，是受众主体性觉醒的重要途径。当受众具备了独立的人格、理性思维能力和批判精神，自身能洞悉传播实质，熟悉了传播过程的编码规则，主动获得了话语权，增长了挑战有偏颇的意识形态的勇气，那么，受众就既能有效地监督媒介，又能打破媒介对传播权的控制，成为全新意义上的又一个信息传播者。与此同时，受众还能更有效地促进媒介的体制创新、内容创新和节目形式创新，使传媒更好地满足受众日益增长的精神文化需求，使媒介和受众实现双方良性互动，形成良好的媒介生态环境，从而达到构建和谐社会的终极目标。

（原载《学术研究》2009 年第 9 期）

# 转型期的中国

## ——中国哲学社会科学体系创新的实践起点

近年来，以胡锦涛同志为总书记的党中央高度重视发展、繁荣哲学社会科学，适时颁布了《中共中央关于进一步繁荣发展哲学社会科学的意见》。党的十七大为哲学社会科学的发展指明了方向。今年，《国家哲学社会科学研究"十二五"规划》进一步确定了未来五年哲学社会科学研究的主要任务。在这一系列的政策指引中，始终贯穿着一个核心的命题——构建具有中国特色、中国风格、中国气派的哲学社会科学体系。因此，正确阐释这一重要命题，具有重大的理论和实践意义。

## 一、反思：传统社会科学的困境

从历史演进来看，西方现代社会科学是基于对近代资本主义文明萌芽、兴盛和扩展的关注与研究，在对资本主义文明所提出的一系列问题的回答中逐渐形成和发展的，是对西方社会现代化历史进程、实践经验和演进逻辑的经验总结和理论概括。

然而，西方社会科学理论体系在用于指导和解释20世纪50年代以来一系列新兴民族国家的发展时却遭遇了严重的困境和挑战。第二次世界大战以后，非洲、拉丁美洲、南欧、亚洲的一些发展中国家，特别是90年代初以来，苏联、东欧等一系列僵化的社会主义国家体制崩溃后的转型国家，模仿西方国家发展道路，按照西方哲学社会科学的理论指引，不仅未能实现迅速融入西方国家体系，甚至还陷入发展困境，社会危机时时显现。

历史实践反复证明，以西方欧美经验为主体而建构，不顾现实与国情，对西方哲学社会科学的理论与方法进行简单模仿甚至直接移植的做法，不能真正解决各个国家的特殊问题。事实上，当今中国文明独特的演进历程和丰富内涵，正在增加全球人文社会科学解释世界文明的维度，成为新视角和新话语。从这个意义上讲，我们提出坚持以马克思主义为指导，构建具有中国特色、中国风格、中国气派的哲学社会科学体系，既是我们对新中国成立 60 多年尤其是改革开放 30 多年实践的经验总结，更是对中国特色社会主义发展道路和经济社会发展现实需求的准确把握，也充分体现了坚持开放胸襟和立足中国实际的哲学社会科学工作者的理论勇气。

## 二、契机：转型中国的实践阐释

转型社会从一般意义上来说就是社会从一种类型向另一种类型转变的过渡过程。这种转变是总体性社会变迁的一部分，也是社会变迁的阶段性结果，但它仍然与常态的社会变迁具有明显的差异性。这种差异性主要体现在社会的经济结构、文化形态、价值观念等各个领域均发生着急剧而深刻的变化，成为社会变迁过程中急剧和突变的"惊险一跃"。作为社会变迁的一种突变和跨越，社会转型是一种历史的必然，也是孕育于必然之中的偶然，影响深远。

运用转型理论回溯近代以来的中国历史，我们可以清晰地发现，中国近现代社会既可以从整体上作为一个社会转型的典型标本，也可以从不同的历史阶段发现社会转型的显著特征。如果从一个长的时间段来看，中国社会的转型始于 19 世纪中叶，贯穿整个 20 世纪，并延续至 21 世纪，其间经历了 1911 年的辛亥革命、1949 年的中华人民共和国成立这种暴力革命式的社会转型，也经历了 1978 年的改革开放这种和平变革式的转型，整体呈现一个多层次、波浪形的梯级进程。如果从一个相对较短的时段来考察，1978 年以后至今的中国改革开放 30 余年，在国家与社会关系、社会结构、经济体制、思想文化形态等方面，实现了由改革前一个分化程度低、分化速度缓慢、具有较强同质性的"总体性社会"迅速向"分化性社会"的转变。总体上看，目前我国仍然处于由传统社会向现代社会、由计划经济体制向市场经济体制迈进的重要转型时期。

中国社会自近代以来的这种转型特征，特别是改革开放 30 多年来社会各个领域所发生的剧烈变迁，对于中国哲学社会科学体系的建构无疑具有特殊而重要的价值与意义。一方面，这种短时间内的急剧变革使中国社会随时面临着各种各样以前不曾出现的新情况和新问题，迫切需要有效的理论解释和指导。另一方面，这种突变式的社会转型同时又为一个国家的哲学社会科学发展提供了丰厚的土壤和营养，哲学社会科学获得在常态社会状况下难以拥有的实践资源和创新机会。因此，中国的哲学社会科学，一定要充分估量和紧紧抓住这个社会转型为自身的创新发展所提供的重要资源和战略机遇，担当起时代赋予的历史使命。

## 三、建构：社会科学的中国创新

构建具有中国特色、中国风格、中国气派的哲学社会科学体系，必须从中国深厚的历史与文化传统中去挖掘理论资源，从中国当下社会转型所面临的现实矛盾与问题中去寻求创新起点，全面推进中国哲学社会科学体系的创新。

一是要坚持学习创新。当前，我国哲学社会科学研究整体还比较薄弱，还不能适应中国社会急剧转型的迫切需求，需要继续向西方发达国家学习。但是，我们的学习应该立足于中国的现实发展需要，坚持"拿来主义"，坚持"创造性转化"，努力实现消化、吸收、再创新。

二是要突出原始创新。当代中国发展的成功道路，完全冲破了西方的世界观、历史观和传统理论。因此，强调"原始创新"，应着力于总结当代中国社会发展进程和实践经验，创造民族特色和时代特征相结合的现代学术理论、观点、理念和话语体系，从而跻身于全球化多样性的现代世界文化学术舞台中心。

三是要注重协同创新。我们要坚持以问题为导向，从研究和解决中国转型社会的若干重大的理论和现实问题出发，充分发挥现代信息技术和网络平台作用，促进高等学校与科研机构、国内机构与国外组织之间建立战略联盟，联合开展重大科研项目攻关，在关键领域取得实质性成果，努力为国家哲学社会科学的繁荣与发展做出积极贡献。

四是要强化服务创新。实践是哲学社会科学创新的源泉。我国哲学社会科学研究只有同中国特色社会主义的伟大实践紧密结合，才能有所作为、有所建树，彰显强大的生命力和影响力。这就要求哲学社会科学研究密切关注事关党和国家事业发展全局的战略性、前瞻性课题，聚焦重大现实问题，深入研究重大理论和回答现实问题，不断提升哲学社会科学的研究能力与实践水平，切实发挥党和人民事业思想库的作用。

五是要推进整合创新。面对转型时期的中国社会依然存在诸多领域的重大问题和现实挑战，需要哲学、经济学、政治学、伦理学、法学、社会学、历史学、人类学等学科相互协调、相互配合，需要我们在哲学社会科学研究中，积极鼓励和推进资源、方法、学科的交叉整合，从而共同探索改革发展与稳定面临的深层次矛盾和问题，创新思维，认识本质，揭示规律，以巨大的理论勇气不断丰富、充实、发展中国特色哲学社会科学体系。

转型时期的中国是中国哲学社会科学体系创新的理论源泉和实践起点。构建具有中国特色、中国风格、中国气派的哲学社会科学体系，核心在于我们的哲学社会科学必须紧紧依托中国的特殊国情，立足于当代中国转型发展的实际，把中国特色社会主义伟大实践作为哲学社会科学研究的动力和源泉，把握时代脉搏，树立世界眼光，从当代中国和当今世界的发展实践中，从古今中外丰富的学术思想中，汲取营养，推陈出新，面向现代化、面向世界、面向未来。

（原载《中国社会科学报》2011 年 10 月 25 日）

# 中国学术国际话语权的立体化建构

自 20 世纪 80 年代开始，无论是自然科学还是人文社会科学领域，中国均大量引进了西方的学术成果，国内高校和研究机构也不遗余力地联系海外学者开展合作并将国内学者海外学术交流项目常规化。尽管中国学术界努力与国际接轨，但仍未能改变自近代以来逐渐确立的以欧美等西方国家为中心的学术知识生产体系，学术研究的前沿方向、研究评价标准和学术研究的资源平台几乎都由西方国家统领。尤其是国内中青年学者受西方学术思维的影响较大，总体上已构建了一整套西方的学术话语体系和学术评价体系，从而使得中国学术仍处于依附地位，国际话语权微弱。最明显的例子是近年来国际学术界对"中国模式"（也称"中国道路"）的热烈讨论。实际上，"中国模式"由提出到进入国际视野进而成为学术研究热点，这背后都是以欧美为主的西方学者和具有官方背景的研究机构所推动的；相比之下，中国学术界在舆论导向上处于被动的一方，对"中国模式"的研究反应滞后，国内学者的观点和相关议题并未及时传播到国际学术界。这种现象，与近年来中国综合实力的崛起并不相称。那么，中国学术的国际化的目标是什么？中国学术的国际化过程出现了什么困境？面对越来越以软实力占据国际高地的竞争趋势，中国学术应走什么样的发展路线？

## 一、学术话语权的基本逻辑维度考量

中国学术国际化呈现"外冷内热""外强中弱"的困局，这与以往比较重视学术国际化的表面形式而忽视其根本目标有很大关系。学术作为公共知识生产，既有交流与共享的特性，又有国家和社会群体的利益作为后盾。无论从学术本身的发展还是从背后的国家利益考虑，学术国际化最重要的目标是增强一个国家的学术话语权以谋求国际领先地位。

学术话语权的实质，就是"在学术领域中，说话权利和说话权力的统一，话语资格和话语权威的统一，也就是'权'的主体方面与客体方面的统一。权利着重指行动者作为主体所具有的话语自由；权力则着重指主体作为权威话语者对客体的多方面影响"[1]。从这一意义上说，中国学术国际话语权不应只停留在能说话的地步，还要将话说清楚、说动听，从而影响国外学者的研究取向、国际学术评价标准的改变。也就是说，当前中国学术国际化的目标是争取更具"权力"分量的学术话语权：注重说话主体具有影响对方意愿或选择的隐性权力，通过国内学术话语的生产和传播来提升中国的软实力。

学术话语权是知识生产与知识传播的结果，较一般话语权而言，有特定的因素和建构过程。学术话语权首先是立足于主体所进行的知识生产情况，即学术研究的质量；其次要经历外界对学术成果的认知和接受，即一整套由外部制定并操作的学术评价标准和体系；最后是展示和传播学术成果的媒介载体，即学术传播的平台。三者共同建构学术话语权，直接影响学术话语权的大小和作用范围。

（一）质量是学术话语权的逻辑起点

学术质量是形成学术话语权的核心要素。无论学术评价还是学术平台，其宗旨都是为了反映和提升学术质量。强势的学术话语权离不开高水平的学术质量——具备较发达的自然科学和人文社会科学。要提升学术话语权，首先要树立学术质量意识，区分学术质量的层次，诊断学术研究成果的规范性、创新性、社会价值性。由此涉及一个基本问题：如何界定学术质量？我们可以从 20 世纪 90 年代管理学提出的卓越绩效管理理论受到启发。

卓越绩效管理理论强调企业在生产中应以过程为中心，注重对产品生产过程的控制；以顾客和市场为关注焦点，鼓励管理创新；关注未来，追求持续稳定的发展，重视结果和创造价值，建立学习型组织和个人。卓越绩效管理理论对于质量的理解是整合的、系统的，它体现的是过程与结果并重观、持续稳定发展观以及创新观，是对以往只注重结果和量化数据的质量观念的革新。尽管学术话语生产与企业生产有很大区别，但以卓越替代传统质量的观念值得我们在学术质量的界定上深思。

美国学者格威狄·博格等人吸收卓越绩效管理理论后提出自己对学术

---

[1] 郑杭生：《学术话语权与中国社会学发展》，载《中国社会科学》2011 年第 2 期。

质量的理解："质量保障不仅仅是一种体系或是技术，还是一种涵盖道德良心和能力的工程。……我们更多地将重点都集中在质量定义和测量的哲学和技术内在关联的争论上。这样的争论使我们对质量保证所付出的努力僵化在那里。"① "质量是根植于数字和精神层面的。"② 由于学术话语以人的主观意识形式表现出来，对于学术质量的界定就要考虑到知识生产的特殊规律。因此，理解学术质量要考虑两个方面：一是学术成果符合学术规范，即遵循学术界一般公认的、比较标准的研究程序、操作方式和文本形式，这关乎选题、资料、援引、写作等各个学术研究环节；二是学术成果具有创新性，即区别于学术界嗤之以鼻却又不断出现的低水平重复研究。③ 学术是专业、严谨的，这是国际共识。只有从源头上讲出有内容、有质量的学术话语，才能吸引国际学术界的目光，为学术影响力的扩大打下基础。

## （二）评价是学术话语权的过程要素

学术话语的生产并不是一蹴而就的，好的学术话语具有持续的学术影响力。而对于学术话语的权力感知，则依赖于除学术话语生产者以外的外界机制——学术评价标准或评价体系对学术话语的鉴别和认可。学术评价是为了客观反映学术研究水平，令内部学术成果获得较公正合理的外部认知，使对方了解到学术话语的内容、质量，从而感受到其中的影响力。因此，学术评价是以提高学术质量为价值目标的一套制度和标准，它是建构学术话语权的过程要素。学者叶继元认为："学术评价是指根据一定的目的和标准，采用一定的理论和方法，对学术成果、人员、机构、学术媒体展开的价值判断活动，以衡量学术活动及其相关事项的有无、多少、作用和价值。"④ 如此说来，学术评价标准或评价体系本身对学术研究带有导向性，是引起学术繁荣和学术共鸣的"加速器"。

欧美尤其是美国学术国际话语权的强势，与其不断改进的学术评价体

---

① ［美］格威狄·博格、［美］金伯利·宾汉·霍尔：《高等教育中的质量与问责》，毛亚庆、刘冷馨译，北京师范大学出版社 2008 年版，第 5—9 页。
② ［美］格威狄·博格、［美］金伯利·宾汉·霍尔：《高等教育中的质量与问责》，毛亚庆、刘冷馨译，北京师范大学出版社 2008 年版，第 5—9 页。
③ 时殷弘：《人文社会科学研究的学术质量评判问题》，载《中国书评》2006 年第 55 期。
④ 叶继元：《人文社会科学评价体系探讨》，载《南京大学学报》2010 年第 1 期。

系密切相关。第二次世界大战结束后，美国高校曾一度将学术狭隘地等同于研究，进而将研究等同于发表论著的数量，忽略了学术知识的传播和应用。在这种认知下，学术评价和奖励制度与学术地位挂钩，研究型高校教师得不到应有的鼓励，这对大学学术生产和学生的培养产生了消极的影响。20世纪80年代，美国高教界意识到问题的严重性，并进行了深刻的学术反思。这场反思带来的最重要的结果是拓宽了对学术的理解。对于学者的学术评价，除了量化评价以外还应注重同行评议，包括专业同行对学者学术成果和学者个人学术品质的评价；除了学术研究以外还应注重对教师教学情况的评价，辅以学生评定制。考虑到学术活动的长期性和复杂性，在学术评价强调结果的同时也应予以阶段性划分。日本从明治维新开始，走了一条"借鉴超越"的学术国际化发展道路。20世纪90年代末，日本高校的学术评价体系开始借鉴美国，并渐具特色。学术评价体系从大学自我内部评价逐渐转变为由大学、政府以及中立的专业团体三方组成的评价体系，并且偏重向第三方——中立的专业团体评价转换。① 政府行政权力对高校教师及科研人员的学术评价的干涉减少了，依据中立的专业团体评价能更多地发挥专业的作用。这种制度有利于对科研人员的学术水平做出相对客观的评价。相应地，学术职称的评定也不与行政级别挂钩，更主要是从学术水平上甄别学者水平的高低。综合美国和日本的学术评价体系可以看出，学术评价的核心功能是：保证和激励高校教师和科研人员的学术创新能力，引导从追求成果的数量转向追求成果的质量，驱动本国学术走向国际领先地位，维持强势的学术话语权。

### （三）平台是学术话语权的主要载体

学术话语的传播必须借助一定的媒介，因为强大的媒介会对学术话语权的提升起到事半功倍的效果。具体来说，学术期刊和学术检索系统是当今学术研究成果发表和传播的平台，也是构成学术话语权的主要媒介载体。从历史来看，学术成果（学术论文）、学术期刊和学术检索系统三者几乎是互为增强的关系。美国顶级科技期刊的高知名度，最初源于其收录论文本身的学术价值。随着每期论文学术影响力的与日俱增，刊物的知名

---

① 有本章、李长华：《变化中的日本学术评价体系：从自我评价向第三方评价的转换》，载《国家教育行政学院学报》2006年第12期。

度也"滚雪球"似的产生集聚效应,最后形成学术界公认的权威期刊。多数研究者希望借助权威期刊扩大其研究成果的影响力。事实上,即使论文稿源众多,筛选出来的也并非篇篇都是经典之作。然而学术论文一旦经专业权威期刊发表,则或多或少沾上权威刊物的知名度,产生类似于社会心理学提出的"晕轮效应"。另一个现实例子是,当今国际最著名的三大科技论文检索系统"SCI"(科学引文索引)、"EI"(工程索引)、"ISTP"(科技会议录索引)和两大人文社科论文检索系统"SSCI"(社会科学引文索引)、"AHCI"(艺术与人文科学引文索引)几乎成为各国学术期刊扩大国际学术影响力的主要途径,也是各国研究者了解国际学术动态、提升学术成果国际影响力、引导学术研究方向的最主要平台。而这些著名检索系统都由美国相关科研情报机构编辑出版,选刊原则渗透了美国的学术偏好和学术价值标准。由此可见,美国强势的学术国际话语权不仅仅在于科研成果的高质量,也不止于美国开放多元的学术评价机制,还有赖于美国掌握了整合国际学术资源的资源平台,既充当国际学术界的"裁判者"又是"比赛者"。别国研究者若想在国际上获得学术承认,就必须进入美国所构建的学术资源平台,被其中的标准和规范约束,因而受美国学术话语的影响。

总之,学术质量、学术评价和学术平台是提升学术话语权的基本要素。由于知识生产具有个体性和共享性,三者环环相扣,三位一体。中国要提升学术国际话语权,需将三者作为一个系统,将全面的、过程的、可持续的质量理念贯穿在学术研究、学术评价、学术平台的立体化构建之中,以卓越为目标,提升中国学术国际话语权。

## 二、中国学术国际话语权演变的历史考量

考察中国学术国际话语权的演变路径,它与历史上中国国际地位的沉浮相一致,与中国学术的质量的波动相一致,经历了从引导者到跟随者到复兴者的演变过程。

### (一)先秦至明初:以儒学为中心,兼收并蓄,引领东亚文化圈

古代中国国力强盛,建立在农耕生产方式基础上的中华文化蔚为大观,绵延不绝。从先秦时期的诸子蜂起、百家争鸣到秦汉的独尊儒术,从

魏晋南北朝的玄学清谈到唐宋时期佛学汉化、文化输出，以及宋明时的程朱理学等，中华文化在世界同时代文化中占有足够分量，吸引了世界各地人士慕名求学。以儒学为例，无论是先秦儒学、汉唐经学、还是宋明理学，都曾长期影响周边国家诸如朝鲜、日本、越南的思想和政治舞台，对西方亦产生影响。明朝万历年间，的利玛窦于1582年到达中国，在中国生活了27年。他将《论语》翻译成了拉丁文，于1687年在法国巴黎出版，其后有英文的《论语》在西方流传，这立即成为西方启蒙学者们狂热追逐的对象，欧洲许多有识之士深受启发和鼓舞。法兰西启蒙运动的杰出先导伏尔泰（Voltaire，1694—1778）说："欧洲的王族和商人发现东方，只晓得追求财富，而哲学家则在那里发现了一个新的精神与物质的世界。"① 他赞美孔子"只诉诸道德，不宣传神怪"。德国哲学家和数学家戈特弗里德·莱布尼兹（Gottfried Wilhelm Leibnitz，1646—1716）和伏尔泰一样，对中国文化特别是孔子思想中的理性救世精神深表景仰。百科全书派的另一位代表人物，法国哲学家霍尔巴赫（Paul Henri Holbach，1723—1789）主张以儒家理性道德观念代替基督教神性道德观念，并且像中国那样把政治和道德结合起来。他说："在这片广大的土地上（中国），道德成为一切理性的人们的唯一宗教。"② 中国文化不仅在学术思潮上"东学西渐"，而且在科学技术领域扩大着影响。当西方正值"漫长而黑暗的中世纪"时，中华文明在同时期大踏步前进，形成独具特色的农学、中医药学、天文学和筹算数学这四大传统科学体系，尤以指南针、造纸术、印刷术、火药这四大发明为标志的传统技术更为世人所称道。诚如英国著名科学史家贝尔纳（John Desmond Bernal，1901—1971）在为其《历史上的科学》中译本所写的序中说："中国许多世纪以来，一直是人类文明和科学的巨大中心之一。已经可以看出，在西方文艺复兴时期从希腊的抽象数理科学转变为近代机械的、物理的科学的过程中，中国在技术上的贡献指南针、火药、纸和印刷术曾起了作用，而且也许是有决定意义的作用。"③ 英国另一位著名科学家弗朗西斯·培根（Francis Bacon，1561—1626）在其名著《新工具》（1620）中写道："发明的力量、效能和后果，

---

① 庞忠甲：《孔子密码：儒家学说的现代诠释》，中华书局2005年版。
② 庞忠甲：《孔子密码：儒家学说的现代诠释》，中华书局2005年版。
③ 王渝生：《解读古代科技"中国高度"》，载《新华日报》2012年10月3日。

是会充分看得到的，这从古人所不知且来源不明的俨然是较近的三项发明中表现得再明显不过了，这就是印刷术、火药和磁针。因为这三项发明已经改变了整个世界的面貌和事物的状态……以致任何帝国、任何教派、任何名人对人类事务方面似乎都不及这些机械发明更有力量和影响。"[1] 19世纪中期，卡尔·马克思（Karl Marx，1818—1883）在《机器·自然力和科学的应用》（1863 年）中进一步指出："火药、指南针、印刷术这是预告资产阶级社会到来的三大发明。火药把骑士阶层炸得粉碎，指南针打开了世界市场并建立了殖民地，而印刷术则变成新教的工具，总的来说变成科学复兴的手段，变成对精神发展创造必要前提的最强大的杠杆。"[2] 尽管古代中国对于学术研究的规范意识较模糊，但由于文化学术水平和技术水平的先进，中国学术国际话语权处于强势地位，在国际学术界充当引导者的角色。

### （二）明中后期至晚清：西学东渐下的惊醒与反思

明朝中后期，中国开始故步自封；到了晚清，在西方列强炮舰政策和先进工业文明、商业文明的共同冲击下，中国国力日渐衰微，建立在农耕生产方式上的中国学术文化也面临生死存亡的转折点，即历史向世界历史转变，工业文明取代农耕文明已成为时代发展的大趋势。其间，西方国家经过文艺复兴、启蒙时代，从而完成了对封建专制思想的彻底改造；通过工业革命的推动，使得科学技术水平、人文社科知识水平实现了跨越式发展，并利用先进的研究成果逐步建立强势的学术国际话语权。相比之下，晚清王朝仍沉睡在陈旧的科举教育体制和迂腐的学术观念以及"文字狱"式的思想文化氛围中，致使中国学术更为落后。1840 年，第一次鸦片战争的炮声令国人惊醒；1894 年，在中日甲午战争中，曾经的学习者日本割中国领土、掠中国金银。这段屈辱的历史，不仅仅是政治上腐败的结果，更是学术上无为的结果。难怪维新运动的先驱谭嗣同望着腐朽即将坠落的清王朝，不禁黯然神伤，大感"世间无物抵春愁，合向苍冥一哭休。四万万人齐下泪，天涯何处是神州"。这期间，中国学术从引导者降格为

---

① 王渝生：《解读古代科技"中国高度"》，载《新华日报》2012 年 10 月 3 日。
② 王渝生：《解读古代科技"中国高度"》，载《新华日报》2012 年 10 月 3 日。

跟随者，中国基本丧失了学术国际话语权。[①] 于是，西方的学术门类被移植过来，中国旧有的学术研究成果、学术评价惯例逐渐被近代中国一系列的现代化运动所推翻。同时，清末又是中国近代大学的起步阶段，大学学术评价制度尚未建立，有关学术评价的少许规定仅存在于教员聘任、学术奖励制度之中。

### （三）民国：西式教育体制的引进与学术评价制度初建

民国时期，国民政府从西方引入大学教育体制和学术评价制度，中国学术界在动荡的政局中开始了现代意义上的学术研究。民国初期，北洋政府颁布了一系列与大学学术评价制度有关的法规、条例，但由于政局动荡、学术研究成果不多等原因，学术评价制度一直没有付诸实践；南京国民政府成立后，政府加强了对大学学术评价的管理，成立了中央研究院，并设立了中央研究院评议会，负责对学者的学术成就进行总体性评估，还授予符合资格的学者以评议员或者院士等崇高学术荣誉称号。抗日战争时期，国民政府于 1940 年正式成立了教育部学术审议委员会，负责评估和奖励具体的学术成果，使大学学术评价制度更趋完善。[②] 但国力的衰弱，使得民国学术在内忧外患的年代里发展十分缓慢，学术也不能大踏步走出国门。

### （四）今日中国：构建中国风格、中国气派的学术话语权序幕的拉开

新中国成立后，特别是改革开放以来，中国经济高速发展，综合国力也迅速提升。20 世纪 90 年代，中国学术界走向国际化的愿望日趋强烈，提出了国内学术要与国际接轨的目标。在这一背景下，无论是自然科学还是社会科学研究者，都有意识地学习国外先进成果，大量出版学术译著。国家教育行政部门提倡学术成果走向国际，鼓励学者在各专业顶尖国际期刊发表研究成果，并以此设立一系列学术评价制度和学术职称评定制度。尽管付出了相当大的努力，但从总体而言，目前中国在国际学术界只能说

① 胡显章、杜祖贻、曾国屏：《国家创新系统与学术评价：学术的国际化与自主性》，山东教育出版社 2000 年版，第 6 页。

② 徐斯雄：《民国大学学术评价制度研究》（学位论文），西南大学 2011 年。

实现了"话语权利"，而"话语权力"依然十分微弱，任重而道远。

## 三、中国学术重构国际话语权面临的基本问题

西方学术体系自近代被移植至中国后，经历了近百年的本土化过程。现实状况是，当代中国的传统学术资源和根基已被边缘化，而外来的西方学术核心精神又未被完全领会和制度化。这使得中国"亦步亦趋"的学术国际化模式[①]产生一系列问题，也成为中国学术重构国际话语权所必须正视的基本问题。

### （一）质量与数量的结构性失衡

#### 1. 以数量为重的中国学术国际化"繁荣"现状

近年来，中国学术研究成果大步迈向国际化，这主要体现在，被国际著名检索系统收录的论文数量大，尤其是自然应用类学科，国际化程度较高。据中国科学技术信息研究所统计，2001 年至 2011 年 11 月 1 日，"SCI"数据库收录中国科技论文（含港澳地区）83.63 万篇。仅 2010 年，就收录中国科技论文（含港澳地区）14.84 万篇，占世界总数的 10.4%。其中，中国内地共计发表论文 12.15 万篇，占世界总数的 8.6%，排在世界第二位，仅次于美国。[②] 从图 1 可见，中国科研国际论文数量在 2006年以后出现了较大飞跃。

与自然科学庞大的国际论文数量相比，中国人文社会科学领域的国际化程度偏低，但与前些年相比，发表的国际论文数量总体呈增长态势。2010 年"SSCI"数据库收录中国论文（含港澳地区）为 5287 篇，占世界论文总数的 2.41%，比 2009 年增加了 223 篇；按论文总量排序居世界第八位，较 2009 年上升一位，其中收录中国内地论文 5393 篇，以中国机构为第一署名单位的论文为 2304 篇。[③]

---

[①] 胡显章、杜祖贻、曾国屏：《国家创新系统与学术评价：学术的国际化与自主性》，山东教育出版社 2000 版，第 6 页。

[②] 张蕾、袁于飞：《看中国科技论文的一"喜"一"忧"》，载《光明日报》2011 年 4 月 4日第 4 版。

[③] 张蕾、袁于飞：《看中国科技论文的一"喜"一"忧"》，载《光明日报》2011 年 4 月 4日第 4 版。

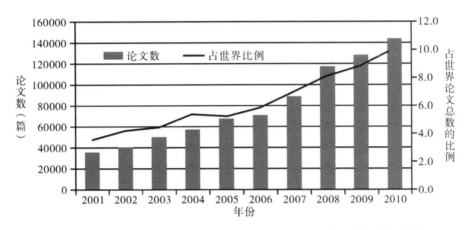

图1 "SCI"收录中国科技论文数量及占世界论文总数比例的变化趋势

### 2. 缺失质量的中国学术国际化"尴尬"实情

这些为数众多的中国国际学术论文，它们的质量如何？即学术论文影响力处于国际上哪个水平？中国科学技术信息研究所数据表明，2001年至2011年11月1日，"SCI"收录的中国科技人员的国际论文平均每篇被引用6.21次，尽管较2010年的统计次数（5.87次）有所提高，但仍低于世界平均值的10.71次。中国科技论文的学术质量与国际整体水平相比，仍有一段不小的距离。[1] 至于在人文社会科学领域，中国2010年被"SSCI"数据库收录的5393篇论文里，有624篇论文在当年被引用，仅占总数的11.6%，其中以中国机构为第一署名单位的249篇论文，被引用10次以上的仅3篇。[2] 中国各学科论文在2001—2011年被引用次数处于世界前1%的高被引论文数量为5856篇，排在世界第六位。而处于首位的美国高被引论文数量达55953篇，位于第二位的英国和第三位的德国高被引论文数量分别为12232篇和11391篇。[3] 从这些数据可见，中国学术

---

① 张蕾、袁于飞：《看中国科技论文的一"喜"一"忧"》，载《光明日报》2011年4月4日第4版。

② 张蕾、袁于飞：《看中国科技论文的一"喜"一"忧"》，载《光明日报》2011年4月4日第4版。

③ 张蕾、袁于飞：《看中国科技论文的一"喜"一"忧"》，载《光明日报》2011年4月4日第4版。

的国际影响力极其有限，目前仍属于"跟随者"，踏着以欧美国家为主导的学术科研步伐。

与此同时，中国学术期刊的国际影响力也非常有限，与中国不断增加的国际论文数量并不相称。2011年，中国进入国际著名检索系统"SCI"的期刊为156种，虽然较2001年的67种增长一倍多，但影响因子大多在0.3～1.5之间，超过3的学术期刊屈指可数。然而，英国著名刊物《自然》2011年的影响因子达36.101，美国知名刊物《科学》2011年的影响因子为31.364。从引文分析的角度看，中国入选期刊与国际一些权威期刊相比影响力差距甚远。这说明，中国期刊国际化仍处于初级阶段。中国学术若仅仅依赖相对庞大的数量而忽视了国际认可的质量，又不重视学术平台建设的话，就不能从根本上提升学术国际话语权。

### （二）评价体系错位以及学术标准功利化偏移

尽管中国学术在自身评价体系上不断向国际主流评价体系进行学习和借鉴，但是中国化下的学术评价体系囿于具体国情，从而存在评价体系的错位和学术标准功利化偏移。

#### 1. 评价标准未考虑学术分科的复杂性和专业性，实行"一刀切"

统一的体系要求看起来似乎很公平，但学科的性质及其具体特点不同，论文的要求也应不同。对于基础学科来说，应偏重长期积淀，因为一个新的理论体系有时要耗费学者一生的精力。而对于应用学科来说，更关注其时效性、可操作性。即使是同样性质的学科，也有自己具体的传统。例如，在人文学科中，历史学内部门类繁多，且可细分为史学理论和专门史；自然科学中的物理学又可分为理论物理学和实验物理学，各自的要求和成果的产出率不尽相同。由此可见，采取一刀切的办法只会引发人们偏重应用学科研究，忽视基础学科研究。而基础学科的突破，是应用学科发展的基石和不竭动力。

#### 2. 评价体系量化取向严重

学术评价体系应坚持定量和定性两大维度，但由于定性不易把握，故而在现行体系具体设计过程中凸显了量化指标，即发得越多越能获取有利的评价效果，客观上为一些论文批量生产者提供了政策上的诱导。在学术评价与学术职称评定相互交织、行政权力广泛介入的前提下，评价体系被行政权力掏空，沦为行政权力干预学术利益分配的手段。而行政权力为了操作上的方便性，加强了量化评价，过分数量化。造成的后果是，大量平庸、重复之作或中等水平的文章、著作充斥其间，甚至有意抄袭、造假之作也应运而生，使得具有原始创新的成果鲜见，大师级学者难出，反过来违背了学术评价的初衷，即客观公正地反映学者研究水平。

### 3. 评价标准功利化偏移

学术评价标准理应由权威的评价机构来制定，但是在职称、论文数量及其档次的诱惑下，评价标准倾向于功利化。见惯不怪的现象是：论文数量就是生产力，行政权力包打天下。于是，就有了为课题跑"部""钱"进，出现"傍大树""抱大腿"的学术生态。正如学者蔡曙山说："目前最令学界担忧的是各种名目的圈内评奖活动。"① 为了证明出版的著作的档次，出版管理部门、学术和科研管理部门或学术组织每年都要组织各种名目繁多的圈内评奖活动。这些活动中的评委既当裁判员又当运动员，结果是人情关系左右评价结果。更有甚者，一些学术期刊背靠行政权力，借发表论文向投稿者进行寻租，大肆收取版面费。其后果是滋生学术掮客，扼杀学者个性，推动全民学术泡沫，诱发资源外流，误识良莠人才。

### （三）国际化的传播平台建设的滞后

国际化的传播平台既是中国学术走向世界的窗口，也是世界学人了解中国学术的窗口。但是，中国的学术平台建设尽管在借鉴发达国家的学术论坛、学术合作项目、互派访问学者等形式方面取得了较好效果，却依然存在如下问题。

### 1. 国内评价机制导向国际水准，促使优秀论文外流严重

长期以来，国际知名的学术论文检索系统（如"SCI""SSCI""AHCI"三大科学引文索引收录的学术期刊）都由欧美发达国家所主导。这种主导意味着对话语权的掌控，意味着巨大的产权利益的归属。三大权威检索平台通过较小代价收录权威期刊，不断增强国际影响力；相反，国内的中国知网、万方、维普等数据库起步较晚，能收录的大多是国内刊物，并且国内核心期刊在质量、规范和评价机制上不尽如人意，因此出现大量国内优秀论文外流。早在 2007 年 6 月的两院院士大会上，中国科学院院士王

---

① 刘景钊、蔡曙山：《20 世纪西方哲学的主流与中国学术的国际化——蔡曙山教授访谈录》，载《晋阳学刊》2006 年第 2 期。

鼎盛就曾经以物理期刊和物理论文为例，探讨了影响因子带来的"误区"。他在报告中指出，2006 年的统计数字表明，国产物理论文中具有国际交流价值的每年达 2 万篇，但是 5 个主要国内物理学刊物仅刊登了其中的 3400 余篇，约占 18%。从这些统计数据可看到，现今国内更多优秀论文流向了国外期刊。①

### 2. 平台管理理念与运营模式滞后

首先，目前中国的学术期刊绝大部分都不是市场经济条件下的产物，而是在带有强烈行政性质和计划经济色彩体制管理下的产物。大部分期刊内部组织结构官僚化严重，主编一般不参与具体的编辑部日常工作，聚集着很多院士级和教授级的编委会委员多数也不会参与期刊稿件的处理工作，于是常务副主编、编辑部主任和责任编辑成了编辑部具体工作负责人。专家评审显然在平台管理上有名无实。其次，大部分科技期刊的人事、经费和财务的管理权都在承办单位手里，科技期刊的规模和发展方向强烈受到承办单位领导决策层的制约，办刊观念强烈受到常务副主编或编辑部主任的影响。此外，大多编辑仅是兼职，待遇和地位不高，直接影响到优秀人才参与平台建设的积极性。

总之，办刊观念的落后，管理体制的滞后，学术自主权的缺失，优秀平台建设人才的缺乏，优秀稿件的流失阻碍着国际化传播平台的建设步伐。

## 四、中国学术重构国际话语权的立体化策略

学术话语权是知识生产与知识传播的结果，较一般话语权而言有特定的因素，是一个系统的建构过程——学术话语权是立足于学术质量、学术评价、学术平台三者的立体化系统。中国学术重构国际话语权，应采取立体化、系统化的策略，整体提升中国学术的内涵和外延。

### （一）构建基于全面质量管理的学术成果质量管理体系

学术成果的质量是其走向国际化的生命线。重构中国学术国际话语权，第一步就要引导中国学术成果由量到质的转型。无论是国家教育行政

---

① 王鼎盛：《科技论文水平决定影响力》，载《科学时报》2011 年 4 月 22 日。

主管部门还是学术界内部，均须改变以往对学术质量的片面理解，准确把握国际学术水平的实情，鼓励高质量学术成果的产出。

一方面，全面质量管理根植于学术研究的全过程，并且始终强调学术的规范性和创新性。学术规范是学术质量的程序性内容。近些年中国学术界对学术规范的建设力度不小，到目前为止大部分学科的研究都引进并参照了国际同行的学术规范，中国学术界初步建立了学术规范意识。下一步则应提高和巩固各学科学术规范被遵守的程度，研究符合学术自身发展规律的更具可操作性的学术规范体系。另一方面，学术创新是学术质量的实质性内容。发现新问题、挖掘新材料、采集新数据、提出新观点、采用新方法、构建新理论，这些都是学术成果创新、衡量学术研究质量高低的主要内容。而这一切所围绕的核心，则应是研究主题的本土化关怀。尤其在人文社会科学领域，应鼓励学术研究关注中国转型社会凸显的问题，突出学术成果的社会价值性。具体来说，则是在减少行政力量干预学术研究的基础上，各学科领域成立专业性国际学术研究中心，并且邀请有经验的专家学者，整合、判断当前国际学术的实情和趋势，结合中国社会发展和学术发展的需要，拟定有参考价值的研究方向和优先发展的课题项目。[①] 只有从学术研究的起点开始，以符合国际标准的学术规范约束学术研究的过程，生产有本土关怀和时代特色的学术成果，学术成果的质量才是立体的，能作为学术话语权的强硬内核。

还应看到，当前无论国际还是国内，学术成果大多以学术论文的形式公之于众。那么，构建基于全面质量管理的学术成果质量管理体系，不仅要坚持学术论文研究起点、研究过程的规范性和创新性，还要延伸至学术论文发表的环节，即学术主体的另一方——学术期刊对学术论文质量的把关。具体来说，从学术论文的审稿、编辑、反馈三个环节来看，要做到层层监控。首先，开发先进的论文检测软件，完善论文检测系统，打击学术不端行为。其次，统筹安排刊物出版时限，加快稿件的处理速度，缩短稿件的刊出周期。尤其在稿件处理上，应坚持一个重要原则，即对国家社科基金资助课题或资助项目优先审核并及时跟踪。从采稿的源头引导科研的方向，保证科研的质量。再次，完善审稿制度。匿名审稿固然能在一定层

---

① 胡显章、杜祖贻、曾国屏：《国家创新系统与学术评价：学术的国际化与自主性》，山东教育出版社 2000 年版，第 19 页。

面保证用稿质量，但并非十全十美。因此，一是在匿名审稿之前，需要着手建立和健全论文的社会评价机制。例如，建立网上评议制度，扩大与各领域研究者的沟通。二是明确主编与匿名专家各自审稿范围和权限。例如，主编对论文的筛选有主导权，而匿名专家则在审稿环节对编辑无法判断的具体技术性问题负责，同时也有向编辑部提供其他参考意见的义务。三是杂志社应当尊重专家实事求是的客观分析，尤其要尊重和鼓励那些对文章提出建设性修改意见的专家。然而对于那些无论证的表态，编辑部不能作为用稿与否的根据。① 最后，完善论文发表与事后质量跟踪以及评估制度。当今世界很多著名期刊非常重视文章质量后续跟踪，而引文分析法成了后续跟踪和评估的重要方法。引文分析法主要采用影响因子、被引频次、即年指数、稳定指数、趋势指数等指标，应在正确理解引文分析各项指标的含义和联系基础上，不断研究并提高学术期刊后续评价制度的科学性。

### （二）构建中国文化特色的学术评价体系

"西学东渐"的延续长期让国人沉浸在欧风美雨的熏陶之中，完全照搬西方学术评价体系自然也顺理成章；但是，不同的国度自然有不同的文化传统和政治体制。西方的评价体系只有与中国文化结合起来，才能适应中国土壤。

首先，应加快学术评价体系去行政化步伐，完善新评价机制。行政权力的介入，使学术评价体系不可避免地带有功利化倾向，并为学术腐败的滋生提供了适应的土壤。学术评价体系去行政化后，主导学术发展未来的应当是学术共同体。"在现行的学术评价实践中，评价主体是多元的……但起主导作用的应该是学术共同体的评价，或同行评价。"② 中国学术若要摆脱功利化怪圈，进入一种常态的良性循环，一是需全面反思当下学术制度，摆脱传统国家学术体制运行的历史惯性，强化学术活动的内在逻辑，在外部权力与内在逻辑间保持一种必要而合理的张力，形成一种彼此和谐的关系；二是大力加强内部公正、民主和透明的制度建设（尤其在如今学术群体规模壮大的情势下）和伦理重建（尤其对学术精英而言），

---

① 鲁品越：《专家匿名审稿制度之反思》，载《中国社会科学报》2010 年 2 月 23 日。

② 叶继元：《人文社会科学评价体系探讨》，载《南京大学学报》2010 年第 1 期。

以便学术共同体和学术机构获取相对独立的资格，赢得行政权力的制度信任。完善同行评价机制也是增进同行之间交流，凝聚学术共识，促进学术评价公正的重要渠道。

其次，评价机制灵活变通，考虑不同学科的性质。基础学科探索十分艰辛，应用学科见效快，但是没有基础学科提供强有力的理论支撑，应用学科自然行不远。评价机制只有立足学科性质，才能做到有的放矢，既能鼓励基础创新，又能推动应用创新。此外，人文社科同自然科学的学科特征的差异需要评价机制体现中国文化特色。人文社科具有特殊性，即人文社科有着或多或少的意识形态偏向，因此在民族国家共存的时代，从事人文社科研究必须把握一个重要原则，"构建中国特色社会科学评价体系，需要把握好政治与学术关系"①。尽管学术评价需要减少行政干预，但是人文社科必须注意一个国家的核心价值取向，否则就会授人以柄。

## （三）打造数字化的国际学术传播平台

自 20 世纪 90 年代以来，随着信息技术和互联网的快速发展，全球信息化浪潮不断高涨。国际三大著名学术论文检索系统"SCI""SSCI""AHCI"也随之加快数字化进程。它们所收录的学术期刊都基于网络数字媒体而实现了升级。国际学术期刊出版格局仍由 Elsevier、Springer、Wiley、Nature 以及西方各大专业学会共同把持。相比之下，尽管中国有6000 多种学术期刊，数目不少，一部分学术资源检索平台（如中国知网、读秀检索平台）初步搭建并获得较广泛的国内用户市场，但目前还缺乏能充分整合各类学术期刊和学术专著资源的数字化国际学术传播平台。可见，抓住信息时代的特点，朝数字化媒体方向发展具有国际影响力的学术传播平台，是提升中国学术国际话语权的必由之路。这不仅需要技术的运用，还需在出版体制和专业团队因素上加以转变和打造。

首先，以先进的数字媒体技术为依托，倡导分享、体验观念。数字媒体技术更加注重用户的个人体验，更加注重分享。一个好的学术出版单位或学术期刊的网站群至少要做到：各个网站资源共享，母网站可以对所有网站进行有效监督和管理；有灵活和强大的信息发布系统，以及先进的内容管理系统保证网站内容的及时更新。

---

① 苏长和：《学术评价体系的国际借鉴》，载《人民论坛》2012 年第 12 期。

其次，以改革旧体制、创新管理和营销模式为内在动力。旧的以行政权力为主导的办刊体制制约了学术期刊的正常发展。在市场经济体制下，打造国际化的传播平台必须以知识产权为依托，转变过去以收取作者版面费为主的期刊盈利模式；组建权威的学术共同体，提高用稿稿酬，扩大优秀稿件的来源渠道。

最后，以培养专业人才为保证。借力数字化媒体技术，需要一批具有数字技术出版经验以及学术翻译经验的人才队伍，以保证数字出版平台的发展和创新。但是，目前在中国学术出版单位中，同时掌握数字出版技术和传统出版技术的人才比较缺乏，学术翻译队伍良莠不齐。因此，中国学术出版单位要加大数字出版人才的培养力度，引进既懂数字技术又懂传统媒体技术的复合型人才。与此同时，规范学术翻译队伍，致力将国内专业领域的电子文献资源集结到数字化学术平台上，建立数字化学术平台的国外镜像，以此提高学术平台的使用率和影响力。

（原载《学术月刊》2013 年第 45 期）

# "新师范"建设的时代定位与路径选择

"立国以教育为根本，教育以师范为根本。"① "新师范"是在中国社会主要矛盾新转化背景下提出的教师教育建设新目标，旨在以"新师范"建设引领中国教师教育改革与发展，构建符合现代教师教育发展趋势、适应教育改革和发展需要、充满生机与活力的新型教师教育体系。

## 一、"新师范"的内涵阐释

相对于传统师范，"新师范"立足于中国教育的新发展和新变化，其内涵具有五个明显特点。

### （一）"新师范"是具有中国特色社会主义特征的教师教育新形态

"新师范"的概念并非首次提出。早在 1926 年，陶行知先生就曾提出要真正发展"新师范教育"的命题。他指出，我们的师范教育不能是"从头脑里空想出来的"，也不能是"从国外运输进来的"，必须是"从自己的亲切经验里长上来的"。② "新师范"的第一个也是最重要的内涵就是必须扎根中国大地办教师教育，支持并服务中国特色社会主义的教育事业。总体而言，"新师范"建设是在优先发展教育事业的方针政策引导下，积极探索中国教育智慧，发展具有中国特色社会主义特点的教师教育形态，为主动在全球教育发展议题上提出中国主张、中国倡议和中国方案贡献智慧。

---

① 朱有瓛：《中国近代学制史料（第二辑下册）》，华东师范大学出版社 1989 年版，第332 页。

② 陶行知：《陶行知全集（第一卷）》，四川教育出版社 1991 年版，第 96 页。

## （二）"新师范"是融合各种教师教育价值取向的新理念

教师教育的话语体系中存在四类研究价值取向，即关注知识在教师专业素养中的重要性的知识本位取向、重视培养教师各种能力的能力本位取向、倡导教师承担改造社会的责任的批判取向、注重培养教师自主发展的人本取向。[①] "新师范"则是在对这四种价值取向进行不同程度扬弃基础上的融合。其中，"新师范"直接指向教师本身，重在培养未来教师学会学习的能力，使其养成终身学习的习惯，并以此作为出发点和归宿点。

## （三）"新师范"是指向深化和重构现代教师教育的新体系

目前，中国共有187所师范院校和383所举办教师教育的非师范院校。[②] "新师范"是现阶段对以国家教师教育示范基地为引领、师范院校为主体、高水平综合大学参与、教师发展中心为纽带、优质中小学为实践基地的开放、协同、联动的现代教师教育体系的进一步深化和创新。其中，重点探索教师教育专业招生体系、以培养教育教学能力为目标的教学体系、师范生教学实习实训体系、以供需求关系相对平衡为导向的师范生就业体系、教师资格认证与发展体系等的理念和制度创新。

## （四）"新师范"是新时代背景下人才培养改革的新模式

师范人才培养模式改革是深化教育改革与创新的前提和基础，是最前端教育供给侧改革的关键核心环节。"新师范"是结合了"互联网+"思维，对校地合作制度化、教育研究实践化、专业建设标准化、教学过程个性化、职前职后一体化等进行的最新的实践探索。"新师范"的人才培养理念和培养模式从封闭走向开放，从单一走向多元，从计划包办走向标准导向，从数量至上走向质量优先，从强调职前教师培养走向关注教师终身发展。

## （五）"新师范"是拓宽教师教育战略发展空间的新选择

当前，中国教育改革已进入"优质均衡教育资源，全面提高教育质

---

[①] 刘旭：《教师教育的四种价值取向研究》，载《湖南师范大学教育科学学报》2017年第6期。

[②] 靳晓燕：《教师队伍建设取得突出成就》，载《光明日报》2017年9月3日第4版。

量，努力办好人民满意教育"的新阶段。谋求基础教育的优质均衡发展是"新师范"建设的重大命题。而城乡教育资源配置失衡既包括区域教育行政系统内的政策倾向和资源分配失衡，也包括区域内外高等教育体系下教师教育的关注取向和人才培养导向失当。乡村教师强，则乡村教育强。"新师范"将"关注乡村"纳入新常态下教师教育发展的全局战略，努力培养一大批留得住、用得上、教得好的农村精英教师，积极落实《乡村教师支持计划（2015—2020）》。这是"新师范"在服务乡村教育的同时拓展高校教师教育发展战略空间的新选择。

## 二、"新师范"的时代定位

"新师范"的提出具有明显的时代特征，是中国教师教育发展的新阶段。"新师范"紧密结合新形势下中国基础教育发展的需要，落实"立德树人"的根本任务，立足解决中国教育发展不均衡问题，充分发挥在教师教育体系中的规范与引领作用，向中国传统优秀文化寻求内向发展，这些都是新时代赋予"新师范"的时代定位。

### （一）"新师范"立足解决中国城乡教育发展不均衡、不充分的问题

教育涉及每一个人，关乎家庭的幸福和国家的未来，人民对教育的满意程度是美好生活的基础和重要组成部分。伴随中国社会主要矛盾的新转化，教育发展的不平衡、不充分表现在区域教育发展不平衡、城乡教育发展不平衡，教育公平推进不充分、教育内涵发展不充分等方面。[①] 在促进面向新时代的教育公平过程中，参与教育扶贫是高等师范院校服务社会的具体表现形式。高等师范院校作为专门为社会培养师资的场所，其先进的教育理论、丰富的教育资源、规模庞大的师资人才贮备等条件具有推进教育公平、缩小城乡教育发展不均衡的优势，同时也是高等师范院校服务社会的一项应尽职责。因此，"新师范"建设应该是立足解决中国教育发展不平衡、不充分问题，利用其自身资源和优势，精准解决城乡教育发展差

---

① 陈子季、马陆亭：《教育发展不平衡不充分体现在哪里？解决这些问题的方向又在哪?》，载《人民教育》2017 年第 21 期。

距，推进教育公平进程，助推实现中国教育强国目标的过程。

（二）"新师范"以落实立德树人的根本任务为前提培养未来教师

党的十八大报告提出，要"把立德树人作为教育的根本任务，培养德智体美全面发展的社会主义建设者和接班人"。立德树人是师范院校贯彻落实国家教育方针的具体行动，是师范院校参与中国教育改革事业的重要方式，有利于更好地培育和践行社会主义核心价值观，是切实提升教师职业道德素养的重要抓手。[①] 同时，立德树人根本任务的提出为师范院校深化教育改革，提升人才培养质量指明了方向，明确了"为谁培养教师、培养什么样的教师、如何培养教师"的根本问题。因此，面向新时代的"新师范"建设必须坚持把立德树人作为根本任务，结合师范院校办学目标和实际，努力培养面向未来、全面发展的高素质教师，为培养德智体美全面发展的社会主义建设者和接班人奠定人才基础。

（三）"新师范"在更开放的教师教育体系中担任规范和引领的角色

通常，我们将盛宣怀 1897 年在上海南洋公学创设"师范院"培养各级教员视为中国师范教育之始，其后中国教师教育先后经历了民国时期的发展初期、中华人民共和国成立以后的独立建制期和 20 世纪 90 年代末师范院校和综合型大学交互发展期。面向新时代，中国的教师教育已经发展成为更加开放的体系，师范院校不再是中小学和学前教师的唯一培养阵地。"新师范"建设是师范院校在保持教师培养主阵地不变的前提下，寻求师范性与综合性发展平衡点，以披坚执锐的精神在新一轮的教师教育改革浪潮中找到新的立足点，成为更加开放的教师教育体系的引领者和规范者的过程。同时，在中国教育趋向国际化发展的背景下，"新师范"建设要积极作为，实现国际竞争背景下中国教师教育的内涵式发展。

---

① 唐勇：《师范院校"立德树人"的时代内涵及实现路径》，载《西华师范大学学报（哲学社会科学版）》2016 年第 4 期。

（四）"新师范"是对中国优秀传统文化拥有足够信心的内向发展

"大学之道，在明明德，在亲民，在止于至善。"这种对道德发展和社会福利的关注在东亚高等教育中一直被视为高度优先的事项，即使它在西方影响下发展新的知识学科并使西方大学模式适应自身国情。[①] 在全球研究型大学为排名体系竞相追逐时，中国的师范院校明显处于劣势，甚至在教师教育方面处于领导地位的优良传统也受到威胁。但是，因为国家政策限制而强制保持的"师范"标签却可以让师范院校更好地反思这个模式的意义和新的成长点。随着中国文化外交活动的开展，中国思想、中国文化和中国智慧在世界上传播，"新师范"建设有理由、有信心反思儒家传统的核心价值观，并相信以儒家思想为代表的中国传统文化和中国多年探索的师范教育传统在营造新时代的教师教育文化和新时代的学生核心价值观上能够发挥足够的优势。

## 三、建设"新师范"面临的现实困境与矛盾

在推进"新师范"建设中，必然要面对教师教育发展的"新常态"，如地方高校转型发展、教师资格全国统考、创新创业教育兴起、教师专业标准出台、卓越教师计划实施等。这一系列改革举措给"新师范"建设带来新挑战和新机遇，同时也使其面临诸多的困境和矛盾。

### （一）保持教师教育特色与向综合型大学转型之间存在矛盾

在中国，除教育部直属或省部共建的部分师范院校外，其他绝大部分都是地方师范院校，在管理上隶属于省管或地区管辖。一方面，地方师范院校在办学上必须实行国家高等教育方针政策的整体设计；另一方面，在地方其他院校积极向综合型、应用型高校转型，建设一流大学和一流学科的关键时期，地方师范院校也同样面临转型和升级的压力与难题。在"双一流"大学的建设浪潮中，各大高校使出浑身解数向国际一流大学标

---

① ［加］许美德：《师范大学和教育大学的理念：儒家教育学的启示》，载《当代教师教育》2017 年第 1 期。

准靠拢，而师范院校却必须顶着"师范"的帽子强化师范特色建设，同时又要紧跟步伐，抢占新一轮高校建设机遇。目前，师范教育一枝独秀的局面被应用型大学的迅猛发展所打破，师范院校特色由单一的师范教育转变为多方向、多学科与专业的综合化。[①] 这使得师范院校很容易患上"转型焦虑症"。到底要不要转？转向哪里？该如何转？这些问题成为建设面向新时代的师范院校的最大难题。

（二）教师教育发展面临师范性、学术性和职业性的多重压力

在高等教育人才培养过程中，学术性是高等院校所有专业都必须具备的能力，在学科知识和科研中体现得更为明显。在教师教育领域，要求高等院校在一定年限内同时培养学生的理论水平与教育技能，使之兼备专业学科知识和教书育人能力。教师教育在制定人才培养目标规格时必须考虑对学生学术性与师范性的兼顾培养。目前，地方师范院校与其他院校在国家方针政策指导下面临转型和发展，其中可以明确的是，一律向应用型和实用型方向转型，这直接导致师范院校教师教育培养目标的转型，即从专业人才培养向职业技术人才培养转型。[②] 这样一来，师范教育就受到师范性、学术性和职业性的"三重夹击"。在短短 3～4 年的培养时间里，如何兼顾三者之间的关系成为破解制定"新师范"人才培养目标规格难题的关键。

（三）教师教育人才培养质量与国家教师资格认证不相适应

2013 年，教育部颁布《中小学教师资格考试暂行办法》，明确指出"教师资格考试实行全国统一考试"，"所有申请教师资格的人员，包括师范类学生，均需要参加教师资格考试"。从此，师范院校培养的师范生和其他院校培养的非师范生在教师职业准入关站在了统一起跑线上。事实上，根据教育部公布的数据，在教师资格认证制度改革前，各试点省考试

---

① 吴绍萍：《对师范教育实践特质的"追寻"——由师范院校转型引发的思考》，载《现代教育科学》2017 年第 10 期。
② 朱旭东：《再论我国师范院校教师教育存在的问题：认识误区、屏障和矛盾》，载《教师教育研究》2016 年第 2 期。

通过率普遍较高，在 70% 以上，改革后的总体通过率降至 27% 左右。[①]
这一方面说明国家提高了中国教师的准入门槛，对教师提出了更高要求；
另一方面也反映出中国教师教育的人才培养质量与教师职业资格认证要求
之间存在很大差距。国家教师资格认证考试只有教师专业标准和考试大
纲，并没有指定教材，这既对"新师范"的教育教学改革提出了新命题
和新期待，同时也对高师院校学生职前培养和就业能力的提升提出了严峻
挑战。新时代，教师教育必须对人才培养、课程体系、教学方式、资源建
设、教师教育文化等进行重构与革新。

### （四）教师教育人才培养趋向标准化的同时职业道德信仰却趋向模糊

2001 年，国家启动了新世纪基础教育课程改革，中国基础教育进行
了长达十多年的课程改革，逐渐建立起有中国特色、反映时代精神、体现
素质教育理念的基础教育课程体系和各学科课程标准。为了进一步规范课
程体系，教育部于 2011 年连续颁布了义务教育各学科《课程标准》，于
2012 年颁布了中小学、幼儿园《教师标准》，为中国教师教育提供了具有
可操作性的标准和规范。从此，中国面向基础教育的人才培养进入了标准
化培养阶段。然而，我们的正规教育似乎存在某种致命的缺陷，因为没有
把专业教育与师范生的道德信仰联系起来，故而其在师范生的专业精神和
社会责任方面所发挥的作用十分有限。[②] 当对教师教育的技术标准似乎越
来越清楚时，对教师教育的价值定位和道德信仰却日渐迷失，使得师范生
的教师职业归属感越来越差强人意。

## 四、"新师范"建设的路径选择

面对新时代背景下教师教育发展的新使命和新问题，"新师范"建设
应不断丰富其内涵，找准时代定位，将师范教育真正转型为教师教育。同

---

① 教育部：《严格教师职业准入加强教师考核管理——中小学教师资格考试改革和定期注
册试点成效显著》，见教育部官网（http：//www.moe.gov.cn/jyb_xwfb/s3165/201308/t20130812_
155575.html.）。

② 薛晓阳：《教师教育的理想：技术标准亦或道德信仰》，载《教师教育研究》2016 年第 6
期。

时，以落实立德树人为根本任务，牢牢确立师德教育的首要地位，积极探索"新师范"建设的可能路径。以行业需求为导向，找准制约教师教育发展的关键领域和薄弱环节并以此作为突破口，构建高校教师教育与基础教育教师专业发展的衔接体系、人才培养体系、专业课程体系、教育教学方法、质量评估体系等，完善教师教育管理体制机制，加快教师教育发展步伐，主动引领基础教育发展。

## （一）加强立德树人语境下的核心价值观培养和校园文化建设

立德即树立德业，树人即培养人才。于师范院校而言，所立之德既要弘扬包括社会公德、职业道德、家庭美德、个人品德在内的社会主义道德，弘扬新时期教师师德规范，也要传承社会主义核心价值体系，践行社会主义核心价值观。[①] 因此，"新师范"建设应当建立在"立德树人"的语境下，注重师范生的师德养成，引导师范生认同和践行社会主义核心价值观，形成正确的世界观、人生观和价值观。从师范生一进校就开始培养其教师职业认同感、从教使命感和从教忠诚度，通过思想政治理论课程培养师范生的师德信仰，通过校园文化建设构建师范生的师德养成氛围，通过社会实践活动培养师范生的师德践行能力，通过完善师德评价机制增强师范生的师德自律能力。[②] 此外，还可以通过传承中国传统优秀文化打造具有立德树人精神的校园文化，实现文化渗透在人才培养中发挥的重要潜在功能。

## （二）以行业需求为导向开展整体式和进阶式教师教育改革

国家教师资格认证制度改革的对象是整个教师行业，而非专门针对师范院校，它对中国教师教育起到了直接的引导作用。同时，国家教师资格认证考试也是检验教师教育效果的试金石，如果教师教育培养的师范毕业生都不能通过行业认证，无法取得进入教师行业的许可证，则意味着教师

---

① 唐勇：《师范院校"立德树人"的时代内涵及实现路径》，载《西华师范大学学报（哲学社会科学版）》2016 年第 4 期。

② 汪敏、姜建忠：《立德树人背景下高校师范生的师德养成》，载《思想理论教育导刊》2014 年第 11 期。

教育的失败。因此，"新师范"应该以教师资格认证制度改革所体现的行业需求为导向，依据教师专业标准和考试大纲，实施教师教育整体的、进阶式的课程设置，改革教学内容和教学方式，增强师范生教育见习、教育实习等实践教学的有效性，切实提高师范生的教师素养、教学基本功和教学能力，提升教师教育专业的声誉和师范生的就业竞争力。

### （三）构建协同育人新机制，实现职前职后培养一体化

"新师范"建设除了要切实保障师范生在校培养的质量外，还应关注并提升职后教师的专业发展，在建设"新师范"过程中积极探索"大学—政府—中小学"协同育人机制，打造多层次、多向度的职后卓越教师培养培训模式。在一定区域范围内遴选优质的中小学校建立教师发展中心，使之成为联结高校和中小学一线的平台，让中小学一线名师走上大学的讲台，让大学教师深度参与中小学的教学管理工作，协同培养高素质的教育人才。同时，主动承办、积极支援各地教育局举办的各级各类骨干教师培训，并开展多样化的教学改革与研究，总结与探索职后教师专业成长的有效路径与方法。高校学科教学论教师应主动关注基础教育课程和教学改革以及人才市场需求，积极探索课堂教学内容的与时俱进、教学方法的发展与创新、评价机制的科学与合理。另外，还可以通过设立学分银行，实现课程衔接与学分互认，建立职后教师培训与学历教育的衔接机制，搭建教师专业成长的"立交桥"。

### （四）积极探索地方免费师范生的人才培养模式

师范生免费教育政策既是提升师范专业纳优能力的现实需要，更是回归师范院校办学特色和实现国家"教育优先发展"战略的应然诉求。[①] 但是，目前中国的师范生免费政策只面向六所部属重点和少数省部共建的师范院校，覆盖面较窄，而且效果不太理想。重点师范院校的毕业生农村任教意愿很低，而免费师范生必须签署到农村中小学任教数年的协议，两相矛盾之下部分毕业生甚至出现退学或休学现象。事实上，地方师范院校是培养"留得住、用得上"的农村中小学教师的主要来源。"新师范"建设

---

① 张翔：《师范生免费教育政策的十年回顾与展望》，载《国家教育行政学院学报》2017年第 8 期。

应该积极作为，主动与地方政府沟通，探索地方免费师范生培养模式，培养能够真正扎根农村、服务农村学生的高素质教师。同时，"新师范"建设还要积极发展多样化的教师教育层次结构，如"3＋2"五年制教育硕士人才培养模式，提升教师的学历结构。

（五）打造以"专业性"为价值统领的教师教育专业课程体系

课程改革与建设是实施教师教育的核心环节之一，也是培养师范生创新精神和实践能力的重要保证。以"拓宽口径、强化基础、突出实践、注重综合"为"新师范"课程体系的指导思想，把培养和提高学生的综合素质作为课程设置的目标，把专业知识体系、能力培养体系和素质教育体系有机结合起来，实现知识、能力、素质三大功能的协调融合。以"专业化"为价值统领，平衡教师教育课程的"学术性"和"师范性"，构建以促进教师专业发展为核心的教师教育课程体系。第一，要从知识结构的优化、综合素质的提高、创新能力的培养等角度出发，制定合理的教学大纲。第二，要根据教师教育的"师范性"特点，将教师教育各专业视作一个整体来考虑，研究教学法共性，整合教育学、心理学、学科教学法等课程知识，加强现代教育理论与实践、课程改革与教材教法、教育教学技能和人文社会科学知识等方面的学习、研究和训练。要打破课程内容的封闭性，使专业基础课程与教育类课程在内容上建立广泛的联系，培养学生"一专多能"的执教能力。第三，要调整人才培养方案和教学计划，调整公共基础课程、专业基础课程和教育类课程三者的比例，增设艺术人文素质课程，提高选修课程比例。

（六）以基础教育教学改革需求为导向创新教育教学方法

师范教育培养的是未来走上讲台的一线教师，他们是以学生为中心的教学理念的践行者。因此，"新师范"的课堂教学改革应密切结合基础教育改革的需要，创新教学方式方法，增强师生之间、生生之间的课堂互动与交流，培养师范生将教学理论融于教学实际的能力。目前，以数字化、网络化、智能化为特征的信息化浪潮蓬勃发展，云计算、大数据、物联网、AR/VR、智能平板等新平台、新技术、新工具层出不穷，MOOCs、SPOC、翻转课堂、混合学习、探究式学习等新理念、新模式、新方法推动了教育教学从手段方法到过程结构的系统优化与革新。① "新师范" 建设应高度重视对师范生信息化教学能力的培养，用 "互联网＋" 教育理念和思维培养师范毕业生的职后自我创新能力。同时，要创造更多让师范生提前走上讲台的机会，强化实践教学环节，增加见习、实习、教师职业技能训练等实践教学的比重，提炼专业核心知识、语言表达、可视化思维、教学设计、信息化教学等教育教学核心能力。

### （七）加大力度攻克农村基础教育发展不均衡难题

农村教育和农村教师是 "新师范" 力求攻克的难关之一，在现有基础上还应积极探索，多方寻求解决思路。如以乡村教师培养为重点，对农村教师进行精准定位、按需培养，积极探索免费师范教育人才培养模式等人才补充机制；开展 "结对帮扶"，深入推进校地合作，积极搭建农村教师专业发展的优质教育平台；实习、培训、支教三结合，探索出三方联动的管理机制、双向互动的培训机制和科学的教学计划调整机制；"量身定做" 优质课程资源，借助信息技术的优势让贫困地区中小学生共享优质教育资源；注重 "教育服务乡村，改造乡村" 的历史使命的传承，影响和感召更多优秀人才投身乡村教育事业，组建一支适宜的乡村教师队伍，补齐农村基础教育师资短板，平衡中国各区域教育发展。

### （八）完善保障职前核心素养和职后教学能力内在一致性和连续性的评估体系

构建职后教师教学能力的全方位评估方案，促进教师专业成长。开展教师核心素养及能力发展的测评和课程标准及课程体系研究，探索基于教师核心素养建构与能力测评的科学精准培养培训路径，推动师范生培养以及教师培训从经验式向精准科学的人才培养模式转变，提升教师教育科学化水平；推动教师能力标准建设，制定教师教育系列标准，建立与国际接轨的教师能力认证体系；研制多种与教师发展软环境以及教师人才成长相关的 "指数"，促进教师教育发展生态健康、优化。

---

① 胡钦太：《深入贯彻十九大精神，以教育信息化促进教育公平优质均衡发展》，见教育部官网（http://www.moe.gov.cn/jyb_xwfb/moe_2082/zl_2017n/2017_zl76/201711/t2017 1123_319816. html? from＝timeline&isappinstalled＝0）。

教师肩负培养祖国未来一代的重要使命，"新师范"的发展与改革必然是一个持久用力的过程，只有将新时代背景下的教师教育建设内化于心、驰而不息、久久为功，方见成效。以理念创新引领"互联网＋"时代教育方式等多方面的变革，通过变革，构建符合中国国情和互联网时代要求的、开放与封闭相融合的"新师范"教育机制体制。

［原载《华南师范大学学报（社会科学版)》2018 年第 6 期］

# 高校心理健康教育协同机制探索

高校心理健康教育是促进学生全面发展的重要环节。要做好新时代高校心理健康教育工作，需要准确把握"提高政治站位，加强源头治理，强化过程管理，完善综合保障"等要求，全面加强和改进学生心理健康教育工作。

我国高校心理健康教育工作历经三十余载的实践探索，已经进入全面快速发展的阶段，也逐渐构建了适合我国高校教育发展和学生需求的心理健康教育模式。然而，随着教育内容的迭代、多媒体技术的发展、社会环境的快速变化，学生对心理健康教育的需求日益增长。高校应积极探索心理健康教育协同育人机制，有效整合资源，优化方法，发挥协同育人合力，着力建设高质量心理健康教育工作体系。

## 一、建立"一体化"格局：育心与育德协同发展

大学生心理健康教育工作是高校德育工作的重要组成部分。2018年7月，中共教育部党组印发了《高等学校学生心理健康教育指导纲要》，指出"坚持育心与育德相统一，促进学生心理健康素质与思想道德素质、科学文化素质协调发展"。因此，将高校心理健康教育工作纳入学校发展的整体规划，尤其是将其纳入"三全育人"工作体系，势在必行。高校应以完善体制机制建设为支撑点，以"教育教学、实践活动、咨询服务、预防干预"全覆盖推进，努力构建全过程融合的"一体化"工作格局。

### （一）完善高校心理健康教育体制机制

一是重视机构建设。高校心理健康教育管理机构是保障工作开展的基石，高校应积极探索学校党委领导下心理健康教育管理机构的设置，可设立由学校领导牵头的学校心理健康教育指导委员会、学校心理危机预防与干预工作专班等组织机构；设置独立的心理健康教育中心等管理机构；依托省级高校学生心理健康教育专家指导委员会、心理健康区域中心等指导

机构，协力指导推进心理健康教育工作。

二是加强队伍建设。高校要抓好两支队伍的建设：一个是抓好专职心理健康教育师资队伍建设。高校心理专职教师兼具专业技术和行政人员双重属性，高校应将心理健康教育师资队伍纳入高校思想政治工作队伍管理，落实好职务（职称）评聘工作，学校党委应从条件保障上实现心理专职教师的职务职称双线晋升，不断加强工作激励；另一个是加强辅导员、班主任等兼职队伍建设。通过培训使他们掌握基本的心理健康维护技能，以此增强教育力量的协同，进而提升德育、心育共生系统的协同作用。

三是完善制度建设。坚持育德与育心相统一，就要求高校心理健康教育工作者不仅从危机干预层面了解心理工作，还要从更高的视野将心理工作的目标定位在为广大学生的健康成长服务。因此，需要高校心理健康教育工作者将工作重心前移，在学生发生心理问题之前就进行筛查、宣传和教育，做到提前发现、提前处理，避免危机的发生。高校应该建立一系列的制度规范，对测查、研判、培训、谈心谈话、意外倒查等心理工作流程建章立制，包括建立"周通报、月研判、季小结"的心理危机预防与干预机制，对全体师生员工进行分级分类的"心理守门人"培训制度，各级各类心理工作队伍协同发挥作用的谈心谈话制度，心理预警信息报告制度和心理类学生意外倒查机制。

## （二）把心理健康教育融入学校人才培养方案

高校要从教育教学、实践活动、咨询干预三个方面，全覆盖地推进高校心理健康教育育人工作。

一是要抓好课程主阵地，开设"大学生心理健康教育"必修课程，充分发挥大学生心理健康教育课程的育人作用。在课程目标设置上，凸显心理健康教育课程德育目标，例如增设"增强明辨是非的能力，培养理性平和的健康心态"等"大学生心理健康教育"课程德育目标，突出课程内容的价值引导，努力推动育心与育德相结合。

二是高校应以主题鲜明、形式多样为主抓点，积极开展多类心理健康主题教育活动，不断强化心理健康教育的贴近性、吸引力和感染力。可以通过专题讲座、心理游戏、主题活动、竞赛活动等活动实施，使学生能够联系实际，在实践活动中学会交往合作与为人处世，增强心理承受能力和对环境的适应能力。

三是高校应严格落实危机干预工作预案，做好学生关怀工作。高校要转变危机干预工作理念，从危机应急到教育为主、预防为先，持续推进心理测评普查工作。要形成高关怀学生库，进行动态精准管理，对重点关注学生，由二级学院、家长、心理中心、联系医院共同制定干预方案，给予积极的帮助与心理支持。要通过心理中心定期对学员和家长进行危机干预相关的专业指导，做好危机干预知识宣传普及工作。

### （三）心理育人与"五育"并举相融相促

高校将心育与五育相结合，是心理健康教育工作应有之势。心理教育是德智体美劳五育积极向上、和谐发展的基石。

具体路径可以有以下五个层面。在德育层面，可以通过开展心理德育主题班会、心理情景剧展演等文化活动，不断增强心理健康教育吸引力和感染力。在智育层面，教务部门和教学单位开展学业困难教育指导，将学业预警与心理问题预防进行综合研判、协同解决。在体育层面，通过"舞动心理治疗"工作坊、趣味运动会、心灵万步行等各种体育活动，增强学生体质，提升身心健康水平。在美育层面，通过开展漫画设计、海报设计、插花比赛、心理音乐剧场等美育形式，让学生欣赏美，创造美，感受愉悦的情绪体验。在劳育层面，发挥学生志愿服务动力，让学生崇尚劳动、尊重劳动，在劳动中增长技能、服务他人，充分挖掘发现自己的价值。

## 二、完善"双系统"建设：校级与院级协力推进

高校心理健康教育工作要以系统思维谋划，充分调动校院两级队伍的积极性，建立校院两级的心理健康教育工作体系，形成协同合力。

### （一）校级系统发挥整合主导作用

学校党委要做好谋篇布局，发挥好主导作用，系统整合心理健康教育系统的力量。校级心理健康教育系统一般由学校心理健康教育工作指导委员会、心理危机预防与干预工作专班及心理健康教育中心等组成，主要根据学校心理健康教育机制运行规律和特点制定心理健康教育整体规划。

高校要发挥各机关部处的心理健康教育协力作用，整合好学校教务、医院、宣传、保卫、后勤、团委等相关部门的力量，构筑校园心理健康教育与危机预防干预联防联控合力。在危机干预工作中，心理危机预防与工作专班协调各成员单位，宣传部门负责舆论引导、保卫部门负责安全维护、校医院负责躯体应急服务、后勤部门负责后勤保障等。

## （二）院级系统做好下沉基层工作

院级心理健康教育子系统作为与学生接触最多的基础单位，是做好心理健康教育的"最后一公里"。

在组织机构上，院级心理健康教育子系统包含学院党委书记、院长担任组长的学生心理工作领导小组和二级学院心理辅导站。院级学生心理工作领导小组通过党政联席会议，定期研判学院学生心理状况、研究学生心理健康教育与危机干预等工作，有效制定举措、落实责任，整改问题，通过组织学工系统、教学系统、行政系统的综合力量，协同各级力量，整合充分发挥和调动年级辅导员、专业教师和朋辈互助团体的力量，构建全员防控体系。学院二级学院心理辅导站充分发挥实效作用，以心理委员和宿舍心理信息员为抓手，通过设计和开展班级破冰活动、班级心理文化展示评比活动、心灵对话等贴近学生的活动，有效加强朋辈间的心理支持与辅导，深层次构建互助自助格局。

在工作机制上，学院可以通过建立谈心谈话机制、网格化管理机制，危机识别与干预评估机制，全面系统地掌握学生所思所想，摸查学生的去向，了解学生的心理现状，掌握学生的心理动态，分析学生的困境与问题，充分发挥心理健康教育工作的全覆盖作用。在谈心机制方面，学院可以定期通过学情总结调查、心理主题班会等，掌握全体学生的心理动态，重点掌握有身心疾病、家庭经济、学业、就业困难等特殊学生情况，建立常态化的谈心交心机制，落实一人一档，适时了解学生情况，畅通沟通渠道。在网格化管理机制方面，第一，织密织牢以"宿舍长—班级心理联络员—班团主要学生干部—班主任（研究生导师）—辅导员"为主体的五级学生心理信息反馈与防控网络。第二，要求辅导员、班主任等每月遍访所有学生宿舍，组织心理委员等学生干部定期召开学生心理异常情况研判会，及时更新、动态完善各类重点关注的关键学生信息库。第三，建立一定范围的"师—家—生"联系制，全覆盖了解学生情况，凝聚心理健康教育工作育人合力。在危机识别与干预机制方面，学院子系统能够有效发挥下沉工作的优势。第一，通过组织新生撰写自传，组织辅导员、班主任对新生自传进行及时审阅，可以从中了解个人成长史的有效信息，促进对学生心理状况的了解。第二，在完成学生心理普查之后，可由学院子系统配合学校心理中心，在其指导下进行访谈甄别。第三，作为家校联系的主要力量，与学生家长签订知情同意书，建立心理健康档案及处置流程等工作台账。第四，危机干预期间对学生进行持续动态观察，护送学生送医转介，全面客观反映学生在校情况等。

## 三、加强"多资源"合作：学校与社会协作配合

2021 年，教育部印发的《关于加强学生心理健康管理工作的通知》明确提出，"增强学校、家庭和社会教育合力"。该通知进一步明确了家、校、社会协同开展心理健康教育的重要意义。

### （一）家庭应当成为预防大学生心理危机的第一道屏障

构建家校合作有利于提升家长对学生心理健康的重视水平，增强科学的心理知识储备，提升学生对心理问题预防的有效性。此外，构建家校合作有利于加强家长对心理危机紧迫性和危险性的认识，强调履行好监护人的职责，危机发生时家长作为学生的心理守护人需要第一时间到校共同处理危机，有利于提高危机干预的成功率和干预效果。危机结束后，家庭的支持对学生的心理重建至关重要，构建家校合作有利于促进危机发生后学生心理健康的恢复。

### （二）高校构建家校合作的具体途径

一是开展全方位心理健康宣传，探索筑牢合作基础新路径。入学时发放《致家长的一封信》，制作相关的知识科普推文和宣传展板，帮助家长获得科学的心理健康知识。每学年至少开展一次面向全体教师和学生家长的心理健康教育，举办"亲子关系沟通技巧""心理疏导与家庭成长"等线上线下专题培训，传播心理健康知识，引导群众正确认识精神障碍和心理行为问题，掌握应对心理、行为问题的方法和途径。组织开展"倾听一刻钟、运动一小时"的"两个一"行动，即促进学生每天与家人有效

沟通交流 15 分钟，引导学生每天至少参加 1 小时体育运动，帮助树立"身心健康"意识，提升亲子关系亲密度。

二是多措并举强化定期反馈机制，促进家校合作新发展。定期开展学生心理健康状况和学校心理健康教育状况调查，以积极导向将结果反馈给学生家长；针对高关怀学生，学校每月定期以线上和线下家访的方式与学生家庭建立紧密沟通，每学期末将学生在校心理、学业、生活等情况编制《家长告知书》并寄送到家，及时反馈学生心理异常动态，不断增强家校教育合力。

三是明确干预职责分工，创新危机干预长效合作新模式。心理危机发生时，学校要深入了解学生是否存在早期心理创伤、家庭重大变故、亲子关系紧张等情况，同时做好陪护工作。在家长或者近亲属抵达学校后，帮助家长正确认知学生的心理问题，及时就医，协助家长调整心态，积极面对。对疑似有心理问题行为的学生，学校要协助家长陪同学生到医疗机构寻求专业帮助。

四是心理危机妥善处理后，学校要与家长沟通心理高关怀学生的恢复情况，了解学生的状态，有针对性地提供适当帮助。建立健全病情稳定学生的复学机制，有效整合校内各部门资源为心理高关怀学生提供服务，建立帮扶机制，为学生创造良好的环境。

### （三）高校与政府、公安、医院等社会资源的协同路径

一是发挥医校合作的力量，根据《中华人民共和国精神卫生法》对心理咨询、心理治疗职责范围的规定，心理咨询人员不得从事心理治疗的诊断、治疗。高校可与校外多家精神专科医院签订合作协议，建立"医校联盟"合作机制，高校教师与医疗工作者根据不同学生群体，提供有针对性的个性化服务。高校可在医疗工作者的指导下，对心理工作队伍开展精神卫生讲座培训、危机干预督导，规范危机事件应急处理机制，定期邀请心理科专家到校开展值班坐诊、心理咨询指导，畅通心理危机学生转介诊疗的"绿色通道"。

二是高校应强化警校协同，公安部门在学生心理危机干预中，主要是起到维持治安和安全的作用。当学生表现出明显的危险行为，可能对自己或他人造成伤害时，公安部门可以及时介入，采取必要的措施，保护学生和他人的安全。公安部门还可以提供必要的协助和指导，帮助学校和家长

应对学生心理危机事件。

三是发挥政校合作的力量，发挥社区、片区等协同管理的力量，例如在广东省高校，可以依托高校大学生心理健康教育与咨询区域中心的组织优势，定期召开联席会议、专业技能培训、咨询督导和危机干预案例交流等，形成心理健康教育工作合力。

## 参考文献

［1］李焰，朱丽雅，王瑞，等．育德与育心结合导向下高校心理健康教育的创新发展［J］.教育发展研究，2022（10）.

［2］马喜亭，冯蓉．建强高校心理育人队伍 扎实推进"三全育人"［J］.中国高等教育，2022（10）.

（原载《中国高等教育》2023 年第 9 期）

# 采访录选辑

# 取众家技术之所长为"我"所用

　　随着新一代信息技术的飞速发展，"互联网＋"成为时代热点，与经济社会各领域进行深度融合，培育出许多新兴产业和新兴业态，形成新的经济增长点。在教育领域，互联网的应用催生出一系列新理念、新产品、新模式，极大丰富了信息化教学环境、教学手段、教学体验。

　　"对于'互联网＋'这个词，我们首先要强调的是'互联网＋'是一种思维，一种理念。这种思维和理念的核心是创新，是指有效应用互联网技术实现传统行业的变革或颠覆。"华南师范大学副校长胡钦太在接受本刊专访时如是说（见图1）。

图1　华南师范大学副校长胡钦太

# 一、利用"互联网+"提升教育教学生产力

《中国教育网络》：如今，"互联网+"被频频提及，它能给教育信息化带来哪些改变？

胡钦太：当把互联网思维与教育教学相结合时，使产生"互联网+教育"，这种教育绝对不是指把传统的线下课程照搬到互联网上，也不能仅仅依靠行政力量来推动。当然，我们必须承认"互联网+教育"的发展需要有适合的激励政策，但它的发展靠行政力量是远远不够的。我们想真正推动"互联网+教育"的发展，就必须将互联网思维深入贯彻到教育教学的各个环节，思考互联网技术可能给提升教育质量带来有效现实的途径，而不是盲目跟风。作为教育管理部门，不应该再像以前一样制定各种冰冷政策，而是应该深入了解"互联网+"时代的信息技术能够给教育带来什么，并在此基础上思考我们应该制定什么样的政策，才能更符合新时代教育信息化发展需求，从而提高教育教学的生产力。

《中国教育网络》：以微信为代表的即时通信工具已经在全国普及，教育教学如何运用好这些工具，开展学生的学习互动？

胡钦太：微信代表的是"互联网+"时代的一个连接功能，它是一个社交工具，受众面广，人人都有，能把所有的人都连接在一起。因此，我认为微信也不只是一个社交工具，它更显著的特点是已成为人与人之间的连接平台。微信是移动互联时代的产物，通过微信社交空间的连接特性能够产生巨大的"互联网连接器"价值，推动生产模式和组织方式变革，催生经济发展新动能，提高生产力对社会发展产生全局性、系统性影响。因此，在信息化教学过程中，我们可以围绕微信的连接功能来营造一个良好的学习生态，许多应用、服务和教学工具都可以建立在微信的连接功能基础上。比如随堂测验、微信点名等工具和口语学习、拓展阅读等教学服务。当然，从教育教学应用的长远发展来看，我们还需要在微信这样的连接平台上进一步构建起教育服务的整体框架，能够把连接的个人和教育全局有机地融合起来，这样才能发挥这些平台工具的最大效能。

## 二、信息化教学的应用反思

《中国教育网络》：在信息化教学过程中有哪些问题值得我们反思？

胡钦太：第一是对MOOCs的反思。谈到信息化教学的时候，现在人们普遍想到的是MOOCs，甚至有观点认为可以通过MOOCs来解决学校教育的一切问题。对于这种想法或观点，我个人持保留态度。

首先，我们承认MOOCs在教育教学中确实能够发挥作用，主要体现在三个方面：一是MOOCs能够把一所学校最为优质的课程或资源分享给全社会，让社会上更多的人有机会接触到优质资源、参与优质课程学习。二是当一所学校开展学分制教育时，可能会需要MOOCs中的某些课程或者资源加以辅助，这个时候可以把MOOCs引入学校来使用。我认为此时的MOOCs只是一种资源（不是课程），整个教学活动还需要教师加以引导，让学生自主完成MOOCs的学习，教师再组织学生讨论、进行教学测评，最后完成学校规定的考试。三是MOOCs在非学历教育、非正式学习方面能够起到知识传播的作用，个体可以根据自身需求选择相关课程，最常见的就是各种技能的学习，例如学习制作PPT、摄影等。通过MOOCs可以很好解决非正式学习中不同个体的个性化需求，目前也已经有了很多相关的实践案例，例如中国大学MOOC、网易云课堂、学堂在线等。

其次，我认为一所学校如果能出现一个高质量的MOOC，那么其前提是必须建立在已有课程的基础上。在学校信息化教育土壤里滋生出来的MOOCs才是好的MOOCs，而不是舍本逐末，先做一个高大上的MOOC，把学校常态的信息化教学搁置一边，这样做出来的MOOC一定没有一个很好的基础。

最后，再谈谈MOOCs存在的问题。众所周知，MOOCs的辍学率非常高，这其实是由MOOCs自身的特点来决定的，但是在我们的学分制教育或学历制教育里面是不允许存在这种现象的。因此这也充分说明MOOCs更适合非正式学习。另外，现在互联网上的许多MOOC平台还无法保留教学的过程性数据，也不重视对教学过程的管理，缺乏对教学过程的有效监控，因此我们认为MOOC平台不适合用作校内的教学平台。

第二是对智慧教室的反思。当前信息化教学的另外一个热点就是智慧教室。现在我们所谈及的智慧教室，走向有点唯技术论了。一个智慧教室的建设要投入大量经费，而这笔经费对很多学校而言就像是天文数字。投入之后，产出在哪？如果仅仅是在上级检查时上几堂公开课、示范课，那就得不偿失了。现在智慧教室建设有一个很危险的趋向需要我们警觉，那就是智慧教室仅仅由一堆智慧设备堆砌而成，形成的是一种封闭的教学环境，其中的各环节要素也仅限于在智慧教室内部循环和使用。因此，不能将智慧教室与智慧教育等同起来。智慧教育是指在课堂中完成整个教学过程的时候，能够形成可分析、可再用的教学成果。如果没有这个成果，那么教学过程中使用的就只能称之为效率工具。而在课堂中过度使用这些IT设备，也会挤占课堂教学的有效时间。这些都有待我们进行科学理性的分析与评估。

### 三、信息化教学的 "四轮驱动" 路径

《中国教育网络》：如何有效推进高校信息化教学应用的落地？

胡钦太：学校信息化教学应用的有效落地主要基于我在第二届高校教育信息化校长高峰论坛报告中提到的"四轮驱动"路径：第一，应用"互联网＋"思维，重新思考、优化、变革高等教育教学的全过程；第二，建设开发具有先进教育理论支撑的、符合高校教学规律的平台工具；第三，组建专业的信息化助学团队，提高师生信息化教学技能；第四，倡导混合多元、动态适需的信息化教学模式与方法。这里主要再强调三点。

首先，从全局角度来讲，信息化教学还是需要一个学习管理平台，这样才能够加强全局性的教学管理，提高对整个教学质量的监控。学习管理平台通过数据分析能够找出教育过程中存在的问题，通过对比分析传统教学的实际情况，从管理当中发现漏洞，把握全局，整体上提高教育质量。这对学校的信息化教学而言，是至关重要的。

其次，在推进学校教学信息化时，我们认为应该关注一下学习管理平台能够给学校带来什么，需要向信息化教学要什么。同时需要认真地研究不同的在线教学模式和平台之间的差异和适用性，结合学校教育教学的发展目标来有机地组合利用这些模式与平台。现在很多学校仍存在目标不清、沉淀不足、盲目跟风的情况。从提升高校教育教学的角度来看，我认为开展信息化教学的主要目的有两个：一是提高教育质量，二是提高教学生产力。如果这两者没能得到提高，那就说明这个信息化教学是失败的。

信息化教学实践，尽管它在表面上把以教师灌输为中心的教学转变为以学生学习为中心的教学，但它在本质上是教学流程、人才培养模式的转变。

另外，谈到提高教学生产力，我们学校在实践过程中也有一些体会。目前学校自主研发上线了统一在线教学平台——砺儒云课堂，通过这个平台，很多传统的在线下必须分班开展的教学活动，现在可以在线上由一个老师进行统一授课和管理，节省了大量教学劳动力。也就是说一门课程的受众对象可以是多个不同的群体，教师可以根据各群体间的差异制定不同的教学目标；同时，教师也可以在平台上互相交流和帮助；教学平台在新教师入校前期的教学能力培养上也能够发挥巨大的作用；此外，如果把教学平台用于学校联盟和学分互选互认，对于教学资源的均衡分布也是大有裨益的。这些都是提高教学生产力的表现。

最后，还要再强调一下，我们所使用的教学平台是有教育理论支撑的。事实上，国外发展多年的主流学习管理平台，都是有教育理论作为支撑的，不然它们无法发展到现在。像 Moodle、Blackboard 等平台不可能是简单地按照 IT 人员的想法，把一些效率工具堆积在一起形成一个所谓的教学平台，而是基于建构主义、人本主义等教育理论为核心的。那些由效率工具堆积而形成的教学平台，尽管它能提高课堂效率，但是它没有把教学过程当中的各个环节有机关联在一起。如果学校在教育教学过程中长久地使用这种教学平台，将后患无穷。学生就会像婴儿吃了没有营养的奶粉一样，得不到全方位的发展。因此，学校在推进信息化教学的时候，必须认真考虑我们所选择的教学平台是否能长远地支撑课堂教学，是否有教育理论贯穿我们的教学活动。切记，真正的教学平台不是效率工具，是具备先进教育理论支撑的。

## 四、形成互相促进的生命共同体

《中国教育网络》：如何构建教育信息化的生态圈？

胡钦太：我认为学校在构建教育信息化生态圈之前，应该先找准学校定位，包括学校的特色、办学的方向等。以我们学校为例，华南师范大学属于师范类院校，在教育信息化方面拥有国家重点学科——教育技术学，在我国推出《统筹推进世界一流大学和一流学科建设总体方案》的背景下，应该大力推动学科建设、科学研究、工程应用和产学研转化的有效整合，筹建教育信息化学部。这个学部可以由我们学校的教育信息技术学院提供教育理论支撑；由计算机学院提供技术支撑；由信息与网络中心提供应用与工程支撑，由产学研转化单位——广东省智慧学习工程技术研究中心负责跟高新技术企业开展产学研合作。这样形成的就是一个完整的教育信息化生态圈，这个生态圈里面的成员就形成了互相促进的生命共同体。

另外，教育信息化不可能孤立封闭发展，必须要突破学校围墙，与"互联网＋"的新业态和智慧城市发展积极对接融合，当然我们需要考虑应用融合、服务融合、数据融合以及网络安全等一系列问题。

（原载《中国教育网络》2017 年第 7 期）

# 培养"互联网＋"时代的创新型教师

采访华南师范大学副校长胡钦太（见图1），记者最大的感触就是，学校新一轮教学改革是以学生发展为核心，以"互联网＋"为主题展开的。无论是2015年底启动的"互联网＋创新人才培养"行动计划，还是学校自主研发的砺儒云课堂，最终都是为了培养学生的综合能力，为社会输送创新型教师，以顺应"互联网＋"时代给教育带来的机遇和挑战。

图1　华南师范大学副校长胡钦太

## 一、未来高校：向智慧教育形态发展

记者：多种技术构筑"互联网＋高校"的无限可能，您认为目前对高校信息化影响较大的技术有哪些？在您看来，未来高校应该是怎样的形态？

胡钦太：就目前信息技术的发展程度来看，对高校信息化影响较大的技术有很多：云计算、无线网等已经切切实实落地，直接推动高校信息化基础支撑设施的升级换代；物联网、大数据、AR/VR 等技术具有很好的应用前景，但本身或应用模式还不够成熟，处于探索阶段；MOOC、智慧教室等技术发展很火，但这些技术的运用对于解决教育教学的核心和本质问题——课堂，还有相当大的差距。未来，高校一定会向智慧教育的形态发展。

记者：智慧教育的具体含义是什么？

胡钦太：智慧教育是第四次工业革命和第二次信息革命背景下教育发展的高级阶段和未来方向。当前，我们开展的教育变革最终也是向智慧教育形态及其体系建构方面发展。智慧教育具有个性化学习空间、高沉浸学习交互体验、精准科学教育治理等特征。通过开发与创设适应各种特定学习需求的智慧学习环境，智慧教育能引导学习者将更多智力资源投入到更为复杂、更有价值、更需智慧的学习任务中，最终培养智慧型人才。

记者：您曾说过，在三五年之内，高校会流行四种模式：混合学习、STEAM 学习、合作学习、学生从知识的消费者向知识的创造者转变，这四种趋势和走向必将使学校产生深刻变化。针对这四种模式，贵校正在或已经发生了哪些深刻的变化？

胡钦太：现在，我校着力推进混合学习模式，这种学习模式以课堂学习为主体，以在线教学平台为辅助，为学生提供线上线下混合式的学习体验，极大地提高了学校的教学质量和教学生产力。

目前，高校普遍缺乏对学生的日常学习管理，多数只能简单以期末考试成绩评判教学质量的好坏。线上教学平台能够记录比较完整的学习过程，因此，教师对学生学习过程的干预度和了解度会更深，对提高教学质量大有裨益。开展混合学习模式以来，我校的教学生产力也得到了显著提高，主要体现在很多传统的在线下必须分班开展的教学活动，现在可以在线上由一个老师进行统一授课和管理，节省了大量劳动力；教师可以在教学平台上开展交流和帮助；教学平台在新教师入校前期培养方面也能够发挥巨大作用。

STEAM 学习、合作学习等模式的本质也是强调学习过程的重要性，提倡素质教育，提高学生的创新能力。我校也在逐步探索和实践，包括建设创意工作坊、开展跨学科教学实践活动、开展项目式合作学习等。

## 二、四轮驱动：实施"互联网＋混合式教学"

记者：您曾经指出，高校信息化教学应用的有效落地主要基于"四轮驱动"路径，能否详谈一下这四个路径？

胡钦太：这是我校开展信息化教学应用以来总结的实践体会。我认为，高校信息化教学要取得成功，"四轮驱动"缺一不可。

第一，应用"互联网＋"思维，重新思考、优化、变革高等教育教学的全过程。在我国启动大学"双一流"建设的背景下，有必要重新审视"互联网＋"给高等教育带来的机遇与挑战，有效利用互联网思维创新教育教学方式、重组教育流程、变革课堂教学结构、实现教学资源、教学工具等各类要素的动态配置和管理，优化其教育效能，满足各类教育人群的需求。

第二，建设开发具有先进教育理论支撑、符合高校教学规律的平台工具。近年来，信息化教学或资源平台的建设常常陷入一个误区，即简单地将教育教学从线下搬到线上，教学平台仅由有限的功能模块组成，缺乏必要教育理论支撑。这种教学或资源平台本质上是"＋互联网"而非"互联网＋"的产物，仅仅利用互联网改造传统教学，并未对教育教学过程进行革新或颠覆。从更深层面上说，信息化教学涉及现代教学理念的指导和现代教学方法的应用。

第三，组建专业信息化助学团队，提高师生信息化教学技能。教师知识结构差异较大，许多教师不具备信息化教学技能，因此，需要有效的服务团队提供专业、及时、耐心、细致的应用咨询与培训服务；教学平台或工具初步开发完成后，需要助学团队提供持续不断的运维服务，包括版本升级、性能调优、课程备份、插件开发等。

第四，倡导混合多元、动态适需的信息化教学模式与方法。高校学生个体差异较大，不适合"千人一面、千篇一律"整齐划一的教学模式与方法，因此，混合多元成为目前高校信息化教学中普遍探索与追求的一种教学方式。混合多元式教学综合运用不同的学习理论、技术、手段以及应用方式实施教学，通过线上线下教学的有机整合，最大限度满足不同个体的学习需求。

记者：基于这四条路径，学校进行了哪些教学改革？

胡钦太：就教学改革而言，我校为适应"互联网＋"时代创新型人才的培养需求，实现"追求卓越，自主发展"的人才培养总体目标，于2015年底启动"互联网＋创新人才培养"行动计划。该计划强调实施"互联网＋混合式教学模式"，激励和约束教师在教学中采用线上、线下相结合的混合式教学模式，稳步推进课堂教学方式变革。

学校进一步制定了《"互联网＋资源"建设实施方案》，从"互联网＋课程"建设、"互联网＋实习实验"改革、教师信息技术应用能力建设、"互联网＋教学环境"建设四个方面建设优质学习资源。以资源建设为抓手促进教与学模式变革，力争2020级学生能够全程利用"互联网＋资源"自主学习。为此，学校和各学院制定了一系列激励措施，常态化开设教育技术课程，提供校级线上课程与课程资源立项，将教师教学信息化工作贡献纳入业绩考核，不断加强软件自主开发和服务队伍等教学改革手段，从而保障和推动"互联网＋创新人才培养"行动计划的顺利实施。

## 三、砺儒云课堂：支撑"互联网＋教学"

记者：您上面提到的在线教学平台是砺儒云课堂吗？

胡钦太：是的。建设开发具有先进教育理论支撑、符合高校教学规律的平台工具，是信息化教学"四轮驱动"路径中的前轮驱动。学校自主研发了基于国际主流开源在线学习系统 Moodle 开发的砺儒云课堂。2016年10月，砺儒云课堂正式上线，成为我校统一的在线教学平台。砺儒云课堂与学校信息化应用环境融合度高，平台与学校的统一身份认证、教师信息网和教务管理系统等多个信息化应用实现集成。基于云课堂，我们还开发了在线教学大数据行为分析系统，对在线的教与学行为进行监督与评估。

砺儒云课堂线上教学主要采用 SPOC 模式。SPOC 较之 MOOC 更适合高校日常教学。云课堂上线以来，以平均每天新开设一门课程的速度增长，目前，已上线接近300门在线课程，大约有500位老师和8000名学生利用云课堂开展或参与教学活动，日均点击率达2万多次，已经超过学校官方主页的日点击率。它对我校这一轮以"互联网＋教学"为特征的教学改革起到了基础性支撑作用。

记者：您曾强调过，贵校所使用的教学平台有教育理论支撑，有理论和无理论支撑的平台，它们的区别在哪？砺儒云课堂有哪些理论支撑？

胡钦太：没有教育理论支撑的教学平台只是由一些效率工具堆积而成，尽管能提高课堂效率，但是没有把教学过程中的各个环节有机关联在一起。如果学校在教育教学过程中长久使用这种教学平台，就很可能徒劳无功。有教育理论支撑的教学平台能够将系统各要素进行有机整合，有效指导在线教学活动，有利于学生成长和发展。

砺儒云课堂主要基于建构主义理论、人本主义理论、奥苏贝尔教学理论、教学系统理论，支持师生开展混合教学、翻转课堂等教学模式与方法。砺儒云课堂关注学习共同体的构建，为学生个性化学习提供了肥沃土壤，支持教师将教学内容、资源等进行不断优化和综合贯通。

记者：师范类高校是培养未来教师的摇篮，据您预测，当您的这些学生成为教师主体时，那时的教学和课堂是怎样的？

胡钦太：未来教师是在新的智慧教育的形态下教学与工作的。教师始终都是开展教学活动的关键要素，因此，师范类院校在培养未来教师信息化素养和技能方面承担着非常重要的使命。

未来，我们的学校能够基本普及"互联网＋教学"的崭新教学生态体系。学科之间不断交叉，知识日益融合和渗透，基于素质教育理念的 STEAM 学习和项目制学习模式得以普遍应用。知识变得更加开放，人人都能享有优质教育资源。知识不再局限于课堂，不再局限于学校的一堵围墙，而是让所有人能快速、便捷地获取、更新知识。人工智能和大数据技术能够真正地应用到教学领域中，形成个人智能学习空间和学习伴侣，为学生学习智能完成学习计划制定、学习效果诊断和学习路径优化，真正实现个性化学习。

## 四、直面挑战：积极培养创新型优秀教师

记者：要实现这样的教学和课堂，当前的教师面临哪些挑战？

胡钦太：教师要转变知识权威发布者的角色，不断更新观念，更新知识储备，提高自身的信息技术能力，驾驭多种教学模式和方法，打造灵活、互动、个性的课堂教学氛围等。

当前，我国缺乏创新型人才，国家领导人也在不同场合强调教育要着力围绕服务国家创新发展，培育更多创新型人才。教师要培养具有创新思

维和能力的学生，前提是教师自己不会故步自封、思想闭塞。因此，教师需要培养自己的创新思维，辩证地接受新事物、新观念。把自己培养成创新型教师，才能更好满足"互联网＋"时代对创新型人才的培养需求。

记者：针对这些挑战，在人才培养过程中，贵校注重突出培养学生哪些方面的能力？

胡钦太：我校新一轮教学改革的主题是"互联网＋创新人才培养"，所有教学改革都必须围绕学生的发展而展开。"互联网＋创新人才培养"行动计划明确指出，培养学生学习与创新技能、数字素养技能、职业和生活技能等。这些能力的培养，有助于为社会输送创新型优秀教师，以应对"互联网＋"时代面临的创新型教学挑战。

对于提升学生的教育信息化能力，我校依托教育技术学国家重点学科，开展常态化的信息化教学能力训练。构建教育信息技术"超市式"学习空间，鼓励学生利用砺儒云课堂积极开展在线学习，通过设置信息化助学岗位、设置教学信息化实践学分等形式广泛吸纳学生加入信息化教学服务团队。

此外，基于砺儒云课堂，我们还开发了砺儒教育实习工作坊，把学生的教育实习与信息化教学实践能力培养紧密地融合在一起。

（原载《在线学习》2017 年第 8 期）

# 高校信息化需解决队伍建设的痛点

近年来，我国教育信息化快速发展，今年爆发的新冠疫情带给教学信息化一个"大考"和"实战"的机遇，将对未来教育教学模式产生革命性的影响。在教育信息化过程中，高教信息化无疑起到了"探路者"和"排头兵"的作用。但高教信息化的进一步发展需解决信息化队伍建设的痛点，强化"基础项"，做好"加分项"。为此，我们采访了广东工业大学党委副书记胡钦太（见图1）。

图1　广东工业大学党委副书记胡钦太

## 一、高教信息化是"探路者"和"排头兵"

《中国教育网络》：站在 2020 年这个历史关口，您对中国的教育信息化尤其是高教信息化截至目前的发展有什么样的评价？

胡钦太：我国教育信息化经过几十年的风雨历程，取得举世瞩目的成绩，探索出一条具有中国特色的教育信息化发展路径。党的十八大以来，我国教育信息化事业更是前所未有地快速发展，取得了全方位、历史性的成就，包括"三通两平台"建设与应用快速推进、信息技术对教育教学改革的推动作用大幅提升、教师信息技术应用能力明显提升、信息技术应用水平显著提高、国际影响力显著增强等"五大进展"。

高教信息化可以说是我国教育信息化发展的"排头兵"和"探路者"，经历了从起步阶段的基础设施建设，到以业务系统为核心的数字校园建设，如今已发展到以深度融合和创新驱动为特征的智慧校园建设阶段。近几年来，高等教育信息化在线上线下混合式教学、智慧课室建设、知识社区与科研服务、数据/业务中台建设、校园办事"一网通办"等多个方向取得了明显突破，迎来了又一个快速发展时期。

《中国教育网络》：今年也是教育信息化"十四五"规划的编制之年，结合此次突如其来的新冠疫情以及当前热门的人工智能等新技术，您认为中国的教育信息化发展的趋势会体现在哪些方面？

胡钦太：从总体来看，教育信息化与国家发展和技术进步呈现整体上的拟合共振。大数据、人工智能、5G、物联网等技术在教育领域的应用日渐成为"新常态"，校园信息化生态环境建设呈现更多的"新基建"发展理念，融合创新等已经成为教育信息化内涵发展的重要趋势。新冠疫情给教学信息化带来一个"大考"和"实战"的机遇，必将对未来教育教学模式带来革命性的影响。我认为这种革命性影响应该主要体现在以下五个方面：第一，教育信息化作为教育系统性变革的内生变量，支撑引领教育现代化发展的作用将更加凸显；第二，教育信息化与经济社会全局信息化发展的联系将更加紧密、交互将更加频繁、边界将逐步淡化，教育信息化开放发展生态将加速形成；第三，教育教学模式将发生革命性变革，线上线下混合式教学逐步成为主流；第四，基于大数据、人工智能、区块链等新技术的智能教育将有效支持学习的个性化和精准化，同时将促进基于过程数据智能分析的学习评价方式变革；第五，优质教育资源极大泛在化和普惠性将进一步加强，智能教育将在消除城乡教育鸿沟，推动中国城乡教育均衡发展方面发挥更加重要的作用。

《中国教育网络》：对于处于"双一流"建设大潮的中国高校来说，

您认为信息化对于具体的院校未来发展的意义何在？您对各高校编制本校信息化"十四五"规划有些什么样的建议？

胡钦太：对于处于"双一流"建设大潮的中国高校来说，要早日实现"双一流"目标，就必须要加快高等教育治理体系和治理能力现代化，而教育信息化是教育现代化的基本内涵和显著特征，以教育信息化支撑引领教育现代化，是新时代我国教育改革发展的战略选择。

与其他行业相比，高校信息化工作尤其具有特殊性和全面性。其他行业信息化发展相对而言可以重点聚焦，如金融业、交通业的信息化可以重点聚焦在提供优质便捷的公共服务。但高校信息化建设必须兼顾教育教学（人才培养）、科学研究、社会服务、文化传承和现代化治理等多个方面，且由于各所高校的发展定位和优势特色不同，很难形成标准化的发展模式，因此信息化对于高校而言应着重从促进学校内涵发展和改革创新的角度出发。换言之，未来一所高校的信息化特色很可能就体现了高校的办学和发展特色。

基于上述分析，高校在编制本校"十四五"规划时，应把信息化规划作为一个重点专项规划提出。信息化规划要体现、围绕和聚焦学校特色优势和"十四五"战略发展重点，要结合学校自身发展实际，精准地提出学校现代化建设和改革发展战略任务的信息化实现路径和方法。要完成这样有高度和有生命力的信息化规划，我认为：一是要形成学校全局视野、多元主体参与的信息化规划范式；二是要结合学校"十四五"发展重点任务，积极提出系统枢纽、梳理重点任务、发展特色和推进路线的信息化视角和方案；三是宏观的信息化规划重在内涵，重在驱动，重在落实，可以不用过多技术实现细节，但信息技术部门要把握技术实现的动态实效性，要对规划落地的技术依托做到心中有底；四是要认识到信息化具有连接和融合的特点，不能做孤立的信息化，一定要注意学校信息化内外部环境的融合、信息化服务与用户使用习惯和体验的融合、信息化发展与网络安全和个人隐私保护的平衡。

## 二、高教信息化队伍建设的六大痛点

《中国教育网络》：高校信息化建设离不开高素质的信息化人才队伍，您长期在一线对此有相当的研究和观察，能否为我们描摹一下当前高校信胡钦太：据我观察，高校信息化工作可以依托的人才队伍主要分为三类：第一类是在学校信息化部门的专业全职人员，第二类是分散在党政管理部门和教学科研单位的兼职信息员，第三类是企业合作或外包服务的驻校开发维护人员。

整体上看，高校信息化人才队伍目前存在以下问题：规模相对较小，难以满足各校信息化发展需求；结构存在缺陷，普遍缺少领军人物和开发人才；工作定位不高，职称晋升和薪酬激励制度受限；人才流动不畅，人事制度和市场期望存在鸿沟；创新能力不强，鼓励创新和成果转化渠道不顺；工作缺乏协同，统一认识和全局推进还有困难。现在来看，这些问题尚未出现结构性破局的迹象。

《中国教育网络》：您认为当前高校信息化队伍建设的方向何在？

胡钦太：从学校发展需求角度讲，当前高校对信息化的要求已经从服务支撑逐步上升到业务融合、改革创新驱动阶段，因此学校的信息化人才队伍建设也必须要做相应的调整和转型。与前几年相比，高校信息化出现了一些明显的变化趋势，比如维护和服务逐步趋向第三方专业外包服务，学校各项工作对信息化应用敏捷开发、快速上线的要求越来越高，学校越来越期待兼具统筹协调、业务理解和信息化布局的信息化复合型人才。这些变化表明，未来高校的信息化力量一定是朝着更靠近学校业务发展主线、更靠近师生公共服务、更靠近教学科研单位需求的方向发展，这可能就是变革与创新的方向。

近年来，广东工业大学在学校层面上加大对教育信息化工作的力度，提高学校信息化工作的认同感，增加信息化从业人员自豪感与积极性；学校在职称晋升方面设置了相关的类别，目前正在探讨设置信息化工作教授级高级工程师，解决信息化队伍评定正高级职称天花板问题；待遇方面，学校逐步开展参照社会薪酬标准招聘信息化专业人才的尝试，希望能取得满意的成效。

## 三、未来队伍建设应做好两个"平衡"

《中国教育网络》：2018年4月，教育部正式提出了教育信息化2.0。顺势而为，根据您的思考，您认为相比于教育信息化1.0阶段，2.0阶段的教育信息化队伍应该具备哪些特征，又应该从哪些方面推动教育现代化？

胡钦太：教育信息化2.0行动计划是在教育信息化1.0历史成就基础上实现新跨越的内在需求，重点在于在新时代背景下推动教育理念更新、模式变革和体系重构。要实现这一宏伟目标，教育信息化队伍的变革与创新必须先行。前面讲到的高校信息化人才队伍的现状和问题，是高校信息化发展转型过程中一个阶段或一个时期内客观存在的。信息化发展阶段的螺旋式上升、高校对信息化理解和需求的变化最终会倒逼高校信息化队伍发生质的变化。当然，变化发生的速度既取决于学校领导层的思维决策，也取决于信息化队伍的自身改革。勇于拥抱改变、敢于自我革命、擅于提交"答卷"应该是这支队伍的基本特征，这样的信息化队伍能够更快地走上良性的正向循环，因为他们能够得到来自学校的更多支持。

要推动教育现代化，未来高校的信息化队伍发展要适当做两个层次的区分和平衡：一支队伍是学校的信息化服务大团队，应该把学校内跟信息化相关的服务整合起来，包括桌面环境支持、网络接入、云资源申请、一卡通服务、信息化应用、空间使用申请、在线教育支持、培训服务、安全保障等，并构建完善的用户服务对接体系。大服务团队要强调专业化、有些服务甚至可以考虑外包，它的好处是能够充分整合服务资源，优化服务流程，还能为用户提供泛在一致的信息化服务。另外一支队伍是信息化规划、设计、协调和推进队伍，这是一个做"加分项"的创新团队，需要紧密跟踪学校实际需求，解决学校实际问题，这支队伍要具备初创企业的朝气和勇气，既要有发现问题的全局视野格局，又要有协调各方的魄力，还要有快速解决问题的能力。

《中国教育网络》：相比于海外名校比较成熟且庞大的信息化队伍，您觉得中国高教信息化队伍建设有哪些方面值得借鉴；我们的特殊之处何在，应该实现哪些立足于国情、社情、校情的"进化"？

胡钦太：海外高校的信息化队伍建立的初衷并非瞄准信息化，而是让专业的服务队伍做好校园综合服务工作。受信息技术起源和经济社会发展程度影响，信息化更早地受海外高校服务队伍重视，因此，海外高校的信息化队伍和信息化建设的起步比国内高校要早，其积累比国内高校要成熟一些。国外高校信息化队伍在信息化能力整合程度、公共服务优化、原始技术创新、高科技成果孵化等方面具有较大优势，值得我们学习借鉴。

国内高校信息化建设虽然起步比较晚，但跟我国高速发展的经济社会同步，因而也取得了令人瞩目的成就。我们集中力量办大事、办实事的国情特殊性推动了大规模、标准化的基础设施建设和信息化应用的快速普及，很多国外高校开展了几十年的工作，我国高校在十几年时间内就完成了。与国外高校相比，我国高校信息化队伍职能分块现象仍然存在，协同作战和体系化创新能力不足，接下来，我们要不断吸收借鉴国外高校信息化队伍建设的先进经验，推动信息化队伍"去行政化、重服务化"改造，促进信息化队伍的专业聚集和能力整合，构建更加开放的信息化创新体系，培育高科技企业孵化能力，以服务为切入点整合学校的信息化资源，更快地实现国内高校信息化软实力的提升。

（原载《中国教育网络》2020 年第 7 期）

# 搭平台 冲一流 攻克核心技术

这几年，广东高校谁进步最快？仅用了十多年时间，实现从本科教学型高校到教学研究型高水平大学的广东工业大学（以下简称"广工"），无疑是主要代表高校之一。

不久前，广工党委书记胡钦太（见图1）在学校第五次党代会上代表党委提出，以"三步走"打造特色鲜明、世界一流高水平大学。这是广工首次明确"冲一流"新目标，明晰未来数十年的发展时间表和路线图。

图1 广工党委书记胡钦太

胡钦太是全国知名的教育信息化"大咖"。此前35年，他一直在华南师范大学学习和工作，并担任国务院学位委员会第七届学科评议组（教育学）成员、教育部教育信息化专家组成员和教育部高等学校教育技术专业教学指导分委员会主任委员等职。

2020年7月，胡钦太接棒广工党委书记后，人们在关注：广工这所省属理工科高校"长子"将发展到什么新高度？又如何实现"冲一流"新目标？

"新一轮科技革命和产业变革中，我们将更加主动地对接科技创新主战场，向科学技术的深度和广度进军。"近日，在接受南方日报、南方+客户端记者近两个小时的专访中，胡钦太语速飞快、思路清晰，用略带乡音的"潮普"，畅谈广工冲刺"双一流"、搭建新平台、建设新校区的新愿景和新挑战。

作为一名土生土长的广东学人，他既有人文学科学者的涵养、从容和淡定，又有工科人的严谨、理性和低调。"像这样一所顶天立地的大学，广工一定要有更高的发展质量、更高的发展平台，全力支撑广东创新驱动发展。"胡钦太说。

## 一、冲新高峰：建设特色鲜明、世界一流的高水平大学

南方日报、南方+：两年多前，您从长期工作的华南师范大学来到广工工作，现在又接棒党委书记。这所工科大学有没有什么气质特别打动您？

胡钦太：37年前，我在老家揭阳惠来参加高考，最终考上了华南师范大学电化教育系。在华南师范大学学习和工作了35年，我从学生变成老师，再到走上行政管理岗位，始终对这片热土怀着感激之情。2年多前，省委安排我到广工工作，让我有机会体会独特的"广工气质"，从中学习并汲取力量。

广工始终坚持扎根南粤办大学。建校63年来，广工把"与广东崛起共成长、为广东发展作贡献"的办学理念融入了发展中，刻进了骨子里。从20世纪70年代迁徙到韶关举办广东矿冶学院，到近年来服务广东创新驱动战略优化学科、聚集人才、贡献技术，广东发展需要什么，广工总是冲锋在前。

广工始终坚持与产业深度融合。在佛山、广州、东莞、汕头、惠州、河源等地，广工与地方政府和工业界联合共建了佛山数控装备研究院等11个"造血式"重大协同创新平台，服务企业6000多家，构建了"点一

线—面"立体式产业服务体系。(见图2)

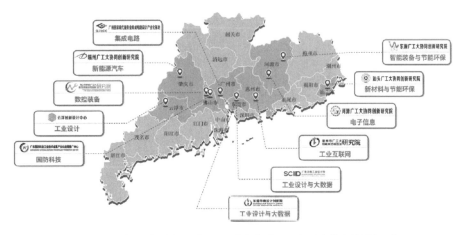

**图2 广工与地方政府、产业界联合共建11个重大协同创新平台**

广工始终坚持务实大学精神。广工有工科人独有的憨厚特质,信奉"1+1=2"的基本逻辑,务实朴实,坚信真理。从这里走出去的一代代广工人,踏实勤奋、刻苦钻研,为广东做贡献、为社会所认可。

南方日报、南方+:过去几年,广工是发展最快的广东高校之一;现在提出更高、更远的"三步走"目标。如何研判目前广工的发展阶段?

胡钦太:应该说,过去10多年时间是广工历史上发展最快最好的时期,特别是2015年整体进入广东省高水平大学重点建设高校行列以来。这要感谢广东省委、省政府和广东人民的殷切期望和信任支持,也归功于广工师生的勇挑重担和起而行之。

如今,广工在各种排行榜上表现抢眼:2020年首次跻身软科世界大学学术排名世界高校500强,泰晤士2021世界大学排名位列中国大陆高校34～50名,USNews2021世界大学工程学排行榜中国内地排名第39位、世界排名第166位……但我们也清醒地认识到,广工的改革发展到了"半山路陡、中流浪急"的新阶段,也是从高原到高峰爬坡越坎的关键期。

南方日报、南方+:要重点爬过哪些"坎"?

胡钦太:在这个过程中,有很多必须爬过的"坎",最关键的是师生的士气、斗志。广工过去10多年突飞猛进,可能一小部分人觉得学校发展不错，便产生了小富即安、小进即满的骄傲心态。

大学发展是一个长期工程，必须要有不进则退、慢进也退的危机感，一鼓作气才能更好地实现发展目标。为此，学校第五次党代会确立了"三步走"的发展战略，到2025年，努力建成"特色鲜明、国内前列、世界知名"的高水平大学；到2035年，努力建成"特色鲜明、国内一流、世界知名"的高水平大学；到21世纪中叶，努力建成"特色鲜明、世界一流"的高水平大学。

更高、更远、更大的"三步走"新目标，要求我们不骄不躁、再接再厉，时刻不放松、持续向上冲，才能爬上高峰顶峰、看到无限风光！

南方日报、南方+：具体来讲，哪些会是新突破点？

胡钦太：未来5年，我们计划推进学校治理体系更加完善，治理能力显著增强，办学活力得到充分释放；学科建设水平明显提升，1至2个学科进入"双一流"一流学科建设行列；拔尖创新人才培养体系更加完善，人才培养质量大幅提升；人才引育制度更具竞争力，建成一支高质量支撑高水平大学建设的师资队伍；服务国家战略需求、粤港澳大湾区和经济社会发展的能力显著增强。

## 二、组建"联军"：搭建大平台联合攻克卡脖子关键技术

南方日报、南方+：广东创新驱动发展战略，是广工高水平大学建设的主要驱动力。未来广工发展的驱动力会来自哪里？

胡钦太：一所大学的快速发展，大概可以分为内外两种驱动力。发展到今天，我认为，广工已经找到了内在驱动力，在与广东崛起共成长的过程中，逐渐清晰自己的定位，一定要服务广东经济社会发展，肩负起省属理工科大学"长子"的责任担当。作为"长子"，你不担当谁担当，你不作为谁作为？

接下来，广工的改革发展一定要胸怀两个大局：一个是中华民族伟大复兴的战略全局，一个是世界百年未有之大变局，这也是找到新的外驱动力的落脚点。在新时代伟大征程中，广工一定要从粤港澳大湾区建设和广东改革开放再出发、创新驱动发展中汲取澎湃动力。

南方日报、南方+：前不久，省委全会提出"探索关键核心技术攻关新型举国体制的'广东路径'"。作为省属理工科高校"长子"，广工如

何担当作为？

胡钦太：过去，广工以一所大学之力，与21个地市、6000家企业紧密合作，"点状"地支撑广东创新驱动发展；未来，我们希望五指握成拳，联合一切力量办好关键大事，探索联合攻关卡脖子关键技术，"面状"地支撑一个行业或一个区域的高质量发展。

我们正在探索搭建攻关核心技术的大平台联盟，汇聚高校研究机构、行业企业和政府的力量，合力对接科技创新主战场，向科学技术的深度和广度进军。

南方日报、南方＋：刚成立的微电子学院，是不是这样的大平台？

胡钦太：是的。作为信息技术产业的核心，微电子是支撑国家经济社会发展和保障国家安全的战略性、基础性和先导性产业。微电子学院将联合中山大学、华南理工大学、南方科技大学等兄弟高校，希望合力应国家之需，培养集成电路微电子领域的科技英才，为"中国芯"研制、生产提供有力的科技支撑与人才保障。（见图3）

图3　广工微电子学院揭牌仪式

广工有20年相关学科建设、人才培养的优势，在国家和广东发展需求之下，微电子是广工改革发展的新增长点。接下来，计划为微电子攻克核心技术搭建"政府—高校—企业"三位一体的大平台，打破传统实验室的运作机制，三方形成共建共享的联合体，合力攻克契合国家战略需求的核心技术。

南方日报、南方+：高校发展，关键在人才。目前广工的人才储量够吗？高校都在引才，人才成本是否在增加？

胡钦太：高水平大学建设以来，我们培养引进了110多名高层次人才，但从广东需求、广工需要来看，高层次人才储备特别是青年才俊数量还远远不够。现在，大家都意识到人才的重要性，自然引才成本"水涨船高"，而我们每年的预算盘子基本稳定，引才竞争激烈有一定的压力。（见图4）

图4　广工参赛队员在第六届中国国际"互联网+"大赛上的合影

当然，人才是无价的，不能用金钱来衡量。我们不在国内挖来挖去，而是到国际争抢人才，力争增加国家的人才储量。只要有广东需求、广工需要的高层次人才，除了一定的物质保障之外，我们定当倾力打造干事创业平台、营造人尽其才的环境。我们正在创新机制体制，希望培养更多高层次人才，乃至产生数个本土"高端人才"。

### 三、智慧服务：培育一棵枝繁叶茂的"广工生态树"

南方日报、南方＋：教育信息化是一个交叉学科。大家很关注，您作为教育信息化"大咖"，将给广工带来什么变革？

胡钦太：首先感谢大家的厚爱，其实我并不是教育信息化"大咖"，就是一位教育信息化教师。今年新冠疫情来袭，广工新建的十多间智慧课室为线上教学发挥了重要作用，也让更多师生意识到教育信息化建设的重要性和必要性。

教育信息化将成为学校的"新基建"，未来5年我们计划通过融合基础设施、融合教学空间、融合管理服务的"三融合工程"加强信息化建设，提高师生信息素养。打造"智慧广工"的难点和痛点是要实现信息技术与教育教学的深度融合，真正实现教学改革，培育学生创新能力。同时建设"广工数据新中台"，以更高效、更精准、更科学的方式服务师生，提升大学的治理水平和服务水平。（见图5）

南方日报、南方＋：在揭阳，广工正在加快建设一个新学院，期待未来更好地支撑粤东的经济社会发展。未来将如何推动这个学院的发展？

胡钦太：广工揭阳理工学院是省委、省政府给广工扩大办学格局的新机遇和服务经济社会发展的新行动。在揭阳办学，不仅有利于当地本科层次人才培养，更是广工把服务地方的触角延伸至揭阳的好机会。现在准备开设的6个专业，都是紧贴揭阳当地的石化等支柱产业。（见图6）

图 5　大学城校区图书馆共享空间

图 6　广工揭阳理工学院行政办公楼顺利封顶

接下来，我们还计划把研究院做到广东21个地市全覆盖，错位发展推动全省制造业转型升级。我们将继续发扬广工的学科优势，把论文写在南粤大地上，全力支撑广东创新驱动发展。

南方日报、南方+：您曾先后担任华师副校长、广工党委副书记，有丰富的大学治理经验。在您看来，大学的发展有没有规律？党委书记的责任又是什么？

胡钦太：大学的发展，不是放一把柴烧一把火，水很快就沸腾了，而是要一代人接着一代人埋头苦干、接续奋斗，才能实现一个个愿景。（见图7）

我认为，党委书记的工作就是要用高质量党建引领学校高质量发展，全力执行党委领导下的校长负责制，把一个个基层党组织打造成坚强战斗堡垒。邱学青校长是来自"双一流"大学的科学家，有一流的科研成果和丰富的治理经验。过去半年多时间，我们合作非常愉快，正一道把学校党代会设定的目标一项一项落实好，努力完成这代广工人的职责使命。

图7 师生在校园交流

南方日报、南方＋：一代人有一代人的职责使命。您心中的广工，未来应该是怎样的一所大学？

胡钦太：胸中有丘壑，心中有梦想。在我的理想中，广工未来5年的发展图景就像一棵生态树：树干是进入"双一流"大学的阶段目标，风清气正的大学精神是孕育树木成长的养分；树枝抽条，是广工坚持立德树人的人才培养成效；树上能筑巢引凤，形成青年英才和高端人才结构合理的人才队伍；生态树最终开花结果，是广工攻克核心关键技术、服务广东经济社会发展的丰硕成果。

这就更要求广工苦练内功，练就本领，更好地为广东经济社会发展和人才培养作贡献。我非常期待，这样一棵枝繁叶茂的"广工生态树"，能成为南粤大地的美好一景！

（原载《南方日报》2021年1月5日第10版）

# 以高质量党建引领广工高质量发展

3月6日，习近平总书记在参加全国政协十三届四次会议医药卫生界教育界联组会时强调，"要全面贯彻党的教育方针""建设高质量教育体系，办好人民满意的教育"，在广东教育界引发强烈反响。

如何全面贯彻党的教育方针，为党育人、为国育才？广东工业大学（以下简称"广工"）党委书记胡钦太表示，习近平总书记的重要讲话为新时代办好教育指明了方向，今后将以高质量党建引领学校高质量发展，坚持立德树人根本任务，坚持扎根南粤大地办大学，打好关键核心技术攻坚战，不断增强教育服务创新发展能力。（见图1）

图1　广东工业大学党委书记胡钦太

近年来，广工不断加强党的领导和党的建设，主动对接科技创新主战场，始终坚持与产业深度融合，走出了一条快速发展的有效办学路径。（见图2）

图2　广东工业大学图书馆

# 一、党建引领融入业务发展

《南方》杂志：教育是国之大计、党之大计。广工是我省首批新时代党建工作示范高校之一，在加强党的领导和党的建设方面，有何亮点？

胡钦太：广东工业大学创办 60 多年来，一直坚持党对高校的全面领导，不断加强党的建设。（见图3）

图3　党建文化园

一是坚持以党的政治建设为统领。充分体现学校党委的核心作用，切实履行管党治党、办学治校的主体责任，不断增强"四个意识"、坚定"四个自信"、做到"两个维护"；同时理顺和完善了党委领导下的校长负责制，全力支持校长行使高等教育法等规定的各项职权。

二是坚持用党的创新理论武装师生头脑。学校党委常委会坚持把学习贯彻习近平新时代中国特色社会主义思想和习近平总书记系列重要讲话精神作为第一议题，第一时间传达学习，认真抓好贯彻落实。同时，抓实抓细校院两级理论学习中心组学习，使其作为领导干部理论学习的重要载体。（见图4）

**图4　广东工业大学党委常委合影**

三是坚持党建工作跟业务工作双向双促。要以高质量党建引领学校高质量发展，党建做实了就是生产力。学校党委以治"软"、治"散"、治"庸"、治"虚"四治并举，扎实推进广东省党的基层组织建设三年行动计划，打破在党建引领融入业务发展上的体制机制障碍，推进形成党建工作和业务工作同频共振。

四是坚持落实立德树人的根本任务。广工是广东省高校"三全育人"体制机制建设试点单位，正着力推进校院两级全员、全过程、全方位育人综合改革。通过选好"双带头人"党支部书记等方式，在学校营造出浓厚的党建育人气氛。

## 二、着力打造思政 "金课"

《南方》杂志：习近平总书记强调，"'大思政课'我们要善用之，一定要跟现实结合起来"。作为一所以工科为主的广东省高水平大学重点建设高校，广工怎样发挥自身优势，讲好"大思政课"？

胡钦太：正如习近平总书记所说，近年来，广工不仅把思政课放在课堂上讲，而且放在社会生活中讲。聚焦三个"融合"，不断推进思政课教学改革，使小小的思政课堂真正意义上体现"中国第一大课"的功能。

一是实现思政小课堂同社会大课堂相融合。在我们校内，思政教育基地随处可见；在校外，我们与中共三大会址纪念馆、省美术馆等校外单位合作建设基地，把思政课堂与校外基地有机结合在一起，开展现场体验式教学活动，提升思政课的体验感和说服力。（见图5、图6）

图5　胡钦太书记在中共三大会址纪念馆开展思政课教学

图6　与中共三大会址纪念馆共建思政教育基地

二是推进线上思政与线下思政相融合。在线上，充分发挥学校在信息技术、人工智能等领域的优势，不断完善思政课的教学改革，让教师和学生即使在新冠疫情期间也可以随时随地交流，还打造了首批12间智慧课室。在线下，我们依托广工粤港机器人学院、佛山研究院等多个与产业深度融合的协同创新育人平台，让学生在课外活动、社会实践中培育家国情怀。

三是强化思政课程与课程思政相融合。从去年开始，在全校选出51名"双带头人"，党支部书记与马克思主义学院教师联合打造思政"金课"。马院教师从思政角度，专业课教师从专业角度，共同备课共同讲授"马克思主义中国化进程与当代青年学生使命担当"课程，备受学生欢迎。

## 三、主动对接科技创新主战场

《南方》杂志：政府工作报告提出，坚持创新在我国现代化建设全局中的核心地位，把科技自立自强作为国家发展的战略支撑。在服务广东建设更高水平科技创新强省，攻坚"卡脖子"难题方面，广工如何担当作为？

胡钦太：广工将围绕国家和广东省创新驱动发展战略，加大科技创新力度，想方设法打好关键核心技术攻坚战。

一是加大前沿基础研究力度。高校跟科研院所、企业的不同之处就在于，基础研究比较扎实，特别是前沿基础研究。近年来，学校科技创新能力不断提升，2020年获国家自然科学基金项目立项达182项，位居全国高校第45位，对地方院校来说实属不易。（见图7）

图7　广工作为第一完成单位的2项成果荣获2019年度
国家科技奖二等奖

二是主抓"大平台、大团队、大项目、大成果"建设。聚焦国家、广东省重点发展的高端装备制造、人工智能、新一代通信技术等战略性新兴产业，广工先后部署建设了精密电子制造技术与装备国家重点实验室等一批高层次科研平台，大力引进和培育了一批海内外高端创新人才，在一些关键性领域取得了一系列重大原创科技成果和技术突破。

三是建立协同创新研究院，与地方联动。目前，学校面向粤港澳大湾区装备制造、IC设计、工业设计等多个领域，在全省8个地级市建立了11个协同创新研究院，孵化企业600多家，服务企业6000多家。今后将进一步发挥人才集聚效应，加强公共服务平台资源汇集，加速"卡脖子"核心技术研发和产业化。（见图8、图9）

# 广工拥有创新创业
# 七项国家级荣誉

图8　广工是广东省高校唯一获7项国家级创新创业荣誉称号的高校，建成"工大创谷"全省高校最大规模的创新创业孵化基地。

图9　全国高校首家5G＋智慧校园落户广工

《南方》杂志：产业是发展的根基。60多年来，广工不断加强与产业深度融合，积累了哪些经验？

胡钦太：广东工业大学在60多年的办学过程中，嵌入了一种基因，就是始终与广东工业产业发展深度融合。这是广工办学的鲜明特色，也是广工人责无旁贷的责任，所以我们的办学理念是"与广东崛起共成长，为广东发展作贡献"。

一是深化体制机制改革。建立健全科技成果转化等规章制度，明确将科技成果转化收益的85%以上奖励给成果完成人，极大激发科研人员的创造力。二是成立产业技术研究与开发院，作为学校科技成果转化与技术转移的专职部门，推动形成"一手抓成果一手抓转化"的良好机制。三是加强校地深度融合共同发展。依托11个创新研究院，共同推进产业核心技术攻关、科技成果转移转化、高新企业孵化、公共技术服务等，并形成聚集效应和辐射效应。

在助力广东实现从工业大省到工业强省的跨越中，广工尤其要发挥好作为省属理工科高校"长子"的作用。

## 四、努力破除教育评价"五唯"

《南方》杂志：广工近年来发展迅猛，接下来在发展过程中，怎样贯彻落实新发展理念？

胡钦太：于高校而言，最关键是要以新发展理念为引领，改革人才评价、学科评价、绩效评价等体系。近年来，学校在体制机制方面进行了富有成效的改革，荣获教育部"高校教师考核评价改革示范校"等称号。接下来，要以教育评价改革为牵引，不断深化改革驱动创新发展，努力破除教育评价"五唯"，把师德师风作为教师评价第一标准，突出评价人才业绩成果的学术水平、原创价值和对社会发展的实际贡献，营造人尽其才的用人环境。

## 五、"六全两化"建设高水平大学

《南方》杂志："十四五"期间广工要建成"特色鲜明、国内前列、世界知名"的高水平大学，将重点开展哪些工作？

胡钦太：学校在 2020 年 12 月胜利召开第五次党代会，提出了"三步走"的发展战略：到 2025 年，努力建成"特色鲜明、国内前列、世界知名"的高水平大学；到 2035 年，努力建成"特色鲜明、国内一流、世界知名"的高水平大学；到 21 世纪中叶，努力建成"特色鲜明、世界一流"的高水平大学，这是我们的理想蓝图。

未来五年，广工将以高质量发展为主线，以"六全两化"建设高水平大学，即全面提升人才培养质量、全面提升学科水平、全面提升师资队伍水平、全面提升科研创新及服务能力、全面提升大学文化软实力、全面提升大学治理水平，加快国际化办学步伐、深入推进信息化建设。今年是"十四五"开局之年，广工力争开好局起好步，以优异成绩向中国共产党成立 100 周年献礼。

（原载《南方》2021 年第 4、5 期）

# 激发党建新活力 服务高质量发展

　　不久前，中宣部授予东深供水工程建设者群体"时代楷模"荣誉称号，褒扬他们建设守护香港供水生命线的光荣使命。这个心系香港同胞、不惧艰难困苦的群体，有200多人是当年广东工学院（广东工业大学前身）的师生。

　　时代选择了广工，广工也在顺应时代潮流中，实现共同发展。

　　建校63年来，广工几度易名、数次搬迁，但始终与国家同呼吸、共命运，坚持"与广东崛起共成长，为广东发展作贡献"精神底色，在近年高水平大学建设中跑出"广工加速度"。"国家需要、广东需求，就是广工的行动指南。"近日，广东工业大学党委书记胡钦太接受《南方日报》专访时表示，广工坚持以习近平新时代中国特色社会主义思想为指导，把党对高校工作的全面领导体现在管党治党、办学治校的全领域，以高质量党建引领高质量发展，全方位服务广东加快构建"一核一带一区"区域发展新格局。（见图1）

图1　广东工业大学党委书记胡钦太

# 一、坚持把党的政治建设摆在首位

南方日报：习近平总书记强调，加强党对教育工作的全面领导，是办好教育的根本保证。您怎么理解这句话？

胡钦太：我认为，我国高校是党领导下的中国特色社会主义高校，肩负着为党育人、为国育才的初心使命。因此，办好中国特色社会主义大学，要回应"培养什么人、怎样培养人、为谁培养人"这一根本问题，要把党对教育工作的全面领导贯穿育人全过程，其根本任务是培养德智体美劳全面发展的社会主义建设者和接班人。（见图2）

图2　广东工业大学大学城校区图书馆

南方日报：具体在广工是如何体现的？

胡钦太：党对广工的全面领导，首先是举旗定向。广工坚持把党的政治建设摆在首位，全面推动党的各方面建设，层层落实压实管党治党政治责任，带领全校上下增强"四个意识"、坚定"四个自信"、做到"两个维护"，以高质量党建引领高水平大学建设。

其次是要牵头抓总。"党政军民学，东南西北中，党是领导一切的"，因此要把党的领导体现在高等教育治理体系和治理能力现代化上，2020

年广工第五次党代会，提出以"三步走"打造特色鲜明、世界一流高水平大学；广工"十四五"发展规划也即将完成制定，为中远期发展制定了路线图和时间表。

再次是固本强基。基础不牢，地动山摇。广工切实加强党的基层组织建设，以"突出政治功能，提升组织力"为重点，着力推进党建工作与业务工作双融双促。

最后是改革发展。广工坚持党委领导下的校长负责制，形成"劲往一处使"的强大合力，加强学校章程建设、健全治理结构、完善制度体系、优化工作流程。各方面工作的改革发展都坚持和加强党对高校的全面领导，牢记党和国家赋予的使命。

南方日报：近年来广工成为全省进步最快的高校之一，取得这样的成绩，在党的建设上有什么经验体会？

胡钦太：广工能获得高质量、跨越式发展，自然离不开每一位广工人的辛勤拼搏，也是广工党的基层组织战斗堡垒作用的突出体现。

广工以落实全面从严治党主体责任为核心，健全制度机制，压实党建责任。以"对标争先"活动为抓手，夯实组织体系，凸显党员作用。以构建党建引领融入机制为动力，破解"两张皮"难题，实现双促双融。以推进党建工作品牌创新为支点，促转工作方法，提升学用水平。

现在，广工教师党支部"双带头人"已实现全覆盖，党建活力得到充分激发。

## 二、与广东崛起共成长成为大学精神底色

南方日报：在办学历程中，广工有怎样的红色故事？

胡钦太：办学60多年来，国家发展需要什么，广东发展需要什么，广工总是冲锋在前，攻坚克难，无私奉献。

广工的前身是广州工学院，由杰出的无产阶级革命家曾志担任首任党委书记兼院长，奠定了我们的办学底色。最近，东深供水工程建设者群体被授予"时代楷模"称号，这其中就有200多名当年广工的师生，他们于1964年至1965年，在广东工学院院长、我国著名水利专家麦蕴瑜的带领下，在"广东省东江—深圳供水工程"建设中艰苦奋战9个多月，为解决香港同胞的饮用水难题做出不可磨灭的贡献。

20 世纪 70 年代，根据国家发展需要，广东工学院更名为广东矿冶学院，迁往韶关南华寺办学。在晨钟暮鼓中，师生们始终怀揣科教兴国的梦想，合作研发出了广东省第一台可满足工业应用要求的中型计算机。广工的杰出校友、中国工程院院士邱冠周当年就在广东矿冶学院就读。

如今，广工人依然冲锋在前，活跃在佛山、广州、东莞、汕头、惠州、河源等地，与地方政府和工业界联合共建佛山数控装备研究院等 11 个"造血式"重大协同创新平台，服务企业 6000 多家，构建了"点—线—面"立体式产业服务体系。

我可以非常自豪地说，"与广东崛起共成长，为广东发展作贡献"的办学理念，已经融入广工的精神血脉里。

南方日报：沉淀红色基因、承担服务社会的使命，广工如何形成有自己特色的育人模式？

胡钦太：我们把党建贯穿教育教学全过程，像血液一样流淌在广工人才培养的每个环节。广工以"三个融合"实现"三全育人"，为广工学子嵌入"红色基因"。（见图 3）

图 3　与广东美术馆"党建共建基地"揭牌

一是思政小课堂与社会大课堂融合。把思政课堂与校外基地有机结合，开展现场体验式教学活动，提升思想政治教育的体验感和说服力。（见图 4）

图4　党史学习教育进学生社区

　　二是线上思政与线下思政融合。在线上，充分发挥学校在信息技术、人工智能等领域的优势，不断完善思政课的教学改革。在线下，依托学校创客空间以及佛山研究院等多个与产业深度融合的协同创新育人平台，让学生在实践创新、社会实践中培育家国情怀。（见图5）

图5　广东工业大学2021年教师党支部书记素质能力大赛决赛现场

三是思政课程与课程思政融合。学校现有4000多门课程都融入了思政元素，课程思政类项目立项省级10项，校级212项，其中王成勇教授的《机械制造基础》课程获评国家级一流课程和国家级课程思政示范课程。

南方日报：这样的大学精神如何影响当下广工师生？

胡钦太：艰苦攻关、砥砺前行的奋斗精神，顾全大局、敢于担当的红色基因，都已完全融入广工人的血脉，凝聚成以"求是、创新"为内核的大学精神。广工毕业40多万名校友，据近十年统计，毕业生90%以上扎根广东，80%以上深入广东产业一线，他们烙印上"广工精神"，为广东发展作贡献。（见图6）

**图6　广东工业大学举行"学习时代楷模、践行初心使命"
先进事迹报告会**

不久前的全省科技创新大会上，广工作为第一完成单位获得省科技奖一等奖5项，一等奖获得数并列全省第一，连续三年省科技一等奖获得数突破新高，展现高水平大学建设的新成果。

## 三、办学新格局推动粤东西北均衡发展

南方日报：63 年来，广工很好地完成了党和国家交给的数个重大任务。但在承担重任之初，明知困难还是往前冲的勇气从何而来？

胡钦太：朴实、务实、扎实的广工人深知，国家有需要、广东有需求，就是他们的行动指南。换句话说，一所大学绝不能故步自封，固守一亩三分地，应当开门办学，把学校发展与党和国家需求紧密捆绑，主动承担服务国家的战略和支撑地方经济社会发展。

过去广工是这样做的，虽有困难挑战，但师生凭着一股韧劲迎难而上，赢得社会广泛认可。现在广工也是这么做，我们正在揭阳办一个全新校区，凝心聚力建设新校区确保今年秋季正式开学，扎扎实实服务粤东粤西粤北高等教育的提质发展，服务广东加快构建"一核一带一区"区域发展新格局。

南方日报：大家很关心，今年秋季揭阳新校区开学，揭阳校区将如何定位和发展？

胡钦太：广工和揭阳有决心、有信心、有能力把揭阳校区打造成"一体化"校区。揭阳校区是广工的高水平校区，将在揭阳校区同步实现本科生—硕士生—博士生"一体化"培养，今年开学后将依托学校的优质师资和教学资源，辅以小班式教学为主、班导师制、精准化培养、精细化管理等为特色的教学管理模式，同步广工标准培养高素质创新性应用型人才；同时举办研究生教育，培养机械工程、电气工程、化学工程与技术、材料科学与工程、工商管理等专业学位研究生，开展高层次、复合型产业人才培养。

揭阳校区首期学生规模大约为 5000 人。今年计划在揭阳校区招收包括本科生和研究生约 1000 名。（见图 7）

南方日报：广工"十四五"规划即将出炉，学校会有哪些发展新动作？

胡钦太：广工坚持"党管大事"，抓战略指方向定步调。我们的发展战略是可行的，用俗话说，树上的桃子，我们跳起来或者用梯子，总能摘到的。学校第五次党代会结合国际、国内和广东需求，结合广工发展方向，确立了"三步走"发展战略，在"十四五"期间将继续扎实推进，

图7　广东工业大学揭阳校区整体规划

并努力实现第一步，即到 2025 年，努力建成"特色鲜明、国内前列、世界知名"的高水平大学。（见图8）

图8　广东工业大学第五次党代会胜利召开

未来五年，广工将以高质量发展为主线，以"六全两化"建设高水平大学，咬定目标全力冲击"双一流"大学。

## 四、基层党建样本

### （一）机电工程学院党委：党建进社区，"融创"共育人

广东工业大学机电工程学院党委推进党建进社区，建设思政社区阵地，充分调动党支部、党员教授、学生党员力量，发挥党员示范群体的辐射引领带动作用。

支部进社区，让品牌活动在社区扎根：按照"一支部一品牌"建设要求，各支部在社区推出新青年说、党史文化展、长征故事汇、红网铁军叶挺班、学业帮扶昆仑计划等党建品牌活动，为学生党建提供有效载体。

党员教授进社区，让育人课堂在社区落地：每年邀请学科带头人、科研团队骨干进社区开展名师领航10余场；利用社区众创空间，邀请党员教师开展创新创业培训路演；依托"社区思政＋工作室"，邀请思政教师、党员教授、青年教师等开展社区思政讲堂；依托班导师制开展党员班导师进社区值班，每年累计500余人次。

党员进社区，让全链条党员教育在社区开展：将党建育人和社区服务管理相结合，纳入党员培养发展体系，每年组织2000余人次预备党员、发展对象等开展社区预约、登记、巡视等日常管理服务工作，服务实践教育时长逾5000小时，为社区党员教育管理创造良好机制；搭建平台，发挥党员先锋模范作用和朋辈效应，在实践中开展入党启蒙教育，带动更多优秀团员向党组织靠拢。

### （二）马克思主义学院党总支："三三工程"推动党建与思政双融双促

广东工业大学马克思主义学院党总支探索实践"三三工程"：理念建构工程、阵地拓展工程和路径提升工程，以实现党建与思政课建设双融双促，培养新一代"有理想、有本领、有担当"的新时代中国青年。

理念建构工程即处理好"三对关系"。在课堂教学的政治安全与内容形式的尺度关系、思政课与课程思政的协同关系、思政小课堂与社会大课

堂的融合关系的基础上，打造教学名师及省级精品课程，使"工科元素"与"思政元素"互为融合，积极拓展校内外教学资源。

阵地拓展工程即建设好"三个课堂"。建设好思政主课堂、校内实践课堂、校外体验课堂。通过校内召开教学专题会议、日常生活备课会、"马克思理论经典研读空间"，拓宽第一第二课堂阵地空间，同时打造校外实践平台。

路径提升工程即实现好"三个融合"。在"三个课堂"基础上，实现思政小课堂同社会大课堂、线上思政与线下思政、思政课程与课程思政相融合。

（原载《南方日报》2021 年 5 月 26 日第 8 版）

# 打造粤东人才新高地，激活沿海产业强市"密码"

十一月，北风萧瑟、寒意渐起，然而走进广东工业大学揭阳校区（见图1），正决战首届新生羽毛球赛的学生们大汗淋漓，站在校园十大歌手舞台上的学子意气风发，而清晨7点半，刚开馆的六层崭新图书馆已迎来第一批神采奕奕的读书人……

图1　广东工业大学揭阳校区正门

屹立于鳌头山下、南海之滨，广工揭阳校区虽然"营业"刚满2个月，却自信地向世人展示这座高等学府的活力与朝气，更宣示着将打造"粤东高层次人才高地""粤东高质量发展新引擎"的壮志与决心。（见图2）

图2 广东工业大学揭阳校区鸟瞰

## 一、800 天落地成校 奋力拼齐全省教育新版图

"3、2、1！广工揭阳校区正式落成启动！"9 月 18 日上午，随着启动键按下，揭阳终于迎来了建市 30 年来的第一所本科高校，700 万揭阳人民期盼已久的"本科大学梦"终于成真。（见图3）

图3 广工揭阳校区落成启用仪式暨 2021 级新生开学典礼现场

从 2019 年 7 月省教育厅确定广东工业大学对口帮扶揭阳市新建揭阳理工学院，到如今广工揭阳校区首批新生顺利开学；从一片荒芜的丘陵山地，到今天"坐山、拥水、面海"的现代高等学府，在这背后，是广工与揭阳双方 800 多个日日夜夜的奋力建设，更是广东省委、省政府的高屋建瓴与长远谋划。

放眼全省发展大局，举办广工揭阳校区是省委、省政府统筹推进新建 11 所本科高校、校区，实现全省 21 个地级以上市本科教育全覆盖的重要举措，更是加快构建"一核一带一区"区域发展格局、推进更高水平区域协调发展的关键环节。

"欢迎新同学！"9 月份开学，广工揭阳校区 714 名本科新生前来报到（见图 4）。同月，华南师范大学汕尾校区、广东金融学院清远校区、广东海洋大学阳江校区也纷纷迎来首届新生，加上梅州、潮州各拥有自己的首所高职院校，至此，广东实现本科、高职院校 21 个地市全覆盖，全省高等教育布局进一步优化。

而反观揭阳自身，拥有一座"家门口的大学"更是意义非凡。

图 4　校党委书记胡钦太在开学典礼上讲话

## 二、6 大专业高度契合　智力优势激活产业强市"密码"

当下，省内高等教育遍地开花，然而不同院校、优势各异。

广工揭阳校区为何会落户揭阳？它能为揭阳带来什么？答案也许能从揭阳的发展定位中寻求——"打造沿海经济带上的产业强市"。（见图5、图6）

图5　广东工业大学揭阳校区全景

图6　广东工业大学揭阳校区行政楼与实验楼

作为广东沿海经济带东翼的主战场，揭阳的滨海新区集结了石化、风电以及配套产业链，带动形成了万亿级的沿海新兴产业集群。新出台的

《广东省制造业高质量发展"十四五"规划》，也将揭阳列为绿色石化这一支柱产业的重点布局城市。2021 年，揭阳更提出要聚焦大南海石化工业区和临港产业园两大千亿级产业集群，力争在今年新签约和新开工项目分别达到 3000 亿元，高新技术企业数量达到 240 家的"双 3000 亿""240"目标。

瞄准揭阳的区位优势和产业基础，广工将极具优势的 6 大专业布局于揭阳校区。其中，机械电子工程、电气工程及其自动化、计算机科学与技术、化学工程与工艺 4 大专业为国家级一流本科专业建设点，电子信息工程、电子商务 2 门专业为广东省一流本科专业建设点、特色专业。

"这些专业与揭阳的产业需求高度匹配。"近日，广工党委书记胡钦太在接受南方日报、南方 + 的专访中表示，揭阳校区坚持"揭阳所需、广工所长、未来所向"的原则，形成以工学为主，理学、管理学、设计学多学科协调发展的专业布局。下一步，揭阳校区将依托广工的优质师资和教学资源，围绕"产学研"方向重点培养高素质创新性应用型人才，为揭阳打造沿海经济带上的产业强市提供永续有力的智力支持和人才支撑。

作为一名揭阳人，同时也是广工党委书记，胡钦太强调服务揭阳发展将成为新校区的职能之一，"我们将围绕揭阳建设沿海经济带产业强市，以广工与产业深度融合的深厚功力和办学活力，激活揭阳经济社会和产业发展的动力源和创新源。"胡钦太说。（见图 7）

图 7　广东工业大学党委书记胡钦太

南方日报、南方＋：广工揭阳校区是揭阳市首所本科高校，您认为这对于揭阳乃至整个潮汕地区有什么重要意义？

胡钦太：揭阳是粤东地区面积最大、人口最多的地级市，但至今没有一所本科高校，加之受珠三角"虹吸"效应影响，外来人才引进困难，导致本地发展所需的人才支撑和创新引领严重不足。当前，揭阳正在全力打造沿海经济带上的产业强市，建设一所高水平本科院校，吸引外来高端人才与培育本土人才，是实现揭阳振兴发展的迫切需求。

新建的广工揭阳校区，立足揭阳、服务粤东、面向广东、辐射全国，紧紧围绕揭阳市支柱产业和战略性新兴产业对人才的需求，培养高素质创新性应用型人才，以培促引增加本科以上中高层次人才供给，为揭阳提供永续有力的智力支持和人才支撑，这对于增强揭阳发展内生动力、增创粤东比较优势具有重大意义。（见图8）

图8　广东工业大学揭阳校区鸟瞰

南方日报、南方＋：广工揭阳校区原本是准备建成独立的本科院校"揭阳理工学院"，而不是现在的异地校区形式，对此您是怎么理解的？

胡钦太：这是两种完全不同的模式。按照原来的计划，如果作为地方应用型本科院校从头开始建设，离高水平的大学还有很长的一段路要走。现在作为广工的一个校区，就是跟广州的校区一模一样的建制，是一步到位的高水平大学。这是广东优化全省高等教育布局结构、补齐粤东西北地区本科教育短板的重大突破，可以说是弯道超车或者超越式、跨越式发展。

从当初帮扶筹建独立办学的本科高校，到后来改为举办揭阳校区，虽然对我们带来了很大的压力和困难，但作为广东省高水平大学重点建设高校，广工以高度的责任感和使命感，举全校之力承接揭阳校区建设。今年3月，学校还把将建设揭阳校区列为"十件发展大事"之一，与揭阳携手推进揭阳校区建设，被赞为"在全省新建高校、校区中推进最顺利，成效最显著、模式最典型"。（见图9）

图9　广东工业大学揭阳校区教学楼

南方日报、南方+：未来，广工揭阳校区如何打造与广州校区"一体化"的高水平大学？

胡钦太：揭阳校区是广工的组成部分，与广工高水平大学办学定位保持一致，将同步实现本科生—硕士生—博士生"一体化"培养。

在管理上，坚持"统一领导、职能延伸、条块结合"的校区内部运行机制。揭阳校区与广州本部物理距离远，管理难度大。学校配齐了校区领导班子，包括校区党委、校区工作委员会，还配了6个副处级管理部门。同时实行"统一领导、职能延伸、条块结合"的管理架构：一方面延伸学校总体管理框架，实现学校本部对揭阳校区"条"的管理；另一方面，充分考虑揭阳校区办学实际，鼓励揭阳校区党委、管委会在教学管理、人才培养等方面做出制度创新。

在教学上，智慧课堂、智慧管理让揭阳校区和广州校区毫无二致。揭阳校区是省内高校唯一一家全光网（网络传输和交换过程全部通过光纤实现）的校园，除常规课室外，还有53间智慧课室，拥有先进的录播系统、电子白板、高清互动一体机等智能设施设备，可以实时录制授课音视频，实现精品课程资源共享。

值得一提的是，揭阳校区学生还可以跨校区互动听课、听讲座，可以享受广工各校区的优质师资和优质资源。即将投入使用的5G+云AR虚拟课室，学生头戴VR虚拟头盔，就可以如临其境般体验本部课堂。

在资源配置上，由于揭阳校区是新办校区，信息化资源配置一步到位，学生比广州校区还更有效地享用了宿舍无线网的全覆盖。

南方日报、南方+：广工揭阳校区在哪些方面突出体现了潮汕文化特色？

胡钦太：一是山水校园"潮味"十足。广工揭阳校区坐落于鳌头山下，面朝南海，依山而建、傍水而修，具有"坐山、拥水、向海"特点。校区建筑也与地形巧妙融合，保留湖泊、山石等自然景观。同时建筑物的装饰，如学术交流中心的挂画也体现了潮汕民居的特色。

二是饮食"潮味"十足。揭阳地处粤东潮汕地区，有丰富的海产品资源。揭阳校区"靠海吃海"，螃蟹、海鱼等海鲜都是餐桌上的"常客"。食堂主打本地特色粤菜潮菜，隆江猪脚饭、板面、鱼面、炒薯粉条、海鲜生腌、砂锅粥等"潮"味美食应有尽有。

三是校园文化"潮味"十足。揭阳校区开设了"鳌头讲坛"，除了邀请院士以外，还计划邀请潮汕地区的社会贤达，如岭南画家、知名潮汕企业家等面对面跟学生对话，并留下一批作品引领学生成长成才，同时也推动潮汕文化的传承与发展。

南方日报、南方+：作为潮汕人，对于在自己家乡开设一所本科高校，您有哪些感受？对于进一步聚焦高校资源为家乡发展贡献，还有哪些计划？

胡钦太：作为潮汕人，能为家乡建设贡献绵薄力量，我感到特别自豪。现在揭阳校区已经变成一个网红打卡地了，希望剩下几期工程早日完成，真正为揭阳培养 ·大批能够支撑产业发展的优秀人才，推动当地经济社会的发展。

对于未来发展的计划，我有三个想法。

一是把揭阳校区建设成为高层次人才汇聚的新高地。在揭阳逐步打造"科研实验室→孵化培育基地→创新创业平台→成果转化中心"的科学研究与服务社会通道，引进一批高层次人才，形成学校与平台共享的人才集聚效应，打造粤东高层次人才高地，构建区域高层次人才新生态。

二是把揭阳校区建设成为高素质创新人才培养的新基地。现在粤东地区人才还比较匮乏，揭阳校区作为一所高水平理工科大学在粤东地区的一个校区，我希望能够培养一大批优秀人才在揭阳就业，成为当地产业发展的骨干力量。

三是把揭阳校区建设成为粤东高质量发展的新引擎。服务社会是大学的职能，硅谷为什么能成为硅谷？就是因为有斯坦福大学等高校。我们将服务地方经济社会高质量发展作为广工的使命，瞄准广东省先进材料、绿色石化、高端装备制造、新能源等产业集群，围绕揭阳建设沿海经济带产业强市，以广工与产业深度融合的深厚功力和办学活力，激活揭阳经济社会和产业发展的动力源和创新源。

（原载《南方日报》南方＋2021年11月29日）

# 建设高水平创新型大学，为国家所需广东所急提供人才保障

　　工业大省必须有高水平工业人才，也必须要有高水平工科大学。作为广东省属理工科大学"长子"，广东工业大学（以下简称"广工"）仅用十余年时间就从一家教学型高校跃升为教学研究型高水平大学。

　　尤其在回答"建设什么样的广工，为广东提供什么样的支撑"重大命题时，广工提出实施"1＋2＋3"攀撑计划学科提升工程，获得广东省委省政府大力支持。该工程首期投入1.45亿元，将重点建设29个校级科研团队。

　　未来五年，广东要加快构建基础研究＋技术攻关＋成果转化＋科技金融＋人才支撑的全过程创新生态链。在全力支撑广东创新驱动发展、培养高水平工科人才方面，广工扮演什么样的角色，发挥什么样的作用？广东省第十三次党代会期间，南方财经全媒体记者（下称：南方财经）专访了广东省第十三次党代会代表、广工党委书记胡钦太（见图1）。

　　"国家需要、广东需求，就是广工的行动指南。"胡钦太表示，近年来广工瞄准国家重大战略需求和关键领域核心技术问题，加强了对集成电路、人工智能、生物医药和生态环保等领域的基础研究和应用研究，通过搭建政校企"三位一体"大平台形成了共建共享联合体，力图为广东产业高质量发展提

图1　广东工业大学党委书记胡钦太

供科技支撑与人才保障。

## 一、为产业提供科技支撑与人才保障

南方财经：如何理解当前的创新驱动发展战略？广工有何实践？

胡钦太：抓创新就是抓发展，谋创新就是谋未来。国家需要、广东需求，就是广工的行动指南。

2021年，广工主动对接国家和广东省重大战略需求，紧紧围绕广东省"双十"战略性产业集群，举全校之力高质量推进"1＋2＋3"攀撑计划学科提升工程，打造高层次人才高地、科技创新策源地、科技成果转移转化基地，使创新链、人才链与产业链无缝对接，为广东创新驱动发展提供重要支撑。

具体而言，"1"是建设1个粤港澳大湾区创新创业基地，"2"是建设高端电子制造学科群和绿色材料化工学科群，"3"是建设智慧医疗创新技术中心、国际先进设计中心和科技成果转移转化中心。

南方财经：广东正探索关键核心技术攻关新型举国体制"广东路径"，广工在联合攻关关键技术上有哪些探索？

胡钦太：近年来，我们学校瞄准国家重大战略需求和关键领域核心技术问题，加强了对集成电路、人工智能、生物医药和生态环保等领域的基础研究和应用研究。

集成电路作为信息技术产业的核心，是支撑国家经济社会发展和保障国家安全的战略性、基础性和先导性产业。2021年，我们学校成立了集成电路学院，将围绕国家所需、广东所急，汇聚人才、组建强有力的教师队伍，很快拿下集成电路一级学科博士点；同时，搭建政府、高校、企业"三位一体"的大平台，打破传统实验室的运作机制，三方形成共建共享的联合体，合力攻克契合国家战略需求的核心技术，培养集成电路领域的科技英才，为广东集成电路产业提供有力的科技支撑与人才保障。

同时，我校在2018年成立了环境生态工程研究院，并在此基础上成立了生态环境与资源学院。研究院/学院用了三年半时间就实现了从小到大、从弱到强的建设成果。

南方财经：广工目前与政府以及工业界联合共建的"造血式"重大协同创新平台进展如何？

胡钦太：我们学校积极协同政府、高校、产业、企业联盟等单位，集聚创新优势资源，在广东省 8 个地级市联合建立了 11 个协同创新平台，平台拥有院士工作站、国家级科技企业孵化器、国家级众创空间等平台 20 余个。

其中，佛山研究院以"半导体与人工智能 + 机器人与智能装备"双轮驱动，已成为珠江西岸最具代表性的协同创新平台；东莞创新院立足"科技 + 设计"，支撑地方泛家居、智能终端、人工智能、健康养老等产业发展；惠州研究院、河源研究院瞄准"新基建"，打造 5G + 人工智能产业技术平台；汕头研究院、东源研究院开展多种形式的产学研合作，为政府及企事业单位提供一系列的科技服务。

接下来，我们学校将着力优化平台布局，争取在粤港澳大湾区重要城市和粤北地区取得更大突破，同时积极对外拓展，在广州番禺区、白云区、黄埔区以及深圳、珠海、阳江、江门、清远、韶关等地谋划布局新平台。

## 二、打造"跨界跨境多维协同"广工模式

南方财经：广工的发展与产业融合紧密、特色鲜明，未来如何继续打造新工科教育"广工模式"？

胡钦太：5 月 18 日，广东工业大学—华为技术有限公司"智能基座"项目对标交流会暨 2021"智能基座"项目奖教金及奖学金颁奖仪式举行。作为教育部—华为"智能基座"产教融合协同育人基地项目首批 72 所签约高校之一，广工与华为的合作是新工科教育的一个缩影。

为了对接快速发展的广东产业技术创新需求，我们学校自 2012 年以来面向机器人、集成电路、软件和新能源汽车等前沿技术，积极开拓校内外资源，联合行业龙头企业，构建了跨界跨境多维协同的人才培养模式，其中最典型的有五种：以教育部华为智能基座为代表的面向鲲鹏/昇腾计算与人工智能生态建设的产教融合模式，以粤港澳机器人联合学院为代表的欧林工学院模式，以中国南方航空广州飞机维修公司为代表的面向高精尖企业培养模式，以广工腾班、广汽埃安班为代表的面向专精特新企业模式，以印制电路板行业协会为代表的面向行业协会的培养模式。

广工通过这些多样性、个性化的因材施教，打破了千人一面的流水线

人才培养模式，为那些学科基础好、学习上有更高梦想追求的同学创造了更多更好的学习机会和成才条件，成为未来各行各业的领军人才。

新工科模式下培养出来的学生"厚基础、强能力、宽视野、多样性、敢担当"，很受市场欢迎。如集成电路设计和电子设计自动化专业班的本科生就业平均月薪超过 1.1 万元、研究生就业平均月薪超过 2 万元。

南方财经：能否介绍一下广工围绕广东重点产业布局学科、培养人才的例子？

胡钦太：2021 年 9 月，广工揭阳校区落成启用，迎来了 1000 余名新生。校区建设被誉为"在全省新建高校、校区中推进最顺利，成效最显著、模式最典型"。对于揭阳校区，广工坚持"两化三新"的办学路径。即本科生一硕士生一博士生"一体化"培养，"一体化"推进广工"1 + 2 + 3"攀撑计划学科提升工程，努力将揭阳校区建设成为高素质人才培养的新基地、高层次人才汇聚的新高地和粤东高质量发展的新引擎。

在人才培养方面，揭阳校区的教学采取小班制、班导师制，实现精准化培养、精细化管理，我们的目标是培养有家国情怀、有国际视野、有坚实基础、有创新能力的高素质时代新人，瞄准了粤东地区先进材料、绿色石化、高端装备制造、新能源等产业集群，2021 年开设国家一流专业 4 个，省一流专业 2 个；今年再新增 3 个专业，其中国家一流专业 1 个。目前，该校区国家一流专业达 75%。

在科研平台方面，学校加快构建"1 + 2 + N"高水平科研平台体系，即化学与精细化工广东省实验室揭阳分中心，建设"绿色化工与先进材料研究院""AI 智能研究院" 2 个研究院，推进与巨轮股份、中石油广东石化公司、国家电投前詹风电公司等粤东地区龙头企业共建 N 个产学研创新平台。

南方财经：在"冲一流"方面，广工有怎样的安排和进展？

胡钦太：2020 年底，广工第五次党代会确立了"三步走"发展战略：到 2025 年，努力建成"特色鲜明、国内前列、世界知名"的高水平创新型大学；到 2035 年，努力建成"特色鲜明、国内一流、世界知名"的高水平创新型大学；到 21 世纪中叶，努力建成"特色鲜明、世界一流"的高水平创新型大学。这是我们的理想蓝图。

"十四五"期间，我们学校将通过扎实推进高端电子制造和绿色材料化工，努力实现第一步，力争有 1～2 个学科进入"双一流"一流学科建设行列，为粤港澳大湾区和广东经济社会高质量发展提供强有力的支撑，真正实现"广东需要广工，广工离不开广东"。

（原载《21 世纪经济报道》2022 年 5 月 24 日）

# 以高质量党建引领学校高质量发展

"七一"前夕，记者采访了新当选为中国共产党广东省第十三届委员会委员的广东工业大学党委书记胡钦太（见图1），畅谈了以党建引领学校高质量发展，落实立德树人根本任务，做好大学生思政工作，建设高水平创新型大学等话题。

图1　广东工业大学党委书记胡钦太

记者：您作为一所以工科为主的广东省高水平大学重点建设高校的掌舵人，如何确保学校以高质量党建引领高质量发展？

胡钦太：这几年，广东工业大学以省委加强党的基层组织建设三年行动计划为抓手，紧紧扭住"强化政治功能和提升组织力"这个牛鼻子，立足以下几个关键点促进党建成果向发展成果的转化，通过党的建设实现高效能的治理，促进学校高质量发展。

一是"引领"。学校基层治理千头万绪，要充分发挥学校党委总揽全局、协调各方的领导核心作用，始终坚持党管办学方向、党管干部、党管人才、党管意识形态，领导改革发展，把党的领导、党的建设贯穿于办学治校、教书育人的全过程各方面。学校第五次党代会后，学校党委提出每年做"十件发展大事""十件民生实事"。2021 年，首次确立并高质量完成"十件发展大事""十件民生实事"，获得师生广泛认可，今年又立了二十件大事实事，这是党建成果转化为推动学校改革发展最生动的实践。

二是"提升"。要发挥引领作用，就要提升党的组织覆盖和工作覆盖质量，抓紧补齐领导基层治理的各种短板，巩固和扩大党在基层的执政基础。这几年，我们着眼于党组织和党员作用的充分发挥，建立健全了"不忘初心、牢记使命"长效机制和典型引领机制。重点落实基层党组织联系服务群众工作制度，开展"党旗飘扬在学生社区"活动，大力推进党建"示范创建和质量创优"工作，确立了一批党员示范岗和社区学生党员先锋岗，推进了基层党组织和党员队伍建设与重点工作和基层治理的有机结合。

三是"融合"。学校将推动学校高质量发展作为党建引领基层治理的出发点和落脚点，围绕中心、服务大局，坚持党建与业务工作双融双促。比如在组织体系上，抓好"头雁"领航，教师党支部"双带头人"实现全覆盖，高知识群体党员发展保持良好态势。加大将支部建在团队、平台上的力度，将党建"双创"工作布局与学科发展规划统一起来，43 个各级各类党建"双创"示范立项中，38 个项目建设点为学校"冲一流"学科、重点学科所在的学院或支部，打通了党建与业务工作同频共振的机制障碍。

记者：广工在激发党建新活力，做好大学生思政工作方面，有什么样的经验？

胡钦太：不久前，广东工业大学在全省率先成立大思政课建设协同创新中心，构建具有工科院校特色的大思政教育生态。这是学校贯彻落实总书记"'大思政课'我们要善用之"重要讲话精神的具体行动，也是广东省思政课教育教学的创新。我们将通过这个中心探索建立健全人员双跨、任务双派、职称双线和成果双认的管理机制，加强思政课教师队伍与专业课教师队伍协同共建，充分发挥思政课教师理论教学优势和"双带头人"党支部书记专业引导优势，拓宽思政教育的广度和辐射面，构筑思政育人共同体。

把思政小课堂同社会大课堂结合起来，也是一条有广工特色的思政工作路径。学校积极利用丰富的红色资源，将党建与思政教学向校外延伸，先后与中共三大会址纪念馆、广州农民运动讲习所、杨匏安故居陈列馆等红色馆所共建"思想政治教育共建基地"，打造体验式思政课实践平台。学校把思政课堂搬到这些充满现场感、历史感的基地来上，学生聆听红色故事，重温入党誓词，深受感染和教育。

作为一所工科院校，怎么把思政课和专业课结合起来？我们通过"同课异构"，也就是一堂思政课由两个或两个以上的老师来上，比如，思政课老师讲百年党史、讲我们的工业史时，涉及"卡脖子"问题就由专业课老师来讲，实现思政课程和课程思政协同互济。

学校大力推进党建育人双融双促，引领思政教育创新发展。马克思主义学院的教师、专业课教师及学校"双带头人"党支部书记合作集体备课，共同讲授"马克思主义中国化进程与当代青年学生使命担当"课程，形成一支多学科组成的强大思政课教师队伍。同时，着力开展党建文化园、学生社区思政教育等，并以"青马工程""思想成长体验营""星火计划"等为抓手，紧抓学生团员骨干、入党积极分子骨干、党员骨干三个示范群体，以点带面，取得了明显的成效。

记者：在高质量党建的引领下，如何走出一条高水平创新型大学建设的"广工路径"？

胡钦太：国家需要、广东需求，就是广工的行动指南。作为省属理工科大学的"长子"，学校始终坚持以党的政治建设为统领，强化党对各项工作的全面领导，贯彻落实党中央决策部署和省委工作要求，深入推动学校高质高效发展。

近年来，学校紧紧抓住国家和广东省战略发展机遇，主动对接国家和广东省重大战略需求，瞄准广东省十大战略性支柱产业集群与十大战略性新兴产业集群，发挥工科特色，凸显与产业融合优势，举全校之力高质量推进"1＋2＋3"攀撑计划学科提升工程，打造高层次人才高地、科技创新策源地、科技成果转移转化基地，走出了一条高水平创新型大学建设的"广工路径"。我们的总目标就是冲击国家"双一流"。

一是坚持人才培养核心地位，建设粤港澳大湾区创新创业基地，加强高素质创新型新工科人才供给。学校建有全省高校中最大规模的国家级创客空间——"工大创谷",吸纳 200 余支高水平学生创新创业团队入驻,由院士、国家杰青、长江学者等高层次人才指导,每年投入 2000 万元,支持创新创业工作,实施多专业融合、产教融合、科教融合、创新创业培养,形成"企业深度参与、跨学科、跨专业"的育人"广工模式"。

二是坚持人才强校战略,打造人才集聚高地,让高端更尖端,让青年更拔尖。学校将学科提升工程专项资金的 60% 以上用于人才引育,以学科所需,聚集人才,按照"引育并举、以育为主,重点培养一批、大胆使用一批、及早储备一批"的建设思路,完善人才引育机制,坚持精准引才、精心育才、精细用才,面向海内外重点引进享有学术盛誉的学科带头人和极具潜力的青年才俊。攀撑计划首期投入大额经费重点建设 29 个校级团队,以团队聚集人才,由"钓鱼式个体"向"捕鱼式团队"转型。

三是坚持学科建设分类指导、分层发展,做大做强优势特色学科。学校根据不同学科特点和学科发展水平,对冲一流学科、优势学科、扶持学科进行分类指导,优化资源配置,重点建设高端电子制造、绿色环境化工两个学科群和国际先进设计中心、成果转移转化中心、智慧医疗创新中心三个中心。就在今年 5 月,化学与精细化工广东省实验室揭阳分中心落户广工揭阳校区,未来三年将投入不少于 3 亿元。该中心将整合学校绿色材料化工学科群优势,致力于突破绿色化学重大核心基础理论问题,建成高水平实验室,为揭阳建设沿海经济带产业强市提供科技、人才支撑。

同时,学校将瞄准国家重大战略需求和"卡脖子"难题,强化顶层设计与规划,集聚高端创新资源,围绕高端装备制造、人工智能、先进材料、集成电路、新一代电子信息、生物医药和生态环境、设计等领域,开展基础研究、技术攻关、产业服务与协同育人等工作,不断提升学科水平。

四是对接地方经济社会主战场,做好产业服务。学校自 2006 年开始,就与地方政府和工业界联合搭建"造血式"重大协同创新平台,目前已与佛山、东莞、河源等共建 12 个平台,构建起"点—线—面"立体式产业服务体系。作为科技部"赋予科研人员职务科技成果所有权或长期使用权试点单位",学校与广州市番禺区政府共建广州大学城(广工)科技成果转化基地,建设集产业育成、项目孵化、成果交易于一体的科技成果转化平台;在沙河校区大学科技园建设"智汇 +"等 7 个民用领域的"天猫超市""融合 +"军用领域的"成果超市",实现高校科技成果与需求的精准对接。

五是深化体制机制改革创新，激发办学治校活力。学校改革管理模式，推动重心下移，优化服务保障体系，不断提升管理效能，为教师做好服务工作。强化考核评价，推动压力层层传导，进一步激发师生员工的主人翁精神。强调教育评价破立结合，以立促破，凸显在人才培养、科学研究上的质量和实际贡献，以及对国家和社会的支撑度。

记者：未来5～10年，您对广东工业大学的发展有何展望？

胡钦太：展望未来，广工将坚持立德树人根本任务，立足湾区、勇于变革、锐意创新。我们的目标是，经过5～10年不懈奋斗，使学科群中有若干学科跻身国际一流学科行列，支撑与引领制造产业跨越发展。打造"湾区工程技术创新引擎"，努力成为"湾区卓越工程师摇篮"，1～2个学科进入国家"双一流"行列，建成"支撑粤港澳大湾区发展，工科特色鲜明，极具创造活力，世界知名"的高水平创新型大学。

（原载《光明日报》2022年6月30日）

# 践行教育强国的 "广工担当"

　　珠水之滨矗立着这么一所高等学府，其伴随着我国社会主义现代化建设步履应运而生，我党组织战线杰出领导者曾志担任首任党委书记、院长；近 60 年前，200 多名师生投身东深供水工程，把论文写在国家水利工程发展史上；本科办学半个多世纪以来，为社会输送了 50 余万专门人才。

　　他就是广东省属理工科大学"长子"广东工业大学。

　　今年是全面贯彻落实党的二十大精神的开局之年，也是广工本科办学65 周年。广东工业大学党委书记胡钦太在接受《南方》杂志记者专访时说："紧密围绕国家战略需求，支撑广东在推进中国式现代化建设中走在全国前列，为中国特色社会主义事业培养更多德才兼备、全面发展的建设者和接班人，是广工对'强国建设、教育何为'这一时代命题最有力的回答。"

## 一、赋能制造强省

　　*《南方》杂志：近期习近平总书记首次提到新质生产力，并就推进新型工业化作出重要指示。请您谈谈对此的认识和理解，应该如何抓住机遇挑起广工担当？*

　　胡钦太：习近平总书记指出，整合科技创新资源，引领发展战略性新兴产业和未来产业，加快形成新质生产力。顾名思义，"新质"即新的质态。有别于传统生产力，新质生产力涉及领域新、技术含量高，依靠创新驱动是其中关键。加快形成新质生产力，实现新型工业化，教育是战略先导和重要支撑。

　　一是以高质量党建引领高水平科技自立自强，积极践行"将论文写在大地上"。学校着力构建广工特色的"三全育人"大思政工作格局，努力把党建优势转化成创新优势、发展优势，引导大学生将个人发展融入国家和社会发展需求中。

二是推动有组织科研，全面加强创新体系建设，着力提升自主创新能力，更高质量、更大贡献服务国家和地方战略需求。学校按照广东双十产业集群及地方产业战略部署，抓好科技成果转化"关键一招"，打造具有广工特色的科技成果转移转化体系，为高端装备制造、新一代电子信息、先进材料等战略性支柱产业发展提供有力支撑，不断为制造业强省赋能。今年6月，学校通过层层遴选，确定首批建设智慧医疗、海洋工程安全与可持续发展、可持续电化学化工、皮肤科学与化妆品技术、低碳冶金工程5个创新交叉研究院，以突破关键核心技术为使命，促进基础研究成果产业化。学校集成电路学院目前已发展成为广东省集成电路人才培养规模最大的学院，获批设立广东省集成电路人才培养基地。

三是持续推动"产学研用"融合机制改革。学校整合产学研优势资源与科技领军企业协同互动，推进创新链、产业链、人才链有机融合，紧紧围绕粤港澳大湾区产业发展和科技创新核心问题，推动产业链创新链与人才链的深度融合，加快建设高质量教育体系，以教育改革攻坚行动推动粤港澳大湾区高质量发展。

## 二、建设高水平创新型大学

《南方》杂志：省委明确提出"1310"具体部署，将"一体推进教育强省、科技创新强省、人才强省建设"写入"十大新突破"。广工如何结合自身特色，把部署落到实处？

胡钦太：作为省属理工科大学"长子"，我们必须将国家所需、湾区所向、广东所盼与广工所能有机结合，实现学校与广东、大湾区、国家同频共振、命运相系，做到心往一处想、劲往一处使，以广工作为和广工担当为国家和地方发展提供源源不断的支撑力量。

具体来说，就是要以交叉融合促改革、促开放、促创新，以精准发力务实功、出实招、求实效，人才培养、科技创新、学科建设、师资队伍、国际合作五位一体推动高水平创新型大学建设。

人才培养方面。深化落实立德树人根本任务，进一步打造"企业深度参与、跨学科、跨专业"的新工科教育"广工模式"；精准对接广东现代产业需求，持续深化"政—校—企"协同育人机制，以博士点申报为抓手，全面提高人才自主培养质量。

科技创新方面。打造有组织的科研共同体，主动融入新型举国体制、国家实验室体系，有力支撑粤港澳大湾区国际科创中心建设；围绕重大科研项目，推动产学研一体化发展，推进创新链产业链人才链有机融合，助力高水平科技自立自强。

学科建设方面。以融合发展为抓手，推动医工融合、理工结合、人文社科与工科结合，以新工科、新医科、新农科、新文科建设为引领，加快推进"1+2+3"攀撑计划学科提升工程，形成一批特色优势学科专业集群，加快推进"冲一流"学科建设，做强广工特色。

师资队伍方面。深入实施人才强校战略，以制度建设为重点，坚持党管人才，强化师德师风第一标准，健全完善"引育留用"全链条人才发展体系，深化体制机制改革，推进分类评价，强化过程管理，激发教职工干事创业内生动力。

国际合作方面。深化教育高水平对外开放，在"引进来"与"走出去"两篇文章上下大力气，大力推进人才培养、科学研究、文化交流等领域的合作和协同创新，提升国际合作交流的水平和质量；优化留学生人才培养体系，创新留学生教育管理模式，提升学校国际化办学水平，促进中国文化传播，讲好中国故事、广工故事。

## 三、65 年输送 50 余万专门人才

《南方》杂志：今年是广工本科办学 65 周年。这些年广工在为工业大省输送人才上做出了哪些贡献？在新的发展节点如何部署？

胡钦太：今年是全面贯彻落实党的二十大精神的开局之年，也是广工本科办学 65 周年。20 世纪 50 年代的中国，社会主义现代化建设正如火如荼，广工应运而生，我党组织战线杰出领导者曾志同志担任首任党委书记、院长，为学校办学植入红色基因，立学为民、治学报国的精神内生为广工文化的根脉。

在 65 年的办学历程中，广工始终坚持为党育人、为国育才初心使命，始终把自身命运与国家和民族命运紧密相连，65 年来为国家输送了 50 余

万专门人才，旗帜鲜明地回答了"培养什么样的人、办什么样的大学、作出什么样的贡献"的时代答卷，走出了一条工科院校特色办学之路。

立足新时代，强国建设、民族复兴的接力棒，历史地落在我们这一代人身上。高校是发展科技第一生产力、培养人才第一资源、增强创新第一动力的重要结合点。在推进中国式现代化建设中，我们必须以高质量党建为引领，聚焦科教兴国使命，着力培养堪当民族复兴大任的时代新人。

一是守好"本"和"源"，坚持党对学校工作的全面领导。"坚定不移听党话跟党走""与国家和人民同呼吸、共命运"早已成为引领一代代广工人砥砺前行的精神风向标。坚持党对高校工作的全面领导，坚持社会主义办学方向，就是学校事业高质量发展的"本"和"源"。

二是筑牢"根"与"基"，强化高质量发展的人才支撑。近年来，学校各类办学指标大幅攀升，教学科研产出进步明显，这些成绩的取得，归根到底还是依靠人才。目前，学校拥有国家级人才约150人（较2019年增长3.2倍），尤其是国家杰青、优青等高层次人才项目已初具规模效应。2022年下半年，我们面向全球公开招聘了8位学院院长。书记校长冲在前线上阵引人，有的甚至面谈了5次之多，效果非常好。这批新院长目前已全部上任，为广工带来了新的视野、新的理念和新的精神面貌。

教师是立教之本、兴教之源，强教必先强师。学校突出政治引领，强化高水平人才队伍的使命担当；强化引育并举，构建横纵贯通全覆盖的人才工作格局；改革体制机制，激发和释放人才队伍的澎湃动能，努力营造人尽其才、才尽其用的良好局面。

三是培铸"魂"与"志"，工科特色"大思政"践行立德树人根本任务。1964年，200多名广东工学院（广东工业大学前身）师生响应国家号召，投身到东深供水工程，把青春岁月最重要的那篇论文写在了国家水利工程发展史上。广工引以为傲的红色基因，在历届学子身上传承。今年6月，学校1560余名毕业生踊跃报名应征入伍或参加"三支一扶"、西部计划等。响应时代号召，到祖国和人民最需要的地方去，是广工学子最义无反顾的选择。

养大德者方可成大业。学校党委切实担当"三全育人"主体责任，全方位、多举措构建大思政课的全新育人生态。学校聚焦拔尖创新人才培养，打造了新工科教育的"广工模式"，精心锤炼学生的工匠精神和创新能力。紧密围绕国家战略需求，支撑广东在推进中国式现代化建设中走在全国前列，为中国特色社会主义事业培养更多德才兼备、全面发展的建设者和接班人，是广工对"强国建设、教育何为"这一时代命题最有力的回答。

（原载《南方》2023 年第 22 期）

# 附录

# 胡钦太主要著述目录

## 一、主要著作

[1]《信息时代的教育传播研究：理论与实践》（合著），高等教育出版社 2013 年版。该书获得第七届教育部高等学校科学研究优秀成果奖（人文社会科学）二等奖。

[2]《融合与创新：教育信息化理论发展》（专著），高等教育出版社 2017 年版，见《互联网＋时代的教育信息化理论发展丛书》（总主编）。该著作获得教育部第八届高等学校科学研究优秀成果奖（人文社会科学）二等奖。

[3]《信息技术（基础模块｜下册）》（主编），北京理工大学出版社 2022 年版，见《信息技术》（总主编）。该系列教材入选"十四五"职业教育国家规划教材。

[4]《信息时代的教育传播：范式迁移与理论透析》，科学出版社 2009 年版。

[5]《广东省教育信息化发展报告（2015）》（主编），广东教育出版社 2016 年版。

[6]《广东省基础教育信息化发展研究报告（2018）》（主编），广东教育出版社 2019 年版。

[7]《新媒体的社会教育功能及其传播模式》（合著），世界图书出版公司 2015 年版，见《新媒体与文化创意产业研究丛书》（总主编）。

[8]《高等学校思想道德建设概论》（主编），华南理工大学出版社 1997 年版。

## 二、代表性论文

### （一）教育信息化研究论文

[1]《关于虚拟学习社区的几个问题探讨》，《中国电化教育》2005 年第 6 期。

[2]《高等教育信息化深度发展框架与趋势分析》，《教育研究》2009 年第 10 期。

[3]《基于"多元"教学资源建设的高校计算机基础课程改革探索》（合作），《中国电化教育》2011 年第 5 期。

[4]《信息化视野中的教育均衡发展：关系、命题与对策》，《华南师范大学学报（社会科学版）》2012 年第 6 期。

[5]《教育信息化的发展转型：从"数字校园"到"智慧校园"》（合作），《中国电化教育》2014 年第 1 期。

[6]《面向移动学习的学习资源组织关键技术研究》（合作），《华南师范大学学报（自然科学版）》2014 年第 5 期。

[7]《面向社会教育的 MOOCs 应用模式及优化设计研究》（合作），《电化教育研究》2014 年第 11 期。

[8]《面向服务的 MOOCs 分析与教学设计研究》（合作），《中国电化教育》2015 年第 1 期。

[9] "Trends in E-learning Research from 2003 – 2012" ( collaboration ), The 15th IEEE International Conference on Advanced Learning Technologies, 2015.

[10] "The Development and Application of Micro-course for Hearing-impaired Children" ( collaboration ), The 23rd International Conference on Computers in Education, 2015.

[11]《智慧教育的体系技术解构与融合路径研究》（合作），《中国电化教育》2016 年第 1 期。

[12]《强化顶层设计　打造智慧校园　驱动高水平大学建设发展》，《教育信息技术》2016 年第 3 期。

[13] "A Social Network Analysis of Teaching and Research Collaboration in a Teachers' Virtual Learning Community" ( collaboration ), *British Journal of Educational Technology*, 2016, 47 ( 2 ).

［14］《七步路径激发高校 IT 团队工作潜力》，《中国教育网络》2016 年第 7 期。

［15］《高校信息化人才队伍建设的机制创新与实现路径研究》，《中国教育信息化》2016 年第 13 期。

［16］《深入贯彻十九大精神，以教育信息化促进教育公平优质均衡发展》，中华人民共和国教育部网（http：//www. moe. gov. cn/jyb_xwfb/moe_2082/zl_2017n/2017_zl76/201711/t20171123_319816. html），2017 年 11 月。

［17］ "The Moderating Role of Self-regulated Learning in Job Characteristics and Attitudes Towards Web-based Continuing Learningin the Airlines Workplace"（collaboration），*Australasian Journal of Educational Technology*，2018，34（1）.

［18］《面向高等教育创新人才核心素养培养的慕课应用模式研究——基于中国 24 个地区 1449 份样本的调查分析》（合作），《电化教育研究》2018 年第 6 期。

［19］《华南师范大学 高校智慧校园可持续发展的探索与实践》（合作），《中国教育网络》2018 年第 7 期。

［20］《教育信息化 2.0 的内涵解读、思维模式和系统性变革》（合作），《现代远程教育研究》2018 年第 6 期。

［21］《工业革命 4.0 背景下的智慧教育新格局》（合作），《中国电化教育》2019 年第 3 期。

［22］ "Chinese Undergraduate Students' Perceptions of Mobile Learning：Conceptions，Learningprofiles，and Approaches"（collaboration），*Journal of Computer Assisted Learning*，2019，35（3）.

［23］ "Learning Peer Recommendation Using Attention-driven CNN with Interaction Tripartite Graph"（collaboration），*Information Sciences*，2019，479.

［24］《教育信息化 2.0 时代教师信息素养提升路径》（合作），《中小学数字化教学》2019 年第 11 期。

［25］《回顾与展望：中国教育信息化发展的历程与未来》，《电化教育研究》2019 年第 12 期。

［26］《教育公平视域中在线教育的困境与出路》（合作），《中国电化教育》2020 年第 8 期。

[27] 《促进在线教育健康良性发展的多维审视》，《教育研究》2020 年第 8 期。

[28] 《我国教育技术学人才培养现状与未来趋势——面向"十四五"的调研分析及建议》（合作），《中国电化教育》2021 年第 1 期。

[29] 《促进基础教育线上教育教学资源新发展的行动指南》，中华人民共和国教育部网（http://www.moe.gov.cn/jyb_xwfb/moe_2082/2021/2021_zl10/202102/t20210208_512971.html），2021 年 2 月。

[30] 《"十四五"高校信息化思维创新与路径选择》，《中国教育网络》2021 年第 4 期。

[31] 《人工智能时代高等教育教学评价的关键技术与实践》（合作），《开放教育研究》2021 年第 5 期。

[32] 《人工智能赋能基础教育课程改革研究：内涵、机制与实践》（合作），《国家教育行政学院学报》2021 年第 9 期。

[33] 《信息化何以促进基础教育的结果公平——基于中国教育追踪调查数据的分析》（合作），《教育研究》2021 年第 9 期。

[34] 《深度学习支持下多模态学习行为可解释性分析研究》（合作），《电化教育研究》2021 年第 11 期。

[35] 《信息化促进教育公平研究检视：问题域框架与问题优化》（合作），《华南师范大学学报（社会科学版）》2022 年第 2 期。

[36] 《新时代我国教育技术学科高质量发展的机遇与路径》（合作），《现代远程教育研究》2022 年第 4 期。

[37] 《构建"互联网＋"教育新生态，推动乡村基础教育高质量发展——广东"爱种子"项目的探索与实践》（合作），《中国电化教育》2022 年第 6 期。

[38] 《智慧教育驱动的教育系统革新》（合作），《中国远程教育》2022 年第 7 期。

[39] 《高等教育数字化：演进、挑战与转型》（合作），《国家教育行政学院学报》2023 年第 4 期。

**（二）教育传播研究论文**

[1] 《网络教育传播的主客体关系及其模式》，《华南师范大学学报（社会科学版)》2006 年第 6 期。

［2］《电视访谈的教育传播功能及其在远程教育中的应用》，《电化教育研究》2007 年第 11 期。

［3］《访谈式远程教育电视节目的设计与开发——基于电视访谈节目的分析》，《中国电化教育》2007 年第 11 期。

［4］《教育传播学研究 30 年：现状、瓶颈与对策》，《华南师范大学学报（社会科学版）》2009 年第 1 期。

［5］《基于校内外"双基地"实践的传播学人才培养效果研究》（合作），《电化教育研究》2009 年第 8 期。

［6］《高校精品课程网站建设研究：以教育传播学为例》（合作），《中国教育信息化》2009 年第 19 期。

［7］《传播学专业实践创新人才培养模式探析》（合作），《当代传播》2010 年第 2 期。

［8］《论信息时代的教育传播研究范式》，《电化教育研究》2010 年第 12 期。

［9］《论信息时代教育传播研究的新内涵》（合作），《电化教育研究》2011 年第 11 期。

［10］《信息时代语境下教育传播过程的重构》（合作），《中国电化教育》2012 年第 6 期。

［11］《Web 2.0 环境下微博的教育传播效果研究》（合作），《电化教育研究》2012 年第 7 期。

［12］《基于新媒体的社会教育传播模式构建研究》（合作），《电化教育研究》2014 年第 5 期。

（三）综合研究论文

［1］《以"三个代表"思想为指导，推动社区党建工作》，《探求》2002 年第 3 期。

［2］《新形势下大学生价值观教育的思考》，《思想理论教育导刊》2002 年第 5 期。

［3］《试论高校党建工作的改革与创新》，《华南师范大学学报（社会科学版）》2002 年第 5 期。

［4］《与时俱进 不断提高高校干部选拔任用水平》，《学校党建与思想教育》2002 年第 21 期。

[5]《拓宽高校师德建设的新视野》，《中国高等教育》2002 年第 23 期。

[6]《重构大学生诚信教育机制》，《道德与文明》2003 年第 1 期。

[7]《论大学人文精神的培育》，《高教探索》2003 年第 1 期。

[8]《论新时期高校政工干部素质的时代要求》，《黑龙江高教研究》2003 年第 2 期。

[9]《关于网络道德的几点思考》，《思想教育研究》2003 年第 3 期。

[10]《高校校园文化建设的时代思考》，《青年探索》2003 年第 3 期。

[11]《环境变化与高校思想政治工作创新》，《华南师范大学学报（社会科学版）》2003 年第 3 期。

[12]《加速我国高等教育产业化改革进程的对策思考》，《广东教育学院学报》2003 年第 3 期。

[13]《全面提高"两课"教学效果的方法论思考——在"两课"教学中如何贯彻理论联系实际的原则》，《思想理论教育导刊》2003 年第 4 期。

[14]《论党的第三代领导集体对反腐败思想的创新》，《政法学刊》2003 年第 4 期。

[15]《论思想政治工作中的"人文关怀"》，《肇庆学院学报》2003 年第 4 期。

[16]《高校思想政治工作"四新"探析》，《中国高教研究》2003 年第 7 期。

[17]《论网络时代高校德育环境的优化与构建》，《学校党建与思想教育》2003 年第 8 期。

[18]《新时期高校党员教育工作新探》，《广东青年干部学院学报》2003 年第 53 期。

[19]《论人的全面发展与学习型社会的创建》，《现代教育论丛》2004 年第 1 期。

[20]《加强新时期大学生信仰坚定性的对策思考》，《思想理论教育导刊》2004 年第 11 期。

[21]《华南师大：党建促进学校发展》，《光明日报》2007 年 10 月 19 日第 6 版。

[22]《媒介时代的异化现象及其调适》，《学术研究》2009 年第 9 期。

[23]《先生手创 源远流长——在"南国农与中国电化教育发展学术研讨

会"开幕式上的讲话》,《电化教育研究》2010 年第 9 期。

[24]《转型期的中国——中国哲学社会科学体系创新的实践起点》（合作），《中国社会科学报》2011 年 10 月 25 日。

[25]《中国风格理论如何创新》,《人民论坛》2011 年第 31 期。

[26]《科技宣传评估十年发展研究综述——以 2003 年至 2012 年为例》（合作），《科技传播》2012 年第 24 期。

[27]《科技宣传动态评估指标与评价标准研究——以广东省为例》（合作），《广东第二师范学院学报》2013 年第 5 期。

[28]《科技新闻报道的调控策略与机制研究——以广东省为例》（合作），《新闻爱好者》2013 年第 12 期。

[29]《广东省科技宣传动态评估体系与应用——以手机 Wi-fi 信号干扰深圳地铁运行为例》（合作），《科技传播》2013 年第 19 期。

[30]《中国学术国际话语权的立体化建构》,《学术月刊》2013 年第 45 期。

[31]《广州市科技宣传的整合传播策略研究》（合作），《科技传播》2015 年第 9 期。

[32]《现代大学治理：转型期国家与社会的互动与重塑》（合作），收入《〈社会转型与国家治理〉（论文集）》，中国社会科学出版社 2015 年版。

[33]《小康社会义务教育发展有了新标杆》,《中国教师报》2017 年 6 月 7 日第 10 版。

[34]《"新师范"建设的时代定位与路径选择》,《华南师范大学学报（社会科学版）》2018 年第 6 期。

[35]《高校心理健康教育协同机制探索》,《中国高等教育》2023 年第 9 期。

# 后 记

"日月忽其不淹兮，春与秋其代序。"历时半年，本书终于结集付梓问世，这是我近四十载学术探求历程的缩影，也是我在学术道路上留下的一个个浅浅的脚印。

作为新中国第一届电化教育专业毕业生，自本科毕业留校工作至今，我在教育技术的"冷板凳"上一坐就是近四十年，见证了中国教育技术学科从开创起步到蓬勃兴盛的发展历程，也将自己深深刻进时代变革与发展的辙痕之中。虽然后来走上了高校领导岗位，但做好学术研究，并"研"以致"用"，是我这么多年不曾放弃的追求。

"却顾所来径，苍苍横翠微。"作为国内首位系统开展信息时代教育传播理论与实践研究的学者，近四十年来，我深耕教育信息化领域，先后在《教育研究》等重要刊物发表学术论文100多篇。本书循着个人学术和成长脉络，收录了我在不同时期发表的各类学术论文52篇，媒体采访文章10篇。它们是我学术思想和治校理念的集中体现。

"文章千古事，得失寸心知。"光鲜亮丽的学术成果背后，隐藏着无数夜以继日的努力与付出。其间的艰辛，我心自知。但也正是在这几十年的研究与探索实践中，我深深地体会到，学术研究不仅仅是知识的积累和运用，它更是一种精神、一种态度、一种对未知世界的探索和挑战，它让我领略到了知识的深邃与广阔，也让我在无数次的尝试与坚持中，领略到了学术创新的真谛：学术之根在于坚守初心，学术之道在于知行合一，学术之脉在于融合创新。面对快速变化的复杂世界和新一轮科技产业革命，只有不断拓宽我们的视野和思维，打破知识体系边界、促进学科交叉融合，才能最终实现学术创新的目的。学术之路，道阻且长，当坚持不再只是"坚持"，而成为自己乐于体验的生活方式时，学术的丰收和快乐将双重而至。

"新竹高于旧竹枝，全凭老干为扶持。"学术漫漫长路，今有成绩点点，所幸得助甚多。在求学路上，南国农、李运林和徐福荫等诸多老师启智润心的谆谆教诲至今难忘，他们对待学术严谨的态度、审慎的思考和扎实的学养，绘就了一幕幕电教人接续奋斗、砥砺前行、笃行不怠的前行画卷。这些场景深深铭刻在我心中，成为我不断勇攀学术高峰的动力源泉。

本书的结集出版，有赖于我们拥有一支热爱高等教育信息化改革的科研团队，有赖于论文合作者们的无私奉献，有赖于我的学生们协助整理、编辑。在本书付梓之际，特别感谢他们的辛勤付出！

在本书出版过程中，得到了广东省社会科学界联合会和中山大学出版社的大力支持与帮助，在此一并表示感谢！

是为后记。